JN492378

경영과 컴퓨터

오은해 · 김우희

마인드탭
MIND TAP

머리말

급변하는 경영환경 속에서 기업은 경영 자료처리의 비용을 절감하고 조직 내부 업무를 효율적으로 운영하기 위하여 컴퓨터를 활용하고 있다. 그 대표적인 예로 사무자동화(Office Automation)를 들 수 있다. 즉, 자동화된 사무기기를 통하여 사무원들의 작업 시간을 대폭 줄이고, 수작업처리에서 발생할 수 있는 여러 가지 오류들을 미연에 방지함으로써 업무의 생산성과 효율성을 향상시키기 위해 노력하고 있다.

현재 기업경영의 생산성과 효율성을 높이기 위해 시중에 여러 가지 소프트웨어가 출시되어 사용되고 있다. 그중에서 엑셀과 파워포인트만큼 대중적이고 활용범위가 넓은 응용 소프트웨어도 없을 것이다. 실제로 최근 CEO와의 간담회에서 밝혀진 내용으로, 기업에서 신입사원들에게 가장 요구되면서 능숙하게 다루어졌으면 하는 응용 소프트웨어로 엑셀과 파워포인트가 꼽혔다. 이는 기업의 중·하위계층 업무에 종사하는 근로자일수록 엑셀과 파워포인트의 필요성이 더욱 강조됨을 알 수 있다.

이 책은 대학에서 다년간 컴퓨터 활용 분야를 강의하면서 느낀 점을 바탕으로 컴퓨터 활용에 관한 실무적 능력을 배양하고자 저술하게 되었다. 이러한 배경하에 사무자동화 부문의 핵심적 응용 소프트웨어인 엑셀과 파워포인트에 집중하여 본 교재를 집필하게 되었다.

특히 현재 실무에서 널리 쓰이고 있는 엑셀 2013과 파워포인트 2013을 중심으로 각 기능에 대한 이해도를 높이기 위해서 다양한 예제를 다루고 있다. 즉, 엑셀과 파워포인트의 주요한 기능들이 활용되는 구체적인 실습 예제를 통하여 단계별로 실행되는 과정을 상세히 설명하였다. 그리고 예제 문제를 단계별로 설명하는 도중에 "TIP"을 삽입하여 자칫 놓치기 쉬운 부분이나, 틀리기 쉬운 내용, 혹은 편리한 기능 등에 대한 설명을 추가하여 이 책을 가지고 공부하는 학습자들의 이해를 높이기 위해 노력하였다.

또한 이해나 숙달이 어려운 함수와 같은 부분은 보다 많은 지면을 할애하여 충분히 이해할 수 있도록 하였으며, 혼자서 터득할 수 있는 차트와 같은 부분은 마법사를 통하여 간략하게 기술하였다. 그리고 각 장의 대부분이 강의 없이 혼자서 엑셀과 파워포인트를 터득할 수 있을 만큼 각 기능들을 상세히 설명하였으며, 문제를 해결하는 과정 또한 학습자 입장에서 차근차근 설명하였다. 이 책을 통하여 컴퓨터 활용에 관련된 실무능력을 배양하기를 원하는 모든 분들에게 많은 도움이 되었으면 하는 바람이다.

끝으로 이 책의 기획과 출간에 있어 많은 도움과 지원을 아끼지 않으신 피앤씨미디어의 박노일 사장님을 비롯한 관계자 여러분께 심심한 감사의 마음을 전하고자 한다.

저자 일동

차 례

C·h·a·p·t·e·r
05
수식 입력 및 함수마법사

C·h·a·p·t·e·r
06
논리 함수와 응용

Chapter 07 텍스트 및 찾기/참조 함수

Chapter 08 날짜 및 시간 함수

C·h·a·p·t·e·r 09

데이터베이스 함수

C·h·a·p·t·e·r 10

통계 함수

Chapter 13
차트 만들기

Chapter 14
파워포인트 기초

Chapter 15
프레젠테이션 작성

Chapter 16
프레젠테이션 완성

C · h · a · p · t · e · r

01

엑셀 기초

1.1 엑셀과 스프레드시트Spreadsheet

엑셀은 Microsoft 사에서 개발한 'Office System'제품의 하나이다. MS사의 'Office System' 제품은 OA(Office Automation)를 위해 개발된 소프트웨어로서 주로 사무실의 작업의 효율성을 높이기 위해 개발된 것으로 세계적으로 널리 활용되고 있다. 현재 MS-Office에서는 MS Word, MS Excel, MS PowerPoint, MS Outlook, MS Access 등의 제품들이 있다.

MS 엑셀은 스프레드시트(Spreadsheet)라고 하는 프로그램의 범주에 속한다. 스프레드시트는 워크시트(Worksheet)라고도 하는데, 이는 각 장의 종이에 행과 열로 구분된 많은 셀(cell)로 구성되어 있다. 이러한 셀을 이용하여 데이터를 입력하고 계산을 할 수 있다. 예를 들어 과거에는 가계부, 판매현황 자료, 비용 산출표 같은 계산표를 작성하기 위해 필기도구와 계산 도구를 사용하였다. 그러나 최근에는 컴퓨터를 이용하여 편리하게 계산표를 작성할 수 있다. 즉 컴퓨터를 사용하여 수치 계산을 빠르고 정확하게 할 수 있도록 도와주는 소프트웨어를 스프레드시트라고 한다. 여기서 스프레드(spread)는 '확장'을, 시트(sheet)는 '용지'를 말한다. 많은 양의 계산표 용지를 프로그램 내에 보관하고 있다는 데에서 그 이름이 정해진 것이다.

스프레드시트는 계산 기능을 기본으로 하여 차트 작성 및 자료 관리 기능 등이 통합된 응용 소프트웨어로서 계산 업무가 많은 회계 및 통계 처리 업무 등에 널리 사용된다.

스프레드시트 프로그램으로는 Lotus 1-2-3, Quattro Pro, Excel과 국내프로그램으로 훈민시트, 하나 스프레드시트, 한글과컴퓨터의 넥셀 등이 있지만 그중에서 엑셀을 대표적인 스프레드시트 프로그램으로 인정하고 있다. Lotus 1-2-3이 MS-DOS에서의 대표 스프레드시트였다면, 윈도우가 등장한 이후에는 엑셀이 대표 스프레드시트가 되었다. 이후 엑셀은 문서 편집 기능을 보강하면서 그림을 그리거나 주소록을 만들 수 있을 정도로 더욱 발전했으며, 다른 오피스 제품군과 호환되면서 막강한 기능을 갖추게 되었다.

1.2 엑셀의 기능

계산 기능

엑셀의 기능 중 가장 대표적인 엑셀의 기능 중 가장 대표적인 기능이다. 입력된 데이터를 사칙연산이나 수학함수, 통계함수, 회계함수 등 다양한 함수를 이용하여 정확하고 신속하게 계산할 뿐 아니라 데이터를 삽입, 수정, 삭제가 용이하며 특히 반복되는 계산을 자동으로 할 수 있다. 또한 계산 결과는 일정한 도표로 나타낼 수 있다. 우측의 화면은 함수를 사용하여 성적의 평균, 등급 및 등급별 숫자를 표시한 작업이다.

성적표

이름	국어	영어	수학	총점	평균	등급
배병준	75	95	55	225	75	C
조항룩	80	80	80	240	80	B
정보영	80	65	60	205	68	D
이재실	65	70	90	225	75	C
김기수	80	75	75	230	77	C
정한기	70	40	60	170	57	F
박한수	92	89	97	278	93	A
천기덕	78	89	89	256	85	B
오영실	90	95	99	284	95	A
조추기	90	78	88	256	85	B

A:	2명
B:	3명
C:	3명
D:	1명
F:	1명
총	10명

문서 작성 기능

엑셀은 문서작성을 위한 프로그램인 워드프로세서 못지않게 보고서 등 문서를 작성하는 기능을 가지고 있다. 특히 표를 많이 포함한 문서는 워드프로세서를 사용하는 것보다 엑셀로 작업하는 것이 오히려 편리하다. 엑셀에서 사용하는 표는 단순한 표 기능만 제공하는 것이 아니라 앞서 설명한 계산 기능을 포함하기 때문에, 복잡한 계산식이나 날짜, 숫자 등의 데이터가 반복 입력되는 문서를 작업할 때는 엑셀을 사용하면 편리하다. 또한 문서를 보기 좋게 꾸밀 수 있도록 글꼴, 색상, 윤곽선 등을 사용자의 요구에 맞게 사용할 수 있다. 아래의 화면은 엑셀에 포함된 서식 파일이다. 품목과 수량 단가만 입력하면 셀에 자동으로 공급가액과 세액이 계산되는 것을 확인할 수 있다.

권 호		거 래 명 세 서					
2013년 08월 01일				공 급 자			
아이사랑				등록번호	123-45-67890		
			귀하	상 호	상도상사	성명	김상도
아래와 같이 계산합니다.				사업장 주 소	서울 동작구 상도동 123		
				업 태	제조,도,소매	종목	의 류
합계금액	金일백이십오만구천오백원정						
월/일	품 목	규격	수량	단가	공급가액	세액	비고
9/1	남방	7	10	11,000	110,000	11,000	
9/3	바지	5	10	13,000	130,000	13,000	
9/5	잠바	9	10	33,000	330,000	33,000	
9/7	원피스	5	15	25,000	375,000	37,500	
9/10	악세서리		20	10,000	200,000	20,000	
계					1,145,000	114,500	
전 잔 고			합 계				1,259,500
전 화	555-3333			인수자			한사랑 인

차트 작성 기능

데이터 비교나 변화 추이를 한눈에 볼 수 있게 해주는 차트를 만들 때는 엑셀 차트 기능을 사용하면 편리하다. 엑셀은 워크시트에 입력된 데이터나 계산된 결과를 근거로 하여 여러 종류의 그래프를 간단하게 작성할 수 있다. 그리고 만일 입력된 데이터에 수정이 가해지면 차트 또한 자동적으로 변경된다. 엑셀에서 제공하는 차트 기능은 데이터 성격과 목적에 따라 어떤 형태의 차트라도 쉽게 작성할 수 있다. 다음의 화면은 '분기별 이익 추이'표의 데이터를 바탕으로 차트를 만든 예이다.

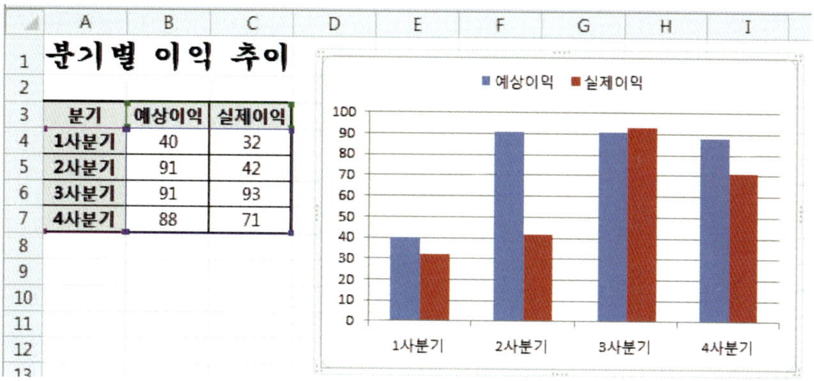

데이터 관리 기능

엑셀은 계산 기능 외에 데이터베이스를 관리할 수 있는 기능을 제공한다. 많은 양의 데이터 목록을 작성할 수 있고, 작성한 데이터 목록을 원하는 조건으로 정렬하거나 필터링할 수 있다. 이외에도 데이터 관리 기능을 사용하면 전문 데이터베이스 프로그램을 사용하지 않아도 쉽게 데이터를 관리할 수 있다.

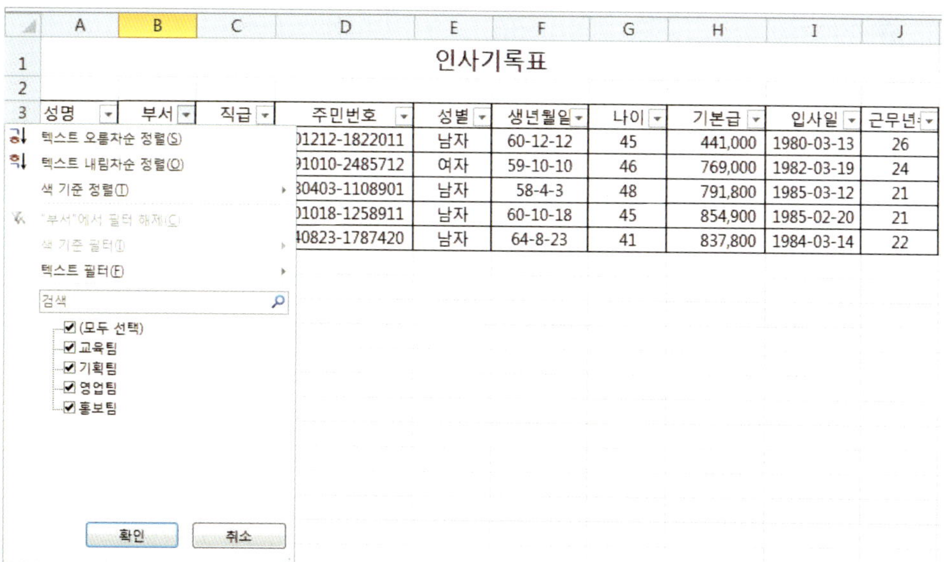

데이터 분석 기능

피벗 테이블 기능을 사용하면 대량의 데이터를 효과적으로 요약, 정리, 분석 할 수 있다. 아래 화면은 피벗테이블의 예이다. 피벗테이블 기능 외에도 시나리오, 목표값 찾기, 해찾기 등의 데이터 분석 기능을 사용하면 효과적으로 데이터를 분석할 수 있다.

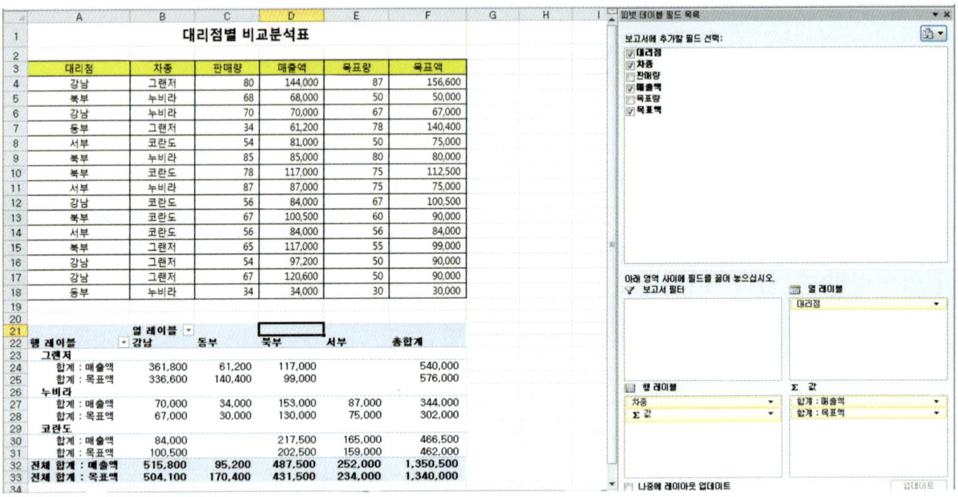

대리점별 비교분석표

대리점	차종	판매량	매출액	목표량	목표액
강남	그랜저	80	144,000	87	156,600
북부	누비라	68	68,000	50	50,000
강남	누비라	70	70,000	67	67,000
동부	그랜저	34	61,200	78	140,400
서부	코란도	54	81,000	50	75,000
북부	누비라	85	85,000	80	80,000
북부	코란도	78	117,000	75	112,500
서부	누비라	87	87,000	75	75,000
강남	코란도	56	84,000	67	100,500
북부	코란도	67	100,500	60	90,000
서부	코란도	56	84,000	56	84,000
북부	그랜저	65	117,000	55	99,000
강남	그랜저	54	97,200	50	90,000
강남	그랜저	67	120,600	50	90,000
동부	누비라	34	34,000	30	30,000

	열 레이블				
행 레이블	강남	동부	북부	서부	총합계
그랜저					
합계 : 매출액	361,800	61,200	117,000		540,000
합계 : 목표액	336,600	140,400	99,000		576,000
누비라					
합계 : 매출액	70,000	34,000	153,000	87,000	344,000
합계 : 목표액	67,000	30,000	130,000	75,000	302,000
코란도					
합계 : 매출액	84,000		217,500	165,000	466,500
합계 : 목표액	100,500		202,500	159,000	462,000
전체 합계 : 매출액	**515,800**	**95,200**	**487,500**	**252,000**	**1,350,500**
전체 합계 : 목표액	**504,100**	**170,400**	**431,500**	**234,000**	**1,340,000**

1.3 엑셀의 실행과 종료

엑셀 시작하기

바탕 화면의 '시작' 단추를 클릭한다. '프로그램'에서 'Microsoft Office 2013'을 클릭한 후 'Excel 2013'을 클릭하면 엑셀 프로그램이 실행된다.

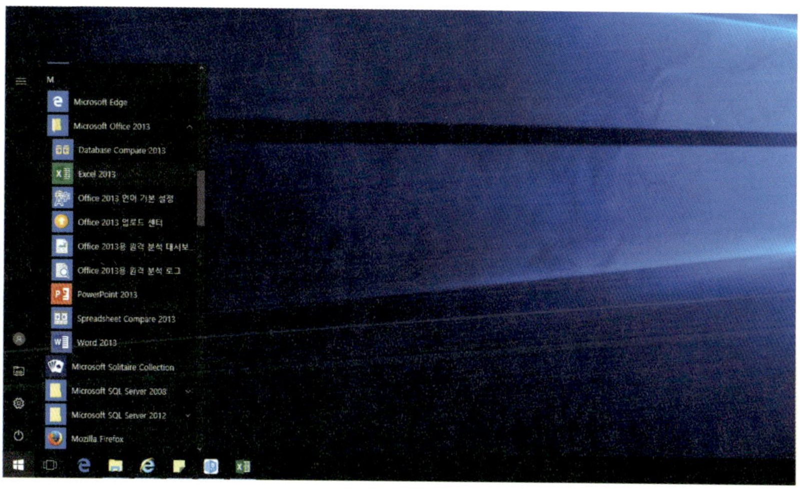

엑셀 종료하기

엑셀을 이용하여 문서 작성을 마쳤다면 프로그램을 종료하기 위하여 그림과 같이 엑셀 단추()를 클릭하고 [닫기]를 클릭하거나, [파일]을 클릭하고 [닫기]를 클릭한다. 또는 단축키 Alt+F4을 누르거나, 프로그램의 우측상단에 위치한 [창 닫기] 버튼을 클릭한다.

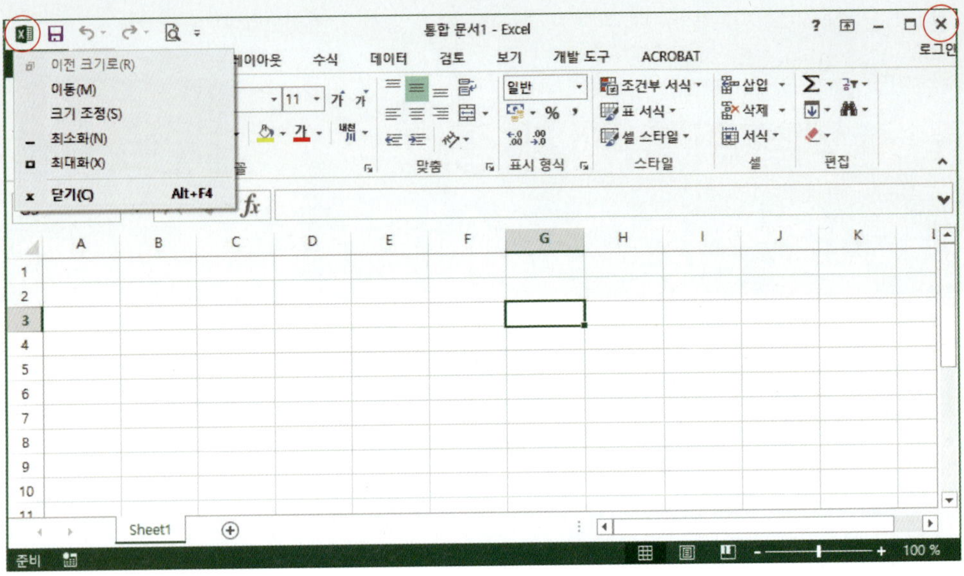

기존에 작성한 문서파일 열기

기존에 작성했던 문서를 열기 위해서는 메뉴에서 [파일]을 클릭하고 [열기(O)]–[컴퓨터]를 클릭하면 원하는 문서파일의 작업을 계속할 수 있다.

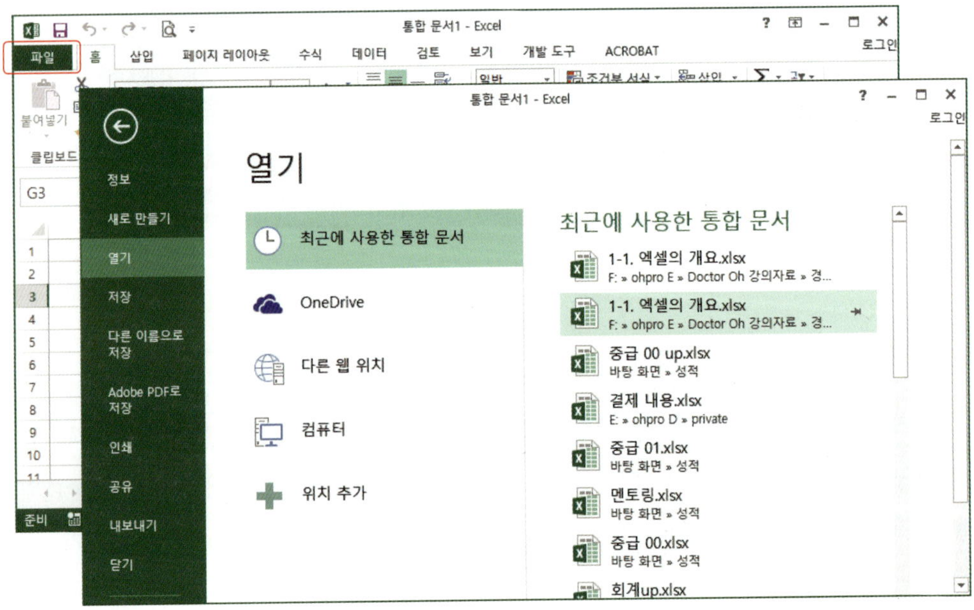

파일을 열기 전에 열고자 하는 파일을 읽기 전용으로 열 수도 있다. 이때, [열기(O)] 버튼의 우측에 위치한 콤보 박스를 클릭하면 아래 화면과 같이 단축메뉴가 나타난다. 여기서 [읽기 전용으로 열기(R)]를 선택하면 해당 파일을 읽기 전용 속성으로 열 수 있다.

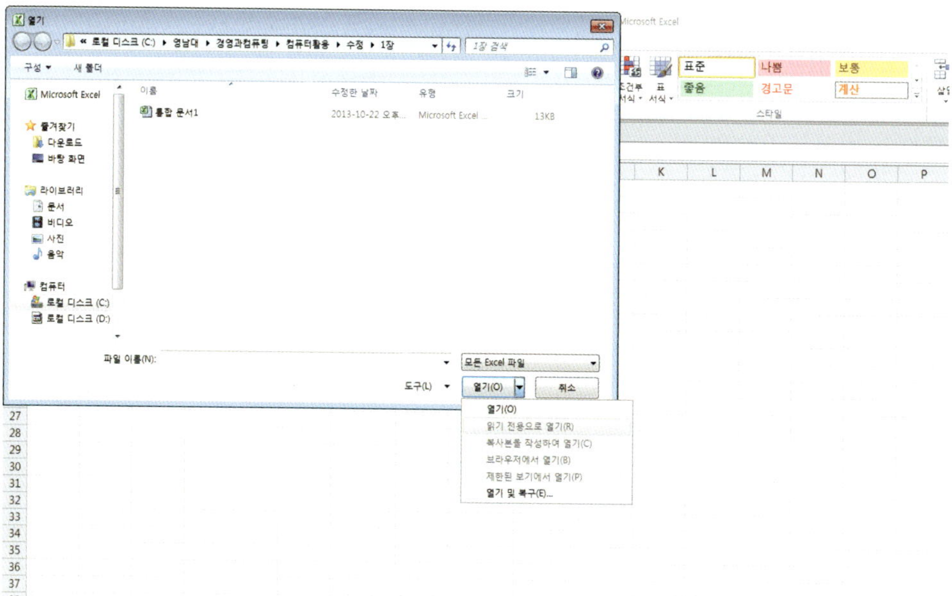

1.4 엑셀의 화면구성

1 엑셀의 화면구성

어느 프로그램이나 그 프로그램과 친숙해지기 위해서는 우선 프로그램의 화면 구성 요소를 파악해야 한다. 엑셀 화면 구성에 관해 개략적으로 살펴보면 다음과 같다.

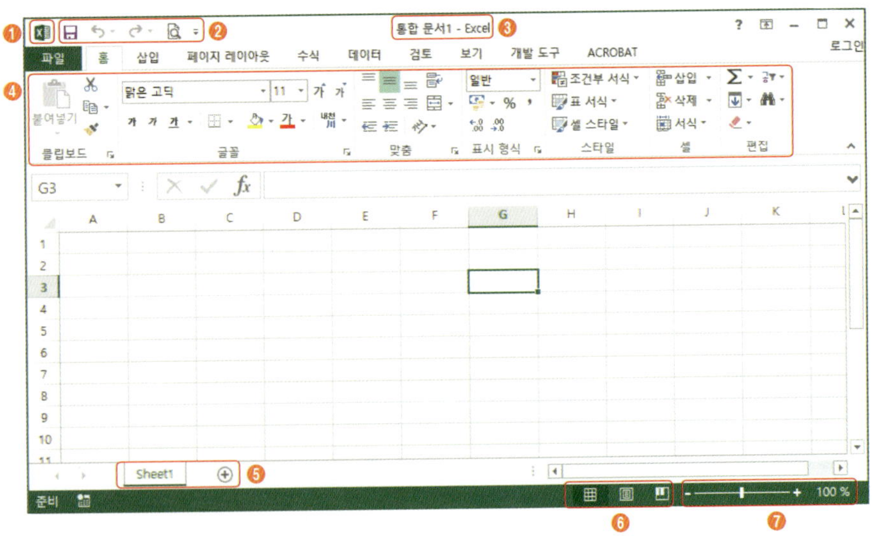

❶ **창 조절 메뉴:** 클릭을 하면 엑셀 창을 조절하는 메뉴가 표시되고, 더블클릭하면 엑셀이 종료된다.

❷ **빠른 실행 도구 모음:** 자주 사용하는 명령을 사용자가 지정하여 사용할 수 있다.

❸ **제목 표시줄:** 프로그램 이름(Excel), 현재 작업중인 파일 이름(통합 문서1)이 표시된다. 사용자가 임의의 이름을 지정하기 전에는 '통합 문서1', '통합 문서2' 등으로 표시된다. 그리고 작업 상태에 따라 '읽기 전용', '호환 모드', '공유', '그룹'이 표시된다.

❹ **리본 메뉴:** 텍스트 형태의 메뉴와 아이콘 형태의 명령 버튼이 통합된 메뉴다.

❺ **시트 탭:** 통합문서에 포함될 시트의 이름이 나타난다. 기본적으로 'Sheet1', 'Sheet2', 'Sheet3'로 나타나지만 사용자에 의해 마음대로 시트의 이름을 변경하거나 삽입, 삭제할 수 있다.

❻ **보기 바로가기:** 기본, 페이지 레이아웃, 페이지 나누기 미리보기 등 워크시트 보기 상태를 선택한다.

❼ **확대/축소 슬라이드:** 확대/축소 버튼을 눌러서 10% 단위로 확대/축소하거나 슬라이드 버튼을 드래그하여 확대/축소할 수 있다.

빠른 실행 도구 모음 사용자 지정하기

빠른 실행 도구 모음의 사용자 지정 버튼을 클릭하고, 목록에 있는 기본 도구들을 선택하여 추가할 수 있으며, 목록 이외의 명령은 '기타 명령'을 선택하여 추가할 수 있다. 또는 리본 메뉴의 각 명령 아이콘에 마우스 포인터를 놓고 마우스의 오른쪽 버튼을 클릭한 후, '빠른 실행 도구 모음에 추가'를 선택하면 바로 추가할 수 있다.

빠른 실행 도구 모음을 제거 할 경우에는 해당 빠른 실행 단추에 마우스 오른쪽 버튼을 클릭한 후 '빠른 실행 도구모음에게 제거'를 선택하면 삭제할 수 있다.

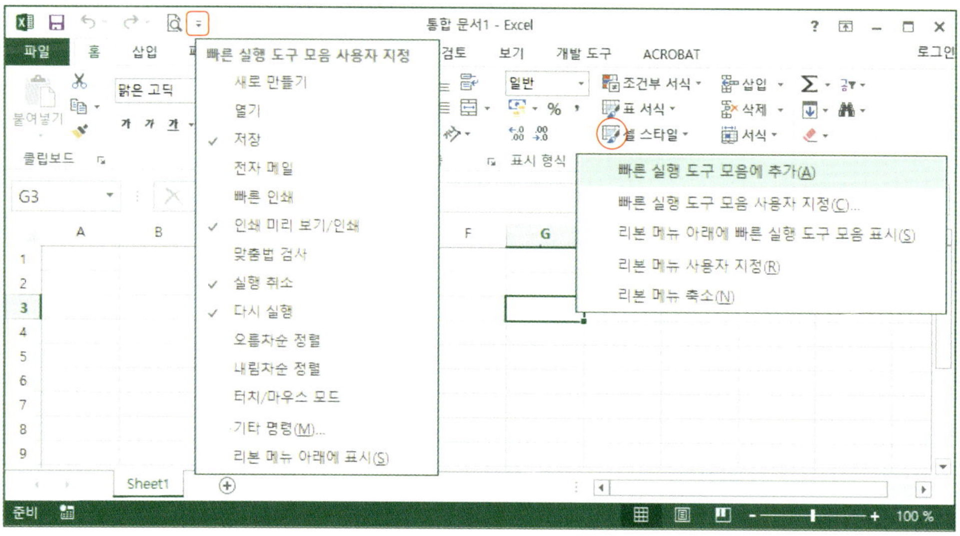

리본 메뉴 최소화하기

자주 사용하는 대부분의 명령들을 빠른 실행 도구 모음에 추가해 놓았다면, 굳이 화면을 많이 차지하는 리본 메뉴를 항상 표시해 놓을 필요가 없다. 이런 경우, 리본 메뉴를 최소화시켜서 사용한다. 리본 메뉴를 최소화하기 위해 '빠른 실행 도구 모음 사용자 지정' 버튼을 누른 후 '리본 메뉴 최소화'를 클릭한다.

리본 메뉴가 최소화된 상태에서는 리본 메뉴의 텍스트 형태인 메뉴 표시줄만 표시되어 있다가 하나의 탭을 클릭하면 해당 탭의 명령들이 표시되고, 하나의 명령을 선택한 후에는 다시 최소화된다.

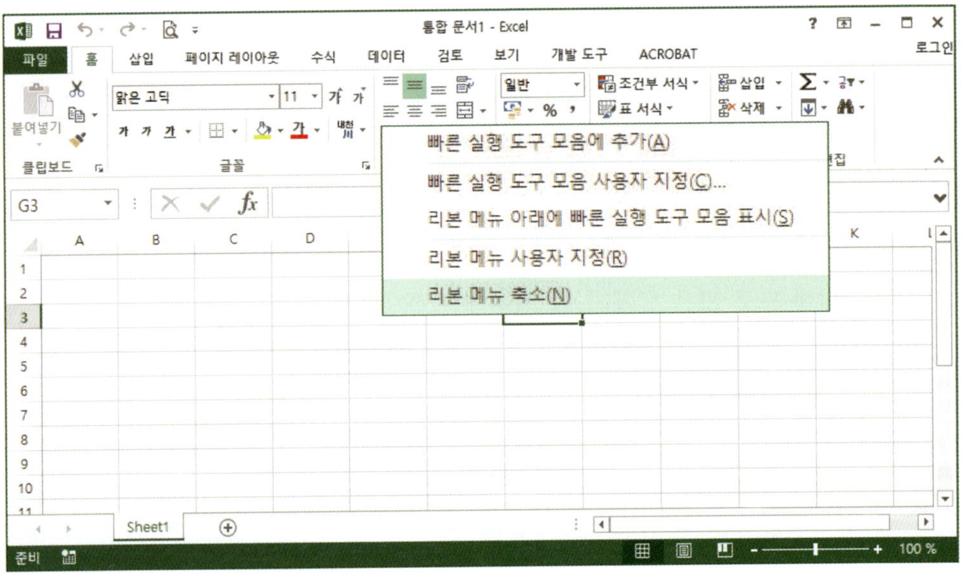

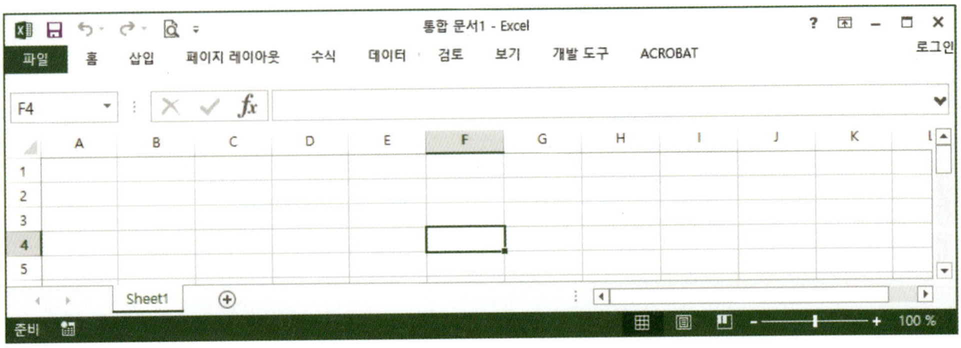

2 엑셀 보기 메뉴 구성

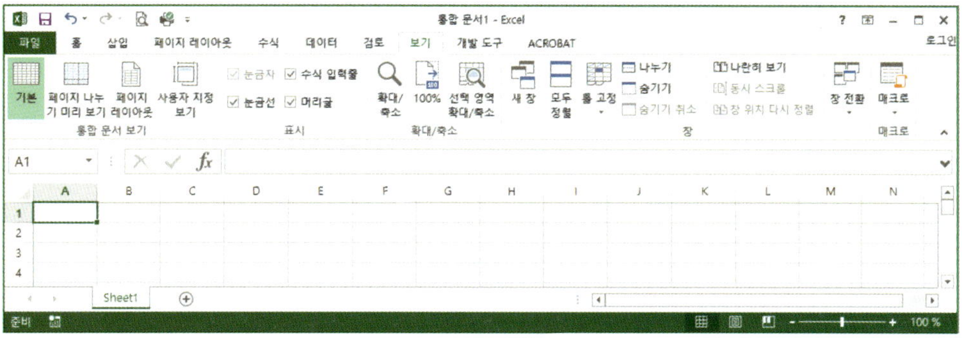

통합문서보기

- 기본: 엑셀 시트를 기본적인 화면으로 볼 수 있다.
- 페이지 레이아웃: 엑셀 시트의 전체적인 윤곽(레이아웃), 머리글, 바닥글을 설정할 수 있다.
- 페이지 나누기 미리보기: 인쇄될 페이지가 어디서 나누어지는지 확인할 수 있다.
- 사용자 지정보기: 사용자가 지정하는 인쇄설정을 저장할 수가 있다.
- 전체화면: 엑셀시트를 전체화면으로 볼 수 있다.

표시

표시/숨기기에는 수식 입력줄, 눈금자, 눈금선, 머리글을 표시하거나 숨기기를 할 수가 있다. 체크표시가 해제가 되면 해당 기능이 해제된다.

확대/축소

[보기] 메뉴의 [확대/축소] 메뉴를 선택해서 확대/축소 배율을 설정하거나, 표준 도구 모음에 있는 [확대/축소] 항목에 직접 배율을 입력해서 설정할 수 있다.

창

- **새 창:** 현재문서보기가 있는 새창을 연다.
- **모두 정렬:** 화면에 열려 있는 모든 프로그램 창을 나란히 배열한다.
- **틀 고정:** 나머지 시트를 스크롤하는 동안 시트 일부가 표시가 유지되도록 설정할 수가 있다.
- **나누기:** 워크시트 보기를 포함하여 크기를 조정할 수 있는 여러 창으로 분할할 수가 있다.
- **나란히 보기:** 내용을 비교할 수 있도록 시트를 나란히 배열한다.
- **동시 스크롤:** (나란히 보기를 누른 상태 후) 사용할 수 있는 옵션으로 두 개의 문서를 동시에 스크롤할 수가 있다.
- **창 위치 다시 정렬:** (나란히 보기를 누른 상태 후) 화면을 동일하게 공유할 수 있도록 나란히 비교할 창 문서위치를 다시 설정한다.
- **작업영역 저장:** 나중에 복구할 수 있도록 모든 창의 현재 레이아웃을 작업영역으로 저장한다.
- **창 전환:** 현재 열려 있는 다른 창으로 이동한다.

C · h · a · p · t · e · r

02 데이터 입력과 파일관리

2.1 엑셀의 셀과 통합문서

1 엑셀의 셀

엑셀은 셀(cell), 워크시트(worksheet), 통합문서로 이루어져 있다. 통합문서는 일종의 회계장부에 비교할 수 있으며, 워크시트는 회계장부 안에 포함된 개개의 페이지에 해당되며, 셀은 각 페이지에서 항목을 기재할 수 있는 개개의 칸으로 생각하면 된다. 즉 다시 말해 많은 셀로 구성되어 있는 것이 워크시트이고 여러 개의 워크시트의 합이 통합문서이다. 셀은 가로 열과 세로 열이 교차하면서 만들어진 공간으로, 일종의 데이터 저장소이다. 셀은 열과 행으로 만들어진 셀 주소로 서로를 구분하는데, 해당 셀을 클릭하면 이름상자에 셀 주소가 나타난다. 예를 들어, A열 1행의 셀 주소는 A1이 된다.

열 ↓

행 ←

	A	B	C
1	A1	B1	C1
2	A2	B2	C2
3	A3	B3	C3
4	A4	B4	C4

→ 셀주소

셀을 이동하려면 마우스로 지정하려는 셀을 클릭해서 셀 포인터를 옮길 수 있다. 또한 키보드나 이름상자를 이용해서 셀 포인터를 원하는 위치로 옮길 수 있다.

마우스를 이용하여 셀 지정하기

셀을 선택하는 가장 기본적인 방법은 마우스를 이용하는 것이다. 워크시트 안에 마우스 포인트를 두면 + 모양이 되는데, 이때 원하는 셀을 클릭하면 해당 셀이 선택된다. 셀이 선택되면, 선택된 셀에는 '셀 포인터(cell pointer)'가 생기고, 셀 주소가 이름상자에 나타난다.

키보드를 이용하여 셀 지정하기

키보드 방향키(←,→,↑,↓)를 누르면 해당 방향으로 셀 포인터가 한 셀씩 이동한다. 인접한 셀로 이동할 시에는 마우스보다 방향키가 훨씬 편리하다. 참고로 Ctrl키와 함께 방향키를 누르면 해당 방향의 마지막 데이터가 있는 셀로 이동한다. 셀 포인터를 옮길 수 있는 키는 다음과 같다.

키	기 능
←, →, ↑, ↓	셀 포인터를 왼쪽, 오른쪽, 위, 아래쪽 셀로 이동
PageUp, PageDown	한 화면 위, 아래로 셀 포인터를 이동
Ctrl+방향키 (←, →, ↑, ↓)	현재 셀의 왼쪽, 오른쪽, 위, 아래 방향으로 데이터가 연이어 입력된 셀 중 맨 끝 셀로 한번에 이동 만약 입력된 데이터가 없으면 워크시트의 끝까지 이동
End+방향키 (←, →, ↑, ↓)	Ctrl을 누른 채 방향키를 누른 것과 동일
Home	현재 행의 맨 앞 셀로 이동
Ctrl+Home	A1셀로 한번에 이동
Ctrl+End	연속해서 입력된 셀 중 가장 오른쪽 아래 셀로(가장 마지막 셀로) 한번에 이동

이름상자를 이용하여 셀 지정하기

이름상자는 셀 주소를 표시하는 역할을 하지만, 특정 셀로 한번에 이동할 수 있게 하여준다. 이름상자에 이동하고자 하는 셀 주소를 입력하고 Enter↵키를 누르면, 해당 셀 주소로 한번에 이동한다.

2 워크시트와 통합문서

앞에서 설명했듯이 여러 개의 셀이 모여서 한 개의 워크시트가 된다. 엑셀을 실행하면 기본적으로 1개의 워크시트가 나타나지만, 필요하면 계속해서 여러 개를 추가할 수 있다. 워크시트는 기본적으로 Sheet1, Sheet2, Sheet3처럼 이름이 붙으나 후에 사용자가 임의로 워크시트의 이름을 변경하여 저장할 수 있다. 사용자가 지정한 워크시트의 이름은 마치 회계장부 페이지를 한 장 한 장 들추지 않고도 견출지에 붙여진 이름만 보고 페이지 내용을 짐작할 수 있듯이, 워크시트도 일일이 시트를 들추지 않고도 시트 이름만 보고 워크시트에 담긴 내용을 짐작할 수 있다.

엑셀은 여러 형태의 문서를 각각의 워크시트에서 작성하되, 파일 한 개로 저장할 수가 있다. 이처럼 여러 형태의 워크시트가 한 개의 파일로 저장된 문서를 통합문서라고 한다. 엑셀에서의 통합문서 이름은 제목 표시줄에 통합 문서1, 통합 문서2…와 같이 임의로 표시되지만 워크시트와 마찬가지로 사용자가 임의로 바꾸어 저장할 수 있다.

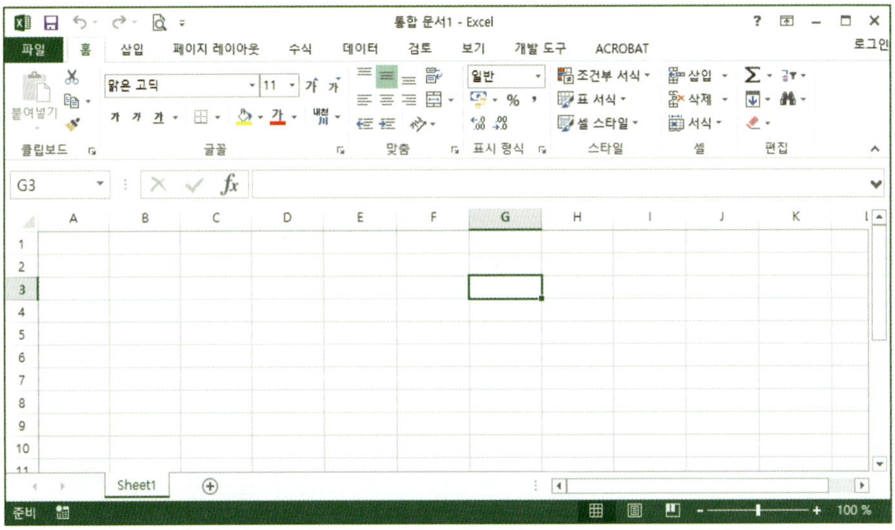

숫자 데이터

숫자는 0~9까지의 아라비아 숫자를 말하며 숫자 데이터는 입력 후 Enter↵ 키나 다른 셀로 이동하면 저장이 되는데 기본적으로 오른쪽으로 정렬이 된다. 열 너비보다 길이가 긴 숫자를 입력하면 열 너비는 자동으로 늘어나지만 억지로 숫자 길이보다 열 너비를 짧게 줄이면, 서식이 없는 숫자는 지수 형태로 표시되며 서식이 지정된 숫자 데이터는 ###으로 표시된다. 숫자 데이터 입력 시에 통화기호(₩), 콤마(,), 백분율(%) 기호와 함께 입력해도 숫자로 인식하여 셀의 오른쪽으로 정렬한다.

날짜/시간 데이터

날짜는 년-월-일, 년/월/일, 년/월, 월/일, 월-일의 형태로 연월일 사이에 하이픈(-)이나 슬러시(/)를 입력한다. 시간은 시:분, 시:분:초, 분:초의 형태로 시분초 사이에 콜론(:)을 입력한다. 시간은 제어판의 '국가별 설정'에서 설정된 표시 형식대로 표시된다.

Tip

현재 날짜와 시간의 단축키 활용

Ctrl+세미콜론(;) → 오늘 날짜 입력
Ctrl+콜론(:) → 현재 시간 입력

수식 데이터

수치 자료를 연산하기 위해 수식을 사용한다. 수식은 항상 등호(=)로 시작해야 한다. 사칙연산자(+, -, *, /)를 사용할 수 있으며, 인수는 숫자나 셀 주소를 사용할 수 있다.

문자 데이터

문자 데이터는 영문, 한글, 한자, 특수 문자 등을 말하며, 숫자와 문자가 혼합된 데이터는 문자 데이터로 취급되며 문자 데이터는 기본적으로 왼쪽으로 정렬된다. 열 너비보다 긴 문자는 오른쪽 셀이 비어 있을 경우에는 오른쪽 셀에 이어서 표시되고, 오른쪽 셀에 데이터가 있는 경우에는 긴 만큼의 나머지 데이터는 숨겨서 표시된다. 만약 한 셀에 두 줄로 입력하려면, Alt키를 누른 상태에서 Enter↵키를 누르면 된다. 특히 숫자를 문자의 형태로 입력하려면 어포스트로피(') 기호를 앞에 붙이고 입력하면 문자로 취급된다. 이때 입력된 셀 왼쪽 귀퉁이에 초록색 마크가 나타나는데, 이를 클릭하면 스마트 태그의 옵션명령 창이 나타나며 숫자로의 변환, 오류검사 등의 명령을 실행할 수 있다.

한자를 글자별로 입력할 때는 한자로 바꿀 글자를 입력한 다음, 키보드에 있는 한자 키를 누르면 해당 한자 목록이 나타난다. 한자를 단어별로 묶어서 입력하기를 원할 때는 해당 단어를 입력하고 한 칸 띄운 다음, 키보드에서 한자 키를 누르면 해당 단어의 한자 목록이 나타난다.

특수 문자는 [삽입]-[텍스트]-[기호] 메뉴를 선택하면 원하는 문자를 삽입할 수 있다. 대화상자에서 글꼴과 하위 집합 목록을 이용하면 다양한 특수 문자를 활용할 수 있다.

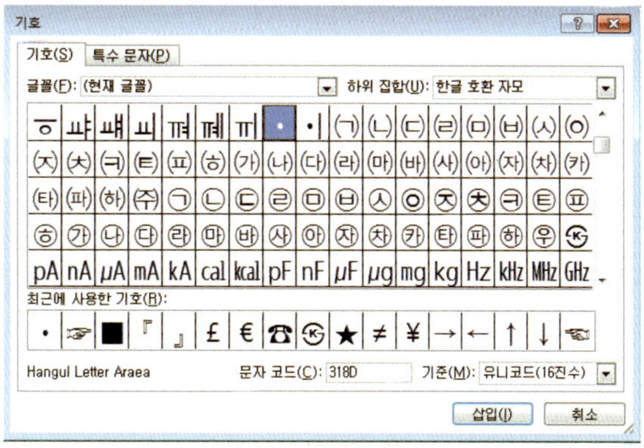

또는 한글 자음(ㄱ~ㅎ)을 입력하고 [한자] 키를 누르면 화면 오른쪽 하단에 특수 문자표가 표시된다. 방향키를 이용해서 특수 문자를 고른 후, 마우스로 클릭하거나 특수 문자표의 문자 번호를 입력하면 된다.

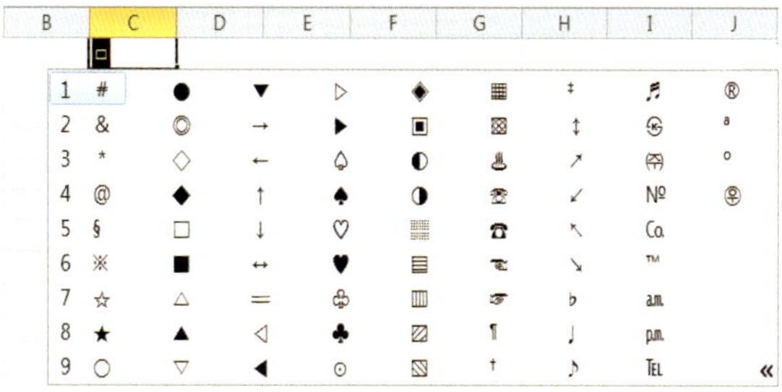

2 데이터 입력

데이터를 입력한 후에는 반드시 Enter↵키를 누르거나 마우스나 방향키로 다른 셀을 선택해야 입력이 완료된다. 수식 입력줄의 '입력 단추'를 클릭해도 된다. 입력을 도중에 취소하려면 Esc키를 누르거나 수식 입력줄의 '취소 단추'를 클릭한다.

자동 완성 기능

같은 열에 입력할 데이터와 첫 글자가 같은 문자열이 있을 때 사용한다. 첫 글자만 입력하면 자동으로 먼저 입력된 문자열이 완성된다. 자동 완성된 데이터를 사용하려면 Enter↵키를 치고, 자동 완성 문자열을 사용하지 않으려면 무시하고 입력하면 된다.

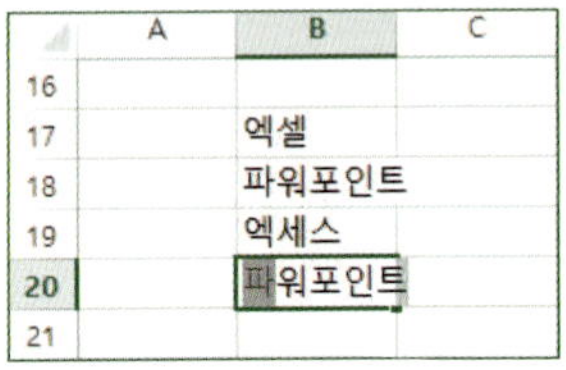

인접 셀의 데이터 복사

단축키를 사용해서 바로 위 셀의 데이터를 복사할 수 있다. Ctrl+'(어포스트로피)를 누르면 바로 위에 있는 셀 데이터가 복사된다. Ctrl+'는 위 셀의 데이터를 복사하지만, 입력을 완료하려면 Enter↵키를 눌러야 하고, Ctrl+D는 입력 완료 상태로 복사한다. Ctrl+R을 누르면 왼쪽 셀 데이터를 복사한다.

범위를 지정한 후 같은 내용 입력

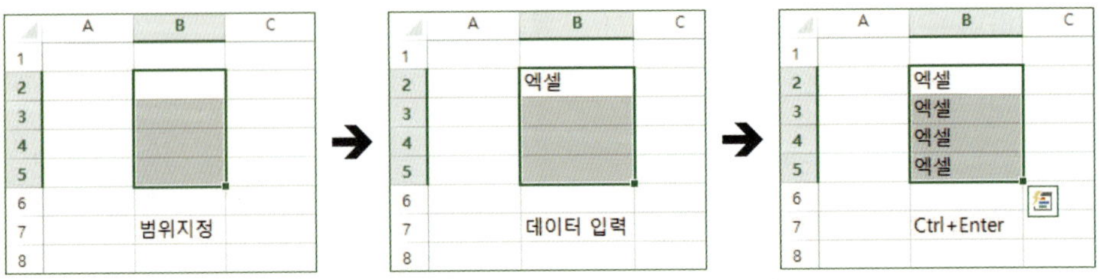

동일한 데이터를 입력할 셀 범위를 지정한 후, 데이터를 입력하고, Ctrl + Enter↵ 키를 누르면, 입력한 내용이 지정한 범위에 한꺼번에 복사된다.

데이터 자동 채우기

자동 채우기는 엑셀이 가지고 있는 강력한 기능 중의 하나이며 채우기 핸들을 이용하여 연속해서 데이터를 복사할 수 있는 기능이다. 이는 단순히 동일한 데이터를 복사할 수도 있지만 일정한 증가나 감소의 값으로 더하거나 빼면서 입력할 수 있는 편리한 기능이다.

데이터를 입력하기 위해 셀을 선택하면 그 셀의 오른쪽 아랫부분에 작은 검정색 사각형이 나타난다. 이를 채우기 핸들이라 한다. 채우기 핸들에 마우스 포인터를 가져가면 검정색 십자가 모양으로 바뀌는데 이를 클릭한 채 드래그하면 이미 입력된 셀의 수식 및 문자 데이터를 다른 셀에 복사할 수 있게 해준다. 이때에 채우기 핸들에는 스마트 태그(Smart Tag)가 나타난다.

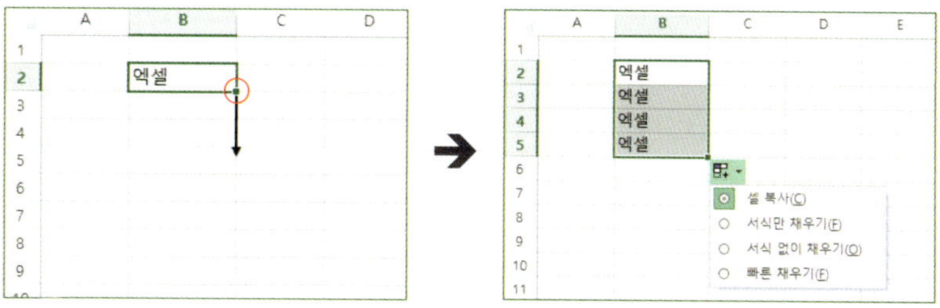

연속되는 데이터 채우기

한 셀에 입력된 데이터에 일정한 값을 더하고, 빼고, 곱하고 또는 나누기하여 얻는 연속 데이터를 채우기 핸들과 메뉴를 이용하여 채울 수 있다.

1) 방법 1

연속되는 데이터의 값을 1씩 증가하게 할 경우는 특정 셀에 숫자를 입력한 후 채우기 핸들을 이용하여 원하는 범위까지 채우기 핸들을 드래그한 다음 마우스에서 손을 떼면 스마트 태그가 나타난다. 이때에 '연속 데이터 채우기'를 클릭하면 지정된 범위의 숫자가 1씩 더하여 자동으로 채워진다. 또는 숫자로만 입력된 셀을 Ctrl키를 누른 상태에서 채우기 핸들을 드래그하면 숫자가 1씩 증가하면서 연속적으로 채워진다. 채우기 핸들을 반대 방향으로 드래그하면 데이터가 지워진다.

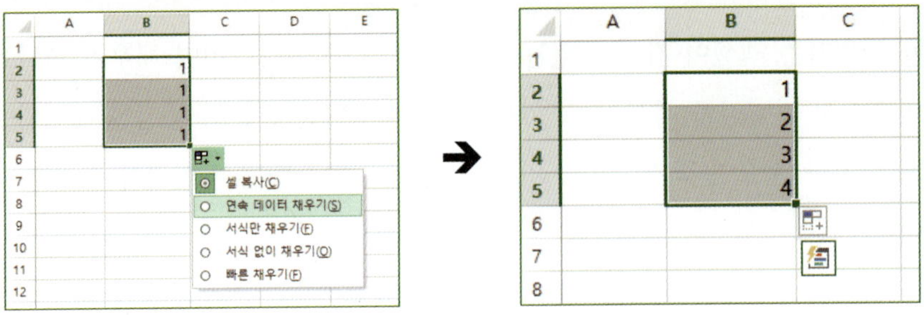

2) 방법 2

문자와 숫자가 혼합된 데이터는 연속된 데이터로 취급되어 데이터에 포함된 숫자가 증가하면서 채워진다. 이때, 데이터에 포함된 숫자를 증가시키지 않고 그대로 복사하고 싶을 때는 Ctrl키를 누른 상태에서 채우기 핸들을 드래그하면 된다.

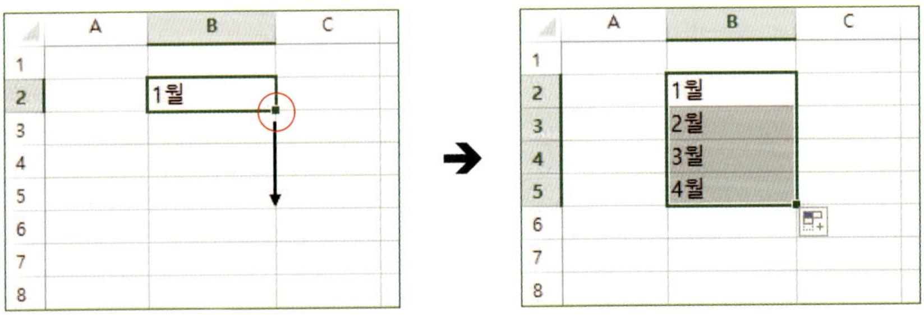

3) 방법 3

시작 값과 증가(또는 감소)하는 수를 미리 두 셀에 입력하고, 두 셀을 범위로 잡은 후, 채우기 핸들을 드래그하면 범위로 잡은 셀의 데이터 값의 차이만큼 증가(또는 감소)하면서 자동으로 연속 데이터가 만들어진다.

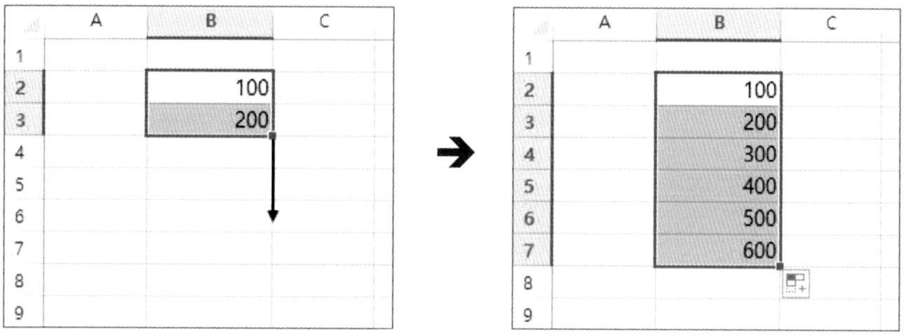

4) 방법 4

[연속 데이터] 대화상자를 이용하는 방법으로서 예를 들면 B2셀에 100이라는 숫자를 입력하고 100, 150, 200, 250, 300, … 등 일정한 증가로 연속되는 데이터를 채우기를 할 경우 우선 B2셀에 100을 입력하고, [홈]-[편집]-[채우기]-[계열] 메뉴를 선택한다. 방향, 유형, 단계값, 종료값을 입력하고 확인 버튼을 누르면 셀에 데이터가 채워진다.

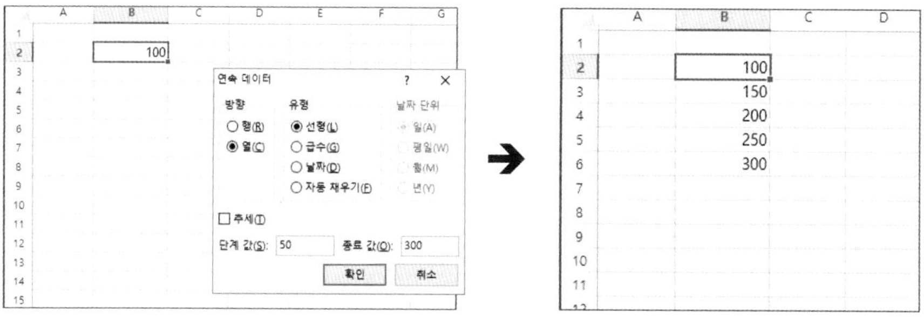

사용자 정의 채우기

자주 사용되는 문자 또는 연속되는 데이터를 나열할 때에 자동 채우기를 이용하면 많은 양의 데이터를 간편하게 작성할 수 있다. [파일]을 클릭하고 [옵션]을 클릭한 후, [고급] 탭의 '사용자 지정 목록 편집'을 클릭하여 옵션 대화상자의 [사용자 지정 목록]탭에 등록해두면 채우기 핸들을 사용하여 쉽게 연속 데이터 채우기를 할 수 있다.

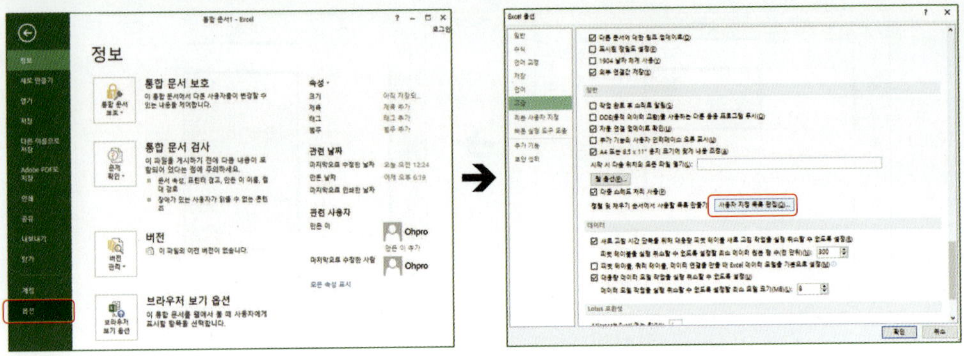

예를 들면, '1월, 2월, 3월, …, 12월'은 사용자 정의 목록에 추가하지 않아도 드래그 핸들을 이용하면 12월까지 채워진다. 하지만 12월을 넘어서면 13월, 14월이 들어가서 논리적으로 맞지 않는 값이 채워진다. 이처럼 시작 값과 종료 값이 있는 연속 데이터를 사용자 지정 목록에 추가해서 논리적으로 맞지 않는 값이 입력되는 것을 막을 수 있다.

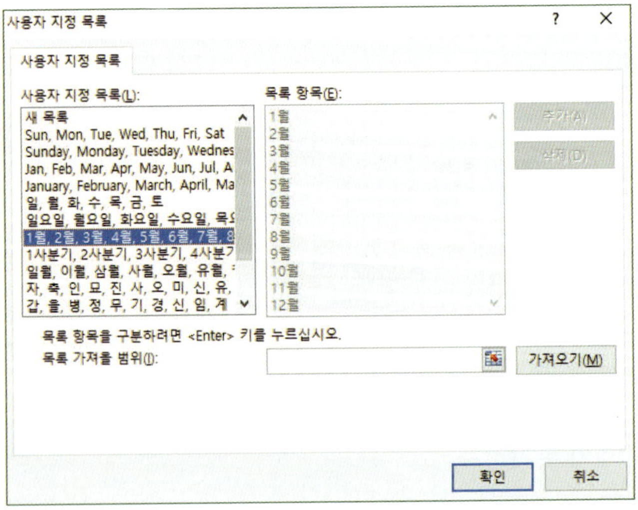

3 데이터 수정과 삭제

셀 내용을 모두 지우고 새로 입력하고자 하는 경우에는, 데이터가 입력된 셀에

2.2 데이터 입력과 수정

엑셀이 회사와 학교에서 널리 사용되는 가장 큰 이유는 탁월한 계산 기능 때문이다. 이런 관점에서 엑셀에 입력되는 데이터를 구분하면 계산할 수 있는 데이터와 계산할 수 없는 데이터로 나눌 수 있다.

- 수치 데이터(계산할 수 있는 데이터): 숫자, 날짜, 수식
- 문자 데이터(계산할 수 없는 데이터): 한글, 영문, 한자, 특수 문자

해당 데이터의 종류를 알면 데이터가 어떻게 표현되고, 이용되는지 쉽게 알 수 있다. 예를 들면, '날짜 데이터는 수치 데이터이기 때문에 계산할 수 있겠구나' 하고 생각할 수 있다. 엑셀에서 표시 형식을 별도로 지정하지 않으면 수치 데이터는 오른쪽을 기준으로 정렬하고, 문자 데이터는 왼쪽을 기준으로 정렬하여 표현한다. 기본적으로 사람은 문자는 왼쪽에서 오른쪽으로 읽고, 숫자를 계산할 때는 끝자리(오른쪽)부터 계산해 나가기 때문에 문자 데이터는 왼쪽, 숫자 데이터는 오른쪽으로 정렬되어 있는 것이 보기 좋다.

1 데이터의 종류

엑셀에서 입력할 수 있는 데이터의 종류는 숫자, 날짜/시간, 수식, 문자 네 가지로 구분할 수 있다.

셀 포인터를 놓고, 새로운 내용을 입력한다.

셀 내용을 일부만 수정하고자 하는 경우, 수식 입력줄에서 해당 내용을 수정하는 방법과 해당 셀을 더블 클릭하거나 F2키를 눌러 수정하는 방법이 있다.

엑셀에서 셀 내용을 지울 때는 셀 내용만 지울지, 서식만 따로 지울지, 모두를 지울지를 지정할 수 있다. 삭제할 자료가 있는 셀을 선택한 후 키보드의 Delete키를 누르거나 [홈]−[편집]−[지우기]−[내용지우기] 메뉴를 선택한다. 서식만 지울 때는 [홈]−[편집]−[지우기]−[서식지우기] 메뉴를 선택한다.

4 외부 데이터 불러오기

엑셀에서는 [데이터]−[외부 데이터 가져오기]−[텍스트]를 이용하여 워드프로세서나 데이터베이스 등에서 작업한 데이터를 불러와 사용할 수 있다. 이때, 텍스트 파일은 각각의 셀에 들어갈 수 있도록 구분 기호나 일정한 너비로 분리되어 있어야 한다. '텍스트 마법사' 3단계 중 1단계에서 텍스트 파일의 데이터가 탭, 콜론, 세미콜론 등과 같은 문자로 구분되어 있으면 '구분 기호로 분리됨'을 선택하고, 항목의 길이가 모두 같으면 '너비가 일정함'을 선택한다.

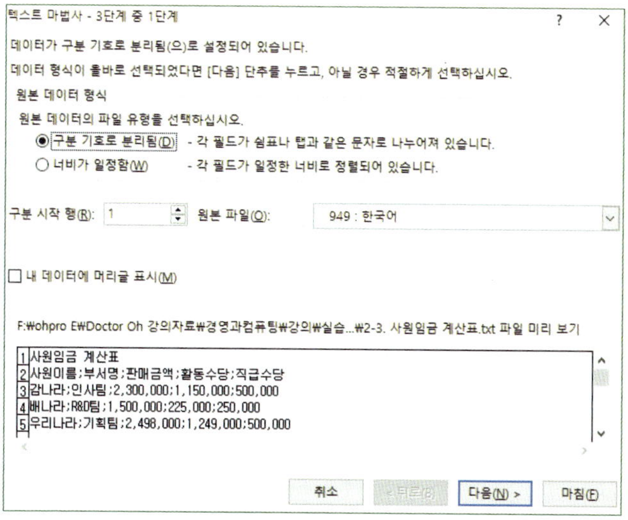

'텍스트 마법사' 2단계에서 '구분 기호'는 텍스트 파일에서 사용된 구분 기호를 선택한다. 해당 기호가 없으면 '기타'란을 선택한 후 사용한 구분 기호를 직접 입력한다. '연속된 구분 기호를 하나로 처리'는 같은 구분 기호가 중복되어 있을 경우 하나로 취급한다. '텍스트 묶음 기호'는 문자 데이터를 구분하기 위한 기호를 지정한다.

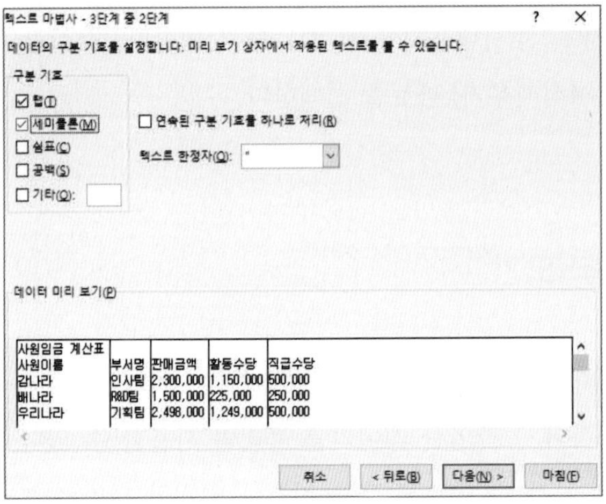

'텍스트 마법사' 3단계에서 '일반'은 숫자 값은 숫자로, 날짜 값은 날짜로, 나머지는 텍스트로 변환한다. '텍스트'는 데이터를 텍스트 형식으로 변환한다. '날짜'는 데이터를 날짜 형식으로 변환한다. '열 가져오지 않음'은 선택한 열을 워크시트로 가져오지 않는다. '고급'은 숫자 데이터의 표시형식을 지정하기 위한 기능을 제공한다.

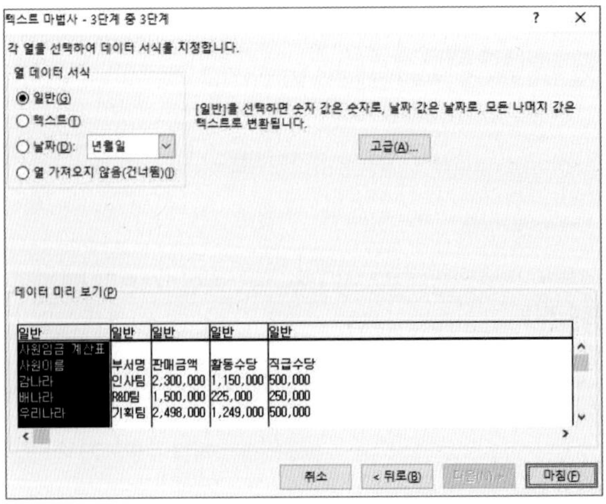

Tip

셀 포인터와 마우스 포인터

윈도우의 응용프로그램을 효과적으로 사용하기 위해서는 마우스를 필히 사용해야 한다. 윈도우를 사용하면 화살표라든지 또는 십자 모양이 나타나는데 이러한 모양을 마우스 포인터라고 한다. 이는 마우스 포인터가 위치한 부분에서 명령을 내릴 때 사용하기도 하고, 이곳이 바로 입력되는 위치를 나타내 주기도 하기 때문에 마우스 포인터는 일종의 지시자 노릇을 한다. 엑셀에서 마우스 포인터는 위치에 따라서 여러 모양으로 바뀐다.

화살표 포인터(↖)

엑셀의 메뉴에 마우스 포인터를 위치시키면 화살표 모양으로 포인터가 바뀐다. 이는 포인터로 사용자가 원하는 명령을 메뉴에서 선택할 수 있다. 또한 셀을 선택하게 되면 선택한 사각형 셀의 테두리에는 굵은 선이 생긴다. 이를 셀 포인터라고 하는데 셀 포인터의 선에 마우스 포인터를 위치시켜 이동, 복사 등을 할 수 있다.

문자 포인터(I)

마우스 포인터를 수식 입력줄에 위치시키면 I자로 바뀐다. 이는 마우스 포인터가 위치한 지점에서 문자의 삽입이 가능하다는 것을 의미한다.

흰색 십자 포인터(✚)

마우스 포인터를 워크시트 상에 위치시키면 흰색 십자 포인터로 바뀐다. 마우스를 클릭하면 셀을 선택하게 되어 입력 대기 상태가 된다. 또한 영역을 지정할 때도 사용된다.

검은 십자 포인터(+)

마우스 포인터로 워크시트 상의 한 개의 셀을 선택하여 보자. 그리고 셀 포인터의 오른쪽 하단 부분에 마우스 포인터를 위치시키면 포인터가 검은 십자 포인터로 바뀐다. 이 때 드래그하면 블록 설정된 셀의 내용이 처음 선택한 셀의 데이터 형태에 따라 복사되어지거나 연속 데이터의 형태로 바뀌어 입력된다. 데이터가 복사나 연속 데이터로 채워지게 되는 기준은 선택한 셀의 내용에 따라 달라지게 된다. 그리고 행과 행 사이 또는 열과 열 사이에 위치시켜도 가는 십자 포인터가 되는데, 행이나 열의 너비를 늘리거나 줄일 때 사용된다.

2.3 문서의 저장

저장하기

컴퓨터로 문서나 데이터 작업을 할 경우 작업 도중에 가끔 컴퓨터가 다운이 되거나 비정상적으로 종료되어 지금까지 한 작업을 수포로 돌리는 안타까운 경우가 종종 있다. 이러한 위험을 막는 최선의 방법은 수시로 저장을 하는 방법이다. 엑셀에서 이미 만들어진 문서가 아니라 새롭게 작업한 문서를 저장할 때는 기본적으로 '통합 문서1, 통합 문서2, …'라는 제목이 표시줄에 나타난다. 사용자가 임의로 문서의 이름을 새로 지정하기 전에는 '통합 문서1, 통합 문서2, …'라는 가칭을 사용한다.

다른 이름으로 저장하기

'다른 이름으로 저장'은 문서를 이미 저장한 후에 다른 위치 또는 다른 이름으로 같은 문서를 새로이 저장해야 할 경우에 사용한다. 메뉴에서 [파일]을 누른 후 [다른 이름으로 저장] 메뉴를 클릭한다. [다른 이름으로 저장] 대화 상자가 나타나면, '저장 위치'와 '파일 이름', '파일 형식'을 지정한 후 '저장' 단추를 클릭한다. 파일 형식은 엑셀 통합 문서의 저장 형식을 결정하는 것으로, 엑셀에서 작성한 문서를 다른 응용 프로그램이나 하위 버전에서 열어야 할 때 파일 형식을 다른 응용 프로그램이나 하위 버전 형식으로 저장할 수 있다.

저장 옵션 이용하기

엑셀의 저장에는 중요한 문서나 데이터가 공개되지 못하도록 암호를 사용할 수 있다. 암호는 보호된 셀, 그래픽 개체, 파일 등에 접근할 때 입력해야 하는 텍스트이다. 암호는 255문자까지 입력할 수 있고 문자, 숫자, 공백, 기호 등을 조합해서 지정할 수 있다.

《암호 저장하기》

❶ [파일]을 누른 후 저장 메뉴의 [다른 이름으로 저장] 대화 상자에서 왼쪽 아래 [도구] 메뉴의 [일반옵션]을 선택한다.

❷ [일반옵션] 대화 상자에서 암호를 각각 입력한다. 열기 암호와 쓰기 암호 둘 모두 암호를 지정하지 않아도 된다.

❸ [암호 확인] 대화 상자에서 암호를 다시 입력하고 [확인]을 클릭한다.

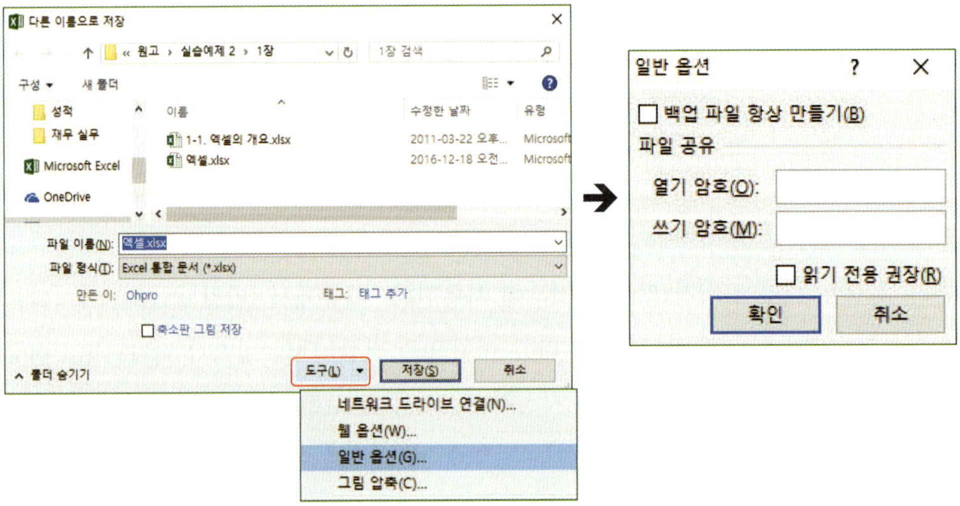

《암호의 변경과 해제》

파일에 암호를 부여했더라도 나중에 사용자가 원하면 암호를 변경하거나 해제할 수 있다.

1. 암호를 변경하거나 삭제할 파일을 선택한다.
2. [파일]-[다른 이름으로 저장]을 선택한다.
3. [도구]메뉴에서 [저장 옵션]을 선택한다.
4. 기존암호를 나타내는 ****을 선택한 후 기존의 암호를 변경하려면 새로운 암호를 입력하고, 암호를 삭제하려면 Delete를 누른다.
5. 저장 버튼을 클릭한다.

2.4 문서의 인쇄

작업을 마치고 [파일]을 클릭한 후 표준 도구 모음의 '인쇄'를 클릭하면 인쇄 설정 사항 없이 바로 인쇄된다. 이런 경우 엑셀은 워드프로세서처럼 A4 용지가 작업 대상이 아니기 때문에 용지와 맞지 않게 배치되거나 중간에 표가 잘려서 인쇄되는 경우가 많다. 따라서 미리 보기와 페이지 설정에서 용지, 여백 등을 조정하고 인쇄하는 것이 좋다.

미리 보기

작업 문서를 인쇄하기 전에 화면으로 미리 확인하는 기능이다.

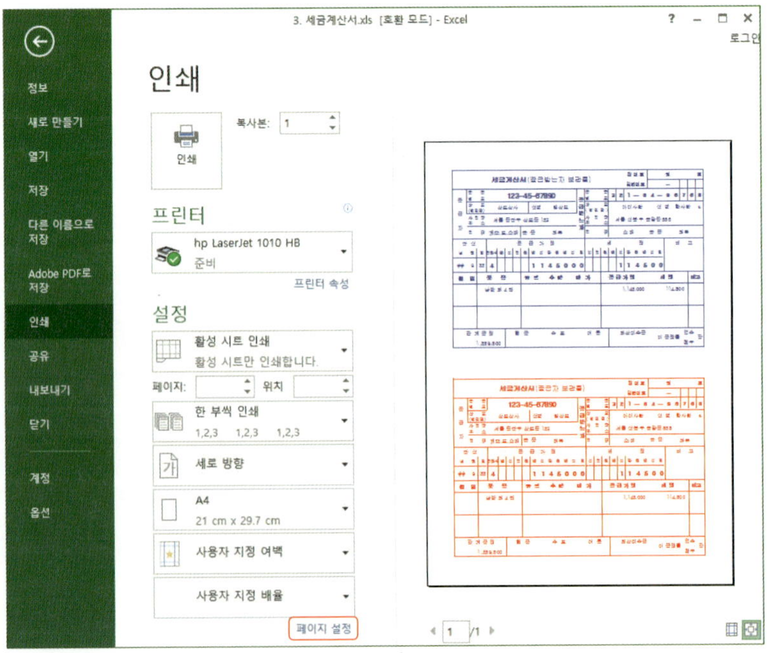

[파일]–[인쇄]를 클릭한다. [미리 보기]에서는 화면 하단의 상태 표시줄에 총 페이지 수와 현재 페이지가 표시된다. 인쇄할 내용을 확대/축소해서 볼 수 있고, '페이지 설정' 버튼을 누르면 인쇄와 관련한 각종 설정을 변경할 수 있다. '사용자 지정 여백' 버튼을 누르면 설정된 여백을 기본, 넓게, 좁게로 재설정할 수 있다. '사용자 지정 배율' 버튼을 누르면 현재 설정된 용지, 한 페이지에 시트 맞추기, 한 페이지에 모든 열 맞추기, 한 페이지에 모든 행 맞추기를 설정할 수 있다. 인쇄 버튼을 누르면 인쇄가 진행된다.

페이지 설정 대화상자

1) 페이지 설정

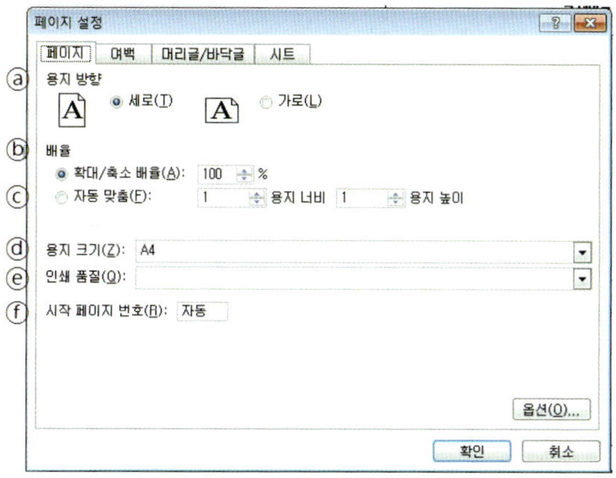

페이지 설정 대화상자를 통해 사용자가 인쇄될 결과물에 필요한 용지 종류, 용지 방향, 용지 여백, 머리글과 바닥글, 페이지 순서 등을 임의로 설정할 수 있다. 페이지 설정을 실행하려면 [파일]을 클릭한 후 [인쇄] 창에서 [페이지 설정] 버튼을 선택하면 된다. 단, 인쇄 미리 보기에서의 설정 버튼을 사용하면 페이지 설정의 [시트] 탭에서 인쇄 제목이나 메모 등을 설정할 수 없다.

ⓐ **용지 방향**: 인쇄할 페이지의 용지 방향(가로 또는 세로)

ⓑ **축소/확대 배율**: 인쇄할 워크시트의 축소/확대 배율(최소 10%~최대 400%)

ⓒ **자동 맞춤**: 지정한 페이지의 수에 맞게 인쇄할 수 있도록 워크시트나 선택 영역을 줄임. '자동 맞춤' 확인란을 선택하고 '용지 너비' 상자와 '용지 높이' 상자에 숫자를 입력한다. 필요한 페이지만큼 인쇄하고, 페이지 너비를 채우려면 '용지 너비' 상자

에 1을 입력하고 '용지 높이' 상자는 비워두면 된다.

ⓓ **용지 크기:** 프린터에서 사용할 용지 크기, 문서나 편지 봉투 크기를 지정하려면 'Letter'나 'A4'고, 이 밖에도 다양하게 용지 크기를 지정할 수 있다.

ⓔ **인쇄 품질:** 현재 통합 문서의 인쇄 수준을 지정하려면 원하는 해상도를 누른다. 해상도는 인쇄하는 페이지에 1인치마다 나타나는 점의 수(dpi: Dot Per Inch)다. 해상도가 높을수록 깨끗하게 인쇄된다(단, 프린터가 고해상도 출력이 가능해야 함).

ⓕ **시작 페이지 번호:** 첫 페이지부터 인쇄할 때는 1을, 두 번째 페이지부터 페이지 번호를 매기려면 '자동'을 입력한다. 1이 아닌 다른 숫자로 시작 페이지 번호를 지정하려면 해당 숫자를 입력한다.

2) 여 백

[파일]-[인쇄]-[인쇄 미리 보기] 클릭한 후 페이지 설정 대화상자에서 '여백' 탭을 클릭하면 여백을 지정할 수 있다. 인쇄 페이지의 가장자리에서 데이터까지의 거리를 지정하려면 '위쪽', '아래쪽', '왼쪽', '오른쪽' 상자에서 크기를 조절한다. '페이지의 가운데' 항목에서 '가로'와 '세로'를 체크하면 표를 용지의 한가운데에 인쇄한다.

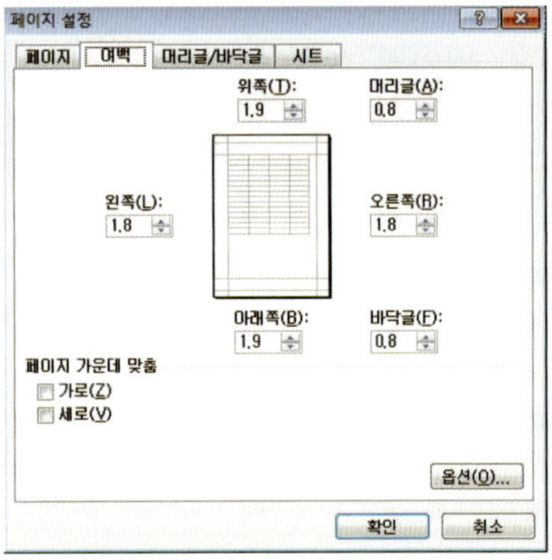

3) 머리글/바닥글

머리글과 바닥글은 실제 워크시트 화면에는 표시되지 않지만, 인쇄할 때 표시할 수 있는 부분이다. 머리글과 바닥글을 삽입하고 편집하려면 [보기]-[머리글/바닥글] 메뉴를 선택하거나 미리 보기 화면에서 설정 버튼을 클릭한 후 머리글/바닥글 탭을 선택하면 된다.

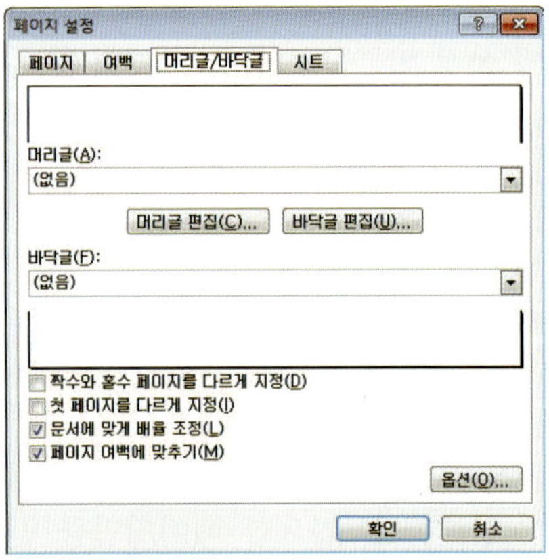

머리글 편집이나 바닥글 편집 버튼을 눌

러서 삽입하거나 편집할 수 있다. 머리글이나 바닥글 편집 상자에는 많이 사용하는 기능이 도구 모음으로 만들어져 있다. 각 구역별로 직접 입력해도 되지만, 도구 모음을 클릭해서 원하는 머리글을 삽입해도 된다.

4) 시 트

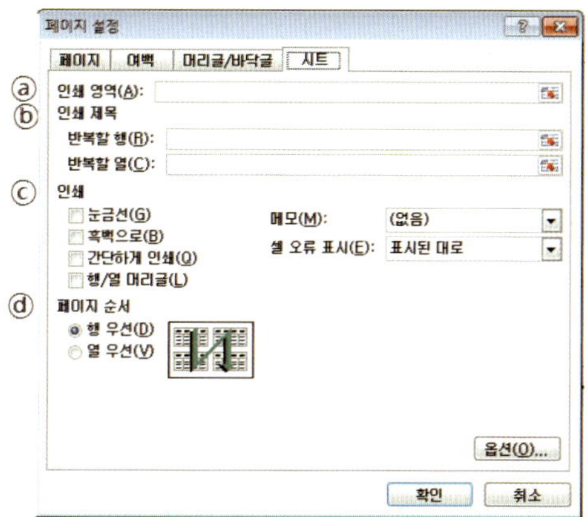

ⓐ **인쇄 영역:** 인쇄 영역은 워크시트에서 [파일]– [인쇄]–[페이지 설정]을 클릭한 후 페이지 설정 대화상자에서[시트]–[인쇄 영역 설정] 메뉴를 지정하면 설정할 수 있다. 또는 인쇄 영역의 '범위 설정' 아이콘( )을 클릭해서 지정할 수도 있다.

ⓑ **인쇄 제목:** 인쇄할 워크시트의 매 페이지마다 같은 행이나 열을 제목으로 인쇄할 수 있다. 특정 행을 각 페이지의 수평 제목으로 인쇄하려면 '반복할 행'을 선택하고, 수직 제목을 각 페이지에 인쇄하려면 '반복할 열'을 선택할 후 워크시트에서 원하는 제목 행이나 열의 셀을 선택한다.

ⓒ 인 쇄

- **눈금선:** 워크시트의 셀 눈금선을 인쇄한다.
- **행/열 머리글:** A1 참조 스타일로 열 문자와 행 번호를 인쇄하거나 R1C1 참조 스타일로 번호가 부여된 행과 열을 인쇄할 때 선택한다.
- **흑백으로:** 컬러를 지정한 서식을 흑백 프린터에서 인쇄하려면 '흑백으로'를 체크한다. 컬러 프린터를 사용할 때도 흑백으로 항목을 체크하면 인쇄 시간이 짧아진다.
- **메모:** 각 페이지의 시작 메모를 문서의 끝에 인쇄하려면 '시트 끝' 옵션을 선택하고, 워크시트에 메모가 나타나는 위치에 메모를 인쇄하려면 '시트에 표시된 대로' 옵션을 선택한다. 또한 '시트에 표시된 대로'를 누르면 나타난 메모만 인쇄된다.
- **시험 출력:** 빠르게 인쇄할 때 선택한다. 셀 눈금선과 대부분의 그림이 인쇄되지 않는다.

ⓓ **페이지 순서**: 데이터를 한 페이지에 인쇄할 수 없을 때 데이터에 매겨진 번호와 인쇄 순서를 제어하려면 '행 우선'이나 '열 우선'을 누른다. 오른쪽의 미리 보기에서 옵션에 따라 문서가 인쇄되는 방향을 미리 보여준다.

인 쇄

미리 보기에서 여백 조절과 페이지 설정, 인쇄 대상, 인쇄 매수, 인쇄 범위 등을 선택한 다음 [인쇄]를 누르면 인쇄가 시작된다.

실습 2-1 '고객 관리 현황' 만들기

다음 '고객 관리 현황'을 입력한다. 작성일은 현재 날짜가 입력되도록 한다.

	A	B	C	D	E	F	G	H	I
1	■ 고객 관리 현황 ■								
2								작성일:	2017-03-07
3	고객 코드	성명	ID	주민등록번호	성별	소재지	자택전화	거래시작일	주문금액
4	100	김원희	1-1	740507-2704236	女	북대구	548-5113	1995-03-02	430000
5	101	박명수	2-1	790805-1480815	男	서대구	548-5114	1998-04-06	230000
6	102	유재석	1-2	820420-1034567	男	동대구	234-0986	1999-05-21	275000
7	103	노홍철	3-1	820525-1670912	男	서대구	234-0987	2000-01-29	326000
8	104	강유미	2-2	830930-2098765	女	남대구	887-9928	2001-10-12	125000
9	105	신봉선	4-1	821115-2123456	女	동대구	231-2232	2002-01-23	670000

❶ 특수 문자 입력하기

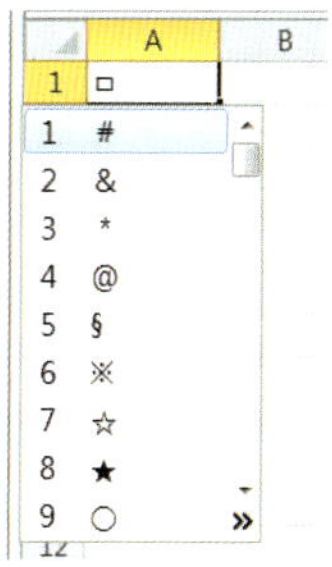

A1셀에 포인터를 두고, 한글 자음 'ㅁ'을 입력한 후 [한자] 키를 누른다. 특수 문자 목록에서 원하는 모양을 마우스로 선택하고, '고객 관리 현황'을 입력한 후, Enter↵키를 누른다.

❷ 현재 날짜 입력하기

I2셀에는 현재 날짜가 입력되도록 한다. Ctrl+세미콜론(;)을 누르면 현재 컴퓨터에 설정된 날짜가 자동으로 입력된다.

❸ 셀 안에서 줄 바꾸기: 두 줄 입력

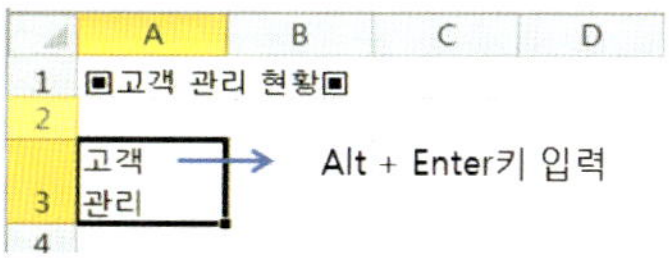

A3셀에 포인터를 두고, '고객'을 입력한 후, Alt+Enter↵키를 눌러서 셀 안에서 줄을 바꾸고, '코드'를 입력한다.

4 데이터 자동 채우기

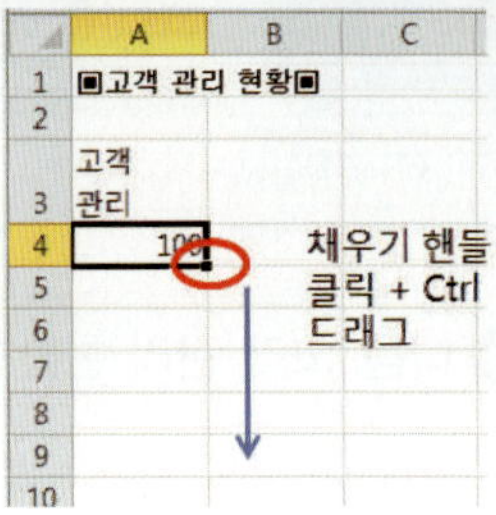

A4셀에 100을 입력한 후, A4셀의 채우기 핸들을 클릭하고 Ctrl키를 누른 상태에서 채우기 핸들을 A9셀까지 드래그하면 숫자가 1씩 증가하면서 연속적으로 채워진다.

5 ID 입력하기

C4셀에 '1－1'을 입력하고자 하는데, 숫자 사이에 하이픈(－) 기호를 사용하면 자동으로 날짜로 입력된다. 이 경우, C4셀을 선택하고 어포스트로피(') 기호를 입력한 후 1－1을 입력하고, Enter↵키를 누른다.

6 주민등록번호 입력하기

주민등록번호를 입력할 때는 가운데 하이픈(－)을 직접 입력하는 방법과 '셀서식'을 이용하는 방법이 있다. '셀서식'을 이용하는 경우에는 하이픈(－)을 입력하지 않고 주민등록번호의 숫자만 입력한 후, [마우스 오른쪽]－[셀서식]－[기타]에서 '주민등록번호'를 선택한다. 두 방법의 차이점은 하이픈(－)을 직접 입력하는 경우에는 하이픈(－)을 문자로 인식하는 것이고, '셀서식'을 이용하는 경우에는 문자로 인식하지 않는다는 점이다. 이것은 함수식 계산에서 중요하다.

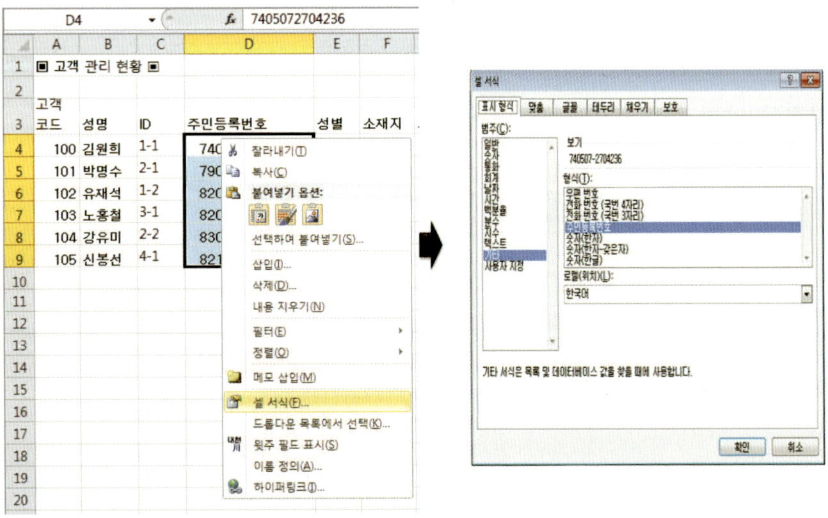

❼ 한자 입력하기

여 또는 남을 입력한 다음, 키보드에 있는 [한자] 키를 누르면 해당 한자 목록이 나타난다.

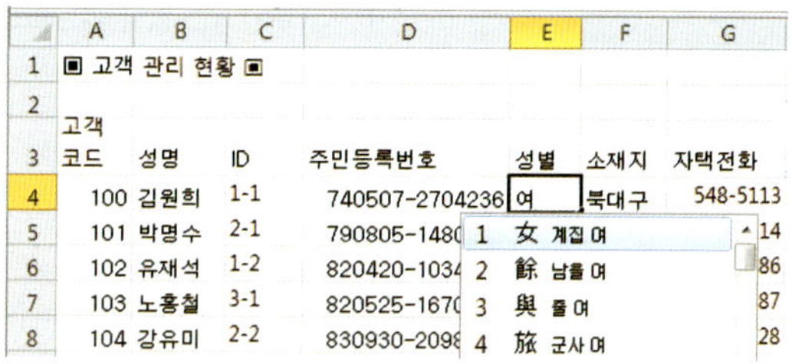

❽ 자동 완성 기능으로 채우기

소재지와 같이 같은 열에 입력할 데이터와 첫 글자가 같은 문자열이 있을 때는 자동 완성 기능을 사용한다. F5셀에 이미 서대구가 입력되어 있기 때문에, F7셀에 '서'를 입력하면 자동으로 나머지 글자가 채워진다. F7셀에 '서'를 입력하고 Enter↵ 한다.

❾ 자택전화 입력하기

자택전화를 입력할 때는 가운데 하이픈(−)을 직접 입력하는 방법과 '셀서식'을 이용하는 방법이 있다. 먼저, 전화번호를 입력할 범위를 지정한 후, [마우스 오른쪽]−[셀서식]−[기타]에서 '전화번호(국번3자리)'를 선택한다. 그리고 숫자를 입력하면 전화번호 형태로 변환되는 것을 볼 수 있다.

❿ 거래시작일 입력하기

날짜는 년−월−일, 년/월/일, 년/월, 월/일, 월−일의 형태로 연월일 사이에 하이픈(−)이나 슬러시(/)를 입력한다. H4셀에 1995−03−02 또는 1995/03/02의 형태로 입력한다.

⓫ 숫자 데이터 입력하기

나머지 숫자 데이터를 입력하여 표를 완성한다.

실습 2-2 '상반기 건물 점검표' 만들기

다음 '상반기 건물 점검표'를 입력한다.

	A	B	C	D	E	F	G
1	상반기 건물 점검표						
2							
3	건물	01월 15일	02월 15일	03월 15일	04월 15일	05월 15일	06월 15일
4	상경관1층	○	○	○		○	
5	상경관2층	○		○			○
6	상경관3층	○	○	○		○	○
7	인문관1층	○		○	○		
8	인문관2층	○		○		○	○
9	인문관3층	○		○			○
10	사회관1층	○	○	○			
11	사회관2층	○		○	○	○	○
12	사회관3층	○	○	○			○
13							

① 데이터 자동 채우기

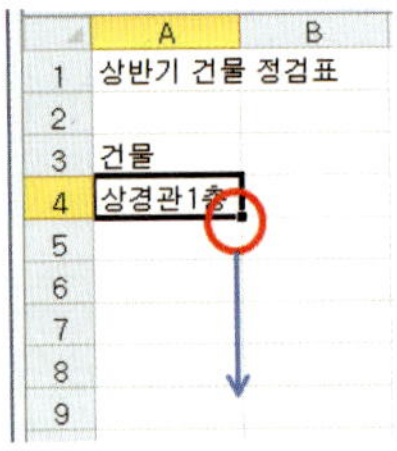

A4셀에 상경관1층을 입력한 후, A4셀을 클릭한 상태에서 채우기 핸들을 A6셀까지 드래그한다. 인문관과 사회관도 동일한 방법으로 자동 채우기를 한다.

② B3셀과 C3셀에 월－일의 형태로 1－15와 2－15를 각각 입력한 후, 두 개의 셀을 범위로 잡고 채우기 핸들을 G3셀까지 드래그한다.

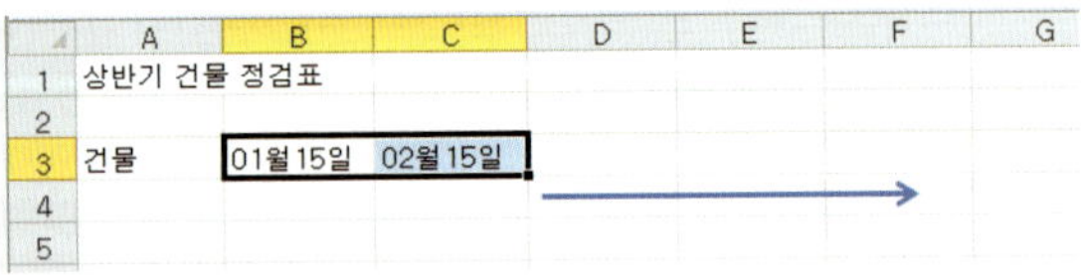

③ 범위를 지정한 후 같은 내용 입력

먼저, 동일한 데이터를 입력할 셀 범위를 Ctrl를 누른 상태에서 지정한다. 다음으로, 특수문자를 입력하기 위해 자음 'ㅁ'을 입력하고 한자 키를 누른 후 특수문자 'ㅇ'를 선택하고, Ctrl+Enter↵키를 누르면, 입력한 내용이 지정한 범위에 한꺼번에 복사된다.

상반기 건물 정검표
건물
01월 15일
02월 15일
03월 15일
04월 15일
05월 15일
06월 15일
상경관1층
상경관2층
상경관3층
인문관1층
인문관2층
인문관3층
사회관1층
사회관2층
사회관3층
ㅁ
1 #
2 &
3 *
4 @
5 §
6 ※
7 ☆
8 ★
9 ○

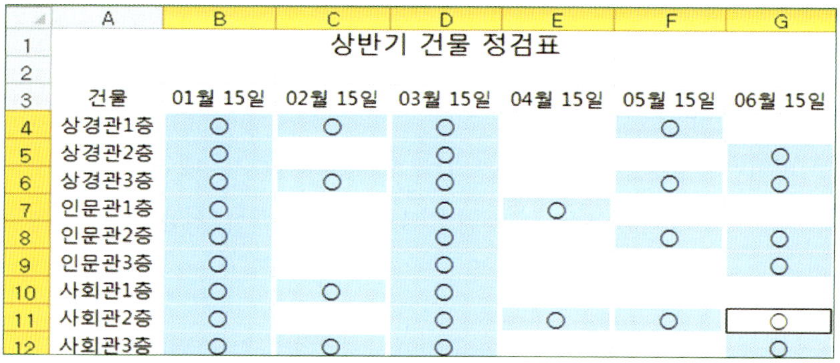
상반기 건물 정검표
건물
01월 15일
02월 15일
03월 15일
04월 15일
05월 15일
06월 15일
상경관1층
상경관2층
상경관3층
인문관1층
인문관2층
인문관3층
사회관1층
사회관2층
사회관3층

실습 2-3

'사원임금계산표.txt' 불러오기

다음의 데이터를 메모장에 입력하고, '사원임금계산표.txt'로 저장한다. 이때, 데이터를 구분하는 '[;](세미콜론)' 사용에 주의하여 입력한다. 입력한 '사원임금계산표.txt'를 엑셀에서 불러온다.

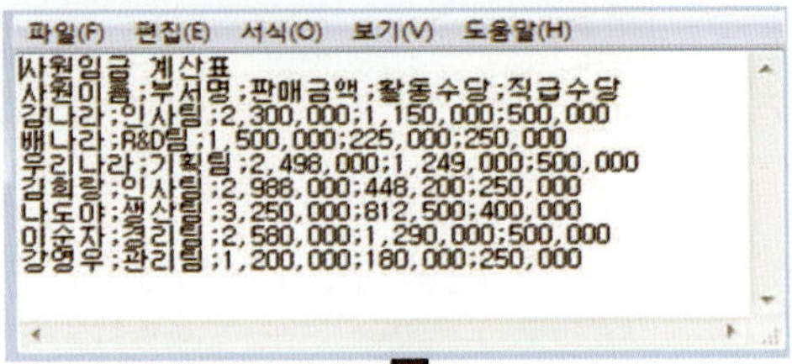

	A	B	C	D	E
1	사원임금 계산표				
2	사원이름	부서명	판매금액	활동수당	직급수당
3	감나라	인사팀	2,300,000	1,150,000	500,000
4	배나라	R&D팀	1,500,000	225,000	250,000
5	우리나라	기획팀	2,498,000	1,249,000	500,000
6	김희랑	인사팀	2,988,000	448,200	250,000
7	나도야	생산팀	3,250,000	812,500	400,000
8	이순자	경리팀	2,580,000	1,290,000	500,000
9	강영우	관리팀	1,200,000	180,000	250,000

① 외부 데이터 불러오기

외부 데이터를 불러오기 위해 [파일]을 클릭하고 [열기] 메뉴를 선택한다. [열기] 대화상자에서 파일 형식을 '텍스트 파일'을 선택하고 입력한 '사원임금계산표.txt' 파일을 열기한다.

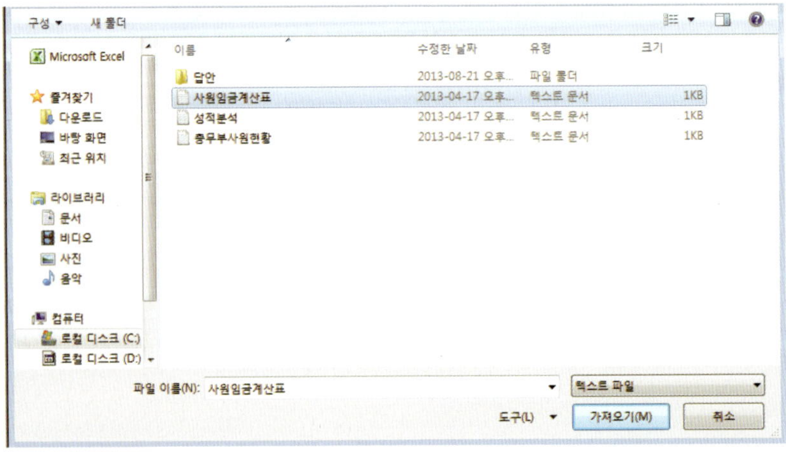

② 텍스트 마법사-3단계 중 1단계

'사원임금계산표.txt'에서 데이터를 구분하기 위해 '[;](세미콜론)'을 사용하였으므로 '구분 기호로 분리됨'을 선택한 후, 다음을 클릭한다.

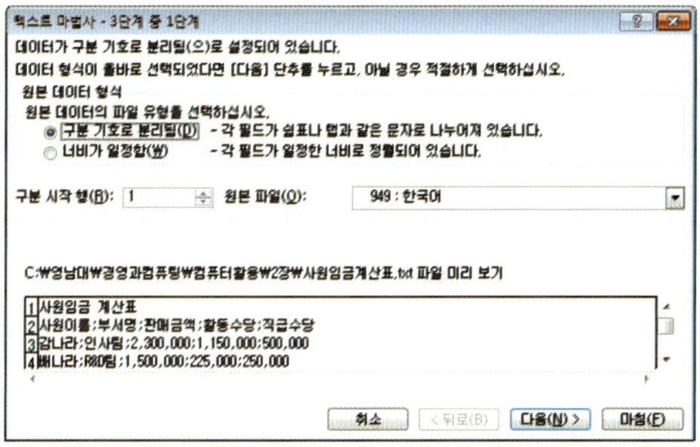

③ 텍스트 마법사-3단계 중 2단계

대화상자에서 구분 기호의 '[;](세미콜론)'을 선택하고, 다음을 클릭한다.

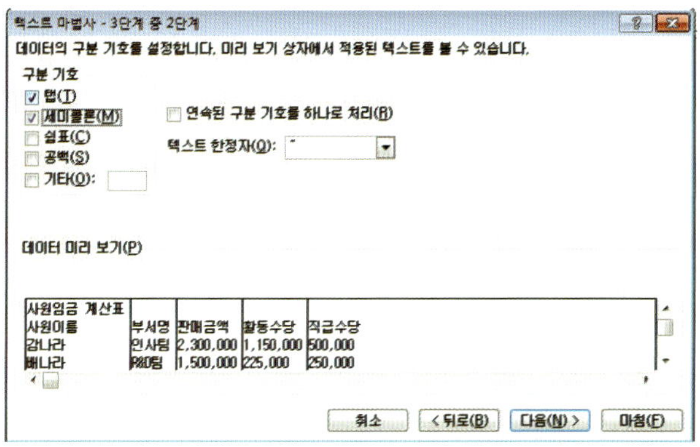

④ 텍스트 마법사-3단계 중 3단계

대화상자에서 열 데이터 서식의 '일반'을 선택하고, 마침을 클릭한다.

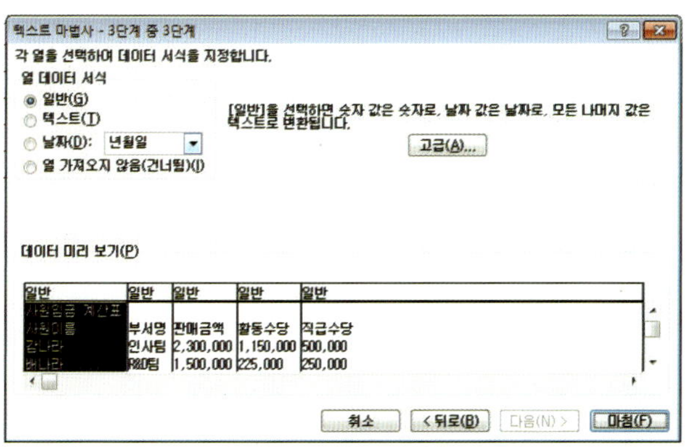

실습 2-4 '성적분석.txt' 불러오기

다음의 데이터를 메모장에 입력하고, '성적분석.txt'로 저장한다. 이때, 데이터를 구분하는 '#' 사용에 주의하여 입력한다. 입력한 '성적분석.txt'를 엑셀에서 불러온다.

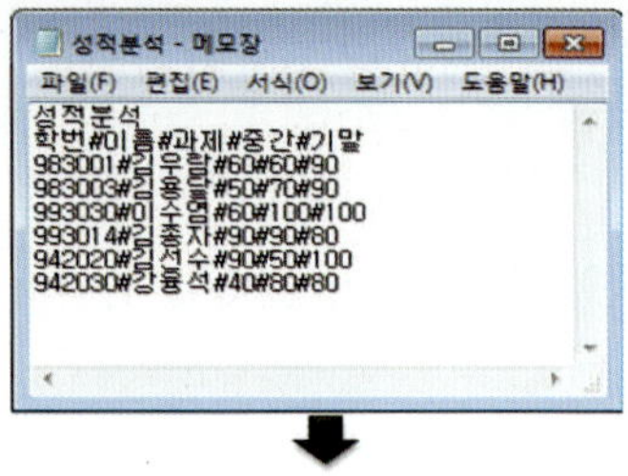

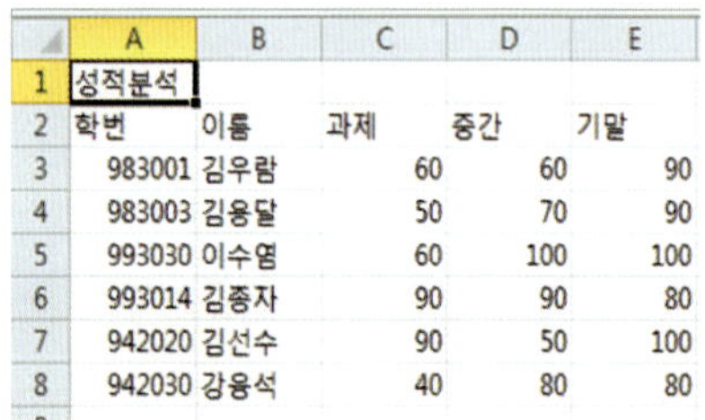

❶ 외부 데이터 불러오기

[열기] 대화상자에서 파일 형식을 '텍스트 파일'을 선택하고 입력한 '성적분석.txt' 파일을 열기한다.

❷ 텍스트 마법사-3단계 중 1단계

'사원임금 계산표.txt'에서 데이터를 구분하기 위해 '#'을 사용하였으므로 '구분 기호로 분리됨'을 선택한 후, 다음을 클릭한다.

❸ 텍스트 마법사-3단계 중 2단계

대화상자에서 구분 기호의 '기타'를 선택하고, '#'을 입력한 후, 다음을 클릭한다.

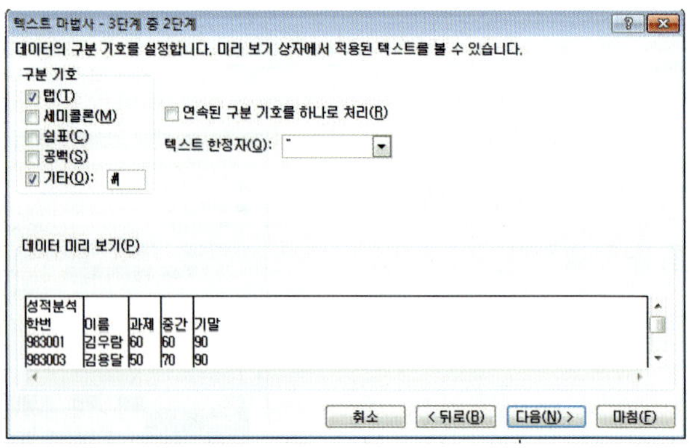

❹ 텍스트 마법사-3단계 중 3단계

대화상자에서 열 데이터 서식의 '일반'을 선택하고, 마침을 클릭한다.

실습 2-5

'총무부사원현황.txt' 불러오기

다음의 데이터를 메모장에 입력하고, '총무부사원현황.txt'로 저장한다. 이때, 데이터를 구분하는 ',(쉼표)' 사용에 주의하여 입력한다. 입력한 '총무부사원현황.txt' 파일의 '탄생년'에 해당하는 열을 제외하고 엑셀에서 불러온다.

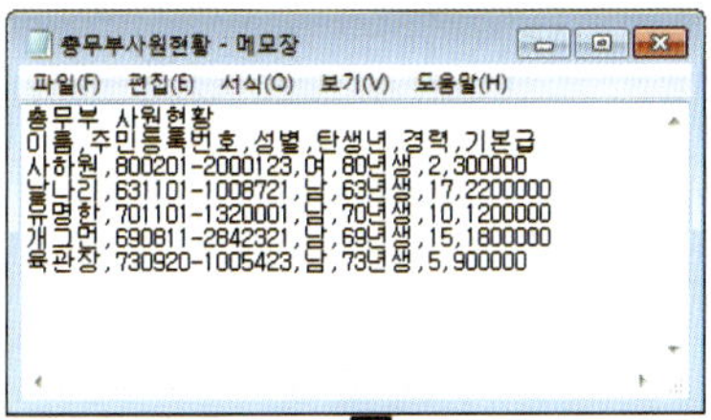

	A	B	C	D	E
1	총무부 사원현황				
2	이름	주민등록번호	성별	경력	기본급
3	사하원	800201-2000123	여	2	300000
4	날나리	631101-1008721	남	17	2200000
5	유명한	701101-1320001	남	10	1200000
6	개그먼	690811-2842321	남	15	1800000
7	육관장	730920-1005423	남	5	900000

① 외부 데이터 불러오기

[열기] 대화상자에서 파일 형식을 '텍스트 파일'을 선택하고 입력한 '총무부사원현황.txt' 파일을 열기한다.

② 텍스트 마법사-3단계 중 1단계

'총무부사원현황.txt'에서 데이터를 구분하기 위해 ',(쉼표)'를 사용하였으므로 '구분 기호로 분리됨'을 선택한 후, 다음을 클릭한다.

③ 텍스트 마법사-3단계 중 2단계

대화상자에서 구분 기호의 '쉼표'를 선택하고, 다음을 클릭한다.

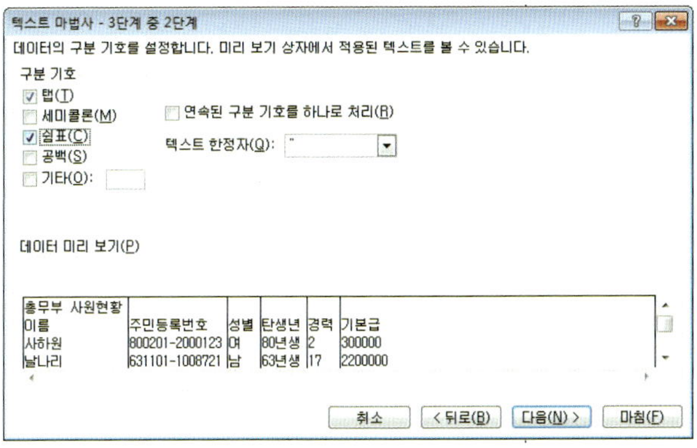

④ 텍스트 마법사-3단계 중 3단계

'탄생년'의 열을 제외한 나머지 데이터를 불러오는 작업이므로 대화상자에서 네 번째 열을 선택한 후 데이터 서식에서 '열 가져오지 않음'을 선택하고, 마침을 클릭한다.

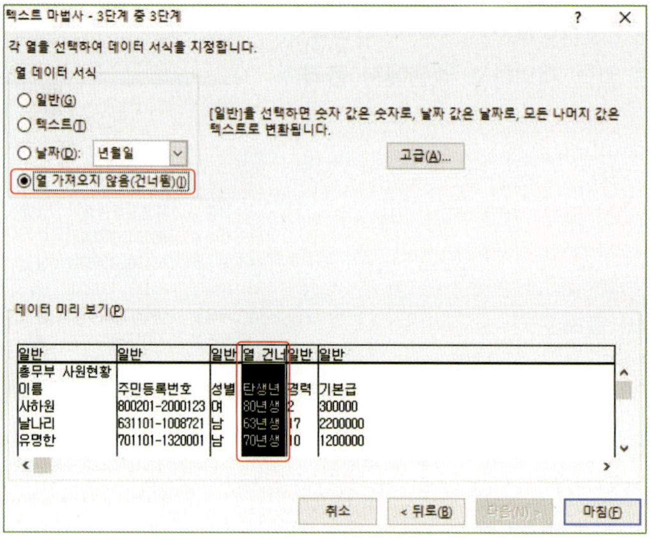

C·h·a·p·t·e·r

03

셀과 워크시트의 편집

통합문서는 여러 개의 워크시트를 포함하고 있는 하나의 파일로서, 기본적으로 3개의 워크시트로 시작하지만 사용자의 필요에 따라 마음대로 늘릴 수도 있으며, 또한 삭제할 수도 있다. 통합문서 내의 워크시트 이름은 기본적으로 Sheet1, Sheet2, Sheet3로 만들어지지만 그 이름은 사용자가 마음대로 이름을 지정할 수 있으며 또한 통합문서 내의 워크시트 위치를 마음대로 이동할 수 있다. 이 장에서는 행과 열을 조정하는 작업과 셀의 범위를 지정, 복사 및 붙여넣기 그리고 워크시트의 삽입, 이동, 복사 등에 관해 설명하고자 한다.

3.1 행, 열 다루기

입력한 내용의 길이나 글자 크기에 따라 행과 열을 조절할 필요가 있다. 엑셀에서 행과 열을 조절하는 방법은 메뉴에 의한 방법이 있고, 마우스에 의한 방법이 있다. 일반적으로 마우스를 이용하면 작업 시간을 줄일 수 있지만 익숙하게 될 때까지는 약간의 숙련을 필요로 한다.

1 행 높이 조절

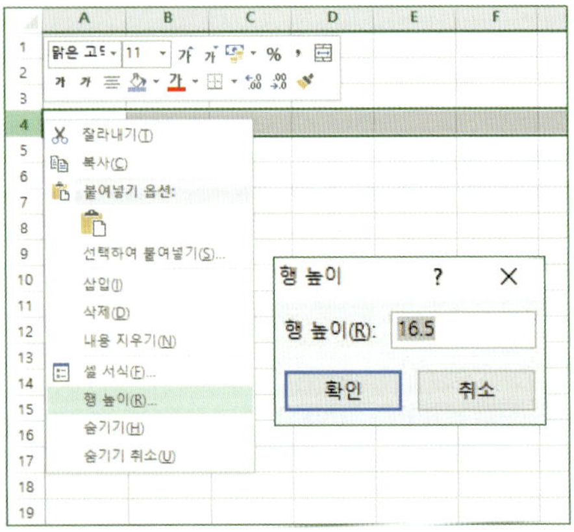

엑셀에서의 행의 높이는 기본적으로 '16.5'로 설정되어 있다. 사용자가 원하는 높이를 [행 높이] 대화상자에서 마음대로 조정할 수 있다. 높이를 조절하려는 행의 머리글을 클릭하여 행 전체를 선택하고, 메뉴에서 [홈]–[셀]–[서식]–[셀크기]–[행 높이] 메뉴를 선택하거나, 마우스 오른쪽 버튼을 클릭하여 [행 높이]를 선택해서 값을 입력한다. 높이 값 단위는 글꼴 크기의 단위로 사용되는 포인트다.

또는 행 머리글과 행 머리글 사이에 마우스 포인터를 두면 (‡) 표시로 바뀐다. 마우스를 클릭해서 드래그하면 해당 행의 높이를 조절할 수 있다. 여러 개의 행 머리글을 범위로 설정한 후 행 높이를 조절하면 범위로 설정된 행 높이가 동일하게 조절된다. 드래그 하는 동안 풍선 도움말로 현재의 높이가 수치로 나타나며, 이를 이용하여

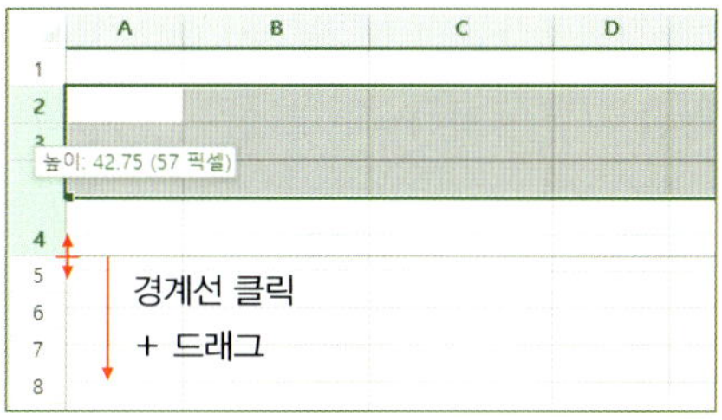

사용자는 알맞은 행의 높이를 지정할 수 있다.

[홈]-[셀]-[서식]-[셀크기]-[행 높이 자동 맞춤] 메뉴를 선택하면 현재 열에 입력된 문자의 높이에 맞추어 행의 높이를 자동으로 조절한다. 또는 행 머리글과 행 머리글의 경계선을 더블 클릭하면 현재 행에 입력된 데이터 중 가장 큰 글자의 높이에 맞추어 행 높이가 자동으로 조절된다.

2 열 너비 조절

엑셀에서 열의 높이는 기본적으로 '8.38'로 설정되어 있다. 사용자가 원하는 너비를 [열 너비] 대화상자에서 마음대로 조정할 수 있다. 너비를 조절하려는 열의 머리글을 클릭하여 열 전체를 선택하고, 메뉴에서 [홈]-[셀]-[서식]-[셀크기]-[열 너비]를 선택하거나, 마우스 오른쪽 버튼을 클릭하여 [열 너비]를 선택해서 값을 입력한다. 너비 단위는 입력할 수 있는 글자 개수다.

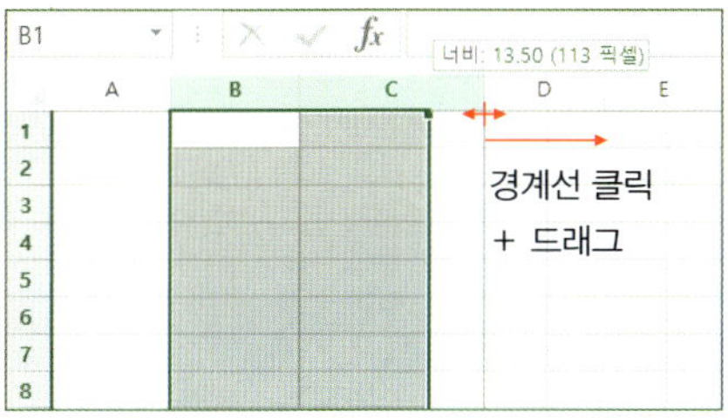

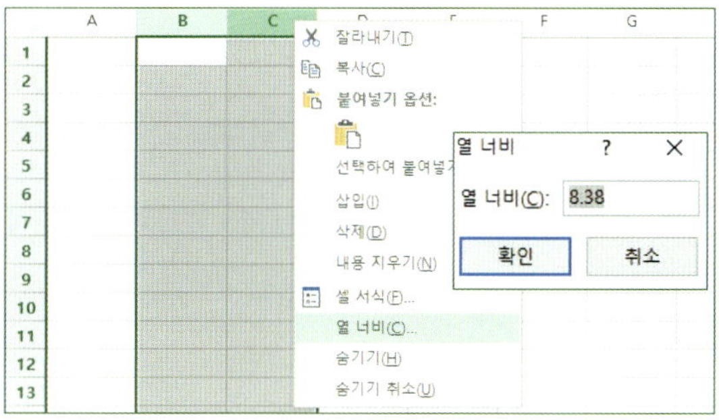

또는 열 머리글과 열 머리글 사이에 마우스 포인터를 두면 (↔) 표시로 바뀐다. 마우스를 클릭해서 드래그하면 해당 열의 너비를 조절할 수 있다. 여러 개의 열 머리글을 범위로 설정한 후 열 너비를 조절하면 범위로 설정된 열 너비가 동일하게 조절된다. 드래그 하는 동안 풍선 도움말로 현재의 너비가 수치로 나타나며, 이를 이용하여 사용자는 알맞은 열의 너비를 지정할 수 있다.

[홈]−[셀]−[서식]−[셀크기]−[열 너비 자동맞춤] 메뉴를 선택하면 현재 셀에 입력된 문자열의 폭에 맞추어 열 너비를 자동으로 조절한다. 또는 열 머리글과 열 머리글의 경계선을 더블 클릭하면 현재 열에 입력된 데이터 중 가장 큰 글자 크기에 맞추어 열 너비가 자동으로 조절된다.

3 행, 열 삽입/삭제

워크시트 내에서 작업을 하는 도중에 새로운 데이터를 입력하고자 할 때는 새로운 행이나 열을 삽입해야 하며, 또한 불필요한 행이나 열을 지우려고 할 때는 행이나 열을 삭제해야 한다.

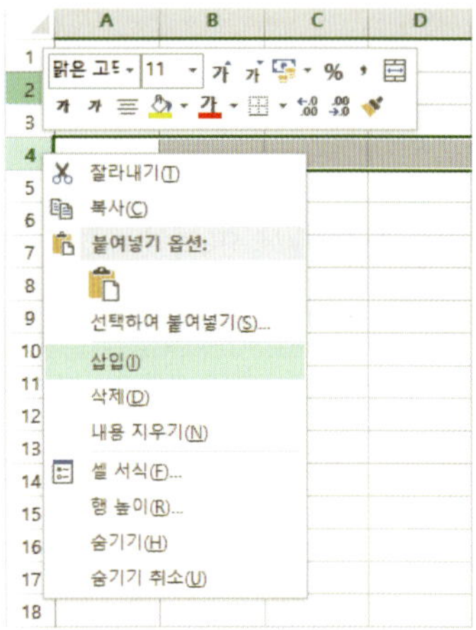

새로운 행이나 열을 삽입 또는 삭제를 할 때는 행(또는 열) 머리글을 클릭한 후 마우스의 오른쪽 버튼을 누르고 [삽입] or [삭제] 메뉴를 선택한다. 행은 선택한 행 개수만큼 선택한 행의 위에, 열은 왼쪽에 삽입된다.

Tip

화면에서 셀 눈금선과 열/행 머리글 숨기기

작업을 하다보면 셀의 눈금선이나 행과 열의 머리글을 숨기기 원할 때가 있다. 이럴 때는 [페이지레이아웃]−[시트옵션]에서 '눈금선'과 '제목'에 있는 체크 표시를 지우고 [확인]을 클릭하면 되며, 복원은 체크표시를 다시 선택하면 된다.

3.2 셀의 범위 지정 및 편집

엑셀에서 편집은 이미 입력한 자료를 수정, 추가, 삭제, 이동 및 복사를 통해서 사용자가 원하는 형태로 만들어 가는 것이다. 이렇게 원하는 형태로 문서를 작성하기 위해서는 셀의 영역을 지정하고 편집하는 것이 편리하다. 본장에서는 셀의 범위를 지정하는 방법과 지정된 영역의 셀을 편집하는 방법에 대해 알아보고자 한다.

1 셀의 영역 지정

셀의 범위를 지정하는 방법은 연속 범위를 지정하는 방법, 비연속 범위를 지정하는 방법, 그리고 행이나 열 전체를 지정하는 방법이 있다.

연속적인 셀들을 선택하려면, 마우스로 드래그해서 지정하거나 범위의 첫 번째 셀을 클릭한 후, Shift를 누르고 마지막 셀을 클릭해서 지정할 수 있다. 또는 Shift+방향키(←,→,↑,↓)를 사용할 수도 있다. 반면에, 떨어져 있는 다른 셀을 선택하려면, Ctrl을 누른 채 셀을 클릭한다.

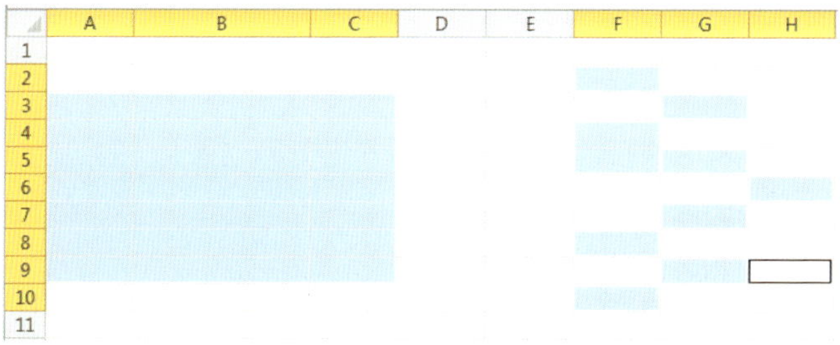

클릭+Shift 클릭
〈연속적인 범위선택〉

클릭+Ctrl 클릭
〈비연속적인 범위선택〉

대개 엑셀에서 [Shift]키는 '~에서 ~까지(from A to B)'라는 의미이고, [Ctrl]키는 '~과 ~(A and B)'의 의미이다.

행 또는 열 전체 범위를 지정하고자 하는 경우에는, 행 머리글(또는 열 머리글)을 클릭하거나 여러 개의 행 머리글(또는 열 머리글)을 드래그하면 행 전체(또는 열 전체)를 범위로 잡을 수 있다. 행 전체 선택키는 [Shift]+[Space Bar]이고, 열 전체 선택키는 [Ctrl]+[Space Bar]이다.

워크시트 전체를 선택하려면 A열과 1행 왼쪽 위의 전체 선택 버튼을 누르거나 단축키 [Ctrl]+[A]키를 누르면 된다.

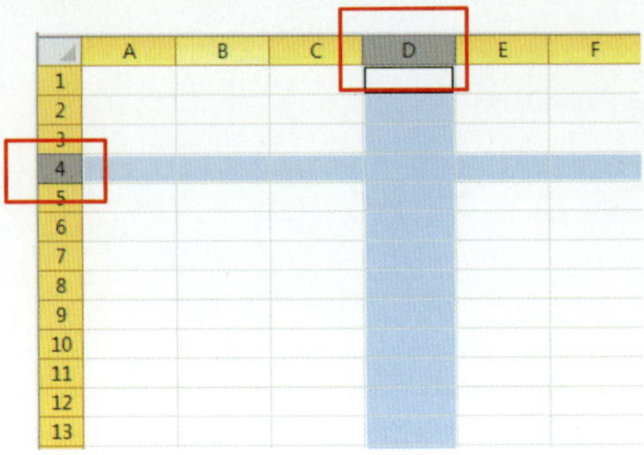

2 셀의 지우기와 삭제

셀의 '지우기'와 '삭제'는 셀에 입력된 내용을 없애는 것이다. 두 가지의 틀린 점은 '지우기'는 내용을 없애고, 지워진 셀을 빈칸으로 두는 것이며, 이에 반해 '삭제'는 내용을 없애고 빈 셀에 다른 데이터를 채우는 것이다.

셀 지우기

셀의 내용을 지우기 위해 먼저 셀의 범위지정하고, [홈]–[편집]–[지우기]를 선택하면 다음과 같은 메뉴가 나타난다.

- **모두**: 서식, 내용, 메모, 등 모두가 지워진다.
- **서식**: 글자나 숫자는 지워지지 않고, 글꼴이나 무늬 등의 서식만 지워진다.

- **내용**: 내용만 지워진다.
- **메모**: 메모만 지워진다.
- **하이퍼링크 해제**: 하이퍼링크만 지워진다.
- **하이퍼링크 제거**: 하이퍼링크와 서식이 지워진다.

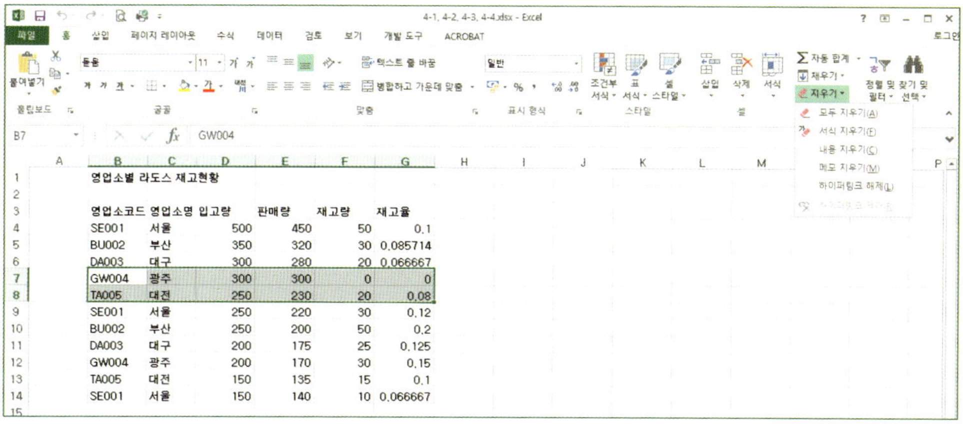

셀 삽입/삭제

삽입하려는 셀 개수만큼 범위를 지정한 후, 마우스 오른쪽 버튼을 누르고 [삽입] or [삭제] 메뉴를 선택한다. 하나의 워크시트에 여러 개의 표가 있을 때, 다른 표에는 행이나 열이 삽입되지 않도록 셀 범위를 잡고, [삽입] or [삭제]를 한다. 대화상자의 선택 사항 중 원하는 옵션을 선택한 후 확인 버튼을 누른다. 아래의 '대구상사 사원별 영업실적' 표에서 1월과 3월 사이에 2월 셀을 삽입하고자 하는 경우, '3월' 셀을 지정한 후, 마우스 오른쪽 버튼을 누르고 [삽입]을 한다.

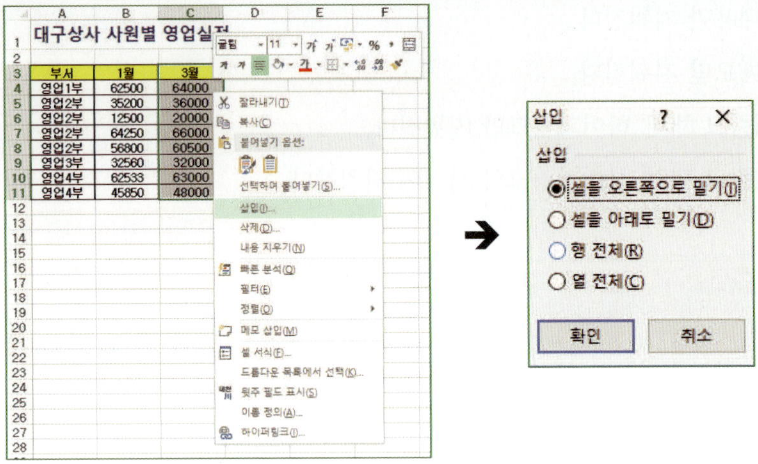

Tip

삭제 취소하는 방법

데이터를 잘못 삭제한 경우, 다시 원 상태로 되돌릴 수 있는 방법이 있다. Ctrl+Z를 누르면 된다.

3 셀의 복사와 이동

셀의 복사는 원본 데이터와 똑같은 데이터를 다른 위치에 하나, 혹은 그 이상을 만드는 것이며, 메뉴나 마우스를 이용하는 방법이 있다. 셀의 이동은 원본 데이터를 다른 위치의 셀에 옮기는 것을 말한다. 따라서 그 자리는 빈 셀로 남는다.

메뉴를 이용한 데이터 이동과 복사

데이터를 옮길 때는 이동할 셀 영역을 선택한 후 [편집]-[잘라내기] 또는 마우스 오른쪽 버튼을 누르고 [잘라내기](단축키 Ctrl+X)를, 복사할 때는 [편집]-[복사] 또는 마우스 오른쪽 버튼을 누르고 [복사](단축키 Ctrl+C)를 선택한 후, 이동하고자 하는 위치에 [편집]-[붙여넣기] 또는 마우스 오른쪽 버튼을 누르고 [붙여넣기](단축키 Ctrl+V)를 선택한다. 이때 이동이나 복사할 영역에 깜빡이는 괘선이 표시된다.

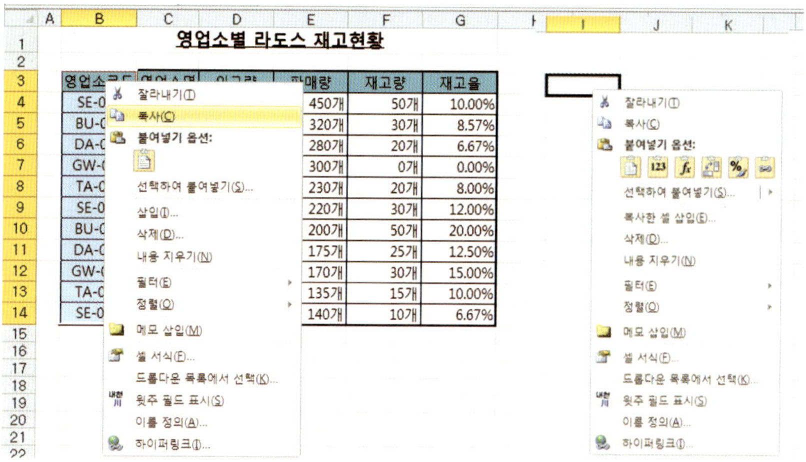

마우스 드래그를 이용한 이동과 복사

이동할 셀 범위를 지정한 후, 마우스 포인터를 선택 영역의 외곽 테두리 부분에 위치시키고 드래그한다. 이때, Ctrl키를 누른 상태에서 드래그 하면 데이터가 복사가 되며, Ctrl키를 누르지 않으면 데이터가 이동된다.

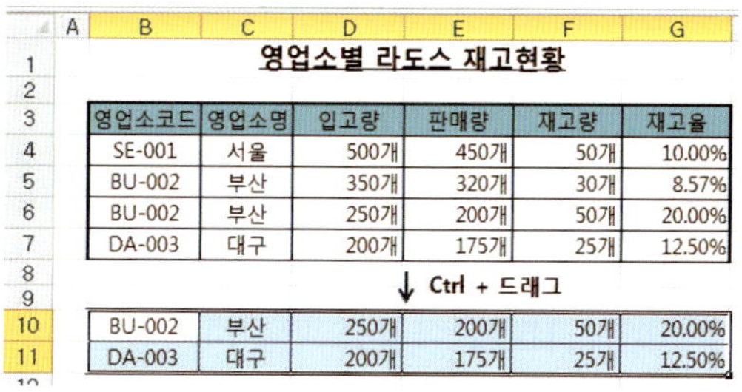

3.3 워크시트의 조절

통합문서 내의 워크시트는 기본적으로 Sheet1, Sheet2, Sheet3으로 만들어지지만 사용자가 의미 있는 이름으로 바꾸면 나중에 관리하기 쉽다. 그리고 하나의 통합문서가 여러 개의 워크시트를 가지고 있을 때 이들의 순서를 바꾸거나 다른 워크시트로 이동·복사를 할 경우가 발생한다. 여기서는 이러한 워크시트의 관리에 관해 설명하고자 한다.

1 워크시트의 이름 바꾸기

워크시트의 이름을 변경하려면 시트에서 마우스의 오른쪽 버튼을 누르고 [이름 바꾸기] 메뉴를 선택하거나 시트를 더블 클릭하면 된다. 시트 이름은 공백으로 설정할 수는 없고 *, ?, '를 포함할 수 없다.

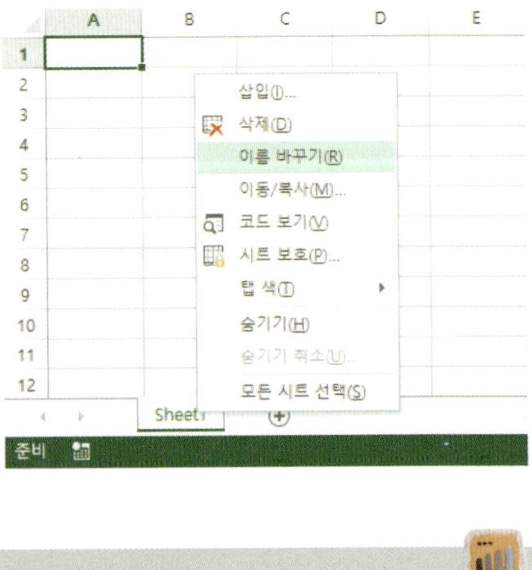

2 여러 워크시트의 선택

동시에 여러 시트에 걸쳐 작업할 때는 여러 개의 시트를 선택해야 한다. 우선 인접한 시트를 선택할 때는 첫 번째 시트 탭을 클릭한 후, Shift 키를 누른 상태에서 마지막 시트 탭을 클릭하면 된다. 떨어진 시트를 선택할 때는 첫 번째 시트 탭을 클릭한 후, Ctrl키를 누른 상태에서 다음으로 선택할 시트 탭을 선택한다. 모든 시트 선택 상태를 해제하려면 임의의 시트를 클릭하면 된다. 통합문서 내에서 선택된 시트는 시트 탭이 하얗게 표시된다.

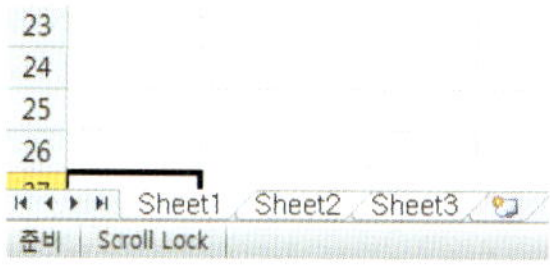

〈연속한 시트 탭의 선택〉

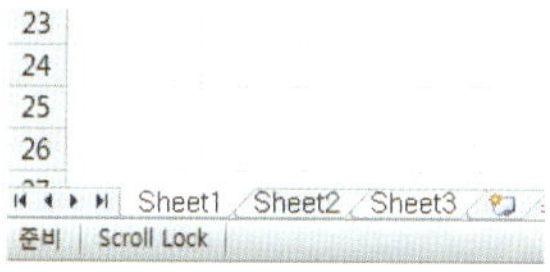

〈비연속한 시트 탭의 선택〉

3 워크시트의 삽입/삭제/이동/복사

엑셀을 실행하면 기본적으로 1개의 워크시트가 만들어지지만 필요에 따라 여러 개의 시트를 만들 수도 있고, 또한 필요 없는 시트는 삭제할 수도 있다.

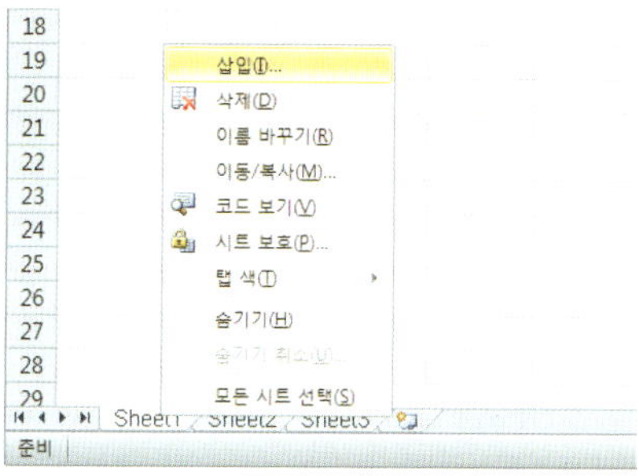

시트를 삽입하고자 하는 경우, [삽입] – [워크시트] 메뉴를 선택하면 현재 선택된 시트의 앞부분에 새로운 시트가 삽입된다. 또는 시트 탭에서 마우스의 오른쪽 버튼을 누르고 [삽입]–[워크시트]를 선택하면 된다.

시트를 삭제하고자 하는 경우, [편집]–[시트삭제] 메뉴를 선택하면 경고 상자가 나타난다. 확인 버튼을 누르면 시트가 영구히 삭제된다. 또는 시트 탭에서 마우스의 오른쪽 버튼을 누르고 [삭제]를 선택하면 된다.

시트를 이동 또는 복사를 하고자 하는 경우, 옮길 시트 탭을 선택한 뒤 탭을 따라 끌면 시트가 이동될 곳에 역삼각형(▼) 표시가 생기고, 마우스를 놓으면 이동한다. 드래그할 때 Ctrl키를 누른 상태에서 드래그하면 복사가 된다.

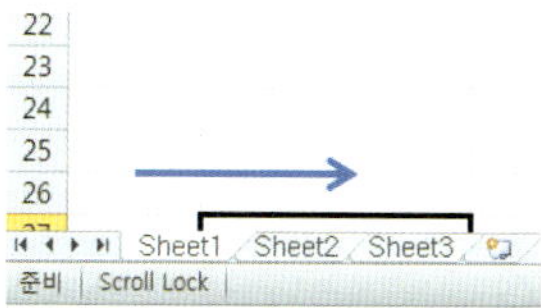

또는 이동하려고 하는 워크시트를 선택한 후 시트 탭에서 마우스의 오른쪽 버튼

을 클릭하면 아래 화면과 같이 하위 메뉴가 나타난다. 여기에서 [이동/복사]를 선택하면 [이동/복사] 대화상자가 나타난다. 대화상자에서 원하는 위치를 선정할 수 있다.

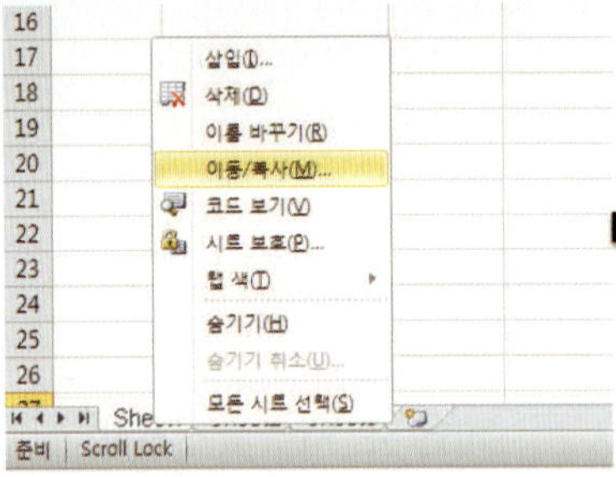

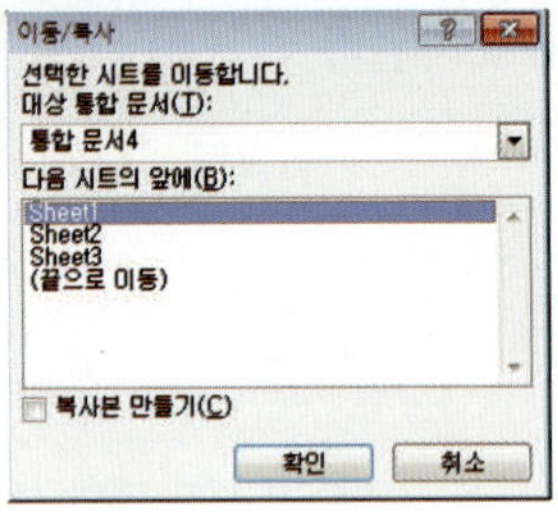

4 워크시트 창의 배열

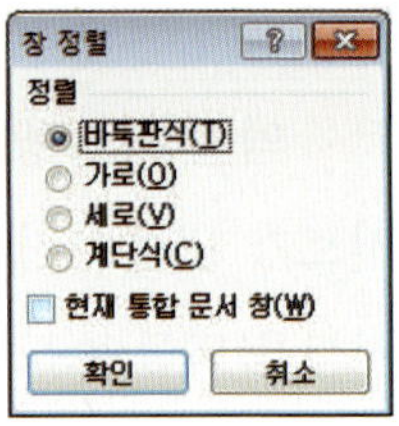

엑셀에서는 여러 개의 통합문서를 사용할 경우 여러 개의 창을 열어놓고 하나의 통합문서 내의 여러 시트 사이를, 여러 통합 문서간의 사이를 왔다 갔다 하면서 작업을 할 수 있다. [보기]-[모두정렬] 선택을 하면 다음의 창 정렬 대화상자가 나타난다.

바둑판식 정렬의 예

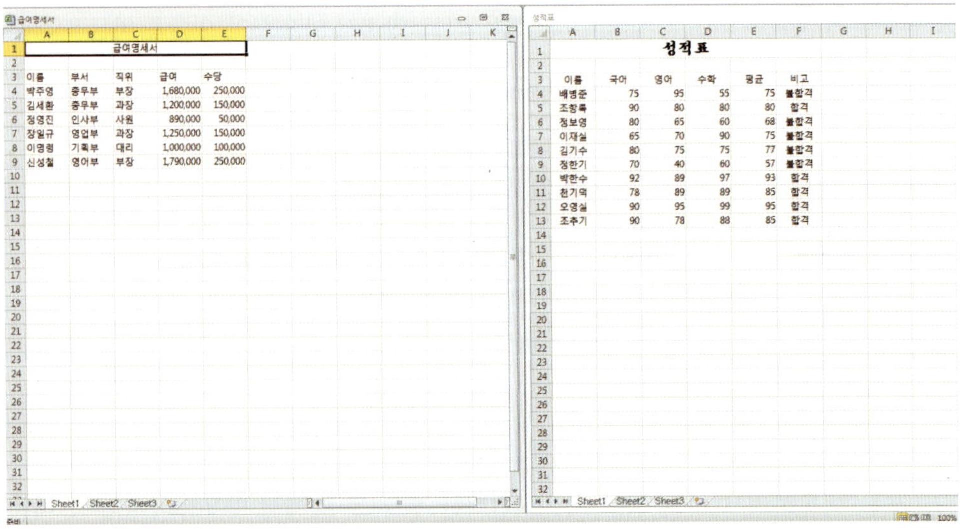

Tip

워크시트 숨기기

통합문서를 다른 사람에게 보낼 때, 하나의 워크시트는 보여주고 싶지 않을 경우가 있다. 이럴 경우에는 숨기려고 하는 워크시트를 선택하고 [보기]-[창]-[숨기기]를 선택하면 된다. 숨겨진 시트를 다시 보게 하려면 [창]-[숨기기 취소]를 선택하면 된다.

계단식 정렬의 예

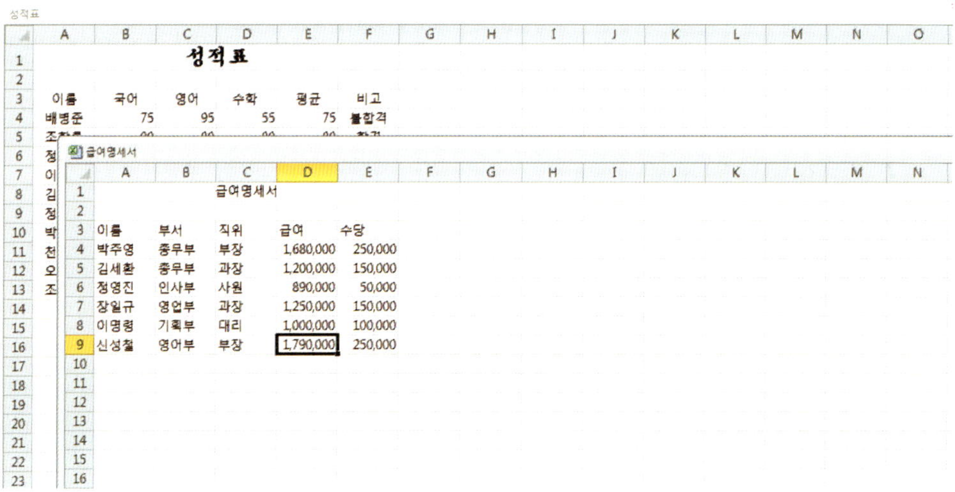

실습 3-1 '2017년 1학기 출석부' 수정하기

'2017년 1학기 출석부'를 입력한 후, '출석', '레포트' 항목을 추가하여 아래와 같이 출석부를 수정한다.

	A	B	C	D	E	F	G
1	2017년 1학기 출석부						
2							
3	이름	학과	03월 03일	03월 10일	03월 17일	03월 24일	03월 31일
4	강호동	경영학과	○	○	○	○	○
5	유재석	경영학과	○	○	○	○	○
6	이휘재	경영학과	○	○	○	○	○
7	탁재훈	통계학과	○	○	○	○	○
8	화요비	통계학과	○	○	○	○	○
9	이효리	심리학과	○	○	○	○	○
10	옥동자	심리학과	○	○	○	○	○
11	채연	심리학과	○	○	○	○	○

↓

	A	B	C	D	E	F	G	H	I	J	K	L
1	2017년 1학기 출석부											
2												
3	이름	학과	03월 03일		03월 10일		03월 17일		03월 24일		03월 31일	
4			출석	레포트	출석	레포트	출석	레포트	출석	레포트	출석	레포트
5	강호동	경영학과	○	A	○	A	○	B	○	B	○	A
6	유재석	경영학과	○	B	○	A	○	A	○	B	○	A
7	이휘재	경영학과	○	A	○	A	○	A	○	B	○	A
8	화요비	통계학과	○	B	○	B	○	A	○	A	○	B
9	이효리	심리학과	○	B	○	A	○	B	○	B	○	B
10	옥동자	심리학과	○	A	○	B	○	A	○	A	○	B
11	채연	심리학과	○	A	○	B	○	A	○	A	○	B

① 행 삽입하기

4행 머리글을 선택하고 마우스 오른쪽을 눌러 [삽입]을 선택한다. 행은 선택한 행 개수만큼 선택한 행의 위에 삽입된다.

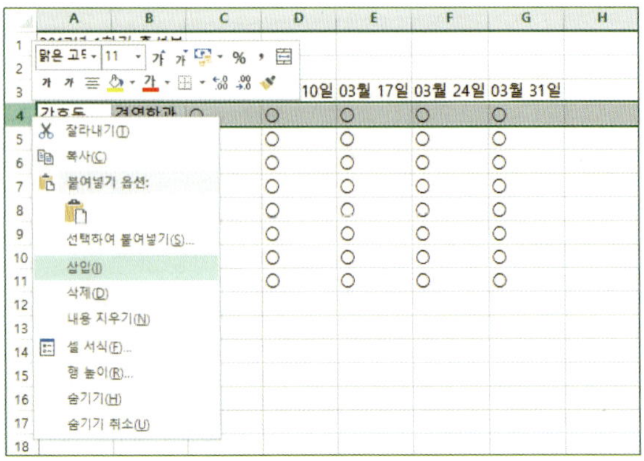

❷ 열 삽입하기

C, D, E, F, G의 각 열 왼쪽에 열들이 각기 따로 삽입되어야 하므로 각 열을 따로따로 선택해야 한다. C 열 머리글을 클릭한 후, Ctrl을 누른 상태에서 D, E, F, G 열을 각각 클릭한다. 열은 선택한 열 개수만큼 선택한 열의 왼쪽에 삽입된다.

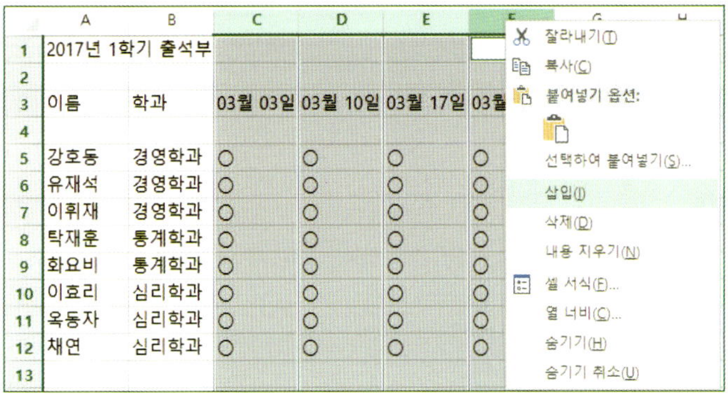

❸ 셀 병합하기

각각의 셀을 한꺼번에 병합하기 위해, 먼저 [A3:A4] 영역을 지정하고, Ctrl을 누른 상태에서 [B3:B4], [C3:D3], [E3:F3], [G3:H3], [I3:J3], [K3:L3] 영역을 각각 지정한 후, [홈] 탭의 [맞춤] 그룹에서 '병합하고 가운데 맞춤(아이콘)' 아이콘을 클릭한다.

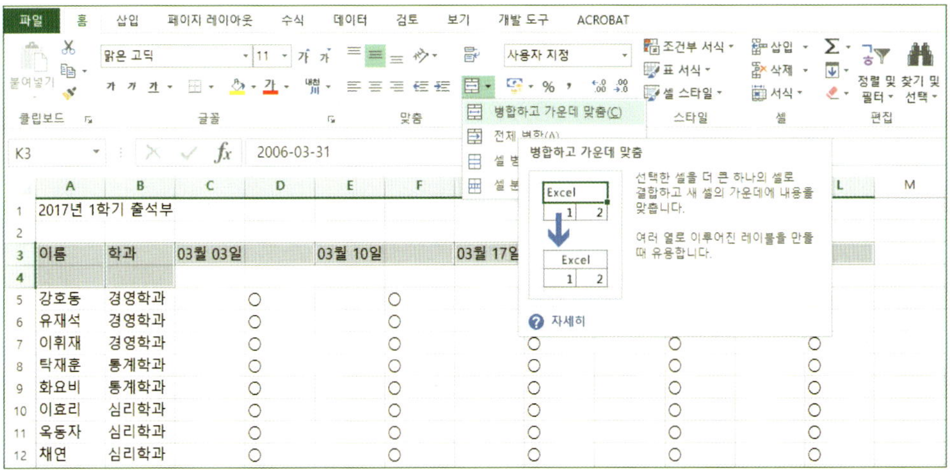

④ 데이터 자동 채우기

출석과 레포트를 입력한 후, 두 개의 셀을 범위로 잡고 채우기 핸들을 L4셀까지 드래그한다.

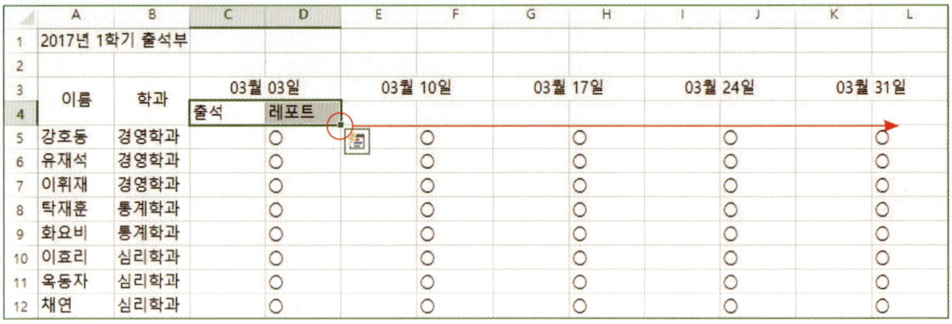

⑤ 범위를 지정한 후 같은 내용 입력

먼저, 동일한 데이터를 입력할 셀 범위를 Ctrl를 누른 상태에서 지정한다. 다음으로, 특수문자를 입력하기 위해 자음 'ㅁ'을 입력하고 [한자] 키를 누른 후 특수문자 'ㅇ'를 선택하고, Ctrl + Enter↵키를 누르면, 입력한 내용이 지정한 범위에 한꺼번에 복사된다. A와 B도 동일한 방법으로 입력한다.

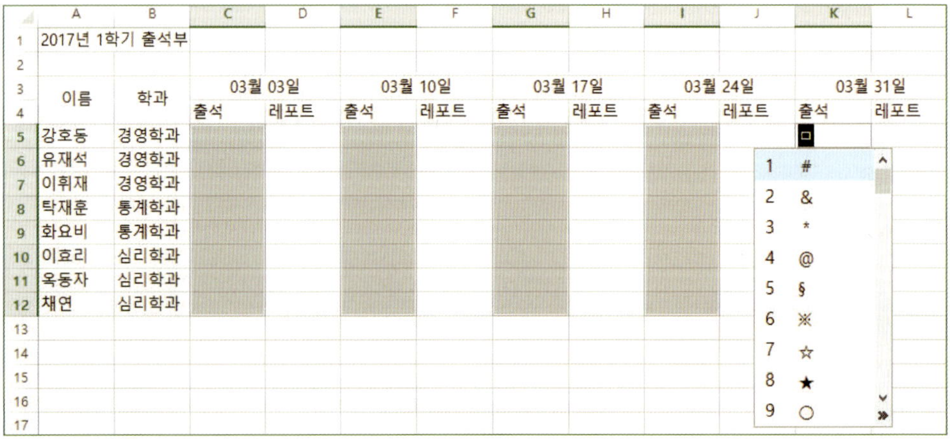

❻ 행 높이 조정하기

1행에서 12행까지 행 머리글을 클릭하여 영역을 블록으로 지정한 후 [행 높이]에 '17'을 입력한 후 확인한다.

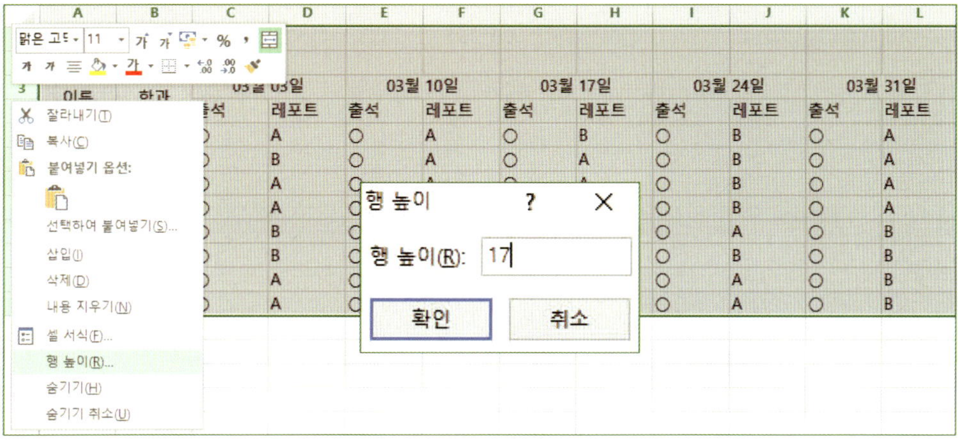

❼ 열 너비 조정하기

C 열에서 L 열까지 열 머리글을 클릭하여 영역을 블록으로 지정한 후 [열 너비]에 '8'을 입력한 후 확인한다.

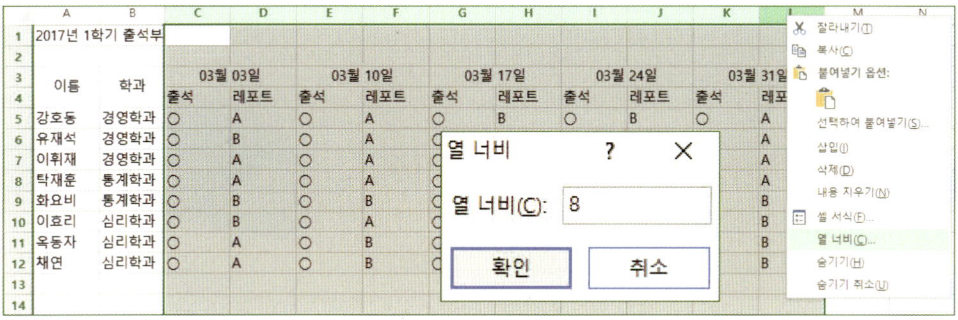

❽ 행 삭제하기

8행을 삭제하기 위해 8행 머리글을 클릭한 후, 마우스 오른쪽 버튼을 누르고, '삭제'를 클릭한다.

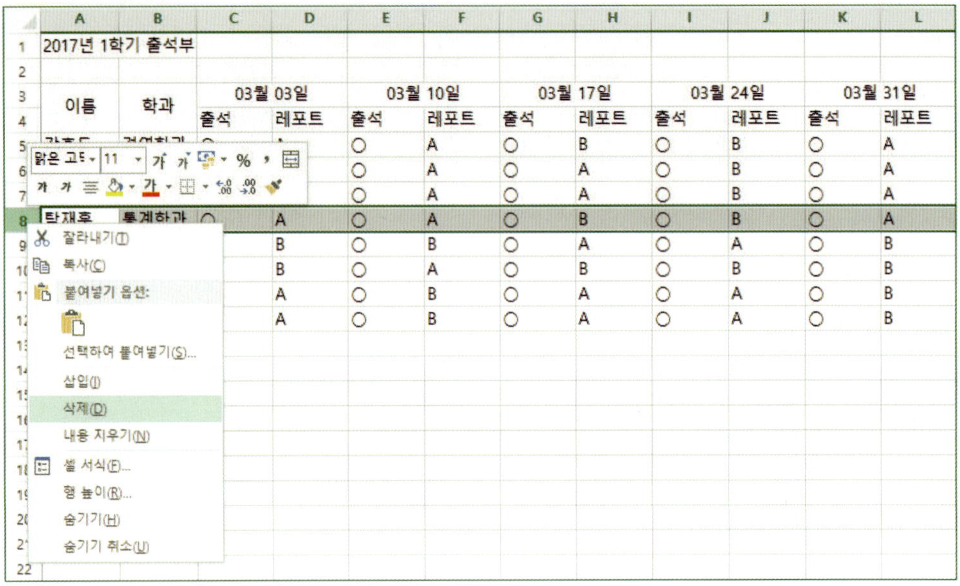

실습 3-2 '정보화 자격시험 결과' 수정하기

❶ '정보화 자격시험 결과'를 입력한다.

❷ 행을 삽입하여 '해모수, 유화, 금와' 행을 입력하고, 열을 삽입하여 '교실' 열을 입력한다.

❸ '평가' 항목의 '합격'과 '불합격'을 구분하여 아래와 같이 데이터를 수정한다.

	A	B	C	D	E	F	G	H
1	정보화 자격 시험 결과							
2								
3	성명	수험번호	교실	워드	엑셀	파워포인트	총점	평가
4	주몽	A11	1층	90	100	95	285	합격
5	대소	B21	2층	90	46	45	181	불합격
6	영포	C31	3층	80	32	70	182	불합격
7	여미을	B23	2층	82	75	80	237	합격
8	소서노	C33	3층	77	87	82	246	합격

	A	B	C	D	E	F	G	H
1	정보화 자격 시험 결과							
2								
3	성명	수험번호	교실	워드	엑셀	파워포인트	총점	평가
4	주몽	A11	1층	90	100	95	285	합격
5	대소	B21	2층	90	46	45	181	불합격
6	영포	C31	3층	80	32	70	182	불합격
7	해모수	A12	1층	70	80	90	240	합격
8	유화	B22	2층	80	60	56	196	불합격
9	금와	C32	3층	75	66	88	229	합격
10	부영	A13	1층	70	60	75	205	불합격
11	여미을	B23	2층	82	75	80	237	합격
12	소서노	C33	3층	77	87	82	246	합격

	A	B	C	D	E	F	G	H
1	정보화 자격 시험 결과							
2								
3	성명	수험번호	교실	워드	엑셀	파워포인트	총점	평가
4	주몽	A11	1층	90	100	95	285	합격
5	해모수	A12	4층	70	80	90	240	합격
6	금와	C32	6층	75	66	88	229	합격
7	여미을	B23	8층	82	75	80	237	합격
8	소서노	C33	9층	77	87	82	246	합격
9								
10	대소	B21	2층	90	46	45	181	불합격
11	영포	C31	3층	80	32	70	182	불합격
12	유화	B22	5층	80	60	56	196	불합격
13	부영	A13	7층	70	60	75	205	불합격

❶ 행 삽입하기

행은 선택한 행 개수만큼 선택한 행의 위에 삽입되므로, 3개의 행을 삽입하기 위해 7~9행까지 머리글을 선택하여 범위를 지정하고, 마우스 오른쪽 버튼을 눌러 [삽입]을 선택한다.

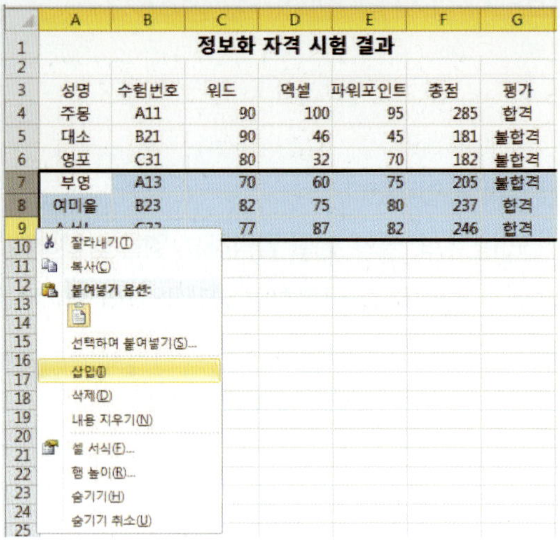

행을 삽입한 후, 다음의 데이터를 추가로 입력한다.

7	해모수	A12	70	80	90	240	합격
8	유화	B22	80	60	56	196	불합격
9	금와	C32	75	66	88	229	합격

② 열 삽입하기

교실 열을 입력하기 위해 C 열 머리글을 클릭하고 마우스 오른쪽 버튼을 눌러서 [삽입]한 후, C3 셀에 교실을 입력하고 나머지 데이터를 입력한다. 수험번호가 A이면 1층이고, B이면 2층이고, C이면 3층이다.

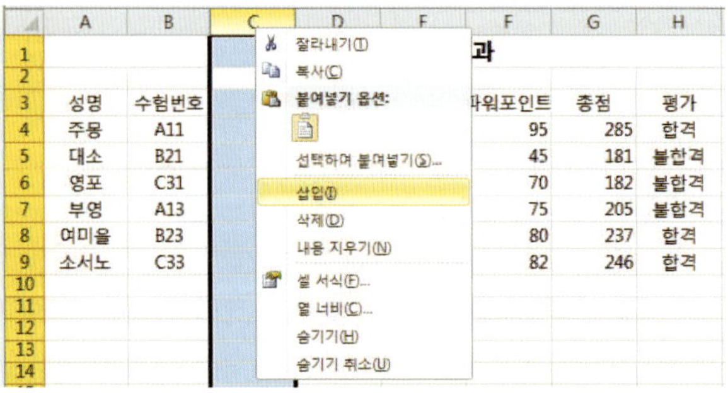

❸ 셀의 이동

'평가' 항목이 '불합격'인 셀 [A5:H6]을 선택한 후 단축키 'Ctrl+X' 혹은 마우스 오른쪽 버튼을 누르고 [잘라내기]를 클릭하고, A14셀에 단축키 'Ctrl+V' 혹은 [붙여넣기]를 클릭한다. [A8:H8]과 [A10:H10] 범위도 이와 같이 이동한다.

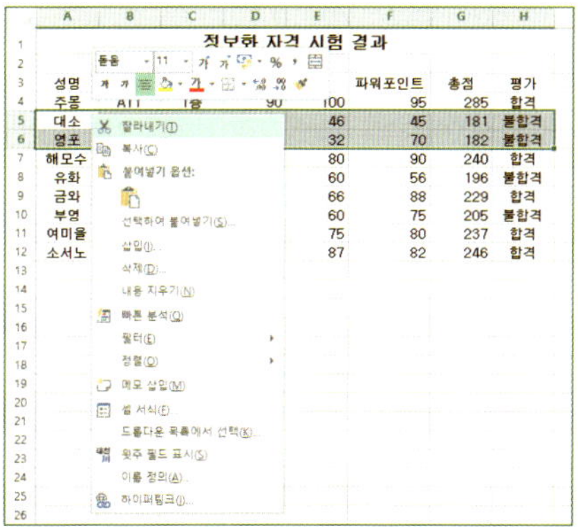

➔

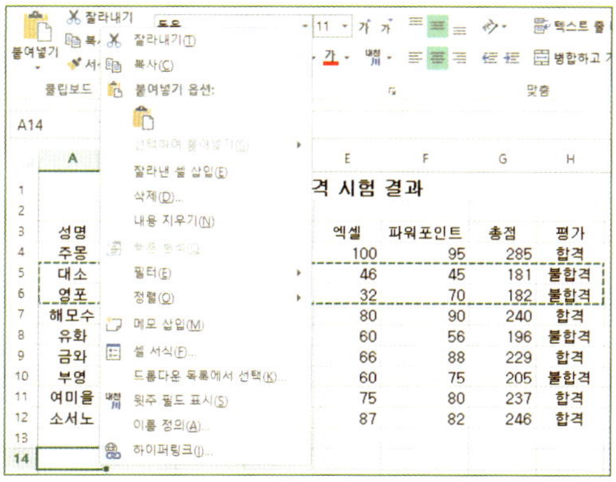

❹ 행 삭제하기

이동한 5행과 6행의 머리글을 클릭한 후 마우스 오른쪽 버튼을 누르고 [삭제] 메뉴를 선택한다. 나머지 이동한 행도 이와 같이 정리한다.

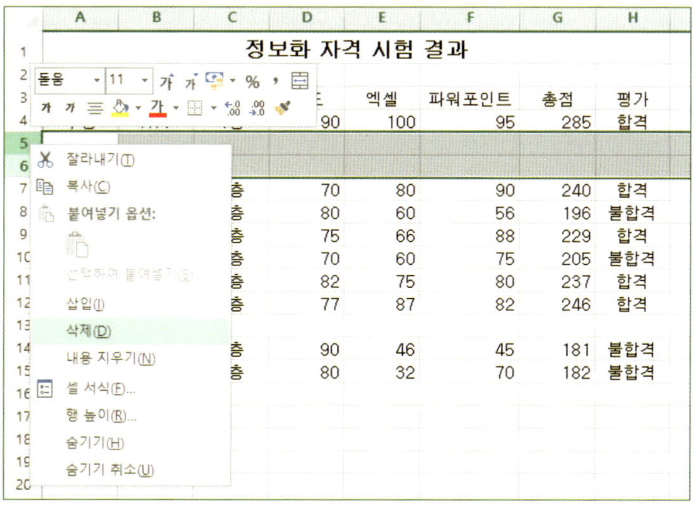

실습 3-3 '고객 주문 현황'수정하기

❶ 고객코드(B2:B8), ID(D2:D8), 거래시작일과 주문금액(F2:G8) 영역을 I2 셀에 동일한 열너비로 '선택하여 붙여넣기' 하시오

❷ '고객관리현황'시트의 B2:H8 영역을 '고객주문현황' 시트의 B10:G16 너비에 맞도록 '그림 형식으로 붙여넣기'하시오.

❸ 고객주문현황'시트의 B1 제목셀을 '고객관리현황' 시트의 B10 셀에 '하이퍼링크 삽입하기'하시오.

〈고객주문현황〉 시트

◈ 고객주문 현황 ◈

고객코드	성명	ID	주민등록번호	거래시작일	주문금액
100	김원희	Pass-T	740507-2704236	95年 03月 02日	₩ 430,000
101	박명수	Pass-K	790805-1480815	98年 04月 06日	₩ 230,000
102	유재석	Moon-A	820420-1034567	99年 05月 21日	₩ 275,000
103	노홍철	Sun-1	820525-1670912	00年 01月 29日	₩ 326,000
104	강유미	Sun-2	830930-2098765	01年 10月 12日	₩ 125,000
105	신봉선	Sun-3	821115-2123456	02年 01月 23日	₩ 670,000

↓

◈ 고객주문 현황 ◈

고객코드	성명	ID	주민등록번호	거래시작일	주문금액
100	김원희	Pass-T	740507-2704236	95年 03月 02日	₩ 430,000
101	박명수	Pass-K	790805-1480815	98年 04月 06日	₩ 230,000
102	유재석	Moon-A	820420-1034567	99年 05月 21日	₩ 275,000
103	노홍철	Sun-1	820525-1670912	00年 01月 29日	₩ 326,000
104	강유미	Sun-2	830930-2098765	01年 10月 12日	₩ 125,000
105	신봉선	Sun-3	821115-2123456	02年 01月 23日	₩ 670,000

고객코드	ID	거래시작일	주문금액
100	Pass-T	95年 03月 02日	₩ 430,000
101	Pass-K	98年 04月 06日	₩ 230,000
102	Moon-A	99年 05月 21日	₩ 275,000
103	Sun-1	00年 01月 29日	₩ 326,000
104	Sun-2	01年 10月 12日	₩ 125,000
105	Sun-3	02年 01月 23日	₩ 670,000

❶ '선택하여 붙여넣기'

고객코드	성명	ID	주민등록번호	성별	소재지	자택전화
100	김원희	Pass-T	740507-2704236	女	북대구	548-5113
101	박명수	Pass-K	790805-1480815	男	서대구	548-5114
102	유재석	Moon-A	820420-1034567	男	동대구	234-0986
103	노홍철	Sun-1	820525-1670912	男	서대구	234-0987
104	강유미	Sun-2	830930-2098765	女	남대구	807-9920
105	신봉선	Sun-3	821115-2123456	女	동대구	231-2232

❷ '그림 형식으로 붙여넣기'

〈고객관리현황〉 시트

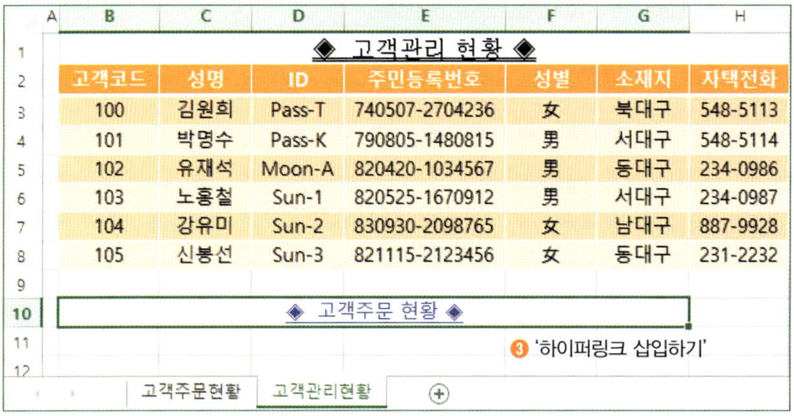

선택하여 붙여넣기

❶ 복사하기

고객코드(B2:B8), ID(D2:D8), 거래시작일과 주문금액(F2:G8) 영역을 Ctrl을 누른 상태에서 블록 지정하고, 복사하기(Ctrl+C)를 한다.

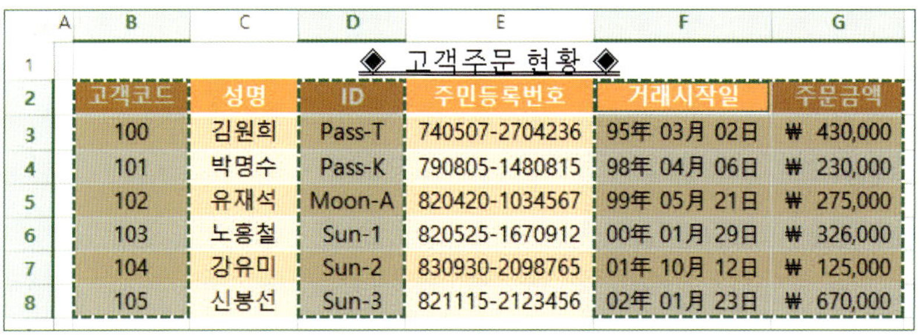

② 선택하여 붙여넣기

I2 셀을 마우스 오른쪽 단추로 클릭하고, '선택하여 붙여넣기' — '원본 열 너비 유지'를 클릭한다.

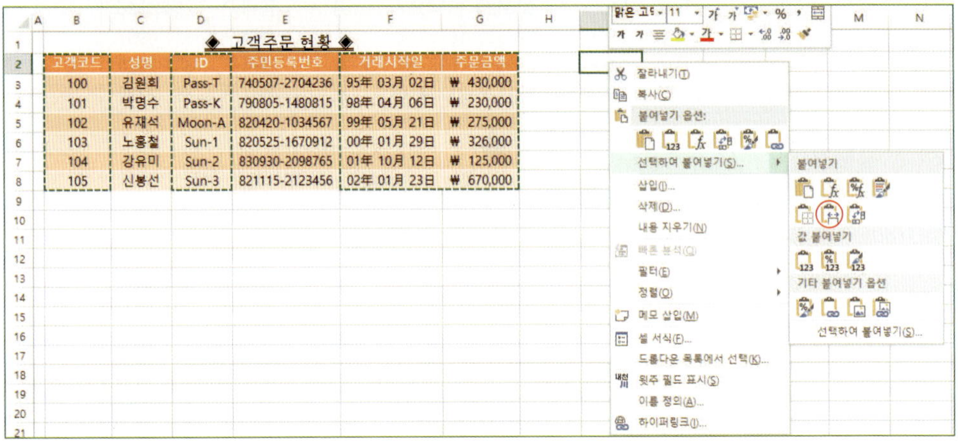

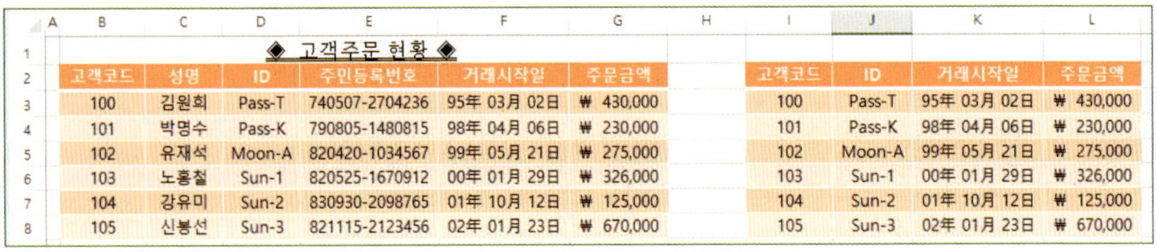

그림 형식으로 붙여넣기

① 복사하기

'고객관리현황'시트를 클릭하고, B2:H8 영역을 블록 지정한 후, 복사하기(Ctrl+C)를 한다.

② 그림 형식으로 붙여넣기

'고객주문현황' 시트를 선택하고, B10 셀을 마우스 오른쪽 단추로 클릭하고, '선택하여 붙여넣기' — '그림'을 클릭한다.

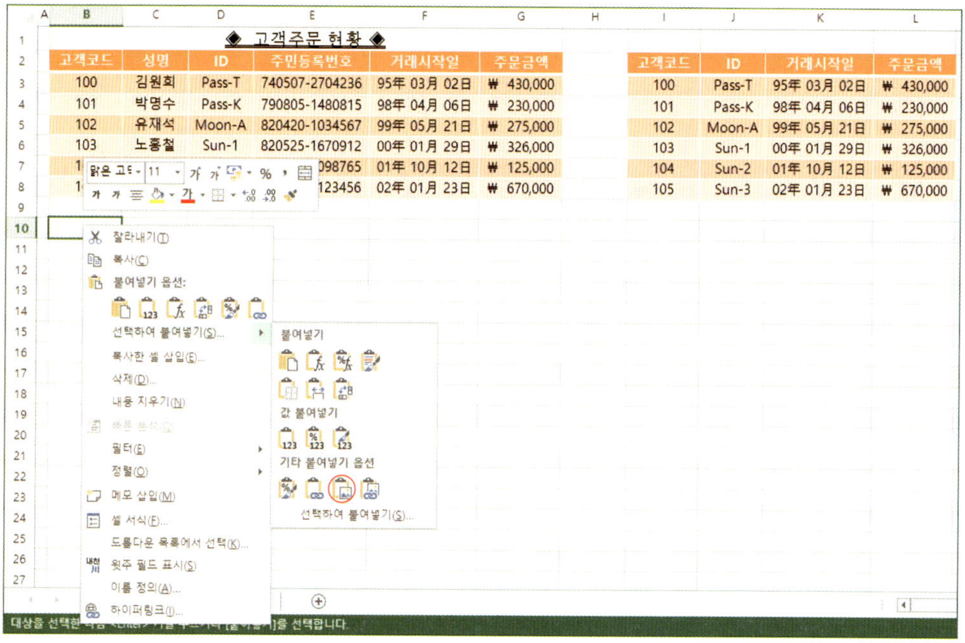

❸ 크기 조절

복사된 그림 개체의 크기 조절점을 드래그하여 B10:G16 너비에 맞도록 크기를 조절한다.

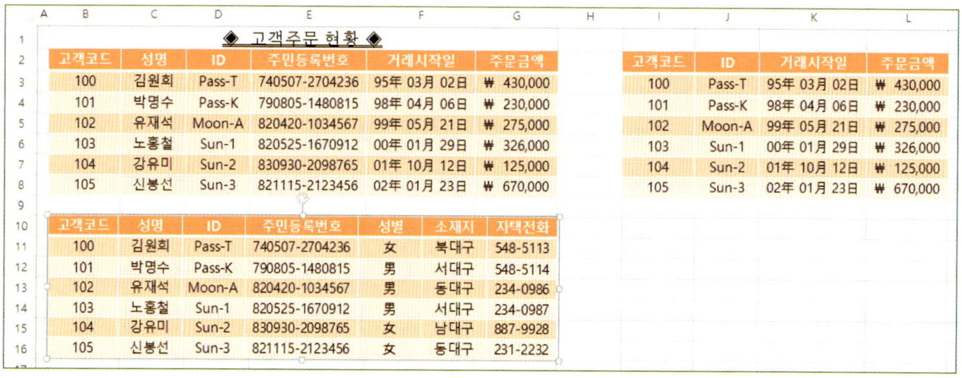

하이퍼링크 삽입하기

❶ 복사하기

'고객주문현황'시트의 B1 제목셀을 선택한 후, 복사하기(Ctrl+C)를 한다. '고객관리현황' 시트를 선택하고, B10 셀을 클릭한 후, 붙여넣기(Ctrl+V) 한다.

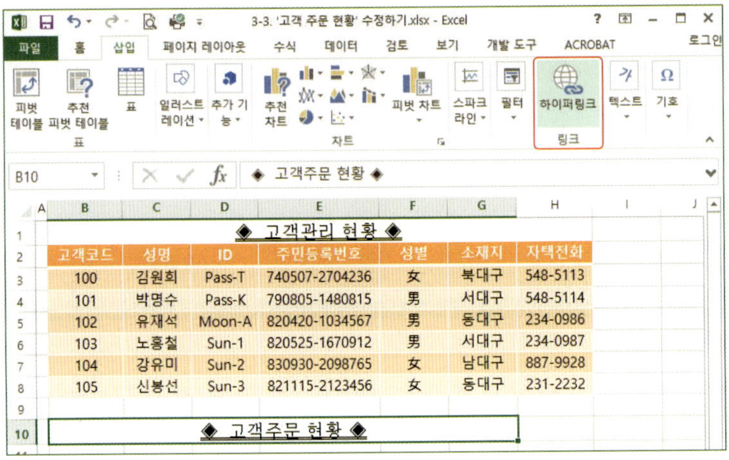

❷ 하이퍼링크 삽입하기

B10 셀을 클릭한 후, [삽입]—[링크]—[하이퍼링크]를 클릭한다. [하이퍼링크 삽입] 창에서 '현재 문서'–'고객주문현황'을 클릭한 후, 확인한다. B10 셀을 클릭하면 '고객주문현황' 시트의 B1 셀로 이동된다.

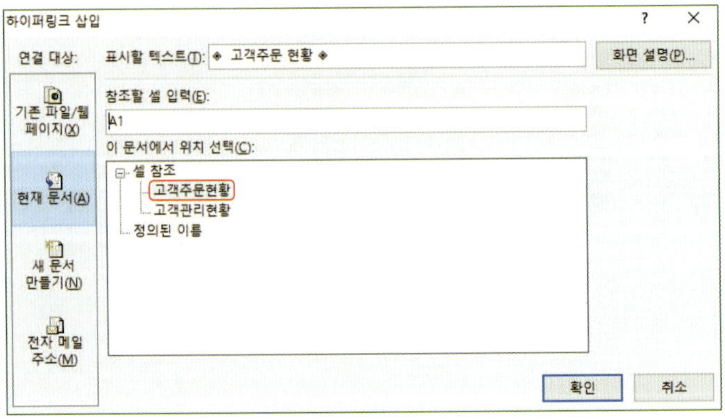

C · h · a · p · t · e · r

04

워크시트의 서식

셀 서식은 입력한 데이터를 화면에 어떻게 보이게 하느냐에 관한 것이다. 즉, 셀 서식은 사용자가 실제로 입력한 값을 표시형식, 맞춤, 글꼴, 테두리, 무늬 등을 활용하여 문서를 보다 깔끔하고 누가 보더라도 내용을 쉽게 파악할 수 있게끔 화면에 표현되어지는 형태이다.

4.1 서식 도구

서식을 지정할 때 가장 많이 사용하는 방법은 서식 도구 모음과 셀 서식 대화상자를 이용하는 것이다. 서식 도구 모음은 간편하게 한 부분 혹은 그 이상을 빠르게 지정할 때 주로 사용되며 서식 대화상자는 서식에 관한 여러 기능을 한꺼번에 지정할 때 주로 사용된다.

1 서식 도구 모음

서식 도구 모음은 글꼴, 맞춤, 표시형식, 스타일, 셀 등의 도구모음으로 아이콘화하여 만들어져 있기 때문에 쉽게 활용할 수 있다. 구체적인 기능들을 하나씩 살펴보면 다음과 같다.

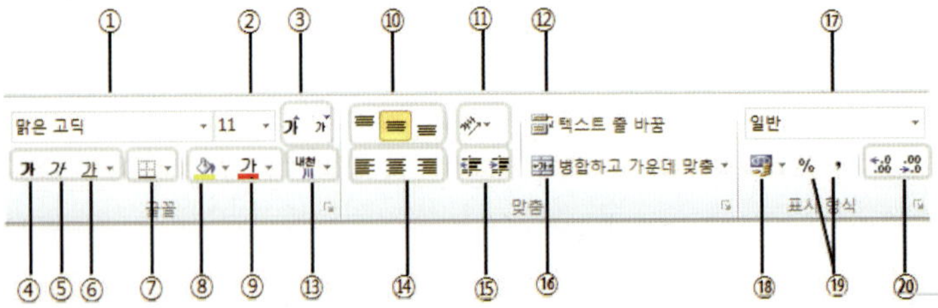

❶ **글꼴**: 입력된 셀이나 텍스트의 글꼴을 바꿀 수 있다.

❷ **글꼴 크기**: 입력된 셀이나 텍스트의 글꼴의 크기를 바꿀 수 있다.

❸ **글꼴 크기 크게, 작게**: 글꼴 크기를 크게, 작게 한다.

❹ **굵게**: 입력된 셀이나 텍스트를 굵게 할 수 있다.

⑤ **기울임꼴**: 입력된 셀이나 텍스트를 기울게 할 수 있다.

⑥ **밑줄**: 입력된 셀이나 텍스트에 밑줄을 칠 수 있다.

⑦ **테두리**: 선택한 셀에 테두리 모양을 지정하여 적용할 수 있다.

⑧ **채우기 색**: 선택한 셀을 원하는 색으로 채울 수 있다.

⑨ **글꼴 색**: 입력된 셀이나 텍스트의 글자를 원하는 색으로 바꿀 수 있다.

⑩ **위쪽, 가운데, 아래쪽 맞춤**: 입력된 텍스트의 방향을 위, 가운데, 아래로 설정할 수가 있다.

⑪ **방향**: 셀에 입력된 텍스트의 방향을 설정할 수 있다.

⑫ **텍스트줄바꿈**: 셀에 입력된 텍스트의 줄을 바꿀 수 있다.

⑬ **윗주 필드 표시, 숨기기**: 선택되는 단어에 대해 음성단어가 표시되는 방법을 편집한다.

⑭ **왼쪽, 가운데, 오른쪽 맞춤**: 입력된 셀이나 텍스트를 왼쪽, 가운데, 오른쪽으로 맞춤할 수 있다.

⑮ **내어쓰기, 들여쓰기**: 입력된 데이터를 왼쪽(오른쪽)으로 끌어 맞춘다.

⑯ **병합하고 가운데 맞춤**: 여러 개의 셀을 병합하고 입력되어 있는 데이터는 가운데를 기준으로 정렬한다.

⑰ **일반**: 일반, 숫자, 회계, 시간, 백분율 등을 설정할 수가 있다.

⑱ **통화**: 숫자 데이터를 통화(₩) 모양으로 표시한다.

⑲ **백분율 스타일**: 숫자 데이터를 백분율(%) 모양으로 표시한다.
쉼표 스타일: 수치데이터에 세 자리마다 쉼표 모양이 나타나게 한다.

⑳ **자릿수 늘림, 줄임**: 수치데이터의 소수점 이하 자리수를 한 자리씩 늘려서(줄임) 표시할 수 있다.

2 셀 서식 대화 상자

셀 서식 대화상자를 사용하면 한꺼번에 여러 가지 서식 기능을 지정할 수 있다. 메뉴의 [홈]–[셀]–[서식]–[셀 서식]을 사용하거나, 마우스의 오른쪽 버튼을 눌러 [셀 서식]을 선택하면 대화상자가 나타난다.

[셀 서식] 대화상자의 세부기능을 살펴보면 다음과 같다.

① **표시 형식**: 데이터 종류(숫자, 문자, 날짜)의 표시 형식을 지정할 수 있다.
② **맞춤**: 가로/세로, 위/아래와 같이 데이터가 놓일 위치와 방향을 지정한다.
③ **글꼴**: 글꼴, 글자 스타일, 글자 크기, 글자색과 같이 글꼴과 관련된 내용을 지정한다.
④ **테두리**: 셀 영역의 테두리 모양, 위치, 색을 지정한다.
⑤ **무늬**: 셀 영역에 채워질 색과 무늬를 지정한다.
⑥ **보호**: 셀 영역이 변경, 이동, 크기 조정, 삭제되지 않도록 보호한다.

표시 형식

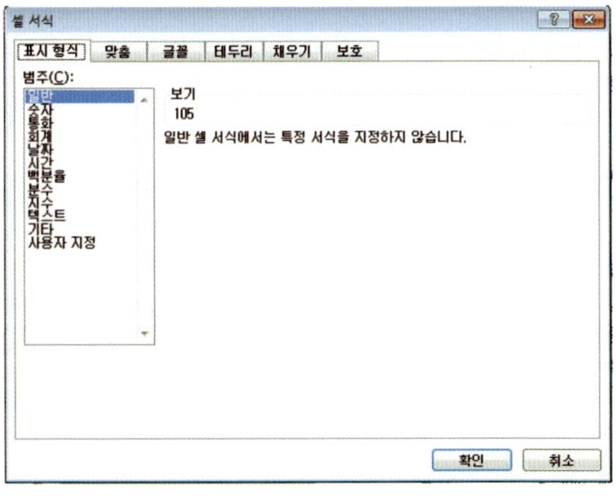

표시 형식은 앞에서 설명했듯이 [서식]–[셀]을 선택하거나, 마우스의 오른쪽 버튼을 클릭하면 [셀 서식] 대화상자가 표시되며 이 상자를 이용해 표시형식을 지정할 수 있다. [표시형식]을 선택하면 12개의 범주가 나타나며 이 중 하나의 범주를 택하면 오른쪽 보기에 세부 내용이 나타난다.

각 범주의 내용을 상세히 설명하면 다음과 같다.

① **일반**: 입력된 데이터 형태를 그대로 표시 예 147256
② **숫자**: 소수 자릿수, 천 단위 콤마 표시, 음수 표현 형식 지정 예 89,124.2
③ **통화**: 천 단위 콤마 표시, 통화 기호(₩, $) 삽입, 음수 표현 형식 지정 예 $135
④ **회계**: 천 단위 콤마 표시, 통화 기호(₩, $) 삽입 예 $1,572

❺ **날짜:** 엑셀에서 제공하는 날짜 표현 형식 선택 예 2006년 1월 12일

❻ **시간:** 엑셀에서 제공하는 시간 표현 형식 선택 예 11시 11분 20초

❼ **백분율:** 소수 자릿수 지정, 수치 데이터 뒤에 백분율(%) 기호 삽입 예 25%

❽ **분수:** 소수를 분수 형식으로 나타냄, 여러 형태의 분모 자릿수 제공 예 1/8

❾ **지수:** 수치 데이터를 지수 형식으로 표현, 소수 자릿수를 지정할 수 있음
예 5.E + 02

❿ **텍스트:** 수치 데이터를 문자열 형식으로 지정 예 학생

⓫ **기타:** 우편번호, 전화번호, 주민등록번호 등 특수한 데이터의 서식 지정
예 670-451(우편번호)

⓬ **사용자 정의:** 엑셀에서 제공하는 서식 중 원하는 표시형식이 없을 경우, 사용자가 임의로 표시 형식을 지정할 수 있음. 다만, 표시 형식을 지정할 때는 엑셀에서 제공하는 서식 코드를 조합해서 등록해야 함

맞 춤

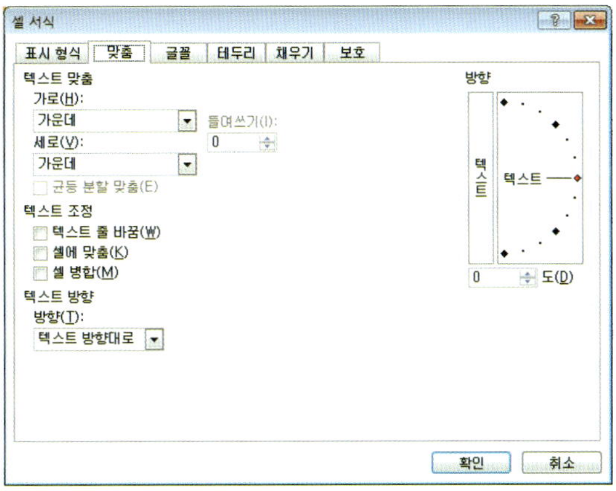

셀 서식 대화상자에서 맞춤은 셀 범위 내에서 텍스트의 위치를 가로·세로 맞추는 것을 말한다. 셀 서식의 대화상자에서 '맞춤'은 가로는 '일반', 세로는 '가운데'로 지정되어 있다. 여기서 '일반'이란 엑셀에서 셀에 입력할 때에 숫자는 오른쪽으로, 문자는 왼쪽으로 맞추는 것을 말한다. 또한 텍스트 줄바꿈, 범위를 지정한 셀을 병합하거나 셀 크기에 맞춰 글자 크기를 조절(텍스트 조정)할 수 있다. 이 외에도 문자 각도를 조절해서 문자 방향을 지정(텍스트 방향)할 수 있다.

글 꼴

엑셀에서 기본으로 제공하는 글꼴은 맑은 고딕체고, 글자 크기는 11pt다. 셀 서식의 글꼴을 이용하면 다양한 글꼴, 글자 모양, 글자 크기 등을 지정할 수 있다.

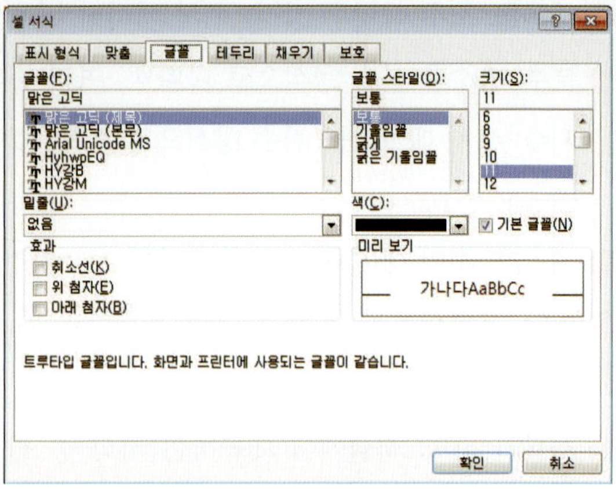

테두리

셀 테두리를 지정할 경우 테두리를 넣을 셀의 범위를 미리 지정한 후 마우스 오른쪽 버튼의 단축 메뉴에서 [셀 서식]을 선택한 후 [테두리] 탭을 누른다.

셀 서식 대화상자에 테두리 탭은 '미리 설정', '테두리', '선'이 있으며, '미리설정'은 범위로 지정한 영역에 테두리를 [없음], [윤곽선], [안쪽]으로 지정하고 이 셋 중에 하나를 선택하게 되면 텍스트라고 쓰여 있는 하얀 부분에 지정된 선이 나타난다.

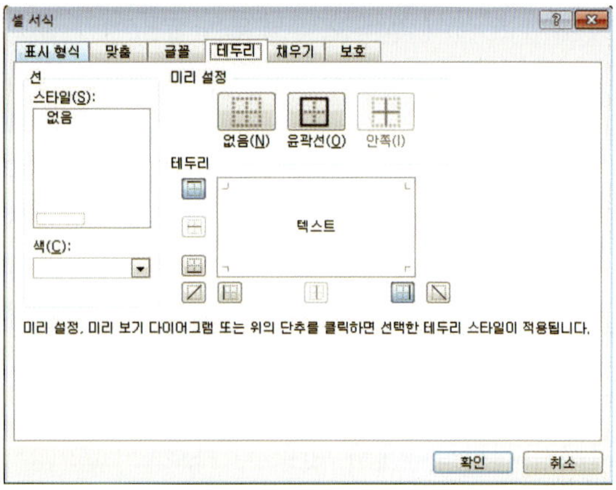

채우기

셀에 음영색(바탕색)을 지정하거나 무늬를 지정할 때 사용한다.

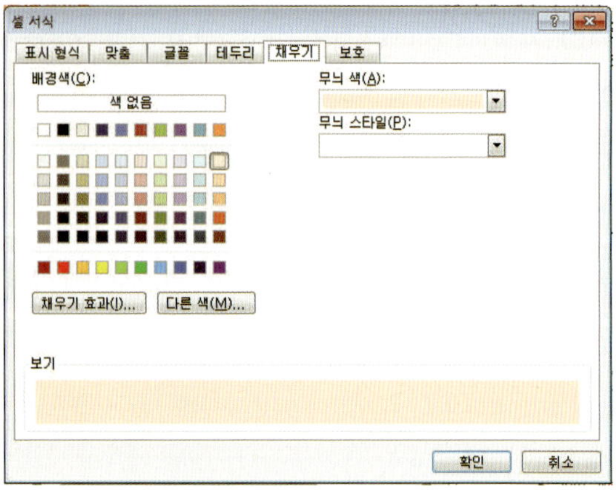

보 호

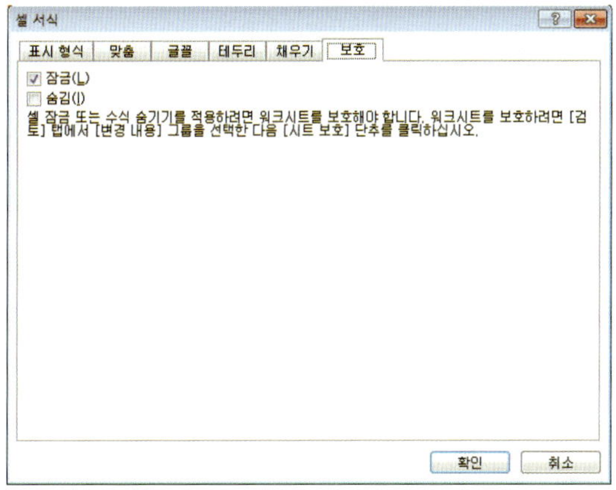

[셀 서식] 대화상자의 보호 기능은 독립적으로 사용할 수 없고, 워크시트가 보호되어 있을 때만 기능을 발휘한다. 잠금과 숨김은 시트를 보호할 때 효과를 낸다. 시트를 보호하려면 [도구] 메뉴에서 [보호]를 누르고 [시트 보호]를 선택한 후 [내용] 확인란을 선택한다. [셀 보호]가 된 상태에서 잠금을 체크해 두면 셀을 편집할 수 없다. 반대로 잠금을 해제하면 [셀 보호]가 되었더라도 셀을 편집할 수 있다. 수식 셀을 범위로 지정하고 숨김을 체크하면 수식 입력줄에 수식이 나타나지 않는다.

4.2 이름 정의

특정 셀이나 셀의 범위 또는 특정 수식에 대해 사용자가 임의의 이름을 지정할 수 있다. 이렇게 하는 이유는 셀 번지의 형태로 사용하기보다는 셀에 특별한 의미 있는 이름을 부여함으로써 사용을 보다 용이하게 할 수 있기 때문이다. 한번 이름이 지정되면 그 이름은 그 셀이 속한 통합문서에서 관리되므로 어느 시트에서도 공유해서 사용할 수 있는 장점이 있다.

셀에 이름을 정의하는 방법은 두 가지가 있다. 즉, 수식입력 줄에 있는 이름상자를 이용하는 방법과 메뉴를 이용하는 방법이 있다.

이름 정의－이름 상자 이용하기

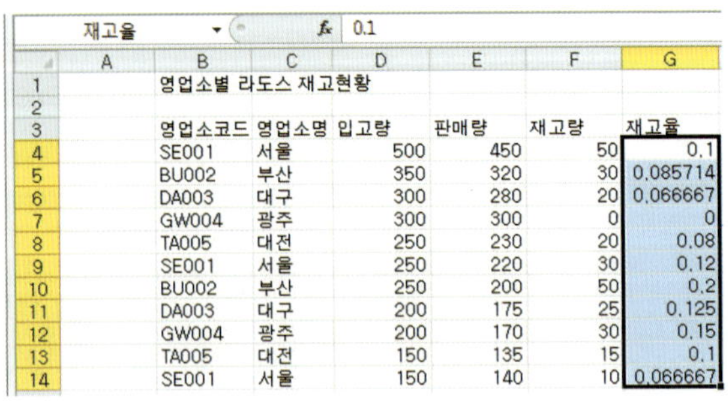

재고율 | fx 0.1

	A	B	C	D	E	F	G
1		영업소별 라도스 재고현황					
2							
3		영업소코드	영업소명	입고량	판매량	재고량	재고율
4		SE001	서울	500	450	50	0.1
5		BU002	부산	350	320	30	0.085714
6		DA003	대구	300	280	20	0.066667
7		GW004	광주	300	300	0	0
8		TA005	대전	250	230	20	0.08
9		SE001	서울	250	220	30	0.12
10		BU002	부산	250	200	50	0.2
11		DA003	대구	200	175	25	0.125
12		GW004	광주	200	170	30	0.15
13		TA005	대전	150	135	15	0.1
14		SE001	서울	150	140	10	0.066667

이름 정의 순서
(이름 상자 이용)
① 셀 [G4:G14]영역 지정
② 이름상자 클릭
③ 이름 입력: 재고율
④ Enter↵

이름 정의－메뉴 이용하기

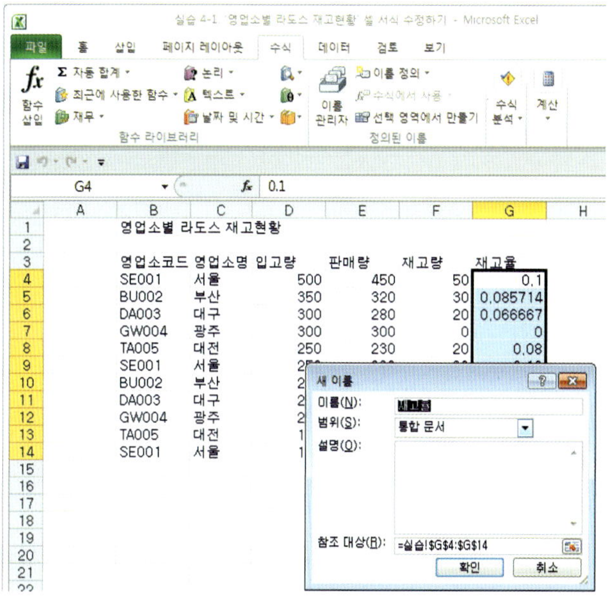

이름 정의 순서
(메뉴 이용)
① 셀 [G4:G14] 영역 지정
② [수식] 탭에서 [정의된 이름]-[이름 정의] 클릭

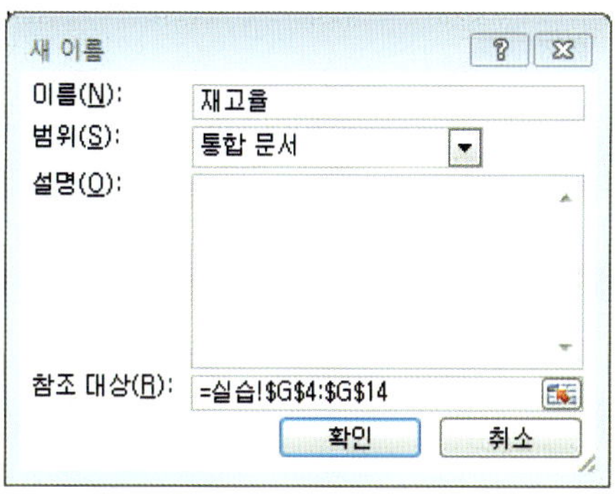

새 이름 입력
① 이름 입력란에 '재고율' 입력
② 참조대상: 마우스를 드래그 하여 셀 영역 지정
③ '추가' 클릭
④ 확인 클릭

이름 삭제하기

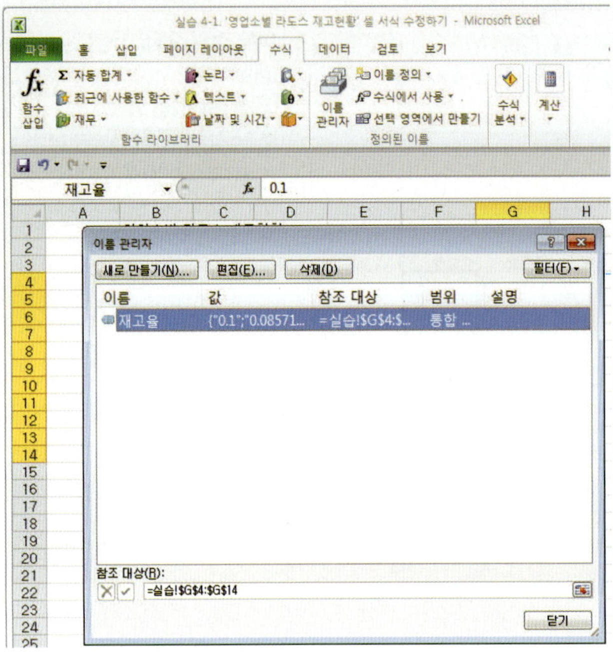

이름 수정 및 삭제
① [수식]–[이름 관리자] 클릭
② '재고율' 선택
③ '삭제' 클릭
④ 닫기 클릭

Tip

이름을 만드는 규칙

- 이름의 첫 글자는 문자나 밑줄(_)로 시작해야 한다.
- 이름에 공백을 포함시킬 수 없다.
- 대·소문자를 구분하지 않으며, 최대 길이는 255 글자이다.

4.3 메모 만들기

사무실에서 작업한 문서나 파일을 동료나 상사에게 메일을 통해 보낼 때 특별한 부분은 부연 설명이 필요한 경우가 있다. 이런 경우에 메모의 기능은 훌륭한 역할을 할 수 있다. 엑셀에서의 메모는 마치 책이나 보고서에 보충설명을 위해서 '포스트잇(post-it)'를 붙이는 경우와 흡사하다고 생각하면 된다.

1 메모 삽입/삭제

메모의 삽입은 메모를 삽입 할 셀을 지정한 후 메뉴의 [검토]-[메모]-[새 메모]를 선택을 클릭한다. 또는 마우스의 오른쪽 버튼을 클릭한 후 메뉴에서 [메모 삽입]을 클릭하면 메모가 만들어진다.

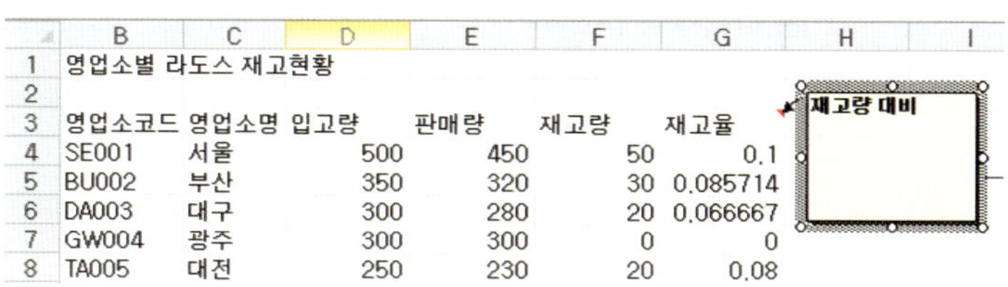

	B	C	D	E	F	G
1	영업소별 라도스 재고현황					
2						
3	영업소코드	영업소명	입고량	판매량	재고량	재고율
4	SE001	서울	500	450	50	0.1
5	BU002	부산	350	320	30	0.085714
6	DA003	대구	300	280	20	0.066667
7	GW004	광주	300	300	0	0
8	TA005	대전	250	230	20	0.08

메모를 삭제하려면 메모를 지정한 셀 위에 마우스의 오른쪽 버튼을 클릭한 후 [메모 삭제]를 선택하면 메모가 없어진다.

2 메모 편집

메모의 편집은 메모가 지정된 셀 위에 마우스 포인터를 두면 메모가 다시 나타난다. 해당 셀을 마우스의 오른쪽 버튼을 클릭하여 [메모 편집]을 클릭하면 다시 메모상자가 나타나며 편집모드로 전환된다. 내용을 수정한 후 메모 입력 상자의 테두리를 마우스 오른쪽 버튼을 클릭하면 '메모 서식' 대화상자가 나타난다.

'메모 서식' 대화 상자를 이용하여 글꼴, 글꼴 스타일, 크기 등을 변경할 수 있다.

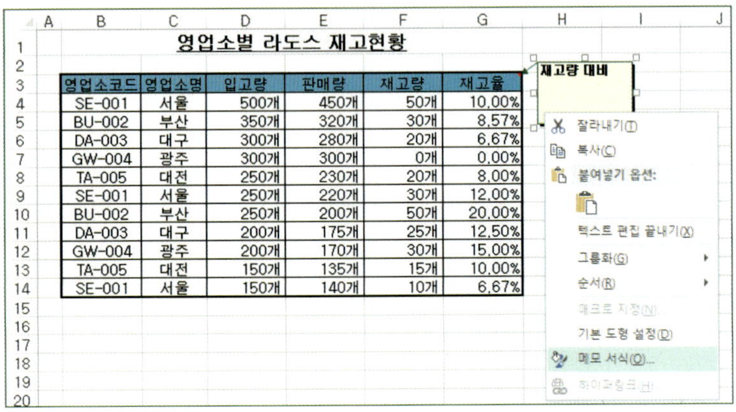

영업소별 라도스 재고현황

영업소코드	영업소명	입고량	판매량	재고량	재고율
SE-001	서울	500개	450개	50개	10.00%
BU-002	부산	350개	320개	30개	8.57%
DA-003	대구	300개	280개	20개	6.67%
GW-004	광주	300개	300개	0개	0.00%
TA-005	대전	250개	230개	20개	8.00%
SE-001	서울	250개	220개	30개	12.00%
BU-002	부산	250개	200개	50개	20.00%
DA-003	대구	200개	175개	25개	12.50%
GW-004	광주	200개	170개	30개	15.00%
TA-005	대전	150개	135개	15개	10.00%
SE-001	서울	150개	140개	10개	6.67%

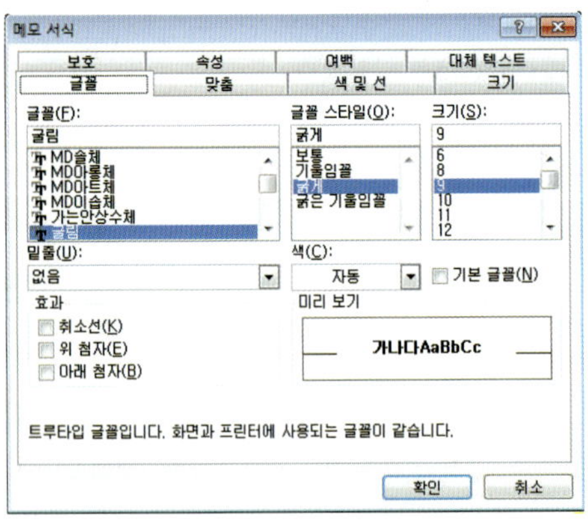

주의

메모가 만들어진 후 다른 셀을 클릭하면 메모가 사라지면서 메모가 지정된 셀의 우측 상단에 빨간색의 표식이 나타난다. 이것은 메모가 사라진 것이 아니라 마우스 포인터를 메모를 지정한 셀 위에 다시 올리면 메모가 다시 나타난다.

3 메모 표시/숨기기 및 위치 변경

메모는 데이터를 우선적으로 보여주기 위해서 기본적으로 숨겨져 있다. 하지만 메모를 항상 표시하게 할 수 있을 뿐 아니라, 메모의 위치를 변경할 수 있다. 메모가 항상 표시되도록 하기 위해 메모가 지정된 셀을 클릭한 후, 마우스 오른쪽 버튼을 눌러 [메모 표시/숨기기]를 선택한다.

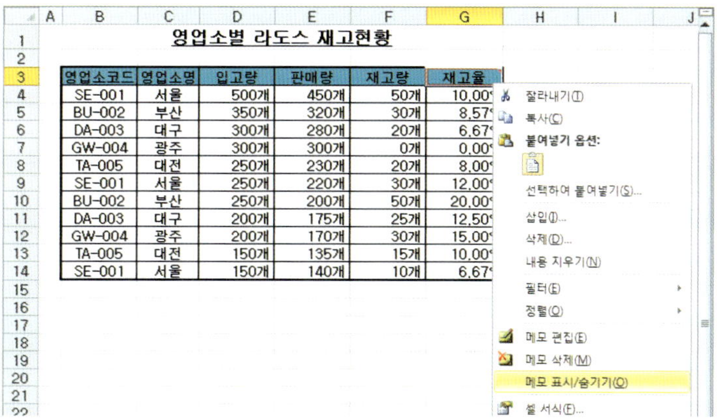

메모가 데이터 영역 밖에 표시되도록 메모 입력 상자의 위치를 이동하려면, 메모의 테두리에 마우스 포인터를 올린 후 클릭하고 메모를 드래그하면 위치가 변경된다.

Tip

메모 인쇄하기

메모가 포함된 문서를 인쇄하면 기본적으로 메모는 인쇄할 때 나타나지 않는다. 메모가 인쇄할 때 나타나기 위해서는 [파일]-[인쇄 미리보기]-[페이지 설정]을 클릭한다. '페이지 설정' 대화상자에서 '시트'탭을 클릭한다. '인쇄'항목의 '메모'에 '없음'으로 설정되어 있다. 드롭다운 단추를 클릭한 다음 '시트에 표시한 대로'를 선택한 다음 '확인' 단추를 클릭하면 메모가 인쇄된다.

4.4 자동 서식과 조건부 서식

엑셀은 자동 서식을 제공하고 있으며, 이것은 사용자가 서식의 형태를 일일이 지정하는 것이 아니라 엑셀에서 기본으로 제공하는, 미리 완성된 형태의 서식이다. 이에 반해 조건부 서식은 데이터가 일정한 조건을 만족할 경우에만 서식이 적용된다.

1 자동 서식

엑셀은 많이 사용되는 서식을 미리 지정해 두고 기본으로 제공하고 있으며 이를 자동 서식이라 한다. 자동 서식을 적용하려면 서식을 지정할 영역에 셀 포인터를 두거나 서식을 적용할 범위를 직접 지정하고, [홈]－[스타일] 메뉴를 선택해서 나타나는 여러 가지 서식을 선택하면 된다.

이전 버전과 다르게 사용자가 새로운 서식을 사용자가 추가할 수 있다. 적용을 원하지 않을 경우에는 [디자인]－[표 스타일 옵션]에서 체크표시를 해제하면 원래의 값으로 돌아가게 된다.

2 조건부 서식

'조건부 서식'이란 선택한 셀에 입력된 데이터와 사용자가 지정한 조건이 일치할 경우 미리 만든 서식을 적용하게 하는 것이다. 예를 들어 성적표의 점수가 80점 이상이면 파랑색을, 60점 이상이면 노란색을, 그리고 60점 미만은 경고용으로 빨강색을 적용하게 하는 것이다. 또한 조건부 서식은 데이터를 파악하는 데 도움이 되는 시각적 효과를 제공한다. 예를 들어 색조를 사용하여 고온, 중온, 저온 값을 차별화할 수 있으며, 높은 값과 낮은 값 또는 제공한 조건을 기준으로 한 데이터 추세가 명확하게 표시된다. 조건을 만족할 때 적용할 서식은 서식 버튼을 눌러서 설정해야 하며, 두 개 이상의 조건을 입력한 경우라면 조건은 별도로 동작한다.

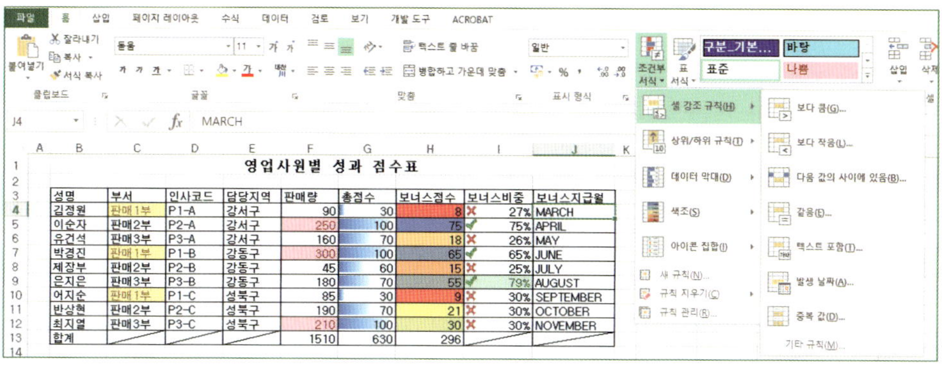

셀 값으로 조건부 서식 지정

셀 값이 조건 판단의 기준이 되며, 조건에 해당하는 셀에만 서식을 적용한다.

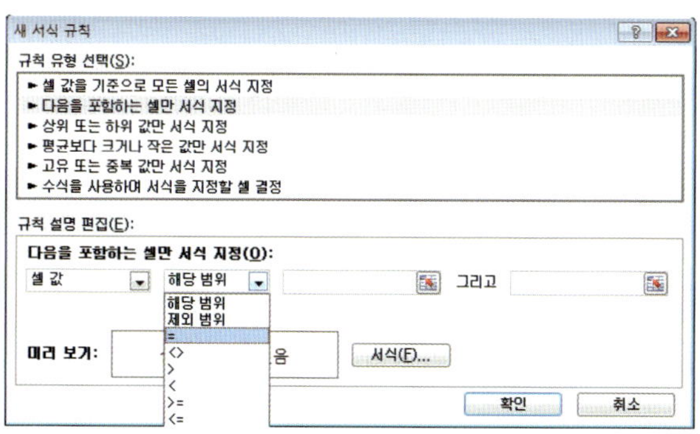

수식으로 조건부 서식 지정

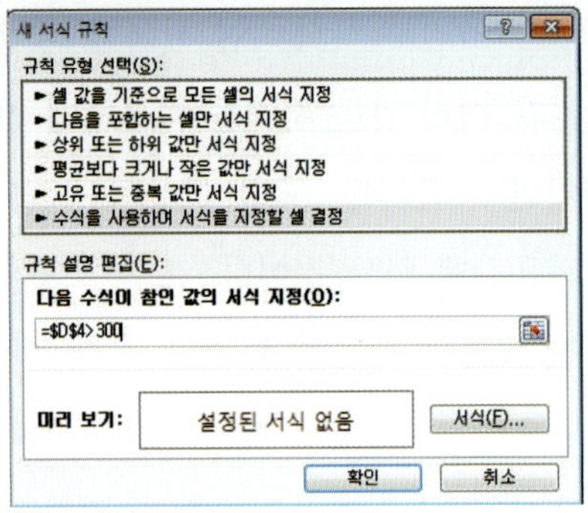

입력한 수식이 참일 때 서식을 적용한다. 해당 셀뿐만 아니라 해당 셀에 해당하는 행이나 열에도 조건을 적용할 수 있다. 해당 셀과 같은 행에 조건을 적용하려면 수식을 입력할 때 조건 기준이 되는 셀 주소를 $B2와 같이 열 이름만 고정시키는 혼합 참조 형태로 입력해야 한다. 해당 셀과 같은 열에 조건을 적용하려면 조건 기준이 되는 셀 주소를 B$2와 같이 행 번호만 고정시키는 혼합 참조 형태로 입력해야 한다.

조건부 서식의 삭제

조건부 서식을 삭제하려면 [홈]-[스타일]-[조건부 서식]-[규칙 지우기] 단추를 누른 후, 삭제할 조건을 선택하고 확인 버튼을 누르면 된다.

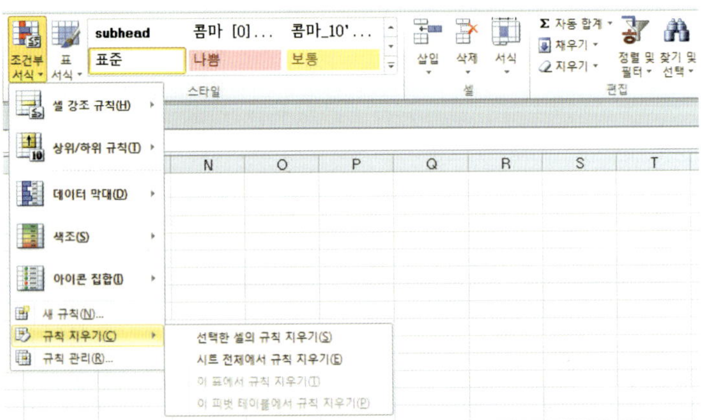

실습 4-1

'영업소별 라도스 재고현황' 셀 서식 수정하기

아래와 같이 '영업소별 라도스 재고현황'을 입력한 후, 지시사항대로 셀 서식을 수정한다.

	A	B	C	D	E	F	G
1		영업소별 라도스 재고현황					
2							
3		영업소코드	영업소명	입고량	판매량	재고량	재고율
4		SE001	서울	500	450	50	0.1
5		BU002	부산	350	320	30	0.0857143
6		DA003	대구	300	280	20	0.0666667
7		GW004	광주	300	300	0	0
8		TA005	대전	250	230	20	0.08
9		SE001	서울	250	220	30	0.12
10		BU002	부산	250	200	50	0.2
11		DA003	대구	200	175	25	0.125
12		GW004	광주	200	170	30	0.15
13		TA005	대전	150	135	15	0.1
14		SE001	서울	150	140	10	0.0666667

⬇

	A	B	C	D	E	F	G	H
1		영업소별 라도스 재고현황						
2								
3		영업소코드	영업소명	입고량	판매량	재고량	재고율	재고량 대비
4		SE-001	서울	500개	450개	50개	10.00%	
5		BU-002	부산	350개	320개	30개	8.57%	
6		DA-003	대구	300개	280개	20개	6.67%	
7		GW-004	광주	300개	300개	0개	0.00%	
8		TA-005	대전	250개	230개	20개	8.00%	
9		SE-001	서울	250개	220개	30개	12.00%	
10		BU-002	부산	250개	200개	50개	20.00%	
11		DA-003	대구	200개	175개	25개	12.50%	
12		GW-004	광주	200개	170개	30개	15.00%	
13		TA-005	대전	150개	135개	15개	10.00%	
14		SE-001	서울	150개	140개	10개	6.67%	

지시사항

- A열의 너비를 2로 조정하시오.
- [B4:B14] 영역 데이터의 문자와 숫자 사이에 '–'을 넣으시오.
- [G4:G14] 영역의 셀을 '재고율'로 이름을 정의하시오.
- [G3] 셀에 '재고량 대비'라는 메모를 삽입하고, 항상 표시되도록 하시오.
- [B1:G1] 영역은 '셀 병합 후 가로, 세로 가운데 맞춤', 글꼴 '굴림', 크기 '14', 글꼴 스타일 '굵게', 밑줄 '실선'으로 지정하시오.
- [B3:G3] 영역은 '가로 가운데 맞춤'으로 지정한 후 '바다색, 강조 5'로 채우시오.
- [B4:C14] 영역을 '가로 가운데 맞춤'으로 지정하시오.
- [D4:F14] 영역의 셀 서식을 사용자 정의 서식을 이용하여 숫자 뒤에 '개'를 표시하되 셀 값이 '0'일 경우에도 '0개'를 표시하시오.
- [G4:G14] 영역의 셀 서식은 '백분율 스타일(%)', 소수 둘째 자리까지 지정하시오.
- 그림과 같이 테두리를 지정하시오.

① A열 너비 조정

A열의 머리글을 마우스 오른쪽 버튼으로 클릭하여 [열 너비]를 선택한 후, '2'를 입력한다.

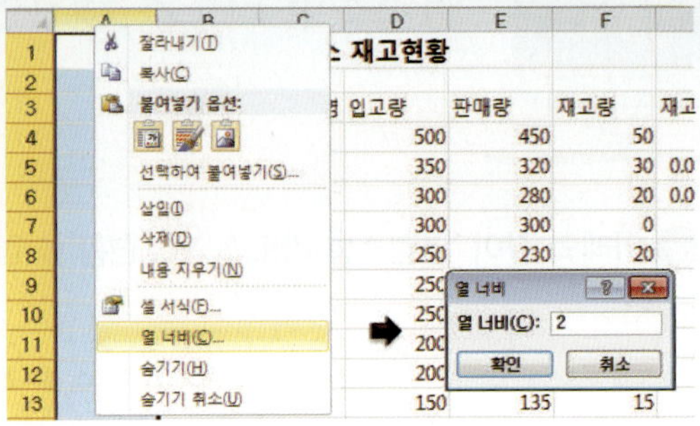

② [B4:B14] 영역 데이터의 문자와 숫자 사이에 '–' 입력

B4셀을 선택하고 더블클릭하거나, F2를 눌러 'SE'와 '001' 사이에 '–'을 삽입한다. 같은 방법으로 B14셀까지 '–'을 삽입한다.

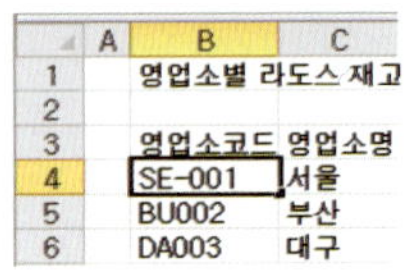

③ [G4:G14] 영역의 셀을 '재고율'로 이름 정의

[G4:G14] 영역을 블록으로 지정한 후 이름 상자에 '재고율'을 입력하고, Enter↵ 한다.

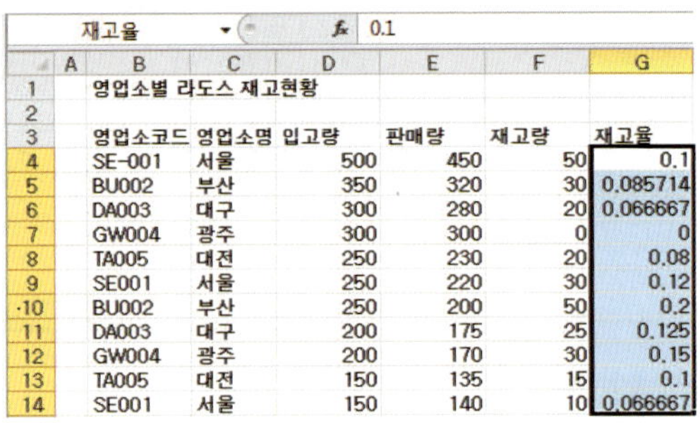

④ [G3] 셀에 '재고량 대비'라는 메모 삽입

G3셀을 선택하고, [검토]–[새 메모]를 클릭하거나, 마우스 오른쪽 버튼을 누르고 [메모 삽입]을 클릭한 후, '재고량 대비'를 입력한다.

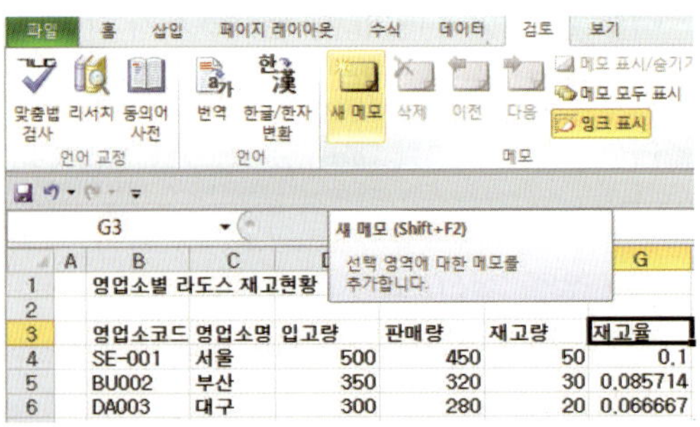

⑤ 메모 표시

메모가 항상 표시되도록 하기 위해 G3셀을 클릭한 후, [검토]–[메모 표시/숨기기]를 선택하거나, 마우스 오른쪽 버튼을 눌러 [메모 표시/숨기기]를 선택한다.

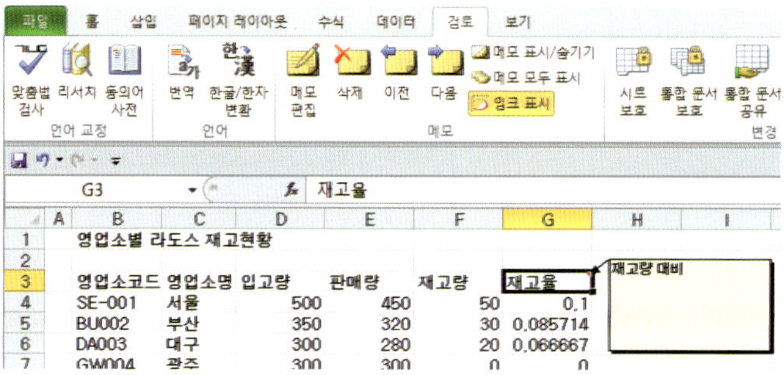

❻ 제목 서식 편집하기

[B1:G1] 영역을 블록 지정하고, [홈] 탭의 [글꼴] 그룹에서 글꼴 '굴림', 크기 '14', 글꼴 스타일 '굵게', 밑줄 '실선'을 지정한다. 그리고 [맞춤] 그룹에서 '가로–가운데 맞춤', '세로–가운데 맞춤'을 선택하고, '병합하고 가운데 맞춤'으로 지정한다.

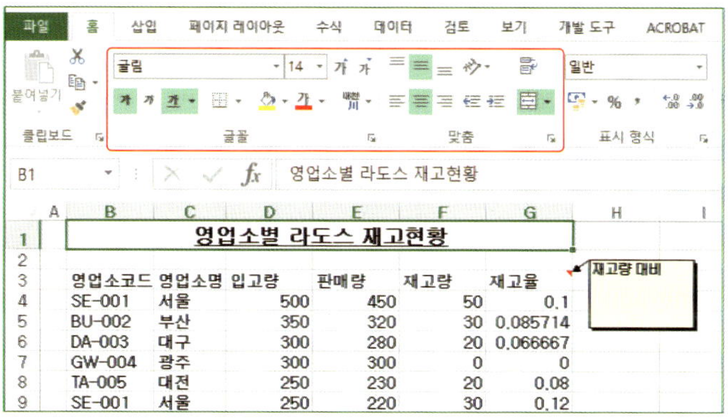

❼ 서식 설정 – '가운데 맞춤', '색 채우기'

[B3:G3] 영역을 블록 지정하고 [맞춤] 그룹에서 '가로–가운데 맞춤'을 클릭하고, '채우기 색'을 클릭하여 '바다색, 강조 5'를 선택한다. 그리고 [B4:C14] 영역을 블록 지정하고 '가로–가운데 맞춤'을 클릭한다.

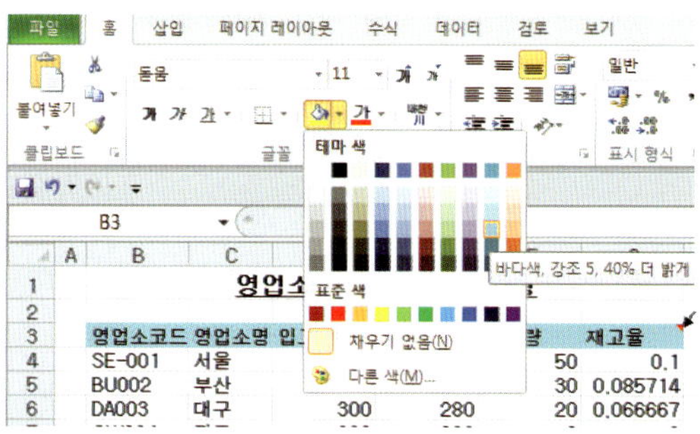

⑧ [셀 서식] – 숫자 뒤에 '개' 표시

[D4:F14] 영역을 블록 지정하고, 마우스 오른쪽을 클릭하여 [셀 서식]–[표시 형식]–[사용자 지정]에서 '형식'란에 있는 내용을 지우고 '#0개'를 입력한 후 확인한다. 숫자 뒤에 '개'가 붙어 표시된다.

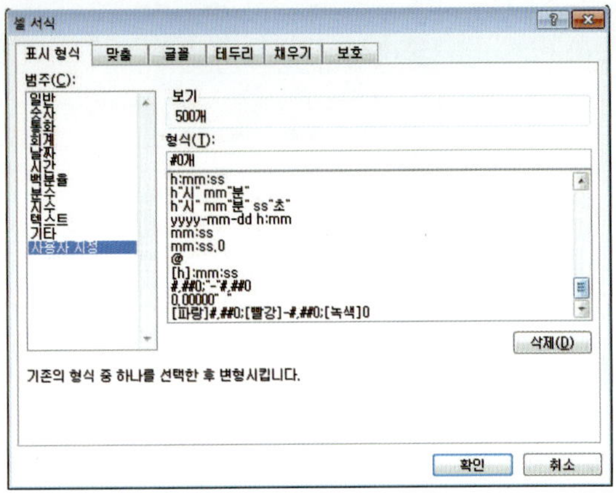

⑨ [셀 서식] – '백분율 스타일(%)', 소수 둘째 자리까지 지정

[G4:G14] 영역을 블록 설정하고, 마우스 오른쪽을 클릭하여 [셀 서식]–[표시 형식]–[백분율]을 클릭하고, '소수 자릿수'에 '2'를 입력한 후 확인한다.

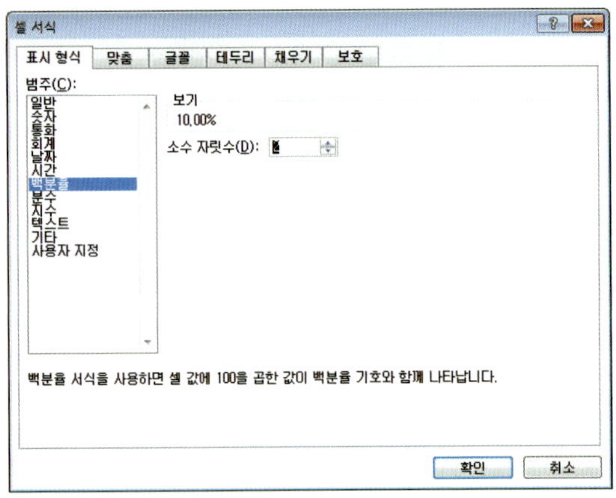

⑩ 테두리 지정

[B3:G14] 영역을 블록 설정하고, 마우스 오른쪽을 클릭하여 [셀 서식]–[테두리] 탭에서 안쪽은 실선, 윤곽선은 두꺼운 선을 선택한다.

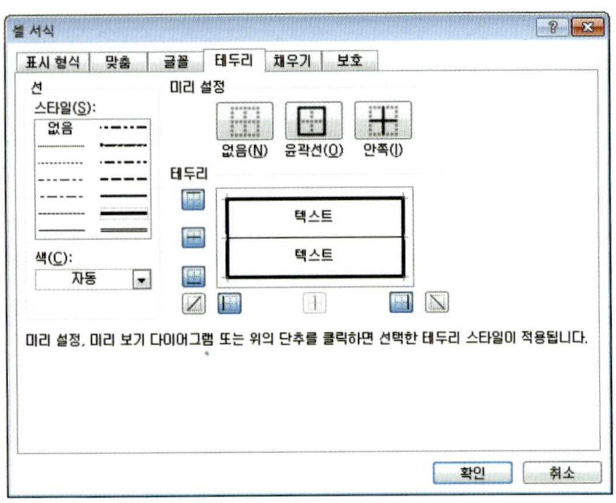

실습 4-2

'지점별 판매성과' 셀 서식 수정하기

아래와 같이 '지점별 판매성과'를 입력한 후, 지시사항대로 셀 서식을 수정한다.

	A	B	C	D	E	F	G
1		지점별 판매성과					
2						작성일 :	2012-09-15
3		지점	목표수량	판매수량	매출액	목표달성치	판매순위
4		서울	230	220	264000	-10	1
5		부산	190	197	236400	7	2
6		광주	200	175	210000	-25	4
7		대전	140	145	174000	5	5
8		대구	200	130	156000	-70	6
9		인천	200	180	216000	-20	3
10		전주	100	110	132000	10	7
11		춘천	100	80	96000	-20	9
12		제주	170	184	102000	14	8
13		평균	170	157.8889			

	A	B	C	D	E	F	G
1		▣지점별 판매성과▣					판매수량-목표수량
2						作成日 :	2012년 09월 15일
3		지점	목표수량	판매수량	매출액	목표달성치	판매순위
4		서울	230	220	₩ 264,000	(10)	1위
5		부산	190	197	₩ 236,400	7	2위
6		광주	200	175	₩ 210,000	(25)	4위
7		대전	140	145	₩ 174,000	5	5위
8		대구	200	130	₩ 156,000	(70)	6위
9		인천	200	180	₩ 216,000	(20)	3위
10		전주	100	110	₩ 132,000	10	7위
11		춘천	100	80	₩ 96,000	(20)	9위
12		제주	170	184	₩ 102,000	14	8위
13		평균	170.00	157.89			

지시사항

- A열의 너비를 1로 조정하시오.
- [G2] 셀을 '작성일'로 이름을 정의하시오.
- [B1:G1] 영역은 '셀 병합후 가로, 세로 가운데 맞춤', 글꼴 '궁서체', 크기 '16', 글꼴 스타일 '굵게', 밑줄 '이중 실선'으로 지정하시오.
- [F2] 셀의 '작성일'을 한자 '作成日'로 변환하시오.
- 제목의 '지점별 판매성과' 양쪽에 특수 문자 '▣'를 삽입하시오.
- [F3]셀에 '판매수량－목표수량'이라는 메모를 삽입하고, 항상 표시되도록 하시오.
- [E4:E12]의 셀 서식은 '통화 스타일(₩)'로 표시하시오.
- [B4:B13], [B3:G3] 영역의 바탕색은 '주황 강조 6', '가로 가운데 맞춤'으로 지정하시오.
- [F4:F12] 영역은 음수일 경우 색깔 있는 괄호로 묶어 표시되도록 셀 서식을 지정하시오.

- 작성일[G2]의 셀 서식은 'YYYY년 MM월 DD일'로 표시하시오.
- [G4:G12] 영역의 셀은 숫자 뒤에 '위'를 표시하도록 사용자 정의 서식을 지정하시오.
- [C13:D13]은 사용자 정의 서식을 이용하여 소수 둘째 자리까지 표시하시오.
- 그림과 같이 테두리를 지정하시오.

① A열 너비 조정

A열의 머리글을 마우스 오른쪽 버튼으로 클릭하여 [열 너비]를 선택한 후, '1'을 입력한다.

② [G2] 셀을 '작성일'로 이름 정의

[G2] 셀을 선택한 후 이름 상자에 '작성일'을 입력하고, Enter↵ 한다.

③ 제목 서식 편집하기

[B1:G1] 영역을 블록 지정하고, 마우스 오른쪽 버튼을 눌러서 [셀 서식]-[글꼴] 탭에서 글꼴 '궁서체', 크기 '16', 글꼴 스타일 '굵게', 밑줄 '이중 실선'으로 지정한다. 그리고 [셀 서식]-[맞춤] 탭에서 '가로-가운데', '세로-가운데', '셀 병합'을 선택한 후, 확인한다.

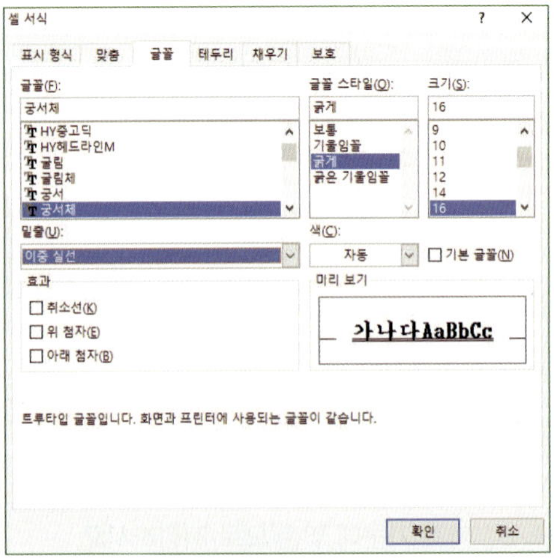

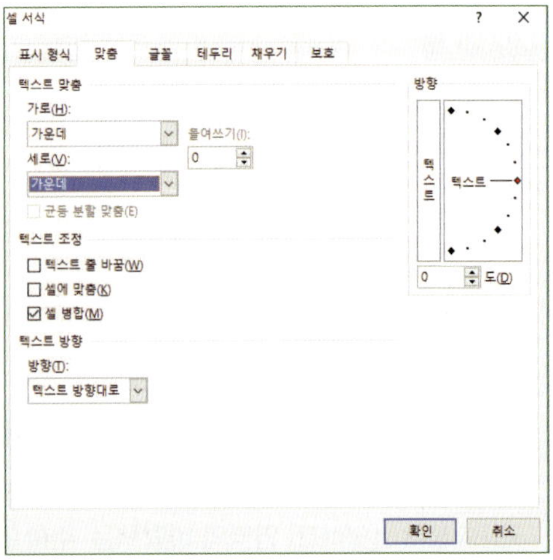

❹ [F2] 셀의 '작성일'을 한자 '作成日'로 변환

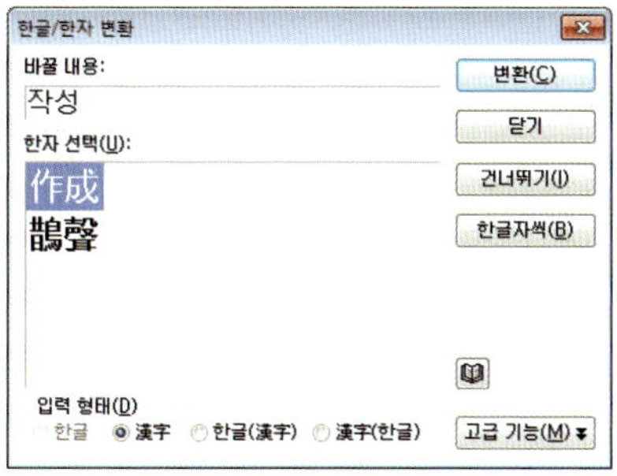

F2셀을 더블 클릭하거나, F2를 눌러 셀 편집 상태로 만든 후, 커서를 '작성일'의 '작성'자 뒤에 놓고 키보드의 '한자'를 누른다. '한글/한자 변환' 대화상자가 나오면 맞는 글자를 선택하고 '변환'을 클릭한다.

❺ 제목의 '지점별 판매성과' 양쪽에 특수 문자 '▣' 삽입

B1셀을 더블 클릭하거나 F2를 눌러 셀 편집 상태로 만든 후, '지점별 판매성과' 양쪽에 커서를 놓고 'ㅁ'을 입력한 후, '한자'키를 눌러서 특수 문자 '▣'를 삽입한다.

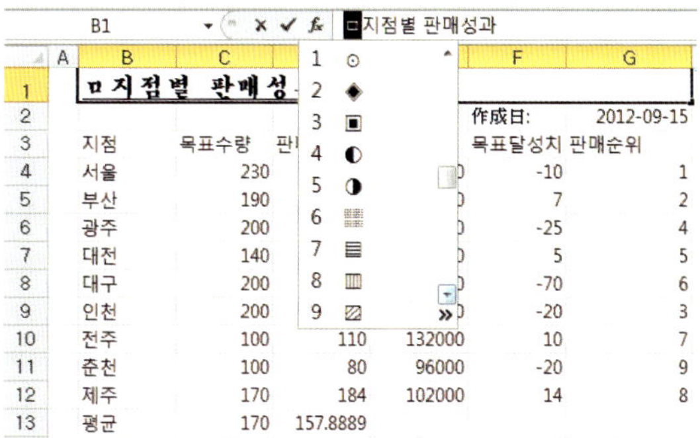

❻ 메모 삽입 및 메모 표시

F3셀을 선택하고, [검토]-[새 메모]를 클릭하거나, 마우스 오른쪽 버튼을 누르고 [메모 삽입]( )을 클릭한 후, '판매수량-목표수량'을 입력한다. 메모가 항상 표시되도록 하기 위해 F3셀을 클릭한 후, [검토]-[메모 표시/숨기기]를 선택하거나, 마우스 오른쪽 버튼을 눌러 [메모 표시/숨기기]를 선택한다.

❼ 셀 서식 설정 - '통화 스타일(₩)'

[E4:E12] 영역을 블록 지정 한 후, [홈] 탭의 [표시형식] 그룹에서 '통화 스타일(₩)'을 클릭한다.

❽ 셀 서식 설정 - '가운데 맞춤', '색 채우기'

[B3:B13]과 [B3:G3] 영역을 블록 지정하고 [맞춤] 그룹에서 '가로-가운데 맞춤'을 클릭하고, '채우기 색'을 클릭하여 '주황 강조 6'을 선택한다.

9 [F4:F12] 영역에 음수 표시 형식 지정

[F4:F12] 영역을 블록 지정하고, 마우스 오른쪽을 클릭하여 [셀 서식]–[표시 형식]–[숫자]에서 '음수'일 경우 색깔 있는 괄호로 묶어 표시된 것을 선택한다.

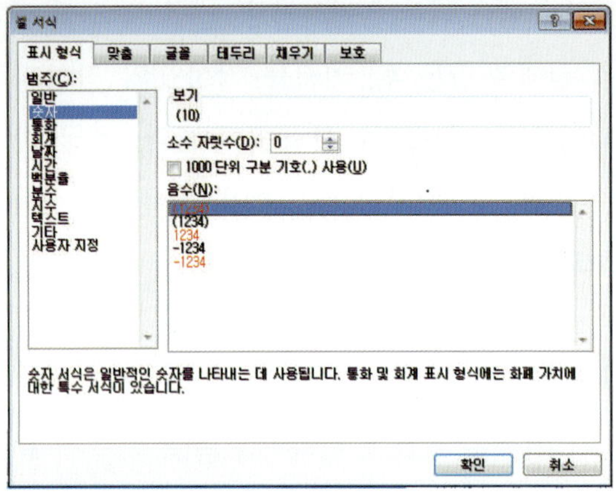

10 날짜 형식

[G2]의 셀을 선택하고 마우스 오른쪽을 클릭하여 [셀 서식]–[표시 형식]–[사용자 지정]에서 'yyyy "년" mm "월" dd "일"'을 선택한다. 찾는 형식이 없는 경우 '형식'란에 있는 내용을 지우고 직접 입력한다.

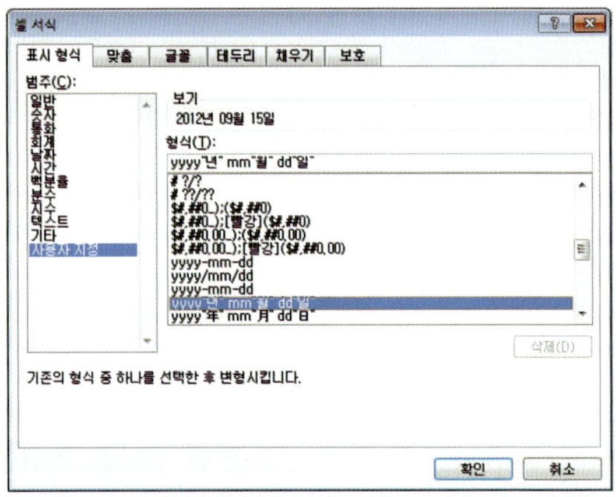

11 [셀 서식] – 숫자 뒤에 '위' 표시

[G4:G12] 영역을 블록 지정하고, 마우스 오른쪽을 클릭하여 [셀 서식]–[표시 형식]–[사용자 지정]에서 '형식'란에 있는 내용을 지우고 '#위'를 입력한 후 확인한다. 숫자 뒤에 '위'가 붙어 표시된다.

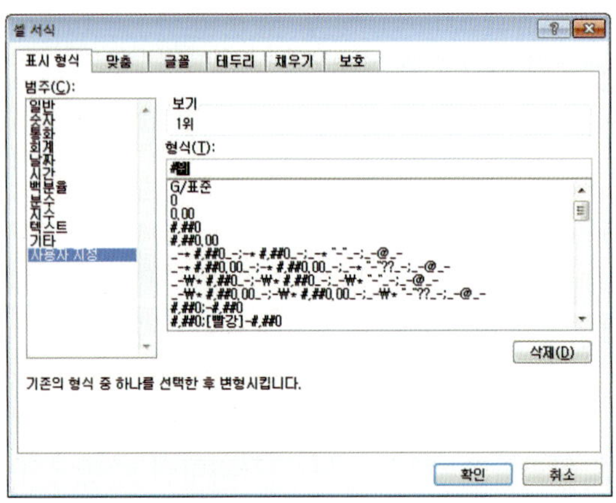

⑫ [셀 서식] – 소수 둘째 자리까지 표시

[C13:D13] 영역을 블록 지정하고, 마우스 오른쪽을 클릭하여 [셀 서식]–[표시 형식]–[사용자 지정]에서 '형식'란에 있는 내용을 지우고 '#.00'를 입력한 후 확인한다.

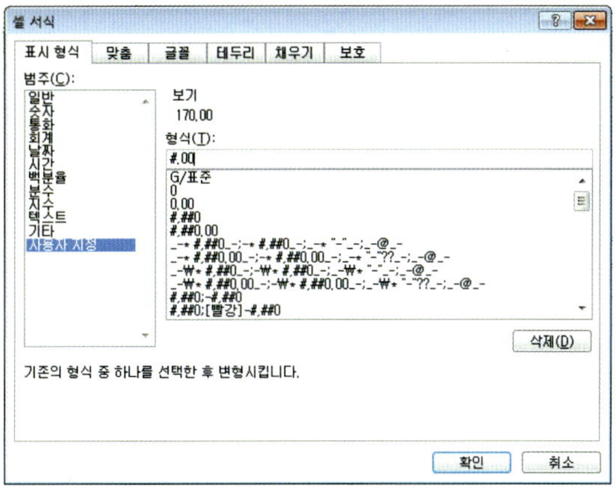

⑬ 테두리 지정

[E13:G13]영역을 블록 설정하고, 마우스 오른쪽을 클릭하여 [셀 서식]–[테두리] 탭에서 대각선 방향으로 테두리를 설정한다. 나머지는 그림과 같이 테두리를 설정한다.

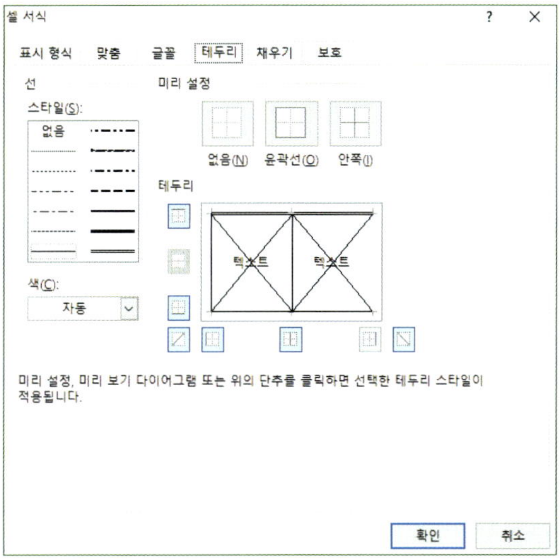

실습 4-3 '인터넷 정보검색 성적 현황' 서식 지정하기

아래와 같이 '인터넷 정보검색 성적 현황'을 입력한 후, [표 서식] 유형에서 '표 스타일 보통 3'을 지정하고, 표 스타일과 셀 스타일을 변경한다.

	A	B	C	D	E	F	G	H
1	인터넷정보검색 성적 현황							
2								
3	학번	성명	중간	기말	출석	평소	합계	평가
4	13001	권오태	28	30	20	19	97	A+
5	13002	김근영	20	25	19	16	80	B
6	13003	도윤주	29	25	20	16	90	A
7	13004	라창규	26	28	20	17	91	A
8	13005	민희진	19	30	18	17	84	B
9	13006	박성실	23	22	20	16	81	B
10	13007	조대호	27	25	20	15	87	B+
11	13008	한기자	25	24	20	18	87	B+
12	13009	홍길동	23	20	18	16	77	C+

⬇

	A	B	C	D	E	F	G	H
1	인터넷정보검색 성적 현황							
2								
3	학번	성명	중간	기말	출석	평소	합계	평가
4	13001	권오태	28	30	20	19	97	**A+**
5	13002	김근영	20	25	19	16	80	**B**
6	13003	도윤주	29	25	20	16	90	**A**
7	13004	라창규	26	28	20	17	91	**A**
8	13005	민희진	19	30	18	17	84	**B**
9	13006	박성실	23	22	20	16	81	**B**
10	13007	조대호	27	25	20	15	87	**B+**
11	13008	한기자	25	24	20	18	87	**B+**
12	13009	홍길동	23	20	18	16	77	**C+**

❶ 표 서식

데이터 목록 안의 아무 셀이나 한 셀을 선택해 놓고, [홈] 탭의 [스타일] 그룹에서 [표 서식]을 클릭하고, '표 스타일 보통 3'을 선택한다.

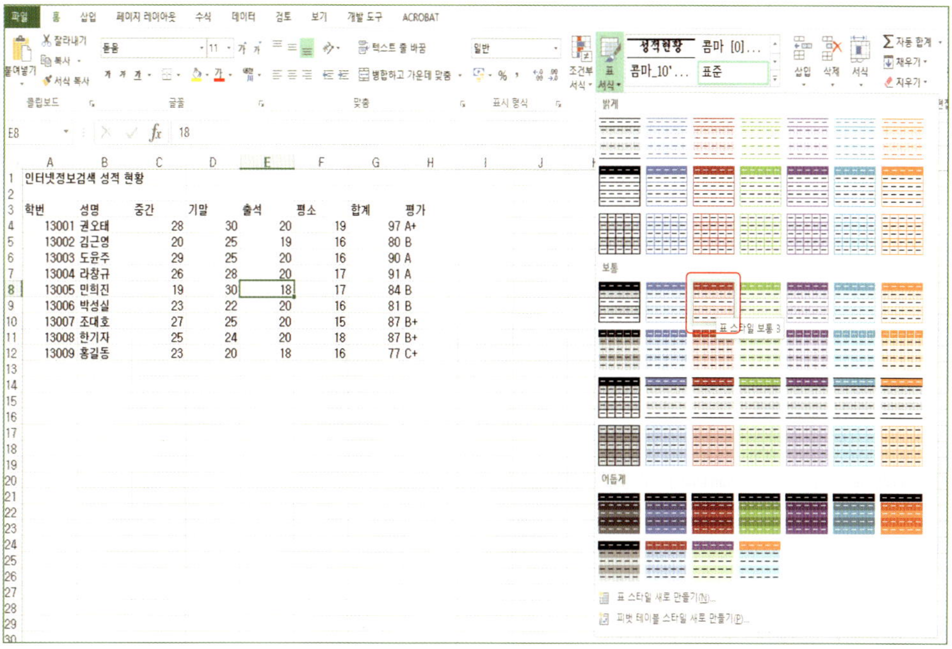

❷ 데이터 범위 지정

표에 사용할 데이터 범위를 지정하라는 대화상자가 표시된다. 선택되어 있던 셀과 인접한 표 전체 범위가 자동으로 지정되어 있다. '머리글 포함' 옵션이 체크된 채로 [확인] 한다. 데이터 범위가 '표'로 변환되면서 머리글 행에는 필터 단추가 생기고 리본 메뉴에 표 도구가 추가된다.

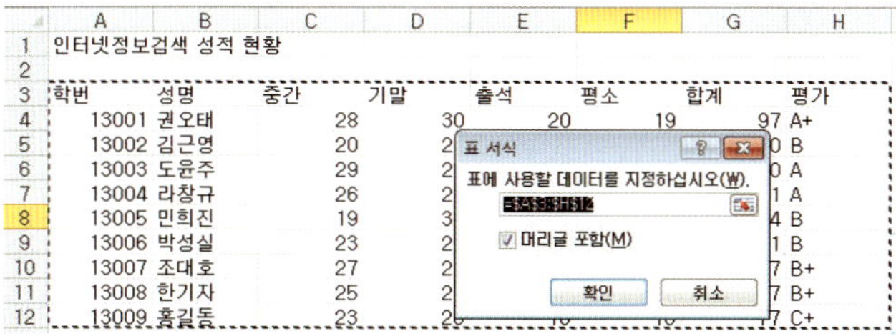

③ 스타일 옵션 변경하기

[디자인] 탭의 [표 스타일 옵션] 그룹에서 '머리글 행, 마지막 열, 줄무늬 열' 옵션에 체크표시하여 표 스타일을 변경해 본다.

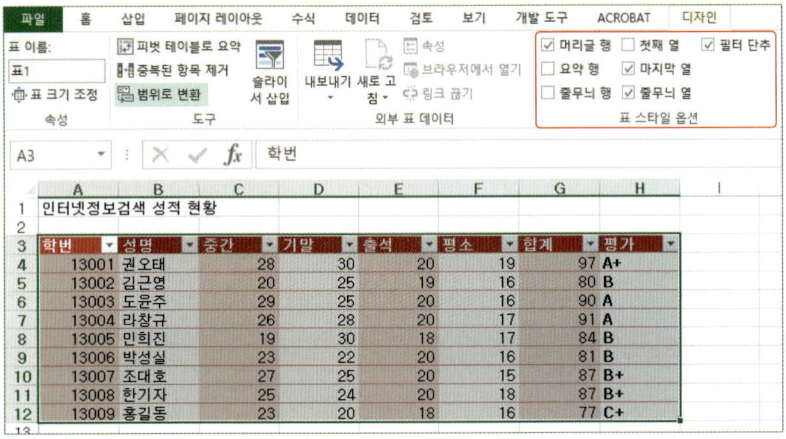

④ 일반 범위로 변환하기

데이터베이스 관리 기능이나 구조적 참조 등을 사용하지 않을 것이므로 일반 범위로 변환하기 위해 [디자인] 탭의 [도구] 그룹에서 '범위로 변환'을 클릭하고, 나타난 대화상자에서 '예'로 선택한다.

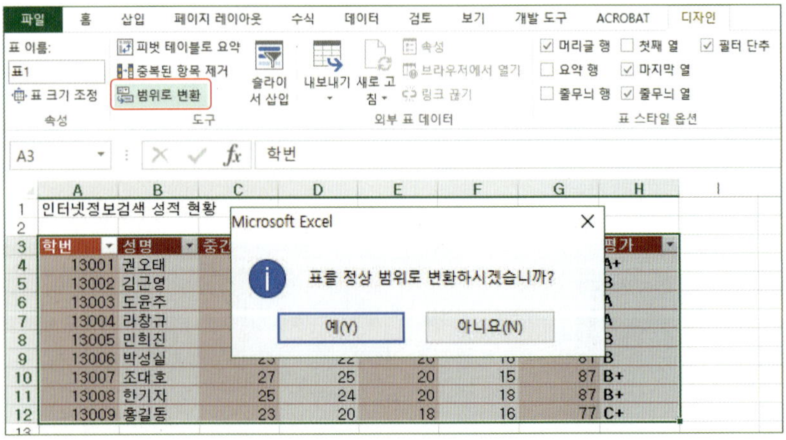

❺ 셀 스타일 지정하기

[A1:H1] 영역을 블록 지정하고, '병합하고 가운데 맞춤' 한 후에 [홈] 탭의 [스타일] 그룹에서 [셀 스타일]을 누르고 [제목 및 머리글]에서 '제목'을 선택한다.

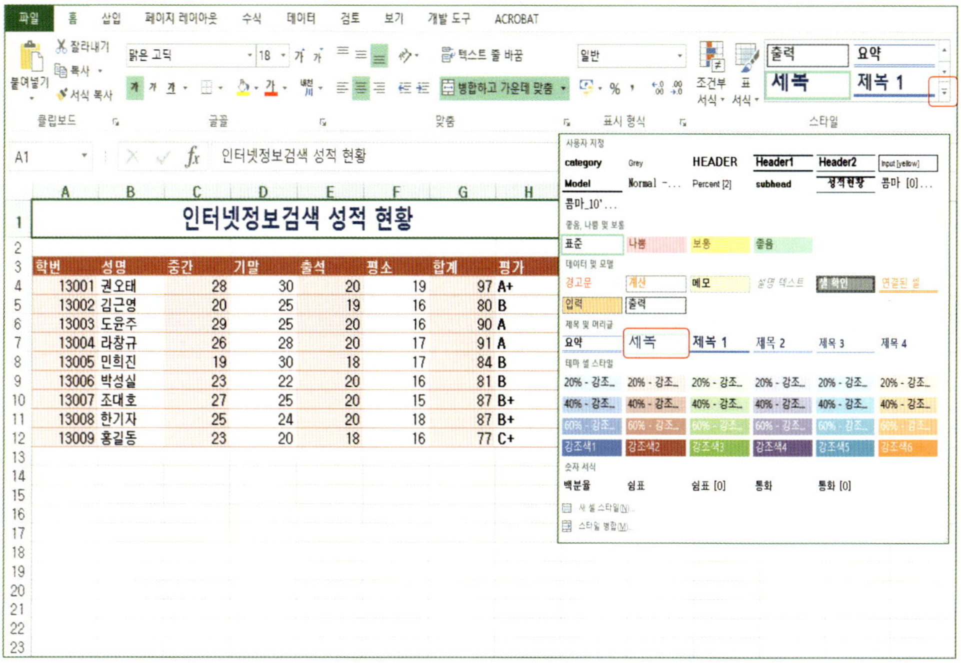

실습 4-4 '2009년 지역별 회원 현황' 서식 지정하기

아래와 같이 '2009년 지역별 회원 현황'을 입력한 후, [사용자 지정 스타일]을 만들어 적용해 본다.

	A	B	C	D	E	F
1	2009년 지역별 회원 현황					
2						
3	지역	CJ Mall	LG Shop	WR Mall	Z Market	ABC Shop
4	서울	39162	2568	3424	27606	31030
5	부산	30067	2675	2568	19474	22898
6	대구	24289	1819	1070	14338	17762
7	인천	30923	4280	3959	20544	23968
8	광주	11128	2033	1819	642	4066
9	대전	13375	2354	1284	3745	7169
10	울산	3531	2568	1284	8881	12305
11	경기	43228	4173	3959	11342	14766
12	강원	26429	1605	2033	15301	18725
13	충북	28462	1605	1605	17762	21186
14	합계	250594	25680	23005	139635	173875

⬇

	A	B	C	D	E	F
1	**2009년 지역별 회원 현황**					
2						
3	**지역**	**CJ Mall**	**LG Shop**	**WR Mall**	**Z Market**	**ABC Shop**
4	서울	39,162	2,568	3,424	27,606	31,030
5	부산	30,067	2,675	2,568	19,474	22,898
6	대구	24,289	1,819	1,070	14,338	17,762
7	인천	30,923	4,280	3,959	20,544	23,968
8	광주	11,128	2,033	1,819	642	4,066
9	대전	13,375	2,354	1,284	3,745	7,169
10	울산	3,531	2,568	1,284	8,881	12,305
11	경기	43,228	4,173	3,959	11,342	14,766
12	강원	26,429	1,605	2,033	15,301	18,725
13	충북	28,462	1,605	1,605	17,762	21,186
14	**합계**	**250,594**	**25,680**	**23,005**	**139,635**	**173,875**

① 셀 스타일 지정

[홈] 탭의 [스타일] 그룹에서 [셀 스타일]을 누르고, '새 셀 스타일'을 클릭한다.

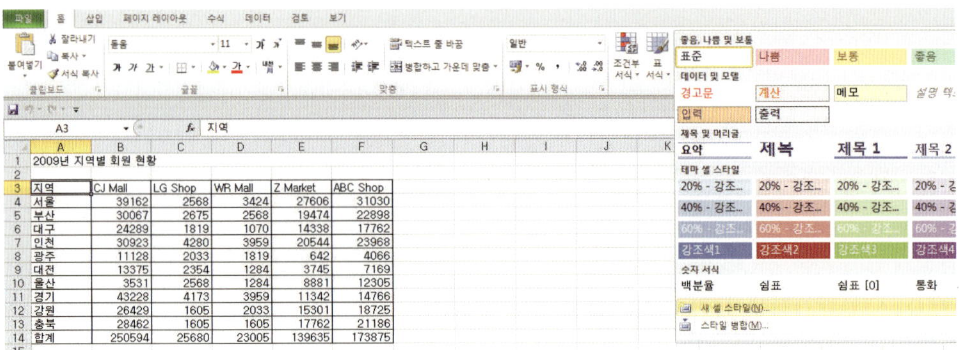

❷ '제목행' 서식 지정

스타일 이름에 '제목행'을 입력하고, [서식]을 클릭한다. 셀 서식 대화상자의 [맞춤] 탭에서 '가로-가운데'를 선택하고, [글꼴] 탭에서 '굵게'를 선택하고, [테두리] 탭에서 '위, 세로 테두리 실선, 아래쪽 테두리를 이중선'으로 지정하고, [채우기] 탭에서 '노랑'을 선택한 후 [확인]한다.

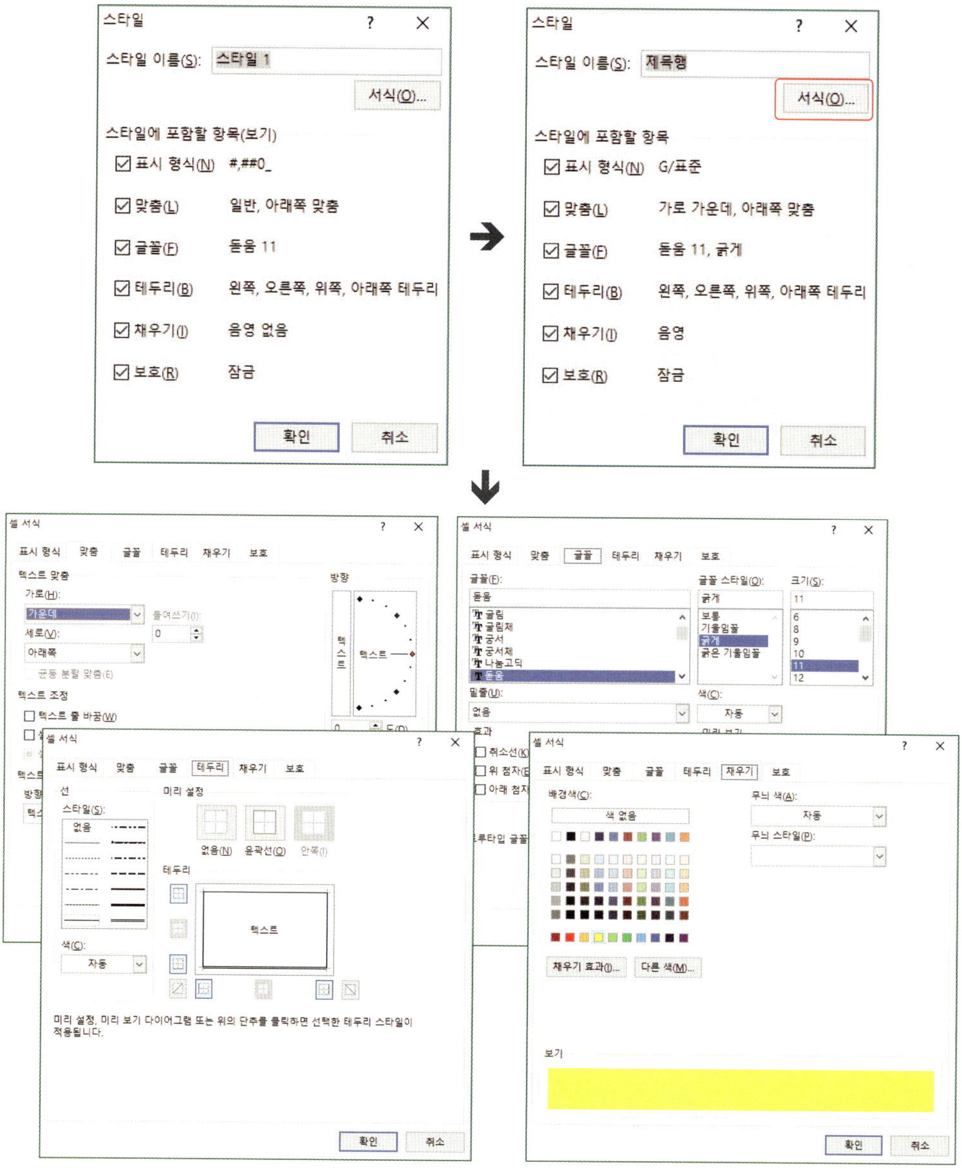

③ '본문셀' 서식 지정

[홈] 탭의 [스타일] 그룹에서 [셀 스타일]을 누르고, '새 셀 스타일'을 클릭한다. 스타일 이름에 '본문 셀'을 입력하고, [서식]을 클릭한다. 셀 서식 대화상자의 [표시형식] 탭에서 숫자 서식의 '1000단위 구분 기호 사용'을 선택하고, [테두리] 탭에서 '세로 테두리 실선, 위와 아래 테두리를 점선'으로 지정하고, [채우기] 탭에서는 '색 없음'을 선택하고 [확인]한다.

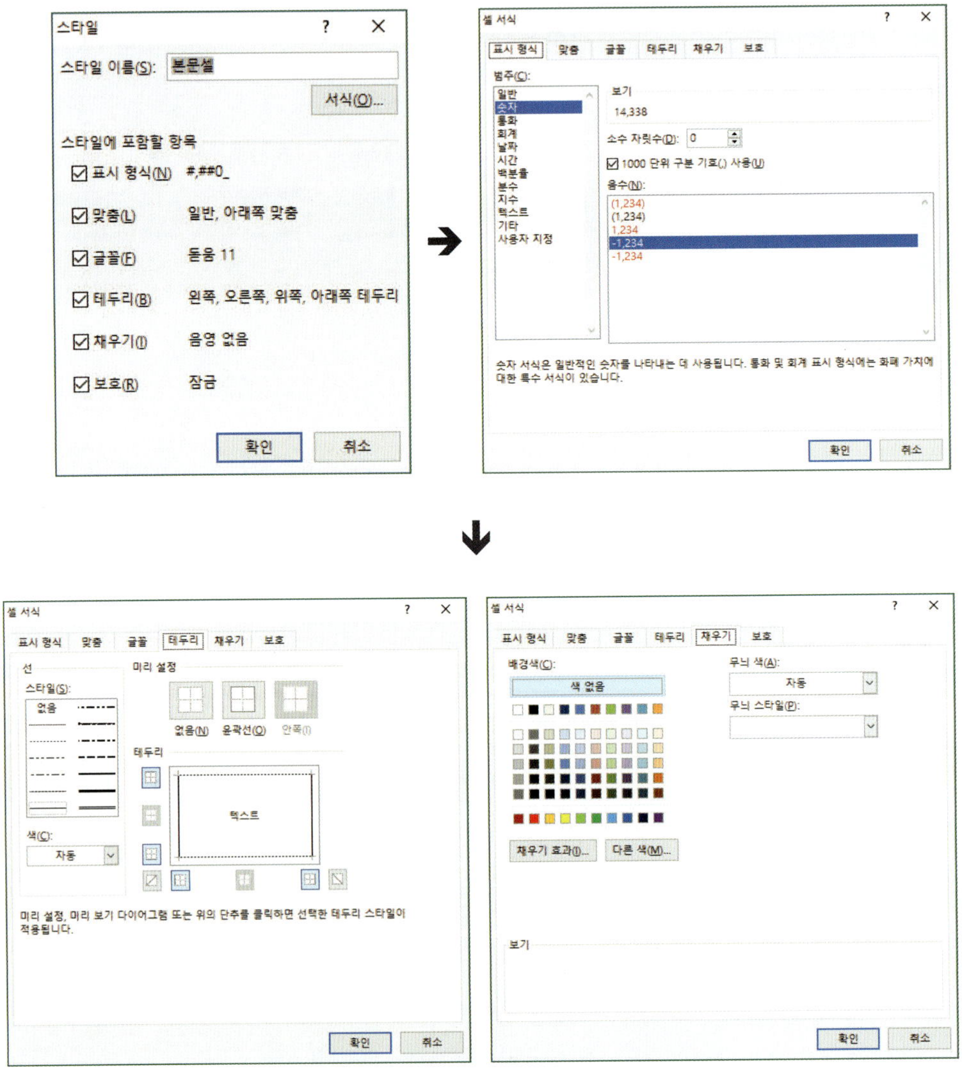

❹ '합계행' 서식 지정

스타일 이름에 '합계행'을 입력하고, [서식]을 클릭한다. 셀 서식 대화상자의 [표시형식] 탭에서 숫자 서식의 '1000단위 구분 기호 사용'을 선택하고, [글꼴] 탭에서 '굵게'를 선택하고, [테두리] 탭에서 '세로, 아래 테두리 실선, 위쪽 테두리를 이중선'으로 지정하고, [채우기] 탭에서는 '노랑'을 선택하고 [확인]한다.

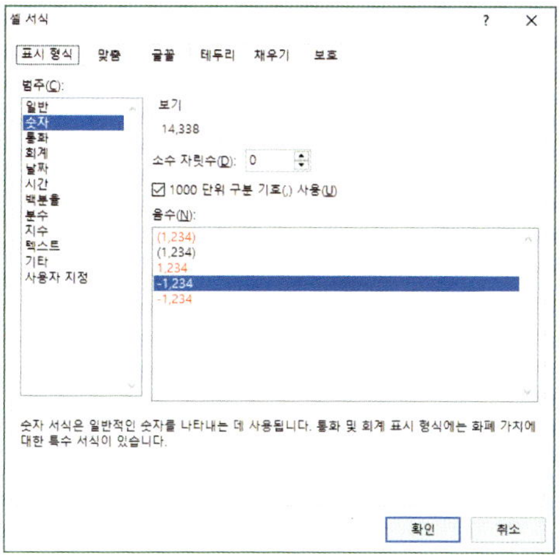

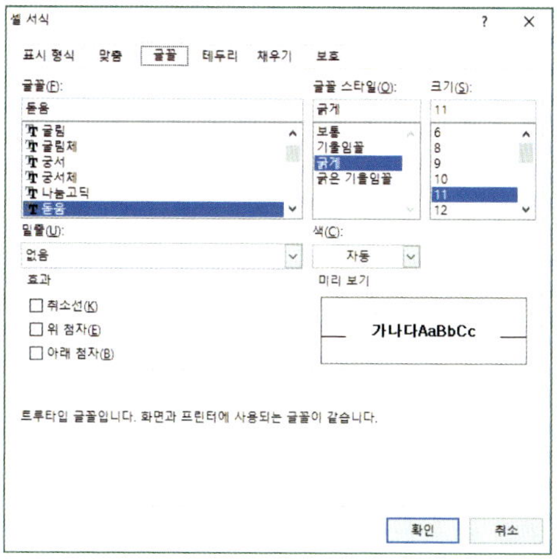

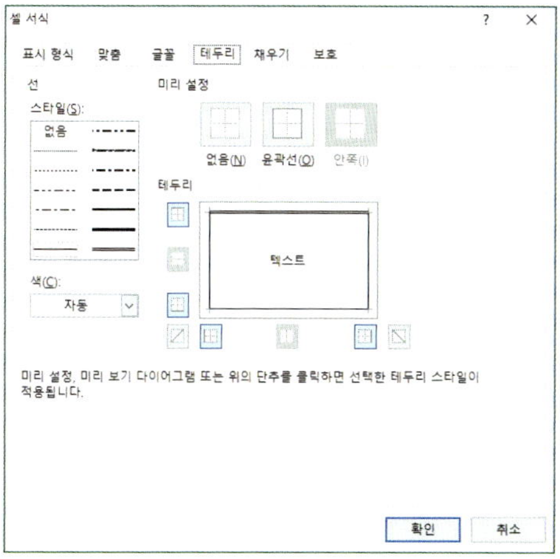

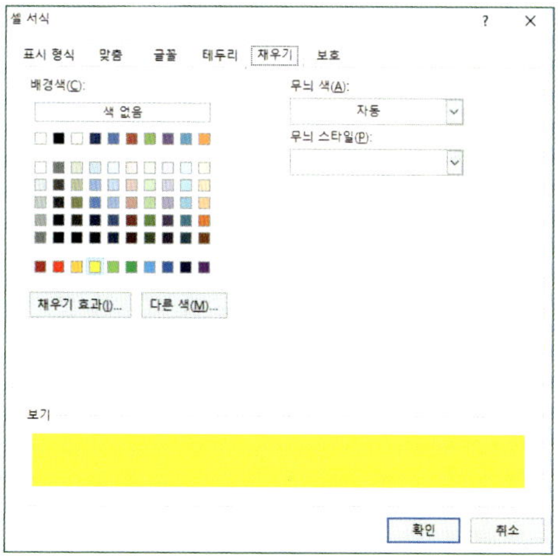

⑤ '표제목' 서식 지정

스타일 이름에 '표제목'을 입력하고, [서식]을 클릭한다. 셀 서식 대화상자의 [글꼴] 탭에서 '가로-가운데, 궁서체, 굵게, 크기 14, 이중실선'을 선택하고 [확인]한다.

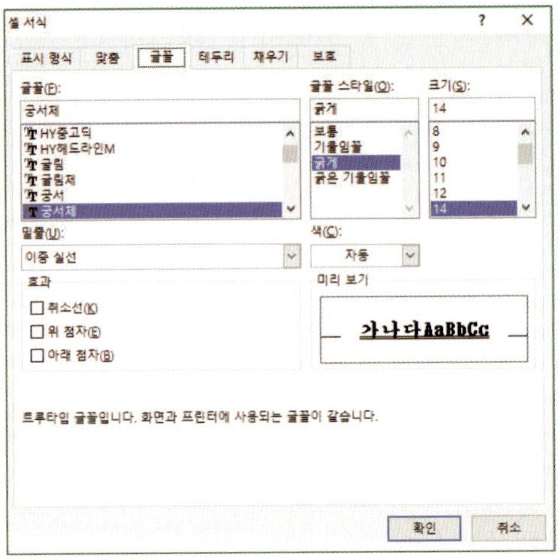

⑥ 셀 스타일 지정하기

[A1:F1] 영역을 블록 지정하고, '병합하고 가운데 맞춤' 한 후에 [홈] 탭의 [스타일] 그룹에서 [셀 스타일]을 누르고 [사용자 지정 목록]에서 '표제목'을 선택한다. 같은 방법으로 [A3:F3] 영역은 '제목 행', [A4:F13] 영역은 '본문 셀', [A14:F14] 영역은 '합계행'을 선택한다.

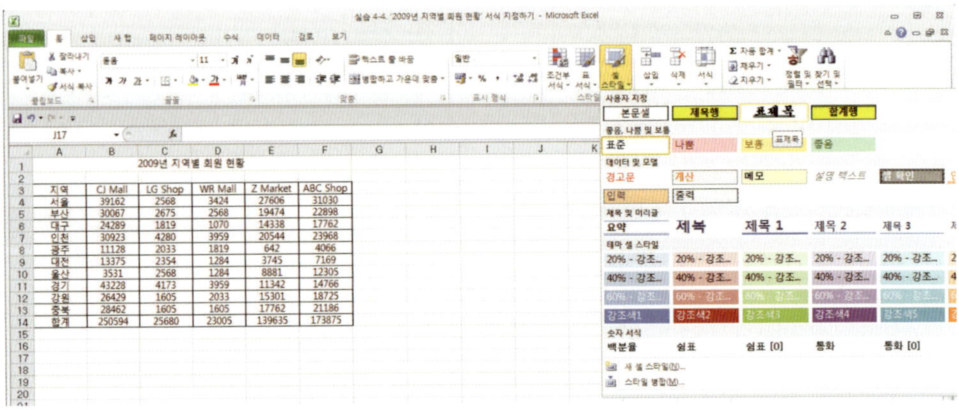

실습 4-5 '영업사원별 성과 점수표' 조건부 서식 지정하기

아래와 같이 '영업사원별 성과 점수표'를 입력한 후, 지시사항대로 조건부 서식을 지정한다.

	A	B	C	D	E	F	G	H	I	J
1						영업사원별 성과 점수표				
2										
3		성명	부서	인사코드	담당지역	판매량	총점수	보너스점수	보너스비중	보너스지급월
4		김정원	판매1부	P1-A	강서구	90	30	8	27%	MARCH
5		이순자	판매2부	P2-A	강서구	250	100	75	75%	APRIL
6		유건석	판매3부	P3-A	강서구	160	70	18	26%	MAY
7		박경진	판매1부	P1-B	강동구	300	100	65	65%	JUNE
8		제장부	판매2부	P2-B	강동구	45	60	15	25%	JULY
9		은지은	판매3부	P3-B	강동구	180	70	55	79%	AUGUST
10		어지순	판매1부	P1-C	성북구	85	30	9	30%	SEPTEMBER
11		반상현	판매2부	P2-C	성북구	190	70	21	30%	OCTOBER
12		최지열	판매3부	P3-C	성북구	210	100	30	30%	NOVEMBER
13		합계				1510	630	296		

	A	B	C	D	E	F	G	H	I	J
1						영업사원별 성과 점수표				
2										
3		성명	부서	인사코드	담당지역	판매량	총점수	보너스점수	보너스비중	보너스지급월
4		김정원	판매1부	P1-A	강서구	90	30	8	✗ 27%	MARCH
5		이순자	판매2부	P2-A	강서구	250	100	75	✓ 75%	APRIL
6		유건석	판매3부	P3-A	강서구	160	70	18	✗ 26%	MAY
7		박경진	판매1부	P1-B	강동구	300	100	65	✓ 65%	JUNE
8		제장부	판매2부	P2-B	강동구	45	60	15	✗ 25%	JULY
9		은지은	판매3부	P3-B	강동구	180	70	55	✓ 79%	AUGUST
10		어지순	판매1부	P1-C	성북구	85	30	9	✗ 30%	SEPTEMBER
11		반상현	판매2부	P2-C	성북구	190	70	21	✗ 30%	OCTOBER
12		최지열	판매3부	P3-C	성북구	210	100	30	✗ 30%	NOVEMBER
13		합계				1510	630	296		

지시사항

- '판매량' 조건부 서식
  - [F4:F12] 영역에서 '판매량'이 200보다 큰 셀은 '진한 빨강 텍스트가 있는 연한 빨강 채우기' 서식을 적용한다.
- '부서' 조건부 서식
  - [C4:C12] 영역에서 '판매1부' 텍스트가 있는 셀은 '진한 노랑 텍스트가 있는 노랑 채우기' 서식을 적용한다.
- '보너스 비중' 조건부 서식
  - [I4:I12] 영역에서 '상위 10%'에 해당하는 셀은 '진한 녹색 텍스트가 있는 녹색 채우기' 서식을 적용한다.

- '총점수' 조건부 서식
  - [G4:G12] 영역은 단색 채우기 '연한 파랑 데이터 막대' 서식을 적용한다.
- '보너스 점수' 조건부 서식
  - [H4:H12] 영역은 '파랑-흰색-빨강 색조' 서식을 적용한다.
- '보너스 비중' 조건부 서식
  - [I4:I12] 영역은 '3가지 기호(원 없음)' 서식을 적용한다.

❶ '판매량' 조건부 서식

[F4:F12] 영역을 블록으로 지정한 후 [홈]-[스타일] 그룹에서 [조건부 서식]을 클릭하고 [셀 강조 규칙]의 '보다 큼'을 선택한다. 값에 '200'을 입력하고 적용할 서식 목록에서는 '진한 빨강 텍스트가 있는 연한 빨강 채우기'를 그대로 선택해 두고 확인한다.

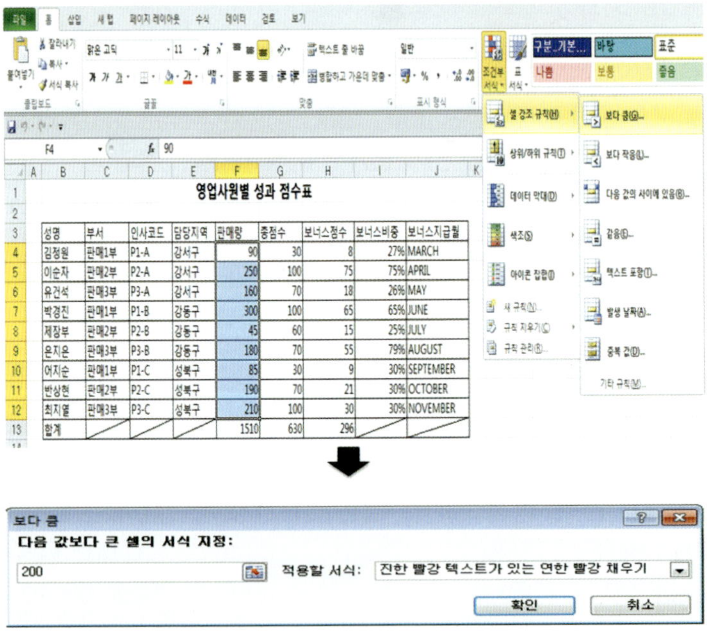

❷ '부서' 조건부 서식

[C4:C12] 영역을 블록으로 지정한 후, [조건부 서식]-[셀 강조 규칙]의 '텍스트 포함'을 선

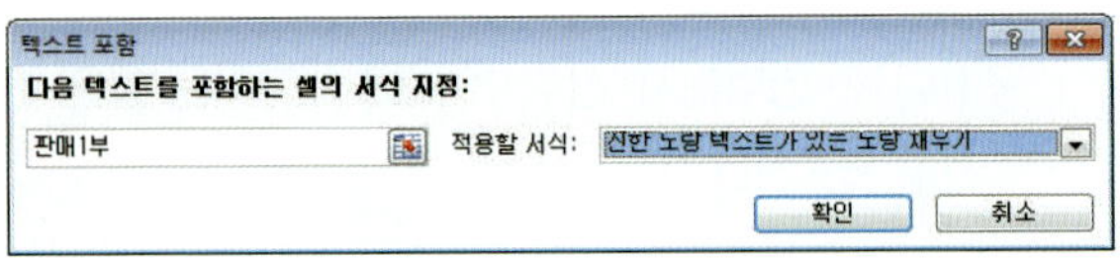

택하고, 텍스트 입력란에 '판매1부'를 입력하고, 적용할 서식 목록에서는 '진한 노랑 텍스트가 있는 노랑 채우기'를 선택하고 확인한다.

❸ '보너스 비중' 조건부 서식

[I4:I12] 영역을 블록으로 지정한 후, [조건부 서식]-[상위/하위 규칙]의 '상위 10%'을 선택하고, 적용할 서식 목록에서는 '진한 녹색 텍스트가 있는 녹색 채우기'를 선택하고 확인한다.

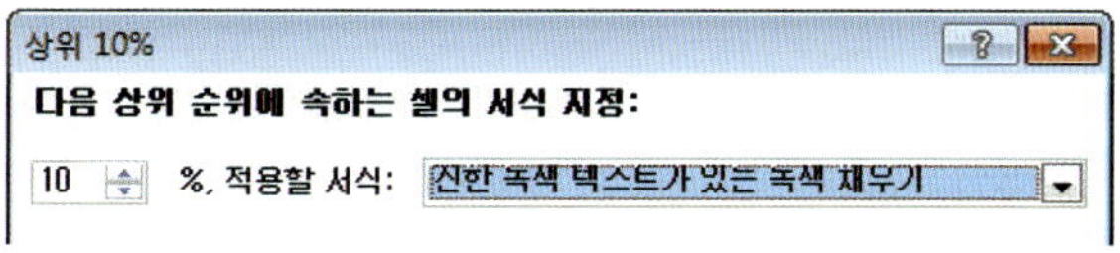

❹ '총점수' 조건부 서식

[G4:G12] 영역을 블록으로 지정한 후, [조건부 서식]-[데이터 막대]에서 단색채우기에서 '연한 파랑 데이터 막대'를 선택한다.

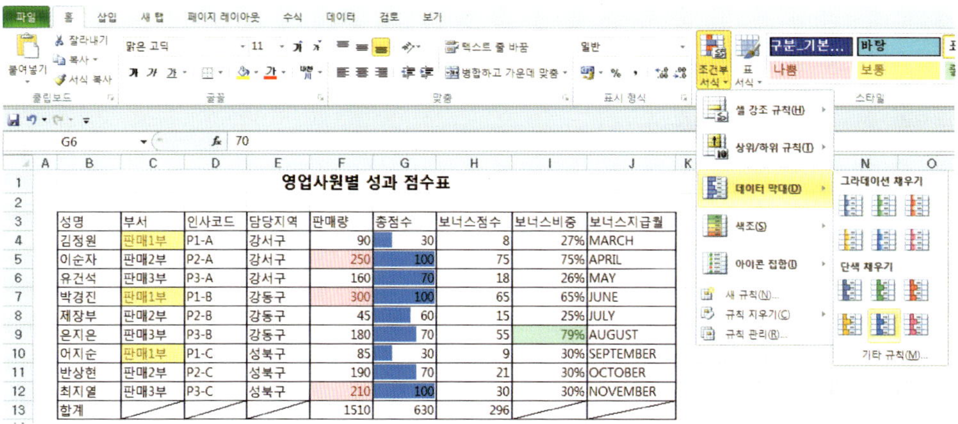

❺ '보너스 점수' 조건부 서식

[H4:H12] 영역을 블록으로 지정한 후, [조건부 서식]-[색조]에서 '파랑-흰색-빨강 색조'를 선택한다. 범위 안에서 데이터 값이 세 가지로 분류되어 높은 값은 파랑, 중간 값은 노랑, 낮은 값은 빨강 색조로 채워진다.

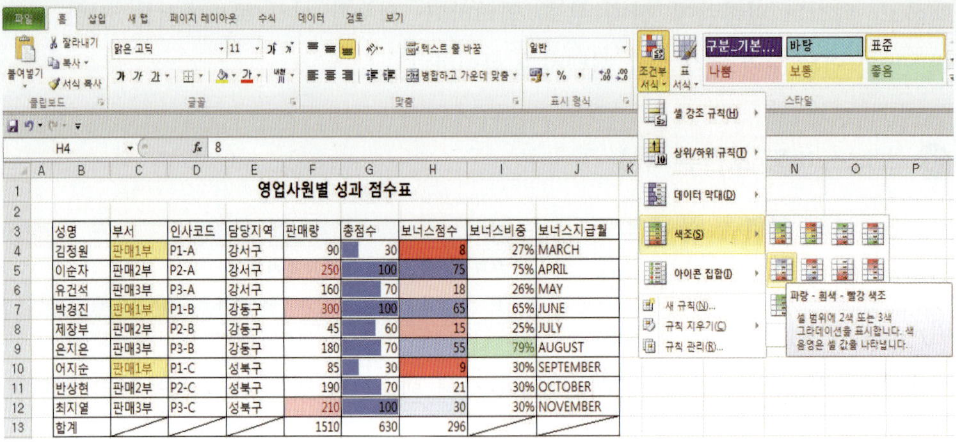

❻ '보너스 비중' 조건부 서식

[I4:I12] 영역을 블록으로 지정한 후, [조건부 서식]–[아이콘 집합]에서 '3가지 기호(원 없음)'를 선택한다.

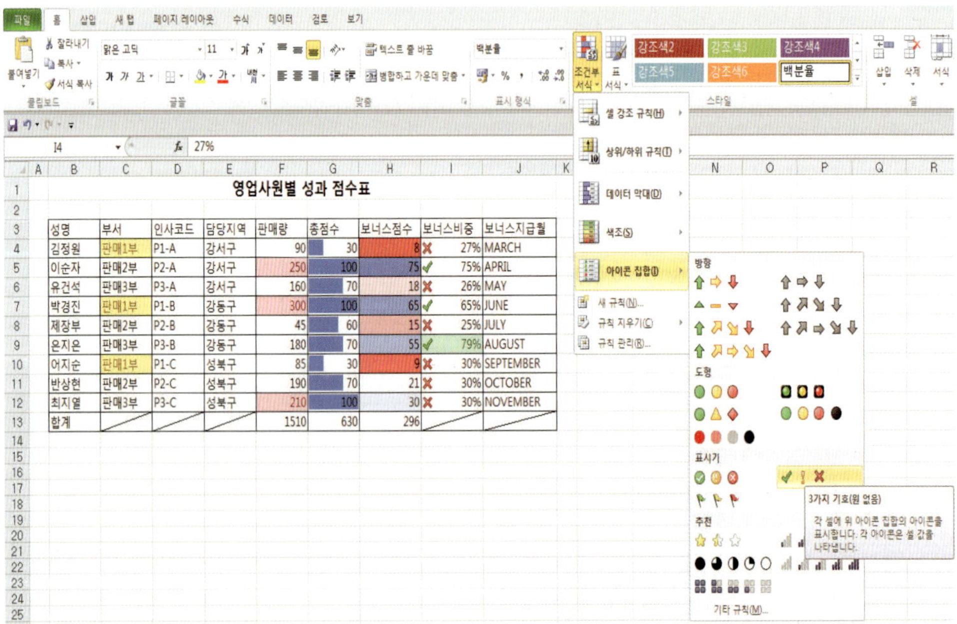

실습 4-6

'지역별 판매수량' 조건부 서식 지정하기

아래와 같이 '지역별 판매수량' 데이터를 입력한 후, 조건부 서식을 이용하여 [B3:E11] 영역에 대해, 계획수량이 250 이상인 데이터의 행 전체에 대해 밑줄 '실선', 글꼴 스타일 '굵게'의 서식을 지정하고, 계획수량이 150 미만인 행 전체에 대해 글자색 '빨강', 글꼴스타일 '기울임꼴'로 표시한다. 조건은 '수식'으로 설정한다.

	지역	상점명	전년도 판매수량	계획수량	판매수량
2					
3	성북	한신	460	200	220
4		고려	560	150	170
5		영광	580	120	150
6	강북	부광	300	200	210
7		다솔	480	150	180
8		현대	350	120	130
9	강남	알뜰	240	100	115
10		성심	680	350	380
11		한국	300	200	235

➡

	지역	상점명	전년도 판매수량	계획수량	판매수량
2					
3	성북	한신	460	200	220
4		고려	560	150	170
5		*영광*	*580*	*120*	*150*
6	강북	부광	300	200	210
7		다솔	480	150	180
8		*현대*	*350*	*120*	*130*
9	강남	*알뜰*	*240*	*100*	*115*
10		**성심**	**680**	**350**	**380**
11		한국	300	200	235

❶ [B3:E11] 영역을 블록으로 지정한 후 [홈]-[스타일]-[조건부 서식]에서 '새 규칙'을 선택한다.

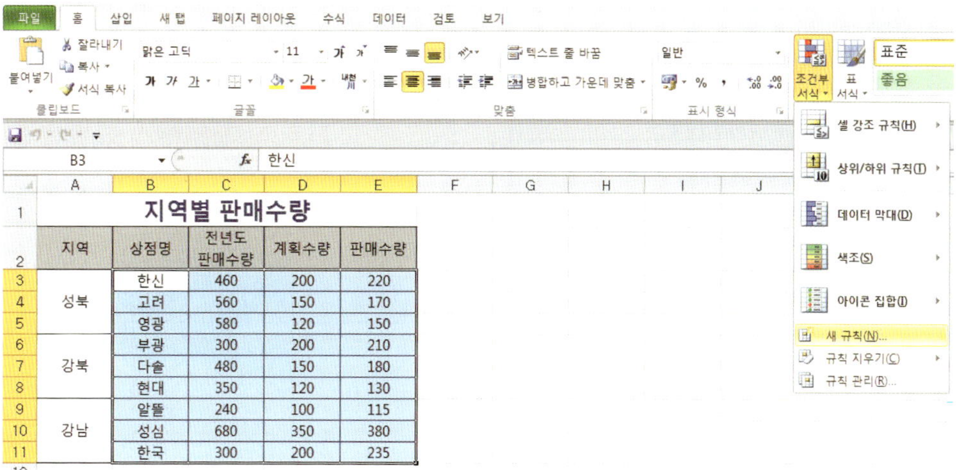

❷ [새 서식 규칙] 대화상자에서 '수식을 사용하여 서식을 지정할 셀 결정'을 선택하고 계획수량이 250 이상인 행에 서식을 적용하기 위해 수식 입력란에 '=$D3>=250'을 입력하고 '서식'을 클릭한다. '셀 서식' 대화상자의 '글꼴' 탭에서 밑줄

'실선', 글꼴 스타일 '굵게'를 선택한 다음 확인한다.

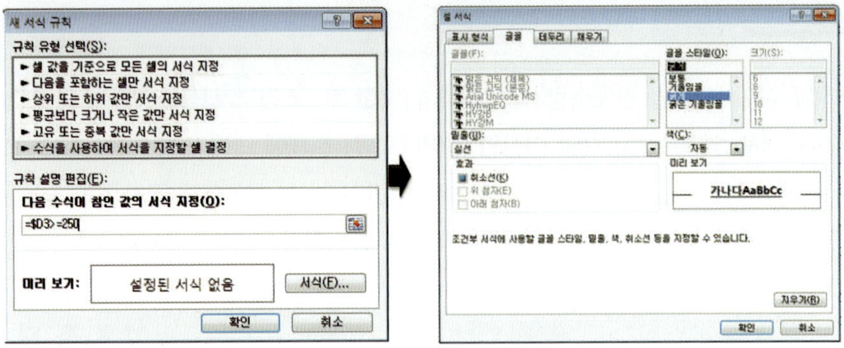

3 [B3:E11] 영역을 블록으로 지정한 후 [홈]−[스타일]−[조건부 서식]에서 '새 규칙'을 선택한다. [새 서식 규칙] 대화상자에서 '수식을 사용하여 서식을 지정할 셀 결정'을 선택하고 계획수량이 150 미만인 행에 서식을 적용하기 위해 수식 입력란에 '=$D3<150'을 입력하고 '서식'을 클릭한다. '셀 서식' 대화상자의 '글꼴' 탭에서 글자색 '빨강', 글꼴 스타일 '기울임꼴'을 선택한 다음 확인한다.

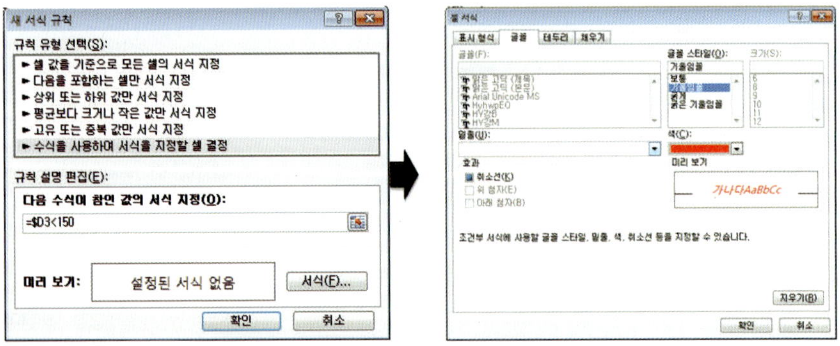

실습 4-7

'판매실적' 조건부 서식 지정하기

아래와 같이 데이터를 입력한 후, 조건부 서식을 이용하여 [B3:C10] 영역에 대해 상반기 실적이 90 이상인 경우에 범위로 정한 행 전체에 대해 밑줄 '실선'으로 표시하고, [D3:F10] 영역에 대해 각 셀값이 60 이하인 경우에 글꼴 스타일 '기울임꼴', 글자색 '빨강'으로 표시한다. 첫 번째 조건은 '수식'으로, 두 번째 조건은 '셀값'으로 지정한다.

	A	B	C	D	E	F
1	이름	판매실적		점수		
2		상반기	하반기	근무	능력	실적
3	류민순	100	86	100	100	93
4	가순철	96	85	100	100	91
5	차범국	100	85	85	80	93
6	김가연	85	100	80	85	93
7	박아람	90	78	78	40	84
8	이정철	70	60	100	60	65
9	홍철순	66	87	40	40	77
10	이준형	64	8	50	40	36

	A	B	C	D	E	F
1	이름	판매실적		점수		
2		상반기	하반기	근무	능력	실적
3	류민순	100	86	100	100	93
4	가순철	96	85	100	100	91
5	차범국	100	85	85	80	93
6	김가연	85	100	80	85	93
7	박아람	90	78	78	*40*	84
8	이정철	70	60	100	*60*	65
9	홍철순	66	87	*40*	*40*	77
10	이준형	64	8	*50*	*40*	*36*

1. [B3:C10] 영역을 블록으로 지정한 후 [홈]-[스타일]-[조건부 서식]에서 '새 규칙'을 선택한다. [새 서식 규칙] 대화상자에서 '수식을 사용하여 서식을 지정할 셀 결정'을 선택하고 상반기 실적이 90 이상인 행에 서식을 적용하기 위해 수식 입력란에 '=$B3>=90'을 입력하고, '서식'을 클릭한다. '셀 서식' 대화상자의 '글꼴' 탭에서 밑줄 '실선'을 선택한 다음 확인한다.

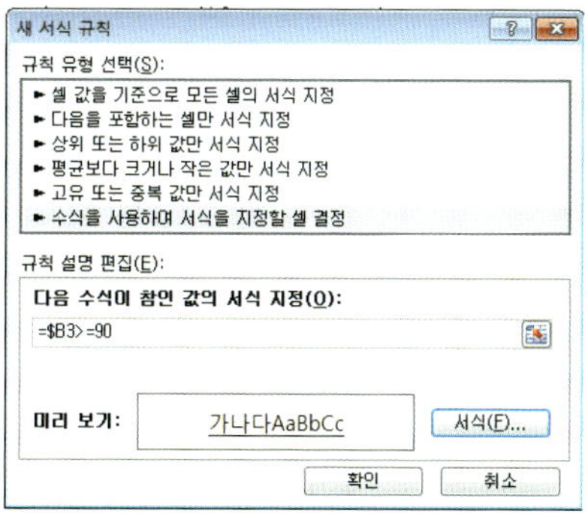

2 [D3:F10] 영역을 블록으로 지정한 후 [조건부 서식]에서 '새 규칙'을 선택한다. [새 서식 규칙] 대화상자에서 '다음을 포함하는 셀만 서식 지정'을 선택하고 '규칙 설명 편집'에서 '셀값', '<=(이하 기호)', '60'을 입력하고, '서식'을 클릭한다. '셀 서식' 대화상자에서 글꼴 스타일 '기울임꼴', 글자색 '빨강'을 선택한 다음 확인한다.

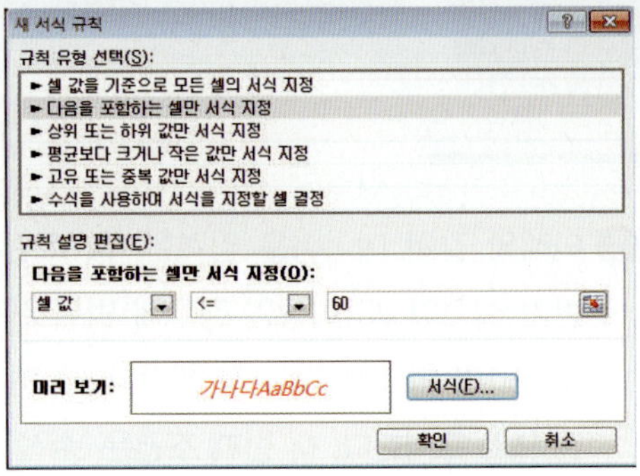

Chapter

05

수식 입력 및 함수마법사

5.1 수식 입력

엑셀을 실무에서 가장 많이 사용하는 가장 큰 이유는 엑셀이 가지고 있는 계산 기능 때문이다. 엑셀의 계산 기능은 이때까지 우리가 많은 시간을 소모해 왔던 반복적이고 단순한 작업을 훨씬 편하고, 빠르고, 쉽게 해줌으로써 업무의 능률을 극대화 시킬 수 있다.

엑셀에서의 다음 3가지 기능을 제대로 이해하면 덧셈, 뺄셈, 곱셈, 나눗셈만으로도 실무에서 사용하는 문서의 대부분을 짧은 시간 안에 쉽게 만들 수 있다.

❶ **셀 참조:** 수식을 만들 때 직접 수식을 입력하지 않고 셀 주소를 입력한다. 셀 참조를 이용하면 복사할 때 셀 주소가 자동으로 바뀌기 때문에 빠른 시간 내에 쉽게 계산을 할 수 있다.

❷ **재계산:** 셀 주소를 이용하여 수식을 만들면, 셀 주소 값이 바뀔 때마다 수식 값이 자동으로 재계산된다.

❸ **자동합계:** 자동합계 도구 클릭한번으로 합계가 자동으로 한꺼번에 계산된다. 자동으로 수식이 만들어지면서 합계가 자동으로 구해진다.

1 수식 입력 방법

수식을 입력할 때에는 먼저 등호 부호(=)를 입력해야 한다. 또는 등호 부호 없이 양수(+) 또는 음수(−) 부호를 입력해도 자동으로 수식 맨 앞에 등호가 입력된다. 수식을 입력하면 셀에는 수식의 결과 값이 표시되며, 입력한 수식은 수식 입력줄에 표시된다. 수식은 수식 기호, 함수명, 인수, 연산자, 셀 참조와 범위, 상수 등으로 구성된다.

수식구조는 다음과 같다

Tip

피연산자	연산자	피연산자
(숫자 또는 셀 주소)	(산술 또는 비교 연산자)	(숫자 또는 셀 주소)

수식을 입력할 때는 수식의 구성요소 중 등호와 연산자는 직접 입력을 해야 하지만, 계산될 데이터가 있는 셀 주소는 직접 입력할 수도 있고, 마우스로 클릭해서 자동으로 입력할 수도 있다.

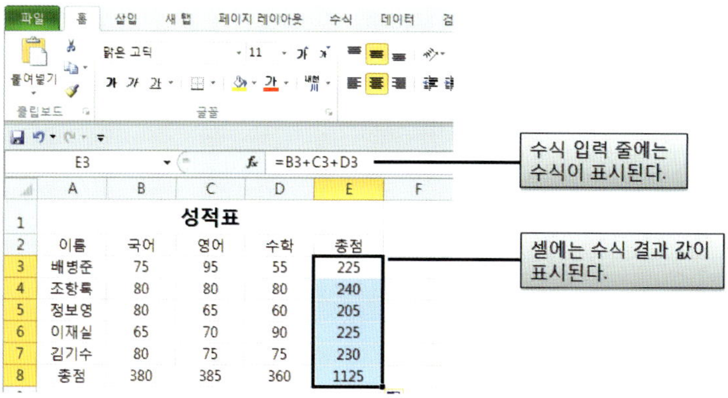

2 연산자 종류

수식에는 다양한 연산자를 사용할 수 있는데 크게 산술연산자, 문자연산자, 비교연산자가 있다. 하나의 수식에서 여러 연산자가 사용될 때에 연산자의 우선순위는 백분율, 제곱, 곱하기, 나누기, 더하기, 빼기, 문자열 연결, 비교 연산자 순으로 계산이 된다.

<table>
<tr><td rowspan="2">산술 연산자</td><td>기능</td><td>백분열</td><td>제곱</td><td>곱하기</td><td>나누기</td><td>더하기</td><td>빼기</td></tr>
<tr><td>연산자</td><td>%</td><td>^</td><td>*</td><td>/</td><td>+</td><td>-</td></tr>
<tr><td rowspan="2">문자 연산자</td><td colspan="7">문자열 연결</td></tr>
<tr><td colspan="7">&</td></tr>
<tr><td rowspan="2">비교 연산자</td><td>기능</td><td>같다</td><td>크다</td><td>작다</td><td>크거나 같다</td><td>작거나 같다</td><td>같지 않다</td></tr>
<tr><td>연산자</td><td>=</td><td>></td><td><</td><td>>=</td><td><=</td><td>< ></td></tr>
</table>

5.2 셀 참조

수식을 입력할 때 피연산자로 숫자를 입력하지 않고 숫자가 입력된 셀 주소를 사용해서 계산하는 것을 셀 참조라고 한다. 셀 주소가 참조된 수식을 다른 셀에 채우거나 복사했을 때, 참조된 주소가 어떻게 변하는지에 따라 상대 참조, 절대 참조, 혼합 참조로 구분된다.

1 상대 참조

가장 이상적인 셀 주소 유형으로서 결과 셀의 위치에 따라서 참조할 값의 위치를 바꾼다는 개념이다. 따라서 수식을 복사하면 셀 주소의 행, 열값이 자동적으로 바뀌게 된다. 이 방식의 참조는 주로 피연산자가 나란히 같은 방향으로 되어 있는 표에서 채우기 핸들을 사용할 시에 주로 활용된다.

만약, 셀 값이 바뀌었는데도 수식 셀의 결과 값이 바뀌지 않았다면, [도구]−[옵션]−[계산] 탭에서 계산 항목이 '수동'으로 되어 있는 경우다. 이럴 경우 F9키를 눌러야 재계산이 된다. 항목을 '자동'으로 바꾸어주면, 쉽게 해결할 수 있다.

	A	B	C	D	E
1		성적표			
2					
3	이름	국어	영어	수학	합계
4	배병준	75	95	55	225
5	조항록	80	80	80	240
6	정보영	80	65	60	205
7	이재실	65	70	90	225
8	김기수	80	75	75	230
9	합계				

상대 참조를 이용한 계산 :

① 셀 E4를 클릭하여 셀 지정

② 도구모음에서 Σ를 클릭하여 합계를 선택

③ 채우기 핸들을 이용하여 화살표 방향으로 드래그함

위의 결과를 확인하여 보면 아래 표와 같이 마우스를 드래그함에 따라 셀 주소가 자동적으로 변환되어 있는 것을 확인할 수 있다. 즉 셀 주소의 참조가 상대적으로 변한다는 것을 의미한다.

셀 주소	수식
E4	SUM(B4:D4)
E5	SUM(B5:D5)
E6	SUM(B6:D6)
E7	SUM(B7:D7)
E8	SUM(B8:D8)

2 절대 참조

절대 참조는 결과 셀의 위치가 바뀌어도 참조값의 위치는 바뀌지 않게 하는 방법이다. 즉 수식을 복사하면 결과 셀의 위치가 바뀌어도 셀 주소의 행, 열값이 바뀌지 않는다. 참조가 될 절대주소의 표시는 행과 열 앞에 각각 $표시를 한다. 예를 들어 B1의 절대주소 형태는 $B$1이다. $는 F4키를 이용한다. F4키를 계속 누르면 절대 참조에서 혼합 참조, 상대 참조 순으로 변경된다.

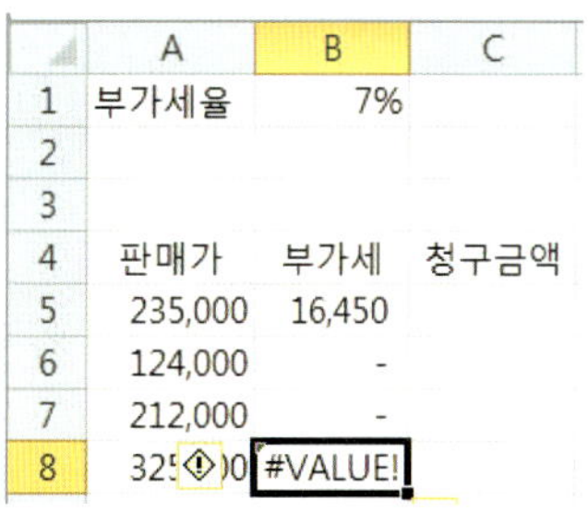

	A	B	C
1	부가세율	7%	
2			
3			
4	판매가	부가세	청구금액
5	235,000	16,450	
6	124,000	-	
7	212,000	-	
8	32[illegible]0	#VALUE!	

상대 참조를 잘못 이용한 경우 :

① 셀 B5 지정하여 '=A5*B1'의 수식을 입력

② 채우기 핸들을 이용하여 B8까지 드래그

③ 결과의 오류

셀위치	수식
B5	A5*B1
B6	A6*B2
B7	A7*B3
B8	A8*B4

위의 그림에서 부가세의 계산은 판매가에 부가세율을 곱한 가격이다. 위의 작업은 부가세율을 절대 주소가 아닌 상대 주소를 잘못 적용한 경우이다. 즉 판매가의 참조 주소가 변하더라도 부가세율의 참조 주소는 변하지 않는 절대 주소의 형태($B$1)를 가져야 한다.

	A	B	C
1	부가세율	7%	
2			
3			
4	판매가	부가세	청구금액
5	235,000	16,450	
6	124,000	8,680	
7	212,000	14,840	
8	325,000	22,750	

절대 참조를 적절하게 이용한 경우 :

① 셀 B5 지정하여 '=A5*$B$1'의 수식을 입력

② 채우기 핸들을 이용하여 B8까지 드래그

③ 결과

셀위치	수식
B5	A5*$B$1
B6	A6*$B$1
B7	A7*$B$1
B8	A8*$B$1

3 혼합 참조

상대 참조와 절대 참조를 혼합한 주소다. 혼합 참조의 $가 붙은 부분은 수식을 복사해도 변경되지 않지만, $기호가 붙지 않은 부분은 수식을 복사하면 값이 변경된다.

	A	B	C	D	E	F
1	가격 / 적립율	100,000	200,000	300,000	400,000	500,000
2	1.5%	1,500	3,000	4,500	6,000	7,500
3	1.7%	1,700	3,400	5,100	6,800	8,500
4	1.9%	1,900	3,800	5,700	7,600	9,500
5	2.1%	2,100	4,200	6,300	8,400	10,500
6	2.3%	2,300	4,600	6,900	9,200	11,500
7	2.5%	2,500	5,000	7,500	10,000	12,500

혼합 참조를 이용한 경우 :

① 회원 등급에 따른 적립금 비율의 차등 적용

② 셀위치 수식

B2 =B$1*$A2

⋮ ⋮

F7 =F$1*$A7

4 다른 시트에 있는 셀 참조

수식을 입력할 때 등호를 입력한 후 계산한 데이터가 있는 셀을 클릭하면 된다. 하지만 다른 시트에 있는 데이터일 경우에는 시트 탭을 클릭한 후 해당 셀을 클릭해야 한다. 시트 이름과 셀 주소는 느낌표(!) 기호로 연결한다.

5 다른 파일의 셀 참조

참조할 데이터가 있는 파일을 열어 놓고 수식을 입력할 때는 등호 입력 후 열어 놓은 파일을 클릭하고, 해당 시트에서 원하는 셀을 클릭한다. 파일 이름은 대괄호 [ ] 안에, 그 뒤에 시트 이름! 형태로 표시된다.

5.3 함수마법사

1 함수의 개념

함수는 엑셀 기능 중 가장 대표적이고 강력한 기능이다. 엑셀이 가지고 있는 함수 기능 덕분에 실무에서 요구되는 복잡한 계산이나 반복되는 작업을 쉽게 그리고 간단히 해결할 수 있다.

함수의 수학기호는 Y = f(X)로 표현한다. 즉 함수(f)를 이용하여 입력 값 X를 넣었을 때 Y 값을 계산하는 수식이다. 엑셀에서의 함수는 이와 마찬가지로 사용자가 함수의 기능을 알고 X 값을 입력하면 Y의 값을 자동으로 계산해주는 기능이다. 예를 들면, A 학생의 5과목의 평균 점수를 구하는 함수는 '평균 값(A 학생) = AVERAGE(국어, 수학, 영어, 생물, 화학)'으로 표현할 수 있다. 엑셀을 사용하는 사용자가 평균을 구하는 AVERAGE라는 함수를 알고 있으면 입력의 숫자에 관계없이 자동적으로 쉽게 평균을 구할 수 있다.

엑셀은 날짜/시간, 수학, 통계, 찾기, 데이터베이스, 논리, 문자열, 재무 등 다양한 형태의 함수를 제공하고 있으나 이를 모두 기억하고 있기는 힘들다. 엑셀에서는 함수마법사를 제공하여 함수를 처음 사용하는 사람도 쉽게 함수를 익힐 수 있도록 실행 과정을 상세히 설명하고 있다.

2 함수의 종류

엑셀 함수는 크게 9가지로 나눌 수 있다. 각 범주마다 3개~80개의 함수를 포함하고 있으며 사무실에서 일반적으로 사용할 수 있는 기본적인 함수에서부터 시작하여 전문가들이 사용하는 수학/공학 함수까지 다양한 함수를 가지고 있다. 함수의 종류를 보면 다음과 같다.

함수의 범주	용 도
재무	재무 관련 계산에 사용
날짜/시간	수식에 날짜와 시간이 필요할 때 사용
수학/삼각	범위의 합계, 나머지, 반올림 등의 수학적인 계산을 할 때 사용
통계	일정한 범위의 데이터를 통계적으로 분석할 때 사용
찾기/참조 영역	목록에 있는 특정 값이나 셀의 참조 영역 등을 찾을 때 사용
데이터베이스	목록값이 특정 조건이나 찾을 조건을 만족하는지 분석할 때 사용
텍스트	수식에서 문자열을 조작할 때 사용
논리	조건이 참인지 거짓인지 알아보거나 여러 조건을 검색할 때 사용
정보	셀에 저장될 데이터 종류를 결정할 때 사용

다음은 함수의 각 범주 중에서 실무에서 많이 사용되는 함수를 선택하여 함수이름과 그 기능들을 설명하였다.

재무 함수

함수명	기 능
FV(r,n,p,pv,ty)	일정금액을 정기적으로 불입할 때 일정한 이율을 적용하는 투자의 미래가치를 계산하는 함수 r: 기간당 이율 n: 납입횟수 p: 적립금액 또는 대출금액 pv: 저축할 일시금 ty: 납입시점으로 0이면 기말(매월 말), 1이면 기초(매월 초)로 간주(생략시 0)

날짜/시간 함수

함수명	기 능
DATE	DATE(년, 월, 일) 괄호 안에 인수로 입력된 숫자를 날짜 형식으로 바꿔 줌
TIME	TIME(시, 분, 초) 괄호 안에 인수로 입력된 숫자를 시간 형식으로 바꿔 줌
TODAY	컴퓨터에 설정된 현재 날짜를 구함
NOW	컴퓨터에 설정된 현재 날짜와 시간을 구함
YEAR	날짜(ymd)에서 연도를 구함
MONTH	날짜(ymd)에서 월을 구함
DAY	날짜(ymd)에서 일을 구함
HOUR	시간(time)에서 시를 구함
DATEDIF	두 날짜 사이의 년, 월, 일 수를 구함

수학/삼각 함수

함수명	기 능
INT	가장 가까운 정수로 내리는 함수
TRUNC	숫자의 소수점 이하를 버리고 정수로 변환하거나 양의 정수 부분을 절사하는 함수
ROUND	소수점 이하의 숫자를 지정한 자릿수로 반올림하는 함수
ROUNDDOWN	0에 가까운 방향으로 내림하는 함수
ROUNDUP	0에서 먼 방향으로 수를 올림하는 함수
SUM	인수들의 합을 구함
SUMIF	조건 범위값 중 조건과 계산 범위 안의 셀과 비교해서 조건에 부합하는 영역의 합계를 구함
PRODUCT	인수로 지정된 숫자의 곱을 결과값으로 돌려주는 함수
SUMPRODUCT	인수에서 주어진 두 참조 영역을 서로 대응되는 값끼리 곱한 후 이를 더해서 결과값으로 돌려주는 함수

통계 함수

함수명	기 능
AVERAGE	인수들의 평균값을 구함
RANK.EQ	수의 목록에 있는 어떤 수의 순의를 구함
COUNT	인수 목록에서 숫자가 포함된 셀과 숫자의 개수를 계산
MAX	인수들의 최댓값을 구함
MIN	인수들의 최솟값을 구함
MEDIAN	주어진 수들의 중간값을 반환
MODE	배열이나 데이터 범위에서 가장 빈도수가 높은 값을 반환
LARGE	데이터 집합에서 K번째로 큰 값을 구함
SMALL	데이터 집합에서 K번째로 작은 값을 구함
COUNTA	인수 목록에서 공백이 아닌 셀과 값의 개수를 계산
COUNTBLANK	지정한 범위에 있는 공백 셀의 개수를 계산
COUNTIF	범위 내에서 주어진 조건에 맞는 셀의 개수를 계산

찾기/참조 영역 함수

함수명	기 능
LOOKUP	지정영역의 첫 번째 행 또는 열에서 지정한 값을 찾고, 그 찾을 값이 있는 마지막 행 또는 열의 값을 구함
HLOOKUP	기준표 범위의 첫 번째 행에서 지정한 값과 같은 데이터를 찾은 후 지정된 행 번호 위치에 있는 데이터를 구함
VLOOKUP	기준표 범위의 첫 번째 열에서 지정한 값과 같은 데이터를 찾은 후 지정된 열 번호 위치에 있는 데이터를 구함
INDEX	셀 범위에서 지정된 행 수와 열 수만큼 떨어져 있는 셀 값을 구함
CHOOSE	인수 목록에서 주어진 색인값에 해당하는 값을 구함

데이터베이스 함수

함수명	기 능
DSUM	데이터베이스 범위에서 조건에 맞는 레코드들 중 필드의 합계를 구함
DAVERAGE	데이터베이스 범위에서 조건에 맞는 레코드들 중 필드의 평균을 구함
DCOUNT	데이터베이스 범위에서 조건에 맞는 레코드들 중 필드의 개수를 구함
DMAX	데이터베이스 범위에서 조건에 맞는 레코드들 중 필드의 최댓값을 구함
DMIN	데이터베이스 범위에서 조건에 맞는 레코드들 중 필드의 최솟값을 구함
DPRODUCT	데이터베이스 범위에서 조건에 맞는 레코드들 중 필드에 있는 값들의 곱을 구함

텍스트 함수

함수명	기 능
CONCATENATE	여러 텍스트의 항목들을 하나의 텍스트로 합침
EXACT	두 문자열을 비교하여 일치하면 TRUE, 그렇지 않으면 FALSE 로 반환하며, 대·소문자를 구분함
LEFT	문자열의 왼쪽부터 지정한 수만큼의 문자를 구함
RIGHT	문자열의 오른쪽부터 지정한 수만큼의 문자를 구함
MID	문자열의 지정한 위치에서 지정한 수만큼의 문자를 구함
LEN	문자열의 문자수를 구함
TEXT	셀 값을 지정한 표시 형식의 서식으로 변환함
VALUE	텍스트 문자열을 숫자로 변환함
SUBSTITUDE	문자열에서 몇 번째 나타나는 위치의 문자열을 다른 문자열로 바꿈
REPLACE	문자열의 내용 중 몇 번째부터 몇 개의 문자열을 다른 문자열로 바꿈

논리 함수

함수명	기 능
IF	조건을 검사하여 지정한 조건의 결과가 참이면 TRUE 값을, 거짓이면 FALSE 값을 반환함
NOT	조건의 결과가 참이면 FALSE 값을, 거짓이면 TRUE 값을 반환함
AND	인수로 지정한 조건이 모두 참이면 TRUE 값을 반환하고, 인수로 지정한 조건 중 하나라도 거짓이면 FALSE 값을 반환함
OR	지정한 조건 중 하나가 참이면 TRUE 값을, 모든 인수가 거짓이면 FALSE 값을 반환함

정보 함수

함수명	기 능
ISBLANK	인수 값을 검사하여 공백이면 참을, 그렇지 않으면 거짓을 되돌림
ISNONTEXT	인수 값을 검사하여 텍스트가 아닌 경우 참을, 그렇지 않으면 거짓을 되돌린다 특히 공백인 경우는 참으로 간주함
ISTEXT	인수 값이 텍스트면 참을, 그렇지 않으면 거짓을 되돌림
ISNUMBER	인수 값이 숫자이면 참을, 그렇지 않으면 거짓을 되돌림

3 함수의 형식

엑셀에서 함수는 수식의 일종임으로 수식의 시작과 같이 등호(=)로 시작한다. 일반적인 함수의 형식은 다음과 같다.

= 함수이름(인수1, 인수2, 인수3, … 인수N)

❶ **등호(=)**: 수식을 선언하는 표시이다.

❷ **함수이름**: 엑셀에서 제공하는 함수 이름이다.

❸ **괄호**: 인수를 묶어주는 역할을 한다. 콜론(:)이나, 콤마(,)로 결합된 영역을 묶어준다.

❹ **인수**: 함수식에서 사용할 자료로 문자열, 참이나 거짓과 같은 논리값, 셀 범위, 배열, 수식, #N/A와 같은 오류값, 함수 등이 올 수 있다, 하나의 계산식에 여러 개의 인수를 사용하는 경우에는 개개의 인수들을 콤마(,)로 구분하고, 연속된 인수 범위를 지정할 때는 콜론(:)을 사용한다. 인수는 상수, 수식 또는 다른 함수가 될 수도 있다.

- **숫자**: 0, 1, 2, 3, …모든 숫자를 인수로 사용가능하다.
- **문자**: 문자열을 인수로 사용할 시에는 반드시 큰 따옴표(" ") 안에 입력해야 한다.
- **논리값**: TRUE나 FALSE를 사용하며 TRUE 대신에 1, FALSE 대신에 0을 사용 가능하다.
- **셀 주소**: 데이터가 들어 있는 셀 주소를 바로 입력할 수 있다.
- **수식 또는 함수식**: 함수 안에 수식 혹은 또 다른 함수식을 사용할 수 있다. 이럴 경우를 중첩함수라 한다.

4 함수의 입력

함수를 입력하는 방법은 사용자가 함수식을 직접 입력하는 방법과 함수마법사를 사용해서 입력하는 방법의 두 가지가 있다. 일반적으로 사용자가 자주 사용하거나 익숙한 함수는 함수식을 직접 입력하지만 실무에서는 다양한 함수를 필요로 하는 경우가 많다. 이럴 경우에는 함수마법사를 사용하면 오류를 일으키지 않고 필요로 하는 작업을 성공리에 끝낼 수 있다.

또한 함수마법사는 엑셀에서 사용할 수 있는 함수를 목록으로 보여주기 때문에 사용할 함수를 선택할 수 있고, 함수에 필요한 인수를 쉽게 입력할 수 있다. 즉 함수에 필요한 인수와 조건을 알려주는 도우미라고 볼 수 있다. 엑셀에서 제공하는 모든 함수를 기억해서 입력할 수는 없기 때문에 정확한 함수 계산식을 모르더라도 함수마법사를 이용하면 쉽고 빠르게 함수를 이용할 수 있다.

함수마법사를 실행하려면 [수식]–[함수 라이브러리]에서 해당하는 함수의 종류를 선택하거나 도구 모음의 '함수마법사' 아이콘(fx)을 누른다.

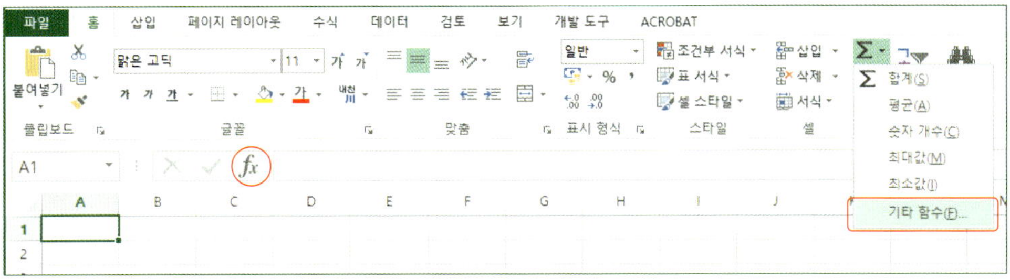

or

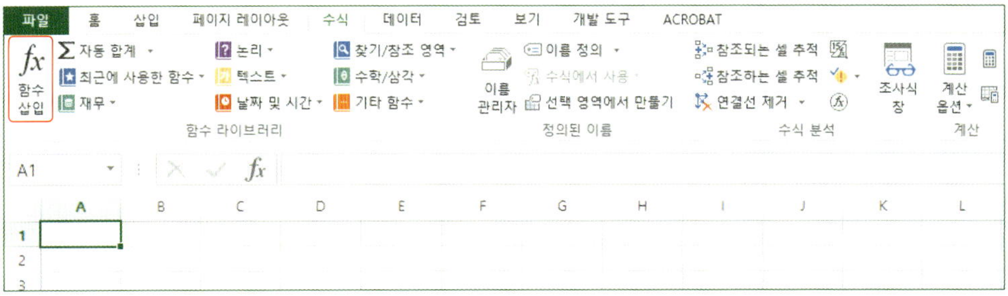

함수마법사 1단계: 함수 이름 선택

함수마법사 창은 함수 범주 목록과 함수 이름 목록으로 구분되어 표시된다. 함수 범주 목록에서 함수 종류를 선택하면 함수 이름 목록에 해당 종류의 함수 이름이 표시된다. '최근에 사용한 함수'는 사용자가 최근에 사용한 함수 모두를 보여주는 항목이며 '모두'는 사용자가 이용하고자 하는 함수의 범주를 선택하기 힘들 경우에 엑셀이 가지고 있는 모든 함수를 알파벳순으로 보여준다.

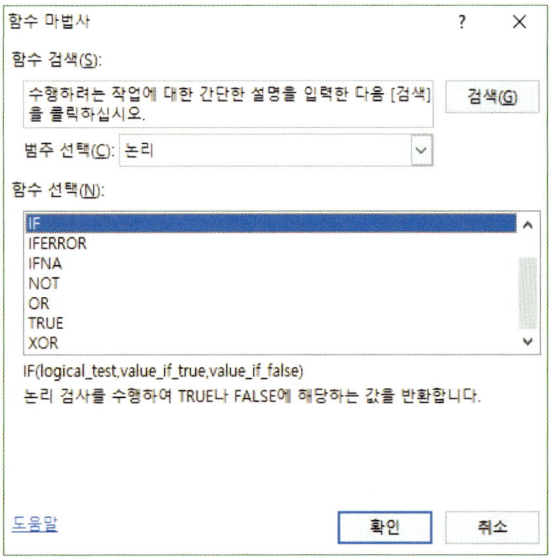

함수마법사 2단계: 인수 입력

인수는 숫자, 수식, 함수, 텍스트, 논리값, 배열, 셀 참조 등을 사용할 수 있다. 텍스트가 함수의 인수로 사용될 때는 큰 따옴표(" ")로 해당 텍스트를 묶어준다. 함수식은 1,024자를 넘지 않아야 하며, 인수는 함수에 따라 차이가 있지만 최대 30개까지 사용할 수 있다. 함수명과 인수를 표시하는 괄호 사이에 공백이 들어가지 않도록 주의한다.

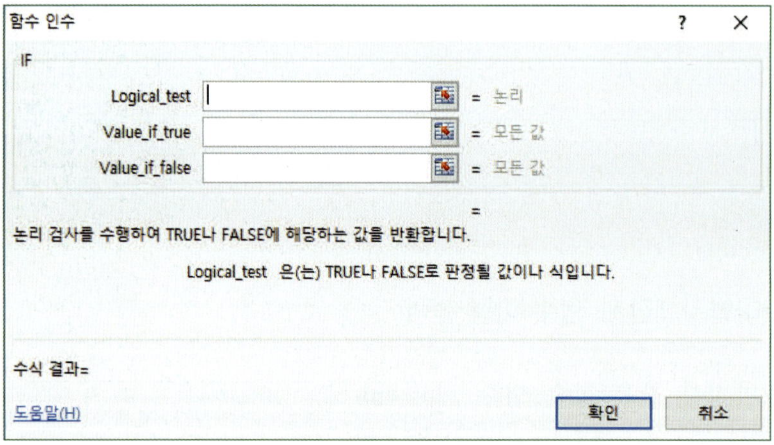

5.4 기본함수

간단한 계산일 경우에는 직접 숫자나 셀 주소, 수식을 입력하여 값을 구할 수 있지만, 많은 양의 데이터를 계산해야 하는 경우에는 셀 주소를 일일이 클릭하거나 입력해야 한다면 시간이 많이 걸릴 뿐 아니라 오류가 발생할 소지가 많다. 일반적으로 계산에 관한 실무에서 가장 많이 사용하는 수식이 합계와 평균이다. 엑셀은 합계와 평균은 물론 개수, 순위, 최댓값, 최솟값 등 자주 사용하는 함수를 마우스 클릭한번으로 쉽게 사용할 수 있게 하고 있다.

1 합계(SUM)

'표준' 도구 모음의 '자동합계' 아이콘(Σ)을 클릭하면, 자동으로 SUM 함수가 입력된다. 이때 SUM 함수로 계산할 인수들도 자동으로 입력된다. 이 경우 인수가 맞다면 [Enter↵]를 눌러서 계산하고, 그렇지 않다면 인수들만 수정하면 된다.

합계 방법

① 셀 E3 클릭

② '=B3+C3+D3' 입력 [Enter↵]

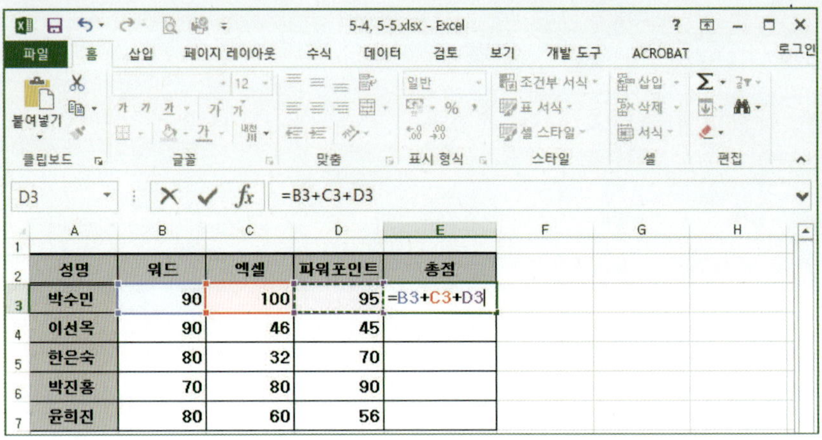

자동합계 방법1

① 셀 E3 클릭

② 도구모음에서 Σ 클릭

③ E3에 화면과 같이 '=SUM(B3:D3)' 확인

④ 이상이 없을 시에 Enter↵

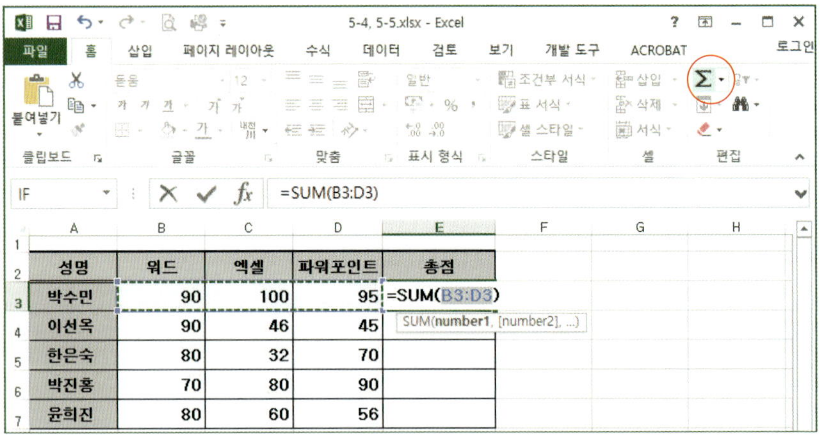

자동합계 방법2

① 셀 B3에서 D3까지 드래그 함

② 도구모음에서 Σ 클릭

* E3에 합계가 표시됨

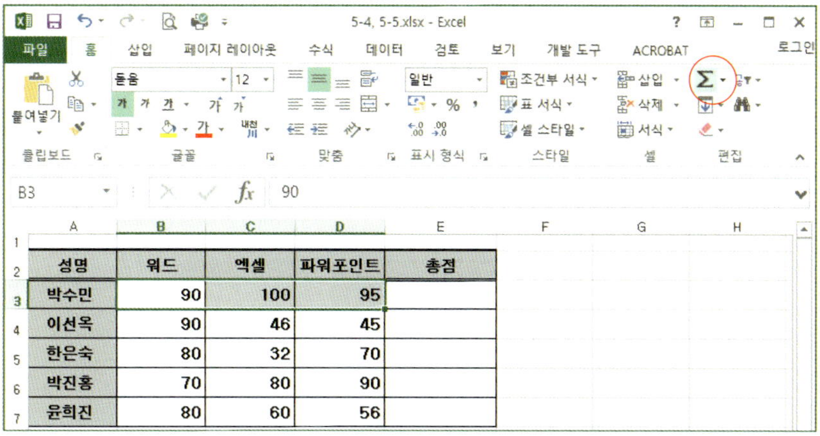

자동합계 방법3

① 셀 B3에서 E3까지 드래그 함

② 도구모음에서 Σ 클릭

* E3에 합계가 표시됨

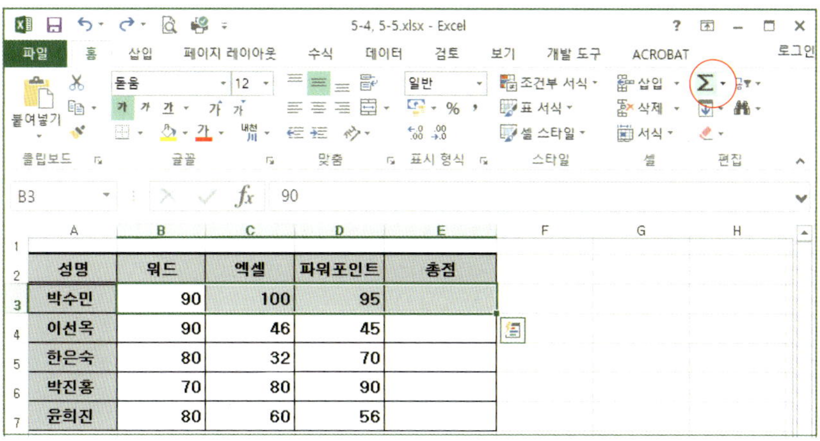

여러 셀을 동시에 자동 합계

① 셀 B3에서 E7까지 드래그 함

② 도구모음에서 Σ 클릭

* [E3:E7]]에 합계가 한꺼번에 만들어짐

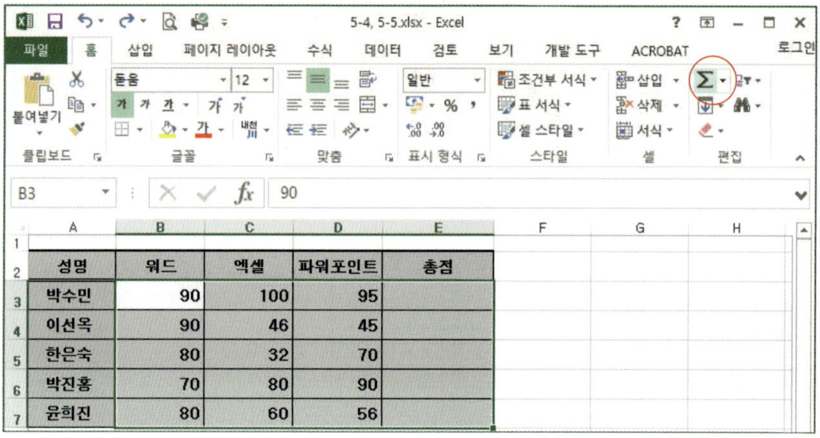

함수마법사를 이용한 합계

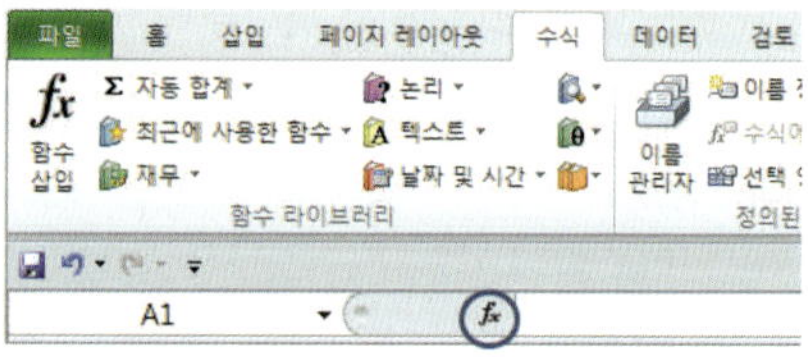

결과값이 표시될 셀을 지정하고 [수식]−[함수라이브러리]에서 해당 함수메뉴를 선택하거나 함수라이브러리의 '함수 삽입' 아이콘(fx)을 누른다.

수학/삼각 범주를 선택하여 SUM을 찾고 확인버튼을 누른다. 'SUM' 함수는 인수들의 합을 구하는 함수이다. SUM 함수의 첫째 인수에 합계를 구할 셀 범위를 입력한 후, 확인 버튼을 누른다.

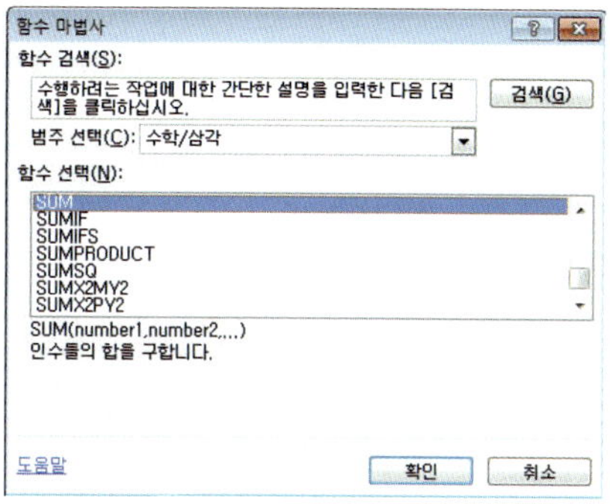

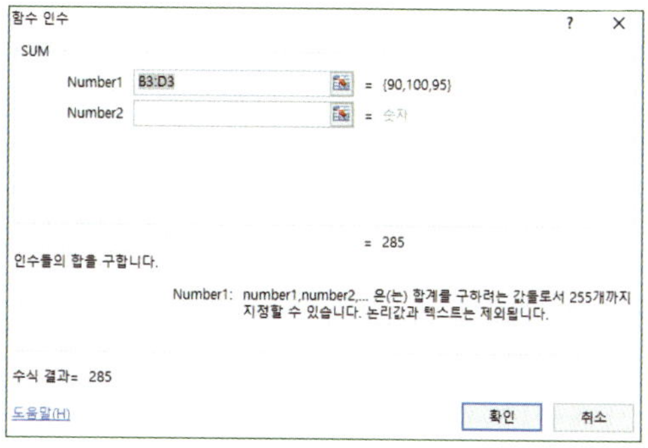

2 평균 및 최댓값/최솟값

합계 외에도 엑셀에서는 평균(AVERAGE), 최댓값(MAX), 최솟값(MIN)을 구할 수 있다. 결과값이 표시될 셀을 지정하고 자동합계(Σ) 도구의 확장 단추(Σ▾)를 클릭한 후 목록에서 평균 및 최댓값/최솟값 등의 원하는 함수를 선택하면 된다. 또는 [수식]–[함수 라이브러리] 메뉴를 선택하거나 '함수 마법사' 아이콘(fx)을 클릭하여, 원하는 함수를 선택한다.

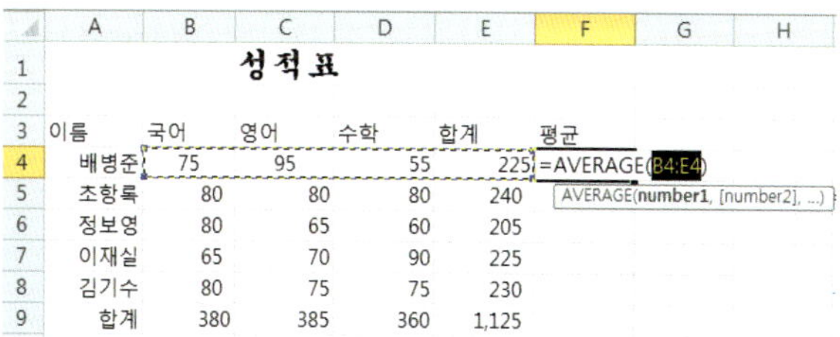

평균계산 작업 순서:

① 셀 F4를 클릭하여 셀 지정
② 도구모음에서 Σ(▼)를 클릭하여 평균을 선택
③ 행 셀[B4:E9]까지의 임시적인 범위가 설정됨
④ 마우스를 드래그하여 셀[B4:D4]까지 다시 지정
⑤ Enter↵ ←

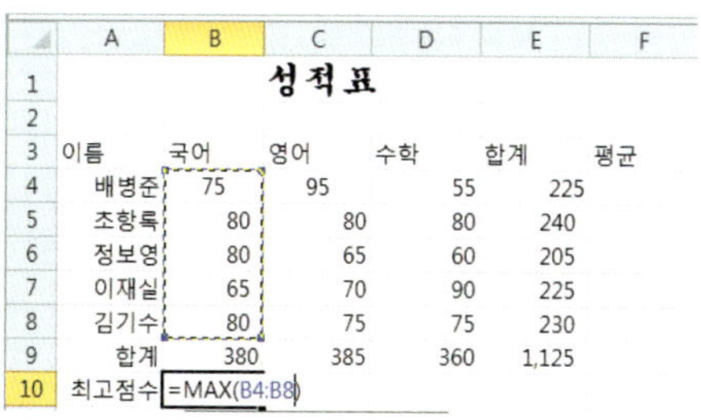

최고점수 작업 순서:

① 셀 B10을 클릭하여 셀 지정
② 도구모음에서 Σ(▼)를 클릭하여 최댓값을 선택
③ 행 셀[B4:B9]까지의 임시적인 범위가 설정됨
④ 마우스를 드래그하여 셀[B4:B8]까지 다시 지정
⑤ Enter↵ ←

3 숫자 개수(COUNT)

COUNT 함수는 문자나 공백을 제외한 숫자가 입력되어 있는 셀의 개수를 표시하는 함수이다. 결과값이 표시될 셀을 지정하고 자동합계(Σ) 도구의 확장 단추(Σ▾)를 클릭한 후 목록에서 숫자 개수(COUNT) 함수를 선택하면 된다. 또는 [수식]−[함수 라이브러리] 메뉴를 선택하거나 도구 모음의 '함수 마법사' 아이콘(fx)을 클릭하여, 숫자 개수(COUNT) 함수를 선택한다.

구분 COUNT(Value1,Value2, …)

인수 ➔ Value1,Value2, …: 개수를 셀 값이 입력되어 있는 셀 주소 또는 범위

다음 예제는 COUNT 함수를 이용하여 '응시 인원수'를 구하는 작업이다.

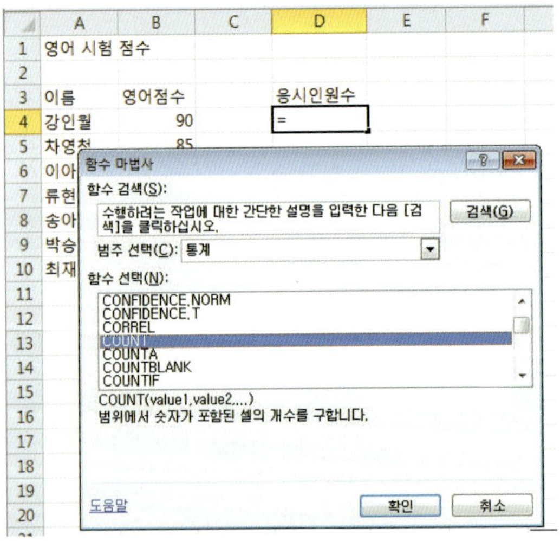

함수마법사 실행 1:

① 셀 D4를 클릭함
② 도구 모음에서 *fx* 클릭: 함수마법사
③ 범주선택: 통계
   함수선택: COUNT
④ 확인 클릭

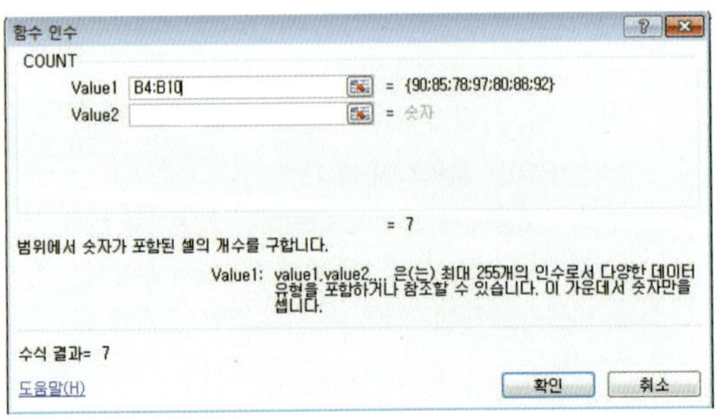

함수마법사 실행 2:

함수인수 상자 입력
① Value1: [B4:B10]
② 확인 클릭

다음 화면과 같은 '응시 인원수'를 구할 수 있다.

	A	B	C	D
1	영어 시험 점수			
2				
3	이름	영어점수		응시인원수
4	강인월	90		7
5	차영철	85		
6	이아름	78		
7	류현철	97		
8	송아현	80		
9	박승희	88		
10	최재현	92		

4 순위(RANK.EQ)

RANK.EQ 함수는 순위를 결정하는 함수이다. 이 함수를 이용하면 중간에 데이터가 추가되거나 삭제되면, 다시 정리를 하고 순번을 매길 필요 없이 RANK.EQ 함수가 자동적으로 변화된 데이터의 순위를 다시 조정하여 매긴다. 이 RANK.EQ 함수는 성적표에서 순위를 구하거나 판매 순위 등을 구할 때 많이 활용되는 대표적인 통계 함수이다.

구분 RANK.EQ(Number,Ref,Order)

인수
- ➔ Number: 순위를 구하려는 수이다(순위를 구하는 기준이 되는 셀).
- ➔ Ref: 수 목록의 배열이나 참조 영역으로서, ref에서 숫자가 아닌 값은 무시된다.
- ➔ Order: 순위 결정 방법을 정의하는 수이다. order가 0이거나 생략되면, ref가 내림차순으로 정렬된 목록처럼 number의 순위를 부여한다. order가 0이 아니면 ref가 오름차순으로 정렬된 목록처럼 number의 순위를 부여한다.

Tip

Ref 인수는 항상 절대참조(주소)로 고정을 시켜주어야 한다.

12명의 성적의 평균을 구한 뒤 이들의 순위를 1위에서 12위까지 RANK.EQ함수를 이용하여 등급을 매기면 다음과 같다(함수마법사 이용).

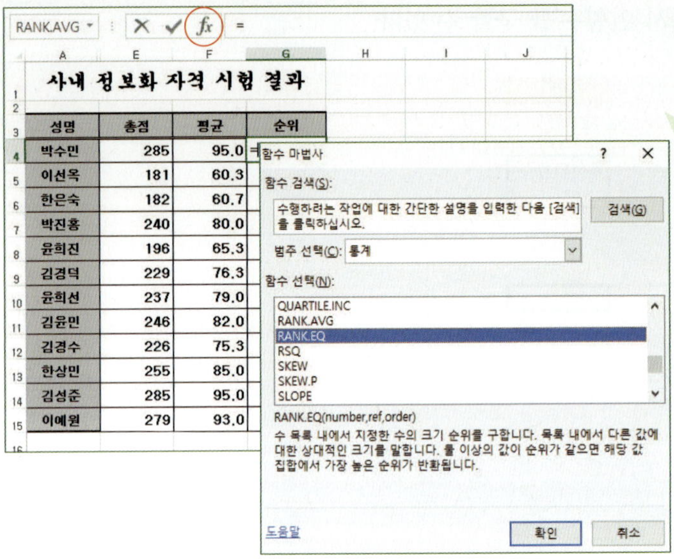

함수마법사 실행 1:

① F4에 클릭
② 도구 모음에 fx 클릭
③ 함수마법사에서
범주선택: 통계
함수선택: RANK.EQ
④ 확인 클릭

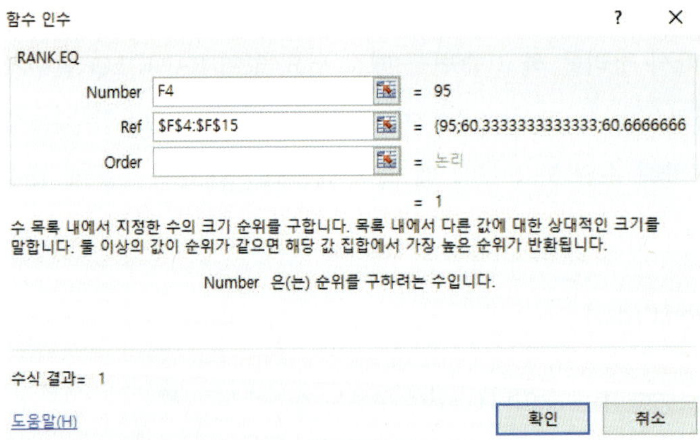

함수마법사 실행 2:
함수인수 상자 입력

① Number: F4
② Ref: $F$4:$F$15
③ Order: 생략
④ 확인 클릭

Number 항목은 현재 참조하고자 하는 셀을 말하며 Ref는 순위를 매길 때 참조해야 할 셀의 집합을 의미하며 Order는 내림차순 혹은 오름차순을 의미한다. 단 여기서 조심해야 할 것은 Ref에 들어 가야할 셀의 주소는 상대주소가 아닌 절대주소이어야 한다. 왜냐하면 나중에 채우기 핸들을 사용하여 마우스로 드래그할 경우 순위를 매기기 위한 전체 참조의 셀 주소가 모두 변하기 때문이다.

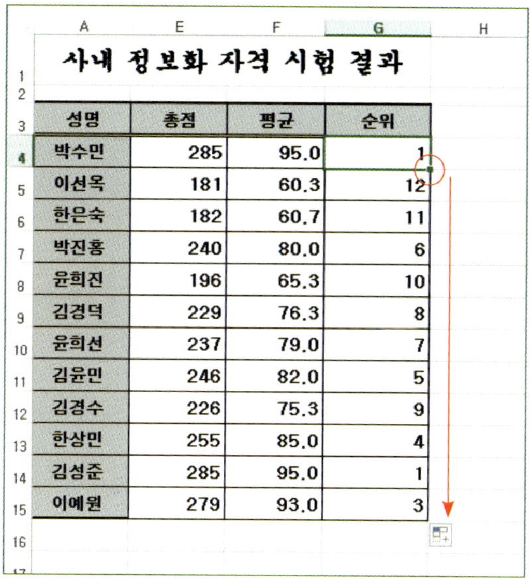

사내 정보화 자격 시험 결과

성명	총점	평균	순위
박수민	285	95.0	1
이선옥	181	60.3	12
한은숙	182	60.7	11
박진홍	240	80.0	6
윤희진	196	65.3	10
김경덕	229	76.3	8
윤희선	237	79.0	7
김윤민	246	82.0	5
김경수	226	75.3	9
한상민	255	85.0	4
김성준	285	95.0	1
이예원	279	93.0	3

함수마법사 실행 3:

① 셀 G4에 1위라는 순위가 나타남

② 채우기 핸들을 이용하여 화살표 방향으로 셀 G15까지 드래그 함.

실습 5-1

'판매실적' 완성하기

아래와 같이 '판매실적'을 입력한 후, 지시사항대로 수식을 이용하여 계산하라.

	A	B	C	D	E	F	G
1							
2	판매실적						
3	국가명	월판매목표	수금	미수금	달성률(%)	판매비지출	이익금액
4	미국	54,920	49,340	5,678		2,746	
5	일본	23,970	24,680	3,211		1,199	
6	독일	45,120	56,800	0		2,256	
7	영국	25,450	17,540	1,340		1,273	
8	프랑스	12,450	17,640	350		623	
9	멕시코	45,180	37,650	5,000		2,259	
10	합계						

	A	B	C	D	E	F	G
1	판매실적						
2	국가명	월판매목표	수금	미수금	달성률(%)	판매비지출	이익금액
3	미국	54,920	49,340	5,678	100%	2,746	52,272
4	일본	23,970	24,680	3,211	116%	1,199	26,692
5	독일	45,120	56,800	0	126%	2,256	54,544
6	영국	25,450	17,540	1,340	74%	1,273	17,607
7	프랑스	12,450	17,640	350	144%	623	17,367
8	멕시코	45,180	37,650	5,000	94%	2,259	40,391
9	합계	207,090	203,650	15,579	656%	10,356	208,873

지시사항

- 달성률(%) = (수금+미수금)/월판매목표
- 이익금액 = 수금+미수금−판매비지출
- 합계는 각각의 합계를 구한다.

'달성률(%)' 구하기

① 달성률은 '(수금+미수금)/월판매목표'이므로 E3셀에 '=(C3+D3)/B3'를 입력하고 Enter↵키를 누른다.

	A	B	C	D	E	F	G
1	판매실적						
2	국가명	월판매목표	수금	미수금	달성률(%)	판매비지출	이익금액
3	미국	54,920	49,340	5,678	=(C3+D3)/B3		
4	일본	23,970	24,680	3,211		1,199	
5	독일	45,120	56,800	0		2,256	
6	영국	25,450	17,540	1,340		1,273	
7	프랑스	12,450	17,640	350		623	
8	멕시코	45,180	37,650	5,000		2,259	
9	합계						

❷ 자동채우기

E3셀을 선택하고, E8셀까지 자동채우기 한다.

	A	B	C	D	E	F	G
1	판매실적						
2	국가명	월판매목표	수금	미수금	달성률(%)	판매비지출	이익금액
3	미국	54,920	49,340	5,678	100%	2,746	
4	일본	23,970	24,680	3,211		1,199	
5	독일	45,120	56,800	0		2,256	
6	영국	25,450	17,540	1,340		1,273	
7	프랑스	12,450	17,640	350		623	
8	멕시코	45,180	37,650	5,000		2,259	
9	합계						

❸ 다음과 같은 결과가 나타난다. [E3:E8]셀이 백분율 형식이 아닌 채로 결과가 나오면 [홈] 탭의 [표시형식] 그룹에서 '백분율(%)' 스타일 버튼을 눌러준다.

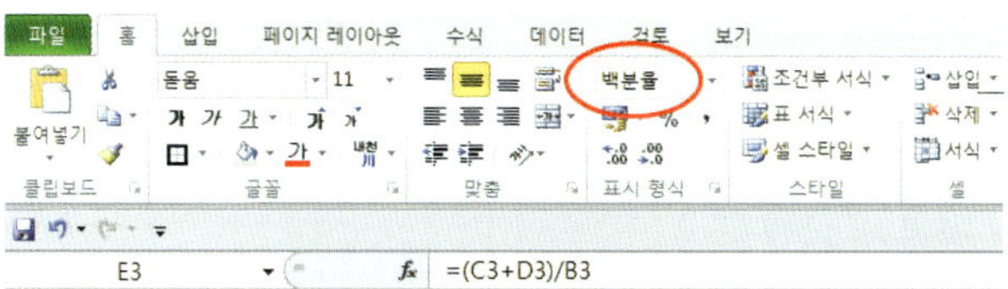

	A	B	C	D	E	F	G
1	판매실적						
2	국가명	월판매목표	수금	미수금	달성률(%)	판매비지출	이익금액
3	미국	54,920	49,340	5,678	100%	2,746	
4	일본	23,970	24,680	3,211	116%	1,199	
5	독일	45,120	56,800	0	126%	2,256	
6	영국	25,450	17,540	1,340	74%	1,273	
7	프랑스	12,450	17,640	350	144%	623	
8	멕시코	45,180	37,650	5,000	94%	2,259	
9	합계						

'이익금액' 구하기

❶ 이익금액은 '수금+미수금−판매비지출'이므로 G3셀에 '=C3+D3−F3'를 입력하고 Enter↵키를 누른다.

	A	B	C	D	E	F	G
1	판매실적						
2	국가명	월판매목표	수금	미수금	달성률(%)	판매비지출	이익금액
3	미국	54,920	49,340	5,678	100%	2,746	=C3+D3+F3
4	일본	23,970	24,680	3,211	116%	1,199	
5	독일	45,120	56,800	0	126%	2,256	
6	영국	25,450	17,540	1,340	74%	1,273	
7	프랑스	12,450	17,640	350	144%	623	
8	멕시코	45,180	37,650	5,000	94%	2,259	
9	합계						

❷ 자동채우기

G3셀을 선택하고, G8셀까지 자동채우기 한다.

	A	B	C	D	E	F	G
1	판매실적						
2	국가명	월판매목표	수금	미수금	달성률(%)	판매비지출	이익금액
3	미국	54,920	49,340	5,678	100%	2,746	57,764
4	일본	23,970	24,680	3,211	116%	1,199	
5	독일	45,120	56,800	0	126%	2,256	
6	영국	25,450	17,540	1,340	74%	1,273	
7	프랑스	12,450	17,640	350	144%	623	
8	멕시코	45,180	37,650	5,000	94%	2,259	
9	합계						

❸ 다음과 같은 결과가 나타난다.

	A	B	C	D	E	F	G
1	판매실적						
2	국가명	월판매목표	수금	미수금	달성률(%)	판매비지출	이익금액
3	미국	54,920	49,340	5,678	100%	2,746	57,764
4	일본	23,970	24,680	3,211	116%	1,199	29,090
5	독일	45,120	56,800	0	126%	2,256	59,056
6	영국	25,450	17,540	1,340	74%	1,273	20,153
7	프랑스	12,450	17,640	350	144%	623	18,613
8	멕시코	45,180	37,650	5,000	94%	2,259	44,909
9	합계						

'합계' 구하기

1 B9셀을 클릭한 뒤 [홈] 탭의 [편집] 그룹에서 '자동합계' 버튼을 클릭한다. B9셀에 입력된 셀의 주소가 [B3:B8]인지 확인한 후 Enter↵ 한다.

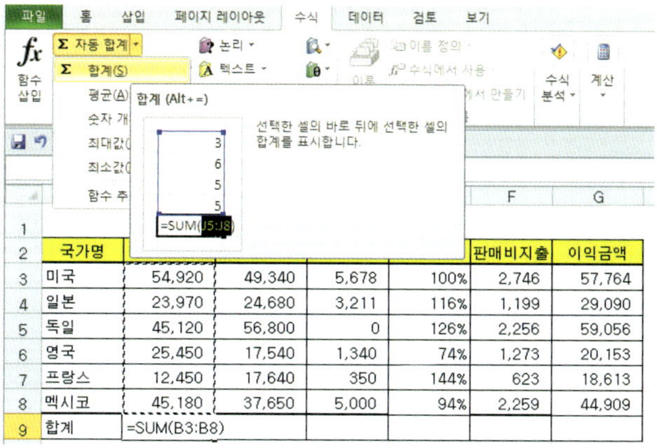

	A	B	C	D	E	F	G
2	국가명					판매비지출	이익금액
3	미국	54,920	49,340	5,678	100%	2,746	57,764
4	일본	23,970	24,680	3,211	116%	1,199	29,090
5	독일	45,120	56,800	0	126%	2,256	59,056
6	영국	25,450	17,540	1,340	74%	1,273	20,153
7	프랑스	12,450	17,640	350	144%	623	18,613
8	멕시코	45,180	37,650	5,000	94%	2,259	44,909
9	합계	=SUM(B3:B8)					

2 자동채우기

B9셀을 선택하고, G9셀까지 자동채우기 한다.

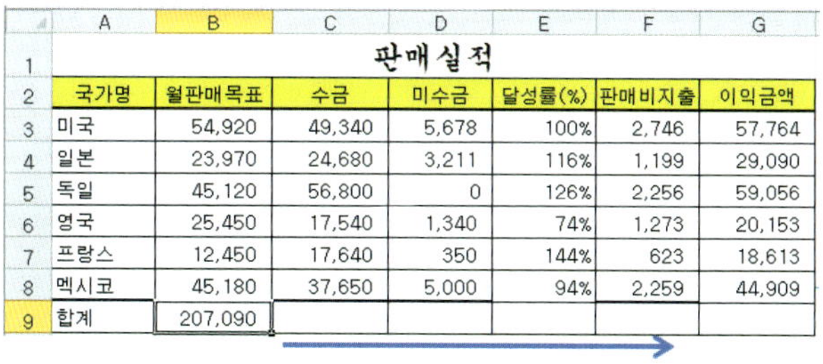

	A	B	C	D	E	F	G
1	판매실적						
2	국가명	월판매목표	수금	미수금	달성률(%)	판매비지출	이익금액
3	미국	54,920	49,340	5,678	100%	2,746	57,764
4	일본	23,970	24,680	3,211	116%	1,199	29,090
5	독일	45,120	56,800	0	126%	2,256	59,056
6	영국	25,450	17,540	1,340	74%	1,273	20,153
7	프랑스	12,450	17,640	350	144%	623	18,613
8	멕시코	45,180	37,650	5,000	94%	2,259	44,909
9	합계	207,090					

3 다음과 같은 결과가 나타난다.

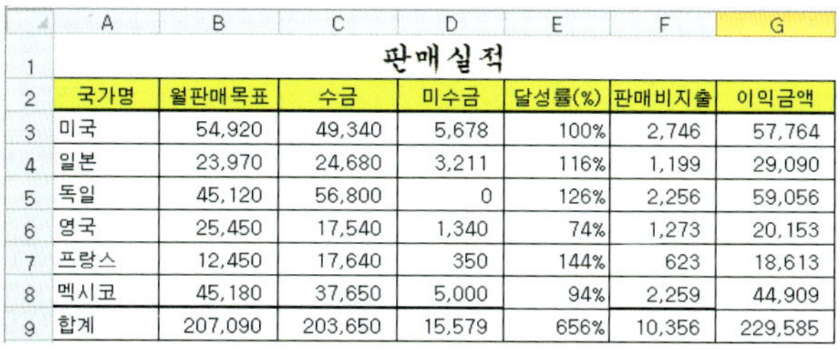

	A	B	C	D	E	F	G
1	판매실적						
2	국가명	월판매목표	수금	미수금	달성률(%)	판매비지출	이익금액
3	미국	54,920	49,340	5,678	100%	2,746	57,764
4	일본	23,970	24,680	3,211	116%	1,199	29,090
5	독일	45,120	56,800	0	126%	2,256	59,056
6	영국	25,450	17,540	1,340	74%	1,273	20,153
7	프랑스	12,450	17,640	350	144%	623	18,613
8	멕시코	45,180	37,650	5,000	94%	2,259	44,909
9	합계	207,090	203,650	15,579	656%	10,356	229,585

실습 5-2

'3월 제품 판매 실적' 완성하기

아래와 같이 '3월 제품 판매 실적'을 입력한 후, 지시사항대로 수식을 이용하여 계산하라.

	A	B	C	D	E	F	G
1	3월 제품 판매 실적						
2							
3	품목	수량	단가	공급가액	부가가치세	합계	점유율
4	TV	23	980,000				
5	VTR	12	480,000				
6	냉장고	13	889,000				
7	세탁기	38	650,000				
8	청소기	42	137,000				
9	에어컨	20	658,000				
10	합계		전체합계				

	A	B	C	D	E	F	G
1	3월 제품 판매 실적						
2							
3	품목	수량	단가	공급가액	부가가치세	합계	점유율
4	TV	23	980,000	22,540,000	2,254,000	24,794,000	27%
5	VTR	12	480,000	5,760,000	576,000	6,336,000	7%
6	냉장고	13	889,000	11,557,000	1,155,700	12,712,700	14%
7	세탁기	38	650,000	24,700,000	2,470,000	27,170,000	30%
8	청소기	42	137,000	5,754,000	575,400	6,329,400	7%
9	에어컨	20	658,000	13,160,000	1,316,000	14,476,000	16%
10	합계	148개	전체합계	83,471,000	8,347,100	91,818,100	100%

지시사항

- 공급가액: 수량*단가
- 부가가치세: 공급가액*10%
- 합계: 공급가액+부가가치세
- 점유율: 각 품목합계/전체 품목 합계

'수량 합계' 구하기

① 자동합계를 사용하여 '수량 합계' 구하기

B10셀을 클릭한 뒤 [홈] 탭의 [편집] 그룹에서 '자동합계' 버튼을 클릭한다. B10셀에 입력된 셀의 주소'=SUM(B4:B9)'가 맞는지 확인한 후 Enter↵ 한다.

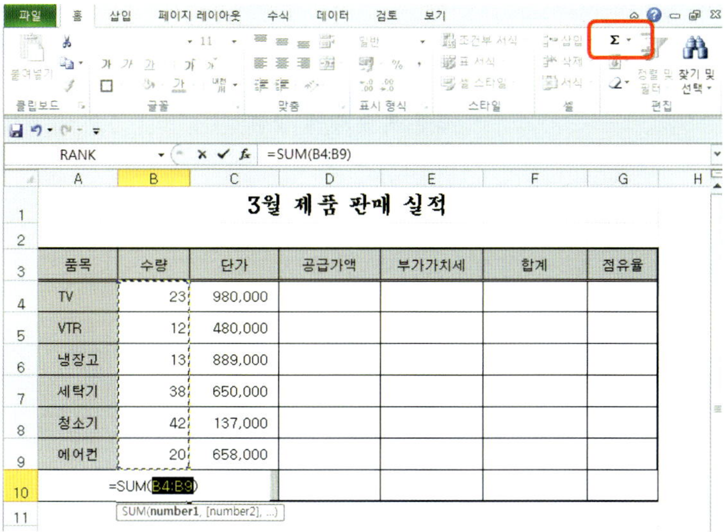

② 문자열 연산자를 사용하여 수량의 단위인 "~개"가 붙게 만들기

B10셀을 클릭하고, 문자 "개"를 연결하기 위해 편집 단축키 F2를 누르거나, B10셀을 더블클릭한 후, 입력된 함수 뒤에 '&"개"'를 입력한다. 입력된 수식을 '=SUM(B4:B9)&"개"'확인하고 Enter↵키를 누른다.

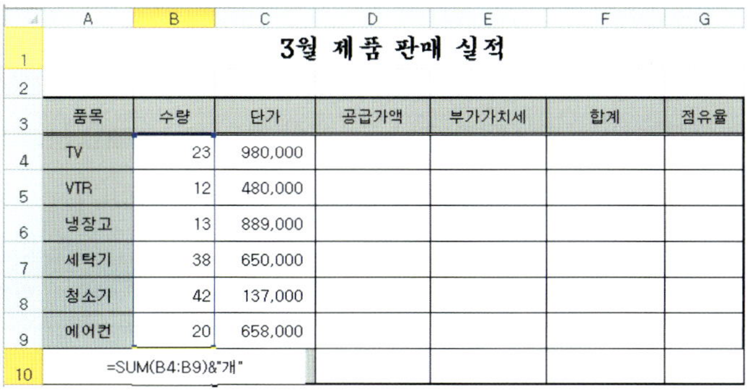

❸ 다음과 같은 결과가 나타난다.

	A	B	C	D	E	F	G
1	3월 제품 판매 실적						
2							
3	품목	수량	단가	공급가액	부가가치세	합계	점유율
4	TV	23	980,000				
5	VTR	12	480,000				
6	냉장고	13	889,000				
7	세탁기	38	650,000				
8	청소기	42	137,000				
9	에어컨	20	658,000				
10	합계	148개	전체합계				

'공급가액' 구하기

공급가액은 수량과 단가를 곱한 값이므로 B4와 C4를 곱해준다. D4셀에 '=B4*C4'를 입력하고 Enter↵키를 누른다. D4셀에 셀 포인터가 있는 상태에서 채우기 핸들을 D9셀까지 드래그하여 모든 셀을 채운다.

	A	B	C	D	E	F	G
1	3월 제품 판매 실적						
2							
3	품목	수량	단가	공급가액	부가가치세	합계	점유율
4	TV	23	980,000	=B4*C4			
5	VTR	12	480,000				
6	냉장고	13	889,000				
7	세탁기	38	650,000				
8	청소기	42	137,000				
9	에어컨	20	658,000				
10	합계	148개	전체합계				

'부가가치세' 구하기

부가가치세는 공급가액의 10%에 해당하는 값이므로 E4셀에 '=D4*0.1'을 입력하고 Enter↵키를 누른다. E4셀에 셀 포인터가 있는 상태에서 채우기 핸들을 E9셀까지 드래그하여 모든 셀을 채운다.

	A	B	C	D	E	F	G
1	3월 제품 판매 실적						
2							
3	품목	수량	단가	공급가액	부가가치세	합계	점유율
4	TV	23	980,000	22,540,000	=D4*0.1		
5	VTR	12	480,000	5,760,000			
6	냉장고	13	889,000	11,557,000			
7	세탁기	38	650,000	24,700,000			
8	청소기	42	137,000	5,754,000			
9	에어컨	20	658,000	13,160,000			
10	합계	148개	전체합계				

'합계' 구하기

합계는 공급가액과 부가가치세의 합이다. F4셀을 클릭한 뒤 자동합계 버튼(Σ 자동 합계)을 클릭한다. F4셀에 입력된 셀의 주소를 '=SUM(D4:E4)'로 수정하고 Enter↵키를 누른다. F4셀에 셀 포인터가 있는 상태에서 채우기 핸들을 F9셀까지 드래그하여 모든 셀을 채운다.

	A	B	C	D	E	F	G
1	3월 제품 판매 실적						
2							
3	품목	수량	단가	공급가액	부가가치세	합계	점유율
4	TV	23	980,000	22,540,000	2,254,000	=SUM(D4:E4)	
5	VTR	12	480,000	5,760,000	576,000	SUM(number1, [number2], ...)	
6	냉장고	13	889,000	11,557,000	1,155,700		
7	세탁기	38	650,000	24,700,000	2,470,000		
8	청소기	42	137,000	5,754,000	575,400		
9	에어컨	20	658,000	13,160,000	1,316,000		
10	합계	148개	전체합계				

'전체합계' 구하기

D10셀을 클릭한 뒤 자동합계 버튼(Σ 자동 합계)을 클릭한다. D10셀에 셀 포인터가 있는 상태에서 채우기 핸들을 G10셀까지 드래그하여 모든 셀을 채운다.

	A	B	C	D	E	F	G
1	3월 제품 판매 실적						
2							
3	품목	수량	단가	공급가액	부가가치세	합계	점유율
4	TV	23	980,000	22,540,000	2,254,000	25,774,023	
5	VTR	12	480,000	5,760,000	576,000	6,816,012	
6	냉장고	13	889,000	11,557,000	1,155,700	13,601,713	
7	세탁기	38	650,000	24,700,000	2,470,000	27,820,038	
8	청소기	42	137,000	5,754,000	575,400	6,466,442	
9	에어컨	20	658,000	13,160,000	1,316,000	15,134,020	
10	합계	148개	전체합계	=SUM(D4:D9)			
11				SUM(number1, [number2], ...)			

'점유율' 구하기

① 셀 주소로 계산하기

점유율은 합계를 전체합계로 나눈 값이다. 그러므로 F4셀부터 F9셀까지의 값을 모두 F10셀로 나누어야 하므로 F10셀은 절대참조(F4)시킨다. 입력된 수식 '=F4/$F$10'을 확인하고 Enter↵키를 누른다. G4셀에 셀 포인터가 있는 상태에서 채우기 핸들을 G9셀까지 드래그하여 모든 셀을 채운다.

	A	B	C	D	E	F	G
1	3월 제품 판매 실적						
2							
3	품목	수량	단가	공급가액	부가가치세	합계	점유율
4	TV	23	980,000	22,540,000	2,254,000	25,774,023	=F4/$F$10
5	VTR	12	480,000	5,760,000	576,000	6,816,012	
6	냉장고	13	889,000	11,557,000	1,155,700	13,601,713	
7	세탁기	38	650,000	24,700,000	2,470,000	27,820,038	
8	청소기	42	137,000	5,754,000	575,400	6,466,442	
9	에어컨	20	658,000	13,160,000	1,316,000	15,134,020	
10	합계	148개	전체합계	83,471,000	8,347,100	91,818,100	

② 셀 서식을 바꾸어 완성한다.

[G4:G10]셀이 백분율 형식이 아닌 채로 결과가 나오면 [홈] 탭의 [표시형식] 그룹에서 '백분율 스타일(%)' 버튼을 눌러준다.

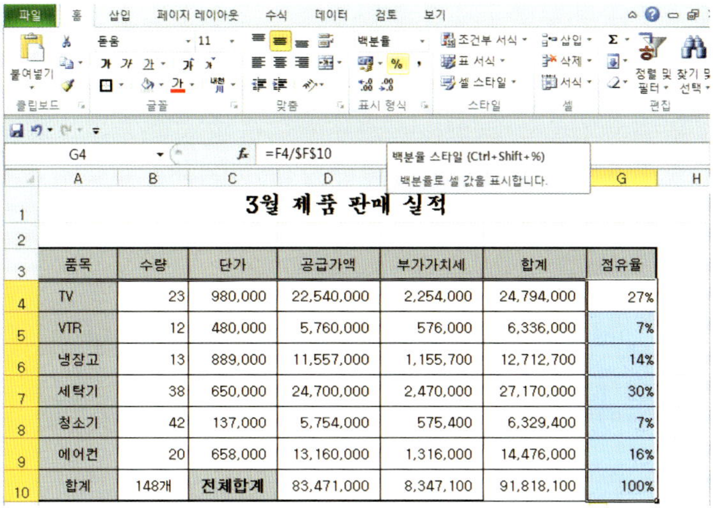

3월 제품 판매 실적

품목	수량	단가	공급가액	부가가치세	합계	점유율
TV	23	980,000	22,540,000	2,254,000	24,794,000	27%
VTR	12	480,000	5,760,000	576,000	6,336,000	7%
냉장고	13	889,000	11,557,000	1,155,700	12,712,700	14%
세탁기	38	650,000	24,700,000	2,470,000	27,170,000	30%
청소기	42	137,000	5,754,000	575,400	6,329,400	7%
에어컨	20	658,000	13,160,000	1,316,000	14,476,000	16%
합계	148개	전체합계	83,471,000	8,347,100	91,818,100	100%

실습 5-3 '할인가격표' 완성하기

아래와 같이 '할인가격표'를 입력한 후, 혼합 참조를 이용하여 계산하라. 할인가격은 '소비자가격－(소비자가격×인하율)'이 된다.

	A	B	C	D	E	F	G
1	할인가격표	소비자가격 / 인하율	100,000	200,000	300,000	400,000	500,000
2		6%					
3		8%					
4		10%					
5		12%					
6		14%					
7		16%					

	A	B	C	D	E	F	G
1	할인가격표	소비자가격 / 인하율	100,000	200,000	300,000	400,000	500,000
2		6%	94,000	188,000	282,000	376,000	470,000
3		8%	92,000	184,000	276,000	368,000	460,000
4		10%	90,000	180,000	270,000	360,000	450,000
5		12%	88,000	176,000	264,000	352,000	440,000
6		14%	86,000	172,000	258,000	344,000	430,000
7		16%	84,000	168,000	252,000	336,000	420,000

혼합 참조 사용하여 구하기

① 혼합 참조를 사용하여 셀 주소 입력

할인가격은 '소비자가격－(소비자가격×인하율)'이므로, C2셀을 클릭한 뒤 '=C1－(C1*B2)'를 입력한다. 여기서, 소비자 가격은 C1셀부터 G1셀까지 모두 1행에만 입력되어 있으므로 F4키를 눌러서 1행만 고정되도록 혼합 참조로 설정한다. 그리고 인하율은 B2셀부터 B7셀까지 모두 B열에만 입력되어 있으므로 F4키를 눌러서 B열에만 고정되도록 혼합 참조로 설정한다. 결국 C2셀에는 '=C$1－(C$1*$B2)'가 입력된다.

	A	B	C	D	E	F	G
1		소비자가격 / 인하율	100,000	200,000	300,000	400,000	500,000
2	할인가격표	6%	=C$1-(C$1*$B2)				
3		8%					
4		10%					
5		12%					
6		14%					
7		16%					

❷ 자동채우기

C2셀을 선택하고, G7셀까지 자동채우기 한다.

	A	B	C	D	E	F	G
1		소비자가격 / 인하율	100,000	200,000	300,000	400,000	500,000
2	할인가격표	6%	94,000				
3		8%					
4		10%					
5		12%					
6		14%					
7		16%					

❸ 다음과 같은 결과가 나타난다.

	A	B	C	D	E	F	G
1		소비자가격 / 인하율	100,000	200,000	300,000	400,000	500,000
2	할인가격표	6%	94,000	188,000	282,000	376,000	470,000
3		8%	92,000	184,000	276,000	368,000	460,000
4		10%	90,000	180,000	270,000	360,000	450,000
5		12%	88,000	176,000	264,000	352,000	440,000
6		14%	86,000	172,000	258,000	344,000	430,000
7		16%	84,000	168,000	252,000	336,000	420,000

배열 수식을 이용하여 구하기

혼합 참조를 사용해 보니 머리가 조금 복잡할 것이다. 열 번호를 고정시킬지, 행 번호를 고정시킬지 고민하고 입력해야 하기 때문이다. 그러나 배열 수식을 사용하면 이러한 유형의 표는 쉽게 구할 수 있다.

❶ 우선 수식을 입력하기 전에 값을 넣어야 할 셀의 범위 [C2:G7]를 잡아둔다.

	A	B	C	D	E	F	G
1		소비자가격 / 인하율	100,000	200,000	300,000	400,000	500,000
2	할인가격표	6%					
3		8%					
4		10%					
5		12%					
6		14%					
7		16%					

❷ 수식을 입력하기 위해 등호(=)를 입력하고, 소비자가격이 입력된 셀(C1셀~G1셀)을 드래그한 후 빼기 부호를 입력한다. 괄호를 입력한 후 다시 소비자가격이 입력된 셀(C1셀~G1셀)을 드래그하고, 곱하기 부호를 입력한다. 이번에는 입력된 셀(B2셀~B7셀)을 드래그한 후 괄호를 닫는다.

	A	B	C	D	E	F	G
1		소비자가격 / 인하율	100,000	200,000	300,000	400,000	500,000
2	할인가격표	6%	=C1:G1-(C1:G1*B2:B7)				
3		8%					
4		10%					
5		12%					
6		14%					
7		16%					

❸ 괄호를 닫은 후, 그냥 [Enter↵]키가 아니라 '[Ctrl]+[Shift]'키를 누른 상태에서 [Enter↵]키를 누른다. 그러면 범위로 잡았던 모든 셀에 결과값이 들어간다. 수식 입력줄에 표시되는 수식 형태를 보면 중괄호{ }로 묶여 있는 것을 볼 수 있다.

C2 fx {=C1:G1-(C1:G1*B2:B7)}

	A	B	C	D	E	F	G
1		소비자가격 / 인하율	100,000	200,000	300,000	400,000	500,000
2	할인가격표	6%	94,000	188,000	282,000	376,000	470,000
3		8%	92,000	184,000	276,000	368,000	460,000
4		10%	90,000	180,000	270,000	360,000	450,000
5		12%	88,000	176,000	264,000	352,000	440,000
6		14%	86,000	172,000	258,000	344,000	430,000
7		16%	84,000	168,000	252,000	336,000	420,000

❹ 이렇게 배열 수식으로 구한 셀들은 일부 셀만 삭제하거나 변경할 수 없다. 구한 결과값 중 어느 한 셀을 선택하고, Delete키를 누르면 다음과 같은 메시지가 나온다. 따라서 배열 수식으로 입력한 수식은 지울 때도 한꺼번에 범위를 잡아서 지워야 한다. [C2:G7]셀을 범위로 잡은 후 지운다.

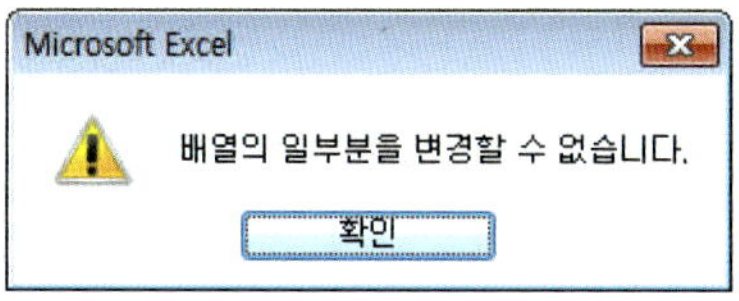

실습 5-4 '사내정보화 자격시험' 완성하기

아래와 같이 '사내정보화 자격시험 결과'를 입력한 후, '총점', '평균', '최고점수', '최하점수', '응시인원', '순위'를 구하라.

사내 정보화 자격 시험 결과

성명	워드	엑셀	파워포인트	총점	평균	순위
박수민	90	100	95			
이선옥	90	46	45			
한은숙	80	32	70			
박진홍	70	80	90			
윤희진	80	60	56			
김경덕	75	66	88			
윤희선	82	75	80			
김윤민	77	87	82			
김경수	88	78	60			
한상민	75	85	95			
김성준	95	90	100			
이예원	100	92	87			
최고점수						
최하점수						
응시인원						

↓

사내 정보화 자격 시험 결과

성명	워드	엑셀	파워포인트	총점	평균	순위
박수민	90	100	95	285	95.0	1
이선옥	90	46	45	181	60.3	12
한은숙	80	32	70	182	60.7	11
박진홍	70	80	90	240	80.0	6
윤희진	80	60	56	196	65.3	10
김경덕	75	66	88	229	76.3	8
윤희선	82	75	80	237	79.0	7
김윤민	77	87	82	246	82.0	5
김경수	88	78	60	226	75.3	9
한상민	75	85	95	255	85.0	4
김성준	95	90	100	285	95.0	1
이예원	100	92	87	279	93.0	3
최고점수	100	100	100	285	95	12
최하점수	70	32	45	181	60.3333	1
응시인원	12					

'총점' 구하기

E4셀을 클릭한 뒤 자동합계 버튼(Σ 자동 합계 ▾)을 클릭한다. E4셀에 입력된 셀의 주소'=SUM(B4:D4)'가 맞는지 확인하고 Enter↵키를 누른다. E4셀에 셀 포인터가 있는 상태에서 채우기 핸들을 E15셀까지 드래그하여 모든 셀을 채운다.

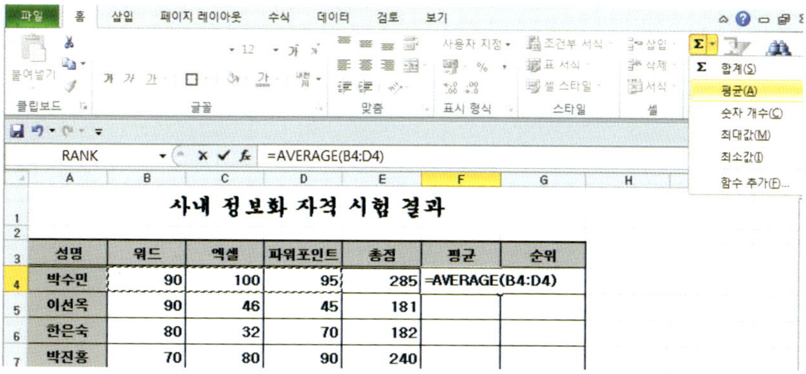

'평균' 구하기

F4셀을 클릭한 뒤 자동합계 버튼의 확장 단추(Σ 자동 합계 ▾)를 클릭하여 '평균'을 클릭한다. F4셀에 입력된 셀의 주소를 '=AVERAGE(B4:D4)'로 수정하고 Enter↵키를 누른다. F4셀에 셀 포인터가 있는 상태에서 채우기 핸들을 F15셀까지 드래그하여 모든 셀을 채운다.

'최고점수' 구하기

B17셀을 클릭한 뒤 자동합계 버튼의 확장 단추(Σ 자동 합계 ▾)를 클릭하여 '최댓값'을 클릭한다. B17셀에 입력된 셀의 주소를 '=MAX(B4:B15)'로 수정하고 Enter↵ 키를 누른다. B17셀에 셀 포인터가 있는 상태에서 채우기 핸들을 G17셀까지 드래그하여 모든 셀을 채운다.

'최하점수' 구하기

B18셀을 클릭한 뒤 자동합계 버튼의 확장 단추(Σ 자동 합계 ·)를 클릭하여 '최솟값'을 클릭한다. B18셀에 입력된 셀의 주소를 '=MIN(B4:B15)'로 수정하고 Enter↵ 키를 누른다. B18셀에 셀 포인터가 있는 상태에서 채우기 핸들을 G18셀까지 드래그하여 모든 셀을 채운다.

'응시인원' 구하기

B19셀을 클릭한 뒤 자동합계 버튼의 확장 단추(Σ 자동 합계 ·)를 클릭하여 '숫자 개수'를 클릭한다. B19셀에 입력된 셀의 주소를 '=COUNT(B4:B15)'로 수정하고 Enter↵ 키를 누른다.

'순위' 구하기

① 함수 추가

G4셀을 클릭한 뒤 자동합계 버튼의 확장 단추(Σ 자동 합계 ·)를 클릭하여 '기타 함수'를 선택하거나 도구 모음의 '함수마법사' 아이콘(fx)을 누른다.

② 함수 이름 선택

함수 범주에서 모두를 선택한 뒤 'RANK.EQ'를 선택하고, 확인 버튼을 클릭한다.

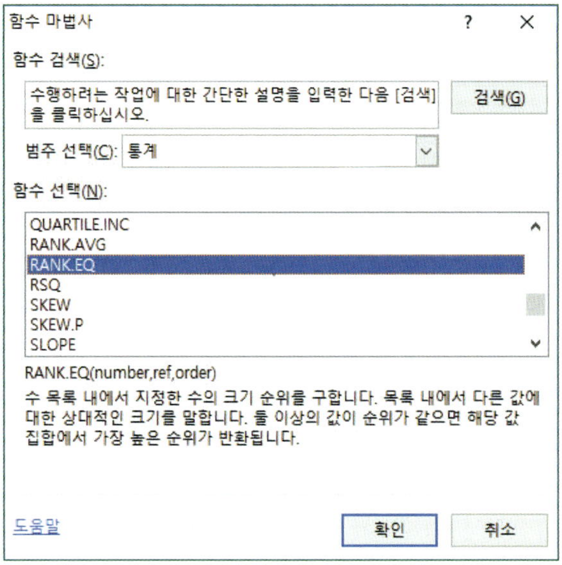

❸ 인수 입력

RANK.EQ함수의 첫 번째 인수로 F4셀을 선택하고, 두 번째 인수로 평균 점수들을 모두 선택(F4:F15)한 뒤, F4키를 눌러 절대 참조시킨다. 세 번째 인수는 생략해도 된다. 확인 버튼을 클릭한다.

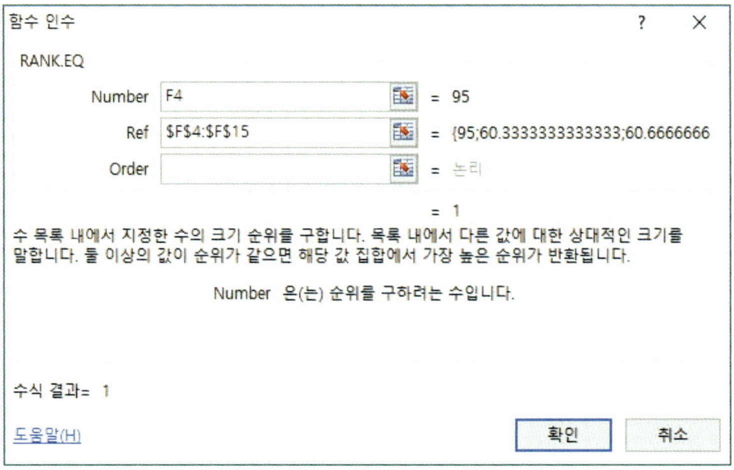

실습 5-5 '경영과컴퓨팅 성적표' 완성하기

아래와 같이 '경영과컴퓨팅 성적표'를 입력한 후, '수강인원', '총점', '순위', '평균', '최대점수', '최소점수'를 구하라.

	A	B	C	D	E	F	G	H	I
1	경영과컴퓨팅 성적표								
2	수강인원								
3									
4	학과	학년	성명	출석성적	레포트	중간고사	기말고사	총점	순위
5	국어국문과	2	이희진	20	20	30	28		
6	수학과	2	이창훈	20	20	28	26		
7	통계학과	2	이회원	20	15	25	28		
8	법학부	4	최효선	18	20	28	25		
9	법학부	4	이상대	18	15	28	20		
10	행정학전공	3	김경락	20	20	30	26		
11	경영학전공	2	배성원	20	15	28	26		
12	경영학전공	2	이중원	18	20	20	20		
13	약학부	1	김세일	20	15	24	24		
14	경영학전공	1	김광동	18	20	20	25		
15	컴퓨터공학전공	4	박미영	20	15	25	20		
16	컴퓨터공학전공	4	박수진	16	20	18	20		
17	인문자율전공학부	1	오유림	20	20	26	24		
18	평균								
19	최대점수								
20	최소점수								

↓

	A	B	C	D	E	F	G	H	I
1	경영과컴퓨팅 성적표								
2	수강인원	13							
3									
4	학과	학년	성명	출석성적	레포트	중간고사	기말고사	총점	순위
5	국어국문과	2	이희진	20	20	30	28	98	1
6	수학과	2	이창훈	20	20	28	26	94	3
7	통계학과	2	이회원	20	15	25	28	88	7
8	법학부	4	최효선	18	20	28	25	91	4
9	법학부	4	이상대	18	15	28	20	81	10
10	행정학전공	3	김경락	20	20	30	26	96	2
11	경영학전공	2	배성원	20	15	28	26	89	6
12	경영학전공	2	이중원	18	20	20	20	78	12
13	약학부	1	김세일	20	15	24	24	83	8
14	경영학전공	1	김광동	18	20	20	25	83	8
15	컴퓨터공학전공	4	박미영	20	15	25	20	80	11
16	컴퓨터공학전공	4	박수진	16	20	18	20	74	13
17	인문자율전공학부	1	오유림	20	20	26	24	90	5
18	평균			19.07692	18.077	25.38462	24	86.538	
19	최대점수			20	20	30	28	98	
20	최소점수			16	15	18	20	74	

'수강인원' 구하기

B2셀을 클릭한 뒤 자동합계 버튼의 확장 단추(Σ 자동 합계)를 클릭하여 '숫자 개수'를 클릭한다. B2셀에 입력된 셀의 주소를 '=COUNT(B5:B17)'로 수정하고 Enter↵키를 누른다.

경영과컴퓨팅 성적표

수강인 =COUNT(B5:B17)

COUNT(value1, [value2], ...)

학과	[illegible]	[illegible]	[illegible]	레포트	중간고사	기말고사	총점	순위
국어국문과	2	이희진	20	20	30	28		
수학과	2	이창훈	20	20	28	26		
통계학과	2	이희원	20	15	25	28		
법학부	4	최효선	18	20	28	25		
법학부	4	이상대	18	15	28	20		
행정학전공	3	김경락	20	20	30	26		
경영학전공	2	배성원	20	15	28	26		
경영학전공	2	이중원	18	20	20	20		
약학부	1	김세일	20	15	24	24		
경영학전공	1	김광동	18	20	20	25		
컴퓨터공학전공	4	박미영	20	15	25	20		
컴퓨터공학전공	4	박수진	16	20	18	20		
인문자율전공학부	1	오유림	20	20	26	24		
평균								
최대점수								
최소점수								

'총점' 구하기

H5셀을 클릭한 뒤 자동합계 버튼을 클릭한다. H5셀에 입력된 셀의 주소 '=SUM(D5:G5)'가 맞는지 확인하고 Enter↵키를 누른다. H5셀에 셀 포인터가 있는 상태에서 채우기 핸들을 H17셀까지 드래그하여 모든 셀을 채운다.

'순위' 구하기

I5셀을 클릭 한 뒤 자동합계 버튼의 확장 단추(Σ 자동 합계)를 클릭하여 '기타 함수'를 선택하거나 도구 모음의 '함수 마법사' 아이콘(fx)을 누른다. 함수 범주에서 통계를 선택한 뒤 'RANK.EQ'를 선택하고, 확인 버튼을 클릭한다.

RANK.EQ함수의 첫 번째 인수로 H5셀을 선택하고, 두 번째 인수로 총점 점수들을 모두 선택(H5:H17)한 뒤, F4 키를 눌러 절대 참조시킨다. 세 번째 인수는 생략한다. 확인 버튼을 클릭한다.

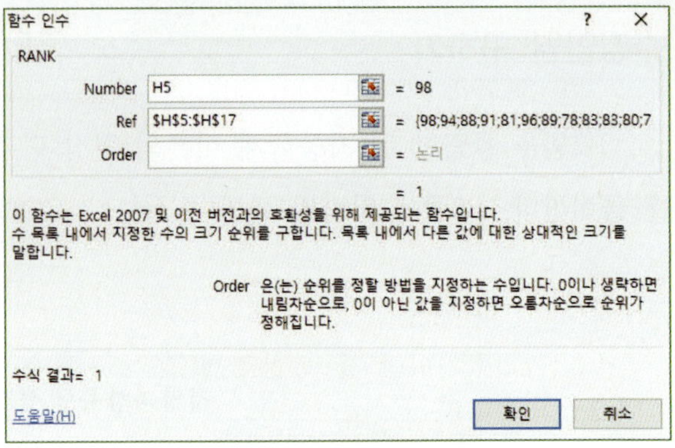

'평균' 구하기

D18셀을 클릭한 뒤 자동합계 버튼의 확장 단추(Σ 자동 합계 ▾)를 클릭하여 '평균'을 클릭한다. D18셀에 입력된 셀의 주소'=AVERAGE(D5:D17)'를 확인하고 Enter↵키를 누른다. D18셀에 셀 포인터가 있는 상태에서 채우기 핸들을 H18셀까지 드래그하여 모든 셀을 채운다.

'최대점수' 구하기

D19셀을 클릭한 뒤 자동합계 버튼의 확장 단추(Σ 자동 합계 ▾)를 클릭하여 '최댓값'을 클릭한다. D19셀에 입력된 셀의 주소를 '=MAX(D5:D17)'로 수정하고 Enter↵키를 누른다. D19셀에 셀 포인터가 있는 상태에서 채우기 핸들을 H19셀까지 드래그하여 모든 셀을 채운다.

'최하점수' 구하기

D20셀을 클릭한 뒤 자동합계 버튼의 확장 단추(Σ 자동 합계 ▾)를 클릭하여 '최솟값'을 클릭한다. D20셀에 입력된 셀의 주소를 '=MIN(D5:D17)'로 수정하고 Enter↵키를 누른다. D20셀에 셀 포인터가 있는 상태에서 채우기 핸들을 H20셀까지 드래그하여 모든 셀을 채운다.

실습 5-6 '3-4분기 교재현황' 완성하기

아래와 같이 각각 다른 시트로 '7월, 8월, 9월의 교재입출고 현황자료'와 '3-4분기 교재입출고 현황' 시트를 입력한 후, 각 교재별 '총입고량', '총출고량', '재고량', '점유율'을 구하라.

교재입출고 현황

				작성일:	7월 31일
교재명	전월재고	입고	출고	금월재고	점유율
엑셀	25	25	20		
엑세스	10	25	12		
파워포인트	30	25	12		
워드	28	25	16		
아웃룻	17	25	27		
합 계					

➔

교재입출고 현황

				작성일:	7월 31일
교재명	전월재고	입고	출고	금월재고	점유율
엑셀	25	25	20	30	20%
엑세스	10	25	12	23	16%
파워포인트	30	25	12	43	29%
워드	28	25	16	37	25%
아웃룻	17	25	27	15	10%
합 계	110	125	87	148	100%

교재입출고 현황

				작성일:	8월 31일
교재명	전월재고	입고	출고	금월재고	점유율
엑셀		30	15		
엑세스		30	12		
파워포인트		30	12		
워드		30	16		
아웃룻		30	27		
합 계					

➔

교재입출고 현황

				작성일:	8월 31일
교재명	전월재고	입고	출고	금월재고	점유율
엑셀	30	30	15	45	21%
엑세스	23	30	12	41	19%
파워포인트	43	30	12	61	28%
워드	37	30	16	51	24%
아웃룻	15	30	27	18	8%
합 계	148	150	82	216	100%

교재입출고 현황

				작성일:	9월 30일
교재명	전월재고	입고	출고	금월재고	점유율
엑셀		35	25		
엑세스		35	23		
파워포인트		35	24		
워드		35	26		
아웃룻		35	36		
합 계					

➔

교재입출고 현황

				작성일:	9월 30일
교재명	전월재고	입고	출고	금월재고	점유율
엑셀	45	35	25	55	21%
엑세스	41	35	23	53	21%
파워포인트	61	35	24	72	28%
워드	51	35	26	60	23%
아웃룻	18	35	36	17	7%
합 계	216	175	134	257	100%

3-4분기 교재입출고 현황

				작성일:	9월 30일
교재명	2-4분기 재고	총입고	총출고	3-4분기 재고	점유율
엑셀					
엑세스					
파워포인트					
워드					
아웃룻					
합 계					

➔

3-4분기 교재입출고 현황

				작성일:	9월 30일
교재명	2-4분기 재고	총입고	총출고	3-4분기 재고	점유율
엑셀	25	90	60	55	21%
엑세스	10	90	47	53	21%
파워포인트	30	90	48	72	28%
워드	28	90	58	60	23%
아웃룻	17	90	90	17	7%
합 계	110	450	303	257	100%

'7월 교재입출고 현황'

❶ '금월재고' 구하기

'금월재고'는 '전월재고+입고−출고'이므로, E4셀을 클릭한 뒤 '=B4+C4−D4'를 입력하고 Enter↵ 한다. E4셀에 셀 포인터가 있는 상태에서 채우기 핸들을 E8셀까지 드래그하여 모든 셀을 채운다.

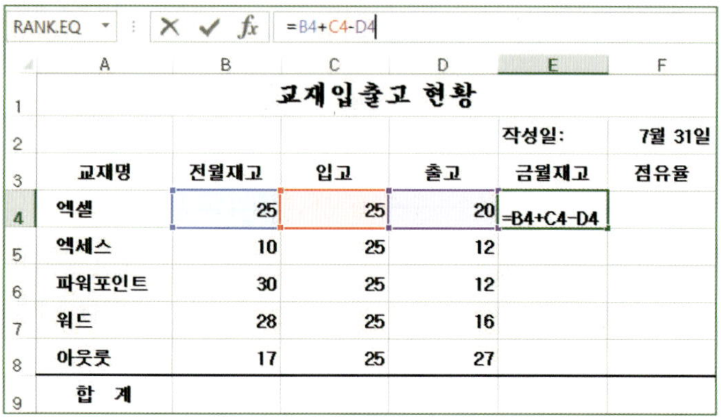

❷ '합계' 구하기

B4:E9셀을 범위 지정한 뒤 자동 합계 버튼을 클릭 한다. B9:E9의 합계가 한꺼번에 구해진다.

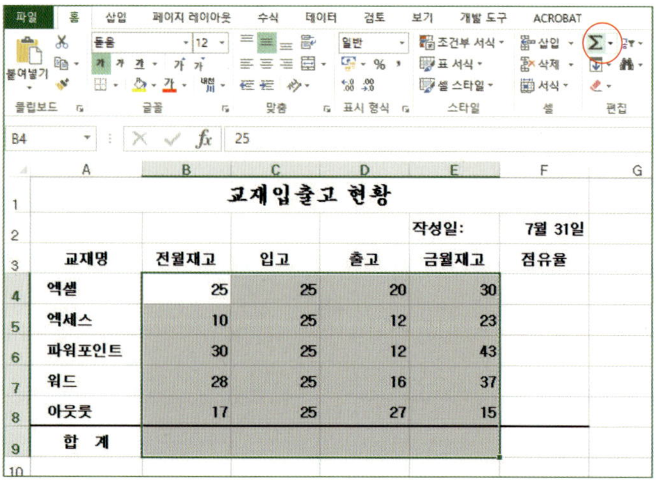

③ '점유율' 구하기

'점유율'은 '금월재고/총금월재고'이므로, F4셀을 클릭한 뒤 '=E4/$E$9'를 입력하고 Enter↵ 한다. F4셀에 셀 포인터가 있는 상태에서 채우기 핸들을 F9셀까지 드래그하여 모든 셀을 채운다.

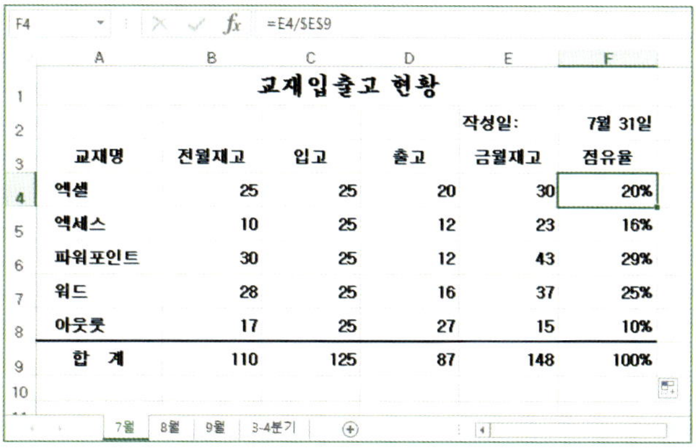
F4 =E4/$E$9

	A	B	C	D	E	F
1	교재입출고 현황					
2					작성일:	7월 31일
3	교재명	전월재고	입고	출고	금월재고	점유율
4	엑셀	25	25	20	30	20%
5	엑세스	10	25	12	23	16%
6	파워포인트	30	25	12	43	29%
7	워드	28	25	16	37	25%
8	아웃룻	17	25	27	15	10%
9	합 계	110	125	87	148	100%
10						

7월 | 8월 | 9월 | 3-4분기

'8월 교재입출고 현황'

① '전월재고' 구하기

'전월재고'는 '그 전달의 금월재고'이다. B4셀에 등호(=)를 입력한 뒤 '7월' 시트를 클릭하고, '7월' 시트의 E4셀을 클릭한 후 Enter↵ 한다. B4셀에 셀 포인터가 있는 상태에서 채우기 핸들을 B8셀까지 드래그하여 모든 셀을 채운다.

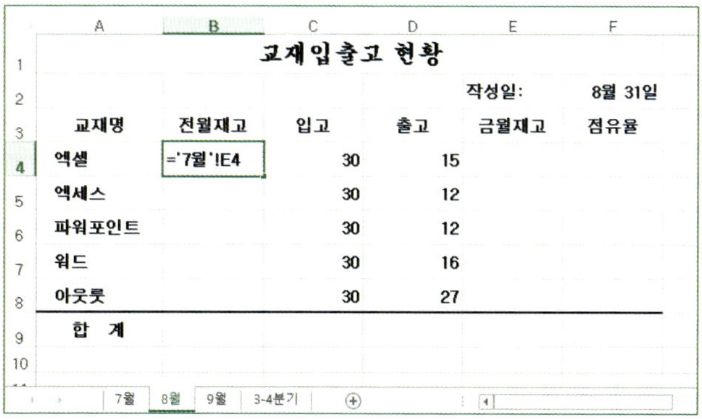

	A	B	C	D	E	F
1	교재입출고 현황					
2					작성일:	8월 31일
3	교재명	전월재고	입고	출고	금월재고	점유율
4	엑셀	='7월'!E4	30	15		
5	엑세스		30	12		
6	파워포인트		30	12		
7	워드		30	16		
8	아웃룻		30	27		
9	합 계					
10						

7월 | 8월 | 9월 | 3-4분기

❷ '금월재고' 구하기

'금월재고'는 '전월재고+입고−출고'이므로, E4셀을 클릭한 뒤 '=B4+C4−D4'를 입력하고 Enter↵ 한다. E4셀에 셀 포인터가 있는 상태에서 채우기 핸들을 E8셀까지 드래그하여 모든 셀을 채운다.

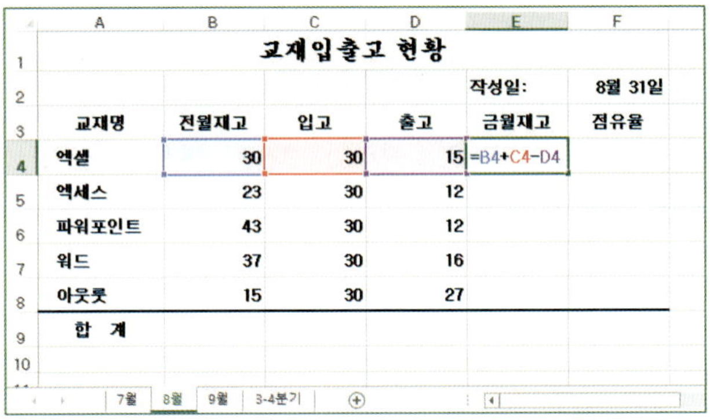

❸ '합계' 구하기

B4:E9셀을 범위 지정한 뒤 자동 합계 버튼을 클릭 한다. B9:E9의 합계가 한꺼번에 구해진다.

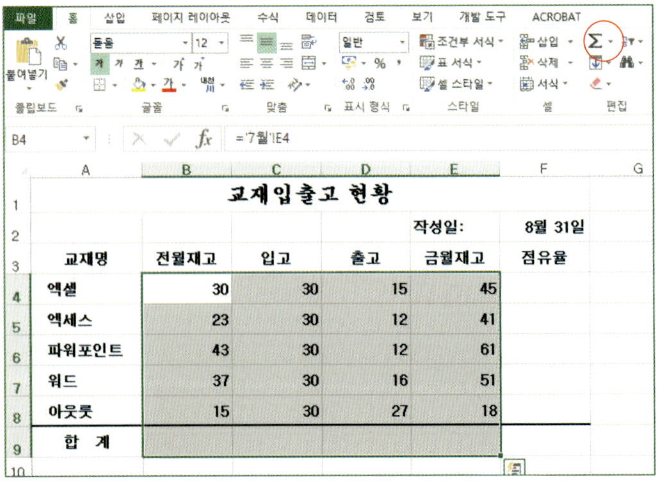

❹ '점유율' 구하기

'점유율'은 '금월재고/총금월재고'이므로, F4셀을 클릭한 뒤 '=E4/$E$9'를 입력하고 Enter↵ 한다. F4셀에 셀 포인터가 있는 상태에서 채우기 핸들을 F9셀까지 드래그하여 모든 셀을 채운다.

F4 =E4/$E$9

	A	B	C	D	E	F
1			교재입출고 현황			
2					작성일:	8월 31일
3	교재명	전월재고	입고	출고	금월재고	점유율
4	엑셀	30	30	15	45	21%
5	엑세스	23	30	12	41	19%
6	파워포인트	43	30	12	61	28%
7	워드	37	30	16	51	24%
8	아웃룻	15	30	27	18	8%
9	합 계	148	150	82	216	100%
10						

7월 8월 9월 3-4분기

'9월 교재입출고 현황'

'9월 교재입출고 현황'도 위와 동일한 방법으로 구한다.

	A	B	C	D	E	F
1			교재입출고 현황			
2					작성일:	9월 30일
3	교재명	전월재고	입고	출고	금월재고	점유율
4	엑셀	45	35	25	55	21%
5	엑세스	41	35	23	53	21%
6	파워포인트	61	35	24	72	28%
7	워드	51	35	26	60	23%
8	아웃룻	18	35	36	17	7%
9	합 계	216	175	134	257	100%
10						

7월 8월 9월 3-4분기

'3-4분기 교재입출고 현황'

① '2-4분기 재고' 구하기

'2-4분기 재고'는 '7월의 전월재고'이다. B4셀에 등호(=)를 입력한 뒤 '7월'시트를 클릭하고, '7월' 시트의 B4셀을 클릭한 후 Enter↵ 한다. B4셀에 셀 포인터가 있는 상태에서 채우기 핸들을 B8셀까지 드래그하여 모든 셀을 채운다.

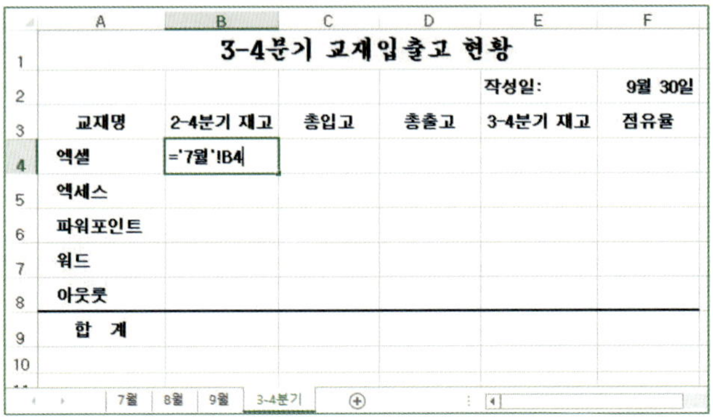

	A	B	C	D	E	F
1	3-4분기 교재입출고 현황					
2					작성일:	9월 30일
3	교재명	2-4분기 재고	총입고	총출고	3-4분기 재고	점유율
4	엑셀	='7월'!B4				
5	엑세스					
6	파워포인트					
7	워드					
8	아웃룻					
9	합 계					
10						

② '총입고' 구하기

'총입고'는 '7월 시트의 입고+8월 시트의 입고+9월 시트의 입고'이므로, C4셀을 클릭한 뒤 '='7월'!C4+'8월'!C4+'9월'!C4'를 입력하고 Enter↵ 한다. C4셀에 셀 포인터가 있는 상태에서 채우기 핸들을 C8셀까지 드래그하여 모든 셀을 채운다.

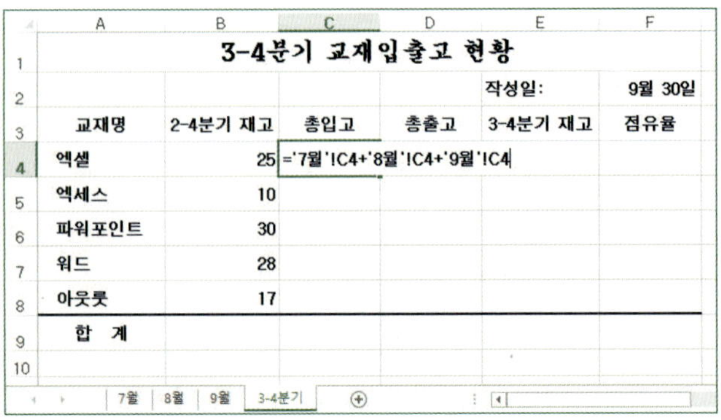

	A	B	C	D	E	F
1	3-4분기 교재입출고 현황					
2					작성일:	9월 30일
3	교재명	2-4분기 재고	총입고	총출고	3-4분기 재고	점유율
4	엑셀	25	='7월'!C4+'8월'!C4+'9월'!C4			
5	엑세스	10				
6	파워포인트	30				
7	워드	28				
8	아웃룻	17				
9	합 계					
10						

❸ '총출고' 구하기

'총출고'는 '7월 시트의 출고+8월 시트의 출고+9월 시트의 출고'이므로, D4셀을 클릭한 뒤 '='7월'!D4+'8월'!D4+'9월'!D4'를 입력하고 Enter↵ 한다. D4셀에 셀 포인터가 있는 상태에서 채우기 핸들을 D8셀까지 드래그하여 모든 셀을 채운다.

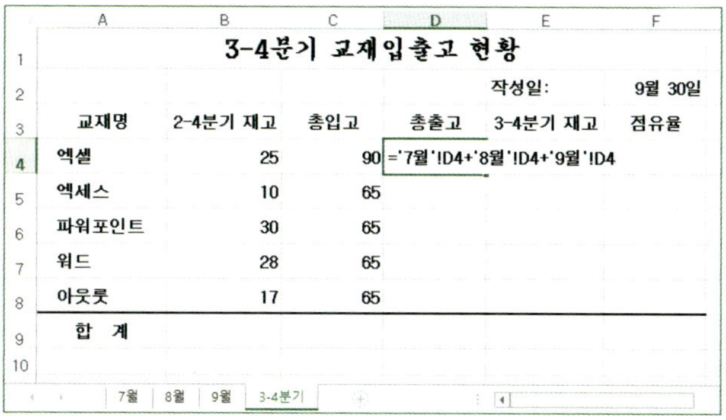

	A	B	C	D	E	F
1	3-4분기 교재입출고 현황					
2					작성일:	9월 30일
3	교재명	2-4분기 재고	총입고	총출고	3-4분기 재고	점유율
4	엑셀	25	90	='7월'!D4+'8월'!D4+'9월'!D4		
5	엑세스	10	65			
6	파워포인트	30	65			
7	워드	28	65			
8	아웃룻	17	65			
9	합 계					
10						

7월 | 8월 | 9월 | 3-4분기

❹ '3-4분기 재고' 구하기

'3-4분기 재고'는 '2-4분기 재고+총입고-총출고'이므로, E4셀을 클릭한 뒤 '=B4+C4-D4'를 입력하고 Enter↵ 한다. E4셀에 셀 포인터가 있는 상태에서 채우기 핸들을 E8셀까지 드래그하여 모든 셀을 채운다.

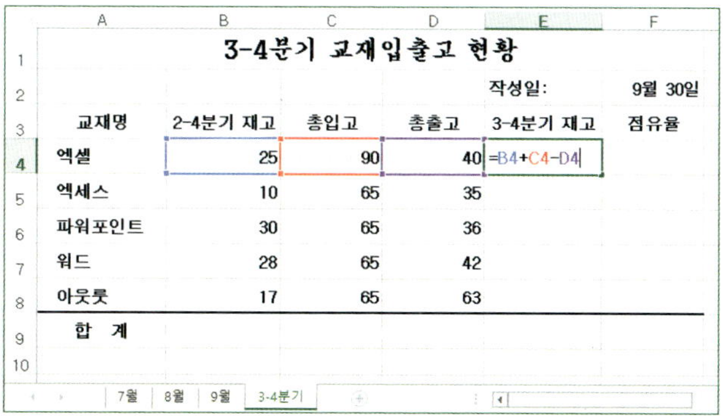

	A	B	C	D	E	F
1	3-4분기 교재입출고 현황					
2					작성일:	9월 30일
3	교재명	2-4분기 재고	총입고	총출고	3-4분기 재고	점유율
4	엑셀	25	90	40	=B4+C4-D4	
5	엑세스	10	65	35		
6	파워포인트	30	65	36		
7	워드	28	65	42		
8	아웃룻	17	65	63		
9	합 계					
10						

7월 | 8월 | 9월 | 3-4분기

⑤ '합계' 구하기

B4:E9셀을 범위 지정한 뒤 자동 합계 버튼을 클릭 한다. B9:E9의 합계가 한꺼번에 구해진다.

⑥ '점유율' 구하기

'점유율'은 '금월재고/총금월재고'이므로, F4셀을 클릭한 뒤 '=E4/$E$9'를 입력하고 Enter↵ 한다. F4셀에 셀 포인터가 있는 상태에서 채우기 핸들을 F9셀까지 드래그하여 모든 셀을 채운다.

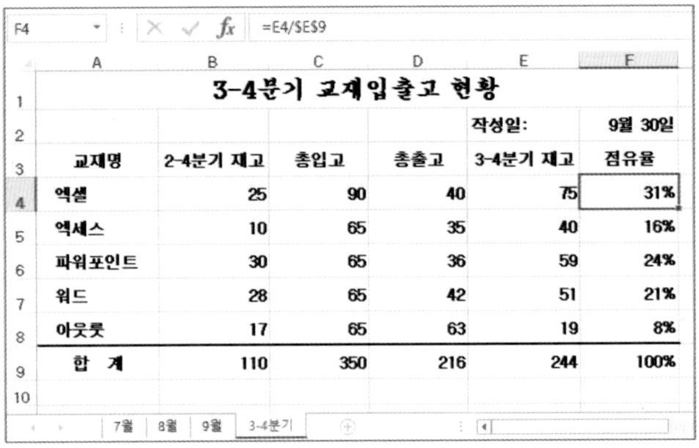
F4 | =E4/$E$9

	A	B	C	D	E	F
1	3-4분기 교재입출고 현황					
2					작성일:	9월 30일
3	교재명	2-4분기 재고	총입고	총출고	3-4분기 재고	점유율
4	엑셀	25	90	40	75	31%
5	엑세스	10	65	35	40	16%
6	파워포인트	30	65	36	59	24%
7	워드	28	65	42	51	21%
8	아웃룻	17	65	63	19	8%
9	합 계	110	350	216	244	100%
10						

7월 | 8월 | 9월 | 3-4분기

C·h·a·p·t·e·r

06 논리 함수와 응용

6.1 논리 함수

1 IF 함수

IF 함수는 어떤 조건에 대해 참이거나 거짓일 때 그 결과 값을 다르게 표시하는 함수이다. IF 함수는 대표적인 조건 함수로서 응용의 폭이 매우 넓다. IF 함수는 TRUE 반환값과 FALSE 반환값 인수로 IF 함수를 7개까지 중첩해서 사용할 수 있다. TRUE 반환값과 FALSE 반환값 인수가 계산되면 계산한 결과값을 반환한다. IF 함수의 구문은 다음과 같다.

구분 IF(조건, True 반환값, False 반환값)

인수
- ➔ 조건(조건_test): 참(True)이나 거짓(False)으로 평가할 수 있는 값이나 수식이다.
- ➔ True 반환값(Value_if_true): 조건이 참이면 반환되는 값이다. 조건이 공백이면 0을 반환한다.
- ➔ False 반환값(Value_if_false): 조건이 거짓이면 반환하는 값이다. 조건이 공백이면 0을 반환한다.

예 점수가 80점 이상이면 "합격"을 표시하고 그렇지 않으면 "불합격"을 표시함
=IF(F4>=80,"합격","불합격")
– 수식마법사 이용하기

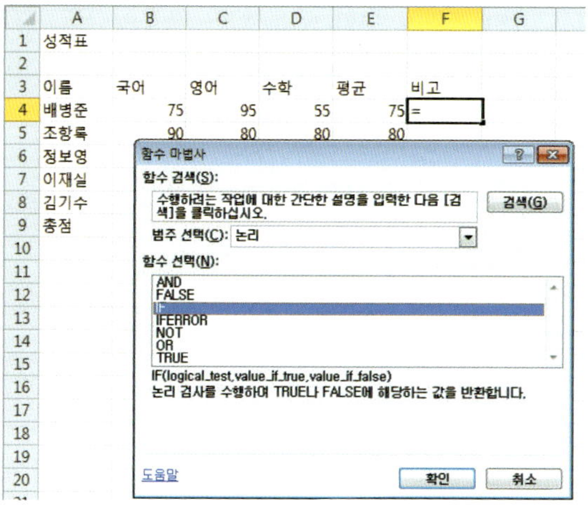

함수마법사 실행 1:

① 셀 F4 클릭
② 그림 모음에서 *fx* 클릭: 함수마법사
③ 범주선택: 논리 클릭
④ 함수선택: IF 클릭
⑤ 확인 클릭

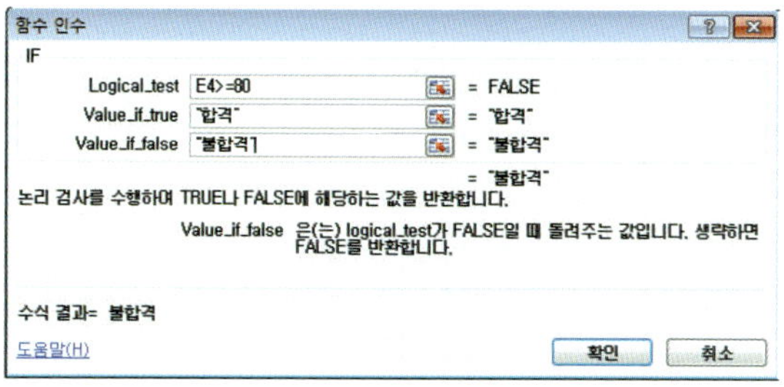

함수마법사 실행 2:

① 조건_test
E4>=80
② Value_if_true
"합격"
③ Value_if_false
"불합격"
④ 확인 클릭

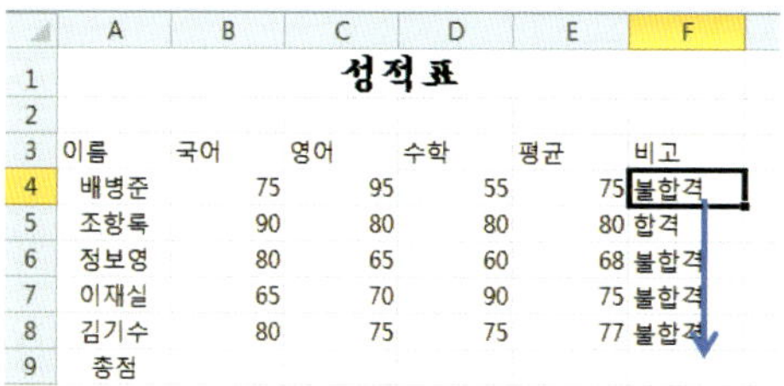

함수마법사 실행 3:

① F4에 불합격 표시
② 채우기 핸들을 이용하여 화살표 방향으로 마우스 드래그함

2 AND 함수

AND 함수는 '조건1 and 조건2'에 모두 만족할 경우 참 값(True)을 표시하고, OR 함수는 '조건1 OR 조건2' 중에 어느 한 가지만 만족하면 참 값을 표시하는 함수이다. 예를 들면, 자격증 시험에는 총점이 평균 이상이라 하더라도 한 과목이라도 기준 점수 이하 점수를 받을 경우 낙제시키는 과락제도가 있다. 과락제도에서 사용할 수 있는 함수로는 조건을 모두 만족시켜야 참 값을 돌려주는 AND 함수를 사용해야 하며, 학생

성적을 바탕으로 장학생을 선발하는 경우 국어, 영어, 수학 중에서 한 과목이라도 100점이 있을 경우 장학금을 지급하는 경우에는 OR 함수를 사용해야 할 것이다. 일반적으로 AND/OR 함수는 IF 함수와 중첩해서 사용되는 경우가 많다.

AND 함수는 (조건1 AND 조건2)에 모두 만족할 경우 참 값(True)을 표시하고, 그렇지 않을 경우에는 거짓 값(False)을 표시하는 함수이다.

구분 AND(조건1,조건2, …, 조건30)

인수 ➔ 조건: True나 False 값을 가지는 조건

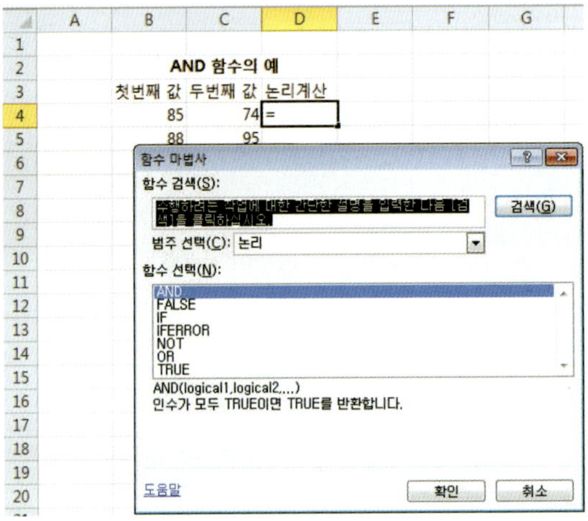

함수마법사 실행 1:

① 셀 D4를 클릭함
② 도구 모음에서 *fx* 클릭: 함수마법사
③ 범주선택: 논리
함수선택: AND
④ 확인 클릭

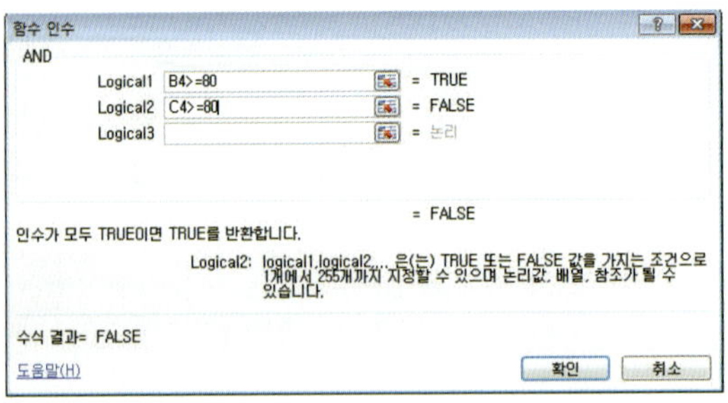

함수마법사 실행 2:
함수인수 상자 입력

① 조건1: B4>=80
② 조건2: C4>=80
③ 확인 클릭

Tip

AND 함수인수 상자 설명

위의 함수인수 상자에서 조건1은 B4>=80, 즉 85>=80 → true가 되돌아옴. 조건2에서는 C4>=80, 즉 74>=80 → false가 되돌아 옴. 결론적으로 말해서 AND(true, false)의 결과 값은 false이다.

결과 값은 다음 화면과 같이 셀 [D4]에 False값이 돌아온다.

3 OR 함수

	A	B	C	D
1				
2		AND 함수의 예		
3		첫번째 값	두번째 값	논리계산
4		85	74	FALSE
5		88	95	
6				

OR 함수는 (조건1 OR 조건2) 등에 어느 하나만 만족할 경우 참 값(True)을 표시하고, 그렇지 않을 경우에는 거짓 값(False)을 표시하는 함수이다.

구분 OR(조건1,조건2, …, 조건30)

인수 → 조건: True나 False 값을 가지는 조건

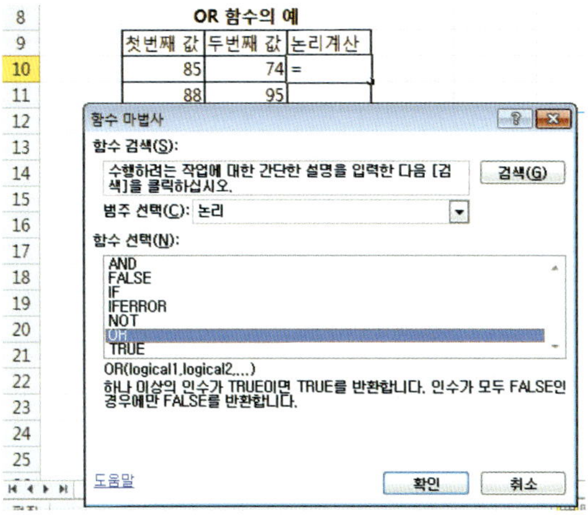

함수마법사 실행 1:

① 셀 D10을 클릭함

② 도구 모음에서 fx 클릭: 함수마법사

③ 범주선택: 논리
　함수선택: OR

④ 확인 클릭

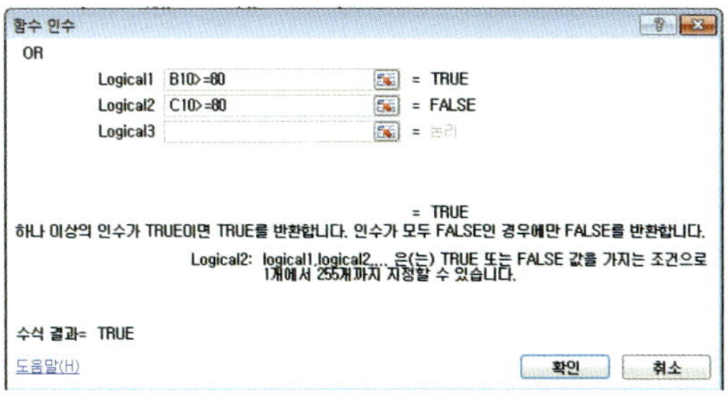

함수마법사 실행 2:

함수인수 상자 입력

① 조건1: B10>=80

② 조건2: C10>=80

③ 확인 클릭

Tip

OR 함수인수 상자 설명

위의 함수인수 상자에서 조건1은 B10>=80, 즉 85>=80 → true가 되돌아옴. 조건2에서는 C10>=80, 즉 74>=80 → false가 되돌아 옴. 결론적으로 말해서 OR(true, false)의 결과 값은 true이다.

결과 값은 다음 화면과 같이 셀 [D11]에 True 값이 돌아온다.

	A	B	C	D	E
7					
8		OR 함수의 예			
9		첫번째 값	두번째 값	논리계산	
10		85	74	TRUE	
11		88	95		

4 NOT(조건)

조건의 결과가 참이면 거짓 값을, 거짓이면 참 값을 반환한다. 값이 특정값과 같지 않은지 확인할 때 NOT을 사용한다.

➔ 조건: True나 False 값을 가지는 조건

5 AND/OR와 IF 함수(중첩함수)

함수의 인수에 다른 함수를 사용할 수 있다. AND/OR 함수는 IF 함수와 자주 중첩해서 사용된다. 예를 들어, 워드, 엑셀, 파워포인트 세 과목이 모두 80점 이상이면 합격, 나머지는 빈칸으로 표시하는 경우의 함수식은 '=IF(AND(B2>=80, C2>=80,D2>=80),"합격","")'과 같다.

E2 fx =IF(AND(B2>=80,C2>=80,D2>=80),"합격"," ")

	A	B	C	D	E	F	G	H
1	성명	워드	엑셀	파워포인트	합격여부			
2	박수민	90	100	95	합격			
3	이선옥	90	46	45				
4	한은숙	80	32	70				
5	이예원	100	92	87	합격			

유효한 반환값을 갖는 함수를 인수로 사용하면 중첩된 함수의 결과도 인수와 같은 유형이어야 한다. 예를 들면, 인수가 참이나 거짓값을 반환하면 중첩된 함수도 참이나 거짓을 반환해야 한다.

유효하지 않은 값을 반환하면 #VALUE! 오류값이 표시된다. 중첩 수준을 제한하는 함수는 최대 7수준까지 함수를 중첩할 수 있다. 함수 B가 함수 A의 인수로 사용되면 함수 B는 2수준 함수가 된다.

6 IF 중첩함수(IF와 IF)

논리함수 중에서 가장 많이 사용하는 함수가 IF 함수이다. IF 함수는 조건을 만족하는 값과 그렇지 않은 값의 결과를 따로 표시하는 함수이다. 특히 조건이 2개 이상일 때는 여러 개의 IF를 사용해야 한다. 이러한 경우를 중첩 IF 함수라 한다. 예를 들어 평균이 90점 이상이면 'A', 80점 이상이면 'B', 70점 이상이면 'C', 60점 이상이면 'D', 나머지는 'F'로 표시하는 함수식은

"=IF(F2>=90,"A", IF(F2>=80,"B",IF(F2>=70,"C",IF(F2>=60,"D","F"))))" 과 같다.

G2 =IF(F2>=90,"A",IF(F2>=80,"B",IF(F2>=70,"C",IF(F2>60,"D","F"))))

	A	B	C	D	E	F	G	H	I
1	성명	워드	엑셀	파워포인트	총점	평균	평가		
2	박수민	90	100	95	285	95.0	A		
3	이선옥	90	46	45	181	60.3	D		
4	한은숙	80	32	70	182	60.7	D		
5	이예원	100	92	87	279	93.0	A		

Tip

또 다른 IF를 부를 때 주의사항

위의 함수입력 상자에서 다른 IF 함수를 부를 때 조건_test의 값과 Value_ if_true의 값을 입력하고 난 뒤 Value_if_false에 클릭을 하고 화면 좌측 상단의 IF를 클릭해야 함. 만약에 Value_if_false 입력 난에 클릭을 하지 않고 화면 좌측 상단의 IF를 클릭하면 오류가 발생한다.

7 IFERROR

[논리 함수] 수식에서 결과를 제대로 계산할 수 없으면 지정한 값을 반환하고 그렇지 않으면 수식의 결과를 반환한다. 이 함수를 사용하면 기존에 ISERROR 함수와 IF 함수를 같이 써야 하던 불편을 덜 수 있다.

IFERROR(value,value_if_error)

- value: 오류를 검사할 인수(값, 식, 참조)
- value_if_error: 수식에서 오류(#N/A, #VALUE!, #REF!, #DIV/0!, #NUM!, #NAME?, #NULL!)가 발생할 경우에 반환할 값(식이나 참조 포함)

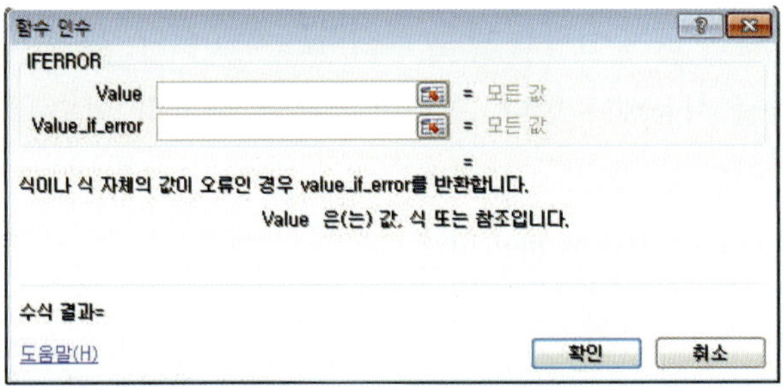

6.2 COUNTIF & COUNTIFS 함수

1 COUNTIF

이 함수는 검색 범위로 지정해 준 범위 내에서 지정한 값이 입력되어 있는 셀의 개수를 구해주는 함수이다.

구분 COUNTIF(Range,Criteria)

인수 COUNTIF(검색할 범위, 검색할 내용)

➔ Range: 셀 범위이다. (조건 범위)

➔ Criteria: 숫자, 수식, 텍스트 형태의 찾을 조건이다.

	A	B	C	D	E	F
1			성적표			
2						
3	이름	국어	영어	수학	평균	비고
4	배병준	75	95	55	75	불합격
5	조항룩	90	80	80	80	합격
6	정보영	80	65	60	68	불합격
7	이재실	65	70	90	75	불합격
8	김기수	80	75	75	77	불합격
9	정한기	70	40	60	57	불합격
10	박한수	92	89	97	93	합격
11	천기덕	78	89	89	85	합격
12	오영실	90	95	99	95	합격
13	조추기	90	78	88	85	합격
14						
15		합격		명		
16		불합격		명		

위의 작업은 10명의 학생 중에서 합격한 학생이 몇 명이며 불합격한 학생이 몇 명인지를 알아내는 작업이다. 함수마법사의 통계함수를 사용하여 답을 얻고자 한다.

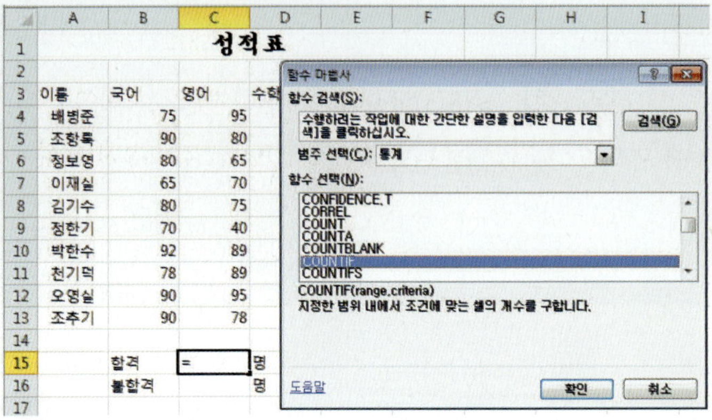

함수마법사 실행 1:

① 셀 C15에 클릭함
② 그림 모음에서 *fx* 클릭: 함수마법사
③ 범주선택: 통계
함수선택: COUNTIF
④ 확인 클릭

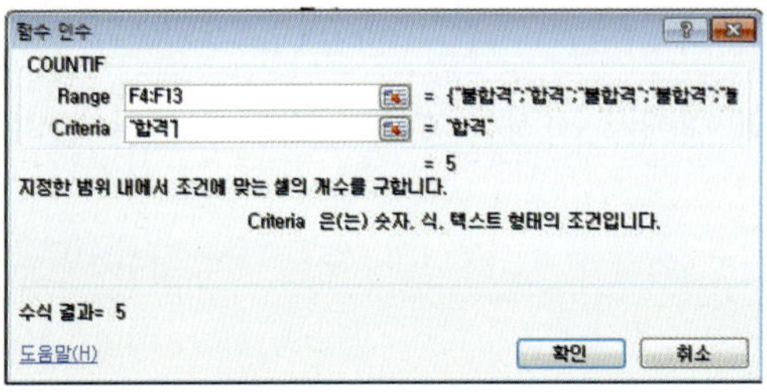

함수마법사 실행 2:
함수인수 상자 입력

① Range:F4:F13
마우스를 이용하여 F4에서부터 드래그하여 F13까지 내려감
② Criteria: "합격"
③ 확인 클릭

Tip 함수에서의 텍스트 입력은 원칙적으로 따옴표(" ")를 사용해야 하나 함수마법사에서는 텍스트만 입력하고 확인을 클릭하면 텍스트는 자동으로 " "의 부호가 붙여진다.

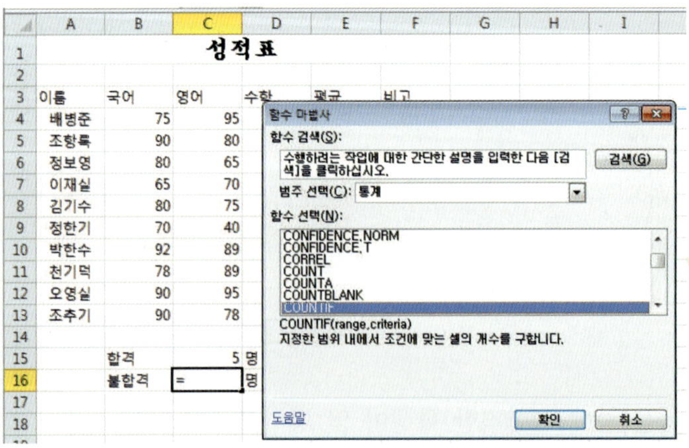

함수마법사 실행 3:

① 셀 C16에 클릭함
② 그림 모음에서 *fx* 클릭: 함수마법사
③ 범주선택: 통계
함수선택: COUNTIF
④ 확인 클릭

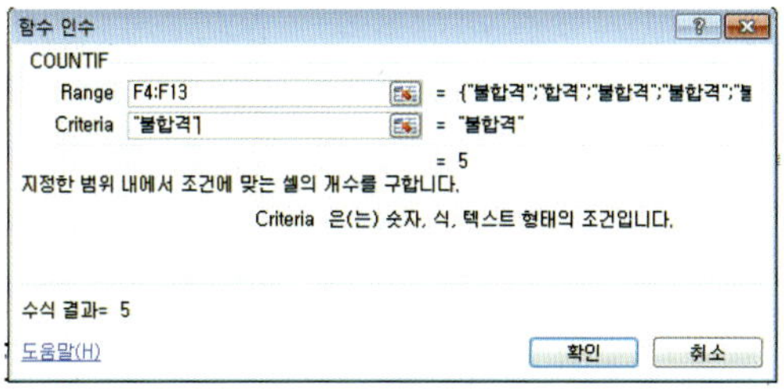

함수마법사 실행 4:

함수인수 상자 입력

① Range: F4:F13
　마우스를 이용하여 F4에서부터 드래그하여
　F13까지 내려감

② Criteria: "불합격"

③ 확인 클릭

	A	B	C	D	E	F
1			성적표			
2						
3	이름	국어	영어	수학	평균	비고
4	배병준	75	95	55	75	불합격
5	조항록	90	80	80	80	합격
6	정보영	80	65	60	68	불합격
7	이재실	65	70	90	75	불합격
8	김기수	80	75	75	77	불합격
9	정한기	70	40	60	57	불합격
10	박한수	92	89	97	93	합격
11	천기덕	78	89	89	85	합격
12	오영실	90	95	99	95	합격
13	조추기	90	78	88	85	합격
14						
15		합격	5 명			
16		불합격	5 명			

최종 결과는 위의 그림과 같다. 여기에서 함수인수 상자의 Range는 절대주소일 필요가 없다. 왜냐하면 마우스를 이용한 채우기 핸들을 이용해서 드래그를 할 필요가 없기 때문이다.

2 COUNTIFS

[통계 함수] 여러 범위에 걸쳐 있는 셀에 조건을 적용하고 모든 조건이 충족되는 횟수를 계산한다.

COUNTIFS(criteria_range1,criteria1,[criteria_range2,criteria2, …])

- criteria_range1: 필수 요소로 관련 조건을 평가할 첫 번째 범위이다.

- criteria1: 필수 요소로, 숫자, 식, 셀 참조 또는 텍스트 형식의 조건으로서, 개수를 계산할 셀을 정의한다. 예를 들어 21, “>21”, B10, “딸기” 또는 “21”과 같이 조건을 지정할 수 있다.
- criteria_range2, criteria2, …: 선택 요소로, 추가로 지정할 범위 및 관련 조건이다. 범위와 조건의 쌍은 최대 127개까지 지정할 수 있다.

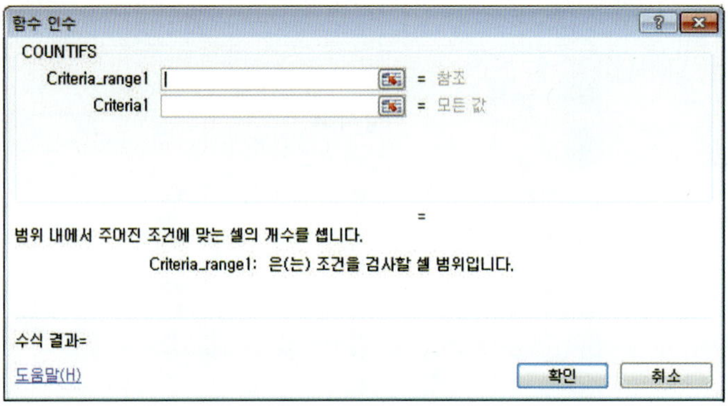

6.3 SUMIF & SUMIFS 함수

1 SUMIF

복잡한 조건이 부여되는 계산을 하기 위해서는 데이터베이스 함수를 이용하거나 데이터를 추출해서 계산해야 한다. 하지만 간단하게 주어진 조건(IF)을 합산할 때는 SUMIF 함수를 사용하면 쉽다. SUMIF 함수는 함수의 의미 그대로 SUM과 IF 함수가 결합된 기능으로써 만약 어떤 조건을 만족하면 그 만족하는 값들에 대해서만 합계를 구하는 함수이다.

구분 SUMIF(Range,Criteria,Sum_range)

인수
- ➔ Range: 조건을 적용시킬 셀 범위이다. (조건의 범위)
- ➔ Criteria: 숫자, 수식 또는 텍스트 형태의 찾을 조건이다.
- ➔ Sum_range: 합을 구하려는 실제 셀이다. sum_range의 셀에 대응하는 range의 셀이 찾을 조건과 일치할 때만 더할 수 있다.
  Sum_range를 생략하면 range에 있는 셀들을 더한다.

	A	B	C	D	E
1			급여명세서		
2					
3	이름	부서	직위	급여	수당
4	박주영	총무부	부장	1,680,000	250,000
5	김세환	총무부	과장	1,200,000	150,000
6	정영진	인사부	사원	890,000	50,000
7	장일규	영업부	과장	1,250,000	150,000
8	이명령	기획부	대리	1,000,000	100,000
9	신성철	영어부	부장	1,790,000	250,000
10					
11		부장			
12		과장			

위의 작업은 직위 중에서 부장 직위를 가지고 있는 사람과 과장 직위를 가지고 있는 사람의 수당의 합을 각각 구하는 작업이다. 조건을 찾을 Range는 직위 열에 해당되며 조건인 Criteria는 "부장"과 "과장"이며, 이러한 조건이 맞는 셀이 들어 있는 열의 항목 즉, Sum_range는 "수당"이다. 함수마법사의 통계 범주인 SUMIF를 사용하여 답을 얻고자 한다.

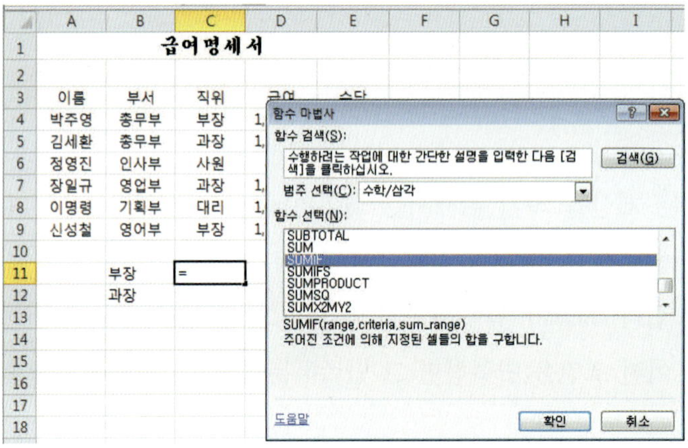

함수마법사 실행 1:

① 셀 C11에 클릭함
② 그림 모음에서 *fx* 클릭: 함수마법사
③ 범주선택: 수학/삼각
함수선택: SUMIF
④ 확인 클릭

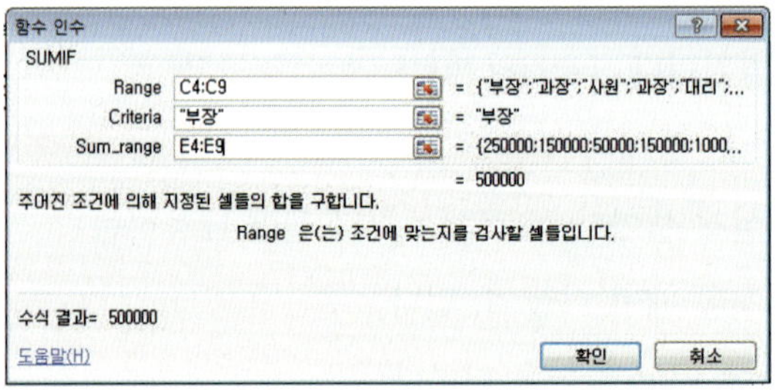

함수마법사 실행 2:

함수인수 상자 입력

① Range: C4:C9
마우스를 이용하여 C4에서부터 C9까지 드래그함
② Criteria: "부장"
③ Sum_range: E4:E9
④ 확인 클릭

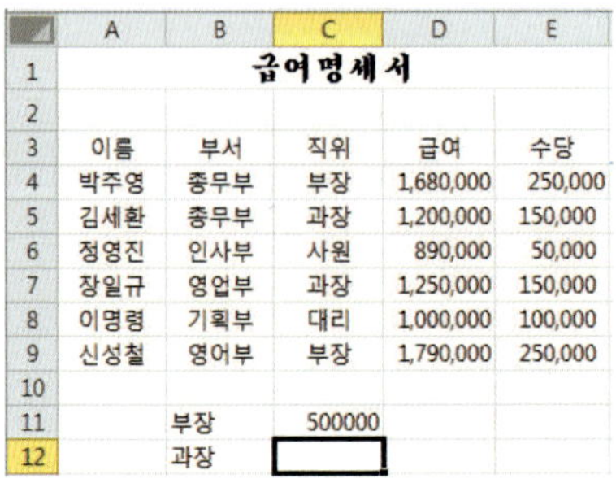

함수마법사 실행 3:

① 셀 C12에 클릭함
② 그림 모음에서 *fx* 클릭: 함수마법사
③ 범주선택: 수학/삼각
함수선택: SUMIF
④ 확인 클릭

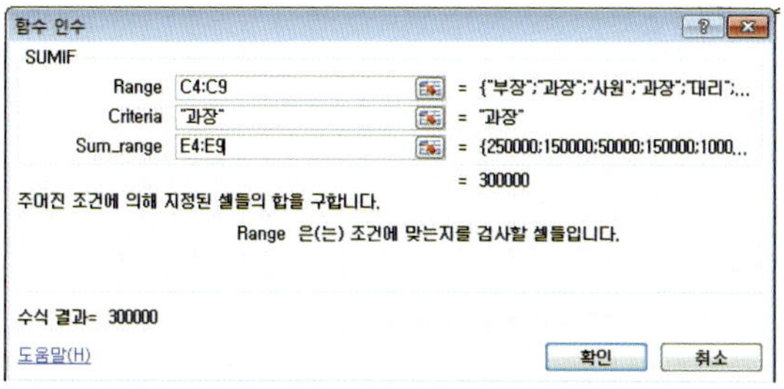

함수마법사 실행 4:
함수인수 상자 입력

① Range: C4:C9
마우스를 이용하여 C4에서부터 C9까지 드래그함
② Criteria: "과장"
③ Sum_range: E4:E9
④ 확인 클릭

최종 결과는 다음과 같다.

	A	B	C	D	E
1			급여명세서		
2					
3	이름	부서	직위	급여	수당
4	박주영	총무부	부장	1,680,000	250,000
5	김세환	총무부	과장	1,200,000	150,000
6	정영진	인사부	사원	890,000	50,000
7	장일규	영업부	과장	1,250,000	150,000
8	이명령	기획부	대리	1,000,000	100,000
9	신성철	영어부	부장	1,790,000	250,000
10					
11		부장	500000		
12		과장	300000		

2 SUMIFS

[수학 및 삼각 함수] 여러 조건을 충족하는 범위의 셀을 더한다. 예를 들어, B1:B20 범위의 해당 숫자가 0보다 크고 C1:C20 범위의 해당 숫자가 10보다 작은 경우에만 A1:A20 범위에 포함된 수의 합계를 구할 때 사용할 수 있다. 이 함수와 SUMIF 함수는 인수 순서가 서로 다르다.

SUMIFS(sum_range,criteria_range1,criteria1,[criteria_range2,criteria2, …])

- sum_range: 필수 요소로 합계를 계산할 한 개 이상의 셀이다. 여기에는 숫자나 이름 또는 범위가 포함될 수 있고 숫자가 들어 있는 셀 참조도 포함될 수 있다.

빈 값이나 텍스트 값은 무시된다.

- criteria_range1, criteria_range2, …: 관련 조건을 평가할 1개에서 127개 사이의 범위. 적어도 1개는 있어야 한다.
- criteria1, criteria2, …: 숫자, 식, 셀 참조 또는 텍스트 형식으로 된 1개에서 127개 사이의 조건으로서, 합계를 계산할 셀을 정의한다. 예를 들어 21, "21", ">21", "복숭아" 또는 B15와 같이 지정할 수 있다.

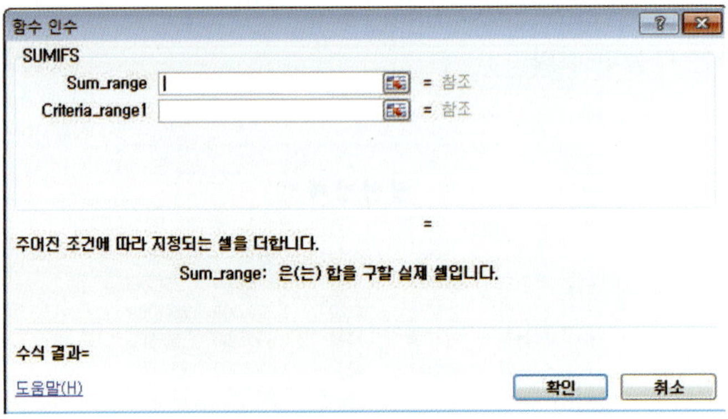

6.4 AVERAGEIF & AVERAGEIFS 함수

1 AVERAGEIF

[통계 함수] 범위 내에서 주어진 조건을 만족하는 모든 셀의 평균(산술 평균)을 반환한다. SUMIF나 COUNTIF와 같은 맥락에서 사용할 수 있다.

AVERAGEIF(range, criteria, [average_range])

- range: 숫자나 이름, 배열 또는 숫자가 들어 있는 참조를 포함하여 평균을 계산할 하나 이상의 셀
- criteria: 숫자, 식, 셀 참조 또는 텍스트 형식의 조건으로서, 평균을 계산할 셀을 정의한다. 예를 들어 21, "21", ">21", "딸기" 또는 B10와 같이 지정할 수 있다.
- average_range: 평균을 계산하는 데 사용할 실제 셀 집합. 지정하지 않으면 range가 사용된다.

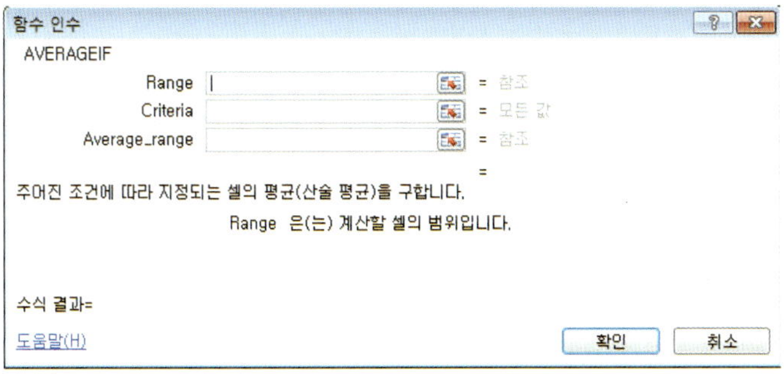

2 AVERAGEIFS

[통계 함수] 범위 내에서 주어진 여러 조건을 만족하는 모든 셀의 평균(산술 평균)을 반환한다. AVERAGEIF에 S가 있다. 조건 범위와 조건을 여러 개 활용할 수 있다.

AVERAGEIFS(average_range, criteria_range1, criteria1, [criteria_range2, criteria2, …])

- average_range: 숫자나 이름, 배열 또는 숫자가 들어 있는 참조를 포함하여 평균을 계산할 하나 이상의 셀
- criteria_range1, criteria_range2, … : 관련 조건을 평가할 1개에서 127개 사이의 범위
- criteria1, criteria2, …: 숫자, 식, 셀 참조 또는 텍스트 형식으로 된 1개에서 127개 사이의 조건으로서, 평균을 계산할 셀을 정의한다. 예를 들어 21, "21", ">21", "복숭아" 또는 B15와 같이 지정할 수 있다.

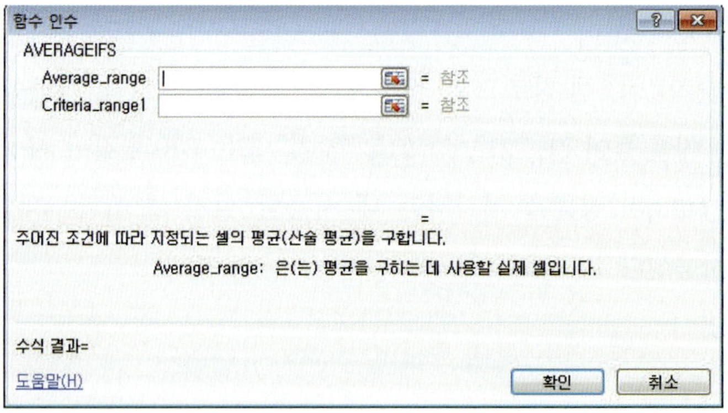

실습 6-1 '졸업자 취업현황'에서 대책 입력하기

'졸업자 취업현황' 표의 '대책'은 취업률이 89% 미만이면 '홍보필요' 그렇지 않으면 '양호'로 입력되게 한다.

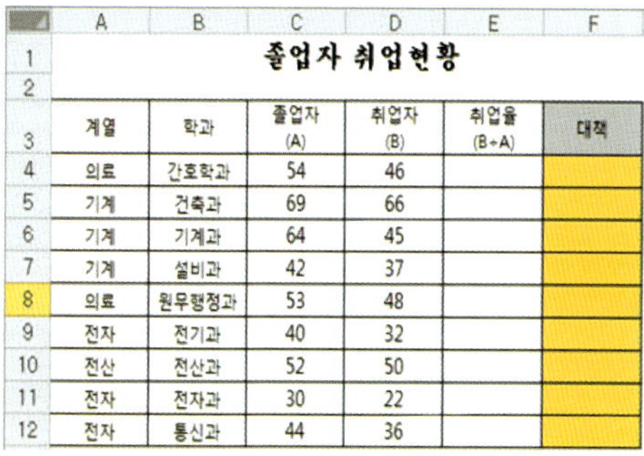

	A	B	C	D	E	F
1	졸업자 취업현황					
2						
3	계열	학과	졸업자 (A)	취업자 (B)	취업율 (B÷A)	대책
4	의료	간호학과	54	46		
5	기계	건축과	69	66		
6	기계	기계과	64	45		
7	기계	설비과	42	37		
8	의료	원무행정과	53	48		
9	전자	전기과	40	32		
10	전산	전산과	52	50		
11	전자	전자과	30	22		
12	전자	통신과	44	36		

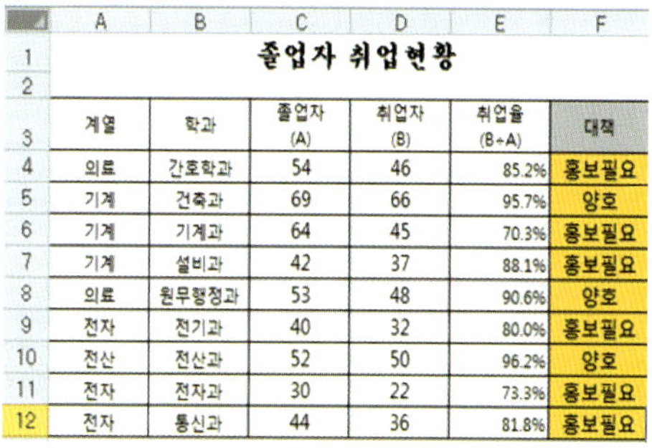

	A	B	C	D	E	F
1	졸업자 취업현황					
2						
3	계열	학과	졸업자 (A)	취업자 (B)	취업율 (B÷A)	대책
4	의료	간호학과	54	46	85.2%	홍보필요
5	기계	건축과	69	66	95.7%	양호
6	기계	기계과	64	45	70.3%	홍보필요
7	기계	설비과	42	37	88.1%	홍보필요
8	의료	원무행정과	53	48	90.6%	양호
9	전자	전기과	40	32	80.0%	홍보필요
10	전산	전산과	52	50	96.2%	양호
11	전자	전자과	30	22	73.3%	홍보필요
12	전자	통신과	44	36	81.8%	홍보필요

① 취업률은 '취업자/졸업자'이다. E4셀에 '=D4/C4'를 입력하고 Enter↵ 한다. E4셀에 셀 포인터가 있는 상태에서 채우기 핸들을 E12셀까지 드래그하여 모든 셀을 채운다. 셀서식이 백분율 형식이 아닌 채로 결과가 나오면 서식도구모음에서 백분율(%) 스타일 버튼을 눌러준다.

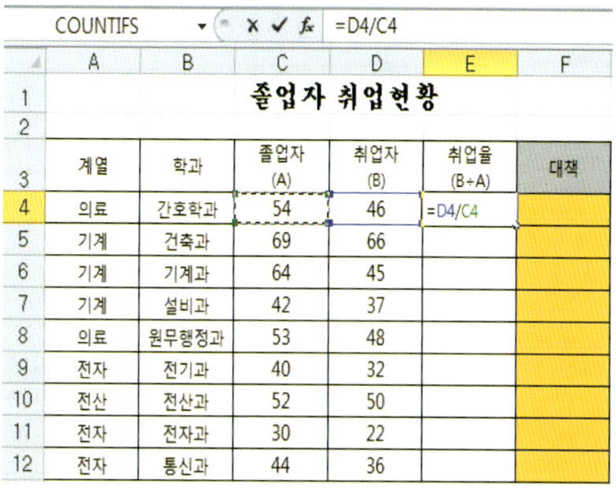

	A	B	C	D	E	F
1	졸업자 취업현황					
2						
3	계열	학과	졸업자 (A)	취업자 (B)	취업율 (B÷A)	대책
4	의료	간호학과	54	46	=D4/C4	
5	기계	건축과	69	66		
6	기계	기계과	64	45		
7	기계	설비과	42	37		
8	의료	원무행정과	53	48		
9	전자	전기과	40	32		
10	전산	전산과	52	50		
11	전자	전자과	30	22		
12	전자	통신과	44	36		

② F4셀을 클릭하고 함수마법사 버튼을 클릭한다. 함수 범주에서 논리를 선택하고, 'IF'함수를 선택한 뒤, 확인버튼을 클릭한다.

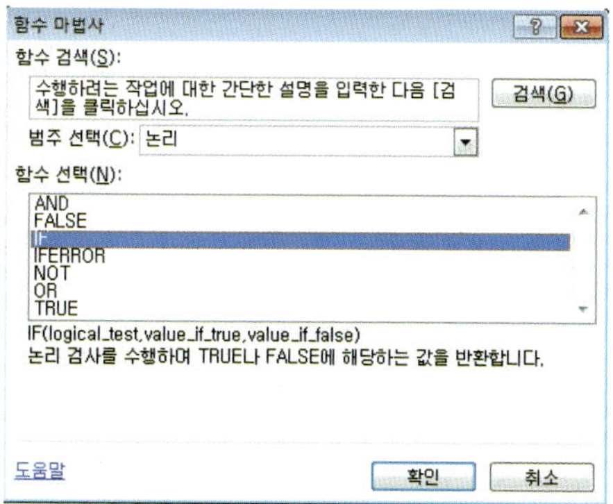

③ 첫 번째 인수로 조건인 “E4<89%” (취업률인 E4가 89% 미만)으로 입력한다. 두 번째 인수로 조건이 만족할 때의 값인 “홍보필요”, 세 번째 인수로 조건이 만족하지 않을 때의 값인 “양호”를 입력하고 확인버튼을 클릭한다.

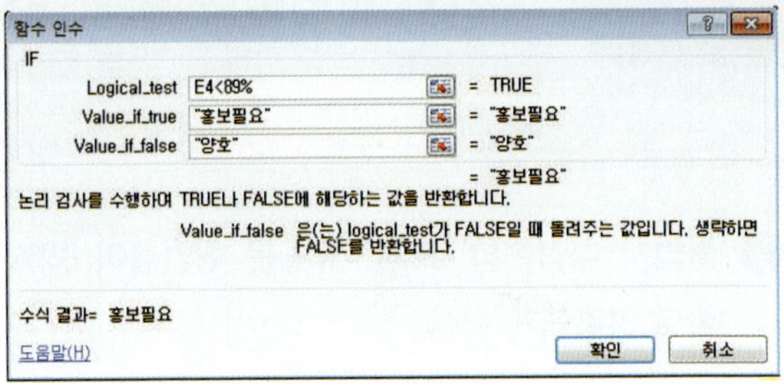

④ F4셀에서부터 F12셀까지 자동 채우기 한다.

	A	B	C	D	E	F
1	졸업자 취업현황					
2						
3	계열	학과	졸업자 (A)	취업자 (B)	취업율 (B÷A)	대책
4	의료	간호학과	54	46	85%	홍보필요
5	기계	건축과	69	66	96%	
6	기계	기계과	64	45	70%	
7	기계	설비과	42	37	88%	
8	의료	원무행정과	53	48	91%	
9	전자	전기과	40	32	80%	
10	전산	전산과	52	50	96%	
11	전자	전자과	30	22	73%	
12	전자	통신과	44	36	82%	

⑤ 다음과 같은 결과가 나타난다.

	A	B	C	D	E	F
1	졸업자 취업현황					
2						
3	계열	학과	졸업자 (A)	취업자 (B)	취업율 (B÷A)	대책
4	의료	간호학과	54	46	85%	홍보필요
5	기계	건축과	69	66	96%	양호
6	기계	기계과	64	45	70%	홍보필요
7	기계	설비과	42	37	88%	홍보필요
8	의료	원무행정과	53	48	91%	양호
9	전자	전기과	40	32	80%	홍보필요
10	전산	전산과	52	50	96%	양호
11	전자	전자과	30	22	73%	홍보필요
12	전자	통신과	44	36	82%	홍보필요

실습 6-2

'직원 승진시험 결과'로 승진 여부 판정하기

'직원 승진시험 결과'의 '승진 여부'는 영어, 전산 점수가 모두 80점 이상이면 승진, 그렇지 않으면 누락으로 표시되게 한다. '평가'는 영어가 85이상이거나 전산이 90이상이면 "정", 그렇지 않으면 "부"가 입력되게 한다.

	A	B	C	D	E	F
1	직원 승진시험 결과					
2						
3	소속	성명	영어	전산	승진여부	평가
4	총무부	김철수	92	74		
5	영업부	김진수	88	60		
6	총무부	민상준	62	96		
7	총무부	박진숙	72	90		
8	영업부	이명관	96	92		
9	총무부	최은희	80	82		
10	영업부	한아름	66	58		

	A	B	C	D	E	F
1	직원 승진시험 결과					
2						
3	소속	성명	영어	전산	승진여부	평가
4	총무부	김철수	92	74	누락	정
5	영업부	김진수	88	60	누락	정
6	총무부	민상준	62	96	누락	정
7	총무부	박진숙	72	90	누락	정
8	영업부	이명관	96	92	승진	정
9	총무부	최은희	80	82	승진	부
10	영업부	한아름	66	58	누락	부

1. E4셀을 선택한 뒤, 함수마법사 버튼을 클릭한다. 범주에서 논리함수를 선택하고, IF를 선택한 뒤, 확인 버튼을 클릭한다.
2. IF 함수의 첫 번째 인수로 "AND (C4> =80, D4> =80)"을 입력한다. "AND"를 입력하는 이유는, 영어(C4)와 전산(D4) 점수가 둘 다 80점 이상인 조건을 동시에 만족해야 하기 때문이다. 두 번째 인수로 "승진"을 입력하고, 세 번째 인수로 "누락"을 입력한 후 확인 버튼을 클릭한다. D4셀에서부터 D10셀까지 자동채우기 한다.

❸ F4셀을 선택한 뒤, 함수마법사 버튼을 클릭한다. 범주에서 논리함수를 선택하고, IF를 선택한 뒤, 확인 버튼을 클릭한다.

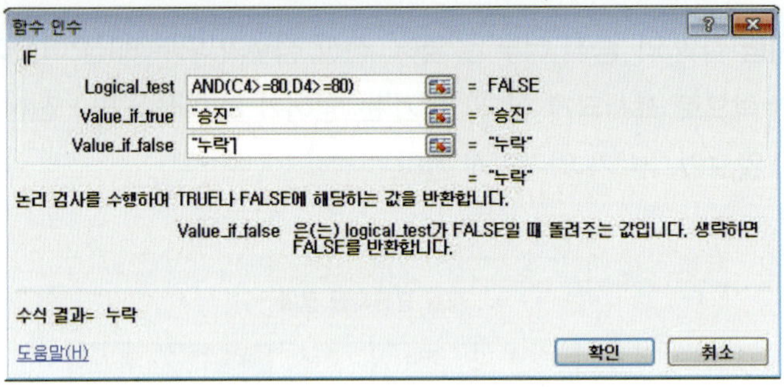

❹ IF 함수의 첫 번째 인수로 "OR(C4>=85,D4>=90)"을 입력한다. 영어(C4)가 85점 이상, 전산(D4)이 90점 이상인 조건 중에서 하나만 만족해도 "정"이 입력되게 하기 위해서 OR 함수를 사용한다. 두 번째 인수로 "정"을 입력하고, 세 번째 인수로 "부"를 입력한 후 확인 버튼을 클릭한다. F4셀에서부터 F10셀까지 자동채우기 한다.

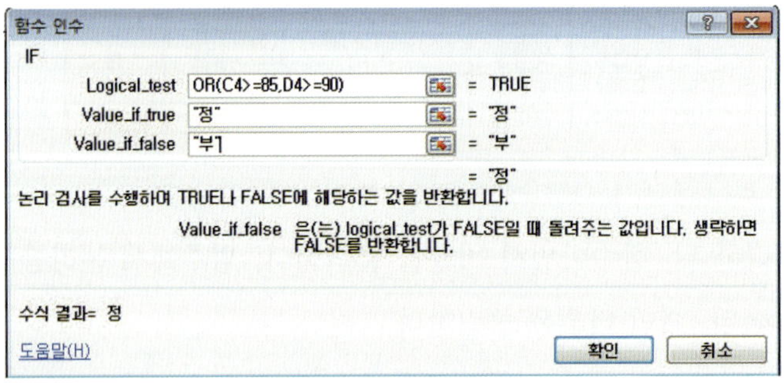

실습 6-3

'사내 정보화 자격시험 결과' 만들기

아래와 같이 '사내 정보화 자격시험 결과'를 입력한 후, 지시사항대로 다음을 구하라.

사내 정보화 자격 시험 결과

성명	워드	엑셀	파워포인트	총점	평균	합격여부1	합격여부2	합격여부3	평가
박수민	90	100	95						
이선옥	90	46	45						
한은숙	80	32	70						
박진홍	70	80	90						
윤희진	80	60	56						
김경덕	75	66	88						
윤희선	82	75	80						
김윤민	77	87	82						
김경수	88	78	60						
한상민	75	85	95						
김성준	95	90	100						
이예원	100	92	87						

↓

사내 정보화 자격 시험 결과

성명	워드	엑셀	파워포인트	총점	평균	합격여부1	합격여부2	합격여부3	평가
박수민	90	100	95	285	95.0	합격	합격	합격	A
이선옥	90	46	45	181	60.3	불합격	불합격		D
한은숙	80	32	70	182	60.7	불합격	불합격		D
박진홍	70	80	90	240	80.0	합격	불합격		B
윤희진	80	60	56	196	65.3	불합격	불합격		D
김경덕	75	66	88	229	76.3	불합격	불합격		C
윤희선	82	75	80	237	79.0	불합격	불합격	합격	C
김윤민	77	87	82	246	82.0	합격	불합격	합격	B
김경수	88	78	60	226	75.3	불합격	불합격		C
한상민	75	85	95	255	85.0	합격	불합격	합격	B
김성준	95	90	100	285	95.0	합격	합격	합격	A
이예원	100	92	87	279	93.0	합격	합격	합격	A

지시사항

- 합격여부1: 평균 80점 이상이면 합격, 나머지는 불합격으로 표시한다.
- 합격여부2: 세 과목이 모두 80점 이상이면 합격, 나머지는 불합격으로 표시한다.
- 합격여부3: 세 과목 중 한 과목이라도 70점 이하면 빈칸으로 표시하고, 나머지는 합격으로 표시한다.
- 평가: 평균이 90점 이상이면 'A', 80점 이상이면 'B', 70점 이상이면 'C', 60점 이상이면 'D', 나머지는 'F'로 표시한다.

① 총점 구하기

E4셀을 클릭한 뒤 자동합계 버튼을 클릭한다. E4셀에 입력된 내용이 '=SUM(B4:D4)'이면 [Enter↵]키를 누른 후, E4셀을 선택하고 E15셀까지 자동채우기 한다.

② 평균 구하기

F4셀을 클릭한 뒤 자동합계 버튼 옆의 삼각형 버튼을 클릭하여 "평균"을 선택한다. F4셀에 입력된 내용이 '=AVERAGE(B4:D4)'이 되도록 범위를 수정한 뒤 [Enter↵]키를 누른 후, F4셀을 선택하고 F15셀까지 자동채우기 한다.

③ 합격여부1: "평균 80점 이상이면 합격, 나머지는 불합격으로 표시한다."

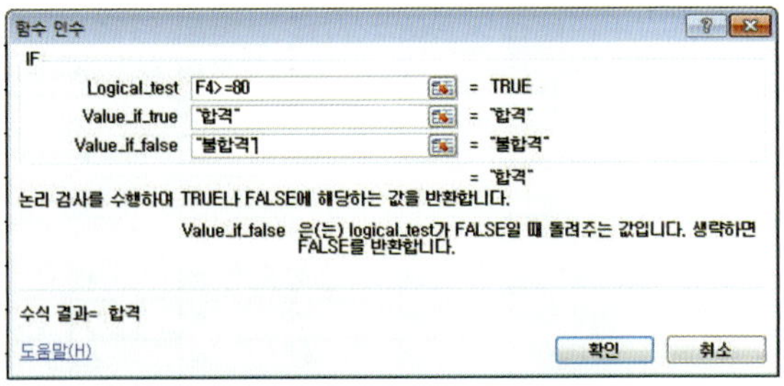

G4셀을 클릭한 뒤 '함수마법사' 아이콘(fx)을 누른다. 함수 범주에서 논리를 선택한 뒤 'IF'를 선택하고, 확인 버튼을 클릭한다. IF함수의 첫 번째 인수로 'F4>=80', 두 번째 인수로 조건이 만족할 때의 값인 "합격", 세 번째 인수로 조건이 만족하지 않을 때의 값인 "불합격"을 입력하고 확인 버튼을 클릭한 후, G4셀을 선택하고, G15셀까지 자동채우기 한다.

④ 합격여부2: "세 과목 모두 80점 이상이면 합격, 나머지는 불합격으로 표시한다."

H4셀을 클릭한 뒤 'IF' 함수를 실행한다. IF함수의 첫 번째 인수로 'AND(B4>

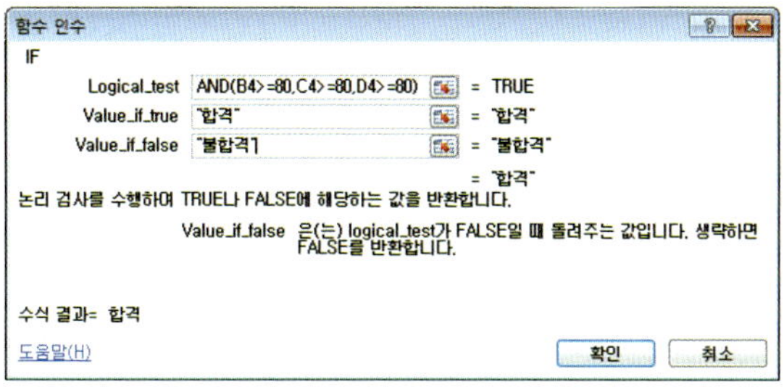

=80,C4>=80, D4>=80)'를 입력한다. 세 과목 모두 80점 이상이 조건을 동시에 만족해야 하므로 AND 함수를 사용한다. 두 번째 인수로 조건이 만족할 때의 값인 "합격", 세 번째 인수로 조건이 만족하지 않을 때의 값인 "불합격"을 입력하고 확인 버튼을 클릭한 후, H4셀을 선택하고, H15셀까지 자동채우기 한다.

5 합격여부3: "세 과목 중 한 과목이라도 70점 이하면 빈칸으로 표시하고, 나머지는 합격으로 표시한다."

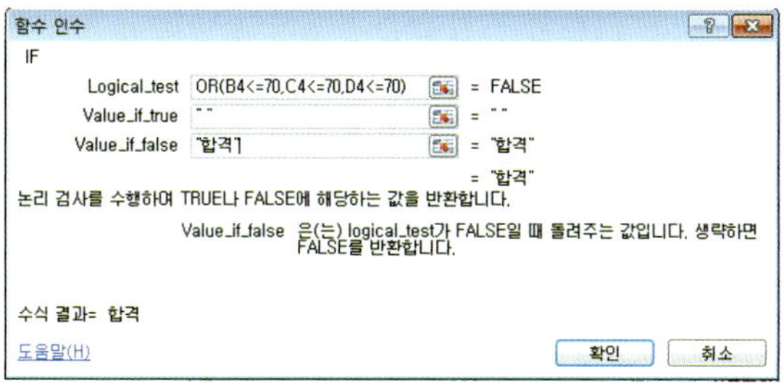

I4셀을 클릭한 뒤 'IF' 함수를 실행한다. IF 함수의 첫 번째 인수로 'OR(B4<=70,C4<=70,D4<=70)'를 입력한다. 세 과목 중 하나라도 70점 이하이면 공백이 표시되게 해야 하므로 OR 함수를 이용한다. 두 번째 인수로 조건이 만족할 때의 값인 " ", 세 번째 인수로 조건이 만족하지 않을 때의 값인 "합격"을 입력하고 확인버튼을 클릭한다. I4셀을 선택하고, I15셀까지 자동채우기 한다.

6 평가: "평균이 90점 이상이면 'A', 80점 이상이면 'B', 70점 이상이면 'C', 60점 이상이면 'D', 나머지는 'F'로 표시한다."

J4셀을 클릭한 뒤 'IF'를 실행한다. IF 함수의 첫 번째 인수로 'F4>=90'을 입력하고, 두 번째 인수로 조건이 만족할 때의 값인 "A"를 입력한다. 세 번째 인수로 조건이 만족하지 않을 때 다시 판정해야 하므로 왼쪽 상단에 있는 함수 추가 버튼에서 'IF'를 클릭한 후, 두번째 조건인 '80점 이상이면 'B'를 입력한다. 두 번째 조건의 첫 번째 인수로 'F4>=80'을 입력하고, 두 번째 인수로 조건이 만족할 때의 값인 "B"를 입력한

다. 세 번째 인수로 조건이 만족하지 않을 때 다시 판정해야 하므로 왼쪽 상단에 있는 함수추가 버튼에서 'IF'를 클릭한 후, 나머지 조건을 위와 동일한 방법으로 입력한다. 입력이 완료된 후 함수식은

'=IF(F4>=90,"A",IF(F4>=80,"B",IF(F4>=70,"C",IF(F4>=60,"D","F"))))'

이 된다.

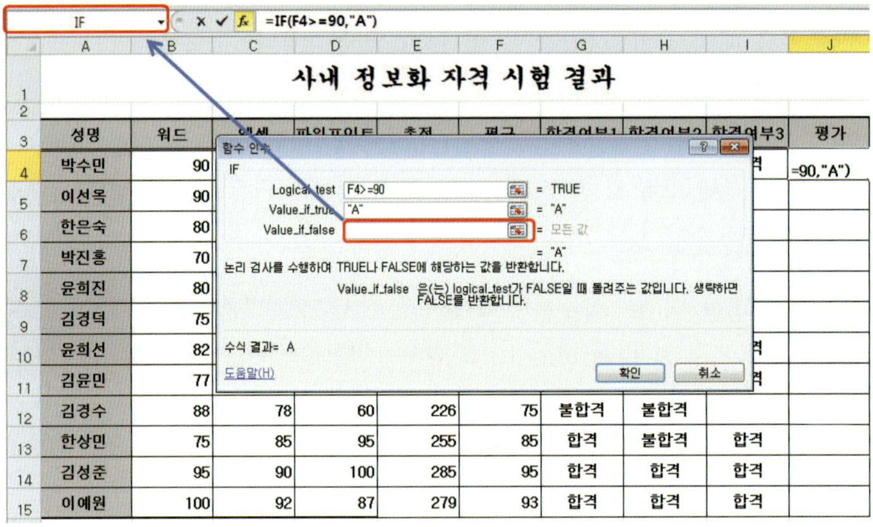

J4셀을 선택하고, J15셀까지 자동채우기 한다.

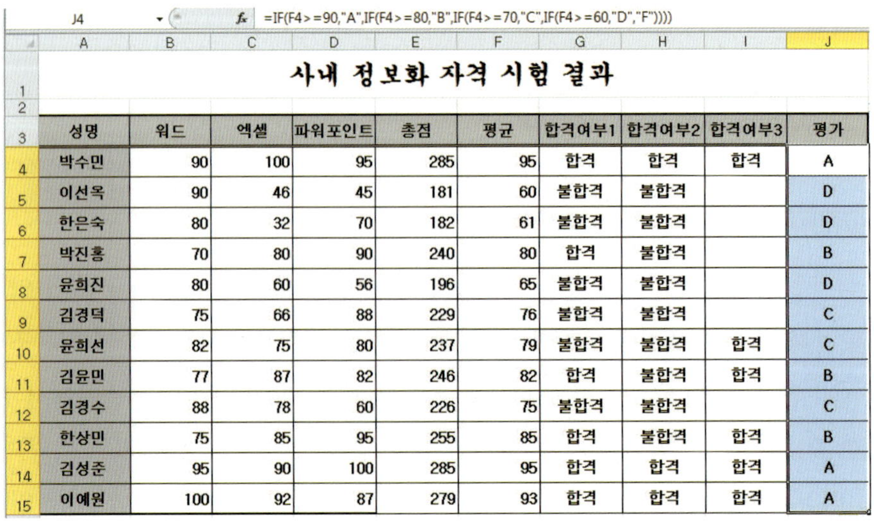

성명	워드	엑셀	파워포인트	총점	평균	합격여부1	합격여부2	합격여부3	평가
박수민	90	100	95	285	95	합격	합격	합격	A
이선옥	90	46	45	181	60	불합격	불합격		D
한은숙	80	32	70	182	61	불합격	불합격		D
박진홍	70	80	90	240	80	합격	불합격		B
윤희진	80	60	56	196	65	불합격	불합격		D
김경덕	75	66	88	229	76	불합격	불합격		C
윤희선	82	75	80	237	79	불합격	불합격	합격	C
김윤민	77	87	82	246	82	합격	불합격	합격	B
김경수	88	78	60	226	75	불합격	불합격		C
한상민	75	85	95	255	85	합격	불합격	합격	B
김성준	95	90	100	285	95	합격	합격	합격	A
이예원	100	92	87	279	93	합격	합격	합격	A

실습 6-4 '직원 연금 저축 실적현황' 만들기

아래와 같이 '직원 연금 저축 실적 현황'을 입력한 후, 지시사항대로 다음을 구하라.

직원 연금 저축 실적 현황

부서명	직위	성명	급호	할당량	실적량	달성률	달성여부	보너스
인사부	과장	홍길동	3		32			
기획부	행원	이몽룡	3		46			
영업부	대리	이성계	4		52			
인사부	행원	강감찬	5		72			
자금부	행원	연개소문	5		60			
인사부	대리	이디슨	4		45			
자금부	대리	을지문덕	4		52			
영업부	행원	지향단	5		59			
인사부	대리	이세종	4		54			
자금부	행원	김홍도	5		62			
영업부	행원	이덕형	4		35			
인사부	대리	김유신	5		45			

⬇

직원 연금 저축 실적 현황

부서명	직위	성명	급호	할당량	실적량	달성률	달성여부	보너스
인사부	과장	홍길동	3	40	32	80%	달성미달	
기획부	행원	이몽룡	3	40	46	115%	달성초과	115,000
영업부	대리	이성계	4	50	52	104%	달성초과	104,000
인사부	행원	강감찬	5	60	72	120%	달성초과	120,000
자금부	행원	연개소문	5	60	60	100%	달성	100,000
인사부	대리	이디슨	4	50	45	90%	달성미달	
자금부	대리	을지문덕	4	50	52	104%	달성초과	104,000
영업부	행원	지향단	5	60	59	98%	달성미달	
인사부	대리	이세종	4	50	54	108%	달성초과	108,000
자금부	행원	김홍도	5	60	62	103%	달성초과	103,333
영업부	행원	이덕형	4	50	35	70%	달성미달	
인사부	대리	김유신	5	60	45	75%	달성미달	

지시사항

- 할당량: 급호가 3이면 40, 4는 50, 5는 60, 3, 4, 5가 아닌 숫자는 오류를 표시한다.
- 달성률: 실적량/할당량
- 달성여부: 달성률 100%이면 '달성', 100% 미만은 '달성 미달', 100% 초과는 '달성 초과'를 표시한다.
- 보너스: 달성률*100,000을 지급하되, 달성 미달인 사람은 지급하지 않는다.

❶ 할당량: "급호가 3이면 40, 4는 50, 5는 60, 3, 4, 5가 아닌 숫자는 오류를 표시한다."

"급호가 3이면 40, 4는 50, 5는 60, 3, 4, 5가 아닌 숫자는 오류를 표시한다."

함수마법사를 사용해도 좋으나, 중첩 IF문일 경우 직접 입력해도 좋다.

'=IF(D4=3,40,IF(D4=4,50,IF(D4=5,60,"오류")))'를 E4셀에 입력하고 Enter↵ 키를 누른다. 급호가 3이면 40, 그렇지 않으면 다시 IF문을 사용하여 급호가 4이면 50, 급호가 5이면 60을 입력하고, 그렇지 않으면 "오류"가 표시되게 한다. E4셀을 선택하고, E15셀까지 자동채우기 한다.

E4 fx =IF(D4=3,40,IF(D4=4,50,IF(D4=5,60,"오류")))

직원 연금 저축 실적 현황

부서명	직위	성명	급호	할당량	실적량	달성률	달성여부	보너스
인사부	과장	홍길동	3	40	32			
기획부	행원	이몽룡	3	40	46			
영업부	대리	이성계	4	50	52			
인사부	행원	강감찬	5	60	72			
자금부	행원	연개소문	5	60	60			
인사부	대리	이디슨	4	50	45			
자금부	대리	을지문덕	4	50	52			
영업부	행원	지향단	5	60	59			
인사부	대리	이세종	4	50	54			
자금부	행원	김홍도	5	60	62			
영업부	행원	이덕형	4	50	35			
인사부	대리	김유신	5	60	45			

❷ 달성률: 실적량/할당량

달성률은 "실적량/할당량"으로 계산되므로 "F4/E4"를 G4셀에 입력하고 Enter↵키를 누른다. G4셀을 선택하고, G15셀까지 자동채우기 한다.

❸ 달성여부: 달성률 100%이면 '달성', 100% 미만은 '달성미달', 100% 초과는 '달성초과'를 표시한다.

H4셀을 클릭한 뒤 'IF' 함수를 실행한다. IF 함수의 첫 번째 인수로 'G4= 100%'를 입력한다. 두 번째 인수로 조건이 만족할 때의 값인 "달성"을 입력한다. 세 번째 인

수로 조건이 만족하지 않을 때, 한번 더 판정해야 하므로 IF함수를 중첩하여 "IF(G4<100%, "달성미달","달성초과")"를 입력하고 확인버튼을 클릭한다. H4셀을 선택하고, H15셀까지 자동채우기 한다.

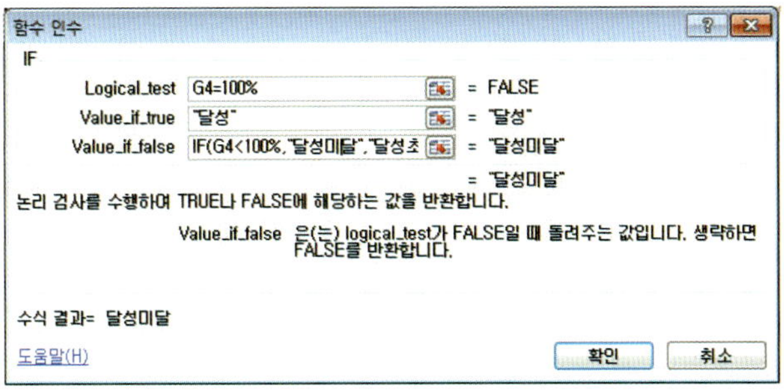

❹ 보너스: 달성률*100,000을 지급하되, 달성 미달인 사람은 지급하지 않는다.

I4셀을 클릭한 뒤 'IF' 함수를 실행한다. IF 함수의 첫 번째 인수로 'NOT(H4="달성미달")'를 입력한다. 달성미달이 아니면 조건이 만족하는 것이 되므로 두 번째 인수로 조건이 만족할 때의 값인 "G4*100000"을 입력한다. 세 번째 인수로 조건이 만족하지 않을 때 즉, 달성미달인 경우에는 공백이 들어가야 하므로 " "를 입력하고 확인 버튼을 클릭한다. I4셀을 선택하고, I15셀까지 자동채우기 한다.

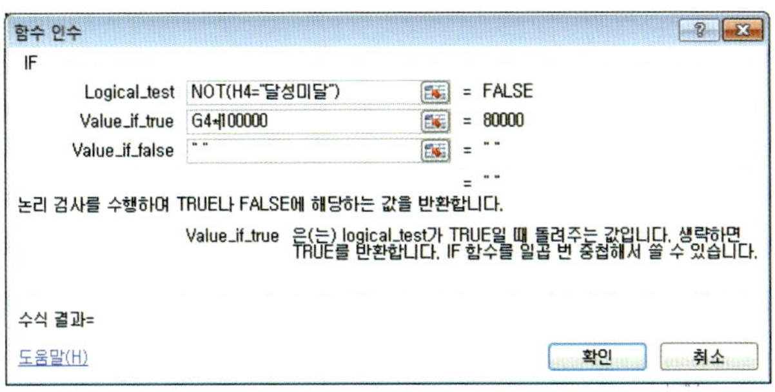

실습 6-5 '교양 점수 현황' 완성하기

아래와 같이 '교양 점수 현황'을 입력한 후, '정보통신학과 학생 인원수'와 '정보통신학과 학생들의 음악의 이해 합'을 구하라.

	A	B	C	D
1	교양 점수 현황			
2				
3	성명	학과	법학개론	음악의 이해
4	신경일	정보통신	72	88
5	김선정	전자계산	82	70
6	하현호	정보통신	98	80
7	심재민	기계과	76	94
8	이동근	건축과	68	74
9	조상희	정보통신	84	90
10	김희현	영문과	58	64
11	황정주	산디과	78	82
12				
13	정보통신학과 학생 인원수			
14	정보통신학과 음악의 이해 합			

	A	B	C	D
1	교양 점수 현황			
2				
3	성명	학과	법학개론	음악의 이해
4	신경일	정보통신	72	88
5	김선정	전자계산	82	70
6	하현호	정보통신	98	80
7	심재민	기계과	76	94
8	이동근	건축과	68	74
9	조상희	정보통신	84	90
10	김희현	영문과	58	64
11	황정주	산디과	78	82
12				
13	정보통신학과 학생 인원수			3
14	정보통신학과 음악의 이해 합			258

'정보통신학과 학생 인원수' 구하기

1. D13셀을 클릭한 뒤 [함수 추가] 메뉴를 선택하고, 통계 범주에서 COUNTIF를 선택한 뒤, 확인 버튼을 클릭한다.

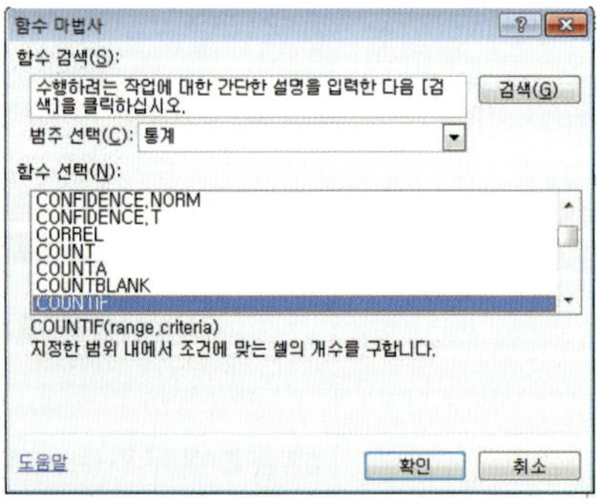

2. COUNTIF 함수의 첫 번째 인수로 "B4:B11"을 선택하여 입력되게 한다. 두 번째 인수로 "정보통신"을 입력한다. 첫 번째 인수에는 정보통신을 비롯한 학과이름이 입력되어 있는 데이터의 범위이고, 두 번째 인수는 조건이다. 확인 버튼을 클릭한다.

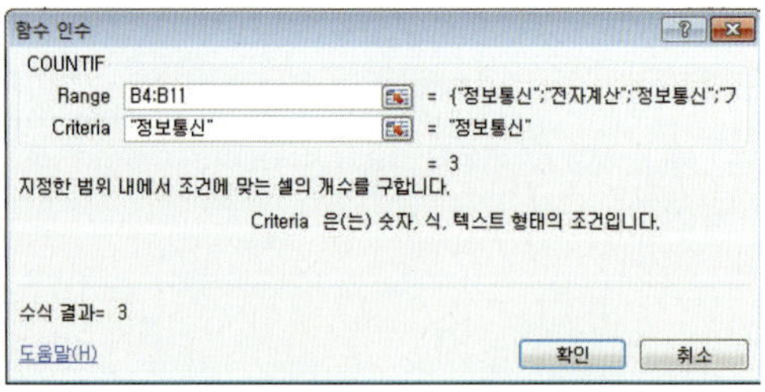

'정보통신학과 학생들의 음악의 이해 합' 구하기

1. D14셀을 클릭한 뒤 [함수 추가] 메뉴를 선택하고, 수학/삼각 범주에서 SUMIF를 선택하고 확인 버튼을 클릭한다.

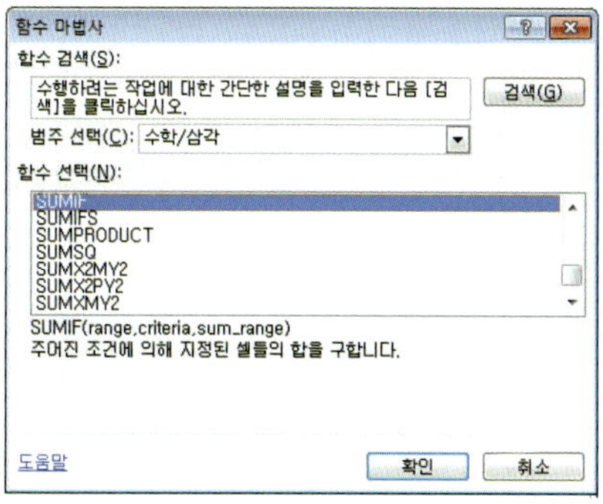

2. SUMIF 함수의 첫 번째 인수로 학과이름 데이터들이 입력되어 있는 B4:B11을 입력하고, 두 번째 인수로 조건인 "정보통신"을 입력한다. 세 번째 인수로 조건에 맞을 경우 합계를 구할 숫자들이 들어 있는 D4: D11을 입력하고 확인 버튼을 클릭한다.

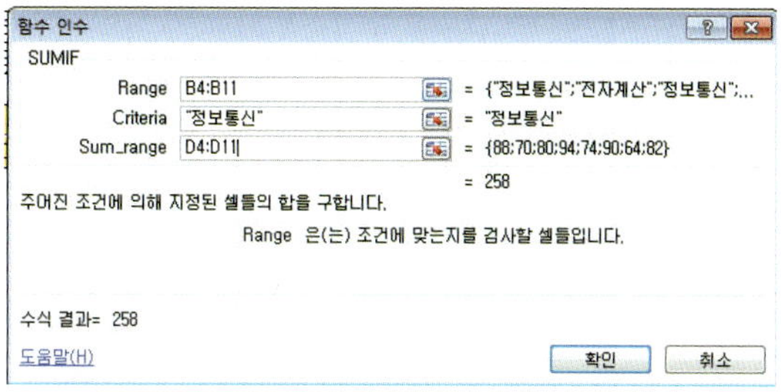

실습 6-6 '직책수당 명세표'와 부서별 정보 구하기

'직책수당 명세표'를 입력한 후, 직책수당과 수당순위를 구하고, 부서별 직책수당 합계를 구하라. 직책수당은 '직위코드*수당액'으로 구한다.

직책수당 명세표

성명	부서	직위코드	수당액	직책수당	수당순위
김서현	인사과	4	50,000		
김윤정	연수부	3	30,000		
문병호	연수부	1	55,000		
배영준	기획실	1	33,000		
이미정	연수부	2	50,000		
이민경	비서실	3	30,000		
이주현	기획실	2	55,000		
이혜정	기획실	2	33,000		
조민성	비서실	1	50,000		
최민숙	기획실	2	30,000		
최수정	인사과	3	55,000		
한상호	비서실	1	33,000		
한은숙	인사과	2	50,000		
황치환	연수부	3	33,000		

부서별 직책 수당 합계

부서	부서별 직책수당 합계	부서별 인원수
인사과		
연수부		
기획실		
비서실		

↓

직책수당 명세표

성명	부서	직위코드	수당액	직책수당	수당순위
김서현	인사과	4	50,000	200,000	1
김윤정	연수부	3	30,000	90,000	7
문병호	연수부	1	55,000	55,000	11
배영준	기획실	1	33,000	33,000	13
이미정	연수부	2	50,000	100,000	4
이민경	비서실	3	30,000	90,000	7
이주현	기획실	2	55,000	110,000	3
이혜정	기획실	2	33,000	66,000	9
조민성	비서실	1	50,000	50,000	12
최민숙	기획실	2	30,000	60,000	10
최수정	인사과	3	55,000	165,000	2
한상호	비서실	1	33,000	33,000	13
한은숙	인사과	2	50,000	100,000	4
황치환	연수부	3	33,000	99,000	6

부서별 직책 수당 합계

부서	부서별 직책수당 합계	부서별 인원수
인사과	465,000	3
연수부	423,000	4
기획실	346,000	4
비서실	195,000	3

① 직책수당 구하기

직책수당은 '직위코드×수당액'이므로, E3셀을 클릭한 뒤 "=C3×D3"를 입력하고 Enter↵키를 누른다.

❷ 수당순위 구하기

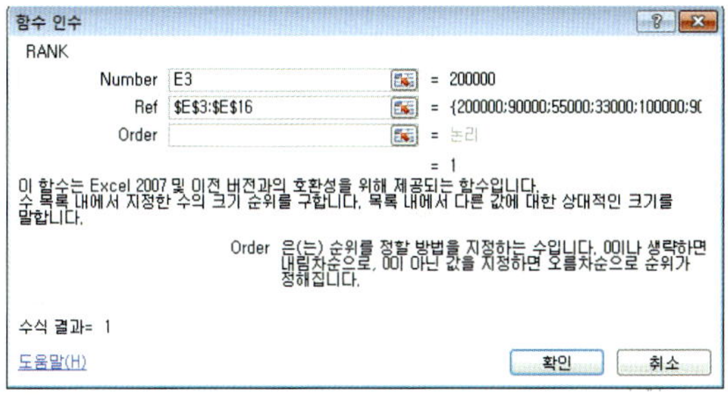

F3셀을 클릭한 뒤, 함수 범주에서 통계를 선택한 뒤 'RANK'를 선택하고, 확인 버튼을 클릭한다. RANK함수의 첫 번째 인수로 E3셀을 선택하고, 두 번째 인수로 직책수당을 모두 선택(E3:E16)한 뒤, F4키를 눌러 절대 참조시킨다. 세 번째 인수는 생략해도 된다. 확인 버튼을 클릭한 후, 자동채우기 한다.

❸ 부서별 직책수당 구하기

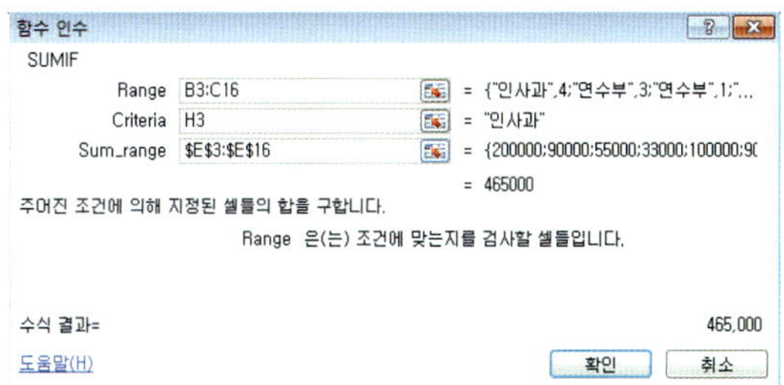

I3셀을 클릭한 뒤, 함수 범주에서 수학/삼각을 선택한 뒤 'SUMIF'를 선택하고, 확인 버튼을 클릭한다. SUMIF 함수의 첫 번째 인수로 B3:B16셀을 선택하고 F4키를 눌러 절대 참조시킨다. 두 번째 인수로 부서이름이 입력되어 있는 H3을 선택하고, 세 번째 인수로 E3:E16을 선택한 뒤 F4키를 눌러 절대 참조시킨다. 확인 버튼을 클릭한 후, 자동채우기 한다.

❹ 부서별 인원수 구하기

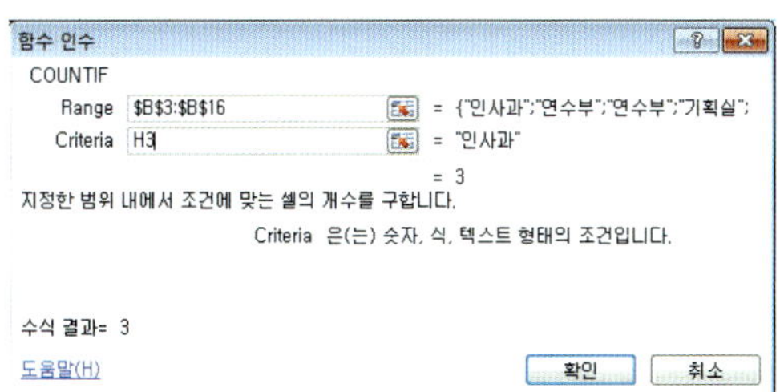

J3셀을 클릭한 뒤, 함수 범주에서 통계를 선택한 뒤 'COUNTIF'를 선택하고, 확인 버튼을 클릭한다. COUNTIF 함수의 첫 번째 인수로 B3:B16셀을 선택하고, F4키를 눌러 절대 참조시킨다. 두 번째 인수로 부서이름이 입력되어 있는 H3셀을 선택한 뒤, 확인 버튼을 클릭한 후, 자동채우기 한다.

실습 6-7 '직원 연금 저축현황'표 완성하기

'직원 연금 저축현황'을 입력한 후, 이자와 지급액, 순위를 구하고, 부서별 이자 합계를 구하라. 이자는 '실저축액*이자율'이고 지급액은 '실저축액+이자'이다.

직원 연금 저축 현황

부서명	직위	성명	실저축액	이자율	이자	지급액	순위
인사부	과장	홍길동	1,205,000	4.33%			
기획부	행원	이몽룡	1,505,000	5.55%			
영업부	대리	이성계	3,005,000	5.22%			
인사부	행원	강감찬	2,005,000	5.55%			
자금부	행원	연개소문	2,505,000	5.55%			
인사부	대리	이디슨	2,205,000	5.22%			
자금부	대리	을지문덕	3,205,000	5.22%			
영업부	행원	지향단	1,205,000	5.55%			
인사부	대리	이세종	1,505,000	5.22%			
자금부	행원	김홍도	3,005,000	5.55%			
영업부	행원	이덕형	2,005,000	5.55%			
인사부	대리	김유신	2,505,000	5.22%			

이자가 150,000원 이상인 사람은 몇 명인가? [ ]

부서별 이자 합계

부서별	이자
인사부	
기획부	
영업부	
자금부	

↓

직원 연금 저축 현황

부서명	직위	성명	실저축액	이자율	이자	지급액	순위
인사부	과장	홍길동	1,205,000	4.33%	52,177	1,257,177	12
기획부	행원	이몽룡	1,505,000	5.55%	83,528	1,588,528	9
영업부	대리	이성계	3,005,000	5.22%	156,861	3,161,861	3
인사부	행원	강감찬	2,005,000	5.55%	111,278	2,116,278	7
자금부	행원	연개소문	2,505,000	5.55%	139,028	2,644,028	4
인사부	대리	이디슨	2,205,000	5.22%	115,101	2,320,101	6
자금부	대리	을지문덕	3,205,000	5.22%	167,301	3,372,301	1
영업부	행원	지향단	1,205,000	5.55%	66,878	1,271,878	11
인사부	대리	이세종	1,505,000	5.22%	78,561	1,583,561	10
자금부	행원	김홍도	3,005,000	5.55%	166,778	3,171,778	2
영업부	행원	이덕형	2,005,000	5.55%	111,278	2,116,278	7
인사부	대리	김유신	2,505,000	5.22%	130,761	2,635,761	5

이자가 150,000원 이상인 사람은 몇 명인가? 3

부서별 이자 합계

부서별	이자
인사부	487,877
기획부	83,528
영업부	335,016
자금부	473,106

① 이자 구하기

이자는 '실저축액*이자'의 값이므로 F3셀에 '=D3*E3'을 입력하고 Enter↵키를 누른다.

② 지급액 구하기

지급액은 '실저축액+이자'이므로, G3셀에 '=D3+F3'를 입력하고 Enter↵키를 누른다.

❸ 순위 구하기

H3셀을 클릭한 뒤, 함수 범주에서 통계를 선택한 뒤 'RANK'를 선택하고, 확인 버튼을 클릭한다. RANK 함수의 첫 번째 인수로 G3셀을 선택하고, 두 번째 인수로 지급액이 입력되어 있는 G3:G14셀을 모두 선택한 뒤, F4키를 눌러 절대 참조시킨다. 세 번째 인수는 생략해도 된다. 확인 버튼을 클릭한다.

❹ 부서별 이자합계 구하기

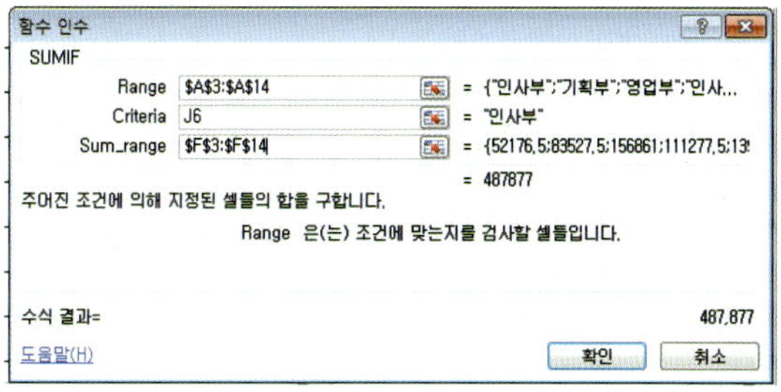

K6셀을 클릭한 뒤, 함수 범주에서 수학/삼각을 선택한 뒤 'SUMIF'를 선택하고, 확인 버튼을 클릭한다. SUMIF함수의 첫 번째 인수로 부서데이터가 입력되어 있는 A3:A14셀을 선택하고, F4키를 눌러 절대 참조시킨다. 두 번째 인수로 조건인 J6셀을 선택하고, 세 번째 인수로 부서별 이자가 입력되어 있는 F3:F14셀을 선택한 뒤, F4키를 눌러 절대 참조시킨다. 확인 버튼을 클릭한다.

❺ 이자가 150,000원 이상인 사람 인원 수 구하기

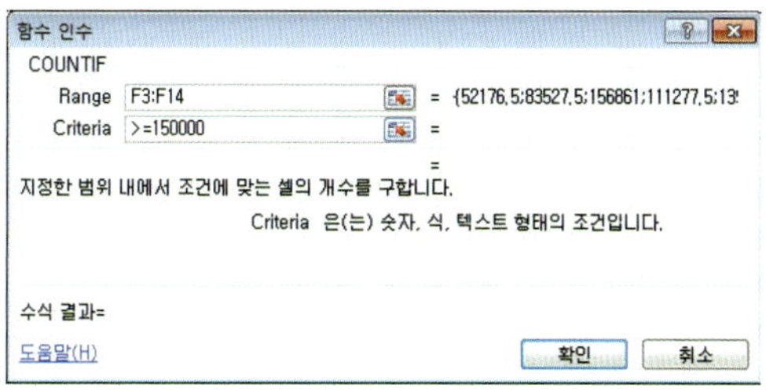

M2셀을 클릭한 뒤, 함수 범주에서 통계를 선택한 뒤 'COUNTIF'를 선택하고, 확인 버튼을 클릭한다. COUNTIF 함수의 첫 번째 인수로 이자데이터가 입력되어 있는 F3:F14까지의 범위를 선택하고, 두 번째 인수로 조건인 ">= 150000"을 입력하고 확인 버튼을 클릭한다.

실습 6-8 '제품별·사이즈별 주문수량' 구하기

'제품별·사이즈별 주문수량'을 입력한 후, 제품별·사이즈별로 주문수량 합계, 주문수량 평균, 주문수량 건수를 구하라.

날짜	제품	사이즈	수량
2010-03-01	자켓	M	51
2010-03-02	티셔츠	S	42
2010-03-03	자켓	L	85
2010-03-04	바지	S	55
2010-03-05	티셔츠	S	36
2010-03-06	스커트	S	37
2010-03-07	스커트	L	72
2010-03-08	티셔츠	L	92
2010-03-09	바지	L	40
2010-03-10	스커트	M	28
2010-03-11	티셔츠	M	50
2010-03-12	자켓	S	95
2010-03-13	티셔츠	M	87
2010-03-14	바지	M	65
2010-03-15	자켓	M	30

제품별 사이즈별 주문수량

제품	사이즈	주문 수량 합계	주문 수량 평균	주문 수량 건수
자켓	S			
자켓	M			
자켓	L			
티셔츠	S			
티셔츠	M			
티셔츠	L			
바지	S			
바지	M			
바지	L			
스커트	S			
스커트	M			
스커트	L			

제품	사이즈	수량
자켓	M	51
티셔츠	S	42
자켓	L	85
바지	S	55
티셔츠	S	36
스커트	S	37
스커트	L	72
티셔츠	L	92
바지	L	40
스커트	M	28
티셔츠	M	50
자켓	S	95
티셔츠	M	87
바지	M	65
자켓	M	30

제품별 사이즈별 주문수량

제품	사이즈	주문 수량 합계	주문 수량 평균	주문 수량 건수
자켓	S	95	95	1
자켓	M	81	40.5	2
자켓	L	85	85	1
티셔츠	S	78	39	2
티셔츠	M	137	68.5	2
티셔츠	L	92	92	1
바지	S	55	55	1
바지	M	65	65	1
바지	L	40	40	1
스커트	S	37	37	1
스커트	M	28	28	1
스커트	L	72	72	1

❶ 주문수량 합계 구하기

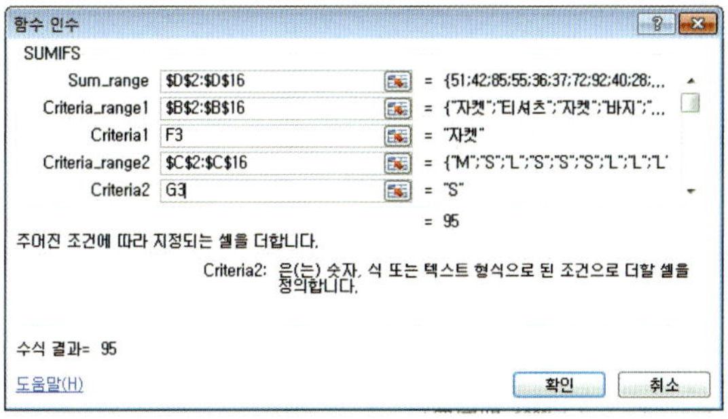

H3셀을 클릭하고, 함수 범주에서 수학/삼각을 선택한 뒤 'SUMIFS'를 선택하고, 확인 버튼을 클릭한다. SUMIFS 함수의 첫 번째 인수로 합계를 구할 범위인 D2:D16셀을 선택하고, F4키를 눌러 절대 참조시킨다. 두 번째 인수로 조건을 평가할 첫 번째 범위로 B2: B16셀을 선택하고, F4키를 눌러 절대 참조시킨다. 세 번째 인수로 합계를 구하고자 하는 첫 번째 조건이 입력되어 있는 F3셀을 선택한다. 네 번째 인수로 조건을 평가할 두 번째 범위로 C2: C16셀을 선택하고, F4키를 눌러 절대 참조시킨다. 다섯 번째 인수로 합계를 구하고자 하는 두 번째 조건이 입력되어 있는 G3셀을 선택하고, 확인 버튼을 클릭한 후, 자동채우기 한다.

❷ 주문수량 평균 구하기

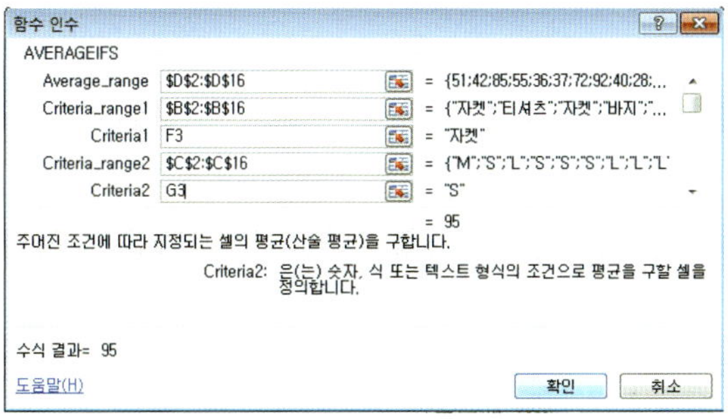

I3셀을 클릭하고, 함수 범주에서 수학/삼각을 선택한 뒤 'AVERAGEIFS'를 선택하고, 확인 버튼을 클릭한다. AVERAGEIFS 함수의 첫 번째 인수로 평균을 구할 범위인 D2:D16셀을 선택하고, F4키를 눌러 절대 참조시킨다. 두 번째 인수로 조건을 평가할 첫 번째 범위로 B2: B16셀을 선택하고, F4키를 눌러 절대 참조시킨다. 세 번째 인수로 평균을 구하고자 하는 첫 번째 조건이 입력되어 있는 F3셀을 선택한다. 네 번째 인수로 조건을 평가할 두 번째 범위로 C2: C16셀을 선택하고, F4키를 눌러 절대 참조시킨다. 다섯 번째 인수로 평균을 구하고자 하는 두 번째 조건이 입력되어 있는 G3셀을 선택하고, 확인 버튼을 클릭한 후, 자동채우기 한다.

③ 주문수량 건수 구하기

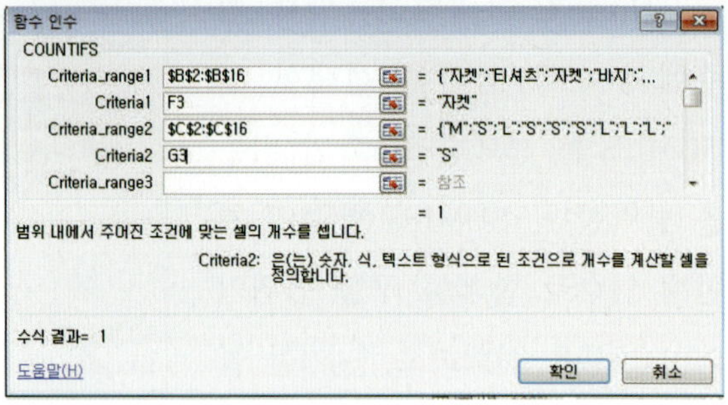

J3셀을 클릭하고, 함수 범주에서 수학/삼각을 선택한 뒤 'COUNTIFS'를 선택하고, 확인 버튼을 클릭한다. COUNTIFS 함수의 첫 번째 인수로 조건을 평가할 첫 번째 범위로 B2:B16셀을 선택하고, F4키를 눌러 절대 참조시킨다. 두 번째 인수로 개수를 구하고자 하는 첫 번째 조건이 입력되어 있는 F3셀을 선택한다. 세 번째 인수로 조건을 평가할 두 번째 범위로 C2: C16셀을 선택하고, F4키를 눌러 절대 참조시킨다. 네 번째 인수로 개수를 구하고자 하는 두 번째 조건이 입력되어 있는 G3셀을 선택하고, 확인 버튼을 클릭한 후, 자동채우기 한다.

C·h·a·p·t·e·r

07 텍스트 및 찾기/참조 함수

7.1 텍스트 함수

텍스트 함수는 한 개의 셀에 입력된 데이터 중에서 일부 글자의 몇 개만 가져오는 것과 같이 주로 텍스트에 관련된 작업을 할 때 사용되는 함수이다. 사용되는 함수는 LEFT, RIGHT, MID이며 LEFT는 문자열 왼쪽에서부터 지정한 수만큼의 문자를 추출해 주는 함수이고, RIGHT는 문자열의 오른쪽에서부터 지정한 수만큼의 문자를 추출해 주는 함수이며, MID는 문자열에서 지정한 위치에서 시작하여 지정한 수만큼의 문자를 추출해 주는 함수이다.

1 LEFT 함수

LEFT 함수는 지정한 문자 수에 따라 문자열의 왼쪽의 첫 문자부터 원하는 수 만큼의 문자를 표시해주며 구문은 다음과 같다.

구분 LEFT(Text,Num_chars)

인수
- ➔ 문자(Text): 추출할 문자가 들어 있는 문자열이다.
- ➔ 문자 수(Num_chars): 추출할 문자 수이다. Num_chars는 0보다 크거나 같아야 한다. Num_chars가 길면 텍스트 전체가 반환된다. Num_chars를 생략하면 1로 간주한다.

예 =LEFT("Sale Price",4)를 입력하면 왼쪽부터 4자인 "Sale"을 출력한다.

아래 화면은 LEFT 함수를 사용하여 '성적처리표'에 있는 주민등록번호의 앞 두자리수를 이용하여 '년생'란에 출생년도를 표기하는 문제이다(LEFT와 &연산자를 사용함(예: 83년생)).

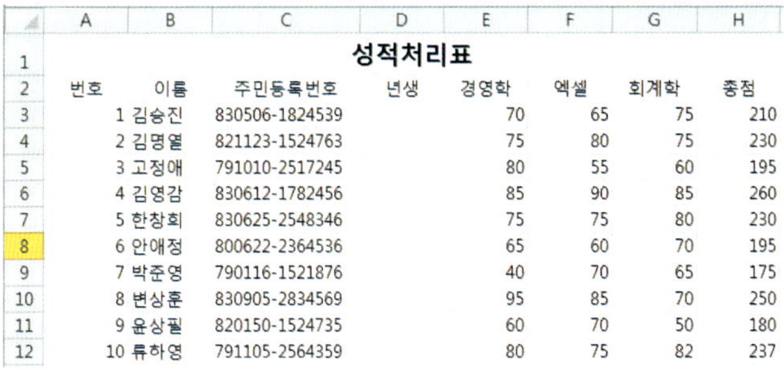

	A	B	C	D	E	F	G	H
1				성적처리표				
2	번호	이름	주민등록번호	년생	경영학	엑셀	회계학	총점
3	1	김승진	830506-1824539		70	65	75	210
4	2	김명열	821123-1524763		75	80	75	230
5	3	고정애	791010-2517245		80	55	60	195
6	4	김영감	830612-1782456		85	90	85	260
7	5	한창희	830625-2548346		75	75	80	230
8	6	안애정	800622-2364536		65	60	70	195
9	7	박준영	790116-1521876		40	70	65	175
10	8	변상훈	830905-2834569		95	85	70	250
11	9	윤상필	820150-1524735		60	70	50	180
12	10	류하영	791105-2564359		80	75	82	237

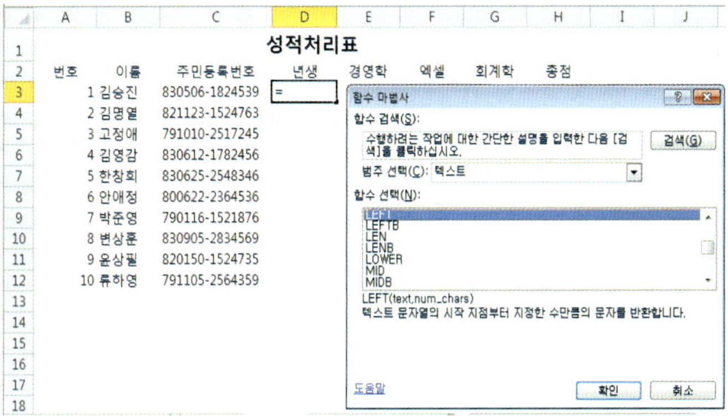

함수마법사 실행 1:

① 셀 D3에 클릭함

② 그림 모음에서 *fx* 클릭: 함수마법사

③ 범주선택: 텍스트 함수선택: LEFT

④ 확인 클릭

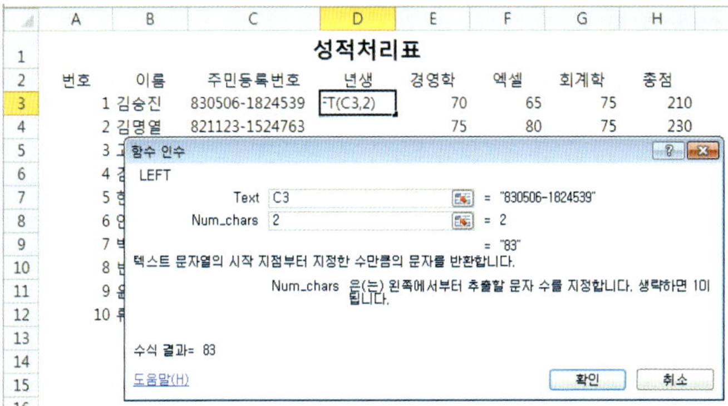

함수마법사 실행 2:

함수인수 상자 입력

① Text: C3 입력

② Num_chars: 2 입력

③ 확인 클릭

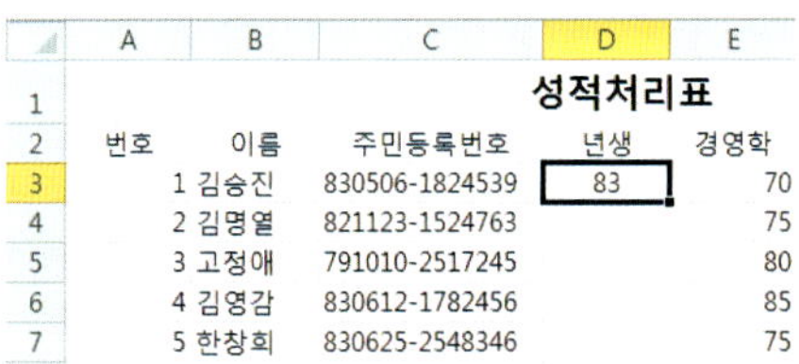

셀 D3에는 C3에 있는 주민등록번호의 왼쪽에서 2개의 숫자인 83이 나타남

LEFT =LEFT(C3,2)&"년생"

	A	B	C	D	E	F	G	H
1				성적처리표				
2	번호	이름	주민등록번호	년생	경영학	엑셀	회계학	총점
3	1	김승진	830506-1824539	&"년생"	70	65	75	210
4	2	김명열	821123-1524763		75	80	75	230
5	3	고정애	791010-2517245		80	55	60	195
6	4	김영감	830612-1782456		85	90	85	260
7	5	한창희	830625-2548346		75	75	80	230
8	6	안애정	800622-2364536		65	60	70	195

텍스트 연산자 '&' 입력

함수입력상자에 LEFT(C3, 2) 다음에 연속해서 '&"년생"'을 기입함

	A	B	C	D	E	F	G	H
1				성적처리표				
2	번호	이름	주민등록번호	년생	경영학	엑셀	회계학	총점
3	1	김승진	830506-1824539	83년생	70	65	75	210
4	2	김명열	821123-1524763	82년생	75	80	75	230
5	3	고정애	791010-2517245	79년생	80	55	60	195
6	4	김영감	830612-1782456	83년생	85	90	85	260
7	5	한창희	830625-2548346	83년생	75	75	80	230
8	6	안애정	800622-2364536	80년생	65	60	70	195
9	7	박준영	790116-1521876	79년생	40	70	65	175
10	8	변상훈	830905-2834569	83년생	95	85	70	250
11	9	윤상필	820150-1524735	82년생	60	70	50	180
12	10	류하영	791105-2564359	79년생	80	75	82	237
13								

함수마법사 실행 3:

채우기 핸들을 사용하여 셀 D3에서 시작하여 셀 D12까지 마우스를 사용하여 드래그함

2 RIGHT 함수

RIGHT 함수는 지정한 문자 수에 따라 문자열의 오른쪽의 첫 문자부터 원하는 수만큼의 문자를 표시해주며 구문은 다음과 같다.

구분 RIGHT(Text,Num_chars)

인수 → 문자(Text): 추출할 문자가 들어 있는 문자열이다.

→ 문자 수(Num_chars): 추출할 문자 수이다.

예 =RIGHT("Sale Price",4)를 입력하면 오른쪽부터 4자인 "rice"를 출력한다.

아래의 화면은 RIGHT 함수를 이용하여 입사 지원 현황표를 이용하여 아래의 전공학과 란에 학과 이름을 기재하는 작업이다. 예를 들어 셀 B12에는 '경영학과'라는 문자가 표기되어야 한다.

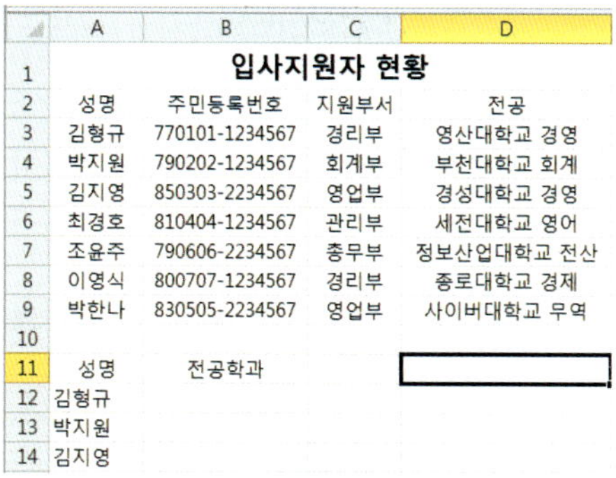

	A	B	C	D
1	입사지원자 현황			
2	성명	주민등록번호	지원부서	전공
3	김형규	770101-1234567	경리부	영산대학교 경영
4	박지원	790202-1234567	회계부	부천대학교 회계
5	김지영	850303-2234567	영업부	경성대학교 경영
6	최경호	810404-1234567	관리부	세전대학교 영어
7	조윤주	790606-2234567	총무부	정보산업대학교 전산
8	이영식	800707-1234567	경리부	종로대학교 경제
9	박한나	830505-2234567	영업부	사이버대학교 무역
10				
11	성명	전공학과		
12	김형규			
13	박지원			
14	김지영			

함수마법사 실행 1:

① 셀 B12에 클릭함

② 그림 모음에서 *fx* 클릭: 함수마법사

③ 범주선택: 텍스트

함수선택: RIGHT

④ 확인 클릭

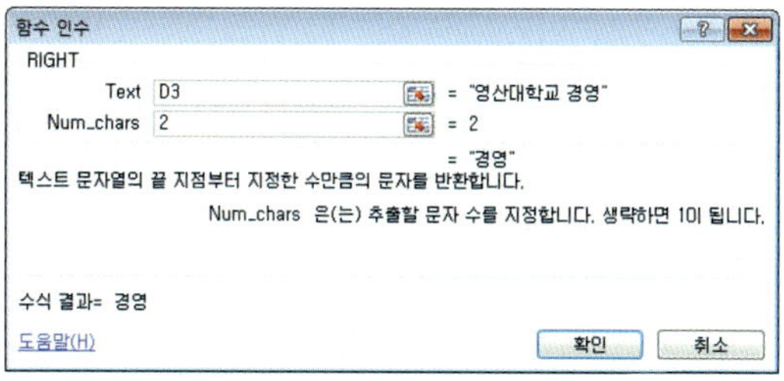

함수마법사 실행 2:

함수인수 상자 입력

① Text:D3 입력

② Num_chars:2 입력

③ 확인 클릭

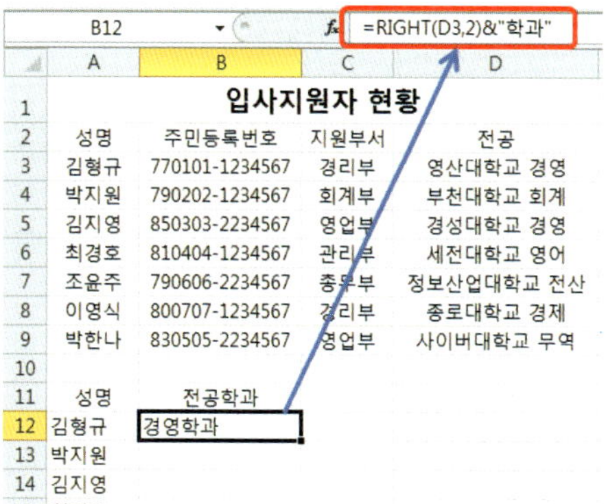

	A	B	C	D
1	입사지원자 현황			
2	성명	주민등록번호	지원부서	전공
3	김형규	770101-1234567	경리부	영산대학교 경영
4	박지원	790202-1234567	회계부	부천대학교 회계
5	김지영	850303-2234567	영업부	경성대학교 경영
6	최경호	810404-1234567	관리부	세전대학교 영어
7	조윤주	790606-2234567	총무부	정보산업대학교 전산
8	이영식	800707-1234567	경리부	종로대학교 경제
9	박한나	830505-2234567	영업부	사이버대학교 무역
10				
11	성명	전공학과		
12	김형규	경영학과		
13	박지원			
14	김지영			

텍스트연산자 '&' 입력

① 함수 입력 상자에서 RIGHT (D3,2) 다음에 연속해서 '& "학과"'를 기입함

② Enter↵

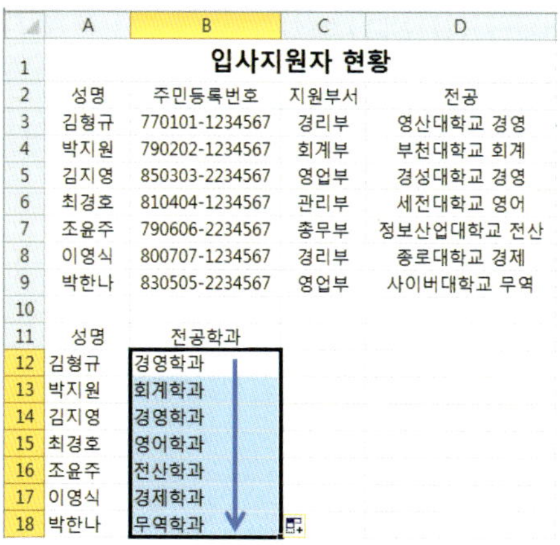

	A	B	C	D
1	입사지원자 현황			
2	성명	주민등록번호	지원부서	전공
3	김형규	770101-1234567	경리부	영산대학교 경영
4	박지원	790202-1234567	회계부	부천대학교 회계
5	김지영	850303-2234567	영업부	경성대학교 경영
6	최경호	810404-1234567	관리부	세전대학교 영어
7	조윤주	790606-2234567	총무부	정보산업대학교 전산
8	이영식	800707-1234567	경리부	종로대학교 경제
9	박한나	830505-2234567	영업부	사이버대학교 무역
10				
11	성명	전공학과		
12	김형규	경영학과		
13	박지원	회계학과		
14	김지영	경영학과		
15	최경호	영어학과		
16	조윤주	전산학과		
17	이영식	경제학과		
18	박한나	무역학과		

함수마법사 실행 3:

채우기 핸들을 사용하여 셀 B12에서 시작하여 셀 B18까지 마우스를 사용하여 드래그함

3 MID 함수

텍스트 함수 중에서 가장 많이 활용되는 함수가 MID 함수이다. 이 함수는 특히 논리함수인 IF와 함께 중첩함수로 자주 활용된다.

MID 함수는 지정한 문자 수에 따라 문자열의 지정한 위치로부터 지정한 개수의 문자를 표시하며 그 구문은 다음과 같다.

구분 MID(Text,Start_num,Num_chars)

인수
- ➔ 문자(Text): 추출할 문자가 들어 있는 문자열이다.
- ➔ 시작 위치(Start_num): 추출할 첫 문자의 위치로서 Text에서 첫 문자는 start_num 1이다.
- ➔ 문자 수(Num_chars): 추출할 문자의 개수로서 Num_chars가 음수면 #VALUE! 오류값을 표시하게 된다.

예 =MID("KOREA",3,2)를 입력하면 'KOREA'에서 3번째부터 2글자인 'RE'를 출력한다.

아래의 그림은 함수 MID를 사용하여 주민등록번호 앞 6자리수 중에서 세 번째와 네 번째 숫자를 추출하여 태어난 월을 표기하는 작업이다. 예를 들어 '06월생'이다.

	A	B	C	D	E
1	학생 인적사항				
2	번호	이름	주민등록번호	성별	태어난 월
3	1	김승진	830506-1824539	남	
4	2	김명열	821123-1524763	남	
5	3	고정애	791010-2517245	여	
6	4	김영감	830612-1782456	남	
7	5	한창희	830625-2548346	여	
8	6	안애정	800622-2364536	여	
9	7	박준영	790116-1521876	남	
10	8	변상훈	830905-2834569	여	
11	9	윤상필	820150-1524735	남	
12	10	류하영	791105-2564359	여	

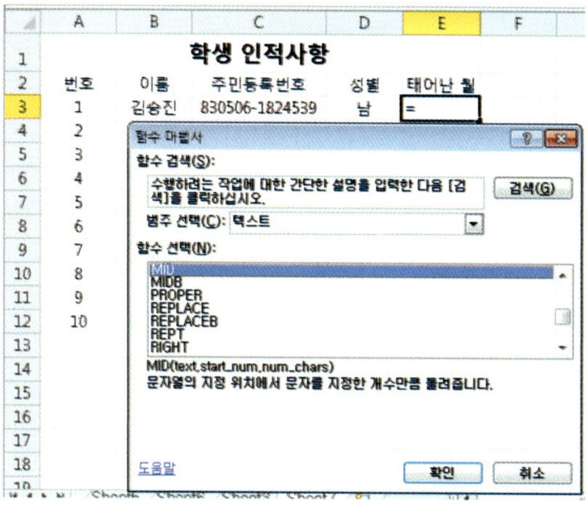

함수마법사 실행 1:

① 셀 E3에 클릭함

② 그림 모음에서 *fx* 클릭: 함수마법사

③ 범주선택: 텍스트

함수선택: MID

④ 확인 클릭

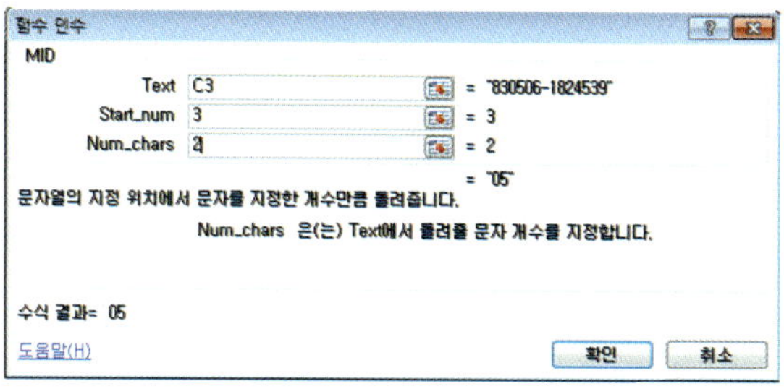

함수마법사 실행 2:

함수인수 상자 입력

① Text: C3 입력

② Start_num: 3

③ Num_chars: 2 입력

④ 확인 클릭

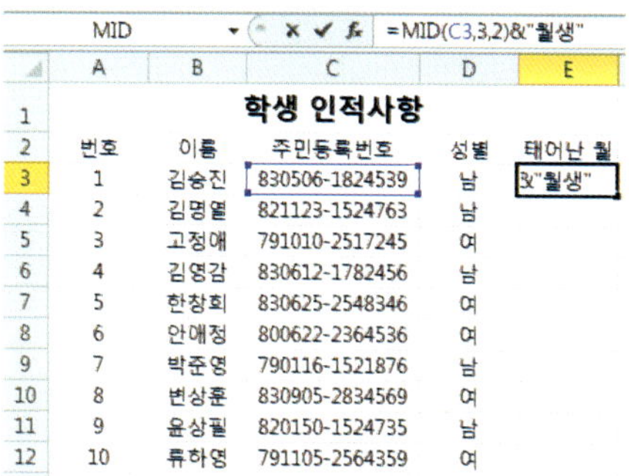

텍스트연산자 '&' 입력

① 함수 입력 상자에서 MID(C3, 3,2) 다음에 연속해서 '&"월생"'을 기입함

② Enter↵

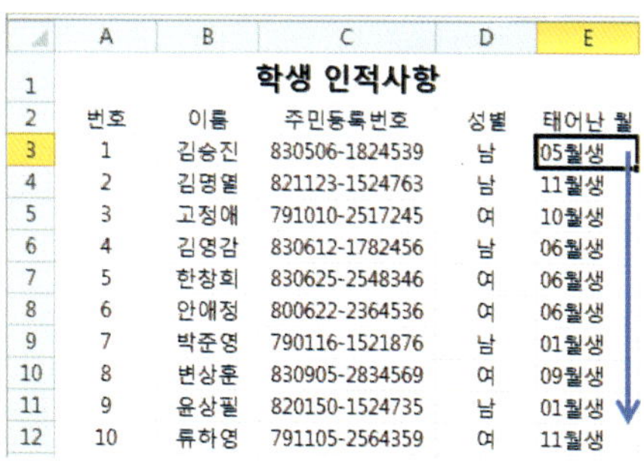

수식 자동 입력(채우기 핸들)

채우기 핸들을 사용하여 셀 E3에서 시작하여 셀 E12까지 마우스를 사용하여 드래그함

4 텍스트 함수와 IF

텍스트 함수인 LEFT, RIGHT, MID는 논리함수인 IF를 함께 사용하여 중첩함수를 만들어 자주 사용된다. 예를 들어 주민등록번호 8번째 자리 숫자는 남과 여를 구별하는 숫자이다. 즉 '1'은 남자를 의미하고 '2'는 여자를 의미한다. 이를 텍스트 함수인 MID를 사용하여 주민등록번호의 8번째 자리숫자를 추출한 다음 논리함수인 IF 함수를 사용하여 만약 그 숫자가 '1'이면 '남자', '2'이면 '여자'를 표기하면 된다.

아래의 화면은 위에서 설명한 바와 같이 '학생 인적사항'표에서 주민등록번호를 이용하여 '성별'난에 '남'과 '여'를 표기하는 작업이다. 이 작업에서는 논리함수인 IF와 텍스트 함수인 MID를 사용하여 답을 얻고자 한다.

	A	B	C	D	E
1	학생 인적사항				
2	번호	이름	주민등록번호	성별	태어난 월
3	1	김승진	830506-1824539		05월생
4	2	김명열	821123-1524763		11월생
5	3	고정애	791010-2517245		10월생
6	4	김영감	830612-1782456		06월생
7	5	한창희	830625-2548346		06월생
8	6	안애정	800622-2364536		06월생
9	7	박준영	790116-1521876		01월생
10	8	변상훈	830905-2834569		09월생
11	9	윤상필	820150-1524735		01월생
12	10	류하영	791105-2564359		11월생

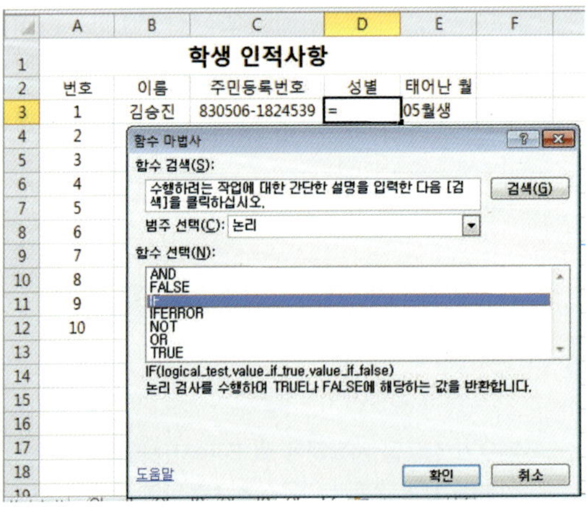

함수마법사 실행 1:

① 셀 D3에서 클릭함
② 그림 모음에서 *fx* 클릭: 함수마법사
③ 범주선택: 논리
함수선택: IF
④ 확인 클릭

Tip

논리함수와 텍스트함수를 같이 사용할 경우(중첩함수)

논리함수인 IF와 텍스트 함수인 LEFT, RIGHT, MID 중에서 하나를 같이 사용할 경우 함수마법사를 불러 올 때에 논리함수를 먼저 입력해야 한다.

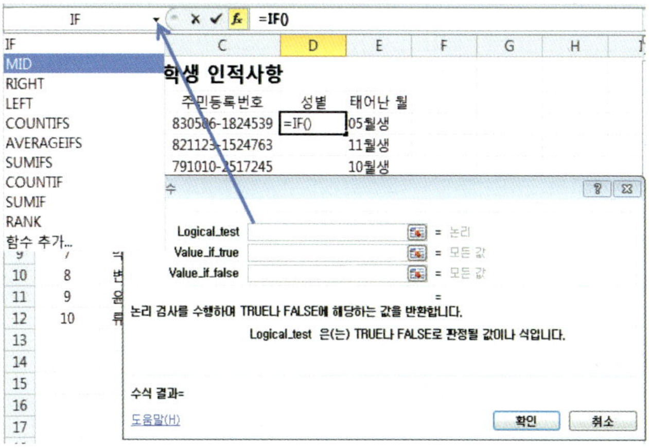

함수마법사 실행 2:

함수인수 상자 입력

① Logical_test를 클릭함

② 화면의 왼쪽 상단에 위치한 ▼를 클릭하여 함수 MID를 클릭함

* 화면상에 MID가 나타나 있지 않을 경우는 맨 밑의 '함수 추가'를 사용하여 MID를 불러 옴

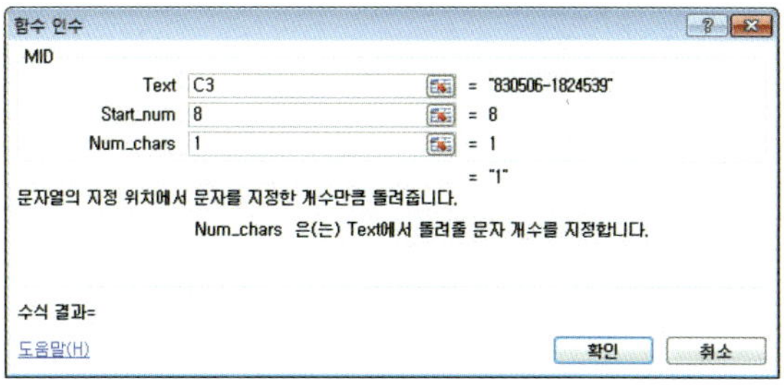

함수마법사 실행 3:

함수인수 상자 입력(MID 함수)

① Text: C3 입력

② Start_num: 8

③ Num-chars: 1 입력

* 주의: 여기서 확인을 클릭하면 에러가 발생함

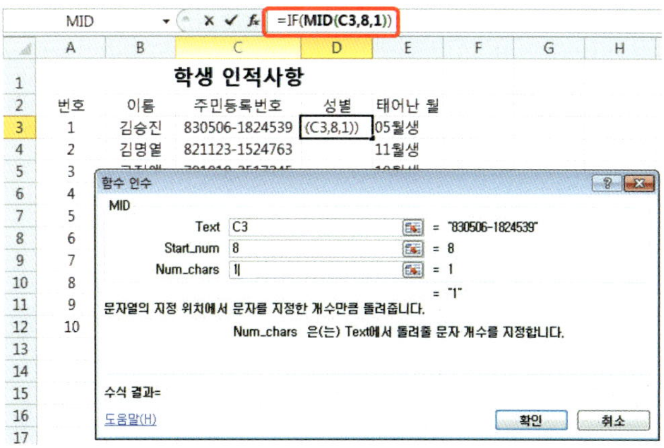

함수마법사 실행 4:

(IF 함수 다시 불러오기)

MID 함수 인수상자의 입력을 마친 후 확인을 클릭하지 않고 IF 함수로 다시 돌아가기 위해서는 함수 입력창에 나타나 있는 IF를 클릭해야만 에러가 발생하지 않음

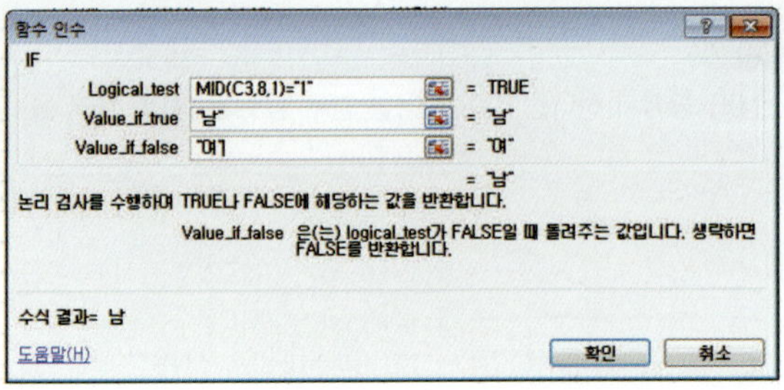

함수마법사 실행 5:
(IF 함수인수 상자 입력)

① Logical)test
MID(C3,8,1)="1"
② Value_if_true: "남"
③ Value_if_true: "여"
④ 확인 클릭

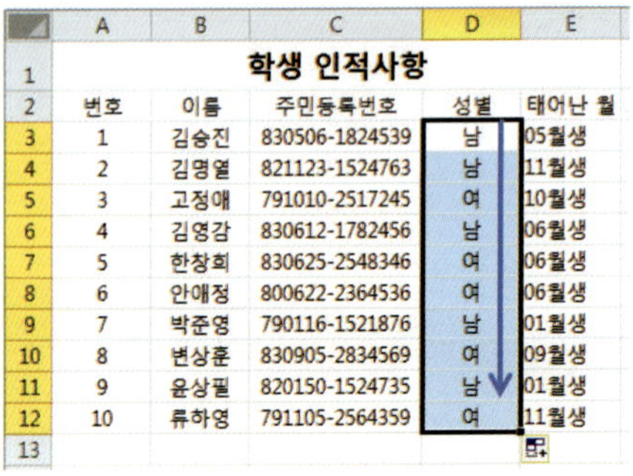

	A	B	C	D	E
1	학생 인적사항				
2	번호	이름	주민등록번호	성별	태어난 월
3	1	김승진	830506-1824539	남	05월생
4	2	김명열	821123-1524763	남	11월생
5	3	고정애	791010-2517245	여	10월생
6	4	김영감	830612-1782456	남	06월생
7	5	한창희	830625-2548346	여	06월생
8	6	안애정	800622-2364536	여	06월생
9	7	박준영	790116-1521876	남	01월생
10	8	변상훈	830905-2834569	여	09월생
11	9	윤상필	820150-1524735	남	01월생
12	10	류하영	791105-2564359	여	11월생
13					

수식 자동 입력(채우기 핸들)

채우기 핸들을 사용하여 셀 D3에서 시작하여 셀 D12까지 마우스를 사용하여 드래그함

7.2 찾기/참조 함수

찾기/참조 함수는 배열이나 셀 범위를 참조하여 특정한 값을 찾아주거나 특정한 셀에 입력된 값을 가져오거나 셀의 주소에서 필요한 정보를 가져오는 함수이다. 찾기/참조 함수는 VLOOKUP과 HLOOKUP이 있다. VLOOKUP 함수의 'V'는 Vertical(수직)을 의미하며 참조할 데이터 목록이 수직 방향인 경우 사용하며 HLOOKUP함수의 'H'는 Horizontal(수평)을 의미하며 참조할 데이터 목록이 수평 방향인 경우에 사용한다. 대표적인 찾기/참조 함수인 VLOOKUP과 HLOOKUP은 다른 함수와 중첩해서 많이 활용된다.

1 VLOOKUP 함수

VLOOKUP 함수는 참조할 데이터 목록이 수직 방향인 경우 사용한다. 즉 비교값이 왼쪽 열에 있으면 VLOOKUP을 사용한다.

구분 VLOOKUP(Lookup_value, Table_array, Col_index_num, Range_lookup)
VLOOKUP(기준값, 기준표범위, 열번호, 옵션)

인수
➔ 기준값(Lookup_value): 배열의 첫째 열에서 찾을 값이다. Lookup_ value는 숫자, 참조 영역 또는 문자열을 지정할 수 있다.

➔ 기준표 범위(Table_array): 데이터를 찾을 정보 표이다. 데이터베이스나 목록과 같은 범위의 참조 영역 또는 범위 이름을 사용한다. range_lookup이 true이면 table_array의 첫 열에 있는 값은 오름차순(…, −2, −1, 0, 1, 2, …, A−Z, false, true)으로 정렬되어 있어야 하며 그렇지 않으면 VLOOKUP은 정확한 값을 찾지 못할 수 있다.

➔ **열 번호**(Col_index_num): 비교값과 같은 행에 있는 값을 표시할 table_array의 열 번호이다.

➔ **옵션**(Range_lookup): VLOOKUP이 정확하게 일치하는 값을 찾을 것인지, 근사값을 찾을 것인지를 결정하는 논리값이다.

Tip

Range_lookup 인수에서의 입력값이 true이거나 생략되면 정확한 값이 없는 경우를 의미하며 이럴 경우에는 근사값 즉 lookup_value보다 작은 값 중에서 최댓값을 찾는다. 만일 입력값이 false 이면 정확하게 일치하는 값을 찾으며 만일 일치하는 값이 없으면 #N/A 오류값을 표시한다.

아래 화면은 '입사 지원자 현황' 표의 면접점수를 면접 등급표의 목록을 참조로 하여 지원자의 각각의 면접점수를 표기하는 작업이다. 화면상으로 목록(면접등급표)이 수직으로 나열되어 있기 때문에 찾기/참조 함수 중에서 VLOOKUP을 사용해야 한다.

예를 들어 입사지원자 중에서 김한국의 경우에는 면접등급을 A를 받았기 때문에 면접등급표를 참조하면 A는 50점에 해당하므로 면접점수는 50점이 된다.

	A	B	C	D	E
1	입사 지원자 현황				
2	성명	부서	면접등급	필기점수	면접점수
3	김한국	영업부	A	45	
4	정미애	영업부	B	25	
5	박진만	총무부	B	40	
6	강현태	총무부	A	30	
7	강수정	영업부	E	25	
8	최현우	총무부	D	30	
9	박미정	영업부	D	36	
10	안혁진	영업부	C	42	
11					
12	면접등급표				
13	면접등급	평점			
14	A	50			
15	B	40			
16	C	30			
17	D	20			
18	E	10			

함수마법사를 사용하여 면접점수를 구하는 방법은 다음순서와 같다.

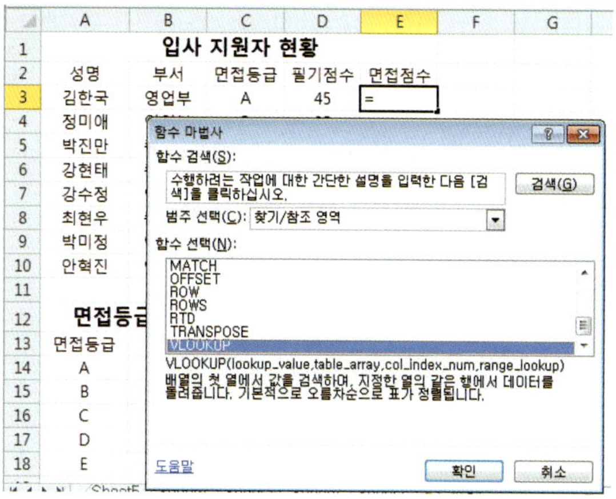

함수마법사 실행 1:

① 셀 E3에서 클릭함

② 그림 모음에서 *fx* 클릭: 함수마법사

③ 범주선택: 찾기/참조 영역
   함수선택: VLOOKUP

④ 확인 클릭

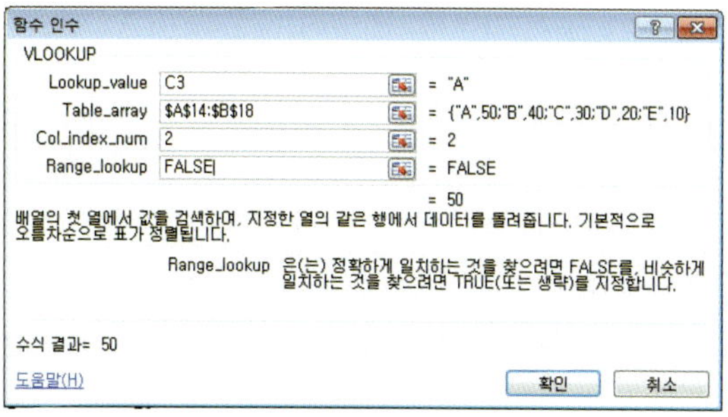

함수마법사 실행 2:

함수인수 상자 입력

① Lookup_value: C3

② Table_array: $A$14:$B$18

③ Col_index_num: 2

④ Range_lookup: FALSE

⑤ 확인 클릭

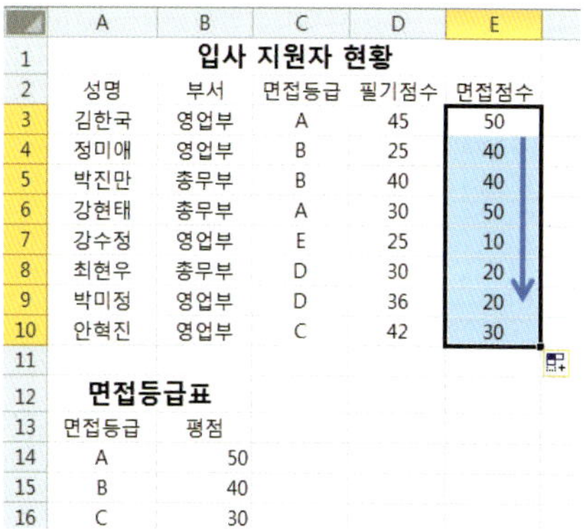

수식 자동 입력(채우기 핸들)

채우기 핸들을 사용하여 셀 E3에서 시작하여 셀 E10까지 마우스를 사용하여 드래그함

Tip

찾기/참조 함수에서 참조할 목록(Table_array)은 절대주소 사용

- 위의 함수인수 입력 상자에서 Table_array(참조할 목록이 있는 배열)는 상대주소가 아닌 절대주소를 사용해야 함. 이유는 수식자동 입력 시에 채우기 핸들을 사용하여 마우스를 드래그할 경우에 상대주소를 사용하면 오류가 발생함
- Col_index_num 인수는 목록에서 몇 번째 열의 값을 가져올 것인지를 결정함(여기에서는 두 번째 열인 평점을 의미함으로 2를 입력함)

2 HLOOKUP 함수

HLOOKUP 함수는 참조할 데이터 목록이 수평 방향인 경우 사용한다. 즉 비교값이 첫 행에 있으면 HLOOKUP을 사용한다.

구분 HLOOKUP(Lookup_value, Table_array, Row_index_num, Range_lookup)
HLOOKUP(기준값, 기준표범위, 행번호, 옵션)

인수
- ➔ 기준 값(Lookup_value): 배열의 첫째 행에서 찾을 값이다. Lookup_ value는 숫자, 참조 영역 또는 문자열을 지정할 수 있다.
- ➔ 기준표 범위(Table_array): 데이터를 찾을 정보 표이다. 데이터베이스나 목록과 같은 범위의 참조 영역 또는 범위 이름을 사용한다. range_lookup이 true이면 table_array의 첫 행에 있는 값은 오름차순(…, −2, −1, 0, 1, 2, …, A−Z, false, true)으로 정렬되어 있어야 하며 그렇지 않으면 HLOOKUP은 정확한 값을 찾지 못할 수 있다.
- ➔ 행 번호(Row_index_num): 비교값과 같은 열에 있는 값을 표시할 table_array의 행 번호이다.
- ➔ 옵션(Range_lookup): HLOOKUP이 정확하게 일치하는 값을 찾을 것인지, 근사값을 찾을 것인지를 결정하는 논리값이다.

Tip

TRUE이거나 생략되면 정확한 값이 없는 경우를 의미하며 이런 경우에는 근사값, 즉 lookup_value보다 작은 값 중에서 최댓값을 찾는다.

FALSE이면 정확하게 일치하는 값을 찾으며 만일 일치하는 값이 없으면 #N/A 오류값을 표시한다.

	A	B	C	D	E
1			환자진료현황		
2	초진일	재진일	진료코드	환자명	진료과목
3	01월12일	01월25일	NE	조성진	
4	01월13일	02월14일	IT	박성희	
5	01월14일	01월20일	PE	도명준	
6	01월15일	03월06일	SU	장영호	
7	01월16일	02월26일	IT	정승환	
8	01월17일	04월24일	NE	김가영	
9	01월18일	02월11일	PE	서영철	
10					
11			진료코드표		
12	진료코드	PE	IT	SU	NE
13	담당의사	김영희	나준길	최만영	조수진
14	진료과목	소아과	내과	외과	신경과

위의 화면은 '환자진료현황'표에서 '진료코드'에 있는 내용을 '진료코드표'의 목록을 참조하여 해당되는 진료과목의 내용을 표기하는 것이다. 참조할 목록이 수평방향으로 나열되어 있기 때문에 찾기/참조 함수에서 HLOOKUP을 사용해야 한다.

함수마법사를 사용하여 답을 구하면 다음과 같은 순서로 이루어진다.

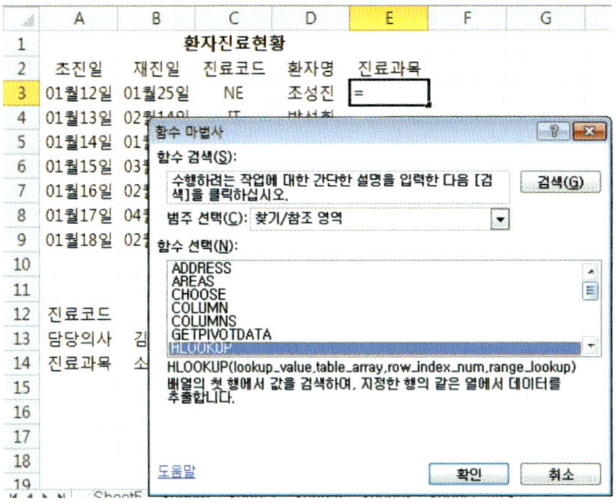

함수마법사 실행 1:

① 셀 E3에서 클릭함
② 그림 모음에서 *fx* 클릭: 함수마법사
③ 범주선택: 찾기/참조 영역
   함수선택: HLOOKUP
④ 확인 클릭

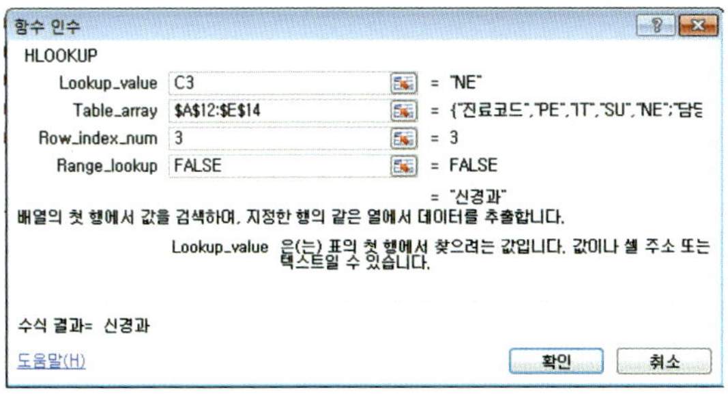

함수마법사 실행 2:

함수인수 상자 입력

① Lookup_value: C3
② Table_array: $B$12:$E$14
③ Row_index_num: 3
④ Range_lookup: FALSE
⑤ 확인 클릭

Tip

상대주소에서 절대주소로 바꿀 때 F4 활용

상대주소에서 절대주소를 바꿀 때에 키보드 상단에 있는 function key인 F4를 활용하면 쉽게 절대주소로 변환시킬 수 있다. 예를 들어 상대주소 A10은 F4키를 한번 누를 때마다 A10 → $A$10 → A$10 → $A10 → A10으로 변환한다.

	A	B	C	D	E
1	환자진료현황				
2	초진일	재진일	진료코드	환자명	진료과목
3	01월12일	01월25일	NE	조성진	신경과
4	01월13일	02월14일	IT	박성희	내과
5	01월14일	01월20일	PE	도명준	소아과
6	01월15일	03월06일	SU	장영호	외과
7	01월16일	02월26일	IT	정승환	내과
8	01월17일	04월24일	NE	김가영	신경과
9	01월18일	02월11일	PE	서영철	소아과
10					
11	진료코드표				
12	진료코드	PE	IT	SU	NE
13	담당의사	김영희	나준길	최만영	조수진
14	진료과목	소아과	내과	외과	신경과

수식 자동 입력(채우기 핸들)

채우기 핸들을 사용하여 셀 E3에서 시작하여 셀 E9까지 마우스를 사용하여 드래그함

3 CHOOSE 함수

CHOOSE 함수는 index_num 인수와 value1, value2, value3, …, value29의 인수를 사용하며 index_num 인수로 지정된 값을 29까지 지정할 수 있는 함수이다. 즉, index_num의 값이 1이면 value1의 인수에 지정된 값이 실행되고, 값이 2이면 value2의 인수에 지정된 값이 실행되며, … 이렇게 해서 29개까지의 인수값의 지정이 가능하다. CHOOSE 함수는 논리함수인 IF보다 범위가 크므로 사용하기가 훨씬 편리하다.

구분 CHOOSE(index_num, value1, value2, …, value29)

인수
- ➔ 색인 값(index_num): 골라낼 인수의 위치, 1에서 29까지의 수 또는 수식이나 셀 주소
- ➔ 값1(value1): index_num의 값이 1이면 지정할 값, 숫자, 셀 주소, 문자, 수식
- ➔ 값2(value2): index_num의 값이 2이면 지정할 값, 숫자, 셀 주소, 문자, 수식

예 CHOOSE(3,A1,A2,A3,A4) → A3 에 있는 값
CHOOSE(2,"월요일","화요일","수요일","목요일") → 화요일

아래의 '인사기록표'는 승진시험의 결과를 바탕으로 순위(RANK 함수)를 정하여 순위에 따라서 1위~2위는 '승진', 3위~5위는 '보너스', 6위~8위는 '현상유지'를 결과란에 표시하는 작업이다.

	A	B	C	D
1		인사기록표		
2	사원번호	사원명	승진시험	결과
3	991011	송준형	86	
4	991012	최선린	78	
5	991013	유준호	96	
6	991014	김병배	74	
7	991015	조진희	80	
8	991016	고상온	92	
9	991017	김기현	68	
10	991018	김영은	90	

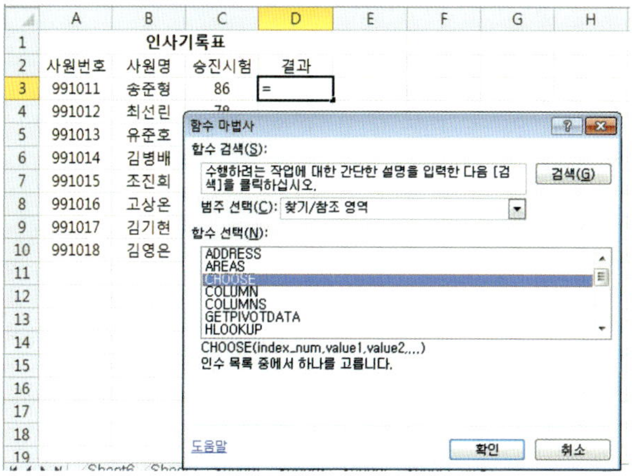

함수마법사 실행 1:

① 셀 D3에서 클릭함
② 그림 모음에서 *fx* 클릭: 함수마법사
③ 범주선택: 찾기/참조 영역
함수선택: CHOOSE
④ 확인 클릭

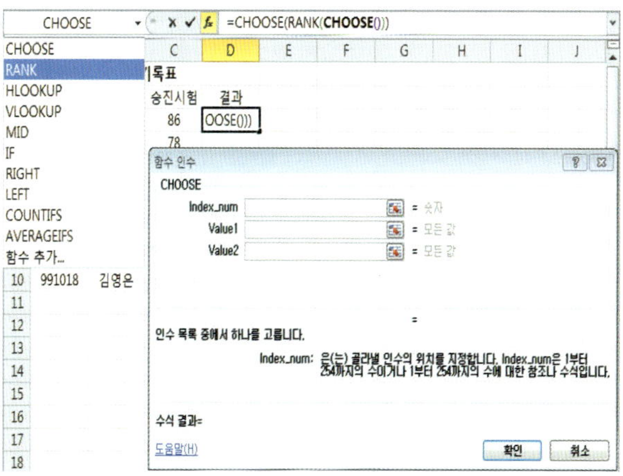

함수마법사 실행 2:
(RANK 함수 불러오기)

① Index_num 클릭
② 화면의 왼쪽 상단에 위치한 ▼를 클릭하여 함수 RANK를 클릭함
* 화면상에 RANK가 나타나 있지 않을 경우는 맨 밑의 '함수 추가'를 사용하여 RANK를 불러옴

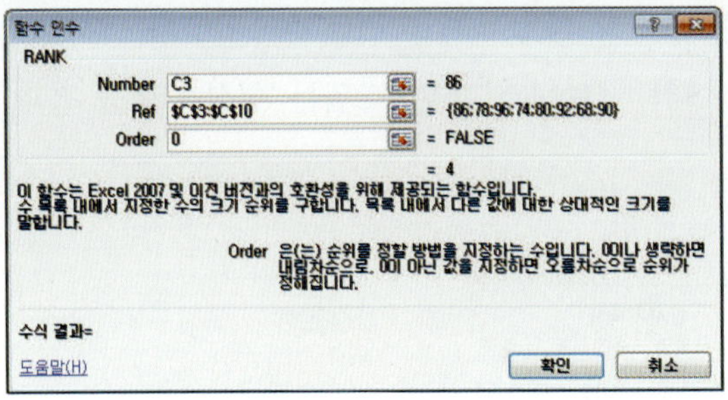

함수마법사 실행 3:
함수인수 상자 입력(RANK 함수)

① Number: C3 입력
② Ref: $C$3:$C$10
③ Order: 0 입력
*주의: 여기서 확인을 클릭하면 에러가 발생함

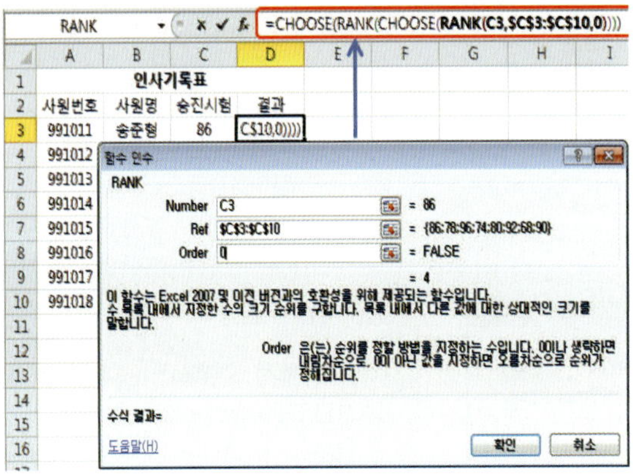

함수마법사 실행 4:
(CHOOSE 함수로 돌아가기)

① RANK 함수인수 상자의 입력을 마친 후 확인을 클릭하지 않고 수식 입력 상자의 CHOOSE를 클릭함

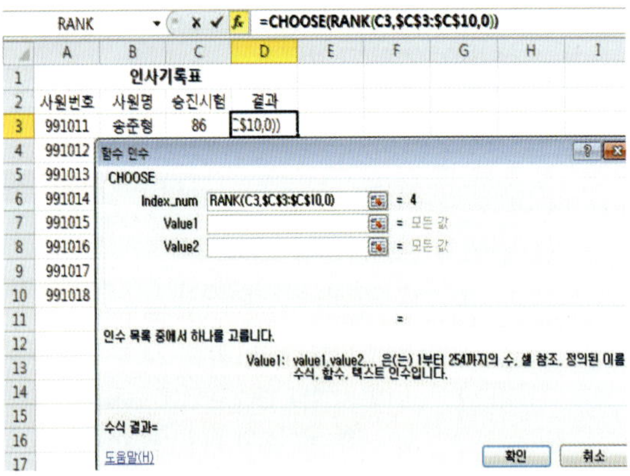

함수마법사 실행 4:
(CHOOSE 함수로 돌아가기)

① RANK 함수인수 입력을 완료하고 위와 같이 수식 입력 상자의 CHOOSE 함수로 되돌아오면 왼쪽과 같다

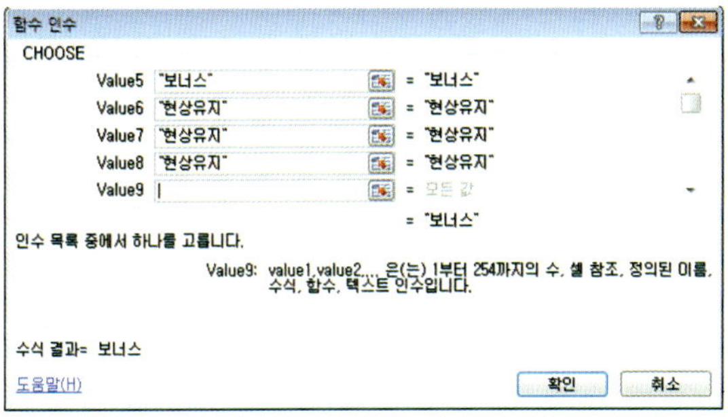

함수마법사 실행 5:

(CHOOSE 함수인수 입력)

① Value1: "승진"
② Value2: "승진"
③ Value3: "보너스"
④ Value4: "보너스"
⑤ Value5: "보너스"
⑥ Value6: "현상유지"
⑦ Value7: "현상유지"
⑧ Value8: "현상유지" 입력

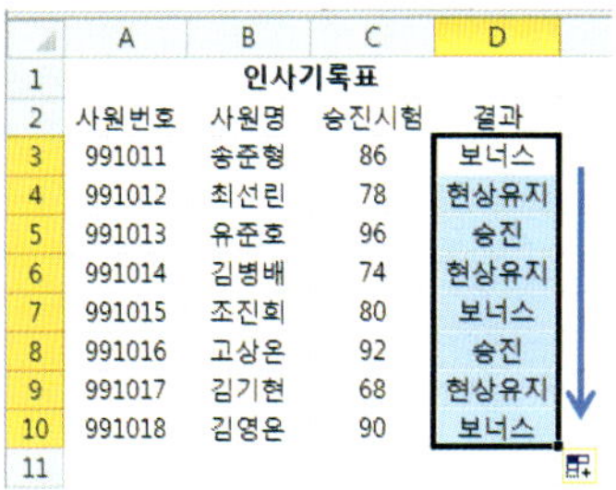

	A	B	C	D
1		인사기록표		
2	사원번호	사원명	승진시험	결과
3	991011	송준형	86	보너스
4	991012	최선린	78	현상유지
5	991013	유준호	96	승진
6	991014	김병배	74	현상유지
7	991015	조진희	80	보너스
8	991016	고상온	92	승진
9	991017	김기현	68	현상유지
10	991018	김영온	90	보너스
11				

수식 자동 입력(채우기 핸들)

채우기 핸들을 사용하여 셀 D3에서 시작하여 셀 D10까지 마우스를 사용하여 드래그함

실습 7-1

'학생신상' 완성하기

아래와 같이 '학생신상'을 입력한 후, 텍스트 함수를 이용하여 다음을 구하라.

	A	B	C	D	E	F	G	H	I
1					학생 신상				
2									
3	번호	성명	주민등록번호	성별	성	이름	생년	생월	생일
4	1	이순신	801010-1234567						
5	2	강감찬	771010-2234568						
6	3	김두한	671101-1334569						
7	4	김병철	670817-1654769						
8	5	정진영	560918-2236745						
9	6	이정재	780203-1985645						
10	7	이영인	820710-1459876						
11	8	박신양	670604-1874512						
12	9	최민수	800504-2765438						
13	10	전도연	760203-2286745						
14	11	최진실	650403-1426537						
15	12	이병헌	560514-1963568						
16	13	송혜교	681111-2965745						

	A	B	C	D	E	F	G	H	I
1					학생 신상				
2									
3	번호	성명	주민등록번호	성별	성	이름	생년	생월	생일
4	1	이순신	801010-1234567	남	이	순신	80	10	10
5	2	강감찬	771010-2234568	여	강	감찬	77	10	10
6	3	김두한	671101-1334569	남	김	두한	67	11	01
7	4	김병철	670817-1654769	남	김	병철	67	08	17
8	5	정진영	560918-2236745	여	정	진영	56	09	18
9	6	이정재	780203-1985645	남	이	정재	78	02	03
10	7	이영인	820710-1459876	남	이	영인	82	07	10
11	8	박신양	670604-1874512	남	박	신양	67	06	04
12	9	최민수	800504-2765438	여	최	민수	80	05	04
13	10	전도연	760203-2286745	여	전	도연	76	02	03
14	11	최진실	650403-1426537	남	최	진실	65	04	03
15	12	이병헌	560514-1963568	남	이	병헌	56	05	14
16	13	송혜교	681111-2965745	여	송	혜교	68	11	11

성명에서 성만 찾아보기

❶ 함수마법사 실행

E4셀을 클릭한 뒤 [함수 추가] 메뉴를 선택하고, 텍스트 범주를 선택하여 LEFT를 찾고 확인 버튼을 누른다.

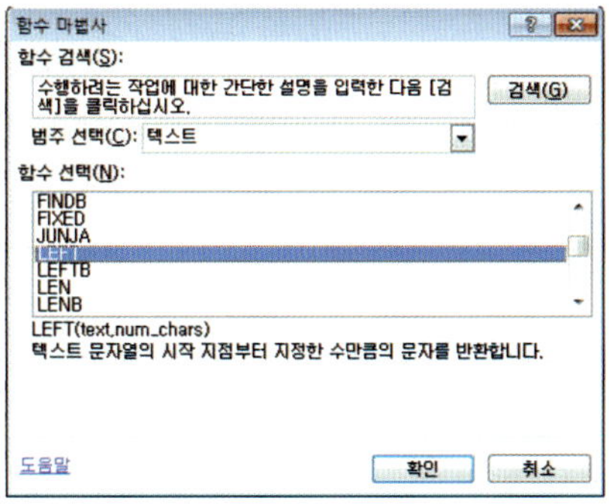

❷ 인수입력

LEFT함수의 첫 번째 인수로 이름이 들어 있는 셀을 클릭하여 B4가 입력되게 하고, 두 번째 인수로 성을 찾아내는 데 필요한 문자열의 개수인 1을 입력하고 확인 버튼을 클릭한다. E4셀에 셀 포인터가 있는 상태에서 채우기 핸들을 E16까지 드래그하여 모든 셀을 채운다.

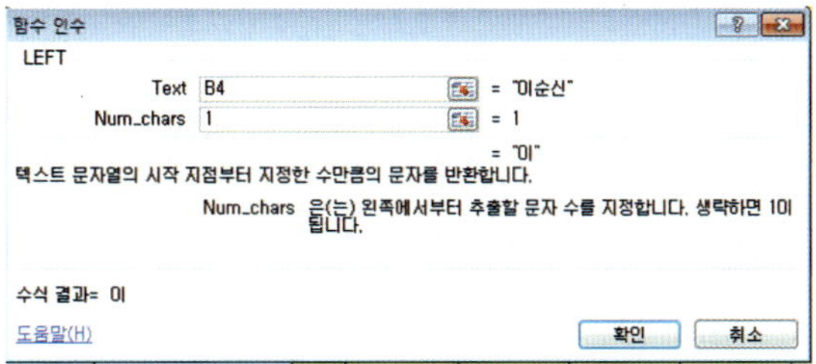

성명에서 이름만 찾아보기

❶ 함수마법사 실행

F4셀을 클릭한 뒤 [함수 추가] 메뉴를 선택하고, 텍스트 범주를 선택하여 RIGHT를 찾고 확인 버튼을 누른다.

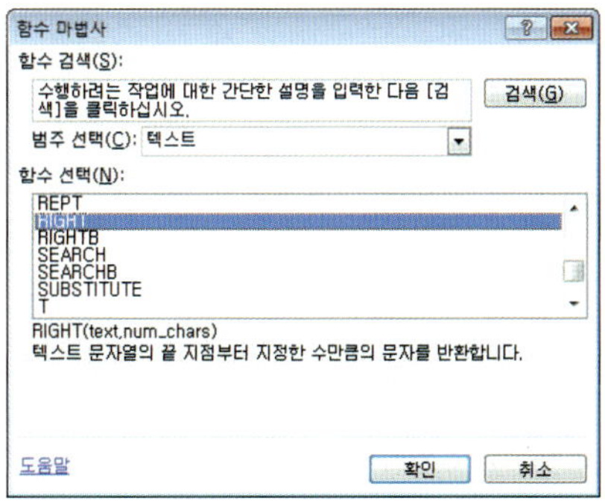

② 인수입력

RIGHT함수의 첫 번째 인수로 이름이 들어있는 셀을 클릭하여 B4가 입력되게 하고, 두 번째 인수로 이름을 찾아내는 데 필요한 문자열의 개수인 2를 입력하고 확인 버튼을 클릭한다.

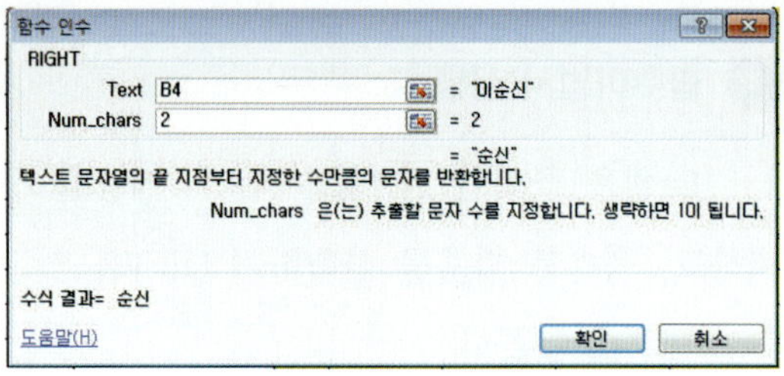

생년 구하기

G4셀을 클릭한 뒤 'LEFT' 함수를 실행한다. 첫 번째 인수로 주민등록번호가 입력되어 있는 C4셀을 클릭하고, 두 번째 인수로 주민등록번호에서 태어난 연도를 의미하는 숫자 2개가 첫 2문자이므로 2를 입력하고 확인 버튼을 클릭한다.

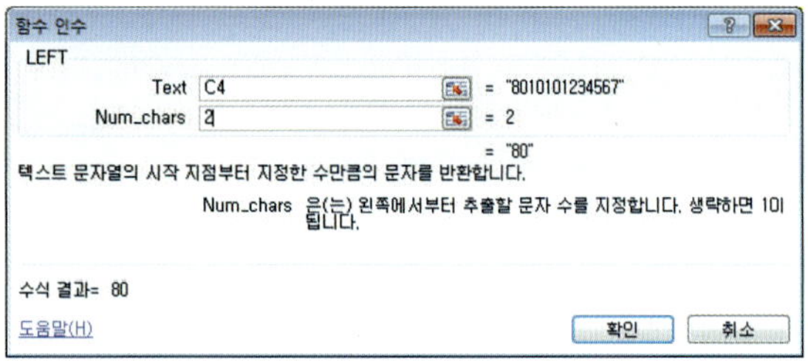

생월 구하기

H4셀을 클릭한 뒤 'MID' 함수를 실행한다. MID 함수의 첫 번째 인수로 주민등록번호가 입력되어 있는 C4셀을 클릭하고, 두 번째 인수로 주민등록번호에서 태어난 달을 의미하는 숫자 3번째 문자이므로 3, 세 번째 인수로 2문자가 필요하므로 2를 입력하고 확인 버튼을 클릭한다.

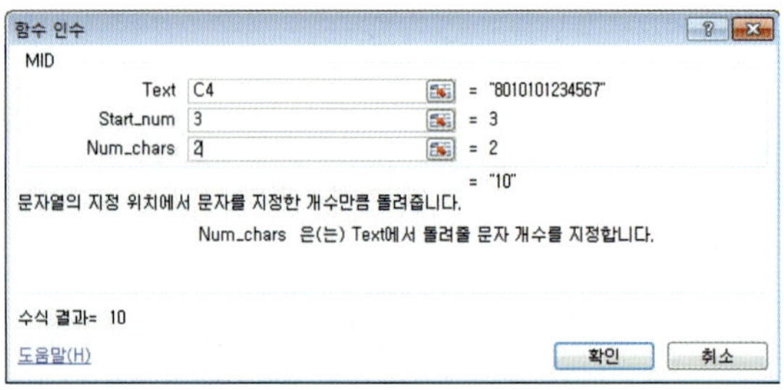

생일 구하기

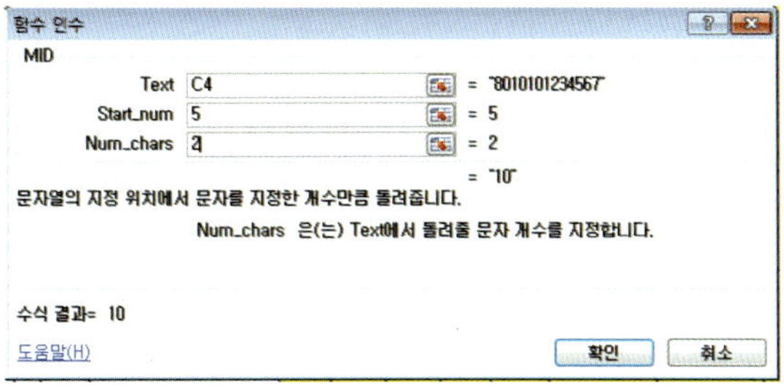

I4셀을 클릭한 뒤 'MID' 함수를 실행한다. MID함수의 첫 번째 인수로 주민등록번호가 입력되어 있는 C4셀을 클릭하고, 두 번째 인수로 주민등록번호에서 태어난 날을 의미하는 숫자가 5번째 문자이므로 5, 세 번째 인수로 2문자가 필요하므로 2를 입력하고 확인 버튼을 클릭한다.

주민등록번호의 성별구분 찾아보기

❶ 함수마법사 실행

주민등록번호에서 성별 구분 코드를 찾아내어 "남", "여"가 입력되게 한다.

D4셀을 클릭한 뒤 [함수 추가] 메뉴를 선택하고, 범주에서 논리함수를 선택하고, IF를 선택한 뒤, 확인 버튼을 클릭한다. IF 함수의 첫 번째 인수로 MID 함수를 사용하여 주민등록번호 뒷자리에서 성별구분 코드인 1, 2를 찾아내야 하므로 왼쪽 상단의 함수 추가 버튼을 클릭한 후, 텍스트 범주를 선택하여 MID를 찾고 확인 버튼을 누른다.

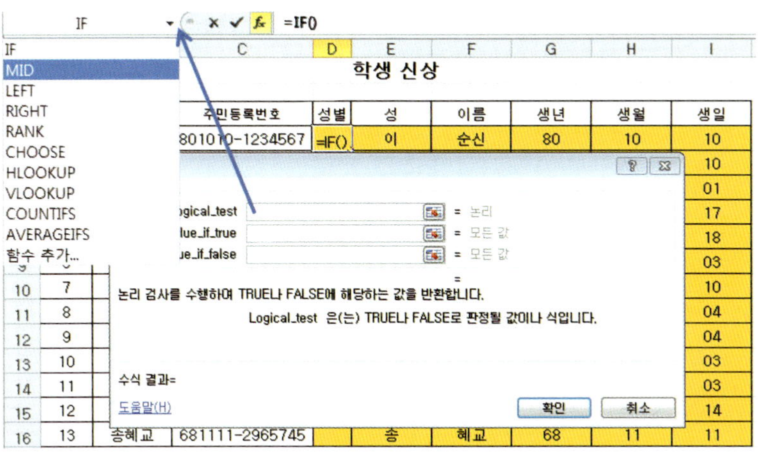

② 인수입력(MID 함수)

MID 함수의 첫 번째 인수로 주민등록번호가 들어 있는 셀을 클릭하여 C4가 입력되게 한다. 두 번째 인수로 주민등록번호 뒷자리에서 성별구분 코드인 1, 2의 위치를 입력한다. 이 경우는 C4셀에 입력된 주민등록번호가 셀 서식에서 주민등록번호 형식으로 설정된 값이므로 실제로 입력된 것은 번호 13자리뿐이다. 그러므로 뒷자리는 7번째 문자가 된다. 만약, 주민등록번호 입력시 가운데 하이픈(−)을 직접 입력했다면 8번째 문자가 된다. 따라서 두 번째 인수로 7을 입력하고, 세 번째 인수로 필요한 문자열의 개수인 1을 입력한다. MID 함수 인수 상자의 입력을 마친 후 확인을 클릭하지 않고 수식 입력 상자의 'IF'를 클릭한다.

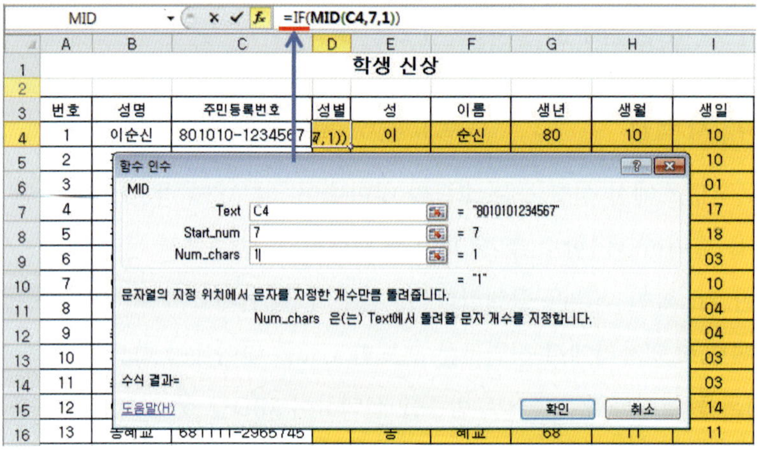

③ 인수입력(IF 함수)

IF 함수의 첫 번째 인수로 MID 함수를 사용하여 주민등록번호 뒷자리에서 성별구분 코드인 1,2를 찾아내야 하므로 'MID(C4,7,1) = "1"'을 입력한다. 이때, 반드시 " "를 입력하여 1을 입력한다. 그렇지 않으면 IF문에서 조건을 제대로 검사해주지 않는다(즉, 뒷자리가 1이어도 "여"가 된다). IF 함수의 두 번째 인수로, 조건이 만족할 때(뒷자리 첫 글자가 1일 때) "남", 세 번째 인수로 조건에 만족하지 않으면 "여"가 들어가도록 입력하고 확인 버튼을 클릭한다. 모두 자동채우기를 한다.

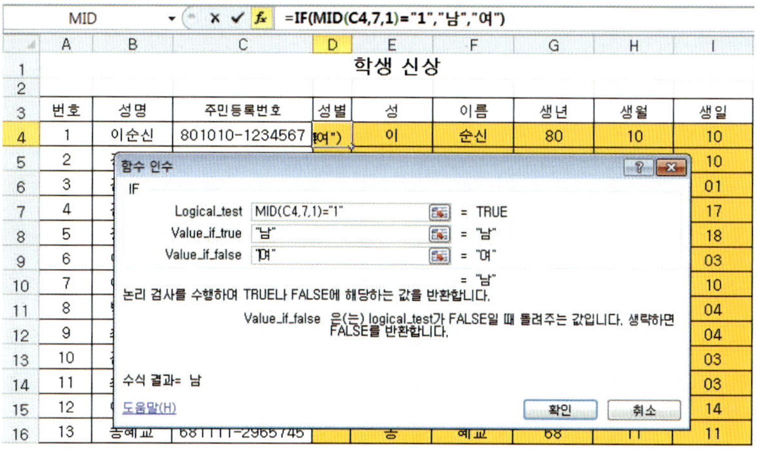

MID
=IF(MID(C4,7,1)="1","남","여")
학생 신상
번호
성명
주민등록번호
성별
성
이름
생년
생월
생일
1
이순신
801010-1234567
여")
이
순신
80
10
10
함수 인수
IF
Logical_test MID(C4,7,1)="1" = TRUE
Value_if_true "남" = "남"
Value_if_false "여" = "여"
= "남"
논리 검사를 수행하여 TRUE나 FALSE에 해당하는 값을 반환합니다.
Value_if_false 은(는) logical_test가 FALSE일 때 돌려주는 값입니다. 생략하면 FALSE를 반환합니다.
수식 결과= 남
도움말(H)
확인
취소

실습 7-2

'연장근무수당 및 출장비 지급내역'

아래와 같이 '연장근무수당 및 출장비 지급내역'을 입력한 후, 지시사항대로 다음을 구하라.

연장근무수당 및 출장비 지급내역

성명	사원코드	소속부서	출장기간	연장근무	연장근무수당	숙박비	교통비	지급총액
김성준	98031		2박3일	120시간				
천진희	99072		4박5일	70시간				
김영빈	97083		5박6일	80시간				
김영훈	96092		1박2일	30시간				
이은정	89033		6박7일	180시간				
정혜빈	88101		3박4일	60시간				
이남주	95122		2박3일	50시간				
방경자	93041		4박5일	40시간				
노세환	96053		5박6일	65시간				
장미영	98052		1박2일	48시간				

↓

연장근무수당 및 출장비 지급내역

성명	사원코드	소속부서	출장기간	연장근무	연장근무수당	숙박비	교통비	지급총액
김성준	98031	기획부	2박3일	120시간	240,000	110,000	75,000	425,000
천진희	99072	영업부	4박5일	70시간	140,000	220,000	125,000	485,000
김영빈	97083	홍보부	5박6일	80시간	160,000	275,000	150,000	585,000
김영훈	96092	영업부	1박2일	30시간	60,000	55,000	50,000	165,000
이은정	89033	홍보부	6박7일	180시간	360,000	330,000	175,000	865,000
정혜빈	88101	기획부	3박4일	60시간	120,000	165,000	100,000	385,000
이남주	95122	영업부	2박3일	50시간	100,000	110,000	75,000	285,000
방경자	93041	기획부	4박5일	40시간	80,000	220,000	125,000	425,000
노세환	96053	홍보부	5박6일	65시간	130,000	275,000	150,000	555,000
장미영	98052	영업부	1박2일	48시간	96,000	55,000	50,000	201,000

지시사항

- 소속부서: 사원 코드의 끝자리가 1이면 기획부, 2면 영업부, 3이면 홍보부로 입력된다.
- 연장근무수당: 근무시간*2,000
- 숙박비: 1박당 55,000원
- 교통비: 1일당 25,000원
- 지급총액: 연장근무수당+숙박비+교통비

소속부서 구하기

❶ 함수마법사 실행

C4셀을 클릭한 뒤 [함수 추가] 메뉴를 선택하고, 범주에서 논리함수를 선택하고, IF를 선택한 뒤, 확인 버튼을 클릭한다. IF함수의 첫 번째 인수로 RIGHT 함수를 사용하여 사원코드 끝자리에서 소속부서 구분 코드인 1, 2, 3을 찾아내야 하므로 왼쪽 상단의 함수 추가 버튼을 클릭한 후, 텍스트 범주를 선택하여 RIGHT를 찾고 확인 버튼을 누른다.

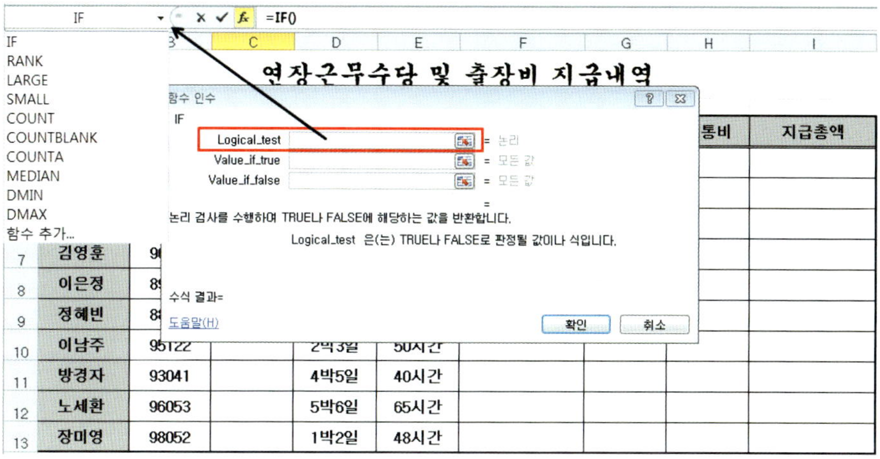

❷ 인수입력(RIGHT 함수)

RIGHT 함수의 첫 번째 인수로 사원코드가 들어 있는 셀을 클릭하여 B4가 입력되게 하고, 두 번째 인수로 1을 입력한다. RIGHT 함수인수 상자의 입력을 마친 후 확인을 클릭하지 않고 수식 입력 상자의 'IF'를 클릭한다.

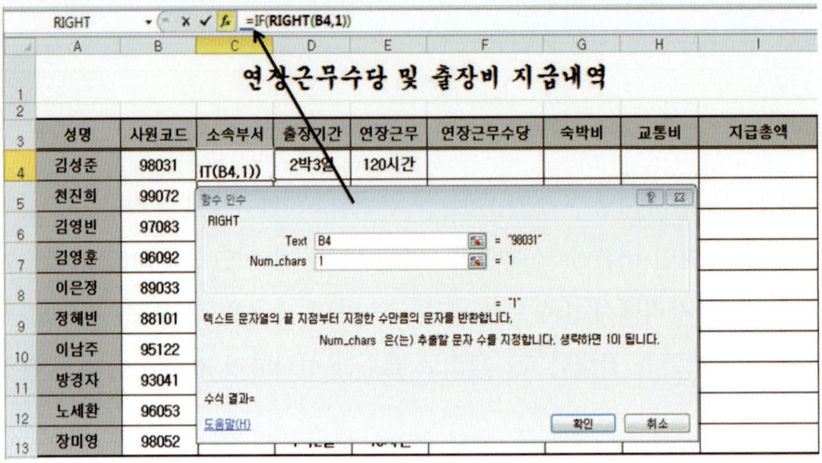

③ 인수입력(IF 함수 1.)

IF 함수의 첫 번째 인수로 RIGHT 함수를 사용하여 사원코드 끝자리에서 소속부서 구분 코드인 1, 2, 3을 찾아내야 하므로 'RIGHT(B4,1)="1"'을 입력한다. 이때, 반드시 " "를 입력하여 1을 입력한다. 그렇지 않으면 IF문에서 조건을 제대로 검사해주지 않는다. IF 함수의 두 번째 인수로, 조건이 만족할 때(끝자리 첫 글자가 1일 때) "기획부"를 입력한다. 세 번째 인수로 조건이 만족하지 않을 때 다시 판정해야 하므로 왼쪽 상단에 있는 함수 추가 버튼에서 'IF'를 클릭한다.

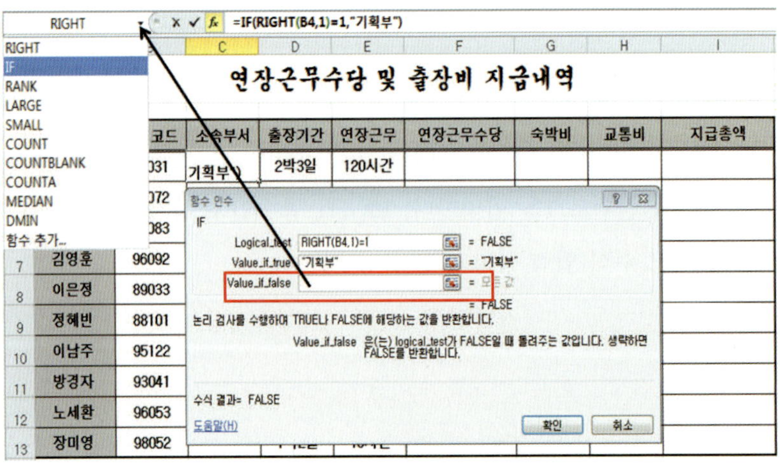

❹ 인수입력(IF 함수 2.)

IF 함수의 첫 번째 인수에서 RIGHT 함수를 다시 추가한다. RIGHT 함수의 인수로 B4와 1을 입력한 후 확인을 클릭하지 않고 수식 입력 상자의 'IF'를 클릭하여 다시 IF로 돌아온다. IF 함수의 첫 번째 인수로 'RIGHT(B4,1)="2"'를 입력하고, 두 번째 인수로 "영업부"를 입력하고, 세 번째 인수로 "홍보부"를 입력한다.

입력이 완료된 후 함수식은

'=IF(RIGHT(B4,1)="1","기획부",IF(RIGHT(B4,1)="2","영업부","홍보부"))'

가 된다.

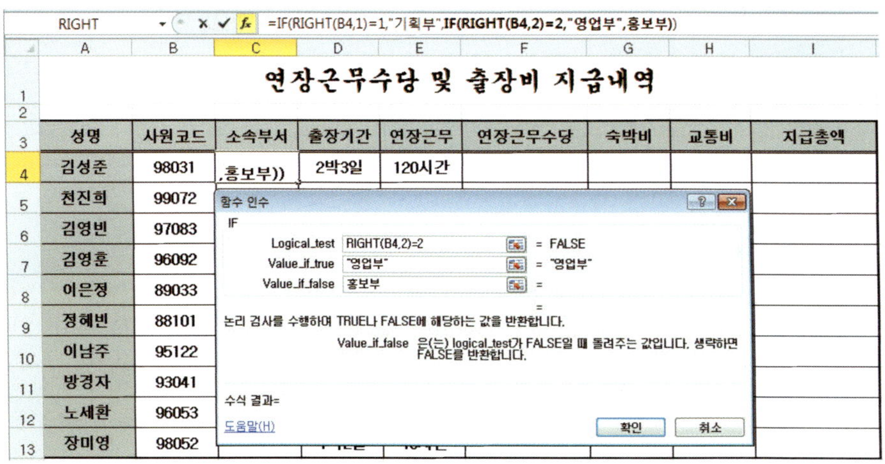

연장근무수당 구하기

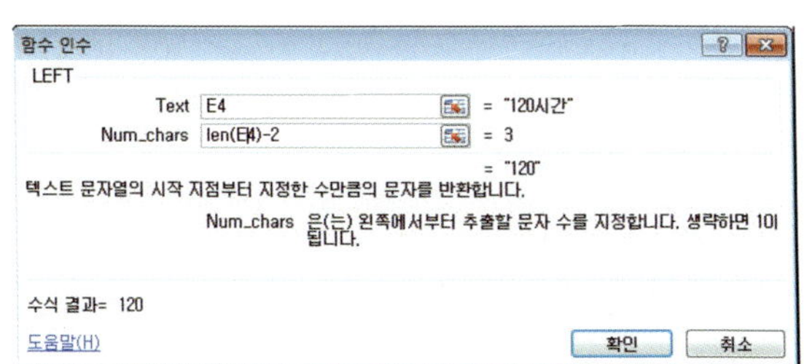

F4셀을 클릭한 뒤, 함수 범주에서 텍스트를 선택한 뒤 'LEFT'를 선택하고, 확인 버튼을 클릭한다. LEFT 함수의 첫 번째 인수로 E4셀을 선택하고, 두 번째 인수로 시간이 필요하므로 연장근무시간에서 "시간" 2글자만 제외하고 가지고 오기 위해 LEN 함수를 이용한다. "LEN(E4)−2"를 두 번째 인수로 입력하면 연장근무시간에서 숫자

만 가지고 오게 된다. 확인 버튼을 클릭한다.

그리고, 시간당 2,000원의 수당이 주어지므로 수식입력줄에서 LEFT 함수의 결과값에 2,000을 곱해준다.

LEFT | =Len(E4,Len(E4)-2)*2000

	A	B	C	D	E	F	G	H	I
1	연장근무수당 및 출장비 지급내역								
2									
3	성명	사원코드	소속부서	출장기간	연장근무	연장근무수당	숙박비	교통비	지급총액
4	김성준	98031	홍보부	2박3일	120시간	120시간	=Len(E4,Len(E4)-2)*2000		
5	천진희	99072	홍보부	4박5일	70시간	70시간			
6	김영빈	97083	홍보부	5박6일	80시간	80시간			
7	김영훈	96092	홍보부	1박2일	30시간	30시간			
8	이은정	89033	홍보부	6박7일	180시간	180시간			
9	정혜빈	88101	홍보부	3박4일	60시간	60시간			
10	이남주	95122	홍보부	2박3일	50시간	50시간			
11	방경자	93041	홍보부	4박5일	40시간	40시간			
12	노세환	96053	홍보부	5박6일	65시간	65시간			
13	장미영	98052	홍보부	1박2일	48시간	48시간			

Tip

LEN(문자) 함수

LEN 함수는 문자열의 문자수를 구하는 함수이다. 문자열의 길이를 알아내며, 공백도 문자로 계산한다.

숙박비 구하기

1박에 숙박비 55,000원이 책정되므로 출장기간이 입력되어 있는 D4셀에서 첫 번째 숫자만 가지고 와서 55,000원을 곱해준다. "=LEFT(D4,1)*55,000"

교통비 구하기

출장기간에서 일수에 따라 25,000원씩 책정되므로 출장기간이 입력되어 있는 D4셀에서 3번째 글자 1개만 가지고 와서 25,000원을 곱해준다. "=MID(D4,3,1)*25000"

지급총액 구하기

I4셀을 클릭한 뒤 자동합계 버튼을 클릭한다. I4셀에 입력된 셀의 주소가 "=SUM(F4:H4)"가 맞는지 확인하고 Enter↵ 한다.

실습 7-3

'별점매기기' 완성하기

아래와 같이 '별점매기기'를 입력한 후, '별개수'와 '별점'을 구하라.

	A	B	C	D	E	F	G
1				별점매기기			
2							
3	영화제목	작품성(50)	흥미(20)	관객동원률(	총점(100)	별개수	별점
4	히치	30	20	15	65	2	★★
5	윔블던	20	15	20	55	1	★
6	마파도	25	20	27	72	3	★★★
7	에비에이터	45	14	15	74	3	★★★
8	레이	50	16	15	81	4	★★★★
9	잠복근무	10	17	22	49	1	★
10							
11	별개수	1	2	3	4	5	
12	별점	★	★★	★★★	★★★★	★★★★★	
13							
14	점수	별갯수					
15	0	1					
16	60	2					
17	70	3					
18	80	4					
19	90	5					

	A	B	C	D	E	F	G
1				별점매기기			
2							
3	영화제목	작품성(50)	흥미(20)	관객동원률(	총점(100)	별개수	별점
4	히치	30	20	15	65	2	★★
5	윔블던	20	15	20	55	1	★
6	마파도	25	20	27	72	3	★★★
7	에비에이터	45	14	15	74	3	★★★
8	레이	50	16	15	81	4	★★★★
9	잠복근무	10	17	22	49	1	★
10							
11	별개수	1	2	3	4	5	
12	별점	★	★★	★★★	★★★★	★★★★★	
13							
14	점수	별갯수					
15	0	1					
16	60	2					
17	70	3					
18	80	4					
19	90	5					

별개수 구하기

❶ 함수마법사 실행

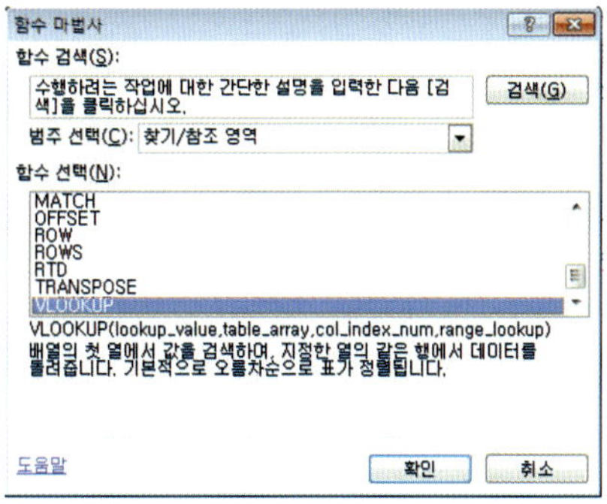

F4셀을 클릭한 뒤 [함수 추가] 메뉴를 선택하고, 함수 범주에서 찾기/참조영역을 선택한 뒤 'VLOOKUP'을 선택하고, 확인 버튼을 클릭한다.

❷ 인수입력

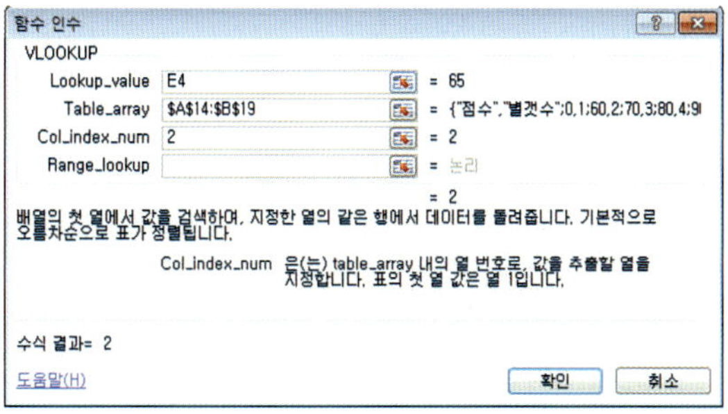

VLOOKUP 함수의 첫 번째 인수로 총점이 입력되어 있는 E4셀을 선택하고, 두 번째 인수로 점수별 별개수에 대한 데이터가 들어있는 테이블인 A14:B19를 선택한 뒤 F4키를 눌러 절대참조한다. 세 번째 인수로 점수별 별개수가 입력되어 있는 2번째 열인 2를 입력하고, 네 번째 인수는 생략하거나 1을 입력한다. 확인 버튼을 클릭한다. F4셀을 선택하고, F9셀까지 자동채우기 한다.

별점 구하기

❶ 함수마법사 실행

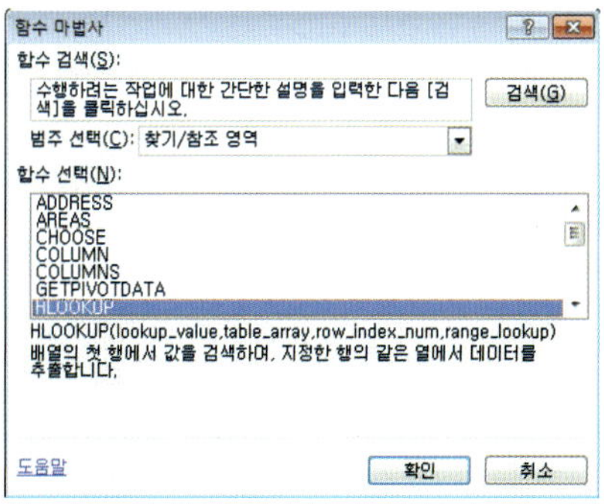

G4셀을 클릭한 뒤, 함수 범주에서 찾기/참조 영역을 선택한 뒤 'HLOOKUP'을 선택하고, 확인 비튼을 클릭한다.

② 인수입력

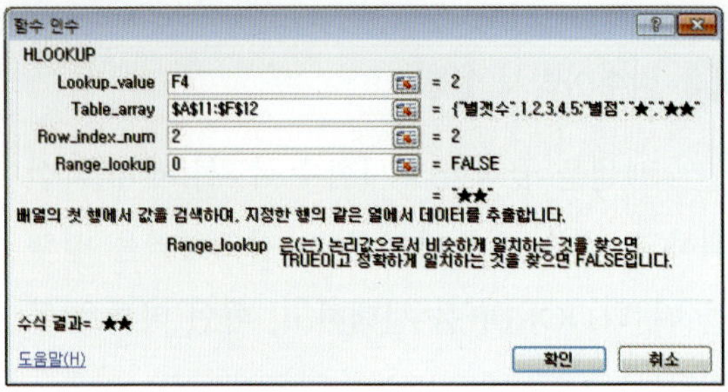

HLOOKUP 함수의 첫 번째 인수로 F4셀을 선택하고, 두 번째 인수로 참조할 데이터가 있는 테이블의 범위인 A11:F12를 선택한 뒤, F4키를 눌러 절대 참조시킨다. 세 번째 인수는 참조할 테이블에서 가지고 올 데이터가 있는 행 번호인 2를 입력하고 네 번째 인수로, 정확한 값을 대입해야 하므로 0을 입력한 뒤 확인 버튼을 클릭한다. G4셀을 선택하고, G9셀까지 자동채우기 한다.

실습 7-4 '제품 판매 현황'표 완성하기

아래와 같이 '제품 판매 현황'을 입력한 후, 우측의 참조표를 이용하여 제품명과 품목은 'VLOOKUP 함수'를 이용하고, 단가는 'HLOOKUP 함수'를 이용하여 입력되게 한다. 금액은 수량과 단가의 곱으로 계산한다.

제 품 판 매 현 황

대리점	제품코드	제품명	품목	수량	단가	금액
장충점	C01			22		
장충점	C02			42		
역삼점	C01			81		
역삼점	C02			22		
송파점	C04			33		
장충점	C03			31		
송파점	C03			20		
역삼점	C03			39		
아현점	C04			31		
송파점	C02			84		

제품코드	제품명	품목
C01	청소기	생활가전
C02	전자레인지	주방가전
C03	밥솥	주방가전
C04	TV	영상가전

제품코드	C01	C02	C03	C04
단가	97,000	135,000	123,000	85,000

↓

제 품 판 매 현 황

대리점	제품코드	제품명	품목	수량	단가	금액
장충점	C01	청소기	생활가전	22	97,000	2,134,000
장충점	C02	전자레인지	주방가전	42	135,000	5,670,000
역삼점	C01	청소기	생활가전	81	97,000	7,857,000
역삼점	C02	전자레인지	주방가전	22	135,000	2,970,000
송파점	C04	TV	영상가전	33	85,000	2,805,000
장충점	C03	밥솥	주방가전	31	123,000	3,813,000
송파점	C03	밥솥	주방가전	20	123,000	2,460,000
역삼점	C03	밥솥	주방가전	39	123,000	4,797,000
아현점	C04	TV	영상가전	31	85,000	2,635,000
송파점	C02	전자레인지	주방가전	84	135,000	11,340,000

제품코드	제품명	품목
C01	청소기	생활가전
C02	전자레인지	주방가전
C03	밥솥	주방가전
C04	TV	영상가전

제품코드	C01	C02	C03	C04
단가	97,000	135,000	123,000	85,000

❶ 제품명 찾기

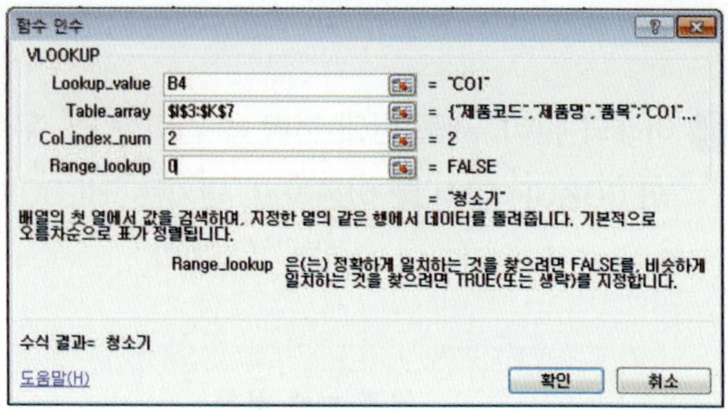

C4셀을 클릭한 뒤, 함수 범주에서 찾기/참조 영역을 선택한 뒤 'VLOOKUP'를 선택하고, 확인 버튼을 클릭한다. VLOOKUP 함수의 첫 번째 인수로 B4셀을 선택하고, 두 번째 인수로 제품코드별 제품명이 입력되어 있는 I3:K7테이블 범위를 선택한 뒤 F4키를 눌러 절대 참조시킨다. 세 번째 인수는 제품명이 입력되어 있는 열 번호인 2를 입력하고, 네 번째 인수로 정확하게 일치하는 값을 찾기 위해 0을 입력한다. 확인 버튼을 클릭한다.

❷ 품목 찾아보기

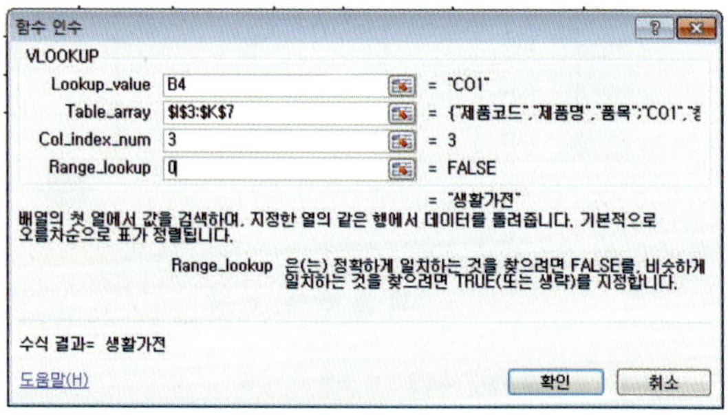

D4셀을 클릭한 뒤, 함수 범주에서 찾기/참조 영역를 선택한 뒤 'VLOOKUP'를 선택하고, 확인 버튼을 클릭한다. VLOOKUP 함수의 첫 번째 인수로 B4셀을 선택하고, 두 번째 인수로 제품코드별 품목명이 입력되어 있는 I3:K7 테이블 범위를 선택한 뒤 F4키를 눌러 절대 참조시킨다. 세 번째 인수는 품목명이 입력되어 있는 열 번호인 3을 입력하고 네 번째 인수로 정확하게 일치하는 값을 찾기 위해 0을 입력한다. 확인 버튼을 클릭한다.

❸ 단가 구하기

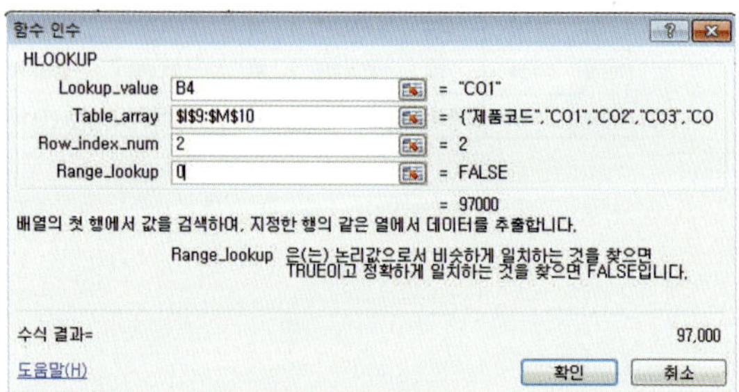

F4셀을 클릭한 뒤, 함수 범주에서 찾기/참조 영역을 선택한 뒤 'HLOOKUP'를 선택하고, 확인 버튼을 클릭한다. HLOOKUP 함수의 첫

번째 인수로 B4셀을 선택하고, 두 번째 인수로 단가가 입력되어 있는 테이블 범위인 I9:M10을 선택한 뒤, F4키를 눌러 절대 참조시킨다. 세 번째 인수는 단가가 입력되어 있는 행 번호인 2를 입력하고 네 번째 인수는 0을 입력한다. 확인 버튼을 클릭한다.

❹ 금액 구하기

금액은 수량과 단가의 곱하기한 결과 이므로 G4셀에 "=E4*F4"를 입력하고, Enter↵키를 누른다.

실습 7-5

'자격시험 결과'표 완성하기

아래와 같이 '자격시험 결과'를 입력한다. 학과는 학과코드를 이용하여 학과명이 입력되게 하고, 교실은 수험번호의 가운데 자리가 1이면 '1층', 2이면 '2층', 3이면 '3층'이 입력되게 한다. 평가는 우측의 점수를 참고로 하여 평점이 입력되게 한다.

자격 시험 결과

성명	학번	학과	수험번호	교실	평균	평가
박수민	W001		A11		95	
이선옥	S002		B22		85	
한은숙	S003		C33		60	
박진홍	W002		A12		78	
윤희진	S001		C31		87	
김경덕	J001		C22		92	
윤희선	J003		B13		79	
김윤민	W003		B31		82	
김경수	J004		A23		88	
한상민	J002		B12		98	
김성준	S004		A31		95	
이예원	W004		C23		92	

점수	평점
0	F
60	D
65	D+
70	C
75	C+
80	B
85	B+
90	A
95	A+

학과코드	학과명
W	경영학과
S	통계학과
J	컴퓨터공학전공

자격 시험 결과

성명	학번	학과	수험번호	교실	평균	평가
박수민	W001	경영학과	A11	1층	95	A+
이선옥	S002	통계학과	B22	2층	85	B+
한은숙	S003	통계학과	C33	3층	60	D
박진홍	W002	경영학과	A12	1층	78	C+
윤희진	S001	통계학과	C31	3층	87	B+
김경덕	J001	컴퓨터공학전공	C22	2층	92	A
윤희선	J003	컴퓨터공학전공	B13	1층	79	C+
김윤민	W003	경영학과	B31	3층	82	B
김경수	J004	컴퓨터공학전공	A23	2층	88	B+
한상민	J002	컴퓨터공학전공	B12	1층	98	A+
김성준	S004	통계학과	A31	3층	95	A+
이예원	W004	경영학과	C23	2층	92	A

점수	평점
0	F
60	D
65	D+
70	C
75	C+
80	B
85	B+
90	A
95	A+

학과코드	학과명
W	경영학과
S	통계학과
J	컴퓨터공학전공

학과 구하기

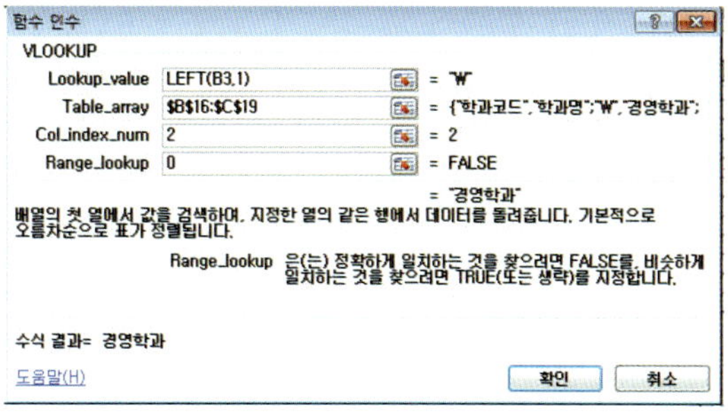

C3셀을 클릭한 뒤, 함수 범주에서 찾기/참조 영역을 선택한 뒤 'VLOOKUP'를 선택하고, 확인 버튼을 클릭한다. VLOOKUP 함수의 첫 번째 인수로 학번에서 학과코드를 가지고 오는 'LEFT(B3,1)'을 입력하고, 두 번째 인수로 학과코드표인 B16:C19를 선택한 뒤 F4키를 눌러 절대 참조시킨다. 세 번째 인수는 필요한 열 번호인 2를 입력하고, 네 번째 인수는 학과코드에 대한 학과명을 정확한 값으로 입력해야 하므로 0을 입력하고, 확인 버튼을 클릭한다.

교실 구하기

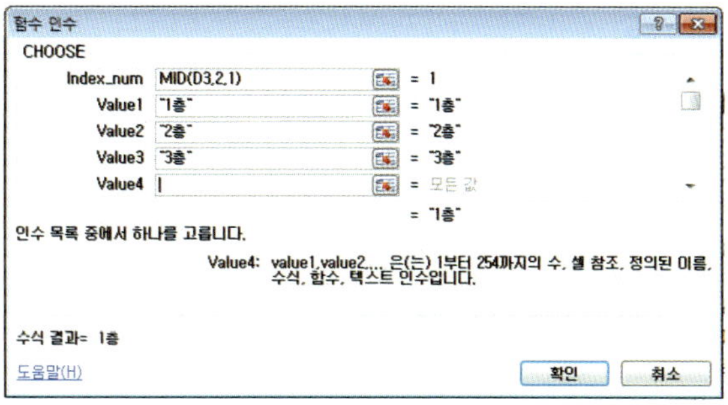

E3셀을 클릭한 뒤 함수 범주에서 찾기/참조 영역을 선택한 뒤 'CHOOSE'를 선택하고, 확인 버튼을 클릭한다. CHOOSE 함수의 첫 번째 인수로 수험번호 2번째 글자 1개만 가지고 오는 MID(D3,2,1)을 입력한다. 두 번째 인수부터 차례로 MID(D3,2,1)의 값이 1이면 "1층", 2이면 "2층", 3이면 "3층"이 입력되도록 값을 입력하고, 확인 버튼을 클릭한다.

평가 구하기

G3셀을 클릭한 뒤 함수 범주에서 찾기/참조 영역를 선택한 뒤 'VLOOKUP'를 선택하고, 확인 버튼을 클릭한다.

VLOOKUP 함수의 첫 번째 인수로 F3셀을 선택하고, 두 번째 인수로 점수별 평점이 입력되어 있는 테이블인 I2:J11을 선택한 뒤, F4키를 눌러 절대 참조시킨다. 세 번째 인수는 평점이 2열에 입력되어 있으므로 2를 입력하고, 네 번째 인수는 생략해도 된다. 확인 버튼을 클릭한다.

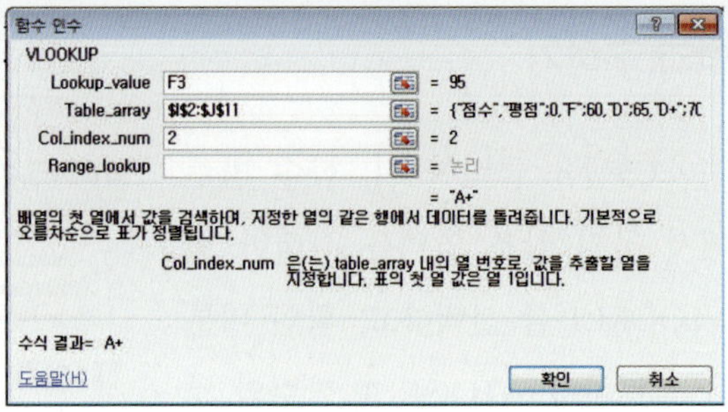

Chapter

08 날짜 및 시간 함수

8.1 날짜/시간 함수의 활용 및 데이터 입력

날짜/시간 함수는 특정일을 기준으로 경과된 시간이나, 날짜 요일을 계산할 때 사용된다. 시간 단위로 이율이 계산되는 은행이나 보험회사에서 주로 활용되는 함수이기도 하며 날짜 계산은 일반회사에서 수당이나 퇴직금 지급 계산에도 종종 사용된다. 데이터의 입력 방식은 슬래시(/)나 하이픈(-)을 사용하여 날짜를 입력할 수 있다. 예를 들어 "2005/12/13" 또는 "May-2005"로 입력하면 된다. 그리고 시간 입력은 12시 30분을 입력하려면 "12:30"과 같이 입력하고, 시간 뒤에 "a"(오전) 혹은 "p"(오후)를 입력할 수 있다. 단, 시간과 문자 사이에는 반드시 공백을 넣어야 한다. (예 12:30 a)

날짜를 입력한 셀에 숫자 100을 입력하면 날짜로 환산한 1900년 4월 9일이 표시된다. 엑셀이 날짜와 시간을 고유한 일련번호로 계산하기 때문이다. 즉 1900년 1월 1일을 기준으로 9999년 12월 31일까지를 1~2958465라는 고유번호를 부여한 것이다. 따라서 숫자 1은 날짜로 1900년 1월 1일이 되고, 숫자 2는 1900년 1월 2일이 된다. 따라서 숫자 100이 1900년 1월 1일로부터 100일이 지난 1900년 4월 9일로 표시되는 것이다. 이처럼 해당 셀에 날짜를 입력하면 자동으로 '날짜 서식'이 지정되고, '날짜 서식'이 지정된 셀에 숫자를 입력하면 날짜로 환산해서 표시한다.

셀에 시간을 입력한 후 서식을 지우면 시간 형태의 데이터가 숫자로 남게 된다. 시간은 24시간을 1로 정의하고 0과 1 사이의 소수점으로 표시한다. 예를 들어 6시는 0.25, 12시는 0.5로 표시한다.

8.2 현재 날짜와 시간 함수TODAY, NOW

TODAY

TODAY 함수는 컴퓨터에 설정된 현재의 날짜를 구하는 함수이다. 간단하지만 여러 작업을 할 수 있는 함수로 다른 함수와 중첩해서 사용할 수 있다. 인수가 없는 함수로 빈 괄호만 넣으면 된다. 가계부, 재무 문서 등에서 자주 쓰인다.

구분 TODAY( )

인수 → Today 함수는 인수가 없는 함수로 빈 괄호만 남겨 둔다.

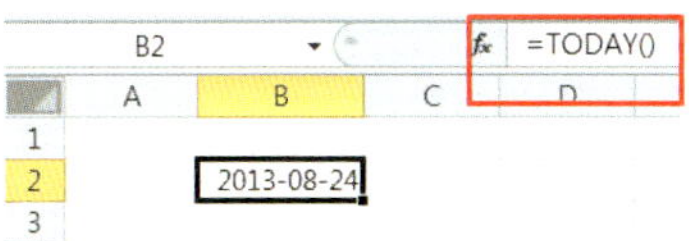

Tip

현재 날짜와 시간의 단축키 활용

단축키를 활용하면 쉽게 현재 날짜와 시간을 표기할 수 있다.

Ctrl + ; (세미콜론) → 오늘 날짜 입력

Ctrl + Shift + (콜론) → 현재 시간 입력

NOW

NOW 함수는 컴퓨터에 설정된 현재의 날짜와 시간을 구하는 함수이다. 반환하는 결과값은 엑셀의 기본 날짜 체계인 1904 날짜 체계를 따르지만, 사용자가 설정을 바

꾸면 다르게 표시할 수도 있다. 인수가 없는 함수로 빈 괄호만 넣으면 된다.

구분 NOW( )

인수 ➔ NOW 함수는 인수가 없는 함수로 빈 괄호만 남겨 둔다.

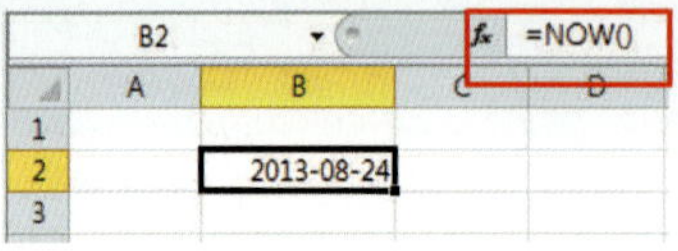

NOW 함수로 표현한 값은 워크시트가 계산되거나 함수를 포함한 매크로가 실행될 때만 변경된다. 예를 들면, NOW 함수를 입력하는 순간이 1시 24분이라면 1분이 지났다고 해서 1시 25분으로 자동 갱신되지 않는다는 의미다. 만약 시간을 재계산하려면 F9키를 누르면 된다.

8.3 YEAR, MONTH, DAY, HOUR, MINUTE, SECOND

YEAR

괄호 안에 인수로 입력된 날짜(년-월-일) 중에서 '연'만 구하는 함수이다. 연도는 1900에서 9999까지 정수다.

구분 YEAR(Serial_number)

인수 ➔ 1900년부터 9999까지의 연도를 나타내는 숫자

C3 =YEAR(B3)

	A	B	C	D	E
1			학생명단		
2	성명	생년월일	년	월	일
3	주몽	1981-10-11	1981	10	11
4	대소	1982-02-09	1982	2	9
5	영포	1980-01-01	1980	1	1

MONTH

괄호 안에 인수로 입력된 날짜(년-월-일) 중에서 '월'만 구하는 함수이다.

구분 MONTH(Serial_number)

인수 ➔ 1부터 12까지의 월을 나타내는 숫자

D3 =MONTH(B3)

	A	B	C	D	E
1			학생명단		
2	성명	생년월일	년	월	일
3	주몽	1981-10-11	1981	10	11
4	대소	1982-02-09	1982	2	9
5	영포	1980-01-01	1980	1	1

DAY

괄호 안에 인수로 입력된 날짜(년-월-일) 중에서 '일'만 구하는 함수이다.

구분 DAY(Serial_number)

인수 → 1부터 31까지의 일자를 나타내는 숫자

E3 =DAY(B3)

	A	B	C	D	E
1	학생명단				
2	성명	생년월일	년	월	일
3	주몽	1981-10-11	1981	10	11
4	대소	1982-02-09	1982	2	9
5	영포	1980-01-01	1980	1	1

HOUR

시간 중에서 시만 구하는 함수이다.

구분 HOUR(Serial_number)

인수 → 1부터 12까지 시간을 나타내는 숫자

예 =HOUR("2004/04/21 8:35:5") → 8

MINUTE

시간 중에서 분만 구하는 함수이다.

구분 MINUTE(Serial_number)

인수 → 1부터 60까지 분을 나타내는 숫자

예 =MINUTE("2004/04/21 8:35:5") → 35

Tip

날짜 시간 함수의 사용 시에 원하는 답이 나오지 않을 경우

날짜 및 시간 함수를 사용할 때 가끔 예상했던 결과가 나오지 않는 경우가 있다. 이럴 경우에는 답이 틀린 것이 아니라, 이미 셀 영역에 내재되어 있던 서식 형식대로 보여지기 때문이다. 이럴 경우에는 셀 영역을 지정하고 난 후 마우스의 오른쪽을 클릭한 후 '셀 서식'을 지정하여 새로이 원하는 서식 형태로 변환해야 한다.

SECOND

시간 중에서 초만 구하는 함수이다.

구분 SECOND(Serial_number)

인수 ➔ 1부터 60까지 초를 나타내는 숫자

예 =SECOND("2004/04/21 8:35:5") → 5

8.4 DATE, DATEDIF, TIME 및 WEEKDAY 함수

DATE

직접 날짜를 지정하는 함수이다. 인수로 "년, 월, 일"을 순서대로 입력한다. 즉 셀에 년, 월, 일을 입력하여 지정한 날짜를 구하는 함수이다.

구분 DATE(year,month,day)

인수
➔ year: 1900부터 9999까지 연도를 나타내는 숫자
➔ month: 1부터 12까지 월을 나타내는 숫자
➔ day: 1부터 31까지 일자를 나타내는 숫자

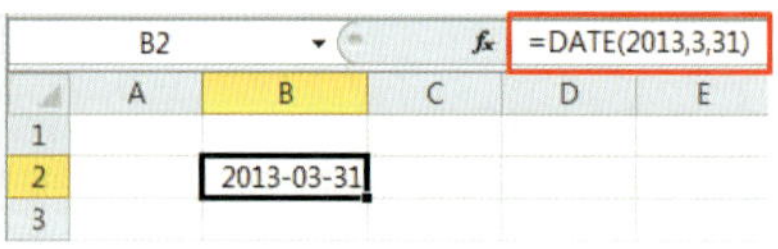

DATEDIF

두 날짜 사이의 년, 월, 일 수를 구한다. 정확히 두 날짜 사이의 값을 구할 때 사용한다. 반드시 시작 날짜가 종료 날짜보다 빨라야 한다. DATEDIF 함수는 함수마법사에 없으므로 셀에 직접 입력해야 한다. 괄호 안의 인수 중 '단위'는 다음과 같다.

구분 DATEDIF(시작 날짜,종료 날짜,단위)

인수

문 자	단 위	문 자	단 위
Y	연수	YD	1년 미만 일수
M	월수	YM	1년 미만 개월수
D	일수	MD	1개월 미만 일수

TIME

시간을 구하는 함수이다.

구분 TIME(hour,minute,second)

인수 → hour: 1부터 12까지 시를 나타내는 숫자이다.

→ minute: 1부터 60까지 분을 나타내는 숫자이다.

→ second: 1부터 60까지 초를 나타내는 숫자이다.

예 TIME(12,30,38) → 12:30:38

WEEKDAY

특정한 날짜의 요일이 무슨 요일이냐를 판단한 후 결과를 나타낼 때 사용되는 함수이다. 즉 WEEKDAY 함수는 특정 날짜에 해당하는 요일을 숫자 형태로 나타내는 함수이다. 주로 논리함수인 IF 함수에 조건으로 쓰이거나, 조건부 서식에 자주 사용된다. 기본적으로 요일은 1(일요일)에서 7(토요일)까지의 정수이다.

구분 WEEKDAY(Serial_number,Return_type)

인수 → Serial_number: 날짜 데이터

→ Return_type: 요일을 구하는 유형

일(1)~토(7) 형태는 1 또는 생략

월(1)~일(7) 형태는 2

월(0)~일(6) 형태는 3

예 WEEKDAY(2004-04-20,1) → 3

실습 8-1 '직원명단' 완성하기

아래와 같이 '직원명단'을 입력한 후, 지시사항대로 다음을 구하라.

직 원 명 단

■ 기준일:

성명	생년월일	입사일	현재나이	입사당시 나이	근무기간		
					년	개월	일
김지수	1969-10-11	1995-03-10					
남정민	1971-02-09	1997-03-15					
김현정	1966-11-24	1993-02-20					
김희정	1979-07-09	2002-05-01					
윤희준	1970-04-25	1997-03-25					
소영숙	1960-05-19	1991-03-05					
김은아	1964-06-27	1991-04-01					
김은양	1973-06-07	1997-03-05					
이지우	1972-08-21	1997-03-15					
한철원	1977-09-02	2002-05-01					
민성훈	1975-12-24	1997-04-10					
하지윤	1961-01-01	1991-03-05					

↓

직 원 명 단

■ 기준일: 2013-08-27

성명	생년월일	입사일	현재나이	입사당시 나이	근무기간		
					년	개월	일
김지수	1969-10-11	1995-03-10	44	25	18	5	17
남정민	1971-02-09	1997-03-15	42	26	16	5	12
김현정	1966-11-24	1993-02-20	47	26	20	6	7
김희정	1979-07-09	2002-05-01	34	22	11	3	26
윤희준	1970-04-25	1997-03-25	43	26	16	5	2
소영숙	1960-05-19	1991-03-05	53	30	22	5	22
김은아	1964-06-27	1991-04-01	49	26	22	4	26
김은양	1973-06-07	1997-03-05	40	23	16	5	22
이지우	1972-08-21	1997-03-15	41	24	16	5	12
한철원	1977-09-02	2002-05-01	36	24	11	3	26
민성훈	1975-12-24	1997-04-10	38	21	16	4	17
하지윤	1961-01-01	1991-03-05	52	30	22	5	22

지시사항

- 기준일: 현재 날짜 자동 입력
- 현재 나이: 현재 날짜 연도 – 생년월일 연도
- 입사 당시 나이: 입사일 연도 – 생년월일 연도
- 근무 기간: 현재 날짜 연도, 개월, 날짜

❶ 기준일 구하기

항상 컴퓨터에 설정되어 있는 현재 날짜를 기준일로 하기 위해 B3셀을 클릭한 뒤 '=TODAY()'를 입력한다. TODAY 함수는 인수가 필요 없는 함수이므로 함수마법사보다 직접 입력하는 것이 편하다.

❷ 현재나이 구하기

현재 날짜의 연도(B3셀)에서 생년월일의 연도를 빼는 수식을 입력한다. 날짜 함수는 인수가 간단하기 때문에 셀에 직접 입력하는 것이 편하다. 현재 나이가 입력된 D6셀에 셀 포인터를 두고, 등호(=)를 입력한 후, 날짜 데이터의 연도만 결과값으로 돌려주는 YEAR 함수를 입력한다. '=YEAR($B$3)−YEAR(B6)'을 D5셀에 입력하고 Enter↵키를 누른다. 결과값이 날짜 형식으로 나타나면 마우스 오른쪽 버튼을 누르고, [셀서식]−[표시형식]을 '일반'으로 하면 결과값을 숫자로 바꿀 수 있다.

❸ 입사당시 나이 구하기

나이를 구하려면 DATEDIF 함수를 사용해서 생년월일과 입사일 사이의 연도 차를 구한다. DATEDIF 함수는 함수마법사에 없으므로 직접 입력해야 한다. E6셀에 '=DATEDIF(B6,C6,"y")'을 입력하고 Enter↵키를 누른다.

❹ 근무기간 구하기

F6셀에 '=DATEDIF(C6,$B$3,"y")'을 입력하고 Enter↵키를 누른다. 모든 직원에 대해 현재날짜를 기준으로 근무기간을 계산해야 하므로 B3셀을 Enter↵키를 눌러 절대참조 시킨다. G6셀에 '=DATEDIF(C6,$B$3,"ym")'을 입력하고 Enter↵키를 누른다. 'ym'은 1년 미만 개월수를 나타내는 단위이므로 연도를 계산하고 남은 개월을 표시한다. H6셀에 '=DATEDIF(C6,$B$3,"md")'를 입력하고 Enter↵키를 누른다. 'md'는 1개월 미만의 일수를 나타내는 단위이므로, 개월을 계산하고 남은 일수를 표시한다. F6:H6셀을 선택하고, H17셀까지 자동채우기 한다.

실습 8-2

'소모품 지급현황' 차기지급일 구하기

	A	B	C	D	E
1	소모품 지급현황				
2					
3	성명	지급주기 (개월)	전 지급일	차기지급일	차기지급일
4	김지수	7	2003-03-10		
5	남정민	10	2003-03-15		
6	김현정	8	2003-02-20		
7	김희정	9	2003-05-01		
8	윤희준	8	2003-03-25		
9	소영숙	10	2003-03-05		
10	김은아	7	2003-04-01		
11	김은양	6	2003-03-05		
12	이지우	5	2003-03-15		
13	한철원	4	2003-05-01		
14	하지윤	7	2003-03-05		

⬇

	A	B	C	D	E
1	소모품 지급현황				
2					
3	성명	지급주기 (개월)	전 지급일	차기지급일	차기지급일
4	김지수	7	2003-03-10	2003-10-10	2004-05-10
5	남정민	10	2003-03-15	2004-01-15	2004-11-15
6	김현정	8	2003-02-20	2003-10-20	2004-06-20
7	김희정	9	2003-05-01	2004-02-01	2004-11-01
8	윤희준	8	2003-03-25	2003-11-25	2004-07-25
9	소영숙	10	2003-03-05	2004-01-05	2004-11-05
10	김은아	7	2003-04-01	2003-11-01	2004-06-01
11	김은양	6	2003-03-05	2003-09-05	2004-03-05
12	이지우	5	2003-03-15	2003-08-15	2004-01-15
13	한철원	4	2003-05-01	2003-09-01	2004-01-01
14	하지윤	7	2003-03-05	2003-10-05	2004-05-05

❶ 함수마법사 실행

D4셀을 클릭한 뒤, 함수 범주에서 날짜/시간을 선택한 뒤 'DATE'를 선택하고, 확인 버튼을 클릭한다.

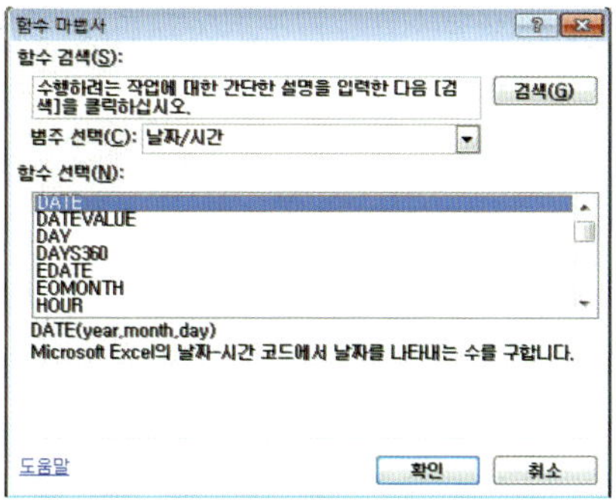

❷ 인수입력

DATE 함수의 첫 번째 인수로 C4셀에서 연도를 가지고 오는 YEAR(C4)를 입력하고, 두 번째 인수로 C4셀의 달수에 지급주기 개월수를 더하는 'MONTH(C4)+B4'를 입력한 뒤, B4셀을 열고정만 시키기 위해 F4를 눌러 $B4가 되도록 만든다. 세 번째 인수는 C4셀에서 일수를 가지고 오는 DAY(C4)를 입력하고 확인 버튼을 클릭한 후, E14셀까지 자동채우기 한다.

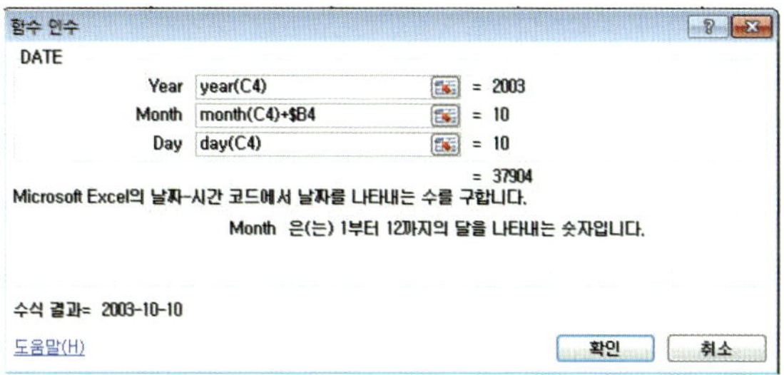

실습 8-3 '동호회 명단'에서 날짜와 요일 구하기

아래와 같이 '동호회 명단'을 입력하고, 연도조정 재가입일을 구하라. 연도조정 재가입일은 최초 가입일의 월과 일은 그대로 두고 연도만 2017년으로 조정한다.

동호회 명단

성명	최초가입일	연도조정 재가입일	요일
김지수	1995-03-10		
남정민	1997-03-15		
김현정	1993-02-20		
김희정	2002-05-01		
윤희준	1997-03-25		
소영숙	1991-03-05		
김은아	1991-04-01		
김은양	1997-03-05		
이지우	1997-03-15		
민성훈	1997-04-10		
하지윤	1991-03-05		

↓

동호회 명단

성명	최초가입일	연도조정 재가입일	요일
김지수	1995-03-10	2017-03-10	금
남정민	1997-03-15	2017-03-15	수
김현정	1993-02-20	2017-02-20	월
김희정	2002-05-01	2017-05-01	월
윤희준	1997-03-25	2017-03-25	토
소영숙	1991-03-05	2017-03-05	일
김은아	1991-04-01	2017-04-01	토
김은양	1997-03-05	2017-03-05	일
이지우	1997-03-15	2017-03-15	수
민성훈	1997-04-10	2017-04-10	월
하지윤	1991-03-05	2017-03-05	일

❶ 연도조정 재가입일 구하기

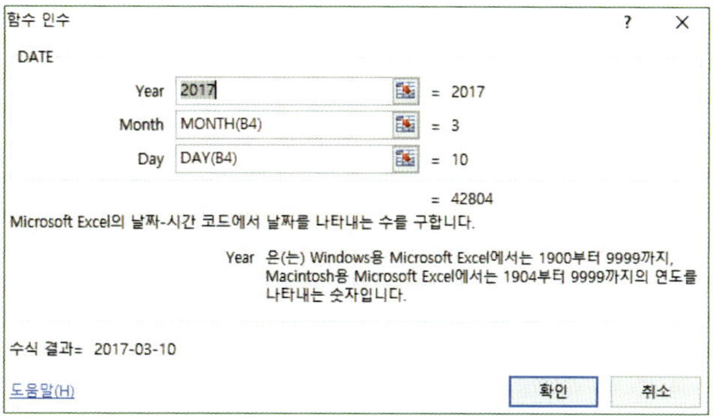

C4셀을 클릭한 뒤, 함수 범주에서 날짜/시간을 선택한 뒤 'DATE'를 선택하고, 확인 버튼을 클릭한다. DATE 함수의 첫 번째 인수로 2017을 입력하고, 두 번째 인수로 B4셀에서 달을 가지고 오기 위해 MONTH(B4)를 입력한다. 세 번째 인수로 B4에서 일수를 가지고 오기 위해 DAY(B4)를 입력한 뒤 확인 버튼을 클릭한다.

❷ 요일 구하기

D4셀을 클릭 한 뒤, 함수 범주에서 찾기/참조 영역을 선택한 뒤 'CHOOSE'를 선택한다. CHOOSE 함수의 첫 번째 인수로 요일을 나타내는 'WEEKDAY' 함수를 추가하기 위해 왼쪽 상단의 함수추가 버튼을 클릭한다.

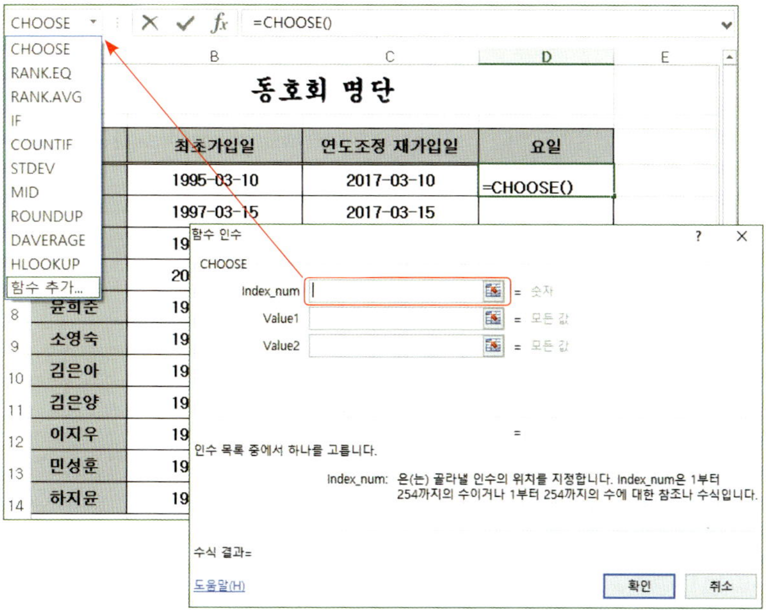

함수 범주에서 날짜/시간을 선택한 뒤 'WEEKDAY'를 선택한다. WEEKDAY 함수의 첫 번째 인수로 C4셀을 선택하고, 다시 'CHOOSE' 함수로 돌아가기 위해 수식 입력줄에서 'CHOOSE'를 클릭한다.

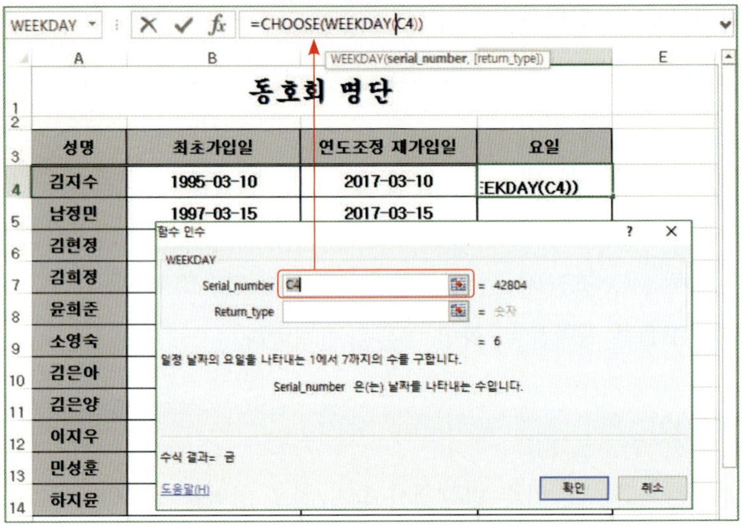

WEEKDAY 함수에서 '1-일요일, 2-월요일, 3-화요일, 4-수요일, 5-목요일, 6-금요일, 7-토요일'이므로, 'CHOOSE' 함수의 두 번째 인수부터 순차적으로 일, 월, 화, 수, 목, 금, 토를 입력한 후 확인한다. C4셀을 선택하고, C14셀 까지 자동채우기 한다.

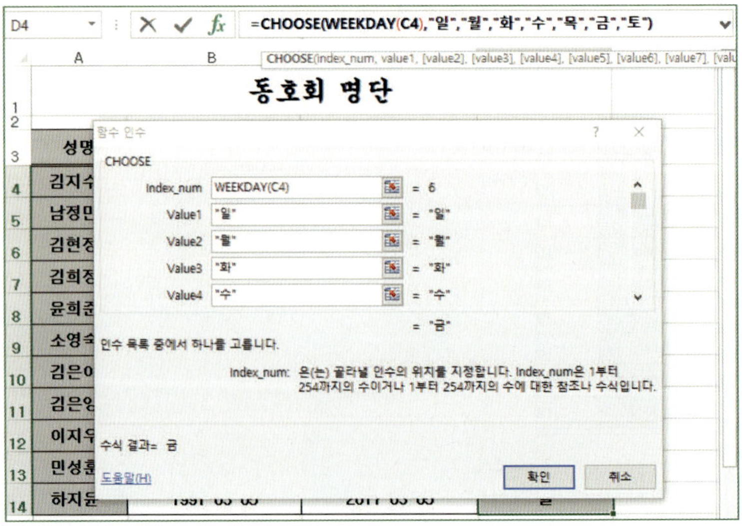

실습 8-4 '회원연령현황'표 완성하기

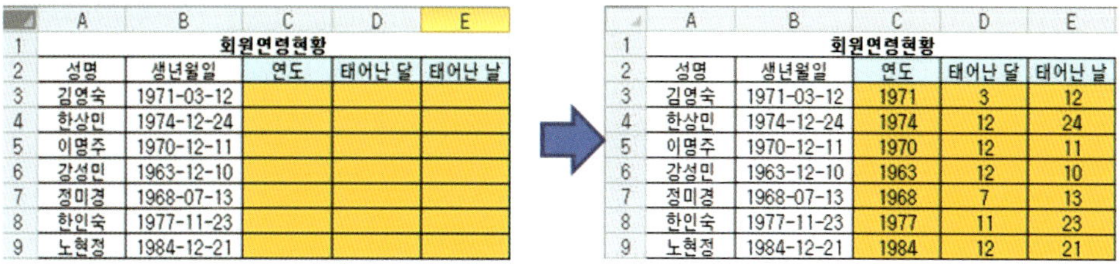

	A	B	C	D	E
1	회원연령현황				
2	성명	생년월일	연도	태어난 달	태어난 날
3	김영숙	1971-03-12			
4	한상민	1974-12-24			
5	이명주	1970-12-11			
6	강성민	1963-12-10			
7	정미경	1968-07-13			
8	한인숙	1977-11-23			
9	노현정	1984-12-21			

	A	B	C	D	E
1	회원연령현황				
2	성명	생년월일	연도	태어난 달	태어난 날
3	김영숙	1971-03-12	1971	3	12
4	한상민	1974-12-24	1974	12	24
5	이명주	1970-12-11	1970	12	11
6	강성민	1963-12-10	1963	12	10
7	정미경	1968-07-13	1968	7	13
8	한인숙	1977-11-23	1977	11	23
9	노현정	1984-12-21	1984	12	21

❶ 태어난 연도 구하기

C3셀을 클릭한 뒤, 함수 범주에서 날짜/시간을 선택한 뒤 'YEAR'를 선택하고, 확인 버튼을 클릭한다. 생일이 입력되어 있는 셀인 B3셀을 클릭하고, 확인 버튼을 클릭한다.

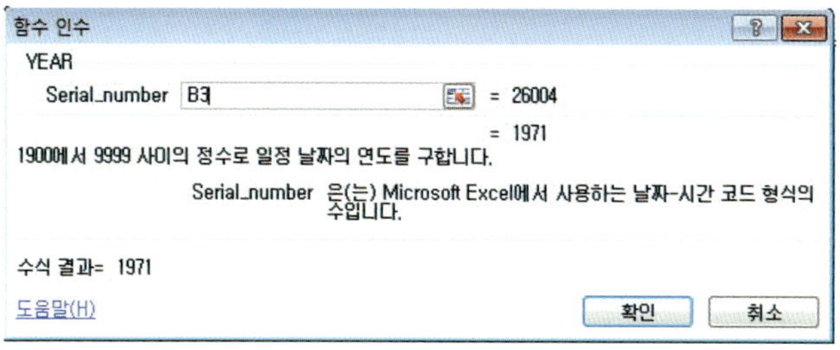

❷ 태어난 달 구하기

D3셀을 클릭한 뒤, 함수 범주에서 날짜/시간을 선택한 뒤 'MONTH'를 선택하고, 확인 버튼을 클릭한다. 생일이 입력되어 있는 셀인 B3셀을 클릭하고, 확인 버튼을 클릭한다.

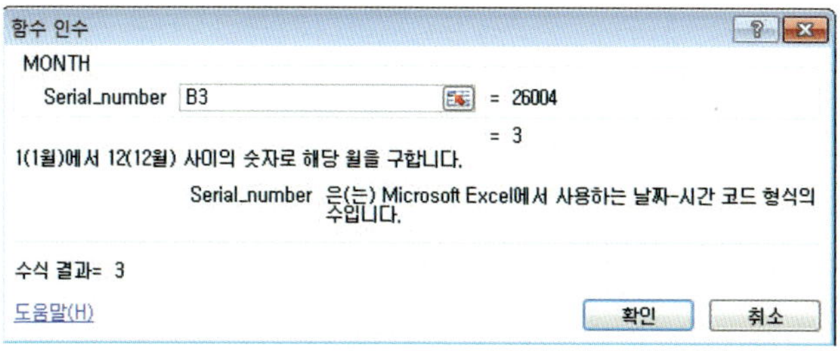

❸ 태어난 날 구하기

E3셀을 클릭한 뒤, 함수 범주에서 날짜/시간을 선택한 뒤 'DAY'를 선택하고, 확인 버튼을 클릭한다. 생일이 입력되어 있는 셀인 B3셀을 클릭하고, 확인 버튼을 클릭한다.

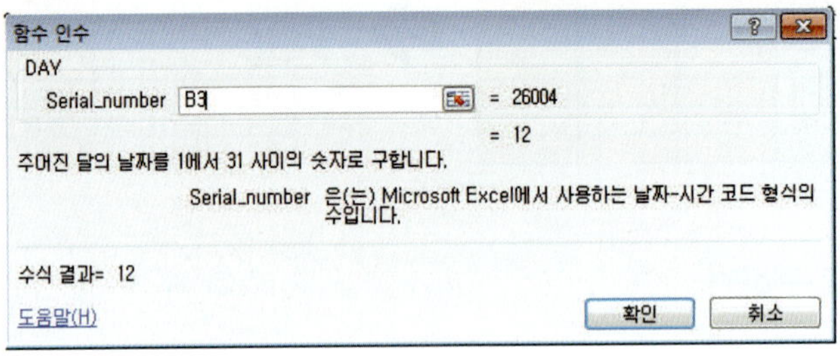

C·h·a·p·t·e·r

09 데이터베이스 함수

데이터베이스 함수는 어떤 조건을 지정하고 해당 조건에 맞는 데이터들의 수나 합계, 평균 등을 구해주는 함수이다. 고급필터링과 유사한 개념이며 줄여서 D함수로 불리운다. 엑셀에서는 DSUM, DAVERAGE, DCOUNT, DMAX, DMIN 등 총 12개의 데이터베이스 함수가 있으며, D함수들은 데이터베이스 범위(Database), 열 번호(Field), 조건(Criteria)의 세 인수를 공통적으로 사용하며 구문은 다음과 같다.

구분 Dfunction(database,field,criteria)

인수 ➔ 데이터베이스 범위(Database): 데이터베이스를 구성하는 셀 범위
➔ 열 번호(Field): 어떤 필드가 함수에 사용되는지를 나타냄
➔ 조건(Criteria): 찾을 조건을 지정하는 부분

9.1 DSUM

데이터베이스의 필드에서 찾을 조건과 일치하는 값들의 합을 구하는 함수이다. 예를 들어 어느 지점에 팀장, 판매사원이 여러 명 있을 경우, 이 중 특정 판매 사원이 판매한 금액을 구하고자 할 때 부분합을 사용해도 가능하나 데이터 형태는 그대로 유지한 채 해당 결과만 별도의 셀에 표시하려면 데이터베이스 함수 DSUM의 사용이 적합하다.

구분 DSUM(Database,Field,Criteria)

인수
- ➔ Database: 데이터베이스를 구성하는 셀 범위
- ➔ Field: 어떤 필드가 함수에 사용되는지를 나타냄
- ➔ Criteria: 찾을 조건을 지정하는 부분

예 =DSUM(A1:D10,3,F3:F4)
[A1:D10]영역에서 [F3:F4] 조건에 따른 3열의 합을 구함

아래 '제품 판매 현황'표에서 가전제품의 매출액의 합을 구하는 작업이다.

일반적으로 화면과 같이 데이터베이스를 검색할 조건과 표시할 필드가 작성되어져 있으나 만약에 없으면 화면과 같이 검색할 필드가 명시되어야 한다.

	A	B	C	D	E
1	제품 판매 현황				
2	제품분류	품명	판매가	판매량	매출액
3	화장품	립스틱	13,524	45	608,580
4	가전제품	면도기	7,200	89	640,800
5	사무용품	만년필	2,900	230	667,000
6	사무용품	타자기	18,000	30	540,000
7	가전제품	선풍기	30,625	120	3,675,000
8	화장품	비누	2,600	120	312,000
9	화장품	샴푸	5,460	325	1,774,500
10	가전제품	전기담요	66,120	50	3,306,000
11					
12				제품분류	매출액
13				가전제품	

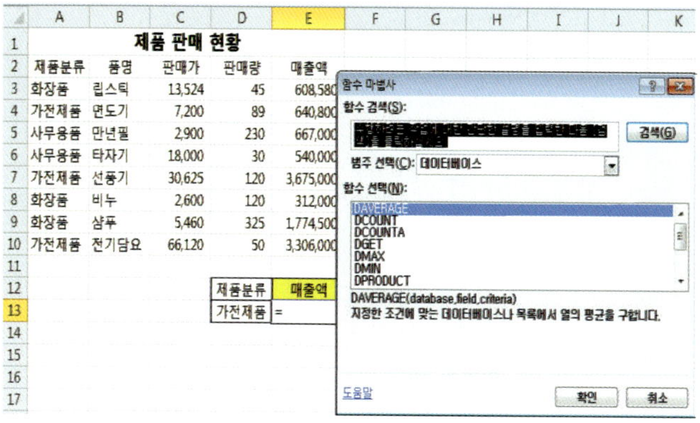

함수마법사 실행 1:

① 셀 E13에서 클릭함
② 그림 모음에서 *fx* 클릭: 함수마법사
③ 범주선택: 데이터베이스
함수선택: DSUM
④ 확인 클릭

Tip

데이터베이스의 일반적인 형태

데이터베이스는 필드와 레코드의 합으로 구성되어 있다. '제품 판매 현황'표에서의 필드는 '제품분류', '품명', '판매가', '판매량', '매출액'에 해당된다. 이러한 제품판매현황 데이터베이스에는 총 8개의 레코드를 가지고 있다. 따라서 아래의 함수인수 상자에서 Database값을 A2:E10을 입력하면 엑셀은 A2에서 E2까지가 데이터베이스의 필드로 바로 인식을 한다.

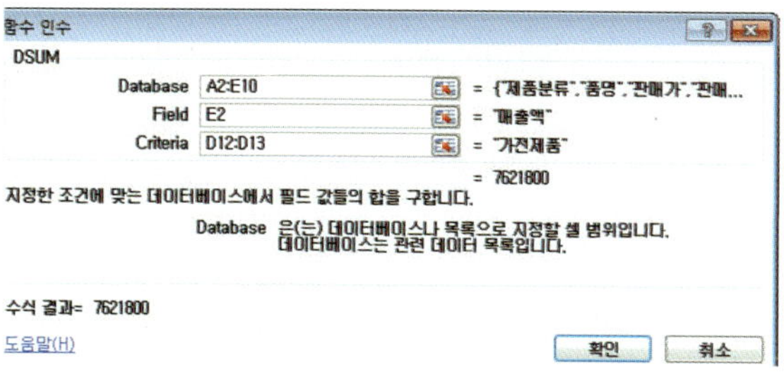

함수마법사 실행 2:
함수인수 상자 입력

① Database: A2:E10
② Field: E2
③ Criteria: D12:D13
④ 확인 클릭

제품분류가 '가전제품'인 매출액의 합계는 다음 화면과 같다.

	A	B	C	D	E
1	제품 판매 현황				
2	제품분류	품명	판매가	판매량	매출액
3	화장품	립스틱	13,524	45	608,580
4	가전제품	면도기	7,200	89	640,800
5	사무용품	만년필	2,900	230	667,000
6	사무용품	타자기	18,000	30	540,000
7	가전제품	선풍기	30,625	120	3,675,000
8	화장품	비누	2,600	120	312,000
9	화장품	샴푸	5,460	325	1,774,500
10	가전제품	전기담요	66,120	60	3,967,200
11					
12				제품분류	매출액
13				가전제품	8,283,000

9.2 DAVERAGE

데이터베이스의 필드에서 찾을 조건과 일치하는 값들의 평균을 구하는 함수이다.

구분 DAVERAGE(Database,Field,Criteria)

인수 ➔ Database: 데이터베이스를 구성하는 셀 범위

➔ Field: 어떤 필드가 함수에 사용되는지를 나타냄

➔ Criteria: 찾을 조건을 지정하는 부분

예 =DAVERAGE(A1:D10,3,F3:F4)
[A1:D10] 영역에서 [F3:F4] 조건에 따른 3열의 평균을 구함

아래의 '사무실 월 사용료 계산'표는 '사무실', '임대평수', '임대료', '관리비', '부가세'의 필드 항목을 가지고 있으며 7개의 레코드를 가지고 있는 데이터베이스이다. 임대평수가 40평인 사무실의 임대료 평균, 관리비 평균, 부가세 평균값을 각각 구하는 작업이다. 아래의 화면에서는 조건이 되는 필드의 항목과 값이 따로 만들어져 있지 않다. 하지만 criteria 인수값을 지정할 때 데이터베이스 내부에서 간단하게 지정을 할 수 있다. 예를 들어 아래 화면의 필드 항목 중 셀 [B2]의 '임대평수'와 셀 [B3]의 40은 criteria 인수값으로 바로 지정할 수 있다.

	A	B	C	D	E
1	사무실 월 사용료 계산				
2	사무실	임대평수	임대료	관리비	부가세
3	1-101	40	502,200	50,220	55,240
4	1-102	35	439,425	43,943	48,335
5	2-101	28	351,540	35,154	38,668
6	2-102	40	495,000	49,500	54,450
7	2-103	20	251,000	25,100	27,620
8	3-101	40	451,000	45,100	49,610
9	3-102	35	439,425	43,943	48,335
10	40평 사무실 평균				

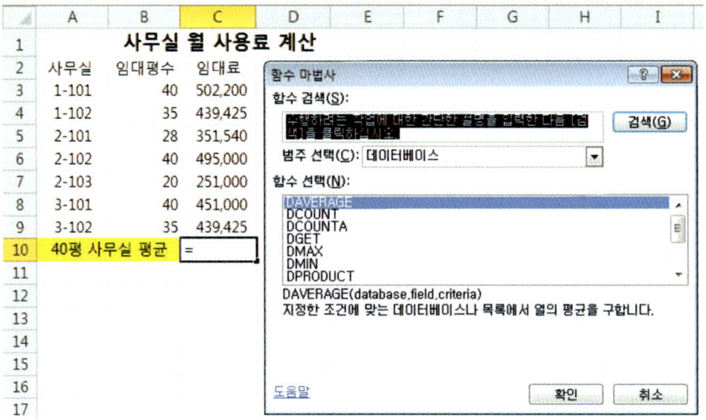

함수마법사 실행 1:

① 셀 C10을 클릭함
② 도구 모음에서 *fx* 클릭: 함수마법사
③ 범주선택: 데이터베이스 함수선택: DAVERAGE
④ 확인 클릭

함수마법사 실행 2:

함수인수 상자 입력

① Database: A2:E9
② Field: C2
③ Criteria: B2:B3
④ 확인 클릭

	A	B	C	D	E
1		사무실 월 사용료 계산			
2	사무실	임대평수	임대료	관리비	부가세
3	1-101	40	502,200	50,220	55,240
4	1-102	35	439,425	43,943	48,335
5	2-101	28	351,540	35,154	38,668
6	2-102	40	495,000	49,500	54,450
7	2-103	20	251,000	25,100	27,620
8	3-101	40	451,000	45,100	49,610
9	3-102	35	439,425	43,943	48,335
10	40평 사무실 평균		482,733	50,220	55,240

수식 자동 채우기

자동 채우기 핸들을 사용하여 셀[C10]에서 시작하여 셀[E10]까지 마우스를 이용하여 드래그함

Tip

상대주소와 절대주소

엑셀을 다루다 보면 많은 경우 상대주소와 절대주소를 적절하게 사용하지 못해서 요구하는 답을 얻지 못하는 경우가 많다. 일반적으로 자동수식 입력인 경우에 절대주소를 해야만 하는 경우가 많다. 위의 화면의 경우 자동 채우기를 하면 오답을 가지게 된다. 즉 절대주소가 들어가야 할 인수값에 상대주소가 들어가 있기 때문이다.

인수값을 절댓값으로 바꾸기 위해 함수인수 상자 입력에서부터 다시 시작하면 다음과 같다.

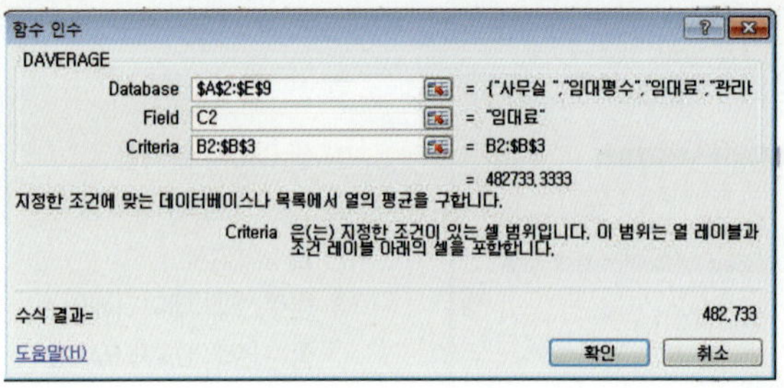

함수마법사 실행 2:

함수인수 상자 입력

① Database: $A$2:$E$9

② Field: C2

③ Criteria: B$2:$B$3

④ 확인 클릭

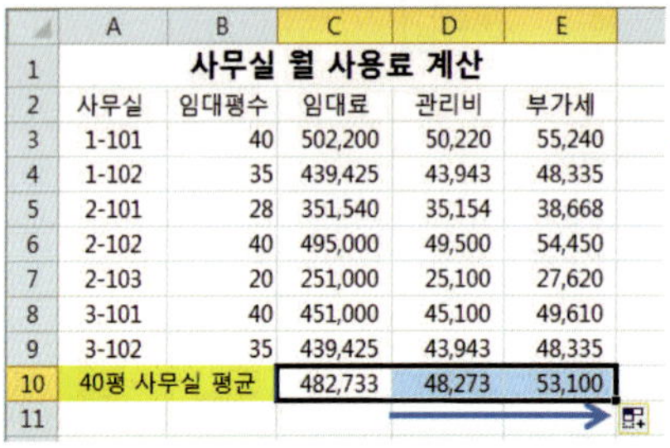

	A	B	C	D	E
1	사무실 월 사용료 계산				
2	사무실	임대평수	임대료	관리비	부가세
3	1-101	40	502,200	50,220	55,240
4	1-102	35	439,425	43,943	48,335
5	2-101	28	351,540	35,154	38,668
6	2-102	40	495,000	49,500	54,450
7	2-103	20	251,000	25,100	27,620
8	3-101	40	451,000	45,100	49,610
9	3-102	35	439,425	43,943	48,335
10	40평 사무실 평균		482,733	48,273	53,100
11					

수식 자동 채우기

자동 채우기 핸들을 사용하여 셀[C10]에서 시작하여 셀[E10]까지 마우스를 이용하여 드래그함

9.3 DCOUNT

데이터베이스 필드에서 찾을 조건과 일치하는 숫자가 들어 있는 셀의 개수를 구하는 함수이다.

구분 DCOUNT(Database,Field,Criteria)

인수
- ➔ Database: 데이터베이스를 구성하는 셀 범위
- ➔ Field: 어떤 필드가 함수에 사용되는지를 나타냄
- ➔ Criteria: 찾을 조건을 지정하는 부분

	A	B	C	D	E
1	음식별 칼로리량				
2	식품	분량(g)	칼로리		
3	시금치	100	24		칼로리
4	브로콜리	100	28		>20
5	양상추	100	11		
6	아스파라거스	100	18		식품수
7	연근	100	53		
8	양배추	100	20		
9	무	100	16		
10	셀러리	100	8		

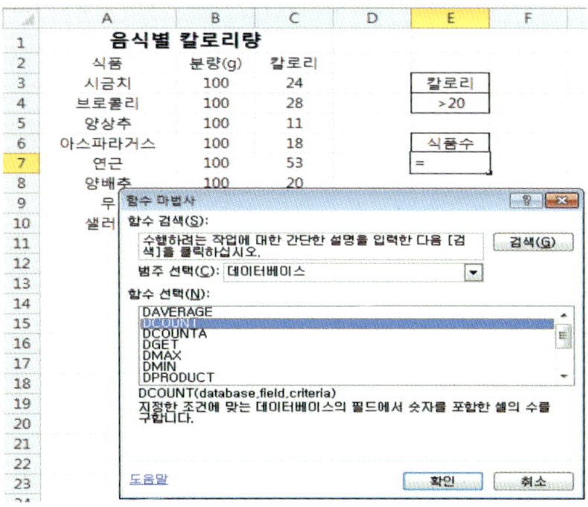

함수마법사 실행 1:

① 셀 E7을 클릭함
② 도구 모음에서 *fx* 클릭: 함수마법사
③ 범주선택: 데이터베이스
함수선택: DCOUNT
④ 확인 클릭

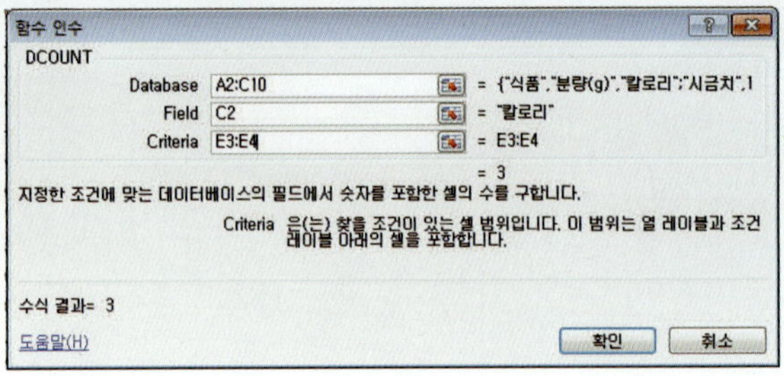

함수마법사 실행 2:
함수인수 상자 입력

① Database: A2:C10
② Field: C2
③ Criteria: E3:E4
④ 확인 클릭

실행을 하고 나면 다음 화면과 같은 답을 표기할 수 있다.

	A	B	C	D	E
1	음식별 칼로리량				
2	식품	분량(g)	칼로리		
3	시금치	100	24		칼로리
4	브로콜리	100	28		>20
5	양상추	100	11		
6	아스파라거스	100	18		식품수
7	연근	100	53		3
8	양배추	100	20		
9	무	100	16		
10	샐러리	100	8		

9.4 DMAX

조건에 일치하는 레코드의 항목의 값 중에서 최댓값을 구하는 함수이다.

구분 DMAX(Database,Field,Criteria)

인수
- ➔ Database: 데이터베이스를 구성하는 셀 범위
- ➔ Field: 어떤 필드가 함수에 사용되는지를 나타냄
- ➔ Criteria: 찾을 조건을 지정하는 부분

아래 화면은 '성적현황' 데이터베이스에서 학과가 '기계과'인 학생들 중에서 성적이 가장 높은 학생의 점수를 표기하는 작업이다.

	A	B	C	D	E
1		성적현황			
2	이름	학과	성적		
3	강소영	전자과	89.5		
4	이소영	기계과	91.6		
5	현승수	기계과	85.4	학과	최고값
6	나하나	경영과	90.5	기계과	
7	장하나	경영과	93.6		
8	김장희	기계과	83.4		
9	이문성	경영과	78.5		
10	문혜성	전자과	81.7		

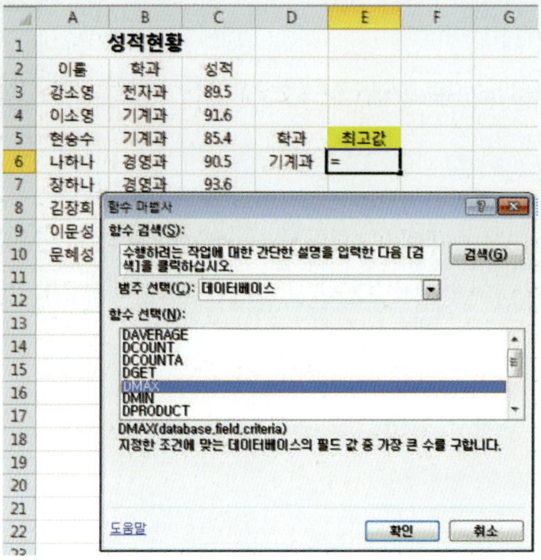

함수마법사 실행 1:

① 셀 E6을 클릭함
② 도구 모음에서 *fx* 클릭: 함수마법사
③ 범주선택: 데이터베이스
　함수선택: DMAX
④ 확인 클릭

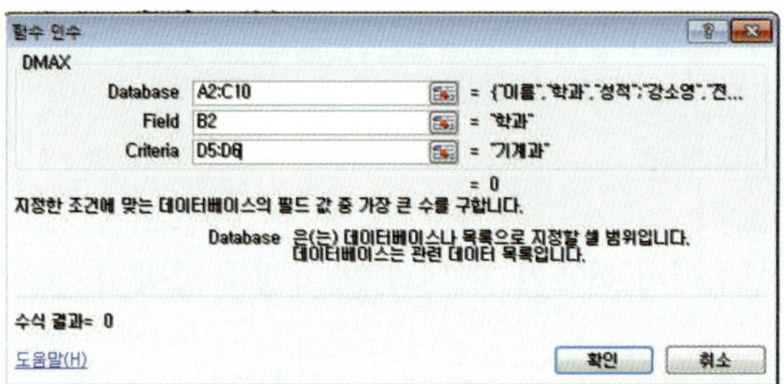

함수마법사 실행 2:

함수인수 상자 입력

① Database: A2:C10
② Field: C2
③ Criteria: D5:D6
④ 확인 클릭

실행을 하고 나면 다음 화면과 같은 답을 표기할 수 있다.

9.5 DMIN

조건에 일치하는 레코드의 항목의 값 중에서 최솟값을 구하는 함수이다.

구분 DMIN(Database,Field,Criteria)

인수
➔ Database: 데이터베이스를 구성하는 셀 범위
➔ Field: 어떤 필드가 함수에 사용되는지를 나타냄
➔ Criteria: 찾을 조건을 지정하는 부분

아래 화면은 '성적현황' 데이터베이스에서 학과가 '기계과'인 학생들 중에서 성적이 가장 낮은 학생의 점수를 표기하는 작업이다.

	A	B	C	D	E
1		성적현황			
2	이름	학과	성적		
3	강소영	전자과	89.5		
4	이소영	기계과	91.6		
5	현승수	기계과	85.4	학과	최소값
6	나하나	경영과	90.5	기계과	
7	장하나	경영과	93.6		
8	김장희	기계과	83.4		
9	이문성	경영과	78.5		
10	문혜성	전자과	81.7		

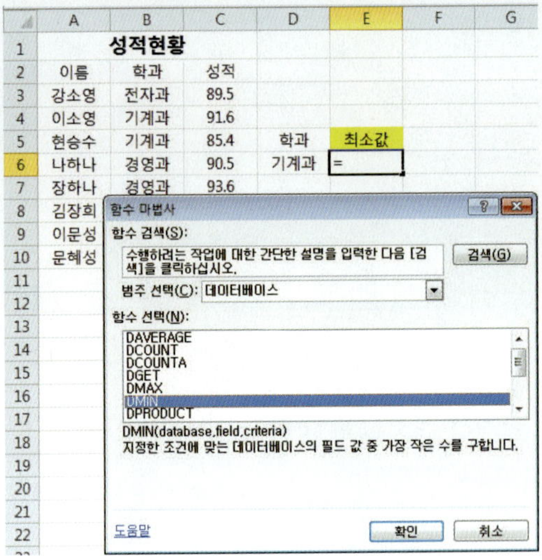

함수마법사 실행 1:

① 셀 E6을 클릭함

② 도구 모음에서 *fx* 클릭: 함수마법사

③ 범주선택: 데이터베이스
함수선택: DMIN

④ 확인 클릭

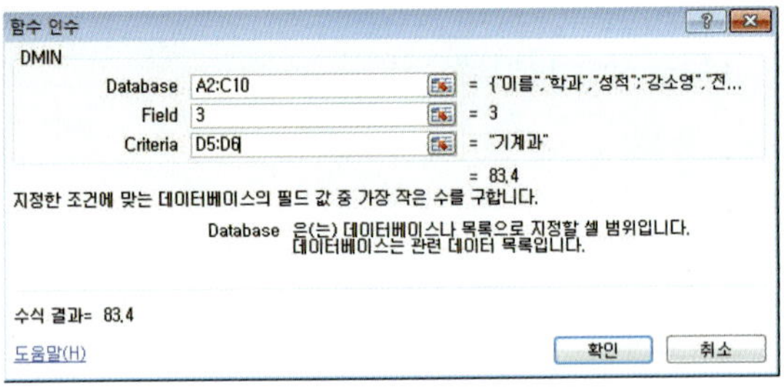

함수마법사 실행 2:
함수인수 상자 입력

① Database: A2:C10

② Field: 3

③ Criteria: D5:D6

④ 확인 클릭

Tip

데이터베이스 함수인수 상장 인수값 field의 입력

함수 인수 상자의 field 인수값을 입력할 때에 셀의 주소 대신에 필드의 항목 순서를 입력해도 무방하다. 위의 경우 field의 값으로 C2를 입력하는 대신에 3('성적'은 필드 항목에서 세 번째 임)을 입력해도 무방하다.

실행을 하고 나면 다음 화면과 같은 답을 표기할 수 있다.

	A	B	C	D	E
1		성적현황			
2	이름	학과	성적		
3	강소영	전자과	89.5		
4	이소영	기계과	91.6		
5	현승수	기계과	85.4	학과	최소값
6	나하나	경영과	90.5	기계과	83.4
7	장하나	경영과	93.6		
8	김장희	기계과	83.4		
9	이문성	경영과	78.5		
10	문혜성	전자과	81.7		

실습 9-1

'농산물 수매량 내역' 현미품목 데이터 완성하기

	A	B	C	D	E
1	농산물 수매량 내역				
2	연도	품목	수량(톤)	금액(천원)	재고량(톤)
3	2001년도	백미	27	259,780	6
4	2001년도	현미	32	325,890	4
5	2001년도	찹쌀	15	136,570	7
6	2001년도	수수	4	59,540	3
7	2000년도	현미	37	379,970	5
8	2000년도	찹쌀	17	148,230	3
9	1999년도	현미	35	356,320	6
10					
11		품목		최대재고량	
12		현미			
13				금액의 합계	
14					
15				수량평균	
16					
17				최소재고량	
18					
19				현미품목개수	
20					

↓

	A	B	C	D	E
1	농산물 수매량 내역				
2	연도	품목	수량(톤)	금액(천원)	재고량(톤)
3	2001년도	백미	27	259,780	6
4	2001년도	현미	32	325,890	4
5	2001년도	찹쌀	15	136,570	7
6	2001년도	수수	4	59,540	3
7	2000년도	현미	37	379,970	5
8	2000년도	찹쌀	17	148,230	3
9	1999년도	현미	35	356,320	6
10					
11		품목		최대재고량	
12		현미		6	
13				금액의 합계	
14				1062180	
15				수량평균	
16				34.67	
17				최소재고량	
18				4	
19				현미품목개수	
20				3	

최대재고량

① 함수마법사 실행

D12셀을 클릭한 뒤, 함수 범주에서 데이터베이스를 선택한 뒤 'DMAX'를 선택하고, 확인 버튼을 클릭한다.

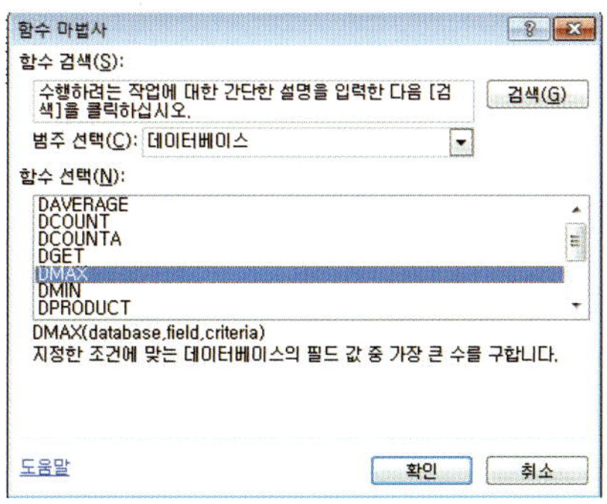

② 인수입력

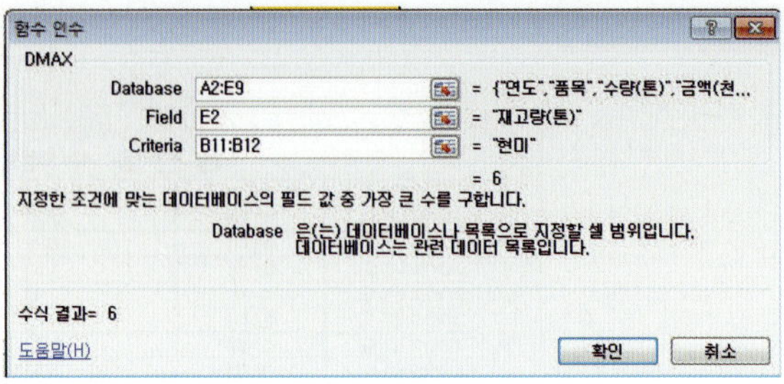

DMAX 함수의 첫 번째 인수로 테이블 전체범위인 A2:E9셀을 선택하고, 두 번째 인수로 재고량 필드주소인 E2셀을 선택하고, 세 번째 인수는 조건이 입력되어 있는 B11:B12셀을 입력하고, 확인 버튼을 클릭한다.

금액의 합계

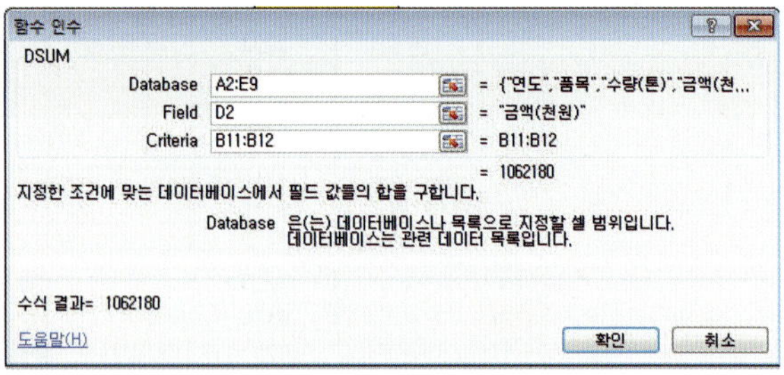

D14셀을 클릭한 뒤, 함수 범주에서 데이터베이스를 선택한 뒤 'DSUM'를 선택하고, 확인 버튼을 클릭한다.

DSUM 함수의 첫 번째 인수로 테이블 전체범위인 A2:E9셀을 선택하고, 두 번째 인수로 금액 필드주소인 D2셀을 선택하고, 세 번째 인수는 조건이 입력되어 있는 B11:B12셀을 입력하고, 확인 버튼을 클릭한다.

수량평균 구하기

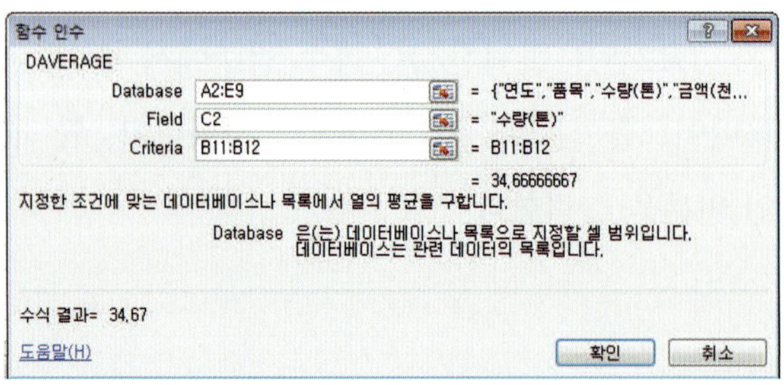

D16셀을 클릭한 뒤, 함수 범주에서 데이터베이스를 선택한 뒤 'DAVERAGE'를 선택하고, 확인 버튼을 클릭한다.

DAVERAGE 함수의 첫 번째

인수로 테이블 전체범위인 A2:E9셀을 선택하고, 두 번째 인수로 수량 필드 주소인 C2셀을 선택하고, 세 번째 인수는 조건이 입력되어 있는 B11: B12셀을 입력하고, 확인 버튼을 클릭한다.

최소재고량 구하기

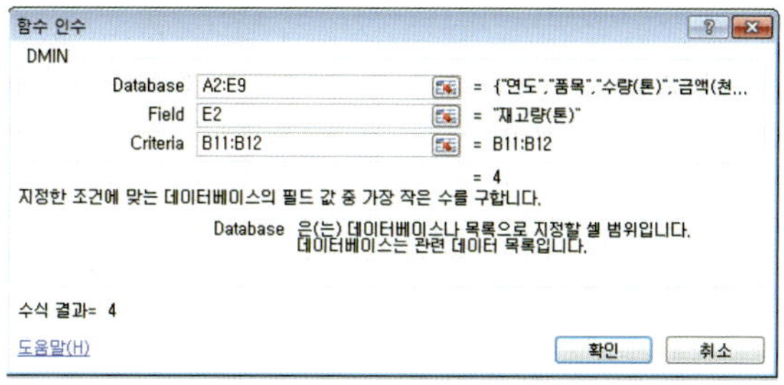

D18셀을 클릭한 뒤, 함수 범주에서 데이터베이스를 선택한 뒤 'DMIN'를 선택하고, 확인 버튼을 클릭한다.

DMIN 함수의 첫 번째 인수로 테이블 전체범위인 A2:E9셀을 선택하고, 두 번째 인수로 재고량 필드주소인 E2 셀을 선택하고, 세 번째 인수는 조건이 입력되어 있는 B11:B12셀을 입력하고, 확인 버튼을 클릭한다.

현미 품목 개수 구하기

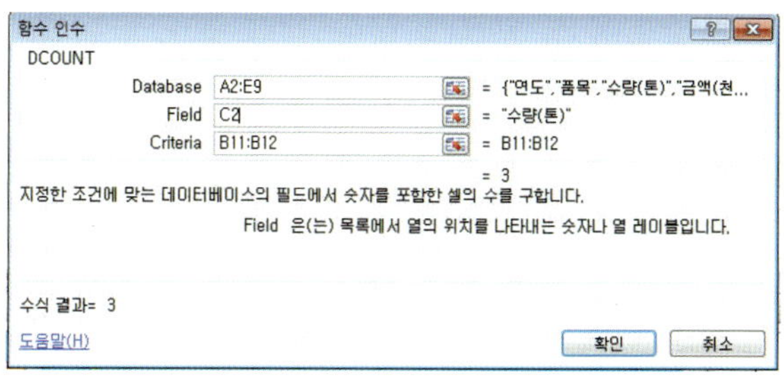

D20셀을 클릭한 뒤, 함수 범주에서 데이터베이스를 선택한 뒤 'DCOUNT'를 선택하고, 확인 버튼을 클릭한다(숫자필드로 개수를 구하려면 DCOUNT, 문자필드로 개수를 구하려면 DCOUNTA를 선택한다).

DCOUNT 함수의 첫 번째 인수로 테이블 전체범위인 A2:E9셀을 선택하고, 두 번째 인수로 숫자가 입력되어 있는 필드 중 수량 필드주소인 C2셀을 선택하고, 세 번째 인수는 조건이 입력되어 있는 B11:B12셀을 입력하고, 확인 버튼을 클릭한다.

실습 9-2 '과제물 평가' 여학생 데이터 완성하기

과제물 합계 구하기

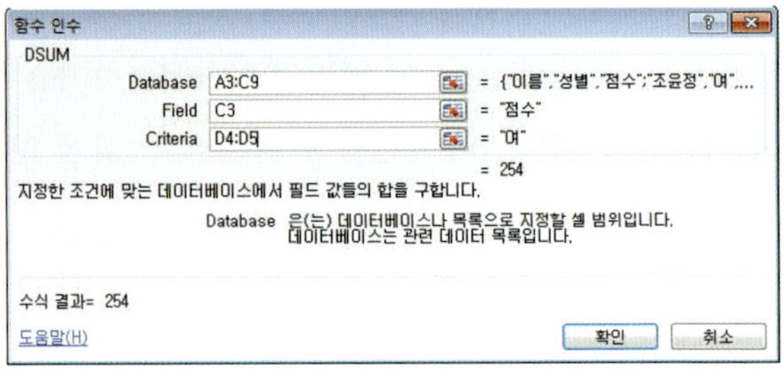

E5셀을 클릭한 뒤, 함수 범주에서 데이터베이스를 선택한 뒤 'DSUM'를 선택하고, 확인 버튼을 클릭한다.

DSUM 함수의 첫 번째 인수로 테이블 전체범위인 A3:C9셀을 선택하고, 두 번째 인수로 과제물점수 필드 주소인 C3셀을 선택하고, 세 번째 인수는 조건이 입력되어 있는 D4:D5셀을 입력하고, 확인 버튼을 클릭한다.

과제물 평균 구하기

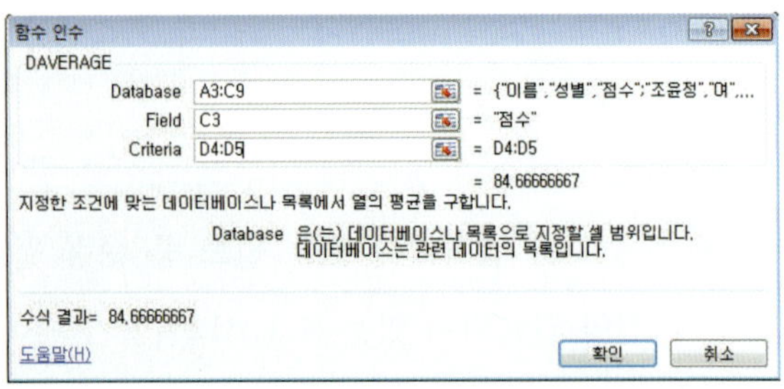

E7셀을 클릭한 뒤, 함수 범주에서 데이터베이스를 선택한 뒤 'DAVERAGE'를 선택하고, 확인 버튼을 클릭한다.

DAVERAGE 함수의 첫 번째 인수로 테이블 전체범위인

A3:C9셀을 선택하고, 두 번째 인수로 과제물점수 필드 주소인 C3셀을 선택하고, 세 번째 인수는 조건이 입력되어 있는 D4:D5셀을 입력하고, 확인 버튼을 클릭한다.

과제물 최댓값 구하기

E9셀을 클릭한 뒤, 함수 범주에서 데이터베이스를 선택한 뒤 'DMAX'를 선택하고, 확인 버튼을 클릭한다.

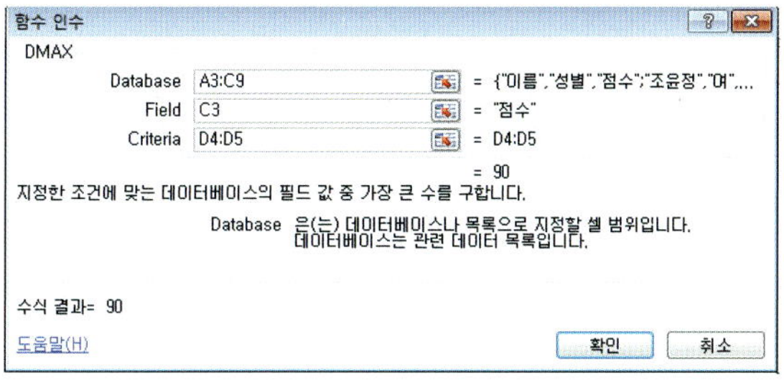

DMAX함수의 첫 번째 인수로 테이블 전체범위인 A3:C9셀을 선택하고, 두 번째 인수로 과제물점수 필드 주소인 C3셀을 선택하고, 세 번째 인수는 조건이 입력되어 있는 D4:D5셀을 입력하고, 확인 버튼을 클릭한다.

과제물 최솟값 구하기

E11셀을 클릭한 뒤, 함수 범주에서 데이터베이스를 선택한 뒤 'DMIN'을 선택하고, 확인 버튼을 클릭한다.

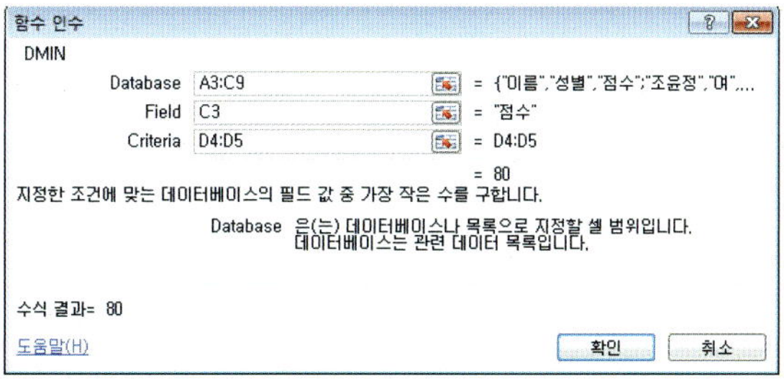

DMIN 함수의 첫 번째 인수로 테이블 전체범위인 A3:C9셀을 선택하고, 두 번째 인수로 과제물점수 필드 주소인 C3셀을 선택하고, 세 번째 인수는 조건이 입력되어 있는 D4:D5셀을 입력하고, 확인 버튼을 클릭한다.

여학생 인원수 구하기

E13셀을 클릭한 뒤, 함수 범주에서 데이터베이스를 선택한 뒤 'DCOUNTA'를 선

택하고, 확인 버튼을 클릭한다.

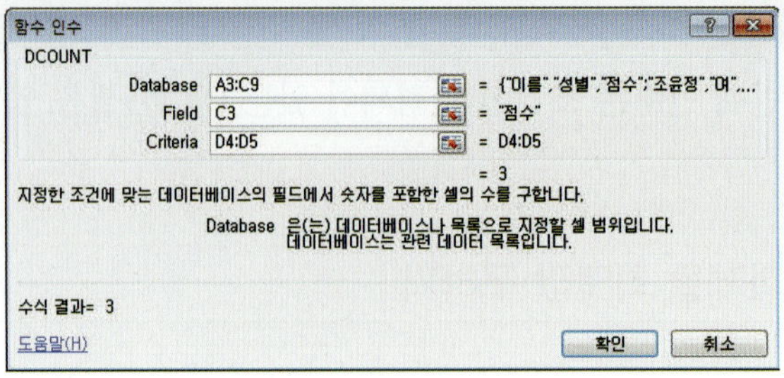

DCOUNTA 함수의 첫 번째 인수로 테이블 전체범위인 A3:C9셀을 선택하고, 두 번째 인수로 성별이 입력되어 있는 필드 주소인 C3셀을 선택하고, 세 번째 인수는 조건이 입력되어 있는 D4:D5셀을 입력하고, 확인 버튼을 클릭한다.

실습 9-3 '건강 TEST' 3반의 데이터 완성하기

	A	B	C	D
1	건강 TEST			
2			현재년도:	
3	성명	반	키(cm)	체중(kg)
4	김영훈	1	165	82
5	백운택	2	194	91
6	이용학	3	157	65
7	박인희	1	176	70
8	황철규	2	169	65
9	김문수	3	175	60
10	이동국	2	142	54
11	이종성	3	170	65
12				
13	반	3반의 평균 체중		
14	3	3반의 체중의 합		
15		3반의 체중 최대값		
16		3반의 체중 최소값		

➡

	A	B	C	D
1	건강 TEST			
2			현재년도:	
3	성명	반	키(cm)	체중(kg)
4	김영훈	1	165	82
5	백운택	2	194	91
6	이용학	3	157	65
7	박인희	1	176	70
8	황철규	2	169	65
9	김문수	3	175	60
10	이동국	2	142	54
11	이종성	3	170	65
12				
13	반	3반의 평균 체중		63.33
14	3	3반의 체중의 합		190
15		3반의 체중 최대값		65
16		3반의 체중 최소값		60

❶ 현재 연도 구하기

D2셀을 클릭한 뒤, '=YEAR(TODAY())'를 입력한다.

❷ 3반의 평균체중 구하기

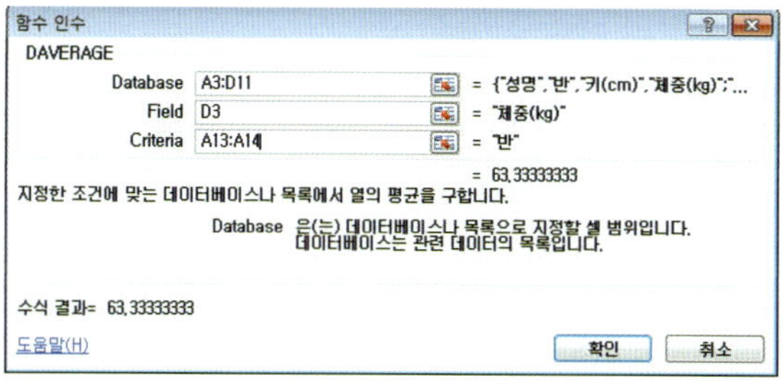

D13셀을 클릭한 뒤, 함수 범주에서 데이터베이스를 선택한 뒤 'DAVERAGE'를 선택하고, '확인' 버튼을 클릭한다. DAVERAGE 함수의 첫 번째 인수로 테이블 전체범위인 A3:D11셀을 선택하고, 두 번째 인수로 체중 필드 주소인 D3셀을 선택하고, 세 번째 인수는 조건이 입력되어 있는 A13:A14셀을 입력하고, 확인 버튼을 클릭한다.

❸ 3반의 체중의 합 구하기

D14셀을 클릭한 뒤, 함수 범주에서 데이터베이스를 선택한 뒤 'DSUM'을 선택하고, '확인' 버튼을 클릭한다. DSUM 함수의 첫 번째 인수로 테이블 전체범위인 A3:D11

셀을 선택하고, 두 번째 인수로 체중 필드 주소인 D3셀을 선택하고, 세 번째 인수는 조건이 입력되어 있는 A13:A14셀을 입력하고, '확인' 버튼을 클릭한다.

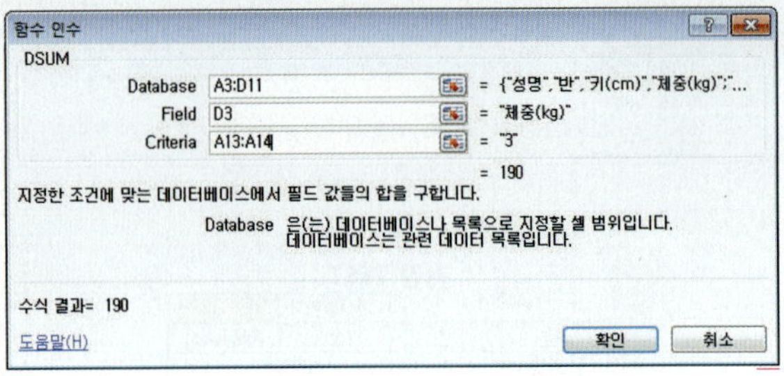

④ 3반의 체중 최댓값 구하기

D15셀을 클릭한 뒤, 함수 범주에서 데이터베이스를 선택한 뒤 'DMAX'을 선택하고, '확인' 버튼을 클릭한다. DMAX 함수의 첫 번째 인수로 테이블 전체범위인 A3:D11셀을 선택하고, 두 번째 인수로 체중 필드 주소인 D3셀을 선택하고, 세 번째 인수는 조건이 입력되어 있는 A13:A14셀을 입력하고, '확인' 버튼을 클릭한다.

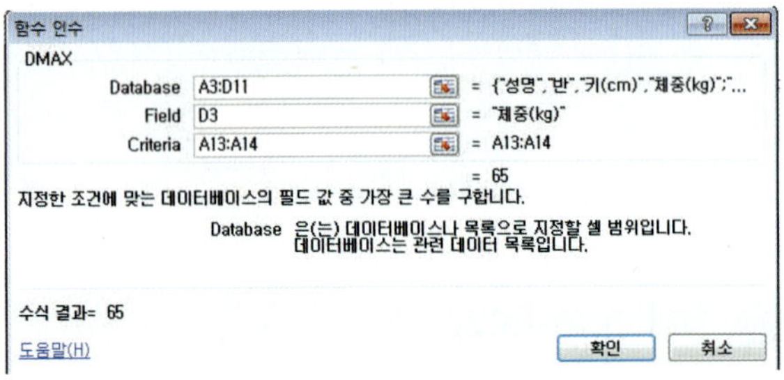

⑤ 3반의 체중 최솟값 구하기

D16셀을 클릭한 뒤, 함수 범주에서 데이터베이스를 선택한 뒤 'DMIN'을 선택하고, '확인' 버튼을 클릭한다. DMIN 함수의 첫 번째 인수로 테이블 전체범위인 A3:D11셀을 선택하고, 두 번째 인수로 체중 필드 주소인 D3셀을 선택하고, 세 번째 인수는 조건이 입력되어 있는 A13:A14셀을 입력하고, '확인' 버튼을 클릭한다.

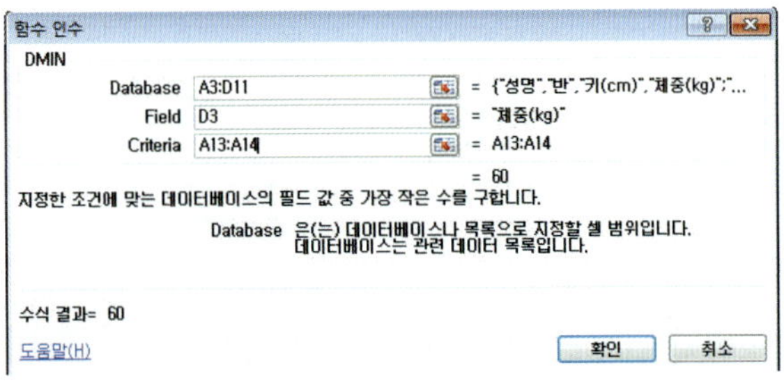

C · h · a · p · t · e · r

10 통계 함수

10.1 COUNTA와 COUNTBLANK 함수

COUNTA 함수는 수치의 개수를 구하는 COUNT 함수와 달리 수치 외에 수치로 변환할 수 없는 문자열 등의 인수를 추가하여 개수를 구한다. COUNTBLANK 함수는 지정한 범위에 있는 공백 셀의 개수를 구한다. 수식이 있는 경우 결과치에 빈 텍스트가 있으면 계수에 포함된다.

구분 COUNTA(Value1,Value2, …)

인수 ➔ Value1, Value2, …: 개수를 셀 값이 입력되어 있는 셀 주소 또는 범위

다음 화면은 '교재 대금 납부 현황'에서 '공통필수', '전공필수', '전공선택', '어학'의 미납자 수를 표시하는 작업이다.

	A	B	C	D	E	F
1	교재대금납부현황					
2	번호	성명	공통필수	전공필수	전공선택	어학
3	101	이동한	미납		미납	
4	102	어형부		미납		
5	103	강철민	미납		미납	
6	104	오지훈		미납		미납
7	105	사용철			미납	
8	106	우동철		미납	미납	
9	107	유민국	미납	미납		미납
10	108	안동수			미납	
11		미납자수				

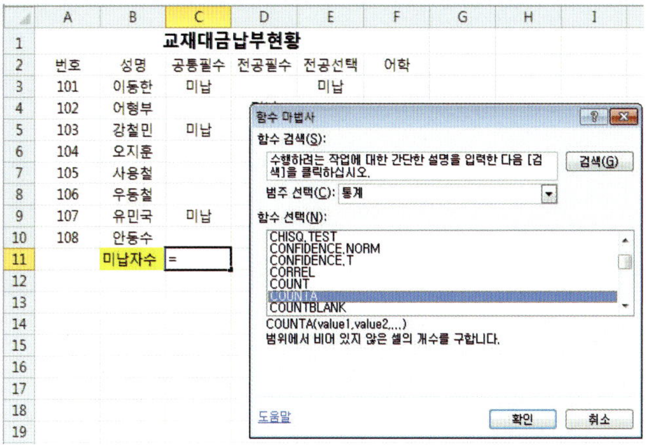

함수마법사 실행 1:

① 셀 C11을 클릭함
② 도구 모음에서 *fx* 클릭: 함수마법사
③ 범주선택: 통계
 함수선택: COUNTA
④ 확인 클릭

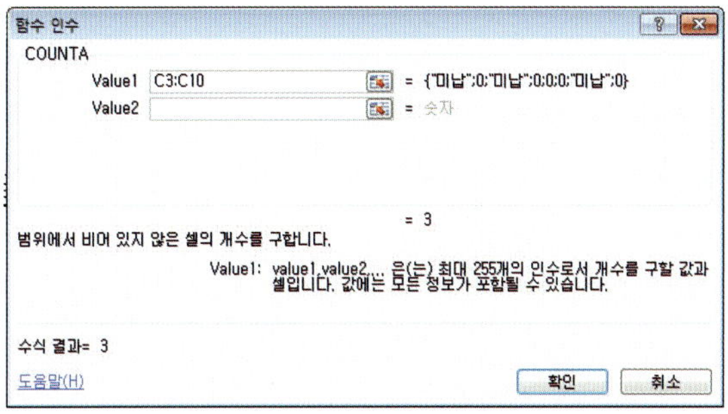

함수마법사 실행 2:

함수인수 상자 입력

① Value1: C3:C10
② 확인 클릭

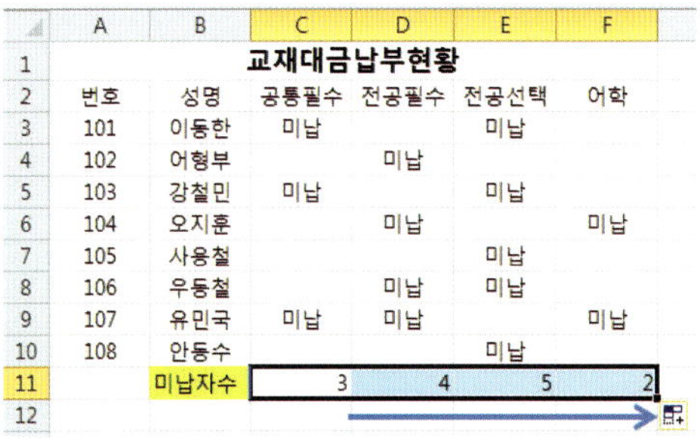

수식 자동 채우기

자동채우기 핸들을 사용하여 셀[C11]에서 시작하여 셀[F11]까지 마우스를 이용하여 드래그함

10.2 MEDIAN 함수

MEDIAN 함수는 인수에서 전체의 중간에 해당하는 위치에 있는 값을 구하는 함수이다. 즉 다시 말해 숫자를 순서대로 정렬을 했을 때 정 가운데 위치한 값을 말한다.

구분 MEDIAN(number1,number2, …,number30)

인수 ➔ number: 중앙값을 구할 수의 목록, 또는 셀 범위

아래의 화면은 '성적표'에서 각 과목별 점수의 중앙값을 구하는 작업이다.

	A	B	C	D
1		성적표		
2	이름	국어	영어	수학
3	배병준	75	95	55
4	조항록	80	80	80
5	정보영	80	65	60
6	이재실	65	70	90
7	김기수	80	75	75
8	정한기	70	40	60
9	박한수	92	89	97
10	천기덕	78	89	89
11	오영실	90	95	89
12	조추기	90	78	88
13				
14	중앙값			

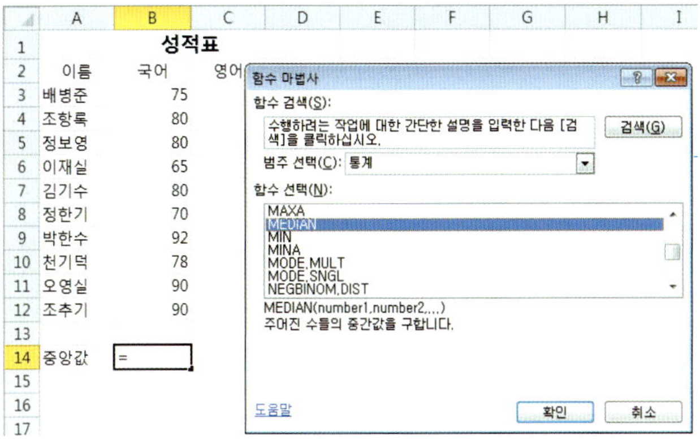

함수마법사 실행 1:

① 셀 B14를 클릭함

② 도구 모음에서 fx 클릭: 함수마법사

③ 범주선택: 통계
함수선택: MEDIAN

④ 확인 클릭

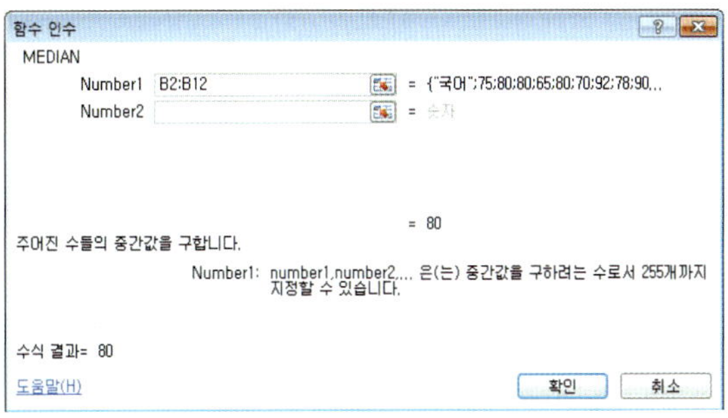

함수마법사 실행 2:

함수인수 상자 입력

① Number: B3:B12

② 확인 클릭

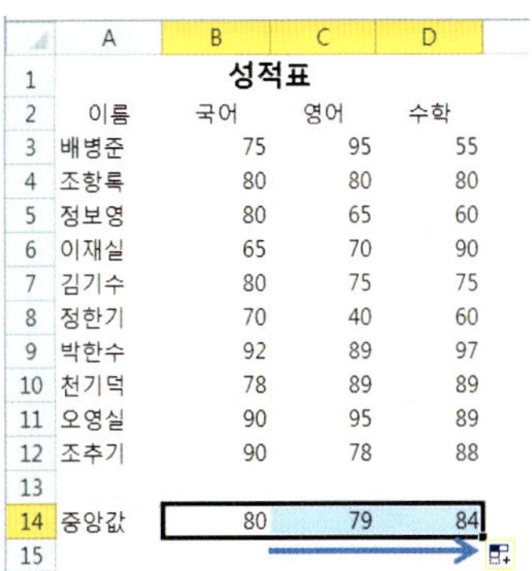

수식 자동 채우기

자동 채우기 핸들을 사용하여 셀[B14]에서 시작하여 셀[D14]까지 마우스를 이용하여 드래그함

10.3 LARGE와 SMALL 함수

통계 함수 중에서 가장 많이 사용되는 함수가 아마도 MAX와 MIN 함수일 것이다. MAX는 데이터 중에서 가장 큰 숫자를 밝혀내는 함수이고, MIN은 데이터 중에서 가장 작은 숫자를 밝혀내는 함수이다. 하지만 작업을 하다보면 데이터 중에서 가장 큰 숫자가 아닌, 가장 큰 수에서 몇 번째 수나, 혹은 가장 작은 수 중에서 몇 번째 수 등을 표시해야 할 경우가 발생한다. 이러한 경우에 쓰기 적합한 함수가 LARGE, SMALL 함수이다.

LARGE 함수는 지정한 셀의 범위 내에서 가장 큰 수에서 지정한 순번의 수를 구해오는 함수이며, SMALL 함수는 지정한 셀의 범위 내에서 가장 작은 수에서 지정한 순번의 수를 구해오는 함수이다.

구분 LARGE(Array, K)

인수 ➔ Array: 데이터의 집합, 셀 범위

➔ K: 몇 번째로 큰 수

아래 화면의 '성적표'에서 국어, 영어, 수학점수를 모두 포함해서 3번째로 큰 점수를 셀[D14]에 표기하는 작업이다.

	A	B	C	D
1		성적표		
2	이름	국어	영어	수학
3	배병준	75	95	55
4	조항록	80	80	80
5	정보영	80	65	60
6	이재실	65	70	90
7	김기수	80	75	75
8	정한기	70	40	60
9	박한수	92	89	97
10	천기덕	78	89	89
11	오영실	90	95	89
12	조추기	90	78	88
13				
14		3번째로 큰 점수		

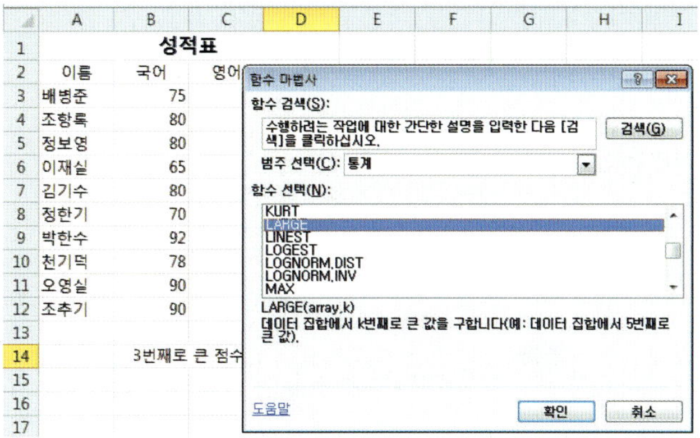

함수마법사 실행 1:

① 셀 D14를 클릭함
② 도구 모음에서 *fx* 클릭: 함수마법사
③ 범주선택: 통계
함수선택: LARGE
④ 확인 클릭

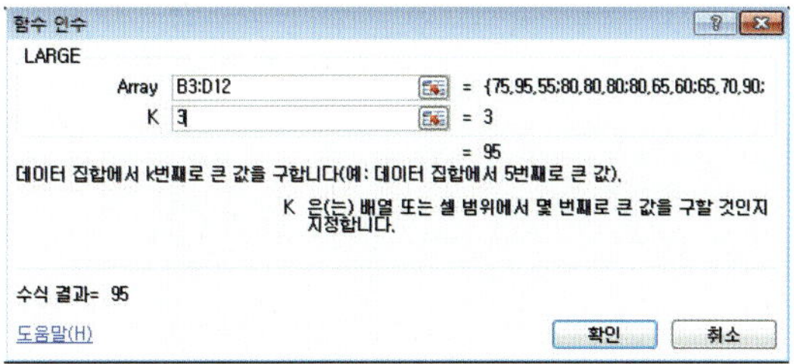

함수마법사 실행 2:

함수인수 상자 입력

① Array: B3:D12
② K: 3 입력
③ 확인 클릭

Tip

Array(배열)에 대한 설명

Array는 배열을 의미하며 행과 열로 조합이 된 데이터의 집합이다. 이렇게 배열로 데이터를 만들어서 저장하는 이유는 배열에 들어있는 데이터들이 개개의 주소를 가질 수 있기 때문에 데이터에 접근이 용이하다. 위와 같은 경우는 array[1,1]의 값은 75이며 array[10,3]의 값은 88이다.

위와 작업을 끝낸 후 결과 값은 아래 다음 화면과 같이 셀[D14]에 3번째로 가장 큰 점수가 표기된다.

	A	B	C	D
1	성적표			
2	이름	국어	영어	수학
3	배병준	75	95	55
4	조항록	80	80	80
5	정보영	80	65	60
6	이재실	65	70	90
7	김기수	80	75	75
8	정한기	70	40	60
9	박한수	92	89	97
10	천기덕	78	89	89
11	오영실	90	95	89
12	조추기	90	78	88
13				
14		3번째로 큰 점수		95

실습 10-1 '교재비 납부내역' 인원 구하기

	A	B	C	D	E	F
1	교재비 납부내역					
2	수강생	워드	정보처리	그래픽	정보기기	나이
3	이두열		납부	납부	납부	20
4	박상규	납부				23
5	박성주				납부	22
6	배순희	납부		납부	납부	32
7	박은경					21
8	변경혜	납부			납부	19
9	납부자수					총인원수
10	미납부자수					

➡

	A	B	C	D	E	F
1	교재비 납부내역					
2	수강생	워드	정보처리	그래픽	정보기기	나이
3	이두열		납부	납부	납부	20
4	박상규	납부				23
5	박성주				납부	22
6	배순희	납부		납부	납부	32
7	박은경					21
8	변경혜	납부			납부	19
9	납부자수	3	1	2	4	총인원수
10	미납부자수	3	5	4	2	6

납부자 수 구하기

❶ 함수마법사 실행

B9셀을 클릭한 뒤 함수 범주에서 통계를 선택한 뒤 'COUNTA'를 선택하고, 확인 버튼을 클릭한다.

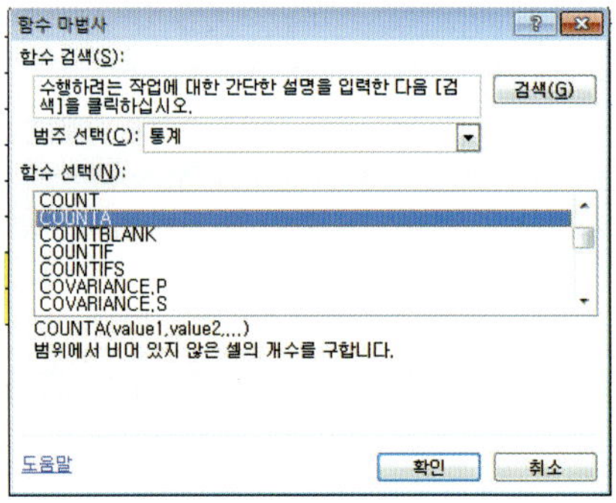

❷ 인수입력

COUNTA 함수의 첫 번째 인수로 B3:B8셀을 선택하고 확인 버튼을 클릭한다. 비어 있지 않은 셀의 개수, 즉 "납부" 글자가 들어 있는 셀의 개수를 구한다.

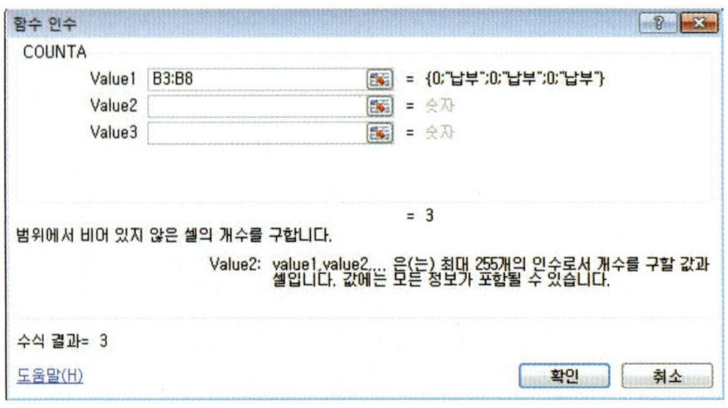

미납부자 수 구하기

B10셀을 클릭한 후, 함수 범주에서 통계를 선택한 뒤 'COUNTBLANK'를 선택하고, 확인 버튼을 클릭한다.

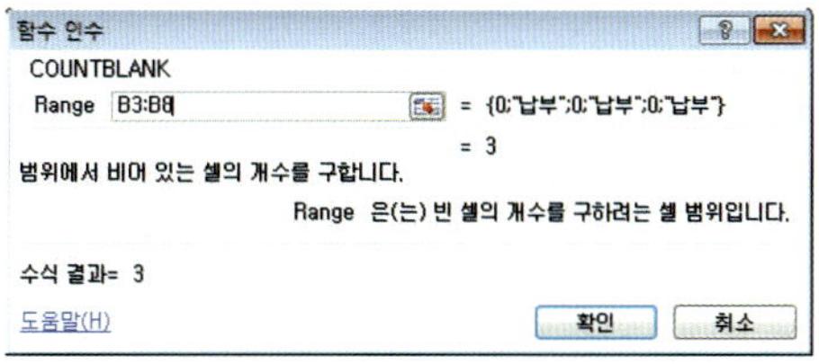

COUNTBLANK함수의 인수로 B3:B8 셀을 선택한다. 납부 글자가 들어 있지 않은 빈 셀의 개수를 구한다.

총인원 수 구하기

F10셀을 클릭한 뒤 함수 범주에서 통계를 선택한 뒤 'COUNT'를 선택하고, 확인 버튼을 클릭한다.

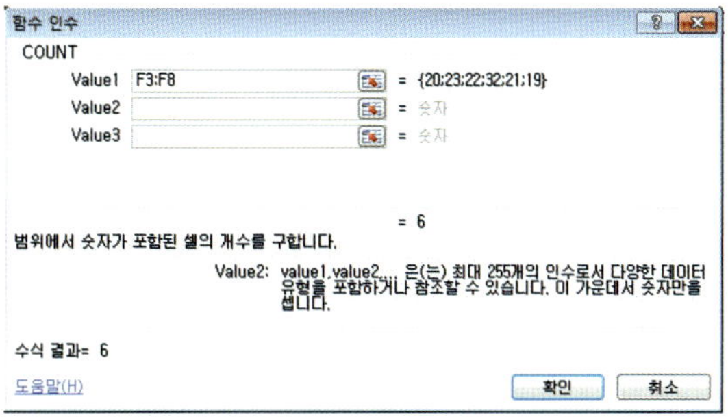

COUNT 함수의 인수로 F3:F8 셀을 선택하고, 확인 버튼을 클릭한다.

실습 10-2 '신체현황' 자료 구하기

	A	B	C	D
1		신체현황		
2	성명	키	몸무게	4번째 작은키
3	이나연	160	55	
4	우윤경	165	58	
5	이자경	171	65	2번째 큰 키
6	이광식	169	75	
7	엄영지	158	45	
8	이영	174	80	
9	한동규	175	70	

➡

	A	B	C	D
1		신체현황		
2	성명	키	몸무게	4번째 작은키
3	이나연	160	55	169
4	우윤경	165	58	
5	이자경	171	65	2번째 큰 키
6	이광식	169	75	174
7	엄영지	158	45	
8	이영	174	80	
9	한동규	175	70	

4번째 작은 키 구하기

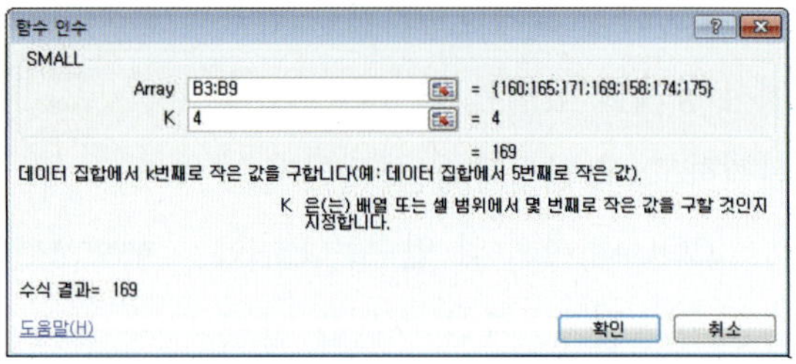

D3셀을 클릭한 뒤 함수 범주에서 통계를 선택한 뒤 'SMALL'를 선택하고, 확인 버튼을 클릭한다.

SMALL 함수의 첫 번째 인수로 B3:9셀을 선택하여 입력하고, 두 번째 인수로 4번째로 작은 키를 구해야하므로 4를 입력한 뒤 확인 버튼을 클릭한다.

2번째 큰 키 구하기

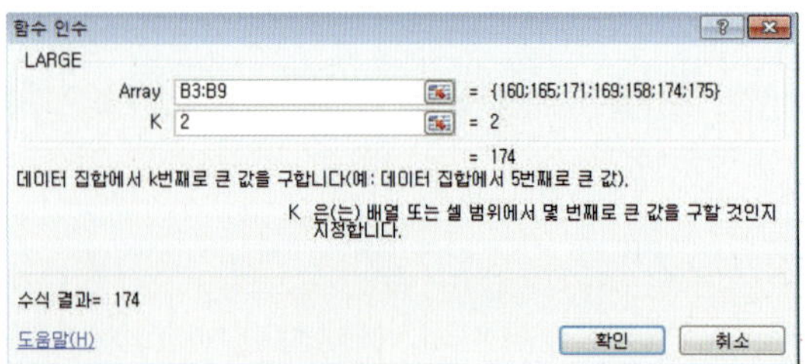

D6셀을 클릭한 뒤 함수 범주에서 통계를 선택한 뒤 'LARGE'를 선택하고, 확인 버튼을 클릭한다.

LARGE 함수의 첫 번째 인수로 B3:B9셀을 선택하여 입력하고, 두 번째 인수로 2번째로 큰 키를 구해야 하므로 2를 입력한 뒤 확인 버튼을 클릭한다.

C · h · a · p · t · e · r

11

데이터베이스 관리

11.1 데이터베이스의 구성

데이터베이스는 여러 사람의 공유를 목적으로 통합되고 관리되는 정보나 데이터의 모음을 말한다. 데이터베이스가 자료와 다른 점은 데이터의 중복을 최소화하여 효율적으로 관리할 수 있다는 점이다. 엑셀에서는 일정한 형식을 갖춘 데이터목록을 데이터베이스로 인식하여 데이터 목록으로 저장할 수 있고, 목록 안의 데이터들을 쉽게 찾아볼 수도 있으며 데이터의 수정, 삽입, 삭제가 가능하다. 또한 데이터베이스는 사용자가 정렬, 필터링 등을 활용하여 자료 처리에 관한 업무의 효율성을 높일 수 있다.

	A	B	C	D	E
1	급여명세서				
2					
3	이름	부서	직위	급여	수당
4	박주영	총무부	부장	1,680,000	250,000
5	김세환	총무부	과장	1,200,000	150,000
6	정영진	인사부	사원	890,000	50,000
7	장일규	영업부	과장	1,250,000	150,000
8	이명렬	기획부	대리	1,000,000	100,000
9	신성철	영업부	부장	1,790,000	250,000
10	김기영	기획부	대리	12,000,000	250,000
11	박태진	영업부	사원	850,000	70,000
12	김세진	총무부	사원	800,000	80,000
13	조재현	인사부	부장	1,820,000	270,000

위 화면은 '급여명세서'의 데이터베이스의 예제이다. 위 데이터베이스를 이용하여 각 구성요소를 살펴보면 다음과 같다.

❶ **필드 이름**: 필드의 첫 번째 행에 있는 데이터 필드를 '필드이름'이라 한다. 즉 셀 [A3:E3]까지를 의미하며 '이름', '부서', '직위', '급여', '수당'이다.

❷ **레코드:** 데이터가 들어 있는 각각의 행이다. '급여 명세서' 데이터베이스에는 10개의 레코드를 보유하고 있다.

❸ **필드:** 데이터가 입력되어 있는 각각의 열이다. 같은 필드에 입력되어 있는 데이터는 같은 속성을 가진다.

❹ **테이블:** 열과 행에 빈 공간 없이 데이터가 입력되어 있는 범위이다. 여기서는 셀 [A3:E13]을 의미한다.

Tip

데이터베이스 작성 시 유의사항

- 엑셀2010에서 레코드를 관리하기 위해서는 파일을 누른 후 [옵션]–[리본사용자 지정]–명령선택에서 [모든 명령으로 변경]–[레코드 관리] 선택–추가하면 오피스 버튼 옆 아이콘으로 나타나게 된다.
- 필드에는 같은 종류의 데이터가 들어 있어야 한다.
- 테이블의 첫 번째 레코드에는 꼭 필드 이름을 입력해야 한다.
- 데이터가 비어 있는 필드나 레코드가 있어서는 안 된다.
- 각각의 열에는 하나의 정보만 입력해야 한다.
- 최대한 세부 항목으로 필드를 구성해야 한다.

11.2 레코드 관리

레코드 검색 및 수정

작성한 데이터베이스의 레코드 중에서 특정한 조건을 가진 레코드를 찾거나 혹은 레코드를 변경할 수 있다.

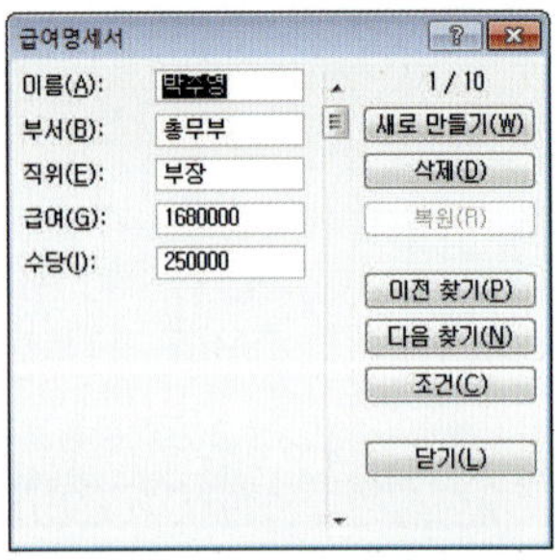

레코드 검색

① 레코드 검색 아이콘을 추가한 후 실행하면 레코드 관리 대화상자가 나타남

② [다음 찾기]를 클릭하면 순차적으로 레코드를 검색함

※ 레코드검색 아이콘 추가는 위 Tip 데이터베이스 작성 시 유의사항 참조

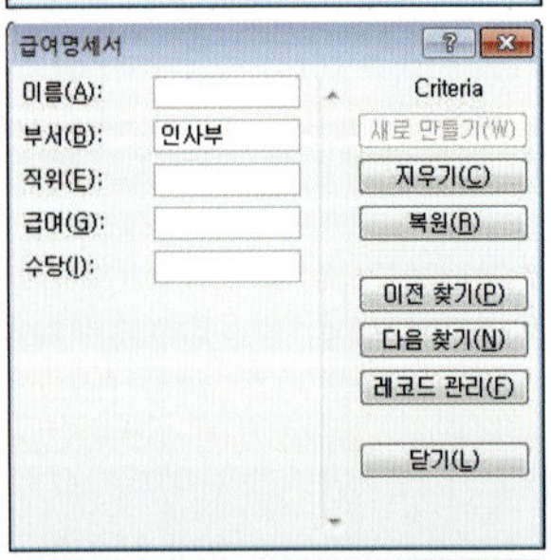

레코드 검색(조건)

① 위의 레코드 관리 대화상자에서 '조건'을 클릭

② 부서: '인사부' 입력

③ 다음 찾기를 클릭

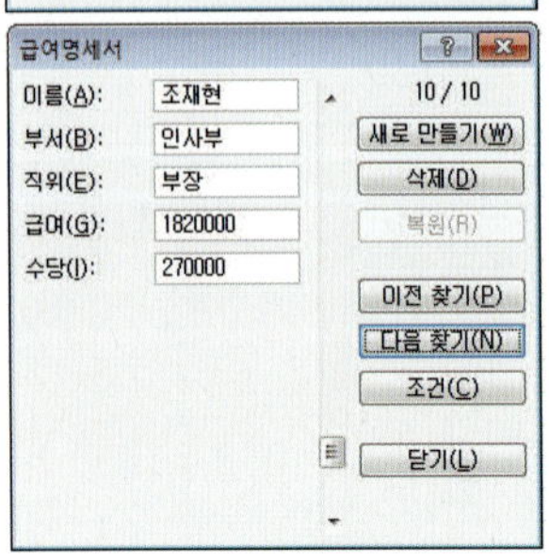

레코드 검색(조건)

'인사부'에 소속된 직원 검색하기

① 다음 찾기를 클릭

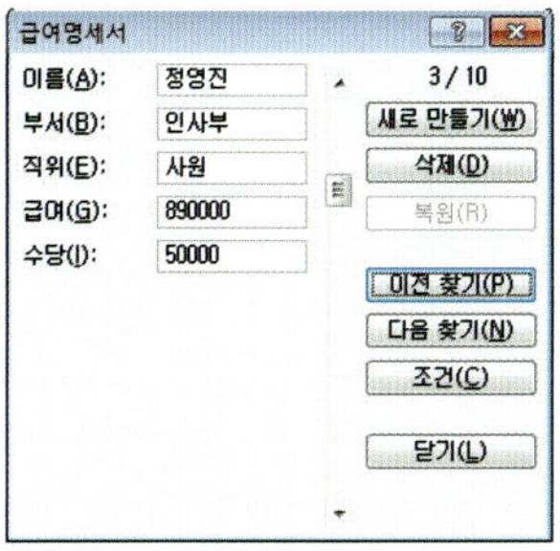

레코드 검색(조건)

'인사부'에 소속된 직원 검색하기
① 다음 찾기를 클릭

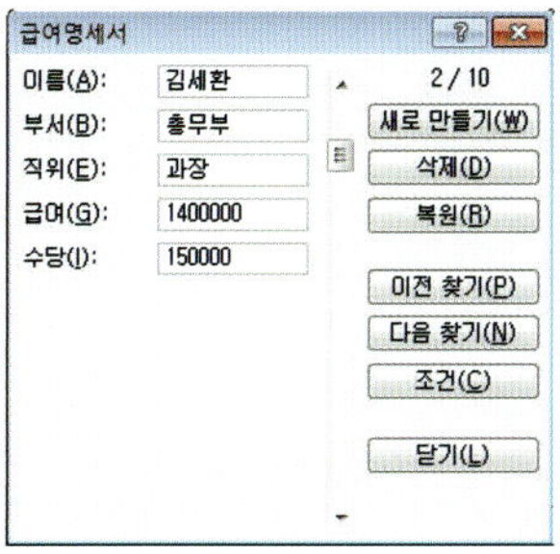

레코드 수정

김세환(총무부) 레코드 수정

① 급여 변경: 1,200,000 → 1,400,000

아래 화면과 같이 '김세환'의 레코드가 변경된 것을 확인할 수 있다.

	급여명세서				
2					
3	이름	부서	직위	급여	수당
4	박주영	총무부	부장	1,680,000	250,000
5	김세환	총무부	과장	1,400,000	150,000
6	정영진	인사부	사원	890,000	50,000
7	장일규	영업부	과장	1,250,000	150,000
8	이명렬	기획부	대리	1,000,000	100,000
9	신성철	영업부	부장	1,790,000	250,000
10	김기영	기획부	대리	12,000,000	250,000
11	박태진	영업부	사원	850,000	70,000
12	김세진	총무부	사원	800,000	80,000
13	조재현	인사부	부장	1,820,000	270,000

레코드의 추가 및 삭제

아래의 두 레코드를 '급여 명세서' 데이터베이스에 추가하려고 한다.

이름	부서	직위	급여	수당
최기순	총무부	사원	750,000	75,000
김영일	기획부	대리	1,100,000	120,000

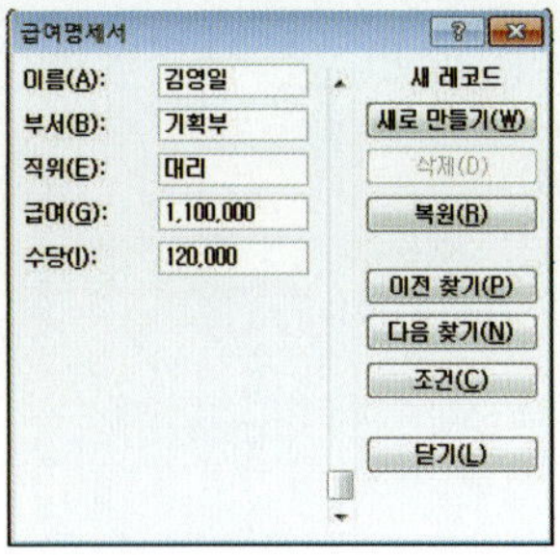

레코드의 추가
[새로 만들기] 선택

① 이름: 김영일
② 부서: 기획부
③ 직위: 대리
④ 급여: 1,100,000
⑤ 수당: 120,000 입력

아래 화면과 같이 2개의 레코드가 삽입되어 있는 것을 확인할 수 있다.

	A	B	C	D	E
1	**급여명세서**				
2					
3	**이름**	**부서**	**직위**	**급여**	**수당**
4	박주영	총무부	부장	1,680,000	250,000
5	김세환	총무부	과장	1,400,000	150,000
6	정영진	인사부	사원	890,000	50,000
7	장일규	영업부	과장	1,250,000	150,000
8	이명렬	기획부	대리	1,000,000	100,000
9	신성철	영업부	부장	1,790,000	250,000
10	김기영	기획부	대리	12,000,000	250,000
11	박태진	영업부	사원	850,000	70,000
12	김세진	총무부	사원	800,000	80,000
13	조재현	인사부	부장	1,820,000	270,000
14	최기순	총무부	사원	750,000	75,000
15	김영일	기획부	대리	1,100,000	120,000

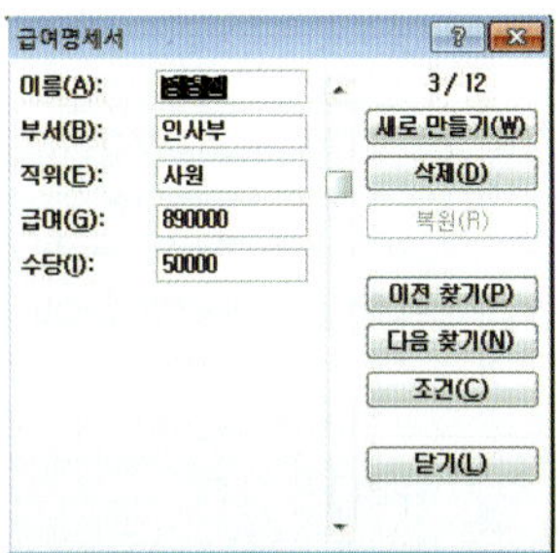

레코드의 삭제

이름이 '정영진' 직원을 데이터베이스에서 삭제
삭제할 레코드를 확인한 후 [삭제] 클릭

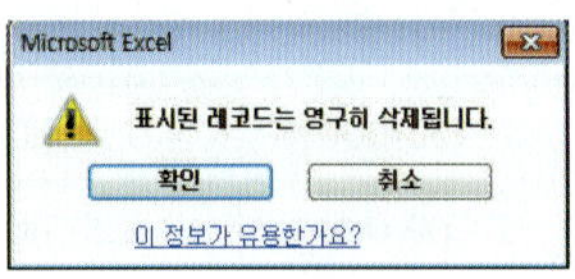

다시 한번 삭제를 원하는지를 확인하는 상자가 열림
[확인] 클릭

다음 화면에서 '급여 명세서' 데이터베이스 '정영진' 직원의 레코드가 삭제된 것을 확인할 수가 있다.

	A	B	C	D	E
1	급여명세서				
2					
3	이름	부서	직위	급여	수당
4	박주영	총무부	부장	1,680,000	250,000
5	김세환	총무부	과장	1,400,000	150,000
6	장일규	영업부	과장	1,250,000	150,000
7	이명렬	기획부	대리	1,000,000	100,000
8	신성철	영업부	부장	1,790,000	250,000
9	김기영	기획부	대리	12,000,000	250,000
10	박태진	영업부	사원	850,000	70,000
11	김세진	총무부	사원	800,000	80,000
12	조재현	인사부	부장	1,820,000	270,000
13	최기순	총무부	사원	750,000	75,000
14	김영일	기획부	대리	1,100,000	120,000

11.3 데이터의 정렬

데이터베이스 영역을 일정한 규칙에 따라 자료를 배열하는 것을 말한다. 정렬방식에는 오름차순(Ascending)과 내림차순(Descending)이 있다.

엑셀에서는 오름차순으로 정렬했을 때 숫자는 0에서 9로 정렬되며, 문자는 가나다 순으로 또는 ABC 순으로 정렬된다. 엑셀에서는 기본적으로 오름차순을 제공한다.

다음 화면은 '성적표' 데이터베이스의 '학생명'을 오름차순으로 정렬하는 작업이다. 먼저 데이터베이스 영역[A3:G10]을 지정한 다음 메뉴 바에서 [데이터]-[정렬]을 선택한다.

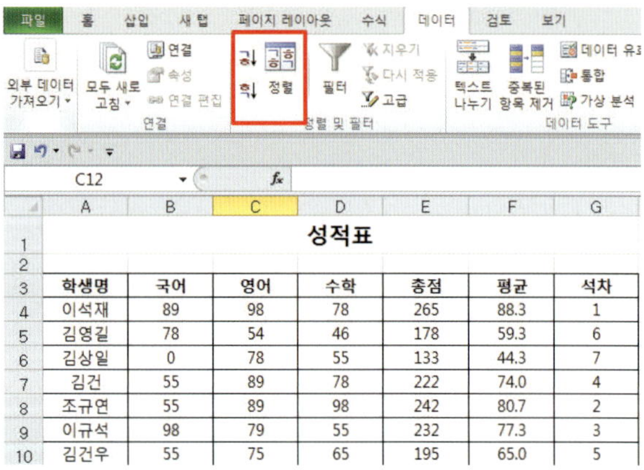

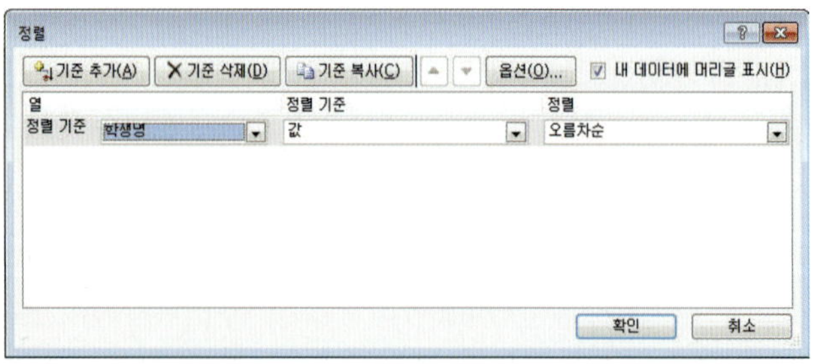

정렬 대화상자(1가지 기준)

정렬기준: 학생명
절렬기준: 값
정렬: 오름차순

아래 화면과 같이 '이름' 필드를 기준으로 오름차순으로 정렬이 되어 있는 것을 확인할 수 있다.

	A	B	C	D	E	F	G
1	성적표						
2							
3	학생명	국어	영어	수학	총점	평균	석차
4	김건	55	89	78	222	74.0	4
5	김건우	55	75	65	195	65.0	5
6	김상일	0	78	55	133	44.3	7
7	김영길	78	54	46	178	59.3	6
8	이규석	98	79	55	232	77.3	3
9	이석재	89	98	78	265	88.3	1
10	조규연	55	89	98	242	80.7	2

다음은 2가지 기준을 적용하여 정렬을 하고자 한다. 즉 '학생명'별로 내림차순으로 정렬을 한 뒤 다시 '평균' 기준으로 오름차순으로 다시 정렬을 하는 작업이다.

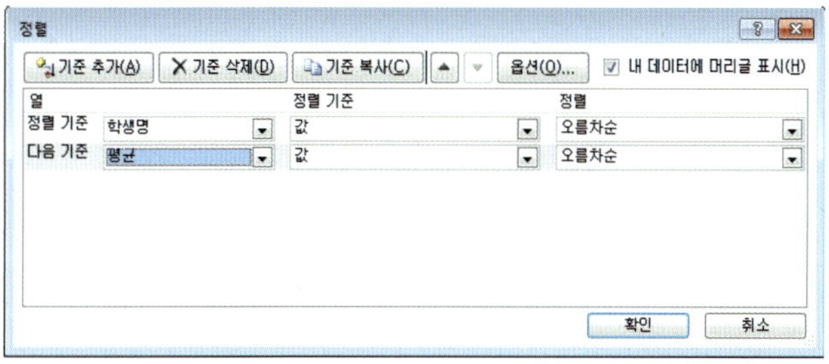

정렬 대화상자(2가지 기준)

첫째 기준: 학생명
내림차순
둘째 기준: 평균
오름차순 체크

기준 추가할 때는 대화상자 왼쪽 위 기준추가 버튼을 누르면 기준을 추가할 수 있다.

다음 화면과 같이 '학생명' 내림차순으로, '평균' 오름차순으로 정렬이 되어 있는 것을 확인할 수 있다.

	A	B	C	D	E	F	G
1	성적표						
2							
3	학생명	국어	영어	수학	총점	평균	석차
4	조규연	55	89	98	242	80.7	2
5	이석재	89	98	78	265	88.3	1
6	이규석	98	79	55	232	77.3	3
7	김영길	78	54	46	178	59.3	6
8	김상일	0	78	55	133	44.3	7
9	김건우	55	75	65	195	65.0	5
10	김건	55	89	78	222	74.0	4

11.4 데이터의 필터

데이터베이스의 기능 중에서 가장 중요한 기능이 검색 기능이다. 데이터베이스에 들어 있는 데이터 중에서 조건에 맞는 데이터만 검색할 수 있는 기능이 바로 필터링 기능이다. 필터링이란 마치 물이 정수기를 통하여 필터링되면서 맑은 물을 마실 수 있는 것과 같은 논리이다. 여기서는 자동필터, 두 가지 조건의 필터, 사용자 정의의 필터 순으로 설명하고자 한다.

1 자동필터

자동필터를 사용하면 데이터베이스의 모든 자료가 아닌 사용자가 필요로 하는 목록 중의 일부분만을 볼 수 있다.

자동필터의 시작은 셀 포인터를 데이터 영역 내의 임의의 셀을 클릭한 다음 메뉴 바의 [데이터]-[정렬 및 필터]-[필터] 메뉴를 선택하면 된다.

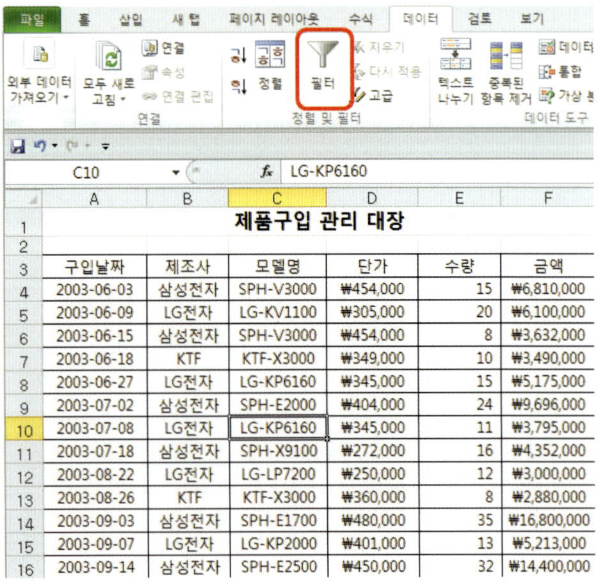

다음 화면과 같이 각 필드 항목에 (▼)의 기호가 만들어진다. 이 기호를 클릭하면 원하는 데이터를 필터링할 수 있다.

Tip

자동필터의 해제

자동필터를 해제하려면 데이터 범위 내에 임의의 셀을 클릭한 후 [데이터]-[정렬 및 필터]-[필터]를 클릭하면 필터가 해제된다.

자동필터가 만들어지면 각 필드 항목마다 (▼)의 기호가 만들어지며 이 기호를 클릭하면 제조사 필드의 값이 나타난다.

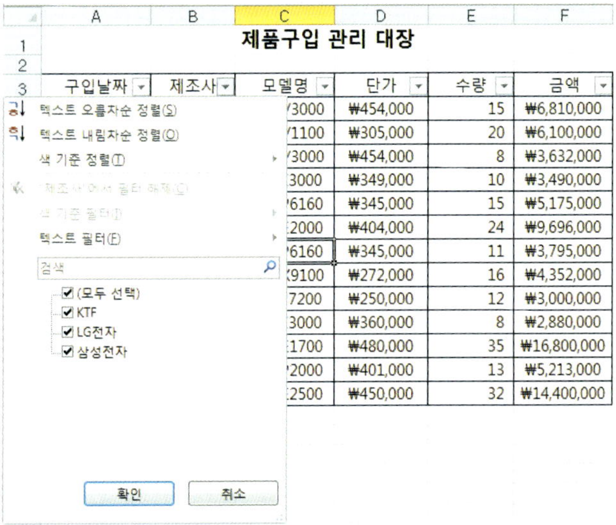

다음 화면은 '제조사'를 '삼성전자'로 지정했을 경우이다. 제조사가 '삼성전자'인 레코드만 화면에 표시되며, 만약에 다시 원 상태로 모든 데이터가 화면에 나타나도록 하려면 (▼)의 기호를 클릭한 후 '모두선택'를 선택하면 된다.

제품구입 관리 대장

	A	B	C	D	E	F
3	구입날짜	제조사	모델명	단가	수량	금액
4	2003-06-03	삼성전자	SPH-V3000	₩454,000	15	₩6,810,000
6	2003-06-15	삼성전자	SPH-V3000	₩454,000	8	₩3,632,000
9	2003-07-02	삼성전자	SPH-E2000	₩404,000	24	₩9,696,000
11	2003-07-18	삼성전자	SPH-X9100	₩272,000	16	₩4,352,000
14	2003-09-03	삼성전자	SPH-E1700	₩480,000	35	₩16,800,000
16	2003-09-14	삼성전자	SPH-E2500	₩450,000	32	₩14,400,000

Tip

자동필터의 중복 사용

자동필터를 사용하여 원하는 기준에 따라 걸러낸 데이터를 다시 다른 기준으로 걸러낼 수 있다. 위의 경우 제조사가 '삼성전자'이고 모델명이 'SPH-V3000'일 경우 제조사 필드의 (▼) 기호를 클릭한 다음 '삼성전자'를 지정하고, 모델명 필드의 (▼) 기호를 클릭한 다음 'SPH-V3000'를 지정하면 된다.

2 사용자 정의 필터

데이터베이스에서 자동필터를 지정한 후 (▼) 기호를 클릭하면 숫자필터 안에 '사용자 지정 필터'가 나타난다. 이 명령을 선택하면 '사용자 지정 필터' 대화 상자가 나타나며 사용자는 한 개 또는 두 개의 조건을 지정할 수 있다.

다음은 '제품구입 관리 대장' 데이터베이스에서 자동필터를 이용하여 제조사가 '삼성전자'인 레코드를 걸러내고 금액의 숫자필터를 선택하고 '사용자 지정 필터'를 사용하여 금액이 10,000,000 이상이거나 혹은 6,800,000 미만인 레코드를 검색하는 작업이다.

자동필터가 만들어진 데이터베이스에서 제조사의 (▼)기호를 클릭하여 '삼성전자'를 지정하면 다음 화면과 같다.

	A	B	C	D	E	F
1	제품구입 관리 대장					
2						
3	구입날짜	제조사	모델명	단가	수량	금액
4	2003-06-03	삼성전자	SPH-V3000	₩454,000	15	₩6,810,000
6	2003-06-15	삼성전자	SPH-V3000	₩454,000	8	₩3,632,000
9	2003-07-02	삼성전자	SPH-E2000	₩404,000	24	₩9,696,000
11	2003-07-18	삼성전자	SPH-X9100	₩272,000	16	₩4,352,000
14	2003-09-03	삼성전자	SPH-E1700	₩480,000	35	₩16,800,000
16	2003-09-14	삼성전자	SPH-E2500	₩450,000	32	₩14,400,000

'사용자 지정 필터' 대화 상자가 나타나면 아래와 같이 입력을 하고 [확인]을 클릭한다.

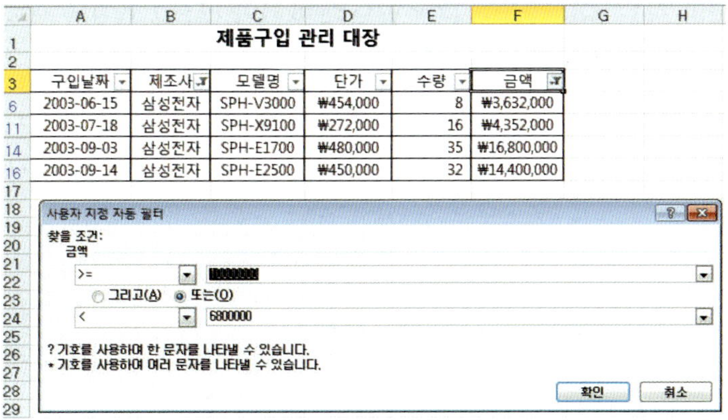

제조사가 '삼성전자'이면서 금액이 10,000,000 이상이거나 혹은 금액이 6,800,000 미만인 레코드는 다음 화면과 같이 4개의 레코드가 검색이 된다.

제품구입 관리 대장

	구입날짜	제조사	모델명	단가	수량	금액
6	2003-06-15	삼성전자	SPH-V3000	₩454,000	8	₩3,632,000
11	2003-07-18	삼성전자	SPH-X9100	₩272,000	16	₩4,352,000
14	2003-09-03	삼성전자	SPH-E1700	₩480,000	35	₩16,800,000
16	2003-09-14	삼성전자	SPH-E2500	₩450,000	32	₩14,400,000

3 고급필터

고급필터를 사용하려면 워크시트에 조건으로 설정한 필드명과 데이터로 이루어진 조건식이 필요하다. 아래 예제와 같이 조건을 입력하여야 한다. 아래 예제는 AND 연산을 한 예이다. AND 연산은 두 개의 조건을 모두 만족하는 결과 값을 가져오게 된다. 즉, 제조사가 삼성전자이면서 단가가 450,000인 결과 값을 나타나게 된다.

제조사	단가
삼성전자	>=450000

〈AND 연산의 예〉

OR 연산의 경우에는 아래와 같이 입력하면 된다. AND 연산과 다른 점은 두 개의 조건 중 하나만 조건에 만족하는 결과값을 나타나게 된다. 제조사가 삼성전자이거나 단가가 450,000 이상인 값을 가져오게 된다.

제조사	단가
삼성전자	
	>=450000

〈OR 연산의 예〉

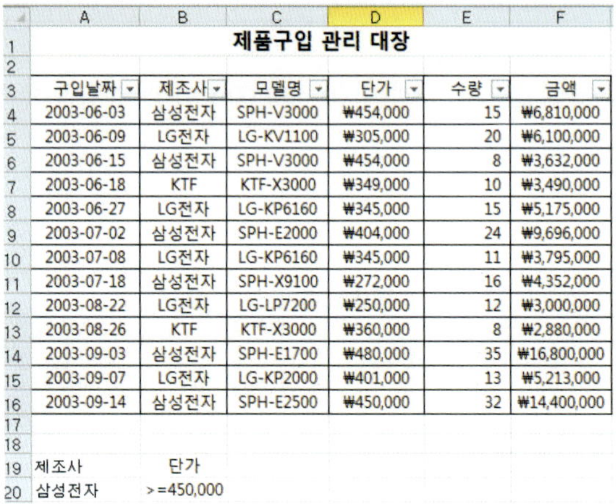

	A	B	C	D	E	F
1	제품구입 관리 대장					
2						
3	구입날짜	제조사	모델명	단가	수량	금액
4	2003-06-03	삼성전자	SPH-V3000	₩454,000	15	₩6,810,000
5	2003-06-09	LG전자	LG-KV1100	₩305,000	20	₩6,100,000
6	2003-06-15	삼성전자	SPH-V3000	₩454,000	8	₩3,632,000
7	2003-06-18	KTF	KTF-X3000	₩349,000	10	₩3,490,000
8	2003-06-27	LG전자	LG-KP6160	₩345,000	15	₩5,175,000
9	2003-07-02	삼성전자	SPH-E2000	₩404,000	24	₩9,696,000
10	2003-07-08	LG전자	LG-KP6160	₩345,000	11	₩3,795,000
11	2003-07-18	삼성전자	SPH-X9100	₩272,000	16	₩4,352,000
12	2003-08-22	LG전자	LG-LP7200	₩250,000	12	₩3,000,000
13	2003-08-26	KTF	KTF-X3000	₩360,000	8	₩2,880,000
14	2003-09-03	삼성전자	SPH-E1700	₩480,000	35	₩16,800,000
15	2003-09-07	LG전자	LG-KP2000	₩401,000	13	₩5,213,000
16	2003-09-14	삼성전자	SPH-E2500	₩450,000	32	₩14,400,000
17						
18						
19	제조사	단가				
20	삼성전자	>=450,000				

AND 연산을 실시하여 제조사가 삼성전자이면서 단가가 450,000 이상인 값들을 구하기 위하여 위와 같이 조건을 설정하였다.

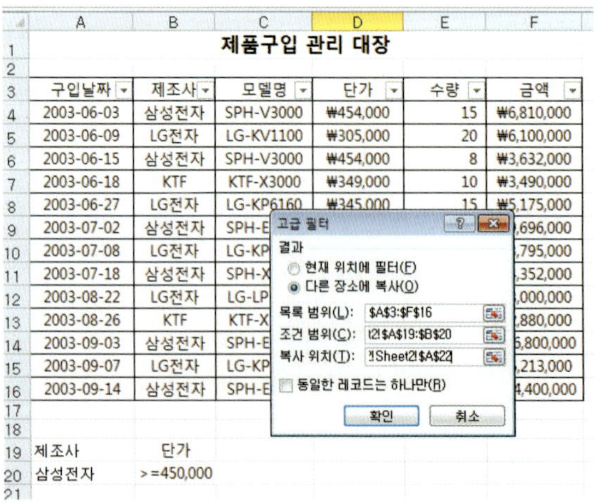

고급필터를 실행하기 위해선 데이터의 고급 탭을 누르면 위와 같이 고급필터 옵션이 나타나게 된다. 위와 같이 범위를 설정하고 확인을 누른다.

	A	B	C	D	E	F
1	제품구입 관리 대장					
2						
3	구입날짜	제조사	모델명	단가	수량	금액
4	2003-06-03	삼성전자	SPH-V3000	₩454,000	15	₩6,810,000
5	2003-06-09	LG전자	LG-KV1100	₩305,000	20	₩6,100,000
6	2003-06-15	삼성전자	SPH-V3000	₩454,000	8	₩3,632,000
7	2003-06-18	KTF	KTF-X3000	₩349,000	10	₩3,490,000
8	2003-06-27	LG전자	LG-KP6160	₩345,000	15	₩5,175,000
9	2003-07-02	삼성전자	SPH-E2000	₩404,000	24	₩9,696,000
10	2003-07-08	LG전자	LG-KP6160	₩345,000	11	₩3,795,000
11	2003-07-18	삼성전자	SPH-X9100	₩272,000	16	₩4,352,000
12	2003-08-22	LG전자	LG-LP7200	₩250,000	12	₩3,000,000
13	2003-08-26	KTF	KTF-X3000	₩360,000	8	₩2,880,000
14	2003-09-03	삼성전자	SPH-E1700	₩480,000	35	₩16,800,000
15	2003-09-07	LG전자	LG-KP2000	₩401,000	13	₩5,213,000
16	2003-09-14	삼성전자	SPH-E2500	₩450,000	32	₩14,400,000
17						
18						
19	제조사	단가				
20	삼성전자	>=450,000				
21						
22	구입날짜	제조사	모델명	단가	수량	금액
23	2003-06-03	삼성전자	SPH-V3000	₩454,000	15	₩6,810,000
24	2003-06-15	삼성전자	SPH-V3000	₩454,000	8	₩3,632,000
25	2003-09-03	삼성전자	SPH-E1700	₩480,000	35	₩16,800,000
26	2003-09-14	삼성전자	SPH-E2500	₩450,000	32	₩14,400,000

고급필터 실행결과 제조사가 삼성전자이면서 단가가 450,000 이상인 결과 값이 나타난 것을 알 수가 있다.

실습 11-1 '휴대폰 사용요금 산정내역' 등급별로 정렬하기

아래와 같이 '휴대폰 사용요금 산정내역' 데이터를 입력한 후, 등급필드에서 '일반, 단체, 패밀리, 프리미엄' 순으로 정렬한다.

	A	B	C	D	E	F	G	H	I
1	휴대폰 사용 요금 산정 내역								
2									
3	고객코드	고객명	등급	사용시간	기본요금	초과시간	사용요금	할인금액	청구금액
4	HP10001	김전호	일반	120	33,250	70	40,950	140	40,810
5	HP10002	강천수	프리미엄	530	57,000	220	76,800	880	75,920
6	HP10003	박사인	단체	550	19,000	430	42,650	430	42,220
7	HP10004	도현인	패밀리	300	42,750	100	51,250	300	50,950
8	HP10005	홍길상	일반	90	33,250	40	37,650	80	37,570
9	HP10006	변동지	단체	210	19,000	90	23,950	90	23,860
10	HP10007	노사연	패밀리	120	42,750	-80	42,750	0	42,750
11	HP10008	임인형	일반	150	33,250	100	44,250	200	44,050
12	HP10009	구정철	단체	50	19,000	0	19,000	0	19,000

	A	B	C	D	E	F	G	H	I
1	휴대폰 사용 요금 산정 내역								
2									
3	고객코드	고객명	등급	사용시간	기본요금	초과시간	사용요금	할인금액	청구금액
4	HP10001	김전호	일반	120	33,250	70	40,950	140	40,810
5	HP10005	홍길상	일반	90	33,250	40	37,650	80	37,570
6	HP10008	임인형	일반	150	33,250	100	44,250	200	44,050
7	HP10003	박사인	단체	550	19,000	430	42,650	430	42,220
8	HP10006	변동지	단체	210	19,000	90	23,950	90	23,860
9	HP10009	구정철	단체	50	19,000	0	19,000	0	19,000
10	HP10004	도현인	패밀리	300	42,750	100	51,250	300	50,950
11	HP10007	노사연	패밀리	120	42,750	-80	42,750	0	42,750
12	HP10002	강천수	프리미엄	530	57,000	220	76,800	880	75,920

① '사용자 지정 목록' 정의하기

등급필드를 기준으로 정렬하면 가, 나, 다 순으로 정렬되므로, 일반, 단체, 패밀리, 프리미엄 순으로 정렬되게 하려면 '사용자 지정 목록'에서 정의해 두어야 한다. '사용자 지정 목록'을 등록하기 위해, 파일 탭을 클릭하고 [옵션]을 클릭한 후, [고급] 탭의 '사용자 지정 목록 편집'을 클릭한다.

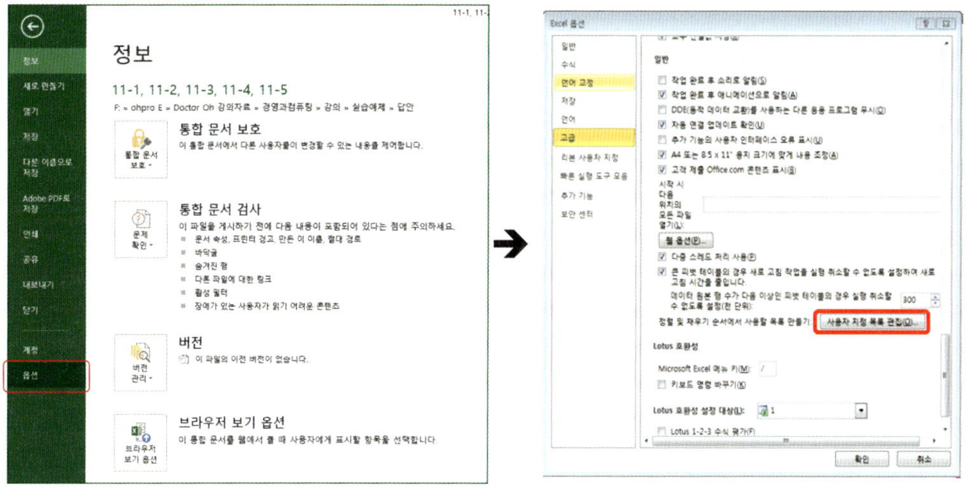

❷ 사용자 지정 목록에 추가하기

정렬할 기준인 일반, 단체, 패밀리, 프리미엄 순서대로 '목록 항목'란에 입력한 후 '추가'하고 '확인'을 클릭한다. [옵션] 대화상자가 다시 표시되면 '확인'을 클릭한다.

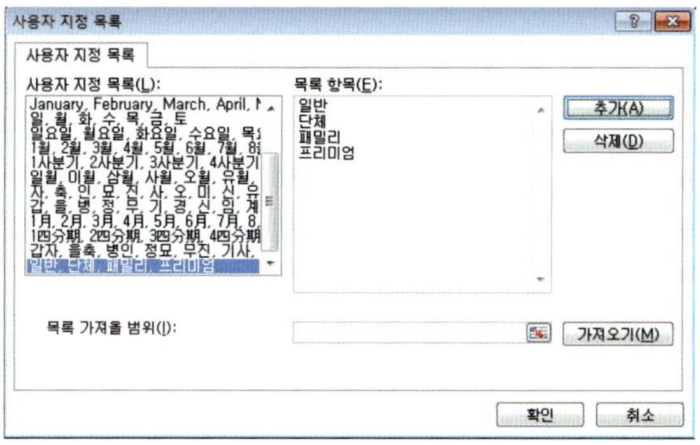

❸ 정렬하기

테이블 안에 커서를 두고, [데이터]−[정렬 및 필터]에서 '정렬'을 클릭한다.

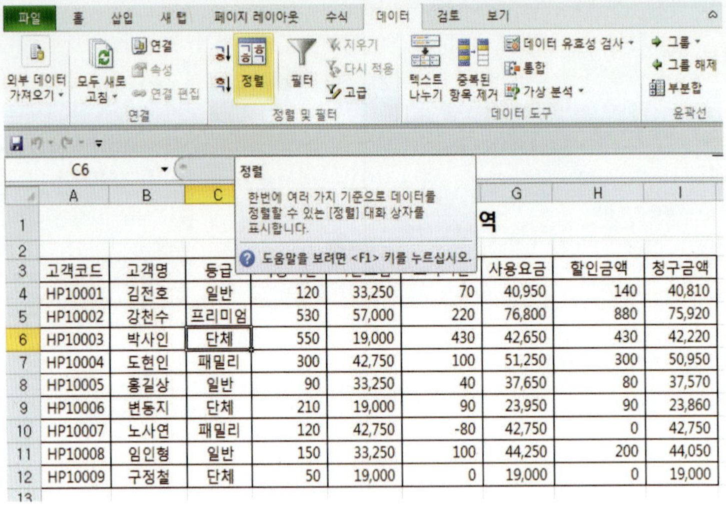

④ 등급필드에서 일반, 단체, 패밀리, 프리미엄 순으로 정렬하기

'열－등급', '정렬기준－값', '정렬－사용자 지정 목록'을 선택하면, '사용자 지정 목록' 상자가 열린다. 입력해 두었던 일반, 단체, 패밀리, 프리미엄 항목을 선택하고, 확인 버튼을 클릭한다.

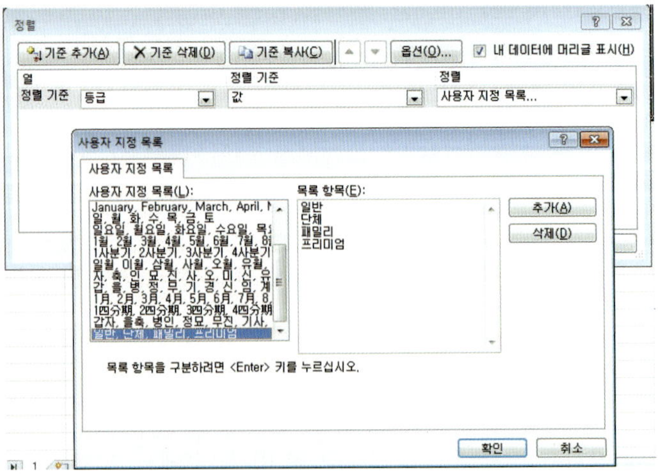

실습 11-2

'신입사원 선발시험 결과' 판정과 총점별로 정렬하기

아래와 같이 '신입사원 선발시험 결과' 데이터를 입력한 후, '판정과 총점'을 기준으로 '내림차순' 정렬한다.

	A	B	C	D	E	F	G	H
1	신입사원 선발 시험 결과							
2	수험번호	이름	지원부서	필기	면접	가산점	총점	판정
3	D075	김라바	생산부	65	25	10	100	불합격
4	D159	이순미	전산부	80	45	1	126	합격
5	D215	이종해	생산부	65	25	10	100	불합격
6	D258	이혜선	전산부	85	30	5	120	합격
7	D352	주아나	생산부	70	30	5	105	불합격
8	D389	이해식	생산부	75	30	5	110	불합격
9	D458	황준식	생산부	90	35	0	125	합격
10	D483	홍바다	전산부	75	20	1	96	불합격
11	D487	박진수	영업부	90	40	10	140	합격
12	D589	강산아	영업부	95	45	0	140	합격
13	D698	하상일	영업부	75	30	10	115	불합격
14	D753	한석진	전산부	79	34	7	120	합격

	A	B	C	D	E	F	G	H
1	신입사원 선발 시험 결과							
2	수험번호	이름	지원부서	필기	면접	가산점	총점	판정
3	D487	박진수	영업부	90	40	10	140	합격
4	D589	강산아	영업부	95	45	0	140	합격
5	D159	이순미	전산부	80	45	1	126	합격
6	D458	황준식	생산부	90	35	0	125	합격
7	D258	이혜선	전산부	85	30	5	120	합격
8	D753	한석진	전산부	79	34	7	120	합격
9	D698	하상일	영업부	75	30	10	115	불합격
10	D389	이해식	생산부	75	30	5	110	불합격
11	D352	주아나	생산부	70	30	5	105	불합격
12	D075	김라바	생산부	65	25	10	100	불합격
13	D215	이종해	생산부	65	25	10	100	불합격
14	D483	홍바다	전산부	75	20	1	96	불합격

① '판정' 기준으로 정렬하기

테이블 안에 커서를 두고, [데이터]-[정렬]에서 '정렬'을 클릭한다. '열-판정', '정렬기준-값', '정렬-내림차순'을 선택하고, '기준 추가'를 클릭한 후, 두 번째 정렬 기준을 입력한다.

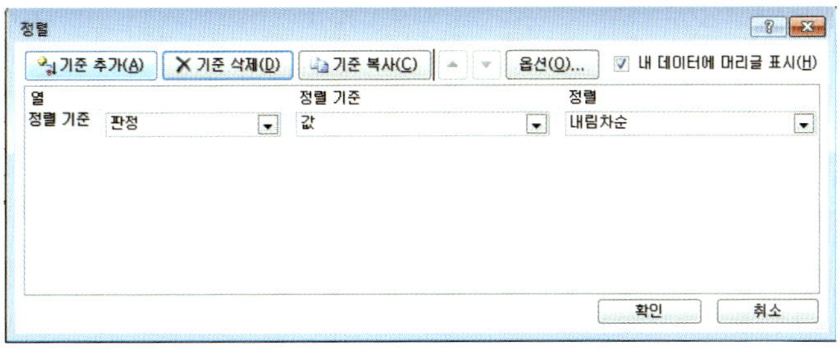

❷ '총점' 기준 추가하여 정렬하기

'기준 추가'를 클릭한 후, '열-총점', '정렬기준-값', '정렬-내림차순'을 선택하고, '확인'한다.

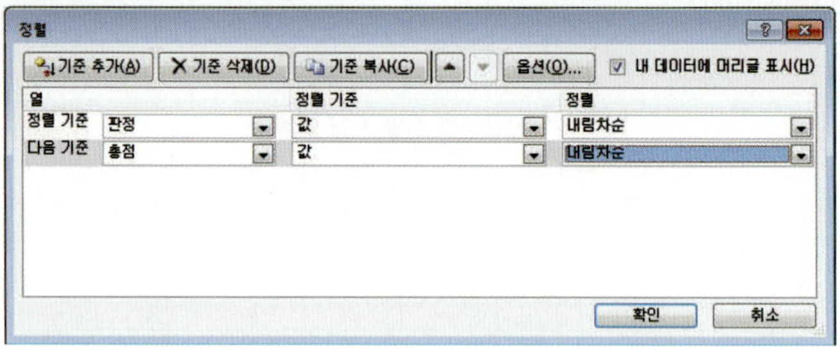

실습 11-3 '서식'을 기준으로 정렬하기

아래와 같이 데이터를 입력하고 서식을 지정한 후, '셀 색, 글꼴 색, 셀 아이콘' 순으로 정렬한다.

	A	B	C	D	E	F	G	H	I
1	ID	성명	구분	회사	직급	성별	생일	근무지	거래금액
2	U3336A	석호필	일반	우주상사	사원	남자	1976-11-30	대전	3,504,154
3	K5102F	권우진	골드	나라백화점	사원	남자	1976-01-26	부산	8,106,644
4	H5774S	오유나	골드	삼미상사	대표	여자	1970-03-05	서울	8,716,741
5	P5861X	안요한	일반	해바라기백화점	사원	남자	1979-05-19	서울	7,949,200
6	D2678Q	조시현	골드	신세기상사	사원	남자	1972-08-06	서울	2,211,868
7	P3554O	이형운	프리미엄	왕성교역	과장	여자	1977-10-20	대전	7,958,406
8	K9277R	김성준	실버	글로벌통상	대표	남자	1966-10-13	부산	7,722,499
9	X8890R	이재원	일반	서희무역	사원	남자	1973-04-21	서울	7,676,882
10	Y3727C	오지나	실버	한라교역	대리	여자	1977-07-31	천안	3,291,258
11	V3281W	박형준	골드	백두무역	사원	남자	1976-07-11	부산	4,659,333
12	V3455C	유준상	골드	관악유통	대표	남자	1965-07-08	서울	2,046,988
13	F2994V	이채원	프리미엄	은하수유통	과장	여자	1971-08-01	부산	1,051,142
14	W294S	이석찬	일반	동남상사	사원	남자	1971-06-11	인천	1,790,355

	A	B	C	D	E	F	G	H	I
1	ID	성명	구분	회사	직급	성별	생일	근무지	거래금액
2	H5774S	오유나	골드	삼미상사	대표	여자	1970-03-05	서울	8,716,741
3	V3455C	유준상	골드	관악유통	대표	남자	1965-07-08	서울	2,046,988
4	K5102F	권우진	골드	나라백화점	사원	남자	1976-01-26	부산	8,106,644
5	D2678Q	조시현	골드	신세기상사	사원	남자	1972-08-06	서울	2,211,868
6	V3281W	박형준	골드	백두무역	사원	남자	1976-07-11	부산	4,659,333
7	K9277R	김성준	실버	글로벌통상	대표	남자	1966-10-13	부산	7,722,499
8	P5861X	안요한	일반	해바라기백화점	사원	남자	1979-05-19	서울	7,949,200
9	P3554O	이형운	프리미엄	왕성교역	과장	여자	1977-10-20	대전	7,958,406
10	X8890R	이재원	일반	서희무역	사원	남자	1973-04-21	서울	7,676,882
11	U3336A	석호필	일반	우주상사	사원	남자	1976-11-30	대전	3,504,154
12	Y3727C	오지나	실버	한라교역	대리	여자	1977-07-31	천안	3,291,258
13	F2994V	이채원	프리미엄	은하수유통	과장	여자	1971-08-01	부산	1,051,142
14	W294S	이석찬	일반	동남상사	사원	남자	1971-06-11	인천	1,790,355

① '셀 색' 기준으로 정렬하기

테이블 안에 커서를 두고, [데이터]-[정렬]에서 '정렬'을 클릭한다. '열-구분', '정렬기준-셀 색, 노랑', '정렬-위에 표시'를 선택하고, '기준 추가'를 클릭한 후, 두 번째 정렬 기준을 입력한다.

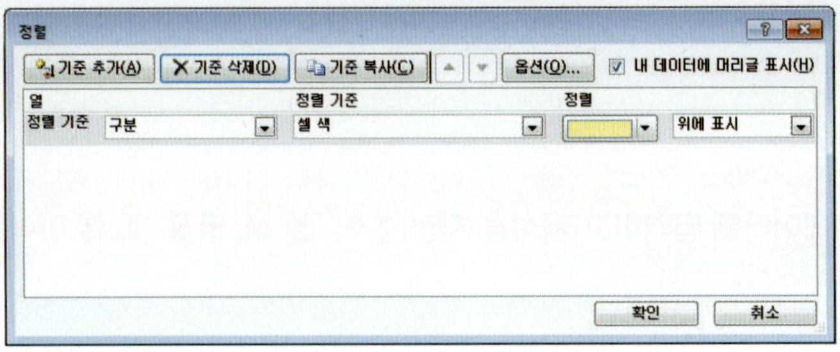

② '글꼴 색' 기준 추가하여 정렬하기

'기준 추가'를 클릭한 후, '열-직급', '정렬기준-글꼴 색, 빨강', '정렬-위에 표시'를 선택하고, '기준 추가'를 클릭한 후, 세 번째 정렬 기준을 입력한다.

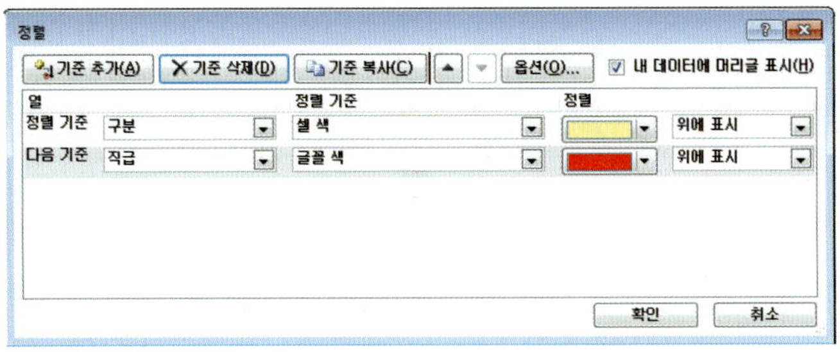

③ '셀 아이콘' 기준 추가하여 정렬하기

'기준추가'를 클릭한 후, '열-거래금액', '정렬기준-셀 아이콘 , ', '정렬-위에 표시'를 선택하고, '확인'을 클릭한다.

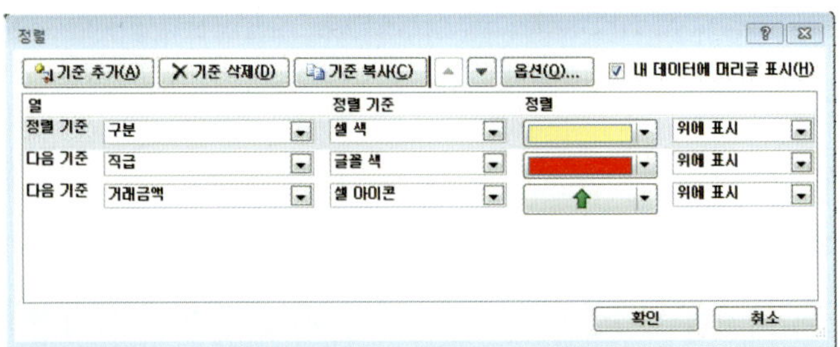

실습 11-4

'고객 데이터베이스' 필터하기

아래와 같이 '고객 데이터베이스'를 입력하고 서식을 지정한 후, '텍스트 필터, 숫자 필터, 서식 필터'를 적용해 본다.

고객 데이터베이스

성명	성별	학력	연령	직업	월평균수입	총구매횟수	총구매액
김성수	남	고졸	19	인터넷 관련직	₩1,830,000	11	₩356,000
차태현	남	대졸	32	사무/관리직	₩1,800,000	23	₩982,000
소미선	여	대원졸	29	인터넷 관련직	₩2,700,000	12	₩653,000
최재형	남	고졸	18	인터넷 관련직	₩2,550,000	21	₩720,000
최지원	여	대졸	33	사무/관리직	₩1,400,000	18	₩895,000
김미연	여	대졸	42	일반영업직	₩2,300,000	17	₩653,000
김영수	남	고졸	38	자영업	₩2,100,000	13	₩812,000
박진희	여	대졸	25	인터넷 관련직	₩2,000,000	28	₩1,500,000
최대근	남	고졸	28	일반영업직	₩1,800,000	17	₩980,000
이민형	남	대졸	32	자영업	₩1,600,000	13	₩1,280,000
임정수	남	고졸	35	자영업	₩1,500,000	14	₩632,000
하용수	남	대졸	28	일반영업직	₩1,300,000	15	₩856,000
유지환	남	대졸	31	자영업	₩1,400,000	23	₩1,170,000
이병택	남	고졸	25	사무/관리직	₩2,100,000	24	₩1,260,000
박경완	남	고졸	29	사무/관리직	₩2,300,000	21	₩1,310,000
이유림	여	대원졸	28	일반영업직	₩2,700,000	18	₩530,000
유석민	남	고졸	25	사무/관리직	₩2,550,000	11	₩245,000
김영철	남	대졸	35	자영업	₩1,250,000	12	₩752,000
이태림	여	대졸	32	일반영업직	₩1,200,000	15	₩420,000
강성실	여	고졸	24	자영업	₩950,000	21	₩782,000
박민수	남	대원졸	26	자영업	₩2,500,000	30	₩1,530,000

고객 데이터베이스

성명	성별	학력	연령	직업	월평균수입	총구매횟	총구매액
김성수	남	고졸	19	인터넷 관련직	₩1,830,000	11	₩356,000
차태현	남	대졸	32	사무/관리직	₩1,800,000	23	₩982,000
소미선	여	대원졸	29	인터넷 관련직	₩2,700,000	12	₩653,000
최재형	남	고졸	18	인터넷 관련직	₩2,550,000	21	₩720,000
최지원	여	대졸	33	사무/관리직	₩1,400,000	18	₩895,000
김미연	여	대졸	42	일반영업직	₩2,300,000	17	₩653,000
김영수	남	고졸	38	자영업	₩2,100,000	13	₩812,000
박진희	여	대졸	25	인터넷 관련직	₩2,000,000	28	₩1,500,000
최대근	남	고졸	28	일반영업직	₩1,800,000	17	₩980,000
이민형	남	대졸	32	자영업	₩1,600,000	13	₩1,280,000
임정수	남	고졸	35	자영업	₩1,500,000	14	₩632,000
하용수	남	대졸	28	일반영업직	₩1,300,000	15	₩856,000
유지환	남	대졸	31	자영업	₩1,400,000	23	₩1,170,000
이병택	남	고졸	25	사무/관리직	₩2,100,000	24	₩1,260,000
박경완	남	고졸	29	사무/관리직	₩2,300,000	21	₩1,310,000
이유림	여	대원졸	28	일반영업직	₩2,700,000	18	₩530,000
유석민	남	고졸	25	사무/관리직	₩2,550,000	11	₩245,000
김영철	남	대졸	35	자영업	₩1,250,000	12	₩752,000
이태림	여	대졸	32	일반영업직	₩1,200,000	15	₩420,000
강성실	여	고졸	24	자영업	₩950,000	21	₩782,000
박민수	남	대원졸	26	자영업	₩2,500,000	30	₩1,530,000

❶ 필터 수행하기

테이블 안에 커서를 놓고, [데이터]-[필터] 메뉴를 클릭한다.

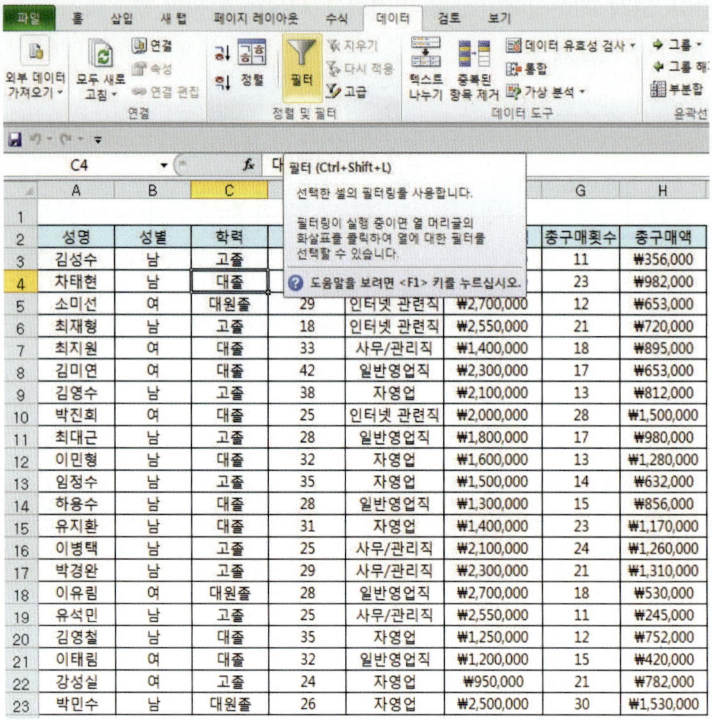

	A	B	C	D	E	F	G	H
1								
2	성명	성별	학력				총구매횟수	총구매액
3	김성수	남	고졸				11	₩356,000
4	차태현	남	대졸				23	₩982,000
5	소미선	여	대원졸	29	인터넷 관련직	₩2,700,000	12	₩653,000
6	최재형	남	고졸	18	인터넷 관련직	₩2,550,000	21	₩720,000
7	최지원	여	대졸	33	사무/관리직	₩1,400,000	18	₩895,000
8	김미연	여	대졸	42	일반영업직	₩2,300,000	17	₩653,000
9	김영수	남	고졸	38	자영업	₩2,100,000	13	₩812,000
10	박진희	여	대졸	25	인터넷 관련직	₩2,000,000	28	₩1,500,000
11	최대근	남	고졸	28	일반영업직	₩1,800,000	17	₩980,000
12	이민형	남	대졸	32	자영업	₩1,600,000	13	₩1,280,000
13	임정수	남	고졸	35	자영업	₩1,500,000	14	₩632,000
14	하용수	남	대졸	28	일반영업직	₩1,300,000	15	₩856,000
15	유지환	남	대졸	31	자영업	₩1,400,000	23	₩1,170,000
16	이병택	남	고졸	25	사무/관리직	₩2,100,000	24	₩1,260,000
17	박경완	남	고졸	29	사무/관리직	₩2,300,000	21	₩1,310,000
18	이유림	여	대원졸	28	일반영업직	₩2,700,000	18	₩530,000
19	유석민	남	고졸	25	사무/관리직	₩2,550,000	11	₩245,000
20	김영철	남	대졸	35	자영업	₩1,250,000	12	₩752,000
21	이태림	여	대졸	32	일반영업직	₩1,200,000	15	₩420,000
22	강성실	여	고졸	24	자영업	₩950,000	21	₩782,000
23	박민수	남	대원졸	26	자영업	₩2,500,000	30	₩1,530,000

❷ 텍스트 필터하기

'직업' 필드의 필터 단추를 클릭하고 텍스트 필터 목록에서 '모두 선택'을 클릭하여 체크 해제한 후, '사무/관리직'을 클릭하여 체크하고 확인한다.

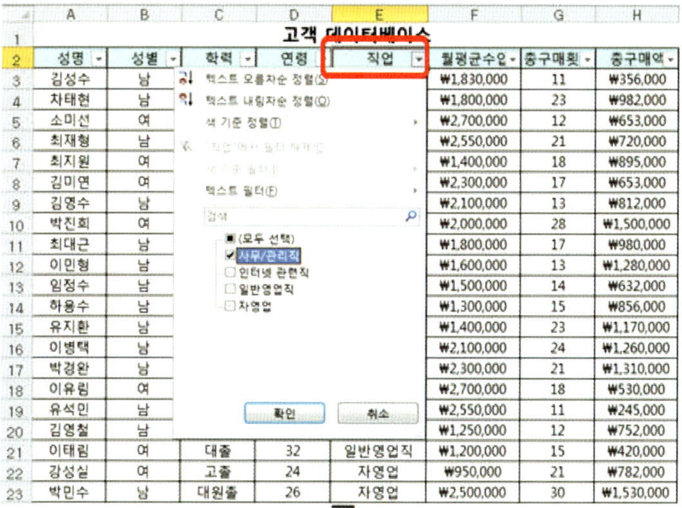

고객 데이터베이스

	A	B	C	D	E	F	G	H
2	성명	성별	학력	연령	직업	월평균수입	총구매횟	총구매액
4	차태현	남	대졸	32	사무/관리직	₩1,800,000	23	₩982,000
7	최지원	여	대졸	33	사무/관리직	₩1,400,000	18	₩895,000
16	이병택	남	고졸	25	사무/관리직	₩2,100,000	24	₩1,260,000
17	박경완	남	고졸	29	사무/관리직	₩2,300,000	21	₩1,310,000
19	유석민	남	고졸	25	사무/관리직	₩2,550,000	11	₩245,000

③ 숫자 필터하기

'직업' 필드의 필터 단추를 클릭하고 텍스트 필터 목록에서 '모두 선택'을 클릭한 후, '총구매액' 필터를 실행한다. '총구매액' 필드의 필터 단추를 클릭하고 '숫자 필터' 목록에서 '크거나 같음'을 선택하고 조건 입력란에 '1,000,000'을 입력하고 확인한다.

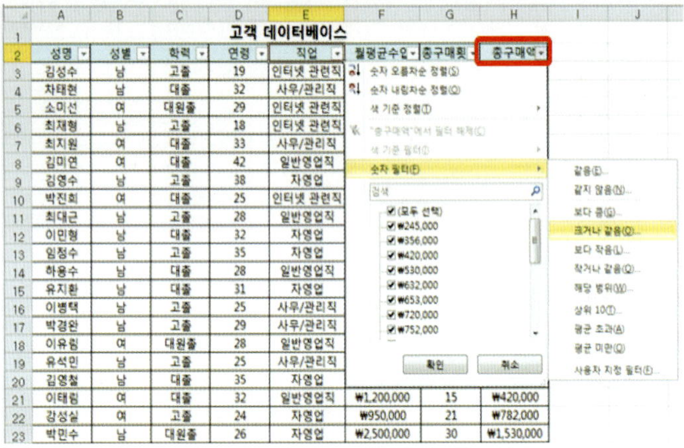

↓

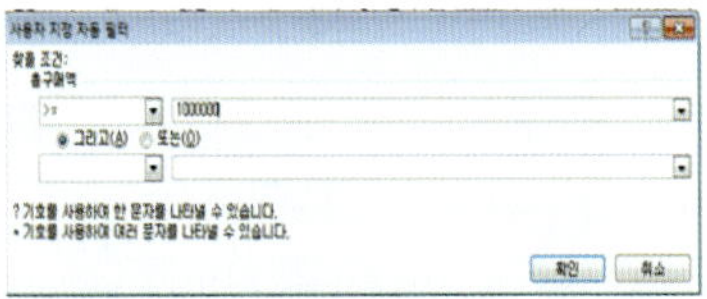

↓

	A	B	C	D	E	F	G	H
1	고객 데이터베이스							
2	성명	성별	학력	연령	직업	월평균수입	총구매횟	총구매액
10	박진희	여	대졸	25	인터넷 관련직	₩2,000,000	28	₩1,500,000
12	이민형	남	대졸	32	자영업	₩1,600,000	13	₩1,280,000
15	유지환	남	대졸	31	자영업	₩1,400,000	23	₩1,170,000
16	이병택	남	고졸	25	사무/관리직	₩2,100,000	24	₩1,260,000
17	박경완	남	고졸	29	사무/관리직	₩2,300,000	21	₩1,310,000
23	박민수	남	대원졸	26	자영업	₩2,500,000	30	₩1,530,000

❹ 서식 필터하기

'총구매액' 필드의 필터 단추를 클릭하고 '숫자 필터' 목록에서 '모두 선택'을 선택하고 총구매횟수' 필터를 실행한다. '총구매횟수' 필드의 필터 단추를 클릭하고 '색 기준 필터' 목록에서 '초록색 화살표'를 선택하고 확인한다.

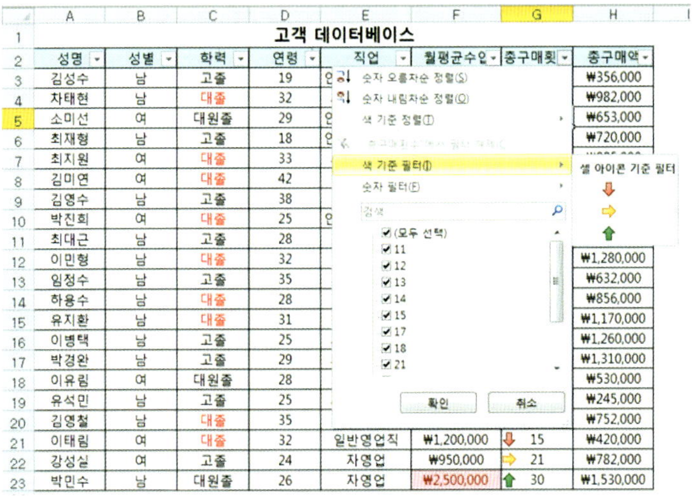

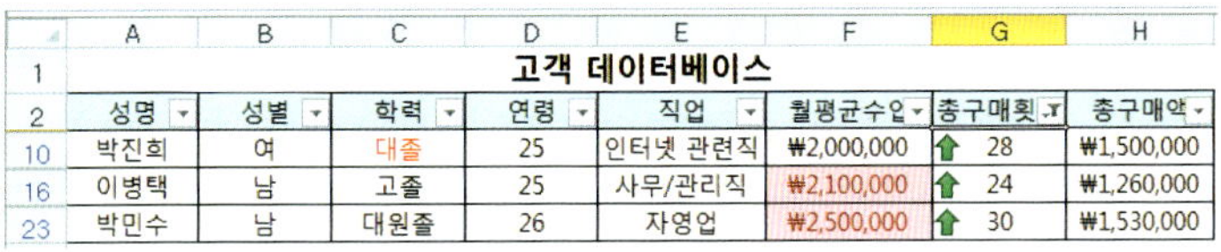

	A	B	C	D	E	F	G	H
1	고객 데이터베이스							
2	성명	성별	학력	연령	직업	월평균수입	총구매횟	총구매액
10	박진희	여	대졸	25	인터넷 관련직	₩2,000,000	28	₩1,500,000
16	이병택	남	고졸	25	사무/관리직	₩2,100,000	24	₩1,260,000
23	박민수	남	대원졸	26	자영업	₩2,500,000	30	₩1,530,000

실습 11-5

'1사분기 맥주 판매현황' 고급필터하기

품명이 카스이거나 매입수량이 1,000 이상인 데이터를 보여지게 한다.

	A	B	C	D	E	F	G	H
1	1사분기 맥주 판매현황							
2	월별	품명	매입수량	매입금액	매출수량	매입비율		
3	1월	하이트	1,200	1,560,000	1,300	0.9230769		
4	1월	카스	1,200	1,440,000	1,100	1.0909091		
5	1월	라거	1,300	1,430,000	1,200	1.0833333		
6	2월	하이트	1,100	1,430,000	1,000	1.1		
7	2월	카스	900	1,080,000	1,000	0.9		
8	2월	라거	800	880,000	700	1.1428571		
9	3월	하이트	1,000	1,300,000	1,050	0.952381		
10	3월	카스	700	840,000	850	0.8235294		
11	3월	라거	800	880,000	1,000	0.8		
12								
13							품명	매입수량
14							카스	
15								>=1000

↓

	A	B	C	D	E	F	G	H
1	1사분기 맥주 판매현황							
2	월별	품명	매입수량	매입금액	매출수량	매입비율		
3	1월	하이트	1,200	1,560,000	1,300	0.9230769		
4	1월	카스	1,200	1,440,000	1,100	1.0909091		
5	1월	라거	1,300	1,430,000	1,200	1.0833333		
6	2월	하이트	1,100	1,430,000	1,000	1.1		
7	2월	카스	900	1,080,000	1,000	0.9		
8	2월	라거	800	880,000	700	1.1428571		
9	3월	하이트	1,000	1,300,000	1,050	0.952381		
10	3월	카스	700	840,000	850	0.8235294		
11	3월	라거	800	880,000	1,000	0.8		
12								
13							품명	매입수량
14							카스	
15								>=1000
16								
17								
18								
19								
20	월별	품명	매입수량	매입금액	매출수량	매입비율		
21	1월	하이트	1,200	1,560,000	1,300	0.9230769		
22	1월	카스	1,200	1,440,000	1,100	1.0909091		
23	1월	라거	1,300	1,430,000	1,200	1.0833333		
24	2월	하이트	1,100	1,430,000	1,000	1.1		
25	2월	카스	900	1,080,000	1,000	0.9		
26	3월	하이트	1,000	1,300,000	1,050	0.952381		
27	3월	카스	700	840,000	850	0.8235294		

① 고급필터 선택

테이블 안에 임의의 셀을 클릭하고, [데이터] 탭의 [정렬 및 필터] 그룹에서 [고급]을 클릭한다.

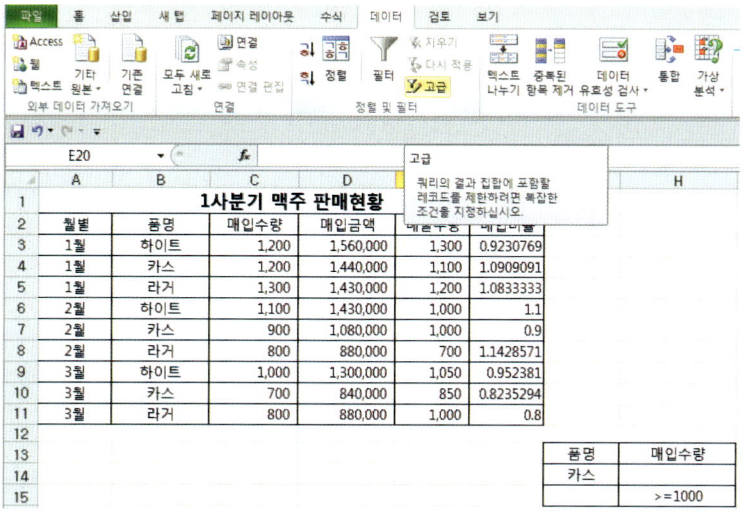

② 고급필터 인수입력

고급필터의 장점은 필터된 결과를 다른 곳에 복사할 수 있다는 점이다. 그러므로 결과를 '다른 장소에 복사'하도록 선택하고, 목록범위는 B4:G13을 선택한다. 조건범위는 H15:I17을 선택하고, 복사위치는 B20셀을 클릭한 후, 확인 버튼을 클릭한다.

C · h · a · p · t · e · r

12

데이터관리 및 분석작업

엑셀이 가지고 있는 기능 중 계산 기능과 함께 또 다른 뛰어난 기능 중의 하나가 분석 기능이다. 이러한 분석 기능은 상황에 따라 어떠한 결과가 나올 것인지를 분석해 줌으로써 정확하고 신속한 의사결정을 가능하게 해 준다. 예를 들면 새로운 사업을 시작하거나 혹은 중요한 의사결정을 내려야 할 경우 주어진 조건을 가지고 미래에 어떠한 결과가 나타날 것인지를 분석하는 작업은 보다 미래를 객관성 있게 예측할 수 있다.

엑셀이 가지고 있는 분석 툴은 피벗 테이블, 시나리오, 부분합, 데이터 통합, 목표값 찾기 등이 있다.

12.1 시나리오

시나리오는 다양한 상황과 변수에 따른 여러 가지 결과 값의 변화를 가상의 상황을 통해 예측하여 분석하는 기능이다. 셀 값의 변동에 대한 서로 다른 여러 시나리오를 만들어 변화하는 결과 값을 예측하기 위해 사용된다. 즉 특정 셀의 변경에 따라 연결된 결과셀의 값이 자동으로 변경되어 결과값을 즉시 예측할 수 있으며, 또한 시나리오의 결과는 요약 보고서를 통하여 한눈에 볼 수 있게 되어 있다.

예를 들어, 최선의 시나리오와 최악의 시나리오를 미리 만들어서 특정상황에 대비할 수 있다. 말 그대로 일어나지 않은 일에 대한 가상의 시나리오(Scenario)를 만들어서 대비를 하는 것이다.

도구에서 시나리오 입력

메뉴에서 [데이터]-[데이터도구]-[가상분석]-[시나리오 관리자]를 클릭한다.

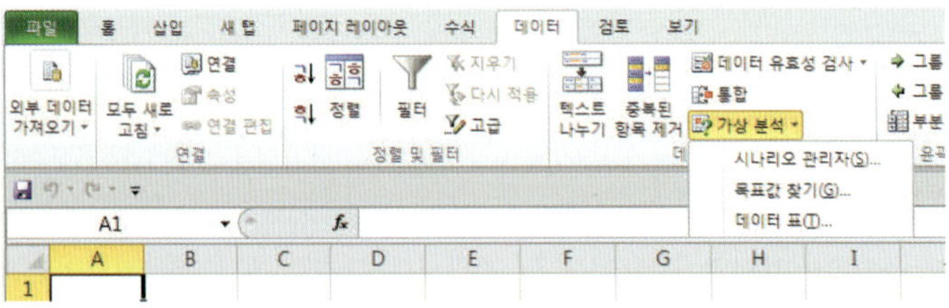

시나리오 관리자

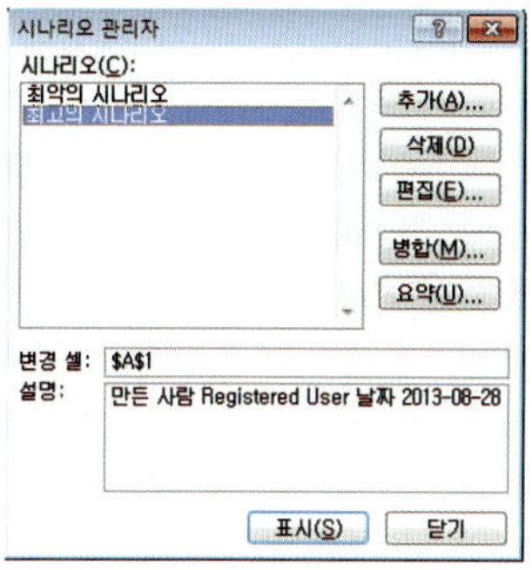

시나리오 관리자 설명

① 추가: 새로운 시나리오 추가 선택
② 삭제: 선택한 시나리오 삭제
③ 편집: 선택한 시나리오 편집
④ 병합: 다른 통합문서에 저장되어 있는 시나리오를 가져오기
⑤ 요약: 시나리오 요약 보고서를 작성

12.2 부분합

데이터를 가공하고 걸러내는 작업도 중요하지만, 데이터를 요약해서 분석하는 것도 매우 중요한 데이터베이스 작업 중의 하나이다. 엑셀은 데이터의 요약을 위한 많은 도구들을 제공하는데, 그중에서 가장 핵심적인 기능이 부분합이다. 부분합은 특정한 필드를 기준으로 데이터를 분류하고 각 분류별로 필요한 계산을 수행한다.

부분합은 특히 기준을 정한 부분에 대한 계산을 하는 것으로, 합계나 평균 같은 요약 함수로 부분합 값을 계산할 수 있다. 예를 들어, 서울 지역 출신들의 평균 봉급을 요약하거나, 직급이 대리인 사람들의 98년도 매출 합계를 구하는 등의 작업을 할 수 있다.

Tip

부분합을 하기 전에 먼저 데이터의 정렬부터

부분합을 이용해서 데이터를 요약하는 첫 번째 단계는 반드시 원하는 기준으로 정렬을 해야 한다. 만약에 정렬을 하지 않은 상태에서 부분합을 실행하면 원하는 답을 얻을 수 없다.

《부분합 대화상자 설명》

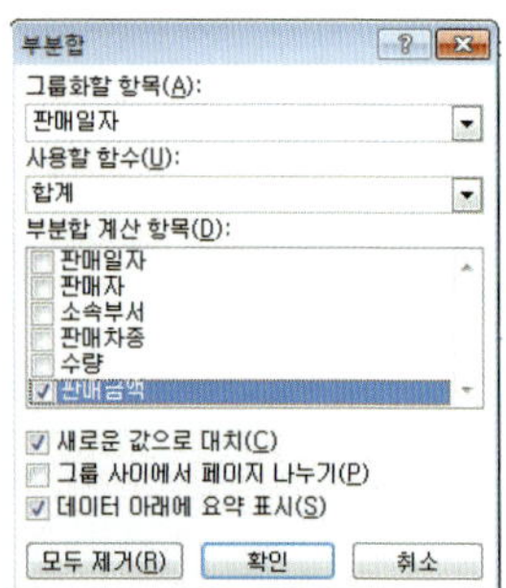

❶ **그룹화할 항목:** 내림단추 화살표를 이용하여 부분 합계를 낼 기준 항목(필드)을 선택함

❷ **사용할 함수:** 합계, 개수, 평균, 최댓값, 최솟값, 곱, 수치 개수, 표본표준편차, 표준편차, 표준분산, 분산

❸ **부분합 계산 항목:** 부분합을 계산할 데이터 항목을 지정함

❹ **새로운 값으로 대치:** 목록의 모든 부분합을 선택한 새 부

분합으로 바꿈

❺ **그룹 사이에서 페이지 나누기:** 데이터의 부분합을 구한 각 그룹 뒤에 페이지 나누기를 자동으로 삽입

❻ **데이터 아래에 요약표시:** 이 옵션을 선택하면 부분합의 결과를 데이터의 아래 부분에 표시하고 선택하지 않으면 데이터의 윗 부분에 표시함

❼ **모두제거:** 현재 목록에서 모든 부분 합을 제거함

다음 화면의 '서울청과 과일 판매 현황'은 엑셀의 부분합을 이용하여 '품목별'로 '매입가', '판매가'의 평균을 계산한 후 '판매량', '판매이익금'의 합계를 계산하여 합계, 평균의 순서로 부분합을 만드는 작업이다.

	A	B	C	D	E	F	G
1	서울청과 과일 판매현황						
2	거래번호	거래처	품목	매입가	판매가	판매량	판매이익금
3	P-101	대구상회	포도	3,825	4,500	150	101,250
4	P-102	충청상회	사과	5,780	6,800	200	204,000
5	P-103	호남청과	사과	5,950	7,000	220	231,000
6	P-104	대구상회	배	7,480	8,800	320	422,400
7	P-105	충청상회	포도	3,867	4,550	250	170,750
8	P-106	호남청과	배	7,650	9,000	280	378,000
9	P-107	충청상회	사과	5,822	6,850	330	339,240
10	P-108	대구상회	포도	3,825	4,500	280	189,000
11	P-109	충청상회	사과	5,865	6,900	390	403,650
12	P-110	충청상회	배	7,565	8,900	270	360,450
13	P-111	호남청과	포도	3,910	4,600	340	234,600

데이터 정렬

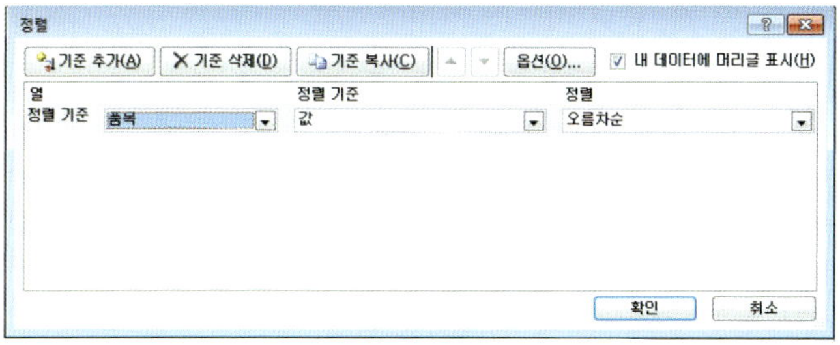

부분합을 만들기 전 제일 먼저 데이터 정렬을 해야 한다.

① [데이터]-[정렬 및 필터]
② [정렬] 선택
③ 첫째기준: '품목', '값' '오름차순'선택
④ 확인 클릭

품목별로 정렬

	A	B	C	D	E	F	G
1	서울청과 과일 판매현황						
2	거래번호	거래처	품목	매입가	판매가	판매량	판매이익금
3	P-104	대구상회	배	7,480	8,800	320	422,400
4	P-106	호남청과	배	7,650	9,000	280	378,000
5	P-110	충청상회	배	7,565	8,900	270	360,450
6	P-102	충청상회	사과	5,780	6,800	200	204,000
7	P-103	호남청과	사과	5,950	7,000	220	231,000
8	P-107	충청상회	사과	5,822	6,850	330	339,240
9	P-109	충청상회	사과	5,865	6,900	390	403,650
10	P-101	대구상회	포도	3,825	4,500	150	101,250
11	P-105	충청상회	포도	3,867	4,550	250	170,750
12	P-108	대구상회	포도	3,825	4,500	280	189,000
13	P-111	호남청과	포도	3,910	4,600	340	234,600

옆의 화면과 같이 품목을 기준으로 정렬이 되어 있음

부분합 실행 1

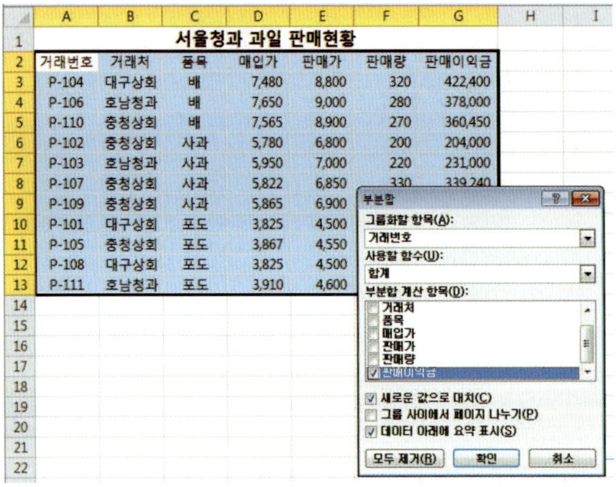

① [데이터]–[윤곽선]–[부분합]
② [부분합] 선택

부분합 상자 입력

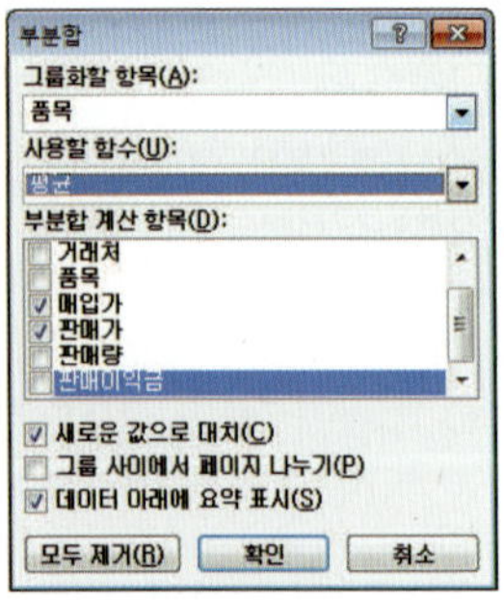

① 그룹화할 항목: 품목
② 사용할 함수: 평균
③ 부분합 계산목록: 매입가, 판매가에 체크
④ 확인 클릭

1차적인 부분합 완성

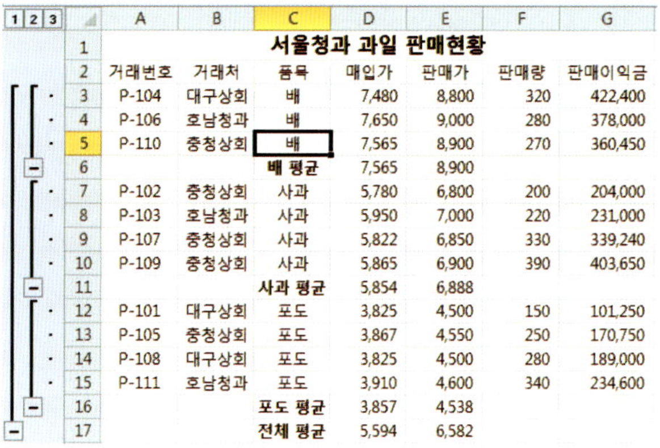

	A	B	C	D	E	F	G
1			서울청과 과일 판매현황				
2	거래번호	거래처	품목	매입가	판매가	판매량	판매이익금
3	P-104	대구상회	배	7,480	8,800	320	422,400
4	P-106	호남청과	배	7,650	9,000	280	378,000
5	P-110	충청상회	배	7,565	8,900	270	360,450
6			배 평균	7,565	8,900		
7	P-102	충청상회	사과	5,780	6,800	200	204,000
8	P-103	호남청과	사과	5,950	7,000	220	231,000
9	P-107	충청상회	사과	5,822	6,850	330	339,240
10	P-109	충청상회	사과	5,865	6,900	390	403,650
11			사과 평균	5,854	6,888		
12	P-101	대구상회	포도	3,825	4,500	150	101,250
13	P-105	충청상회	포도	3,867	4,550	250	170,750
14	P-108	대구상회	포도	3,825	4,500	280	189,000
15	P-111	호남청과	포도	3,910	4,600	340	234,600
16			포도 평균	3,857	4,538		
17			전체 평균	5,594	6,582		

화면과 같이 품목별로 '매입가'와 '판매가'의 평균이 표기되었음

부분합 실행 2

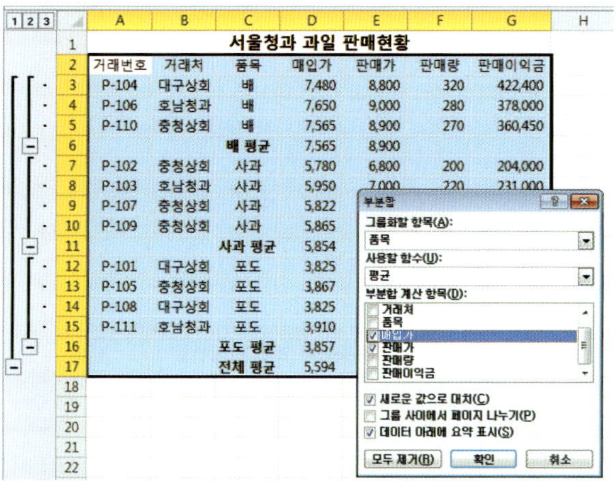

① [데이터]-[윤곽선]-[부분합]
② [부분합] 선택

부분합 상자 입력

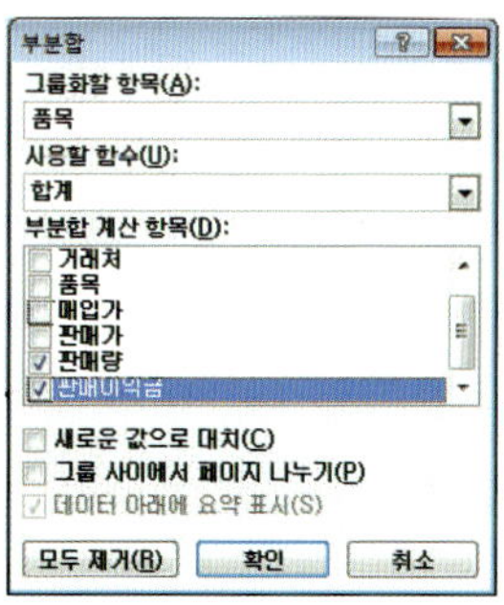

① 그룹화할 항목: 품목
② 사용할 함수: 합계
③ 부분합 계산목록: '판매량', '판매이익금'에 체크
④ '새로운 값으로 대치'에 체크 해제
⑤ 확인 클릭

부분합의 결과값은 다음 화면과 같다.

	A	B	C	D	E	F	G
1			**서울청과 과일 판매현황**				
2	거래번호	거래처	품목	매입가	판매가	판매량	판매이익금
3	P-104	대구상회	배	7,480	8,800	320	422,400
4	P-106	호남청과	배	7,650	9,000	280	378,000
5	P-110	충청상회	배	7,565	8,900	270	360,450
6			**배 요약**			870	1,160,850
7			**배 평균**	7,565	8,900		
8	P-102	충청상회	사과	5,780	6,800	200	204,000
9	P-103	호남청과	사과	5,950	7,000	220	231,000
10	P-107	충청상회	사과	5,822	6,850	330	339,240
11	P-109	충청상회	사과	5,865	6,900	390	403,650
12			**사과 요약**			1,140	1,177,890
13			**사과 평균**	5,854	6,888		
14	P-101	대구상회	포도	3,825	4,500	150	101,250
15	P-105	충청상회	포도	3,867	4,550	250	170,750
16	P-108	대구상회	포도	3,825	4,500	280	189,000
17	P-111	호남청과	포도	3,910	4,600	340	234,600
18			**포도 요약**			1,020	695,600
19			**포도 평균**	3,857	4,538		
20			**총합계**			3,030	3,034,340
21			**전체 평균**	5,594	6,582		

Tip

데이터 항목의 확대 및 축소

행 머리글 왼쪽의 '+'와 '−' 기호단추는 'Windows 탐색기'에서의 역할과 같이 데이터 항목을 확대하거나 축소하는 단추이다. 데이터가 많은 경우 이 단추를 사용하여 확대하거나 축소하면 편리한 작업을 할 수 있다.

《번호를 이용한 부분합의 확대와 축소》

오른쪽 화면의 이름상자 밑의 번호를 이용하면 데이터의 확대와 축소를 쉽게 할 수 있다.

번호1: 총합계만 표시

번호2: 부분합의 결과 표시 (평균)

번호3: 부분합의 결과 표시 (합계)

번호4: 전부 표시

	A	B	C	D	E	F	G
1			**서울청과 과일 판매현황**				
2	거래번호	거래처	품목	매입가	판매가	판매량	판매이익금
3	P-104	대구상회	배	7,480	8,800	320	422,400
4	P-106	호남청과	배	7,650	9,000	280	378,000
5	P-110	충청상회	배	7,565	8,900	270	360,450
6			**배 요약**			870	1,160,850
7			**배 평균**	7,565	8,900		
8	P-102	충청상회	사과	5,780	6,800	200	204,000
9	P-103	호남청과	사과	5,950	7,000	220	231,000
10	P-107	충청상회	사과	5,822	6,850	330	339,240
11	P-109	충청상회	사과	5,865	6,900	390	403,650
12			**사과 요약**			1,140	1,177,890
13			**사과 평균**	5,854	6,888		
14	P-101	대구상회	포도	3,825	4,500	150	101,250
15	P-105	충청상회	포도	3,867	4,550	250	170,750
16	P-108	대구상회	포도	3,825	4,500	280	189,000
17	P-111	호남청과	포도	3,910	4,600	340	234,600
18			**포도 요약**			1,020	695,600
19			**포도 평균**	3,857	4,538		
20			**총합계**			3,030	3,034,340
21			**전체 평균**	5,594	6,582		

《부분합 해제하기》

부분합을 해제하여 원래의 데이터 형태로 돌아가는 방법을 알아보자.

❶ 부분합 메뉴 부르기

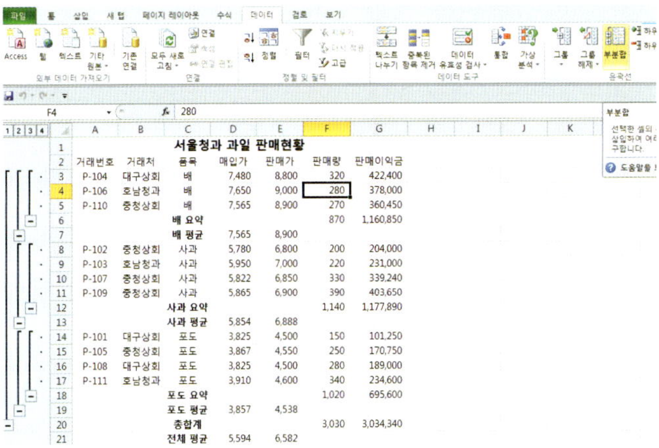

① [데이터]-[윤곽선]
② [부분합] 선택

❷ 부분합 입력 상자

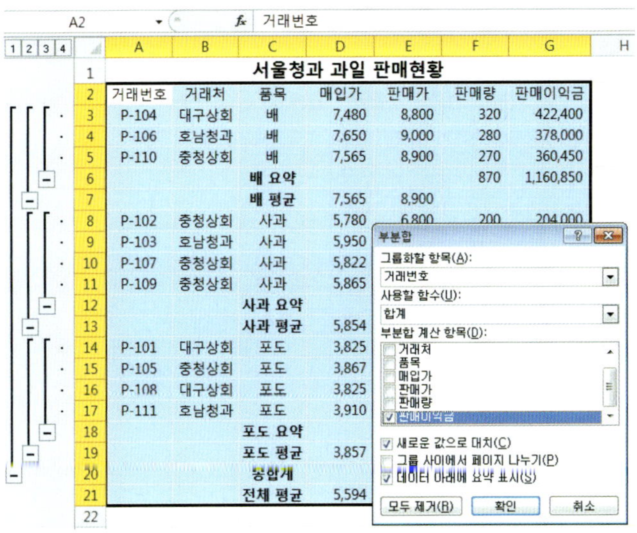

부분합 대화상자에서 '모두 제거' 단추를 클릭

부분합이 해제되면서 처음 데이터를 정렬한 상태로 돌아감

12.3 목표값 찾기

목표값 찾기 명령은 수식의 결과는 알고 있지만 수식에서 그 결과를 계산하기 위해 필요한 입력값을 모를 때 사용하는 기능이다. 목표값이란 수식에서 주어진 결과를 바탕으로 입력값을 찾는 방법이며 수식의 목표값을 찾을 때 원하는 값이 찾아질 때까지 지정한 특정 셀의 값이 계속 바뀐다. 다시 말해서 정해진 목표값을 찾기 위해 다른 셀의 값을 변경하는 것이다.

아래의 '생산 및 수익 현황' 표에서 수익 합계가 4,000,000이 되려면 판매이익률이 몇 %가 되어야 하는지 목표값 찾기 기능을 이용하여 계산하는 작업이다.

	A	B	C	D	E	F
1	생산 및 수익 현황					
2						
3	모델명	종류	판매량	생산가	판매가	수익
4	가021	샴푸	320	6,600	7,590	316,800
5	나032	린스	240	7,200	8,280	259,200
6	다045	비누	140	5,400	6,210	113,400
7	나065	린스	350	4,600	5,290	241,500
8	가023	샴푸	270	7,200	8,280	291,600
9	나035	린스	90	8,400	9,660	113,400
10	다087	비누	180	5,600	6,440	151,200
11	가013	샴푸	270	6,200	7,130	251,100
12	다011	비누	190	5,800	6,670	165,300
13	합계		2,050	57,000	65,550	1,903,500
14	판매이익률		15%			

Tip

목표값 찾기의 주의할 사항

목표값 찾기는 목표로 하는 값이 입력될 셀에는 항상 수식이 입력되어 있어야 한다. 그 수식을 역 추적하여 목표값을 찾을 수 있다. 또한 값을 바꿀 셀에는 수식이 들어 있지 않아야 한다.

목표값 부르기

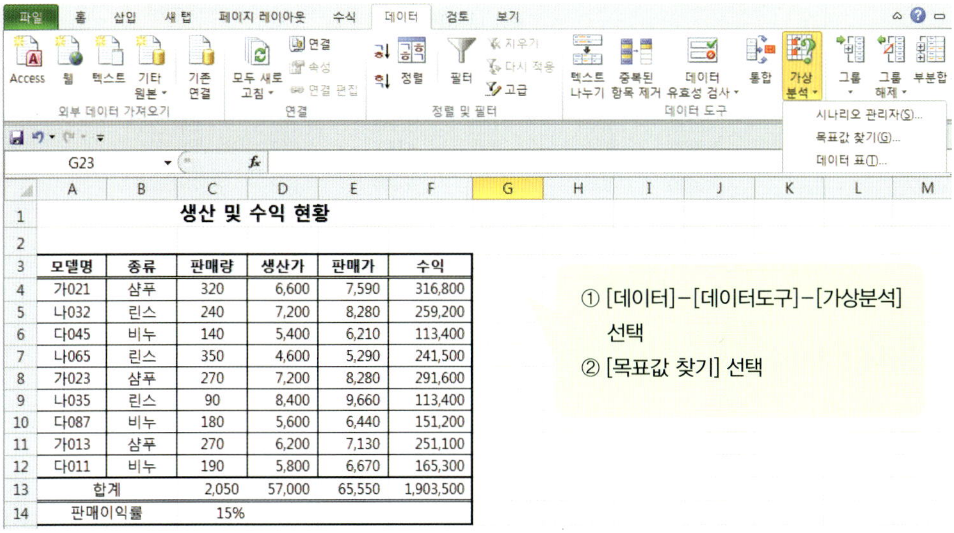

생산 및 수익 현황

모델명	종류	판매량	생산가	판매가	수익
가021	샴푸	320	6,600	7,590	316,800
나032	린스	240	7,200	8,280	259,200
다045	비누	140	5,400	6,210	113,400
나065	린스	350	4,600	5,290	241,500
가023	샴푸	270	7,200	8,280	291,600
나035	린스	90	8,400	9,660	113,400
다087	비누	180	5,600	6,440	151,200
가013	샴푸	270	6,200	7,130	251,100
다011	비누	190	5,800	6,670	165,300
합계		2,050	57,000	65,550	1,903,500
판매이익률		15%			

① [데이터]–[데이터도구]–[가상분석] 선택
② [목표값 찾기] 선택

목표값 찾기 상자 입력

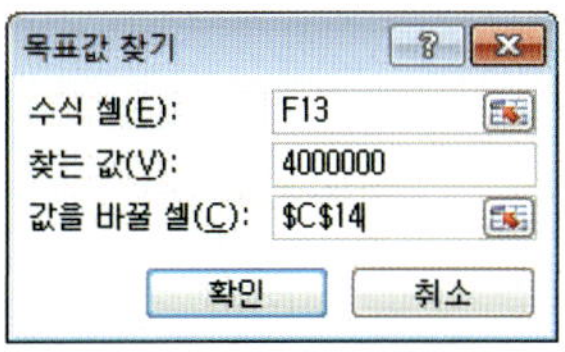

① 수식 셀: F13
② 찾는 값: 4000000
③ 값을 바꿀 셀: $C$14
④ 확인 클릭

목표값 찾기 상태

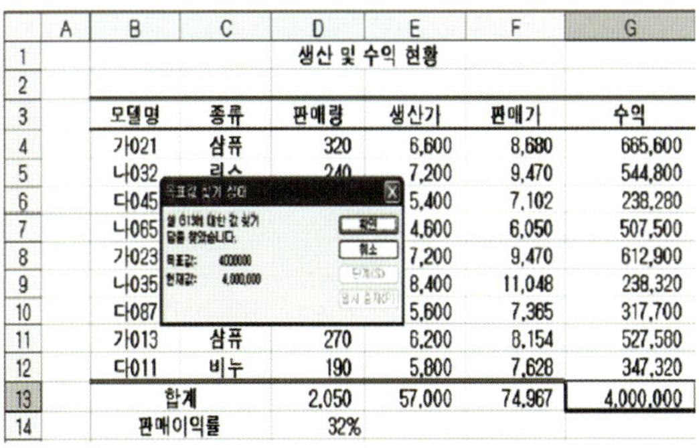

생산 및 수익 현황

모델명	종류	판매량	생산가	판매가	수익
가021	샴푸	320	6,600	8,680	665,600
나032	린스	240	7,200	9,470	544,800
다045			5,400	7,102	238,280
나065			4,600	6,050	507,500
가023			7,200	9,470	612,900
나035			8,400	11,048	238,320
다087			5,600	7,365	317,700
가013	샴푸	270	6,200	8,154	527,580
다011	비누	190	5,800	7,628	347,320
합계		2,050	57,000	74,967	4,000,000
판매이익률		32%			

화면에서 셀[G13]의 목표값에 대한 변경되어야 할 '판매이익률'[D14]이 화면에 나타나 있나.

'확인' 클릭

결과의 화면은 다음과 같다.

	A	B	C	D	E	F	G
1				생산 및 수익 현황			
2							
3		모델명	종류	판매량	생산가	판매가	수익
4		가021	샴퓨	320	6,600	8,680	665,600
5		나032	린스	240	7,200	9,470	544,800
6		다045	비누	140	5,400	7,102	238,280
7		나065	린스	350	4,600	6,050	507,500
8		가023	샴퓨	270	7,200	9,470	612,900
9		나035	린스	90	8,400	11,048	238,320
10		다087	비누	180	5,600	7,365	317,700
11		가013	샴퓨	270	6,200	8,154	527,580
12		다011	비누	190	5,800	7,628	347,320
13		합계		2,050	57,000	74,967	4,000,000
14		판매이익률		32%			

12.4 데이터 통합

데이터 통합은 하나의 워크시트, 같은 문서의 다른 워크시트, 다른 문서의 워크시트에 분산된 데이터를 하나로 통합하여 요약, 계산하여 주는 기능이다. 이 때 합계, 평균, 개수, 최대, 최소 등 데이터를 통합할 때 사용할 함수를 사용자가 지정할 수 있다. 이러한 데이터 통합은 같은 시트 내에서뿐만 아니라, 다른 시트들 간에도 가능하며 3차원 참조를 통한 서로 다른 통합문서에서도 가능하다. 예를 들어 1월, 2월, 3월, 4월 매출이 각각 다른 시트에 입력되어 있을 때 이 데이터의 합계를 데이터 통합 명령으로 구할 수 있다.

다음 화면은 '1/4분기 평균지출 내역서'에 '지출내역서(서울)', '지출내역서(부산)', '지출내역서(대전)'의 데이터를 통합하는 작업이다.

지출내역서(서울)

항목	1월	2월	3월
교육비	368,000	567,000	483,000
임대료	456,000	489,000	423,000
전기료	579,000	76,500	87,000
주차비	69,000	89,000	95,000

1/4분기 평균지출내역서

항목	1월	2월	3월
교육비			
임대료			
전기료			
주차비			

지출내역서(부산)

항목	1월	2월	3월
교육비	40,000	45,000	87,000
임대료	20,000	55,000	68,000
전기료	430,000	444,000	456,000
주차비	378,000	289,000	354,000

지출내역서(대전)

항목	1월	2월	3월
교육비	300,000	255,000	342,000
임대료	55,000	55,500	53,000
전기료	387,000	356,000	384,000
주차비	76,400	57,000	78,000

Tip

데이터 통합을 이용할 시에 주의사항

데이터 통합을 시행하기 전 먼저 데이터 통합할 부분의 영역을 지정해야 한다. 위의 경우는 셀[G5:J9]를 데이터 통합영역으로 지정해야 한다. 여기서 주의해야 할 점은 데이터 통합은 데이터베이스 기능 중에 속하므로 항시 데이터 항목(필드)을 포함하여 지정해야 한다.

데이터 통합 불러오기

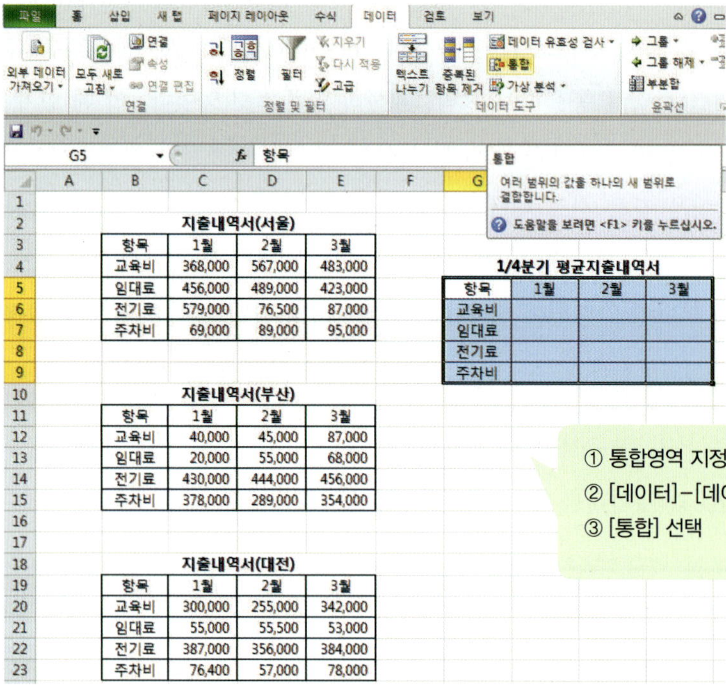

① 통합영역 지정하기: 셀[G5:J9]
② [데이터]−[데이터 도구]−[통합]
③ [통합] 선택

통합 상자 입력

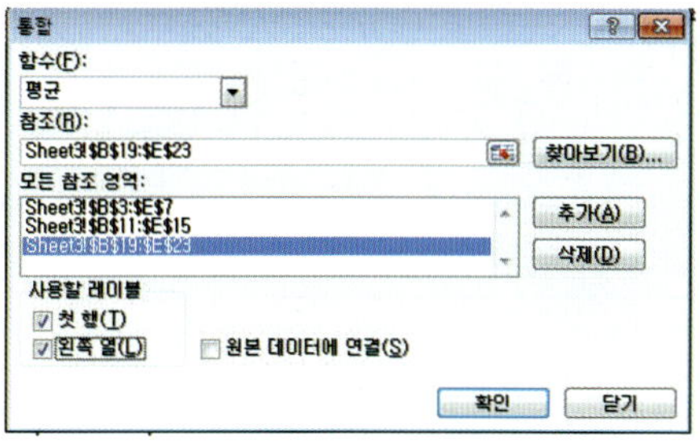

① 함수: 평균
② 참조: 마우스를 드래그하여 셀[B3:E7]을 영역 설정
③ 추가 클릭
④ 참조: 마우스를 드래그하여 셀 [B11:E15]을 영역 설정
⑤ 추가 클릭
⑥ 참조: 마우스를 드래그하여 셀[B19:E23]을 영역 설정
⑦ 사용 레이블: 첫 행, 왼쪽 열에 체크
⑧ 확인 클릭

결과의 화면은 다음과 같다.

지출내역서(서울)

항목	1월	2월	3월
교육비	368,000	567,000	483,000
임대료	456,000	489,000	423,000
전기료	579,000	76,500	87,000
주차비	69,000	89,000	95,000

지출내역서(부산)

항목	1월	2월	3월
교육비	40,000	45,000	87,000
임대료	20,000	55,000	68,000
전기료	430,000	444,000	456,000
주차비	378,000	289,000	354,000

지출내역서(대전)

항목	1월	2월	3월
교육비	300,000	255,000	342,000
임대료	55,000	55,500	53,000
전기료	387,000	356,000	384,000
주차비	76,400	57,000	78,000

1/4분기 평균지출내역서

항목	1월	2월	3월
교육비	236,000	289,000	304,000
임대료	177,000	199,833	181,333
전기료	465,333	292,167	309,000
주차비	174,467	145,000	175,667

Tip

위치를 기준으로 통합하기

데이터 통합에서 사용할 원본 데이터 영역에서 첫 행과 왼쪽 열에 있는 항목이 같은 순서대로 입력되어 있으면 위치를 기준으로 통합할 수 있다.

이는 통합 대화 상자에서 '사용할 레이블'의 '첫 행'과 '왼쪽 열'을 선택하지 않으면 같은 위치에 있는 셀끼리 통합한다.

12.5 피벗 테이블

피벗 테이블은 페이지의 열, 행 방향으로 필드를 재배치하여 전체 데이터에 대한 통계를 한 눈에 파악할 수 있도록 요약, 분석하는 기능이다.

즉, 테이블의 행과 열을 중심축으로 하여 원본 데이터를 다르게 요약하여 보거나, 다른 페이지를 표시하여 데이터를 필터링하거나, 관심 있는 영역의 하위 수준을 나타낼 때 사용되는 기능으로 피벗(Pivot)은 말 그대로 중심축을 의미하는 것이다. 이러한 피벗 테이블 보고서는 데이터의 분석 도구로서 활용된다. 즉 피벗 테이블 보고서는 데이터 나열의 차원을 넘어서 데이터 사이의 관계를 발견하고 데이터 흐름을 분석할 수 있게 하는 도구이다.

피벗 테이블 작성

피벗 테이블을 만들기 위해서는 따로 쉽게 활용할 수 있게 만들어진 피벗차트 마법사가 있다. 또한 만들어진 피벗 테이블의 데이터 계산방법이나 항목별 그룹화를 설정할 수 있으며 연결된 차트로도 데이터를 표시할 수 있다.

❶ [삽입]-[표] 그룹-[피벗 테이블] 클릭

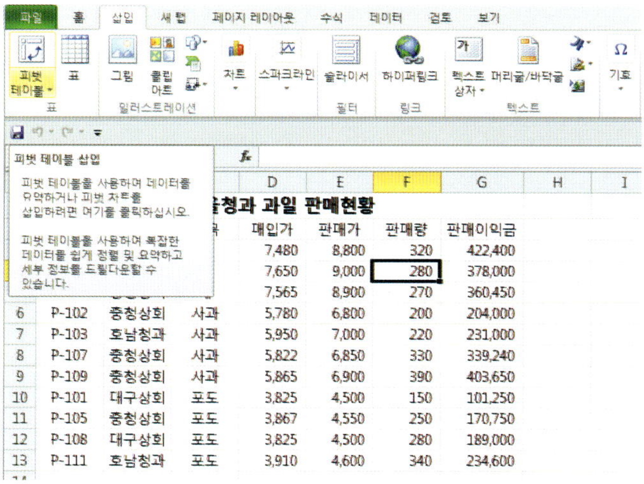

❷ 피벗 테이블 만들기

[피벗 테이블 만들기] 대화 상자가 나타나면 [표/범위] 입력란에 그림과 같이 데이터베이스 영역이 입력되었는지 확인한 후 피벗 테이블을 삽입할 위치로 [새 워크시트]를 선택하고 [확인] 버튼을 클릭한다.

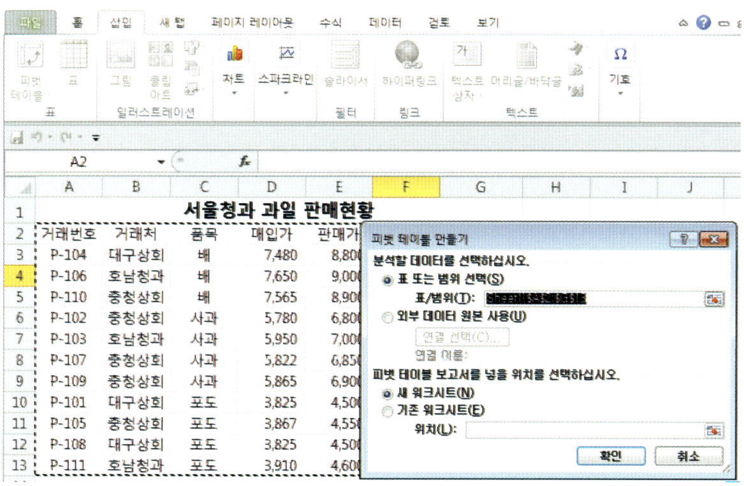

❸ 삽입된 [Sheet 4] 워크시트의 [피벗 테이블 필드 목록] 작업창에서 [품목]을 마우스 오른쪽 버튼으로 클릭한 후 [행 레이블에 추가]를 선택한다.

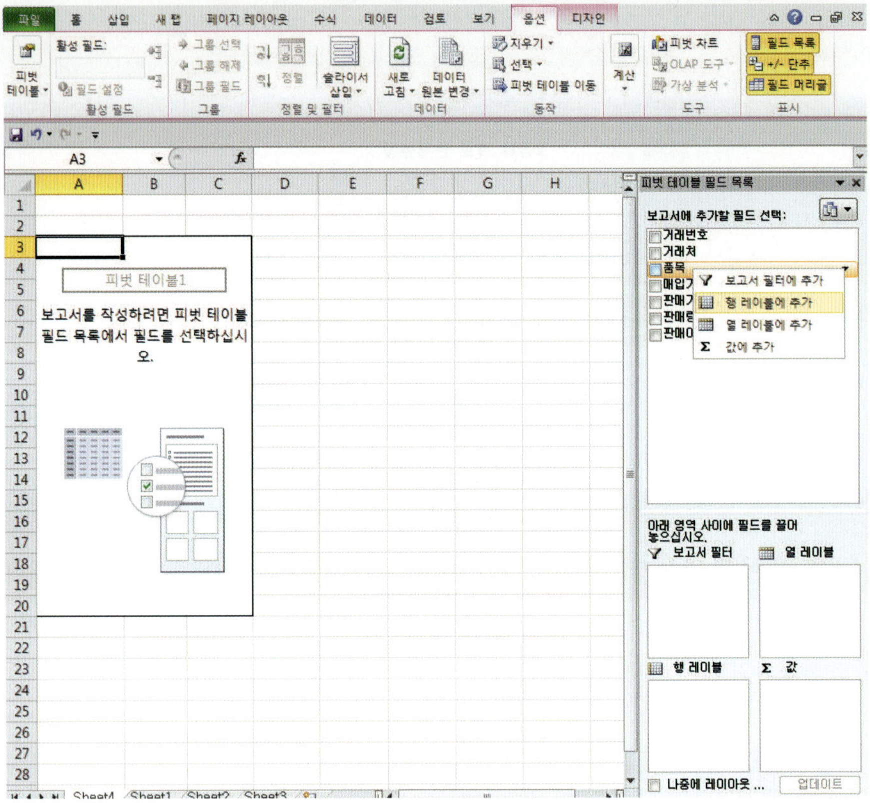

❹ 워크시트에 행 레이블이 반영되면 이번에는 [거래처] 필드를 클릭해 체크표시한다.

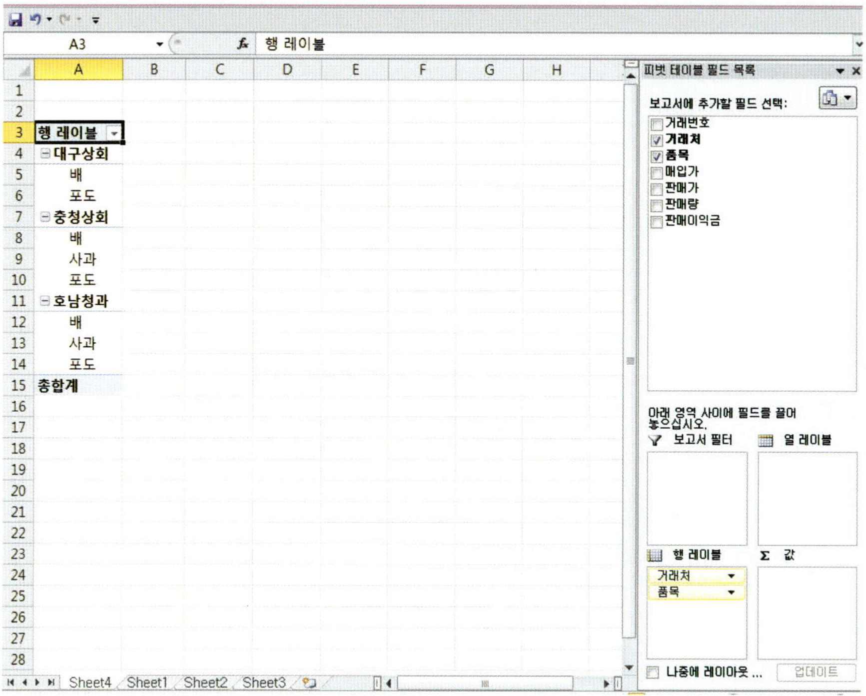

❺ 자동으로 [행 레이블]에 추가되지만 위치를 [보고서 필터]로 옮기기 위해 클릭하고 [보고서 필드]영역으로 드래그한다.

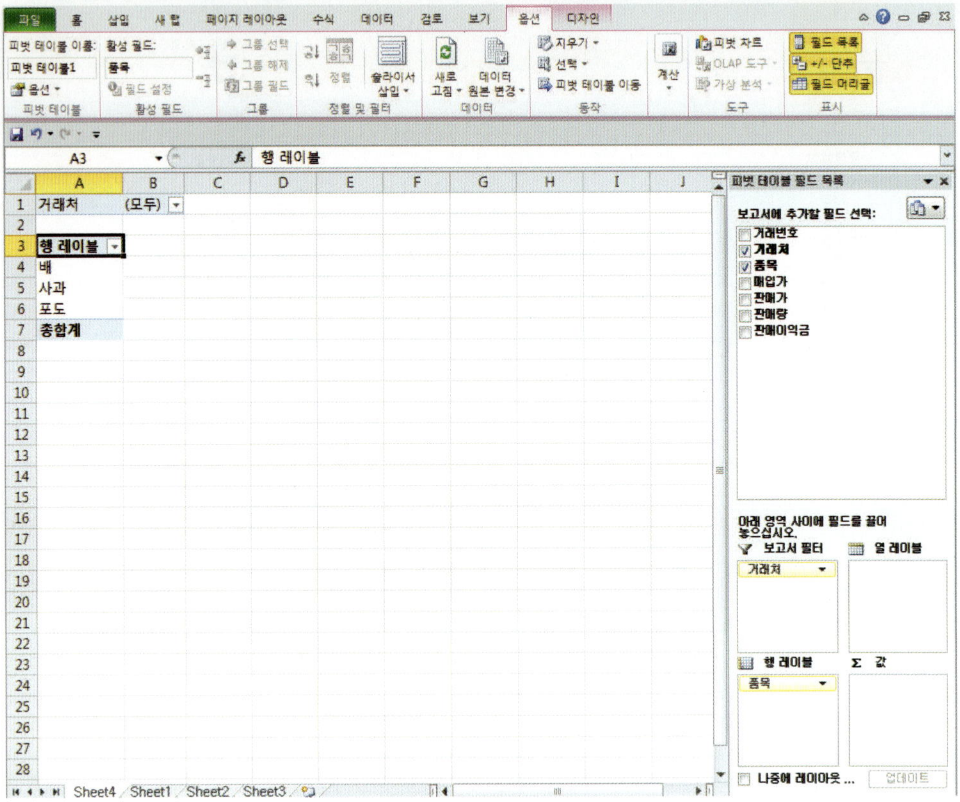

❻ 이번에는 [판매량] 필드를 클릭하여 [열 레이블] 영역으로 드래그해 옮긴다.

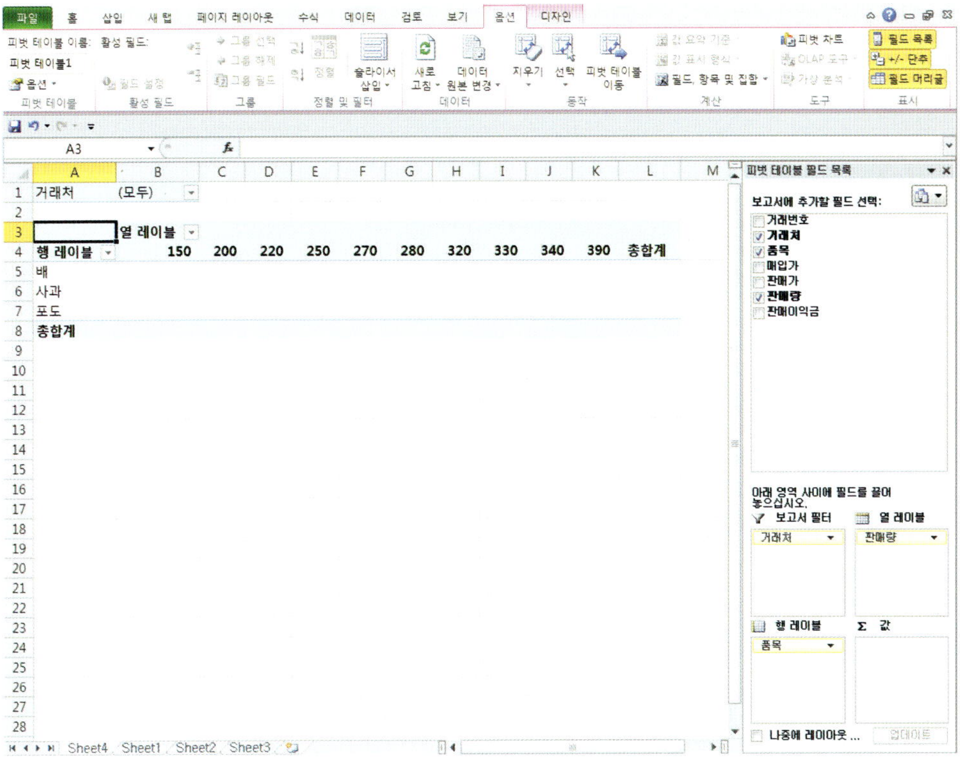

❼ 이번에는 [판매이익금] 필드를 선택하여 [Σ 값] 영역에 드래그한다. 추가된 [판매이익금] 필드를 클릭하고 바로가기 메뉴에서 [값 필드 설정]을 선택한다.

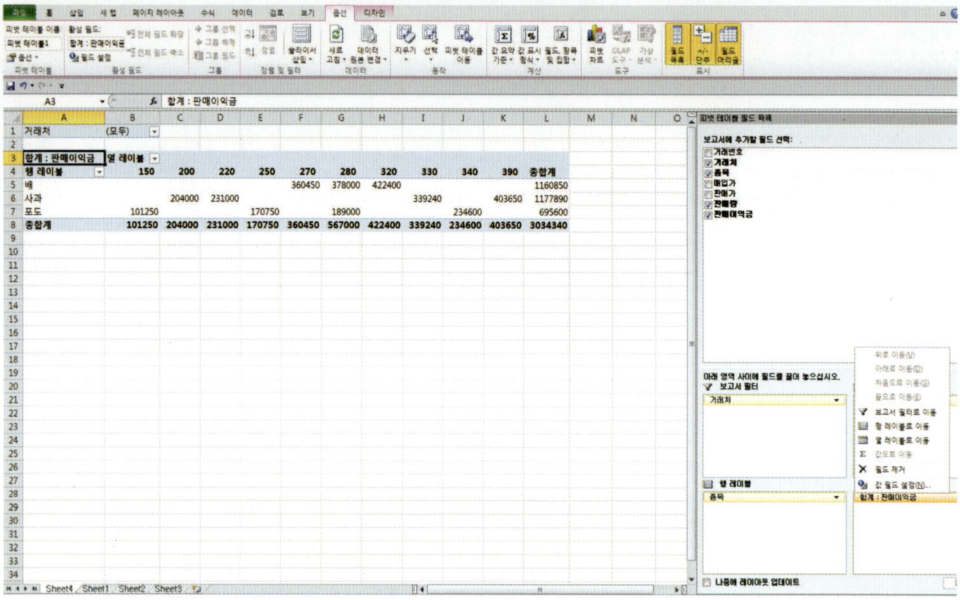

❽ [값 필드 설정] 대화상자의 [사용할 함수] 탭에서 [선택한 필드의 데이터]를 [평균]으로 선택한 후 [표시 형식] 버튼을 클릭한다.

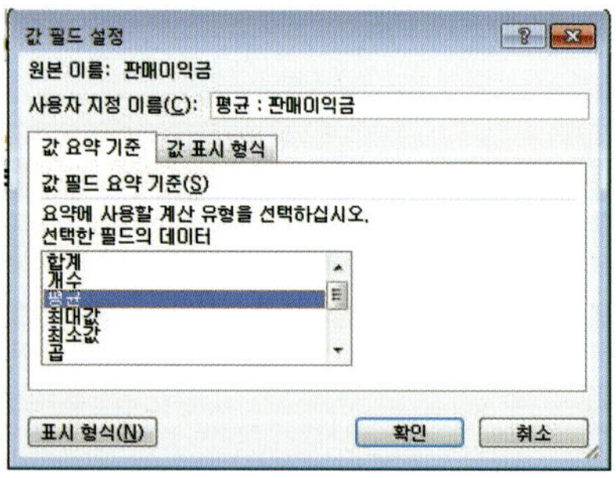

❾ [셀서식] 대화상자의 [표시형식] 탭이 표시되면 [범주]에서 [숫자]를 선택하고 [1000 단위 구분 기호(,) 사용]을 클릭해 체크한 후 [확인] 버튼을 누른다. [값 필드 설정] 대화상자도 [확인] 버튼을 클릭해 닫는다.

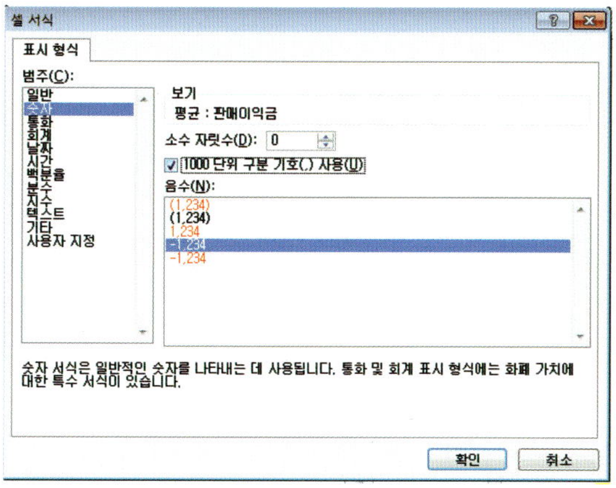

❿ [Σ 값] 영역이 평균으로 계산되었으면 [보고서 필터]의 필터 단추를 누른 후 '배'를 선택하고 [확인] 버튼을 클릭한다.

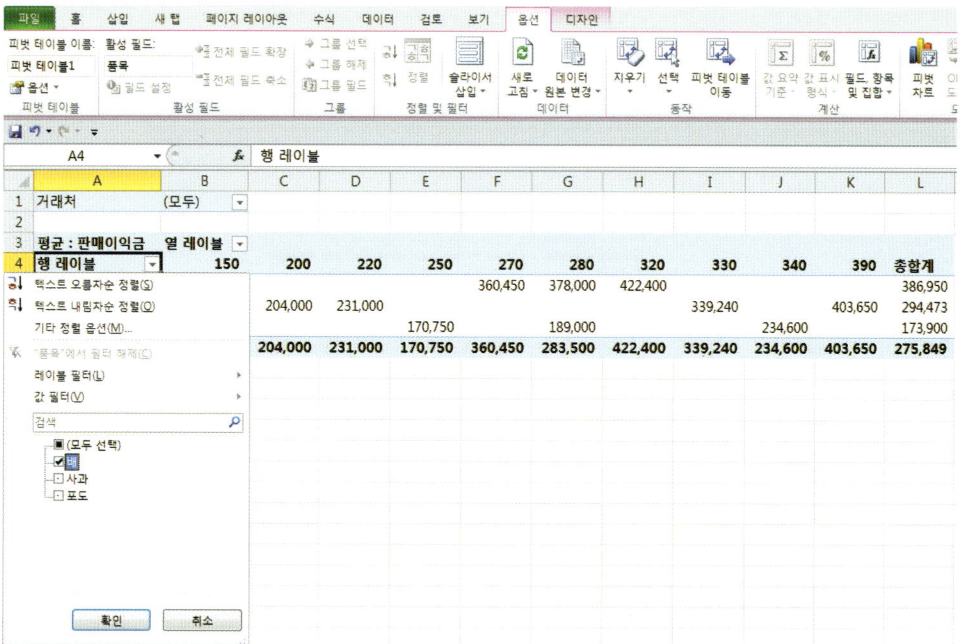

⑪ '배'에 대한 데이터만 표시되고 필터 표시가 나타나게 된다.

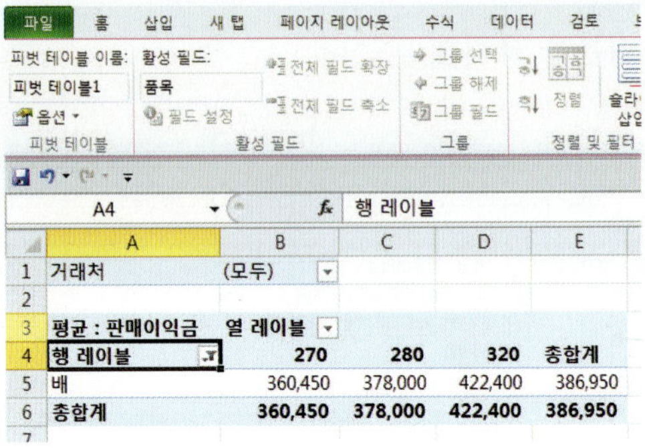

⑫ 피벗 테이블이 선택된 상태에서 [피벗 테이블 도구]–[디자인]–[피벗 테이블 스타일]–[자세히]를 클릭하고 갤러리에서 선택하면 된다.

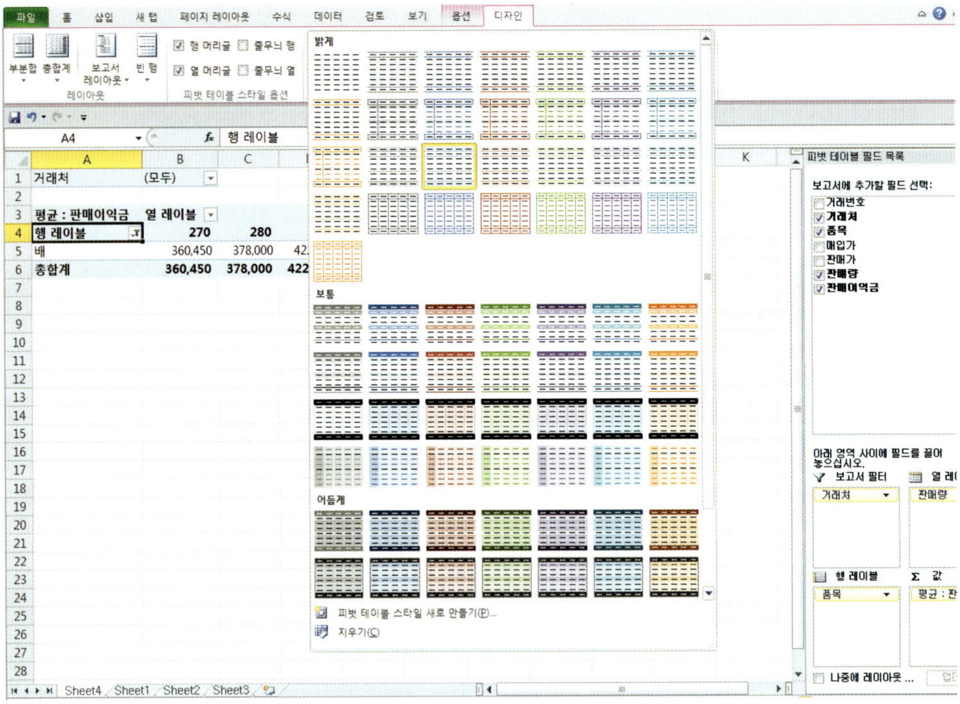

실습 12-1 '자동차 판매현황' 부서별 자료 완성하기

소속부서별 수량과 판매금액의 합계를 부분합으로 구한다.

자동차 판매현황

판매일자	판매자	소속부서	판매차종	수량	판매금액
2001-07-28	이민주	판매1과	소나타	2	20,000,000
2001-07-29	황동열	판매2과	엑센트	1	7,000,000
2001-07-30	김선일	판매2과	소나타	1	10,000,000
2001-07-31	이민주	판매1과	마르샤	1	12,000,000
2001-08-01	박동일	판매1과	엑센트	2	14,000,000
2001-08-02	황동열	판매2과	엑센트	1	7,000,000
2001-08-03	김선일	판매2과	마르샤	1	12,000,000
2001-08-04	이민주	판매1과	소나타	1	10,000,000
2001-08-05	김선일	판매2과	소나타	3	30,000,000

⬇

자동차 판매현황

판매일자	판매자	소속부서	판매차종	수량	판매금액
2001-07-28	이민주	판매1과	소나타	2	20,000,000
2001-07-31	이민주	판매1과	마르샤	1	12,000,000
2001-08-01	박동일	판매1과	엑센트	2	14,000,000
2001-08-04	이민주	판매1과	소나타	1	10,000,000
		판매1과 요약		6	56,000,000
2001-07-29	황동열	판매2과	엑센트	1	7,000,000
2001-07-30	김선일	판매2과	소나타	1	10,000,000
2001-08-02	황동열	판매2과	엑센트	1	7,000,000
2001-08-03	김선일	판매2과	마르샤	1	12,000,000
2001-08-05	김선일	판매2과	소나타	3	30,000,000
		판매2과 요약		7	66,000,000
		총합계		13	122,000,000

① 소속부서별 정렬하기

부분합을 구하려면 먼저, 데이터가 같은 종류끼리 정렬이 되어 있어야 한다. 소속부서별 데이터를 구하는 문제이므로 D4셀을 클릭하고 [데이터]-[정렬 및 필터]-[텍스트 오름차순 정렬]을 클릭한다.

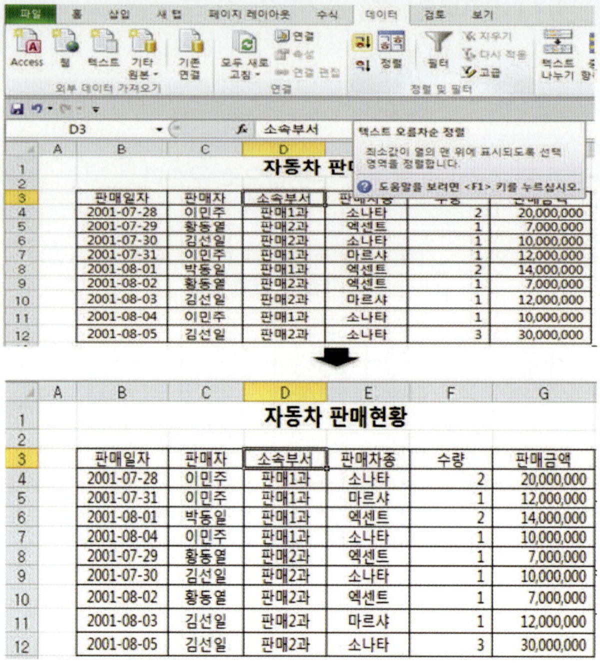

❷ 부분합 구하기

소속부서별로 정렬이 된 것을 확인하고 [데이터] 탭의 [윤곽선] 그룹에서 [부분합]을 선택한다. 그룹화할 항목을 "소속부서"로 바꾸고, 사용할 함수는 "합계"를 선택한다. 부분합 계산항목은 수량과, 판매금액을 체크한 다음 확인 버튼을 클릭한다.

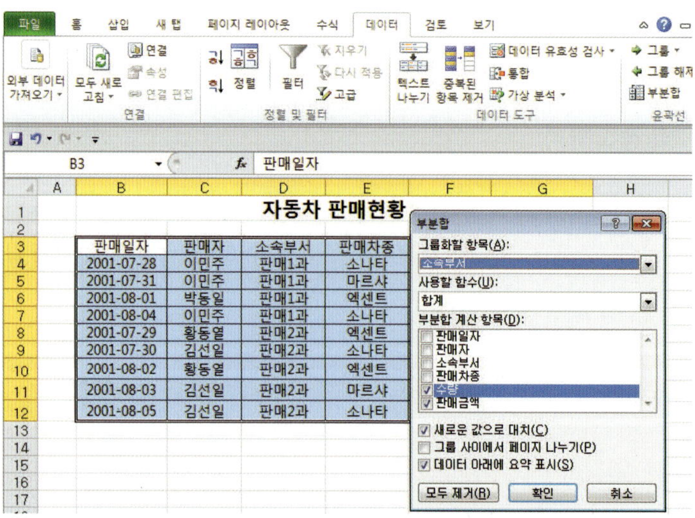

실습 12-2

'사원 급여현황' 부서별 급여 평균 구하기

부서별 그리고 직급별 급여액의 평균을 부분합으로 구한다.

	A	B	C	D	E
1	사원급여현황				
2	성명	주민등록번호	직급	부서	급여
3	김민식	780605-1879654	대리	자재부	₩ 1,900,000
4	김민철	760215-1810200	부장	관리부	₩ 3,000,000
5	김중원	730625-1623336	차장	인사과	₩ 3,500,000
6	김현희	750903-1568790	과장	관리부	₩ 1,500,000
7	박경미	760101-2547863	대리	자재부	₩ 3,200,000
8	박기라	760215-2810200	부장	관리부	₩ 2,000,000
9	박주인	771230-2458745	부장	인사과	₩ 2,200,000
10	박초하	771230-2458745	차장	인사과	₩ 3,200,000
11	백주락	750903-1568790	과장	관리부	₩ 2,500,000
12	이인선	771030-1423150	부장	자재부	₩ 2,500,000
13	정애림	760215-2810200	부장	자재부	₩ 3,000,000
14	조성금	771230-1458745	차장	인사과	₩ 2,200,000
15	허태호	760215-1810200	부장	자재부	₩ 2,500,000

	A	B	C	D	E
1	사원급여현황				
2	성명	주민등록번호	직급	부서	급여
3	김현희	750903-1568790	과장	관리부	₩ 1,500,000
4	백주락	750903-1568790	과장	관리부	₩ 2,500,000
5			**과장 평균**		₩ 2,000,000
6	김민철	760215-1810200	부장	관리부	₩ 3,000,000
7	박기라	760215-2810200	부장	관리부	₩ 2,000,000
8			**부장 평균**		₩ 2,500,000
9				**관리부 평균**	₩ 2,250,000
10	박주인	771230-2458745	부장	인사과	₩ 2,200,000
11			**부장 평균**		₩ 2,200,000
12	김중원	730625-1623336	차장	인사과	₩ 3,500,000
13	박초하	771230-2458745	차장	인사과	₩ 3,200,000
14	조성금	771230-1458745	차장	인사과	₩ 2,200,000
15			**차장 평균**		₩ 2,966,667
16				**인사과 평균**	₩ 2,775,000
17	김민식	780605-1879654	대리	자재부	₩ 1,900,000
18	박경미	760101-2547863	대리	자재부	₩ 3,200,000
19			**대리 평균**		₩ 2,550,000
20	이인선	771030-1423150	부장	자재부	₩ 2,500,000
21	정애림	760215-2810200	부장	자재부	₩ 3,000,000
22	허태호	760215-1810200	부장	자재부	₩ 2,500,000
23			**부장 평균**		₩ 2,666,667
24				**자재부 평균**	₩ 2,620,000
25				**전체 평균**	₩ 2,553,846

❶ 부서와 직급별로 정렬하기

두 가지 이상의 그룹으로 부분합을 작성하려면, 우선 두 가지 이상의 기준으로 정렬해야 한다. 부서와 직급별 급여액의 평균을 구해야 하므로 표 안에 커서를 두고, [데이터]–[정렬 및 필터]–[정렬]을 클릭한다. '부서'별로 오름차순 정렬을 선택하고, '기준 추가'를 클릭한 후, '직급'별로 오름차순 정렬을 선택한다.

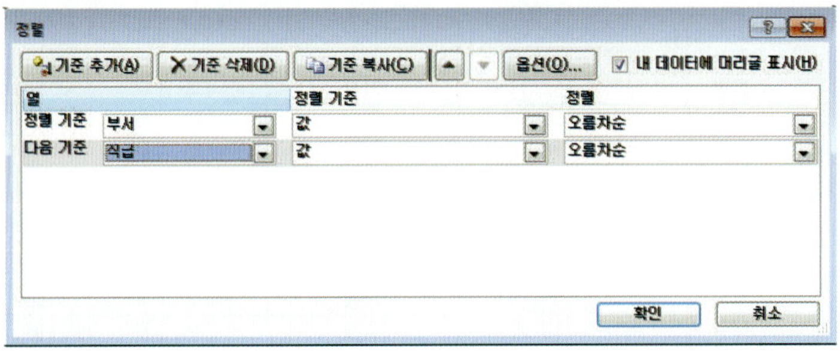

❷ 부서별 부분합 구하기

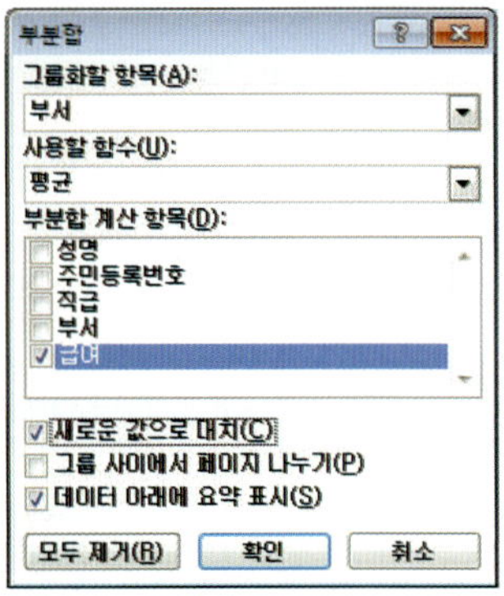

부서별로 정렬이 된 것을 확인하고 메뉴에서 [데이터]–[윤곽선]–[부분합]을 선택한다. 그룹화할 항목을 "부서"로 바꾸고, 사용할 함수는 "평균"을 선택한다. 부분합 계산항목은 급여를 체크한 다음 확인 버튼을 클릭한다.

❸ 직급별 부분합 추가하기

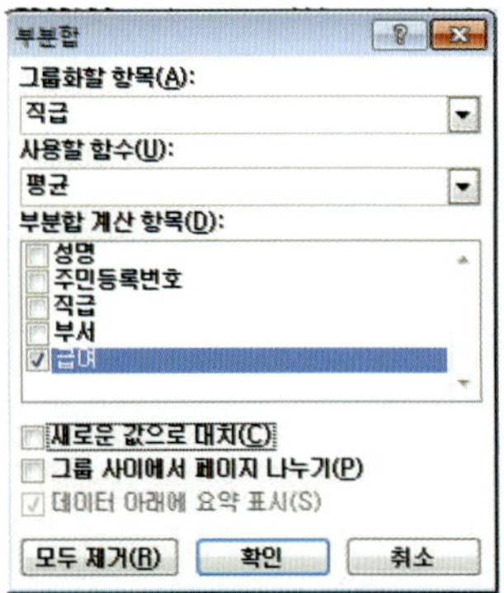

부서별로 부분합이 된 것을 확인하고 다시 메뉴에서 [데이터]–[윤곽선]–[부분합]을 선택한다. 그룹화할 항목을 "직급"으로 바꾸고, 사용할 함수는 "평균"을 선택한 후, 부분합 계산항목은 급여를 체크한다. 그리고 '새로운 값으로 대치' 옵션을 체크해제한 후, 확인 버튼을 클릭한다.

실습 12-3

'대리점별 비교분석표' 피벗 테이블 완성하기

차종, 대리점별 매출액과 목표액의 합계를 구하는 피벗 테이블을 만든다.
(차종은 행, 대리점은 열, 매출액과 목표액은 데이터에 넣는다).

	A	B	C	D	E	F
1	대리점별 비교분석표					
2						
3	대리점	차종	판매량	매출액	목표량	목표액
4	강남	그랜저	80	144,000	87	156,600
5	북부	누비라	68	68,000	50	50,000
6	강남	누비라	70	70,000	67	67,000
7	동부	그랜저	34	61,200	78	140,400
8	서부	코란도	54	81,000	50	75,000
9	북부	누비라	85	85,000	80	80,000
10	북부	코란도	78	117,000	75	112,500
11	서부	누비라	87	87,000	75	75,000
12	강남	코란도	56	84,000	67	100,500
13	북부	코란도	67	100,500	60	90,000
14	서부	코란도	56	84,000	56	84,000
15	북부	그랜저	65	117,000	55	99,000
16	강남	그랜저	54	97,200	50	90,000
17	강남	그랜저	67	120,600	50	90,000
18	동부	누비라	34	34,000	30	30,000

↓

	A	B	C	D	E	F
1						
2						
3		열 레이블				
4	행 레이블	강남	동부	북부	서부	총합계
5	그랜저					
6	합계 : 매출액	361,800	61,200	117,000		540,000
7	합계 : 목표액	336,600	140,400	99,000		576,000
8	누비라					
9	합계 : 매출액	70,000	34,000	153,000	87,000	344,000
10	합계 : 목표액	67,000	30,000	130,000	75,000	302,000
11	코란도					
12	합계 : 매출액	84,000		217,500	165,000	466,500
13	합계 : 목표액	100,500		202,500	159,000	462,000
14	전체 합계 : 매출액	515,800	95,200	487,500	252,000	1,350,500
15	전체 합계 : 목표액	504,100	170,400	431,500	234,000	1,340,000

❶ 피벗 테이블 실행하기

표 안의 임의의 셀을 선택하고, [삽입]-[표]-[피벗 테이블]을 선택한다.

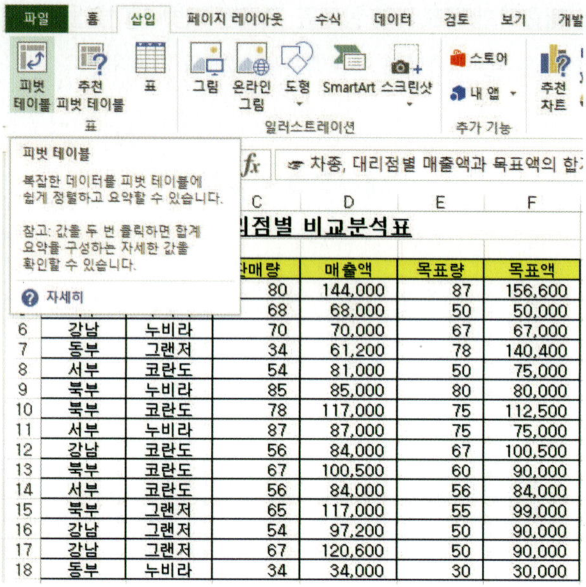

❷ 범위 및 위치 선택하기

'표/범위' 란에 자동으로 데이터 목록의 범위가 지정된다. 피벗 테이블을 넣을 위치를 '새 워크시트'를 선택하고 확인한다.

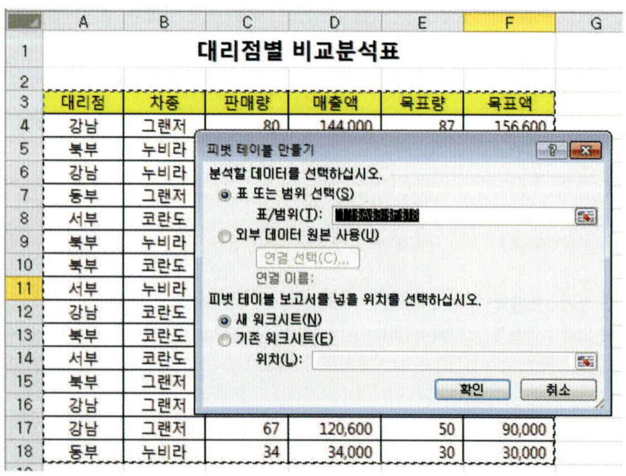

❸ 필드 선택하기

필드 목록 창에서 차종, 대리점, 매출액과 목표액을 선택한다.

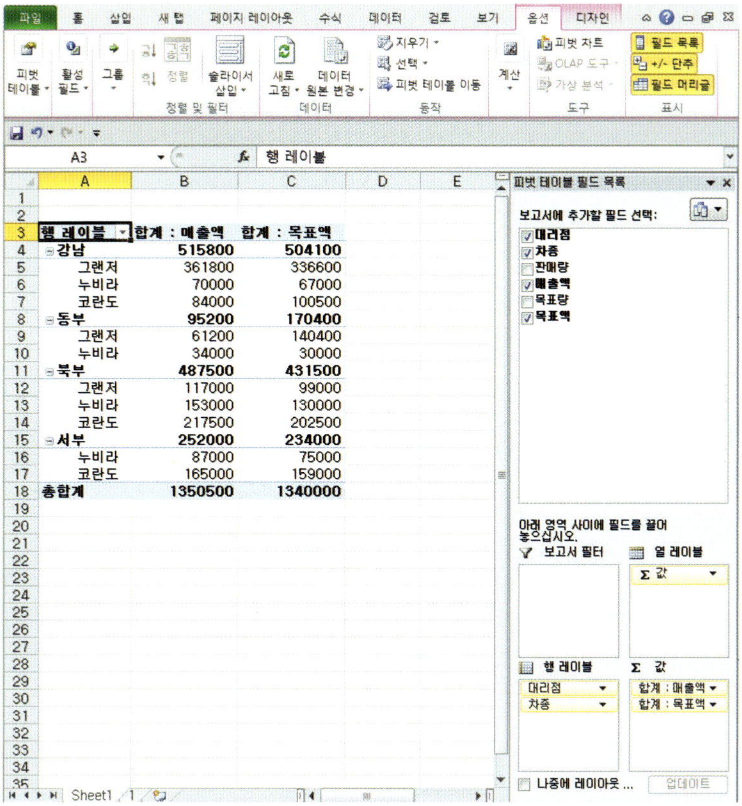

④ 영역 이동하기

'차종'은 행 레이블에 그대로 두고, '대리점'은 열 레이블로 드래그하여 이동시킨다. 그리고 'Σ값'은 행으로 드래그하여 놓고, '매출액'과 '목표액'은 그대로 둔다.

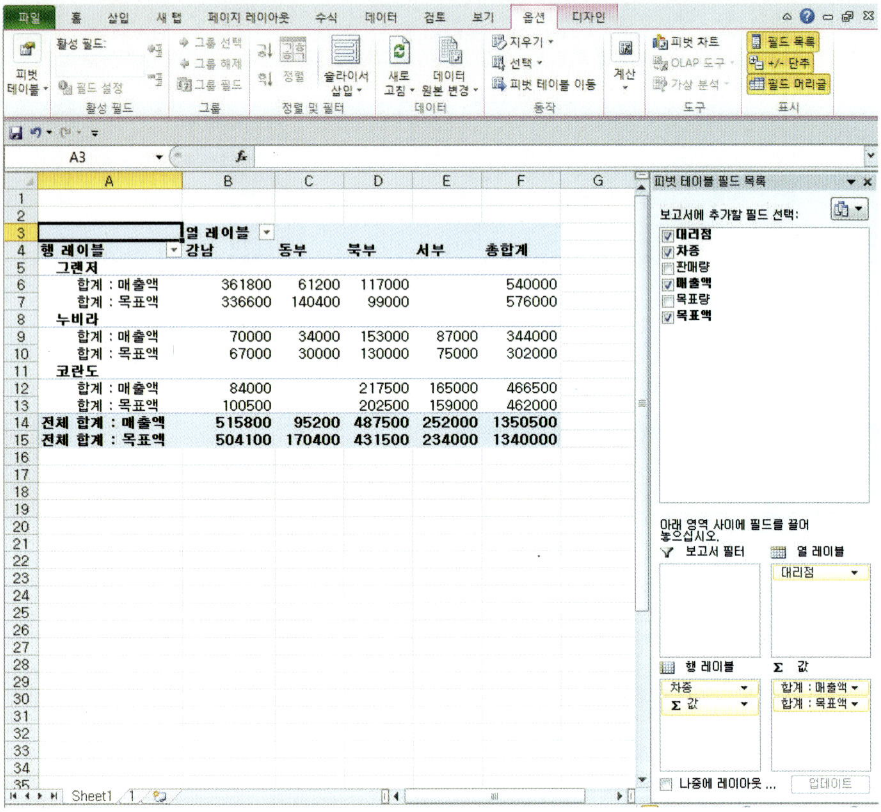

실습 12-4 '인터넷 쇼핑몰 판매현황' 피벗 테이블 만들기

상품코드는 "보고서 필터" 배송은 "행" 결재는 "열"로 처리하고, 데이터에 "판매수량", "배송료", "총금액"의 합계와 전체합계가 나타나도록 한다.

인터넷 쇼핑몰 판매 현황

2013년 1월

상품코드	판매수량	단가	금액	배송	배송료	결재	총금액
건K01	21	11,000	231,000	당일	12,000	카드	243,000
건K02	4	156,000	624,000	택배	8,000	이체	632,000
건K03	7	45,000	315,000	택배	3,000	이체	318,000
건K04	9	7,800	70,200	당일	10,000	카드	80,200
건K05	15	7,600	114,000	당일	12,000	카드	126,000
건K06	12	53,000	636,000	택배	8,000	카드	644,000
건K07	13	32,000	416,000	당일	20,000	이체	436,000
건K08	5	134,000	670,000	택배	8,000	이체	678,000
건K09	9	13,000	117,000	택배	3,000	카드	120,000

상품코드 (모두)

	이체	카드	총합계
당일			
합계 : 판매수량	13	45	58
합계 : 배송료	20000	34000	54000
합계 : 총금액	436,000	449,200	885,200
택배			
합계 : 판매수량	16	21	37
합계 : 배송료	19,000	11,000	30,000
합계 : 총금액	1,628,000	764,000	2,392,000
전체 합계 : 판매수량	**29**	**66**	**95**
전체 합계 : 배송료	**39,000**	**45,000**	**84,000**
전체 합계 : 총금액	**2,064,000**	**1,213,200**	**3,277,200**

① 피벗 테이블 실행하여 범위 및 위치 선택하기

표안의 임의의 셀을 선택하고, [삽입]-[표]-[피벗 테이블]을 선택한다. '표/범위' 란에 자동으로 데이터 목록의 범위가 지정되는데 '표/범위'를 "1'!$B$3:$I$12'로 수정한다. 피벗 테이블을 넣을 위치를 '새 워크시트'를 선택하고 확인한다.

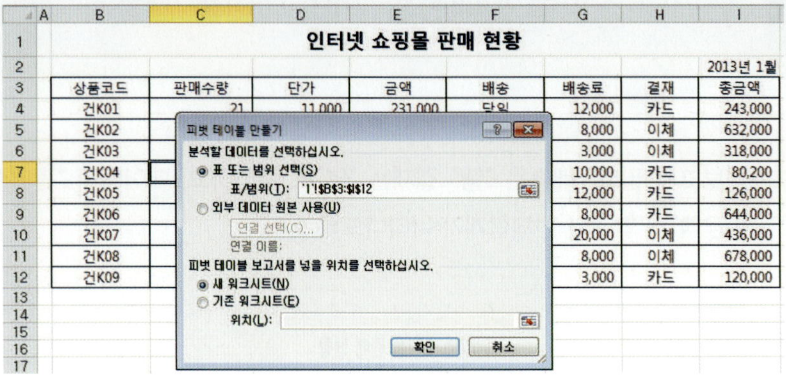

② 필드 선택 및 영역 이동하기

필드 목록 창에서 '상품코드, 배송, 결재, 판매수량, 배송료, 총금액'을 선택한다. 상품코드는 "보고서 필터", 배송과 Σ값은 "행", 결재는 "열"로 처리하고, 데이터에 "판매수량", "배송료", "총금액"의 합계와 전체합계가 나타나도록 한다.

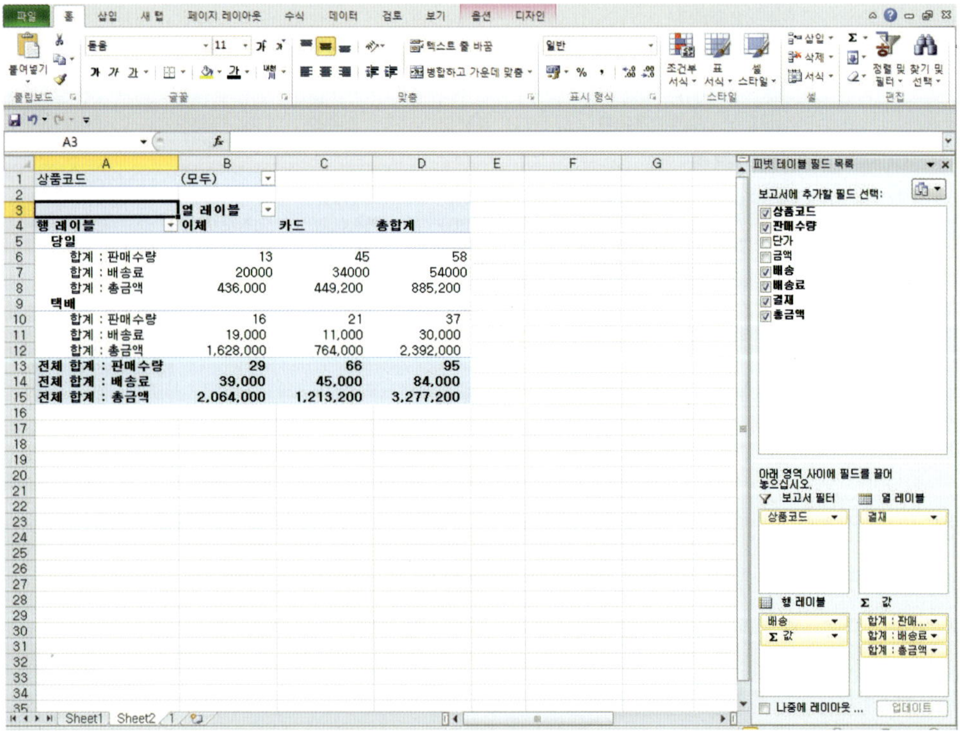

③ 표시/숨기기

모든 작업을 완료하고 피벗 테이블 보고서를 심플하게 표시하기 위해 [옵션] 탭의 [표시/숨기기] 그룹에서 [필드 머리글]을 클릭하여 숨기기 한다.

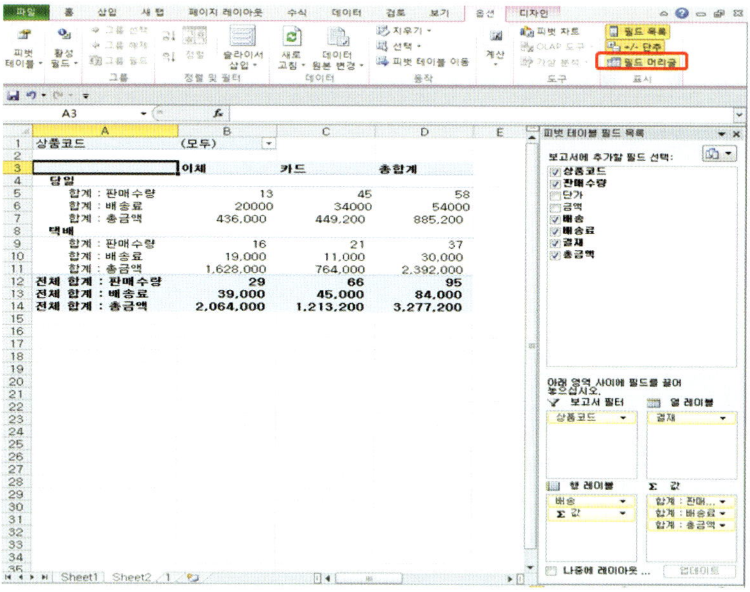

④ 보고서 형식 변경하기

피벗 테이블의 기본 레이아웃은 '압축 형식'이다. [디자인] 탭의 [레이아웃] 그룹에서 [보고서 레이아웃]을 클릭한 후 '테이블 형식으로 표시'를 선택하여 레이아웃을 변경한다.

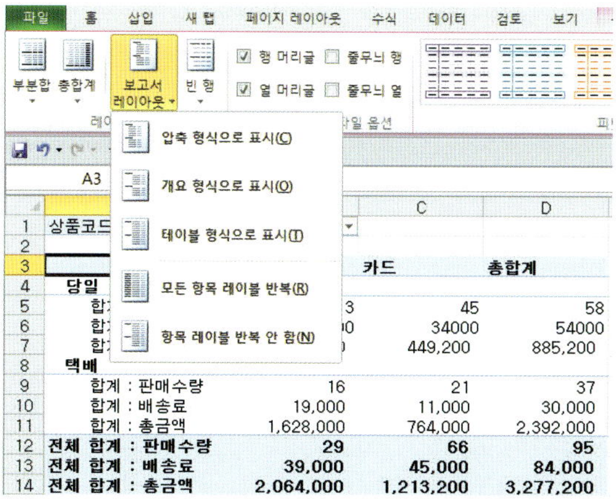

❺ 디자인 변경하기

[디자인] 탭의 [피벗 테이블 스타일] 그룹에서 '자세히 단추'를 클릭하고, '피벗 테이블 스타일 보통 14'를 선택한다.

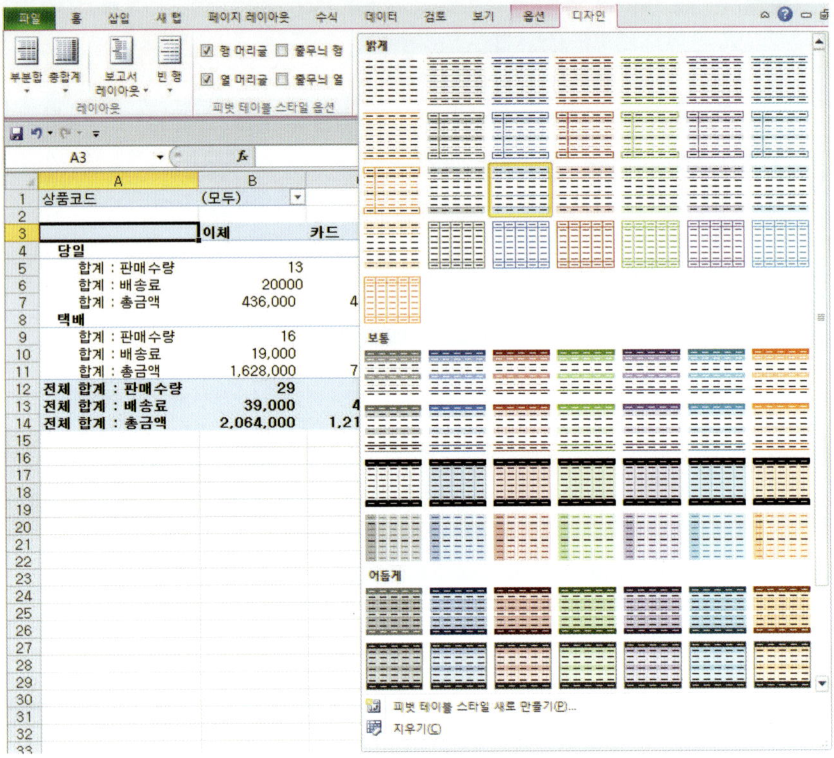

실습 12-5

'1분기 월별 평균판매현황' 데이터 통합으로 구하기

1분기 월별 평균 판매현황을 데이터 통합기능으로 구한다.

A지점 1분기 판매 현황			
품목명	1월	2월	3월
메인보드	245	265	234
CPU	255	310	287
CD-ROM	328	298	300
모니터	239	322	317
프린터	212	256	268

B지점 1분기 판매 현황			
품목명	1월	2월	3월
모니터	321	325	223
프린터	154	98	134
CD-ROM	257	277	128
메인보드	125	78	231
CPU	325	215	342

C지점 1분기 판매 현황			
품목명	1월	2월	3월
프린터	176	310	284
CPU	123	432	177
CD-ROM	234	270	321
모니터	321	300	298
메인보드	87	233	198

D지점 1분기 판매 현황			
품목명	1월	2월	3월
CD-ROM	342	234	45
프린터	238	268	120
모니터	213	189	237
메인보드	120	87	120
CPU	231	378	88

1분기 월별 평균 판매 현황			
품목명	1월	2월	3월
메인보드			
CPU			
CD-ROM			
모니터			
프린터			

A지점 1분기 판매 현황			
품목명	1월	2월	3월
메인보드	245	265	234
CPU	255	310	287
CD-ROM	328	298	300
모니터	239	322	317
프린터	212	256	268

B지점 1분기 판매 현황			
품목명	1월	2월	3월
모니터	321	325	223
프린터	154	98	134
CD-ROM	257	277	128
메인보드	125	78	231
CPU	325	215	342

C지점 1분기 판매 현황			
품목명	1월	2월	3월
프린터	176	310	284
CPU	123	432	177
CD-ROM	234	270	321
모니터	321	300	298
메인보드	87	233	198

D지점 1분기 판매 현황			
품목명	1월	2월	3월
CD-ROM	342	234	45
프린터	238	268	120
모니터	213	189	237
메인보드	120	87	120
CPU	231	378	88

1분기 월별 평균 판매 현황			
품목명	1월	2월	3월
메인보드	144.25	165.75	195.75
CPU	233.5	333.75	223.5
CD-ROM	290.25	269.75	198.5
모니터	273.5	284	268.75
프린터	195	233	201.5

❶ 데이터 통합 기능 실행하기

B22셀을 클릭하고, 메뉴에서 [데이터]-[데이터 도구]-[통합] 메뉴를 클릭한다.

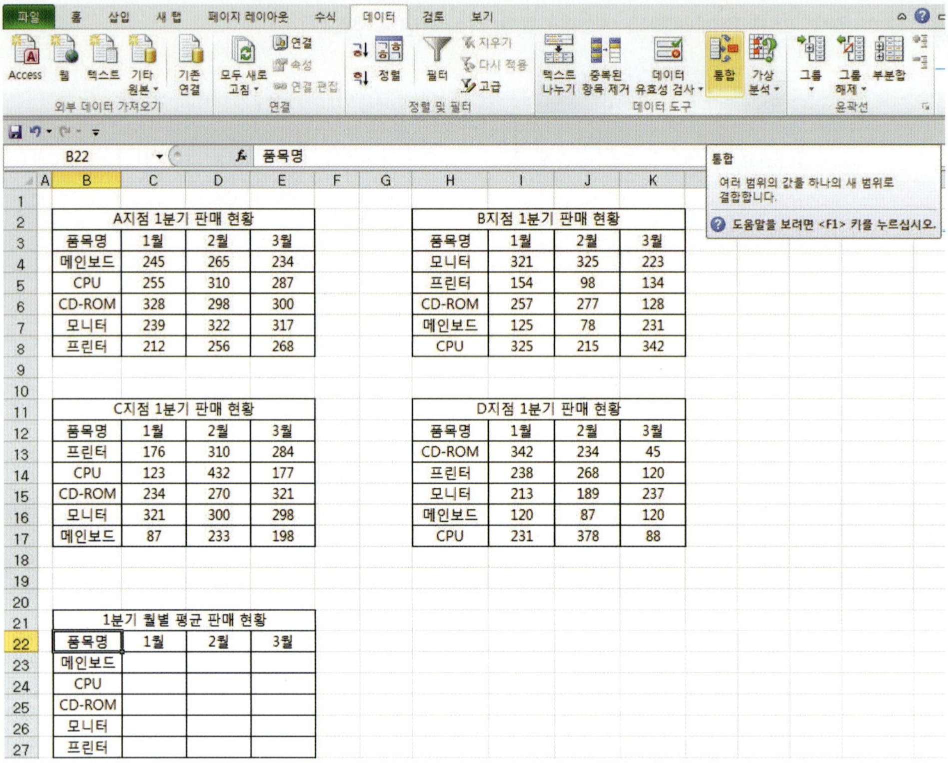

❷ 데이터 범위 추가

사용할 함수를 평균으로 바꾸고, 데이터 통합할 대상 데이터를 선택하여 추가한다. 사용할 레이블은 첫 행, 왼쪽 열 모두 체크한 뒤, 확인버튼을 클릭한다.

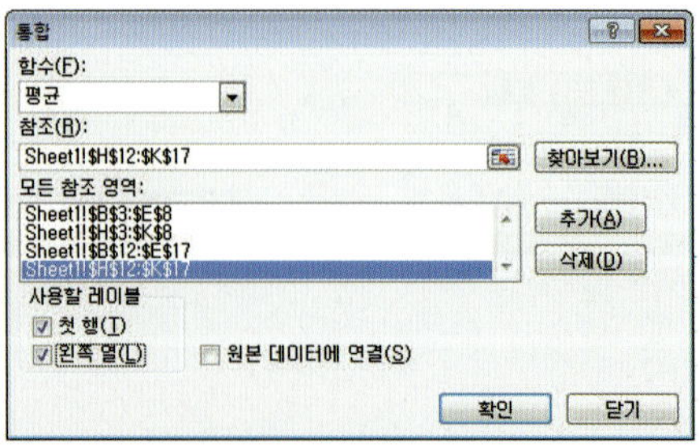

실습 12-6

'환자 이용상황' 1사분기 월평균 구하기

환자 이용상황 1~3월 평균을 데이터 통합으로 구한다.

환자 이용상황(1월)			
진료부서	외래환자	입원환자	계
한 방 내 과	2,367	278	2,645
부 인 과	8,734	1,246	9,980
침 구 과	9,796	539	10,335
재활의학과	18	8	26
외 관 과	215		215
양 방 내 과	59	34	93
방 사 선 과	5,478		5,478
사상의학과	7,429	437	7,866

환자 이용상황(3월)			
진료부서	외래환자	입원환자	계
부 인 과	5,484	879	6,363
사상의학과	6,587	567	7,154
침 구 과	8,756	287	9,043
재활의학과	28	18	46
외 관 과	354	91	445
방 사 선 과	6,588		6,588
양 방 내 과	709	45	754
한 방 내 과	1,869	323	2,192

환자 이용상황(2월)			
진료부서	외래환자	입원환자	계
사상의학과	6,785	867	7,652
침 구 과	9,857	129	9,986
부 인 과	6,674	986	7,660
외 관 과	563	71	634
양 방 내 과	1,238	86	1,324
방 사 선 과	2,378		2,378
한 방 내 과	3,219	128	3,347

환자 이용상황(1/4분기 월평균)			
진료부서	외래환자	입원환자	계

환자 이용상황(1/4분기 월평균)			
진료부서	외래환자	입원환자	계
한 방 내 과	2,485	243	2,728
부 인 과	6,964	1,037	8,001
침 구 과	9,470	318	9,788
재활의학과	23	13	36
외 관 과	377	81	431
양 방 내 과	669	55	724
방 사 선 과	4,815		4,815
사상의학과	6,934	624	7,557

① 데이터 통합 기능 실행하기

G15셀을 클릭하고, 메뉴에서 [데이터]−[데이터 도구]−[통합]을 클릭한다.

② 데이터 범위 추가

사용할 함수를 평균으로 바꾸고, 데이터 통합할 대상 데이터를 선택하여 추가한다. 사용할 레이블은 첫 행, 왼쪽 열 모두 체크한 뒤, 확인 버튼을 클릭한다.

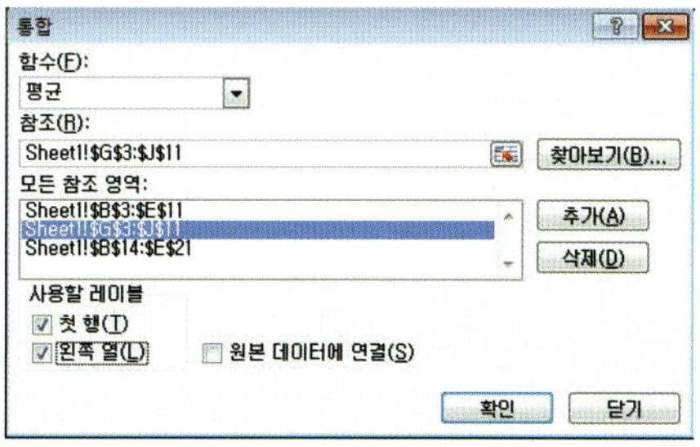

실습 12-7

'재고부담률 계산' 시나리오 완성하기

➤ 생산/판매변화1(생산량이 4000, 판매량이 3000), 생산/판매변화2(생산량 5000, 판매량 4000), 생산/판매변화3(생산량 6000, 판매량 5000) 시나리오를 각각 작성한다.

	A	B
1	재고부담률 계산시나리오	
2	항목	현재
3	생산량	3,000
4	판매량	2,000
5	판매단가	3,000
6	재고단가	300
7		
8	판매액	6,000,000
9	재고량	1,000
10	재고비용	300,000
11	재고부담률	5%

⬇

시나리오 요약		현재 값:	생산/판매변화1	생산/판매변화2	생산/판매변화3
변경 셀:					
	생산량	3,000	4,000	5,000	6,000
	판매량	2,000	3,000	4,000	5,000
결과 셀:					
	재고부담률	5%	3%	3%	2%

참고: 현재 값 열은 시나리오 요약 보고서가 작성될 때의 변경 셀 값을 나타냅니다. 각 시나리오의 변경 셀들은 회색으로 표시됩니다.

이름 정의하기

시나리오 작성시 셀이름이 미리 정의되어 있지 않으면 시나리오 요약이 완성되었을 때 변경셀과 결과셀에 셀 주소가 입력되므로 시나리오 작성 전에 미리 이름을 정의해 둔다. B3셀을 선택하고 수식입력줄의 '이름 상자'에 '생산량'을 입력한다.

이와 같은 방법으로, B4는 판매량, B5는 판매단가, B6은 재고단가, B8은 판매액, B9는 재고량, B10은 재고비용, B11은 재고부담률로 각각 '이름 정의'를 한다.

생산량 | fx 3000

	A	B
1	재고부담률 계산시나리오	
2	항목	현재
3	생산량	3,000
4	판매량	2,000
5	판매단가	3,000
6	재고단가	300
7		
8	판매액	6,000,000
9	재고량	1,000
10	재고비용	300,000
11	재고부담률	5%

시나리오 만들기

❶ '생산/판매변화1' 시나리오 만들기

B3:B4를 선택하고, 메뉴에서 [데이터]-[가상분석]-[시나리오 관리자]를 선택한다. [시나리오 관리자]에서 추가 버튼을 클릭한다.

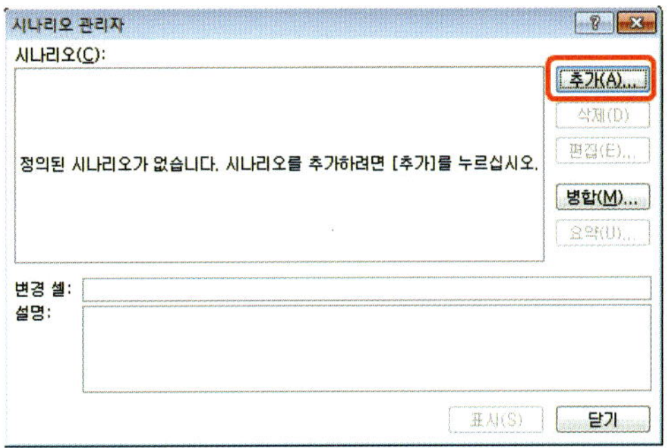

첫 번째 시나리오 이름인 '생산/판매변화1'을 입력하고, 확인 버튼을 누른다. 첫 번째 시나리오인 생산/판매변화1에 대한 값인 '생산량 4000', '판매량 3000'을 입력하고 추가 버튼을 클릭한다.

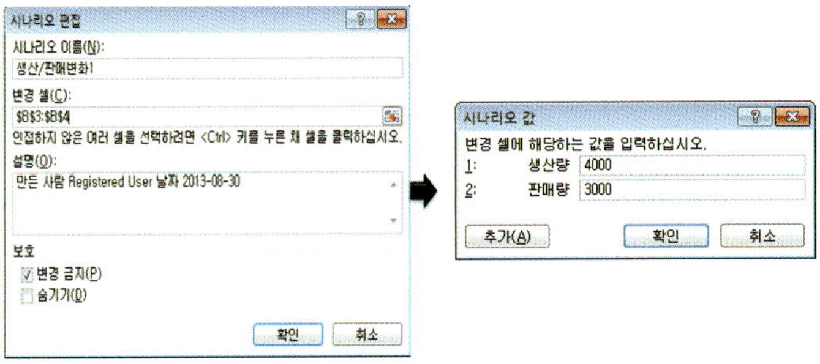

❷ '생산/판매변화2' 시나리오 만들기

두 번째 시나리오 이름인 '생산/판매변화2'를 입력하고, '생산량 5000', '판매량 4000'을 입력하고 추가 버튼을 클릭한다.

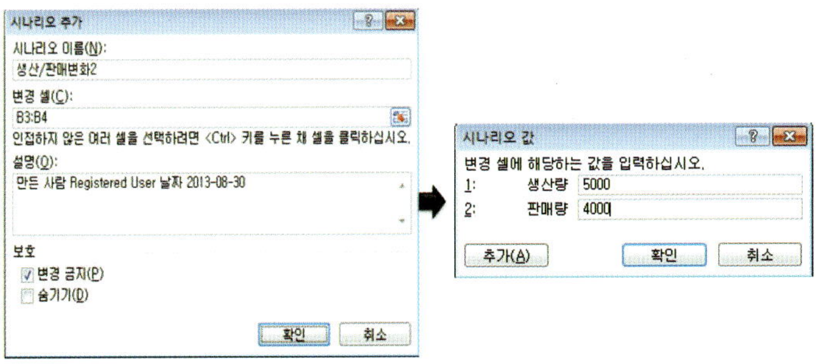

❸ '생산/판매변화3' 시나리오 만들기

세 번째 시나리오 이름인 '생산/판매변화3'을 입력하고, '생산량 6000', '판매량 5000'을 입력하고 확인 버튼을 클릭한다.

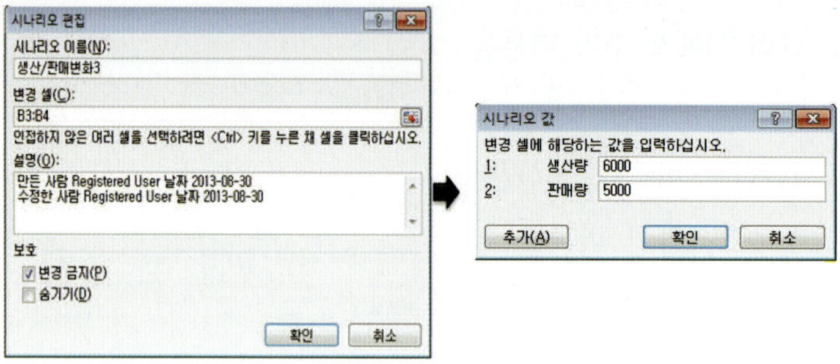

❹ 세 개의 시나리오가 완성되었으면 "요약" 버튼을 클릭한다. '결과셀'을 B11로 입력한 후 확인을 클릭하면 시나리오 시트가 만들어진다.

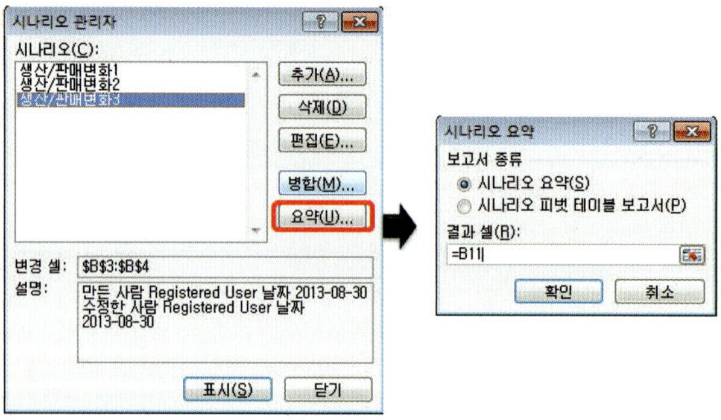

실습 12-8 'H마트 채소구입' 시나리오 완성하기

S마트(배추 5500, 양파 400, 당근 600, 오이 1200), G마트(배추 4300, 양파 500, 당근 300, 오이 1300) 시나리오를 만든다.

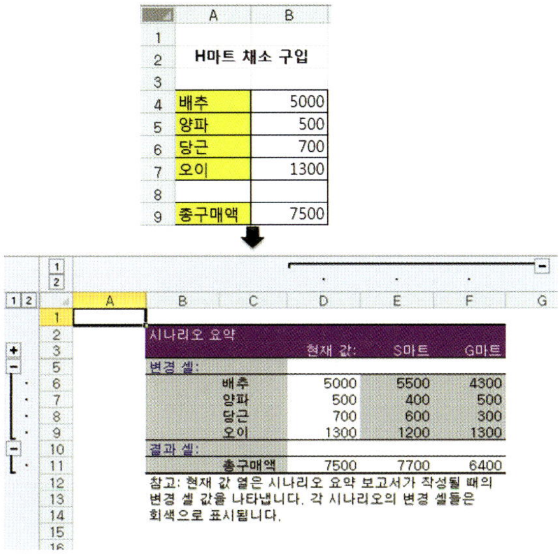

이름 정의하기

시나리오 작성 전에 미리 이름을 정의해 둔다. B4셀을 선택하고 수식입력줄의 '이름 상자'에 '배추'를 입력한다. 이와 같은 방법으로, B5는 양파, B6은 당근, B7은 오이, B9는 총구매액으로 각각 '이름 정의'를 한다.

시나리오 만들기

❶ 'S마트' 시나리오 만들기

B4:B7을 선택하고, [데이터]–[데이터 도구]–[가상분석]–[시나리오 관리자]를

선택한다. [시나리오 관리자]에서 추가 버튼을 클릭한다. 첫 번째 시나리오 이름인 S마트를 입력하고, 확인 버튼을 누른다. 첫 번째 시나리오인 S마트에 대한 값인 배추 5500, 양파 400, 당근 600, 오이 1200을 입력하고 추가 버튼을 클릭한다.

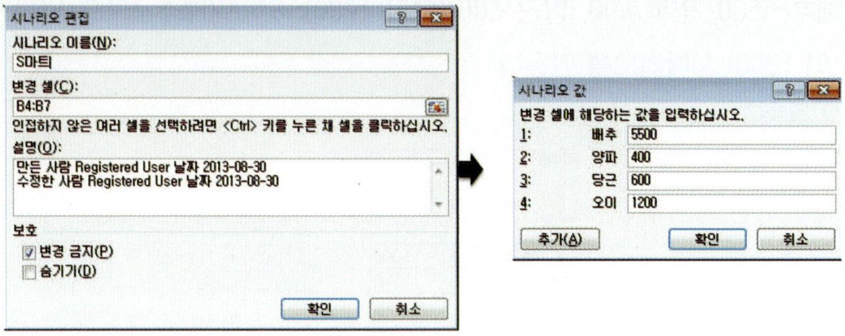

② 'G마트' 시나리오 만들기

두 번째 시나리오 이름인 'G마트'를 입력하고, G마트에 대한 값인 배추 4300, 양파 500, 당근 300, 오이 1300을 입력하고 확인 버튼을 클릭한다.

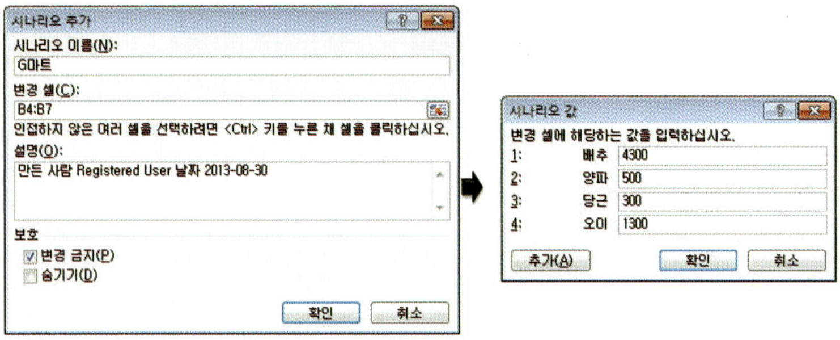

③ 두 개의 시나리오가 완성되었으면 "요약" 버튼을 클릭한다. '결과셀'을 B9로 입력한 후 확인을 클릭하면 시나리오 시트가 만들어진다.

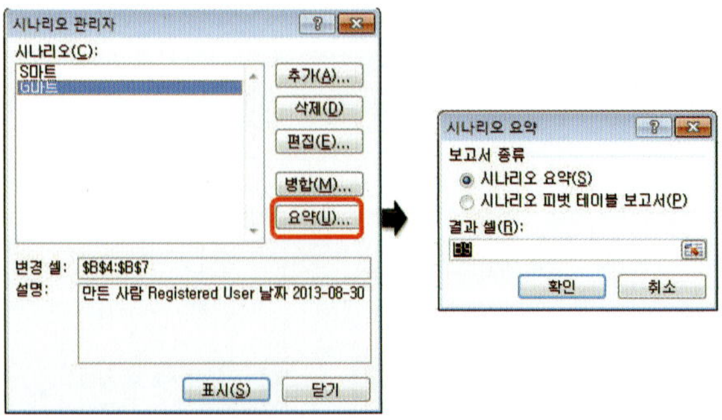

실습 12-9 '부채비율 계산' 자기자본값 찾기

부채비율이 200%가 되기 위해서는 자기자본이 얼마나 되어야 하는지 목표값 찾기를 통하여 구한다.

	A	B	C	D	E
1	부채비율 계산				
2					단위:천원
3	항목	1999년	2000년	2001년	2002년(목표년도)
4	유동부채	676,234	609,856	589,430	500,000
5	고정부채	549,232	549,232	549,232	549,232
6	자기자본	394,035	459,395	475,983	352,480
7	부채비율	311.0%	252.3%	239.2%	297.7%

⬇

	A	B	C	D	E
1	부채비율 계산				
2					단위:천원
3	항목	1999년	2000년	2001년	2002년(목표년도)
4	유동부채	676,234	609,856	589,430	500,000
5	고정부채	549,232	549,232	549,232	549,232
6	자기자본	394,035	459,395	475,983	524,558
7	부채비율	311.0%	252.3%	239.2%	200.0%

❶ 목표값 찾기 실행

수식이 입력되어 있는 E7셀을 선택하고, [데이터]－[데이터 도구]－[가상 분석]－[목표값 찾기]를 클릭한다.

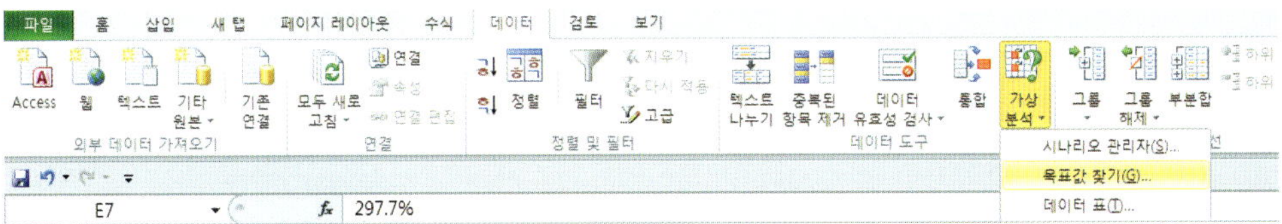

	A	B	C	D	E
1	부채비율 계산				
2					단위:천원
3	항목	1999년	2000년	2001년	2002년(목표년도)
4	유동부채	676,234	609,856	589,430	500,000
5	고정부채	549,232	549,232	549,232	549,232
6	자기자본	394,035	459,395	475,983	352,480
7	부채비율	311.0%	252.3%	239.2%	297.7%

② 인수입력

찾는 값은 200%를 입력하고, 값을 바꿀 셀은 자기자본값을 알려고 하므로 E6셀을 선택하고 확인 버튼을 클릭한다.

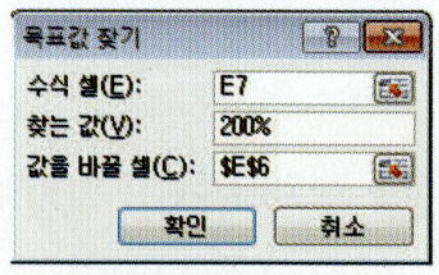

③ 결과확인

현재 값을 확인하고 확인 버튼을 클릭한다.

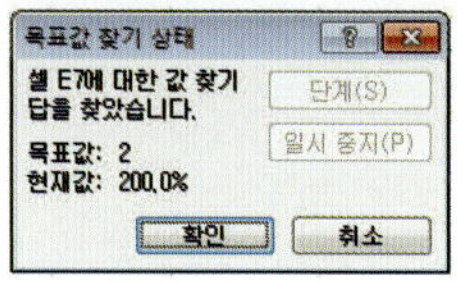

실습 12-10 '컴퓨터 활용능력 필기시험 결과' 목표값 찾기

홍민영의 평균이 70이 되기 위해서 스프레드시트 점수를 몇점 받아야 하는지 목표값 찾기로 구한다.

	A	B	C	D
1	컴퓨터 활용능력 필기시험 결과			
2				
3	성명	컴퓨터일반	스프레드시트	평균
4	곽재호	78	50	64
5	김갑수	90	78	84
6	강병만	90	96	93
7	이현주	62	85	73.5
8	임명희	84	90	87
9	홍민영	65	50	57.5

➡

	A	B	C	D
1	컴퓨터 활용능력 필기시험 결과			
2				
3	성명	컴퓨터일반	스프레드시트	평균
4	곽재호	78	50	64
5	김갑수	90	78	84
6	강병만	90	96	93
7	이현주	62	85	73.5
8	임명희	84	90	87
9	홍민영	65	75	70

① 목표값 찾기 실행

수식이 입력되어 있는 D9셀을 선택하고, [데이터]-[데이터 도구]-[가상 분석]-[목표값 찾기]를 클릭한다.

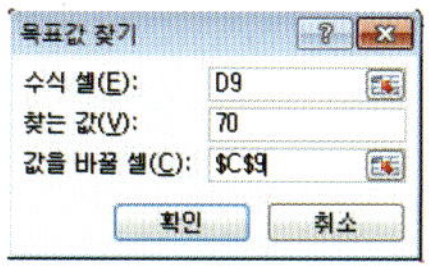

② 인수입력

찾는 값은 70을 입력하고, 값을 바꿀 셀은 스프레드 시트 점수를 알려고 하므로 C9셀을 선택하고 확인 버튼을 클릭한다.

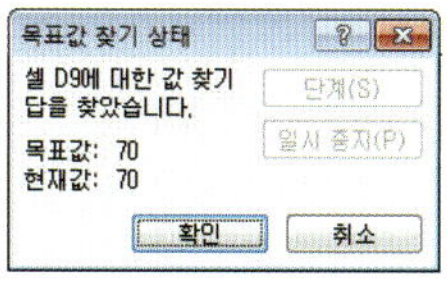

③ 결과확인

현재 값을 확인하고 확인 버튼을 클릭한다.

C·h·a·p·t·e·r

13 차트 만들기

13.1 차트의 이용 및 방법

차트는 워크시트에 입력된 숫자 데이터를 막대나 선, 도형, 그림 등을 이용하여 시각적으로 표현한 것으로 데이터의 추세, 유형을 살피거나 비교할 수 있어서 데이터를 분석하거나 보고서를 작성할 때 유용하게 사용할 수 있다. 예를 들어 단순하게 숫자를 나열해 놓기만 해서는 어느 영업사원의 실적이 좋았는지, 컴퓨터는 언제 가장 잘 판매가 되는지 등을 한눈에 알아보기가 쉽지 않다. 하지만 차트를 사용하여 숫자를 그래프 형태로 표현하면 표의 내용을 이해하기가 한결 쉬워진다.

차트를 만드는 방법은 일반적으로 2가지가 있다. 첫째, 가장 쉽게 차트를 만드는 방법으로서 단축키를 활용하는 방법이고, 둘째, 메뉴 바의 삽입에 차트 도구상자를 이용하는 방법이 있다

1 단축키(F11)의 활용

단축키 F11을 이용하는 방법으로 그래프를 표현하려고 하는 데이터 목록 범위를 지정하고, F11키를 누르면, 현재의 워크시트의 바로 앞에 차트 시트가 만들어지면서 차트시트에 기본차트인 2차원 세로막대 그래프가 작성된다.

다음 화면의 '2004 대리점별 판매실적' 표에서 셀 [A2:E9]까지 차트를 만들 데이터 범위를 지정한다.

	A	B	C	D	E
1	2004년 대리점별 판매실적				
2	영업소	구분	전반기실적	후반기실적	합계
3	광주	지방	45,000	52,300	97,300
4	부산	지방	52,000	55,700	107,700
5	일산	수도권	32,500	38,300	70,800
6	분당	수도권	43,600	45,800	89,400
7	대구	지방	38,700	42,600	81,300
8	수원	수도권	39,300	45,400	84,700
9	대전	지방	35,400	39,700	75,100
10	총계		286,500	319,800	606,300

단축키 F11을 누르면 새로운 차트 시트에 차트의 기본적인 형태인 2차원 세로막대 그래프가 아래 화면과 같이 완성된다.

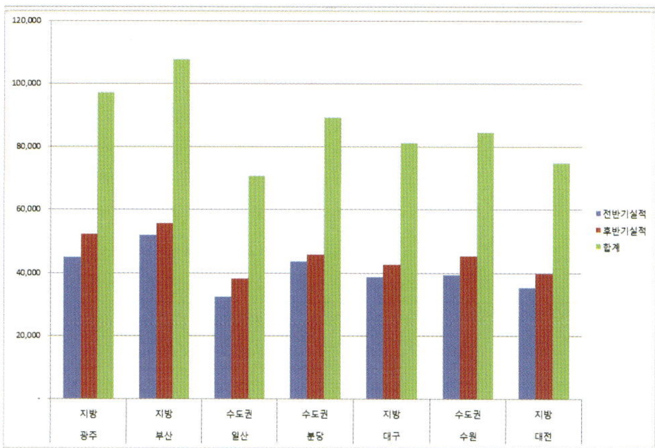

2 차트 도구 모음 이용

차트 도구 모음을 이용한 차트 만들기는 우선 차트를 만들 데이터 범위를 지정한 후, [삽입]–[차트]에서 차트 종류를 선택하면 원하는 종류의 차트를 완성할 수 있다.

표의 범위를 지정하거나, 표 안에 커서를 두고, [삽입]–[차트]에서 '2차원 묶은 세로 막대형'을 선택하게 되면 아래와 같이 선택한 차트의 종류가 워크시트에 자동으로 만들어 진다.

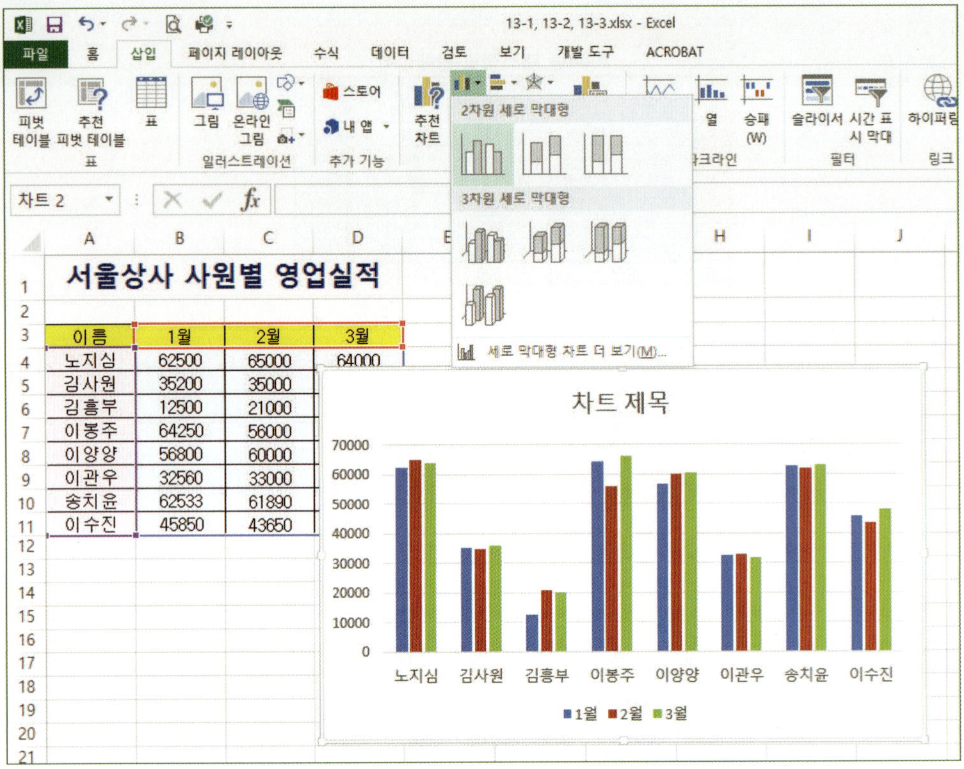
13-1, 13-2, 13-3.xlsx - Excel
파일
홈
삽입
페이지 레이아웃
수식
데이터
검토
보기
개발 도구
ACROBAT
피벗 테이블
추천 피벗 테이블
표
그림
온라인 그림
일러스트레이션
스토어
내 앱
추가 기능
추천 차트
2차원 세로 막대형
3차원 세로 막대형
세로 막대형 차트 더 보기(M)...
열
승패 (W)
슬라이서
시간 표시 막대
필터
하이퍼링크
링크
차트 2
서울상사 사원별 영업실적
이름
1월
2월
3월
노지심 62500 65000 64000
김사원 35200 35000
김흥부 12500 21000
이봉주 64250 56000
이양양 56800 60000
이관우 32560 33000
송치윤 62533 61890
이수진 45850 43650
차트 제목
70000
60000
50000
40000
30000
20000
10000
0
노지심
김사원
김흥부
이봉주
이양양
이관우
송치윤
이수진
1월
2월
3월

13.2 차트의 구성 요소 및 서식 지정

1 차트의 구성 요소

차트 마법사를 이용하여 차트를 완성하더라도 원하는 형태로 만들어지지 않을 경우가 있다. 이럴 경우에는 차트의 구성 요소별로 수정 작업을 할 수 있다.

차트를 구성하는 요소들은 차트 내에서 각각 분리되어 수정될 수 있다. 즉 차트 안에 한 영역을 클릭하면 각 영역별로 위치를 이동하거나 크기를 조절, 혹은 삭제가 가능하다. 또한 그리기 도구 모음을 사용하여 여러 가지 색상이나 채우기 효과를 각 요소별로 지정할 수 있다. 아래의 화면을 이용하여 차트 내에서의 각 구성요소를 설명하고자 한다.

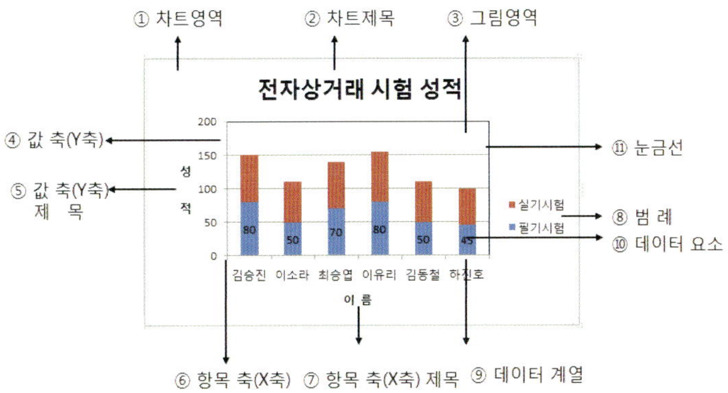

각 구성 요소별 역할과 의미는 다음과 같다.

❶ **차트 영역:** 차트의 전체 영역, 차트의 위치와 크기 조절 및 글꼴 조절을 할 수 있다.

❷ **차트 제목:** 차트의 내용을 대표하는 제목, 차트 제목을 추가하거나 삭제할 수 있다. 글꼴, 맞춤 등의 서식을 사용자 임의로 설정할 수 있으며, 도형을 이용해서 차트 제목을 대신할 수도 있다.

❸ **그림 영역:** 실제 차트가 표시되는 영역이다.

❹ **값 축(Y축):** 그래프의 높낮이를 결정하는데 기준이 되는 수치자료를 나타내는 선이다. 주로 워크시트에서 차트로 표현할 수치 자료를 Y축에 표시한다.

❺ **값 축(Y축) 제목:** Y축 수치가 무엇을 의미하는지 알려주는 문자열을 말한다.

❻ **항목 축(X축):** 그래프가 표시될 각 문자 자료의 자리를 말한다

❼ **항목 축(X축) 제목:** X축 문자열이 무엇을 의미하는지 알려주는 문자열을 말한다.

❽ **범례:** 그래프의 각 색이나 모양이 어떤 데이터 계열인지 알려주는 표식이다.

❾ **데이터 계열:** 수치자료를 막대나 선의 도형으로 표현한 것으로 범례에 있는 한 가지 종류를 데이터 계열이라 한다. 각각의 데이터 계열은 선, 막대, 영역 등으로 다르게 표현될 수 있으며, 데이터 계열의 모양이 다른 차트를 혼합차트라 한다.

❿ **데이터 요소:** 데이터 계열을 구성하는 한 개의 막대나 원통을 가리킨다.

⓫ **눈금선:** 값 축이나 항목 축의 눈금을 그림 영역 안에 선으로 그어 표시한 것으로, 축별로 기본 눈금선과 보조 눈금선을 가질 수 있다.

2 차트의 서식 지정

차트의 각 구성 요소별 서식을 지정하려면 차트의 '디자인' 탭이나 '서식' 탭의 차트 요소 목록에서 서식을 지정할 구성 요소를 선택하거나, 마우스 오른쪽 버튼을 사용한다.

차트의 '디자인' 탭을 통해 차트 요소 추가, 레이아웃, 차트 스타일, 데이터, 차트 종류 등 차트를 구성하고 있는 구성 요소의 서식을 사용자가 원하는 대로 지정해서 편집할 수 있다.

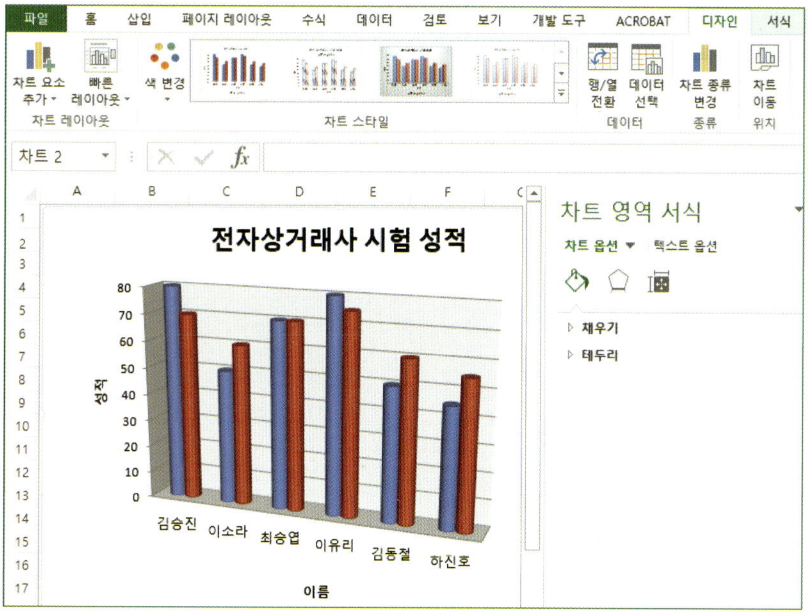

❶ 차트 요소 추가: 축, 축 제목, 차트 제목, 데이터 레이블, 데이터 표, 오차 막대, 눈금선, 범례, 선, 추세선 등을 지정해서 편집할 수 있다.

❷ **빠른 레이아웃:** 레이아웃 1 ~ 9까지 원하는 레이아웃을 선택할 수 있다.

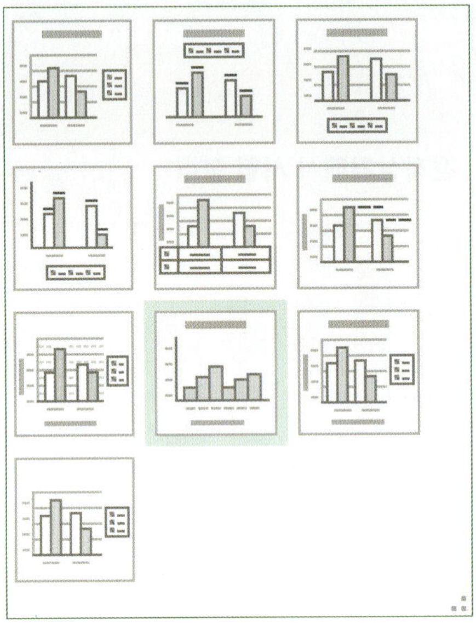

❸ **차트 스타일:** 선택한 차트 종류에 맞춰 다양한 스타일을 선택할 수 있다.

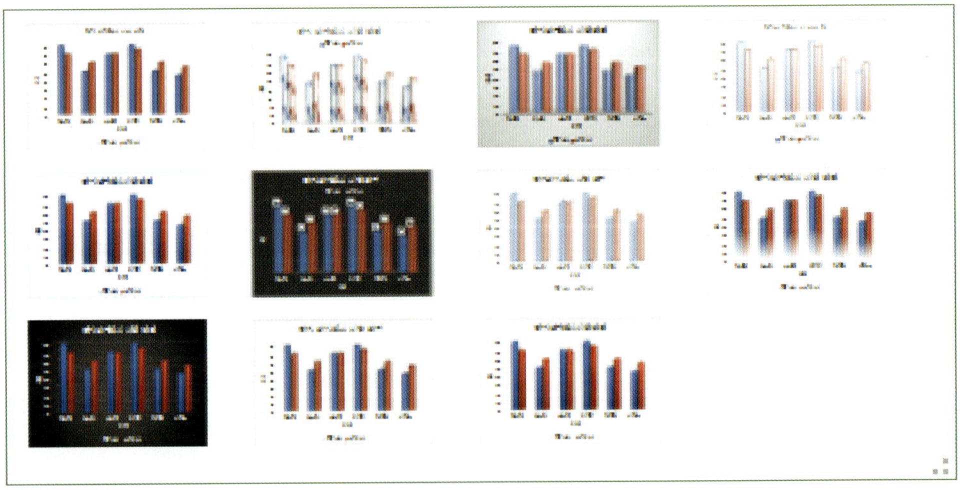

❹ **행/열 전환:** 행과 열을 전환할 때 사용한다.

❺ **데이터 선택:** 데이터 범위를 다시 지정하거나 데이터를 추가 삭제할 때 사용한다.

❻ **차트 종류 변경:** 전체 차트의 종류 또는 어느 항목의 차트 종류를 변경할 때 사용한다.

차트의 '서식' 탭에서 차트 영역, 그림 영역 등을 선택하면 차트의 우측에 세부 구성 항목이 나타나며, 이를 통해 차트를 구성하고 있는 구성 요소의 서식을 사용자가 원하는 대로 지정해서 편집할 수 있다.

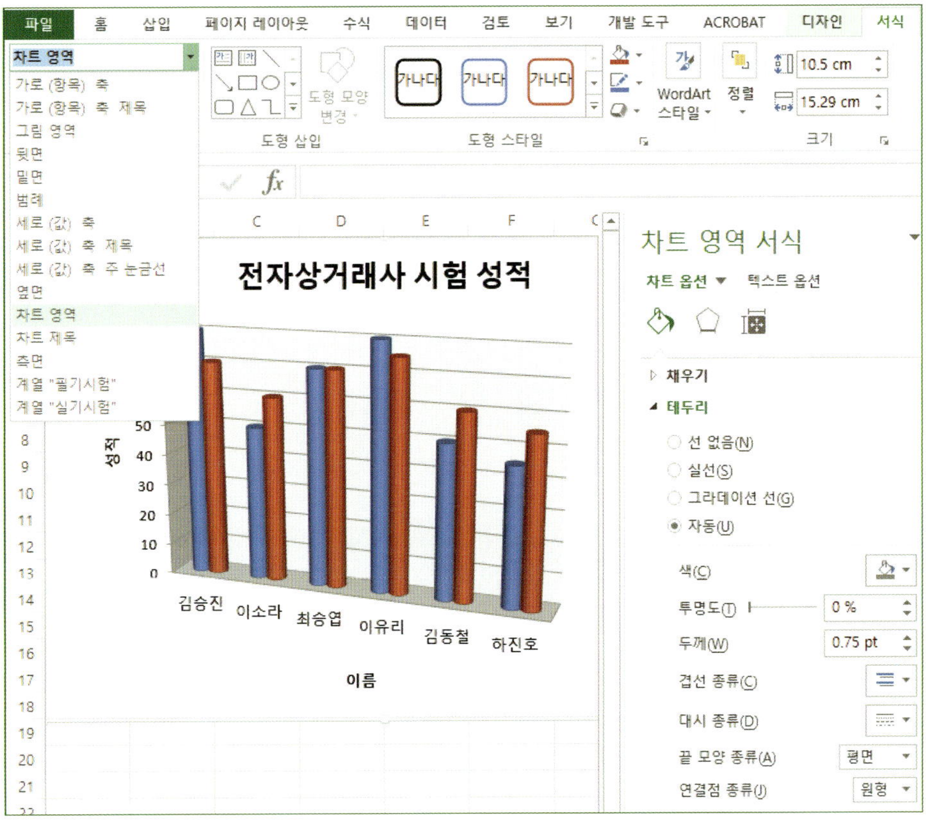

13.3 용도별 차트 작성

차트는 작성한 데이터의 종류와 작성 목적에 따라 다양한 형태로 만들 수 있다. 엑셀은 세로 막대형, 꺾은선형, 원형 등의 차트를 기본으로 제공하며, 사용자가 자신의 목적에 맞게 여러 모양으로 새롭게 만들 수도 있다. 차트를 작성하는 가장 큰 목적은 숫자로 된 데이터 경향이나 비율 등을 좀더 쉽게 분석하기 위해서다. 따라서 분석하려는 데이터 성격과 분석 목적에 맞는 차트를 선택해야 한다.

1 표준 종류 차트

1) 세로 막대형 차트

일정 기간의 데이터 변화에 따라 각 항목을 나타낸다. 계열을 수평으로 구성하고, 값을 수직으로 구성하면 시간에 따른 변화를 강조할 수 있다. 누적 세로 막대형 차트, 3차원 세로 막대형 차트 등이 있다.

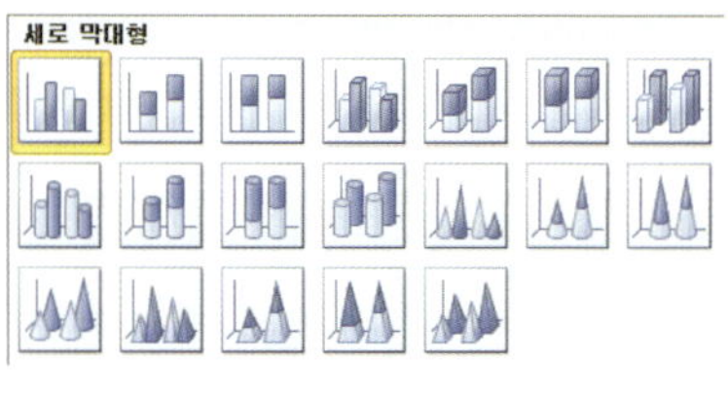

2) 가로 막대형 차트

일정 기간보다 각 항목을 비교할 때 자주 사용한다. 계열을 수직으로 구성하고, 값을 수평으로 구성하면 비교값을 강조할 수 있다. 누적 가로 막대형 차트, 3차원 가로 막대형 차트 등이 있다.

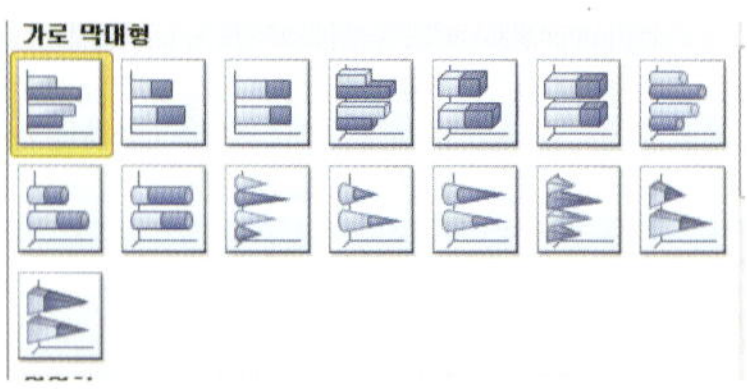

3) 꺾은선형 차트

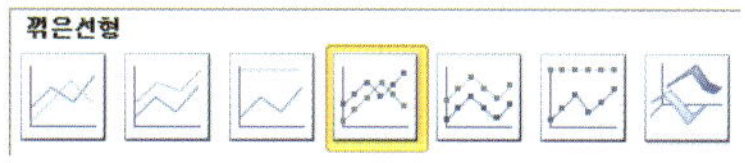

일정한 기간 동안의 데이터 변화를 선으로 표시한 차트다. 특정 데이터를 바탕으로 데이터가 변하는 추세를 한눈에 알아볼 수 있다.

4) 원형 차트

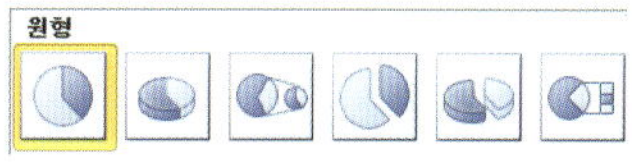

하나의 데이터 계열을 구성하는 각각의 항목을 합계에 대한 크기 비율로 나타낸다. 이 중에서 원형 대 가로 막대형 차트를 이용하면 중요한 요소를 확연히 드러나게 할 수 있다. 데이터 계열이 하나일 때만 사용할 수 있다.

5) 분산형 차트

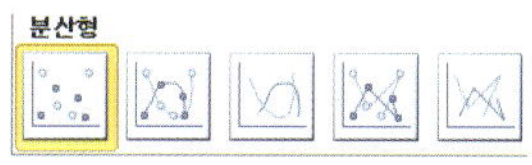

데이터의 불규칙한 간격이나 묶음을 보여줄 때 주로 쓰인다. 분산형 차트를 이용해서 여러 데이터 계열의 변화 추이를 비교할 수 있어서 과학 데이터를 분석할 때 자주 사용한다.

6) 영역형 차트

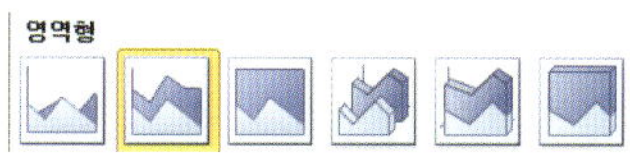

시간 경과에 따른 변화량을 강조할 때 사용한다. 특히 전체 영역과 특정 값의 영역을 비교해 전체와 부분간의 관계도를 볼 때 좋다.

7) 도넛형 차트

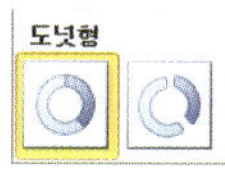

원형 차트와 마찬가지로 데이터 계열을 구성하는 각 항목을 전체에 대한 크기 비율로 나타내는 차트다. 하나 이상의 데이터 계열을 포함할 수 있다.

8) 방사형 차트

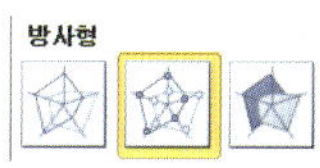

각 계열의 가운데 지점에서 뻗어나가는 값을 하나의 축으로 나

타내고, 각 축에 해당 데이터 값을 표시한다. 많은 데이터 계열도 쉽게 표시할 수 있다. 많은 데이터 계열의 집계값을 비교할 때 자주 사용한다.

9) 표면형 차트

두 데이터 계열에서 최적의 조합을 찾을 때 유용하다. 색이나 무늬를 다르게 해서 지형 지도를 그릴 때 효과적이다.

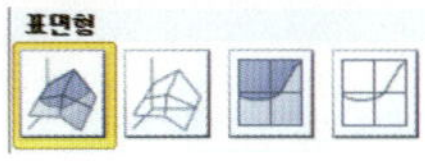

10) 거품형 차트

분상형 차트 중 하나로, Z축에 해당하는 값을 작성하지 않고 거품 크기로 표시한다.

11) 주식형 차트

고가, 저가, 종가 등의 주식 거래 가격을 바탕으로 차트를 작성한다. 온도 변화와 같은 과학 데이터를 나타낼 때 사용한다. 단, 피벗 차트 보고서에는 주식형 차트를 사용할 수 없다.

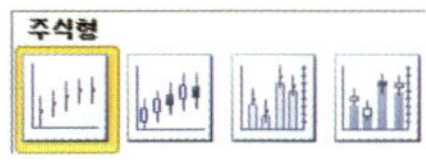

2 혼합 차트

두 가지 이상의 차트를 한 차트로 표현한 것이다. 차트 혼합은 2차원 차트에서만 가능하다. 2차원과 3차원 차트는 혼합할 수 없다. 거품형, 표면형, 원통형, 원뿔형, 피라미드형은 혼합할 수 없다. 각 계열을 선택하고 마우스의 오른쪽 버튼을 누른 후 단축 메뉴에서 '차트 종류'를 선택한다.

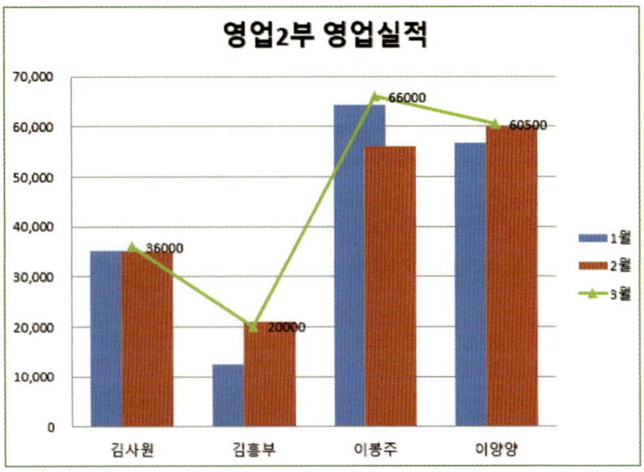

3 이중 축 차트

이중 축 차트는 차트에 또 하나의 값 축을 추가해서 값을 이중으로 표시하는 차트다. 특정 데이터 계열값이 다른 데이터 계열값과 두드러진 차이가 날 때나 두 가지 이상의 데이터 계열을 가진 차트에 사용한다. 왼쪽에 표시되는 Y(값) 축의 맞은편 오른쪽에 또 하나의 값 축이 표시된다.

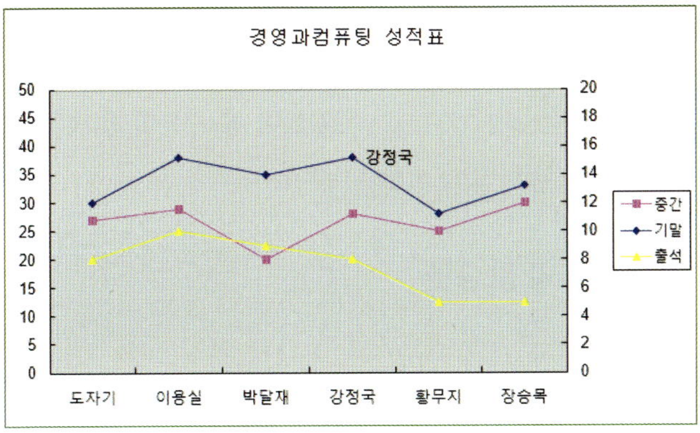

4 그림 차트

일반 차트의 막대 대신에 그림으로 데이터 계열을 표시할 수 있다. 그림 전체로 표시할 수도 있고, 그림을 쌓아서 표시할 수도 있다. 이처럼 그림 차트에서는 데이터를 막대보다 그림으로 표시하면 메시지를 더 잘 전달할 수 있다.

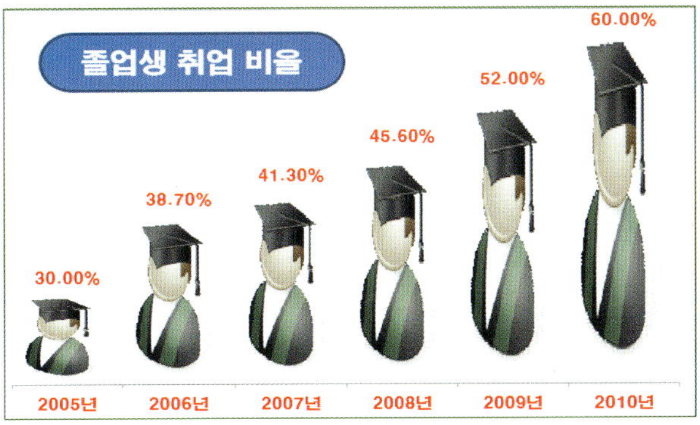

13.4 스파크라인 차트

스파크라인 차트는 엑셀 2010부터 새롭게 추가된 기능으로 셀 안에 작은 추세 차트를 삽입할 수 있다. 스파크라인 차트를 사용하면 데이터의 추세를 쉽게 분석하고 강조, 비교할 수 있어서 가독성을 높여준다.

1) 스파크라인 차트 삽입 및 종류

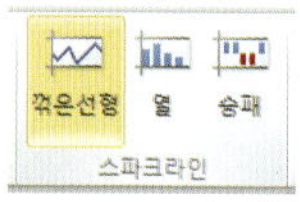

스파크라인 차트는 셀에 작은 추세 차트를 삽입하는 기능으로 데이터의 추세를 쉽게 분석하고 강조, 비교할 수 있다. [삽입]-[스파크라인] 그룹에서 꺾은선형, 열, 승패 스파크라인 차트를 삽입할 수 있다.

2) 스파크라인 도구 디자인 탭 살펴보기

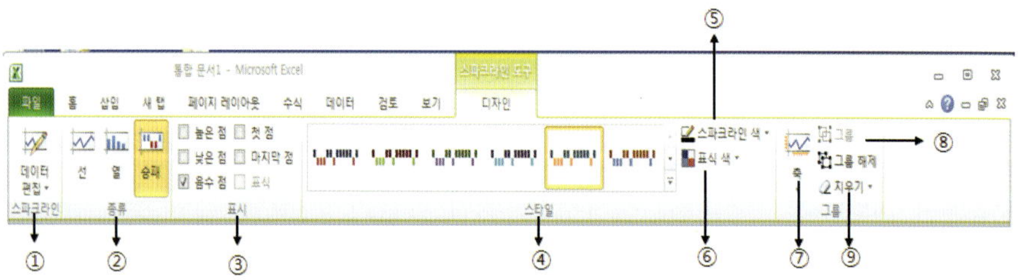

❶ **스파크라인**: 스파크라인 그룹의 위치 및 원본의 범위를 편집한다.

❷ **종류**: 선택된 스파크라인의 차트 종류를 변경한다.

❸ **표시**: 색으로 강조하고 싶은 항목을 선택한다.

❹ **스타일 갤러리**: 선, 색, 표식 색 등의 서식이 지정되어 있는 갤러리에서 스파크라인 스타일을 선택한다.

❺ **스파크라인 색**: 스파크라인 색과 두께를 변경한다.

❻ **표식 색:** [표시] 그룹에서 강조한 항목의 색을 변경한다.

❼ **축:** 가로 축 유형과 옵션을 설정하고, 세로 축의 최댓값/최솟값의 배율 옵션을 지정한다.

❽ **그룹/그룹해제:** 스파크라인 그룹을 지정하거나, 그룹을 해제하여 개별 스파크라인으로 나눈다.

❾ **지우기:** 스파크라인 그룹이나 스파크라인을 지울 수 있다.

3) 스파크라인 차트 삽입

[B4~E10]셀을 블록으로 지정한 후 [삽입]-[스파크라인]-[꺾은선형]을 클릭한다. 스파크라인 만들기 대화상자가 나오면 데이터범위에는 'B4:E10', 위치범위란에는 'F4$:$F$10'을 입력하고 확인을 클릭한다.

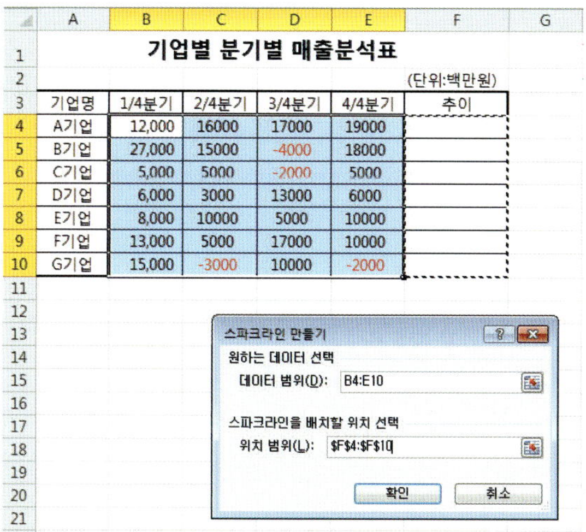

4) 스파크라인 차트 종류 변경

[F4~F10]셀이 범위로 지정되어 있는 상태에서 [스파크라인]에서 [승패]를 선택해서 스파크라인 종류를 변경한다.

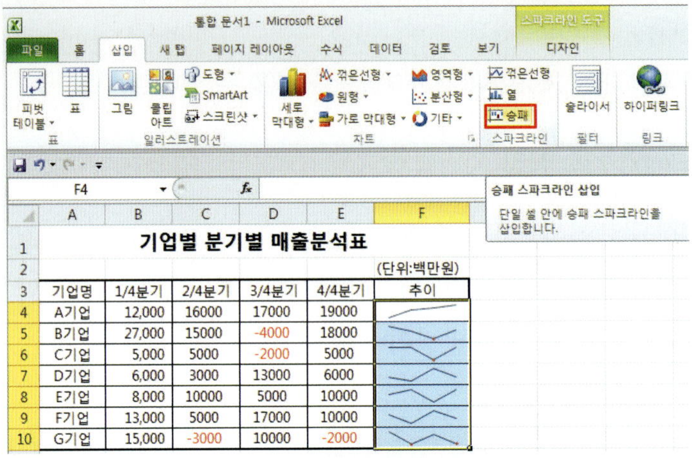

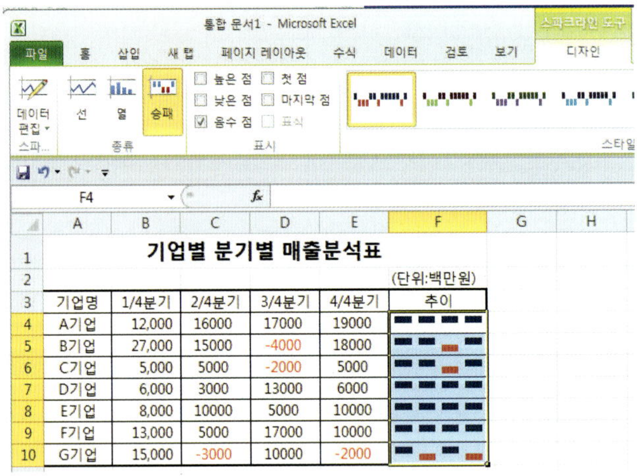

5) 스파크라인 스타일 변경

[스파크라인 도구]-[디자인]-[스타일]에서 자세히를 클릭하면 다양한 스파크라인 차트 스타일로 변경할 수 있다.

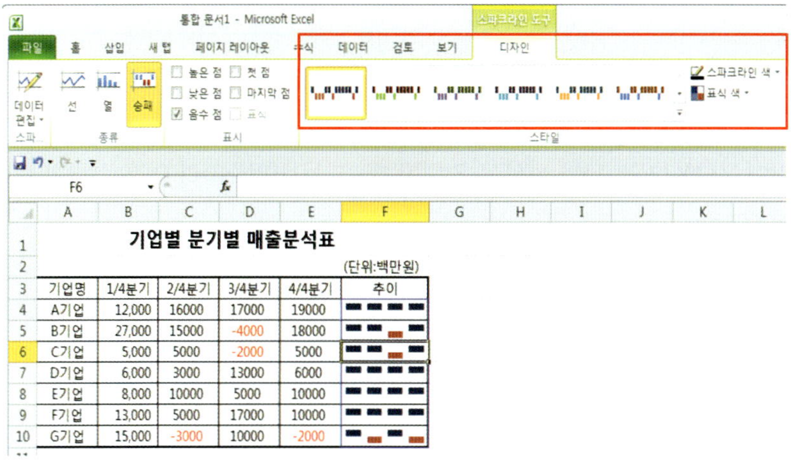

6) 스파크라인 표시 색 변경

[스파크라인 도구]–[디자인]–[스타일] 그룹에서 스파크라인 색과 표시색을 클릭하면 지정한 종류의 색으로 변경된다.

Tip

스파크라인 차트

- 각 스파크라인에 별도의 서식을 제공하기 위해서는 그룹을 해제해야 한다
- 스파크라인 도구의 [디자인]–[그룹]–[그룹해제] 선택

실습 13-1 '전자상거래 시험 성적' 차트 작성하기

아래와 같이 '전자상거래 시험 성적'을 입력한 후, 지시사항에 따라 아래 그림과 같이 차트를 작성한다.

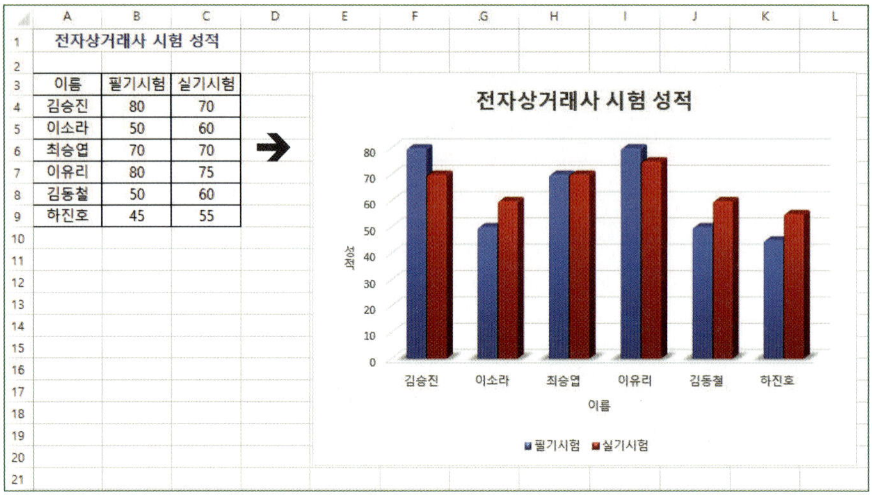

지시사항

- 단축키로 기본 차트를 삽입하고, 동일 시트의 E3:L20 영역에 위치시키시오.
- 차트 종류를 '3차원 묶은 세로 막대형'으로 변경하시오.
- 차트 레이아웃은 '레이아웃 9'로 변경한 후, 그림과 같이 차트제목, 가로축, 세로축 제목을 입력하시오.
- 차트 스타일은 '스타일 11'로 변경하시오.

① 단축키로 기본 차트 삽입하기

표 안의 임의의 셀을 선택한 후, Alt 키를 누른 상태에서 F1 키를 누르면, 워크시트에 기본 차트인 묶은 세로 막대형 차트가 삽입된다. 차트 영역을 클릭한 후 드래그하여 E3:L20 영역에 이동시키고 크기를 조정한다.

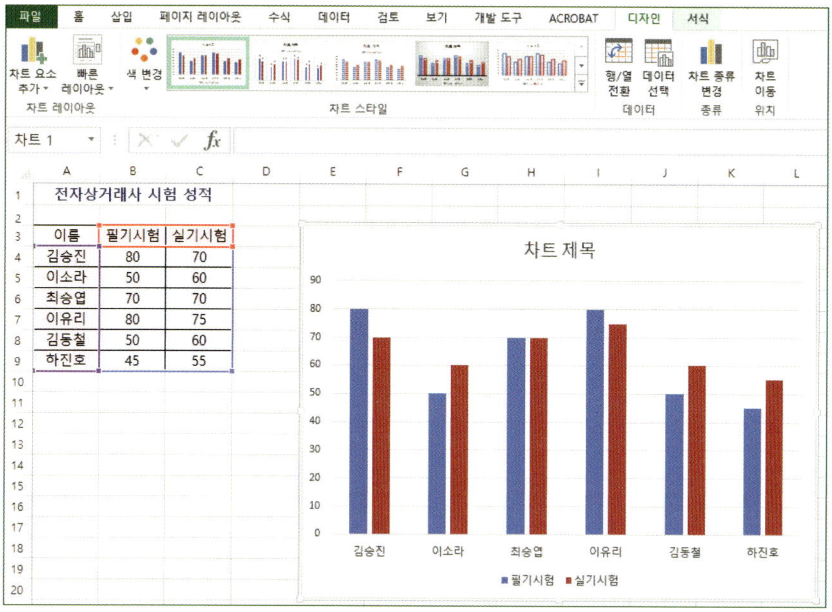

② 차트 종류 변경하기

차트 영역을 선택한 후, [디자인] 탭의 [종류] 그룹에서 '차트 종류 변경'을 클릭한다. 대화상자에서 '3차원 묶은 세로 막대형'을 선택한 다음 확인한다.

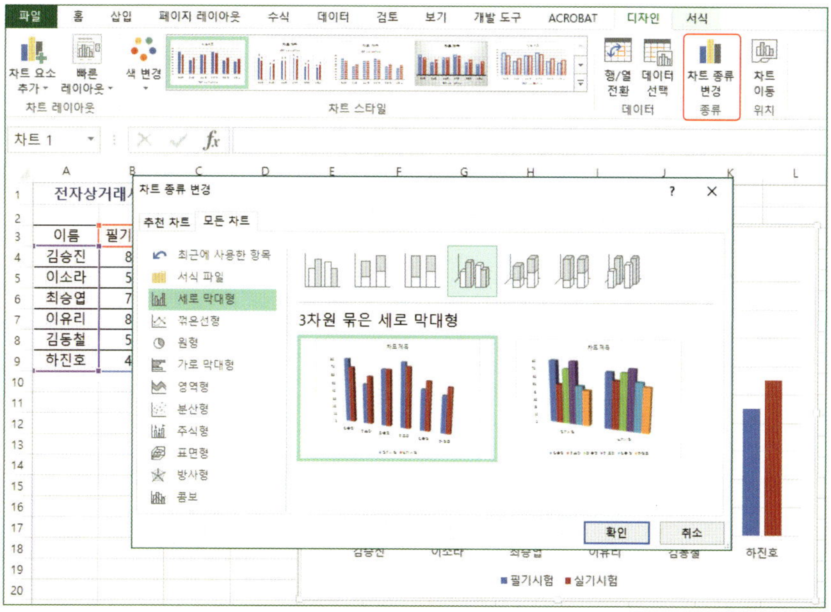

③ 차트 레이아웃 변경하기

[디자인] 탭의 [차트 레이아웃] 그룹에서 '레이아웃 9'를 클릭한다.

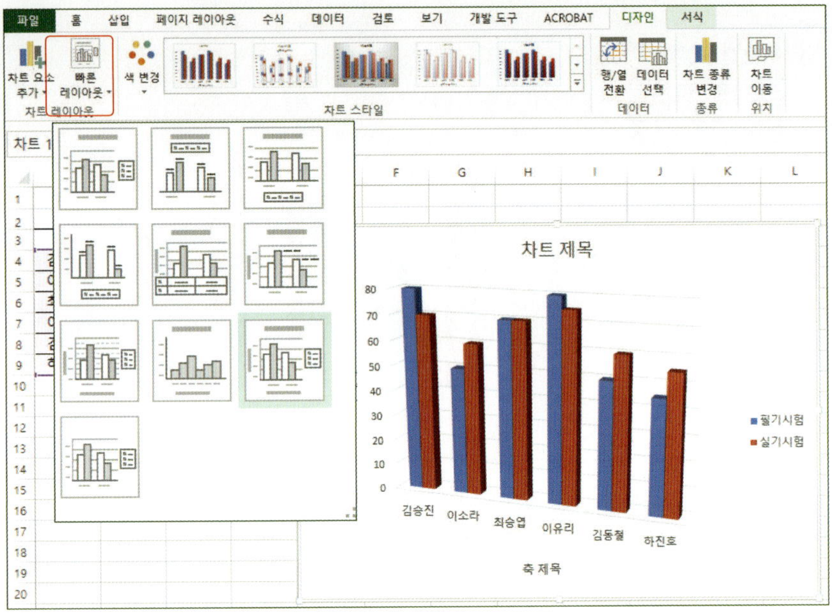

④ 차트 제목, 축 제목 서식 변경하기

'차트 제목–전자상거래사 시험 성적', '세로 축 제목–성적', '가로 축 제목–이름'을 입력한다. '세로 축 제목–성적'을 클릭한 후, 우축의 축 제목 서식에서 '텍스트 옵션 – 텍스트 방향 : 세로'로 수정한다.

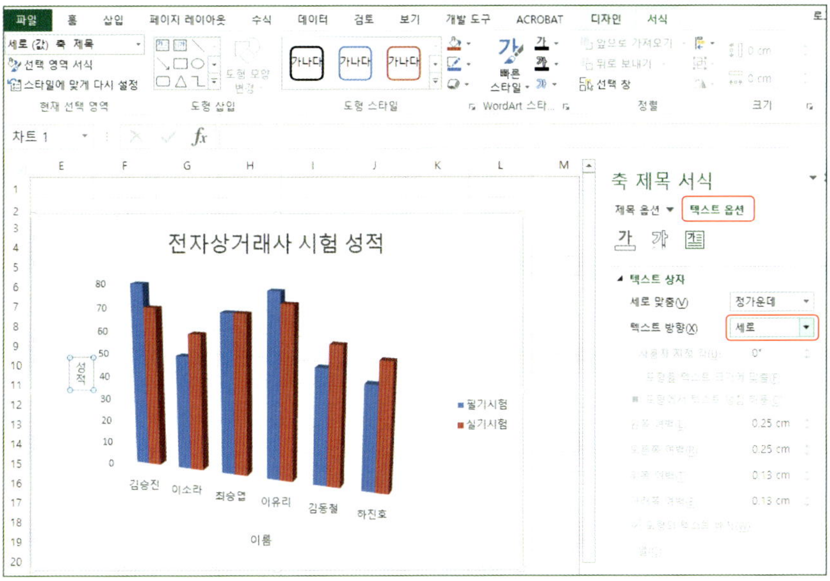

⑤ 차트 디자인 변경하기

[디자인] 탭의 [차트 스타일] 그룹에서 '스타일 11'을 클릭한다.

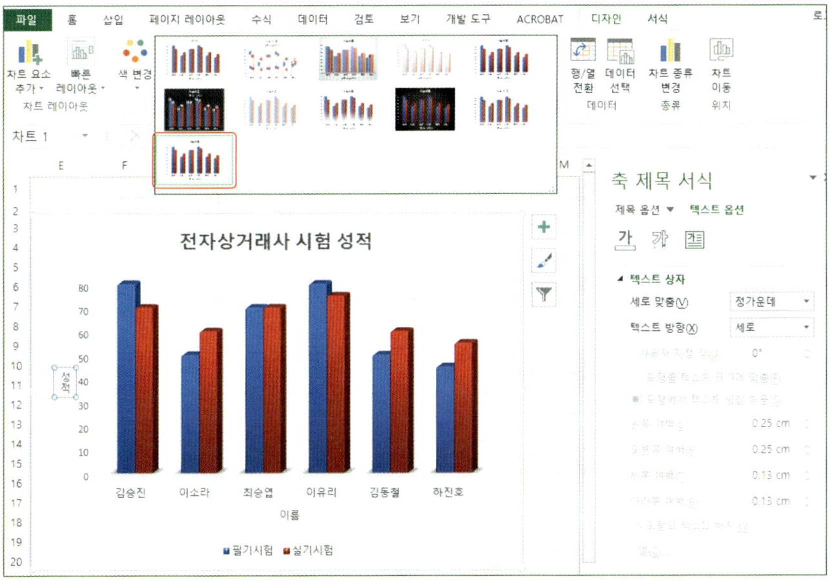

실습 13-2 '대구상사 사원별 영업실적' 차트 작성하기

아래와 같이 '대구상사 사원별 영업실적'을 입력한 후, 지시사항에 따라 아래 그림과 같이 차트를 작성한다.

대구상사 사원별 영업실적

사번	이름	부서	1월	2월	3월
3114	노지심	영업1부	62500	65000	64000
3212	김사원	영업2부	35200	35000	36000
3214	김흥부	영업2부	12500	21000	20000
3213	이봉주	영업2부	64250	56000	66000
3112	이양양	영업2부	56800	60000	60500
3312	이관우	영업3부	32560	33000	32000
3412	송치윤	영업4부	62533	61890	63000
3413	이수진	영업4부	45850	43650	48000

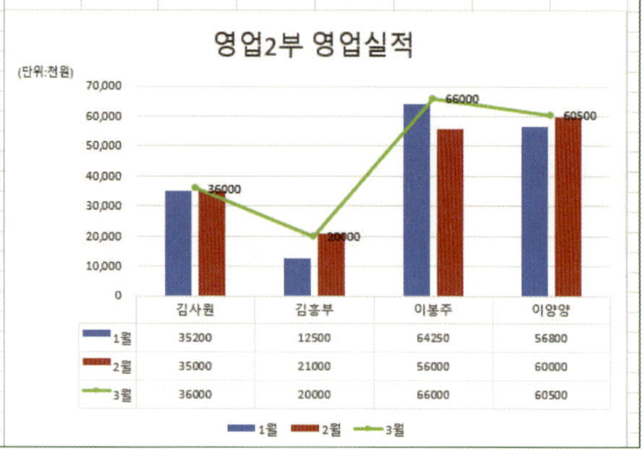

지시사항

- '이름' 별로 '1월', '2월', '3월'이 차트에 표시되도록(부서가 '영업2부'에 한함) 데이터 범위를 지정하시오.
- 차트 종류는 '2차원 묶은 세로 막대형'으로 하시오.
- 차트는 동일 시트의 A13:H35 영역에 이동시키고 크기를 조정하시오.
- 차트 제목은 '영업2부 영업실적'으로 입력하시오.
- Y축 제목은 '(단위:천원)'을 입력하고, 글씨 크기는 '8'로 수정한 후, 왼쪽 위로 이동하시오.
- Y축 서식은 숫자의 '1000 단위 구분 기호'로 설정하시오.
- '3월' 계열을 '표식이 있는 꺾은선형' 차트로 변경하시오.
- '3월' 계열은 '데이터 레이블'을 추가하시오.
- 차트 아래에 '범례 표지와 함께 데이터 표'를 추가하시오.

❶ 데이터 범위 지정 후 차트 삽입

'이름' 열과 '1월', '2월', '3월 열에서 부서가 '영업2부'인 것만 블록으로 지정한다. 즉, B3, B5:B8, D3:F3, D5:F8 영역을 Ctrl을 누른 상태에서 블록으로 지정한 후, [삽입] 탭의 [차트] 그룹에서 '2차원-묶은 세로 막대형'을 선택한다. 차트 영역을 클릭한 후 드래그하여 A13:H35 영역에 이동시키고 크기를 조정한다.

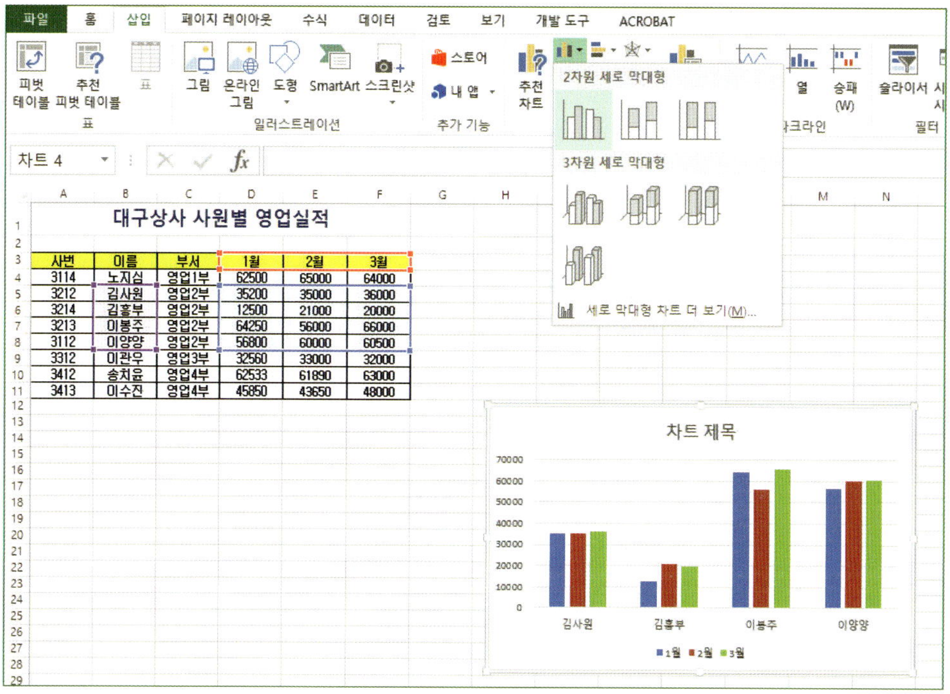

❷ 차트·축 제목

차트제목 상자에 '영업2부 영업실적'을 입력한다. [차트 요소 추가]-'축 제목-기본 세로 '를 선택하고, 축 제목 상자에 '(단위:천원)'을 입력한다. '세로 축 제목'을 클릭한 후, 우축의 축 제목 서식에서 '텍스트 옵션-텍스트 방향 : 가로'로 수정한다. 글씨 크기는 [홈] 탭의 [글꼴] 그룹에서 '8'로 지정하고, 왼쪽 위로 드래그하여 이동한다.

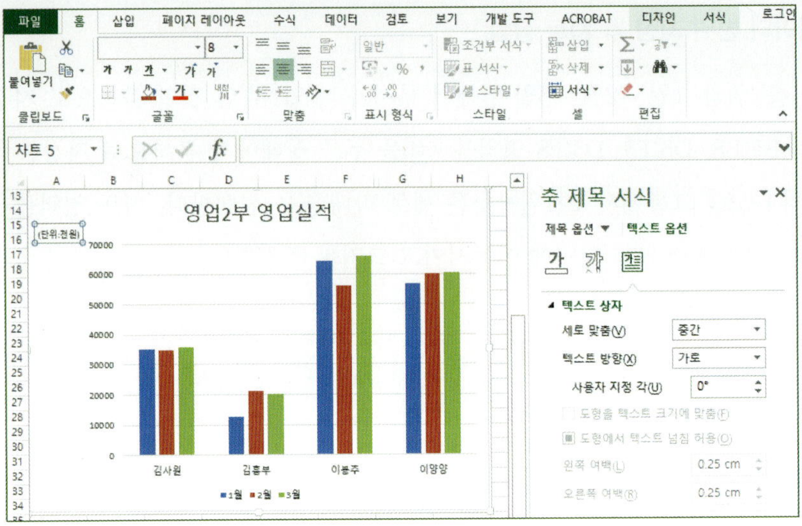

③ 축 서식

Y축 숫자의 '1000 단위 구분 기호'로 설정하기 위해, Y축을 클릭한 후, 우측의 '축 서식 – 축 옵션'에서 '표시형식 – 숫자 : ☑ 1000단위 구분기호 사용'으로 수정한다.

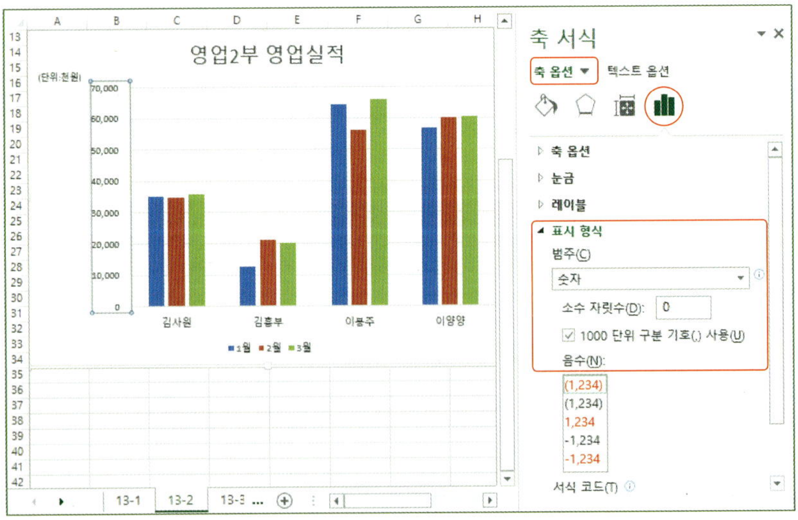

❹ 혼합형 차트 작성

'3월'에 해당하는 막대를 클릭하고, 마우스 오른쪽 버튼을 누른 후, '계열 차트 종류 변경'을 선택한다. '차트 종류 변경' 대화상자가 실행되면 '콤보 – 3월 : 표식이 있는 꺾은선형'으로 변경한 후 확인한다.

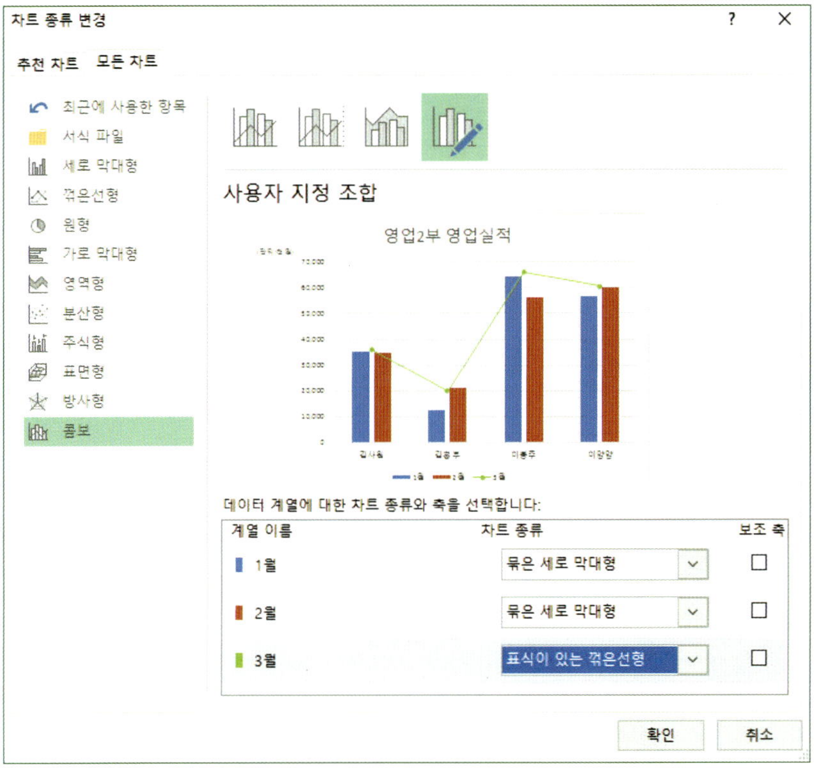

❺ 데이터 레이블 추가

'3월' 에 해당하는 '꺾은선형'을 클릭하고, 마우스 오른쪽 버튼을 누른 후, '데이터 레이블 추가'를 선택한다.

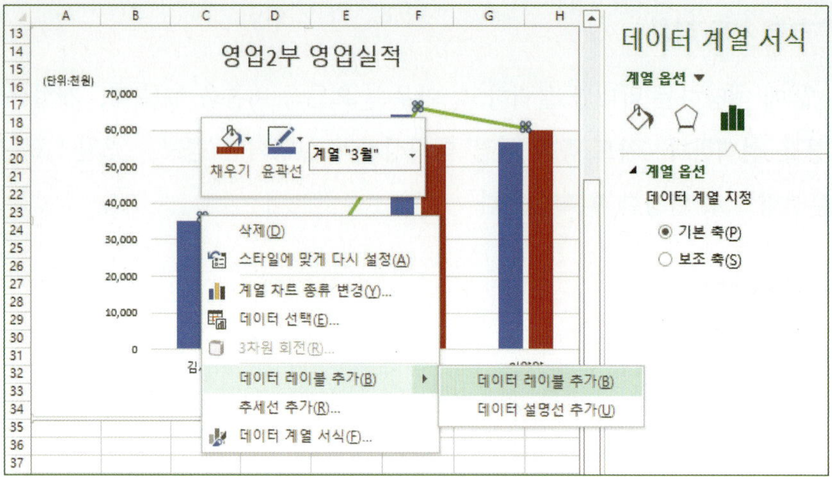

❻ 데이터 표 추가

차트 영역을 선택한 후, [레이아웃] 탭의 [레이블] 그룹에서 '데이터 표－범례 표지와 함께 데이터 표 표시'를 선택한다.

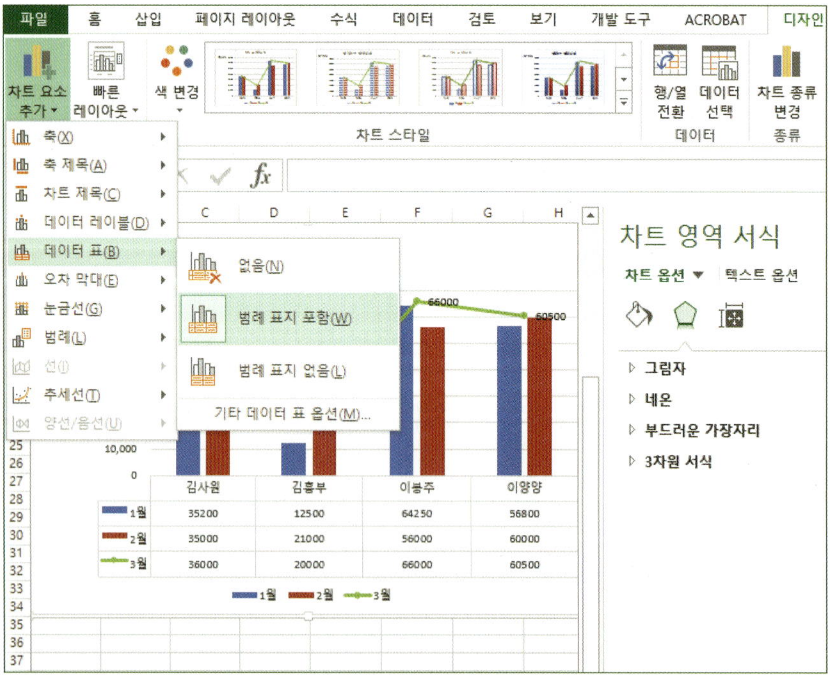

실습 13-3

'졸업생 취업 비율' 차트 작성하기

아래와 같이 '졸업생 취업 비율'을 입력한 후, 지시사항에 따라 아래 그림과 같이 차트를 작성한다.

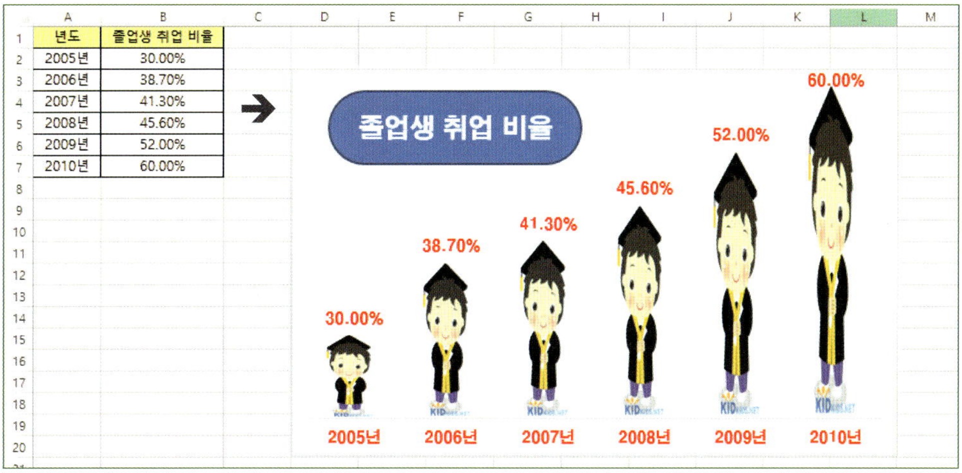

지시사항

- 차트 종류는 '묶은 세로 막대형 차트'로 하시오.
- 차트는 동일 시트의 D3:L20 영역에 이동시키고 크기를 조정하시오.
- 축 서식은 '최솟값-0.2, 최댓값-0.6, 주 단위-0.2, 보조 단위-0.1'을 입력하시오.
- 막대는 '졸업'을 검색하여 그림으로 바꾸시오.
- 막대 간격은 '간격 없음'으로 하시오.
- 데이터 레이블 표시하시오.
- 기본 가로 눈금선은 '없음'으로 하시오.
- 기본 세로 축은 '없음'으로 하시오.
- 차트 영역 서식은 '글꼴-HY견고딕, 크기-12, 글꼴 색-빨강'으로 지정하시오.
- 차트 제목은 도형(모서리가 둥근 직사각형)을 삽입하고, '졸업생 취업 비율' 이라고 입력하시오. 차트 제목 서식은 '글꼴-HY견고딕, 크기-20'으로 지정하고, [맞춤] 그룹에서 가로맞춤과 세로맞춤을 모두 가운데로 지정하시오.

❶ 단축키로 기본 차트 삽입하기

표 안의 임의의 셀을 선택한 후, Alt 키를 누른 상태에서 F1 키를 눌러서 기본 차트인 묶은 세로 막대형 차트를 삽입한다. 차트 영역을 클릭한 후 드래그하여 D3:L20 영역에 이동시키고 크기를 조정한다.

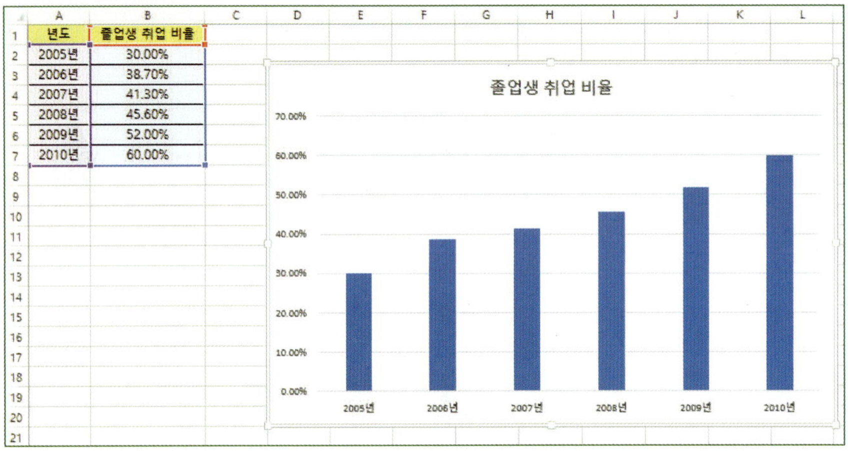

❷ 축 서식

Y축을 클릭한 후 우측의 '축 서식−축 옵션'에서 '최솟값 0.2, 최댓값 0.6, 주 단위 0.2, 보조 단위 0.1'을 입력한다.

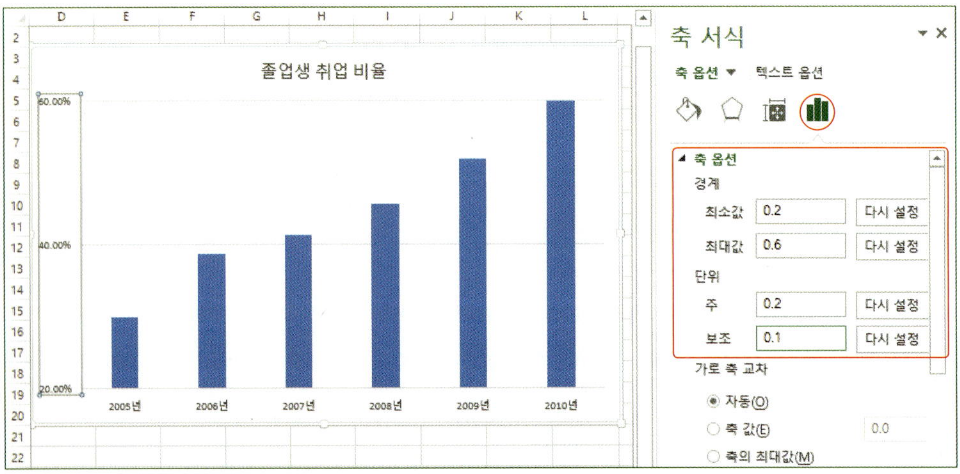

③ 막대를 그림으로 바꾸기

차트의 막대를 클릭한 후 우측의 '데이터 계열 서식-채우기'에서 '그림 또는 질감 채우기-온라인'을 클릭한다. '졸업'을 검색하고 마음에 드는 그림을 클릭한 후 '삽입'한다.

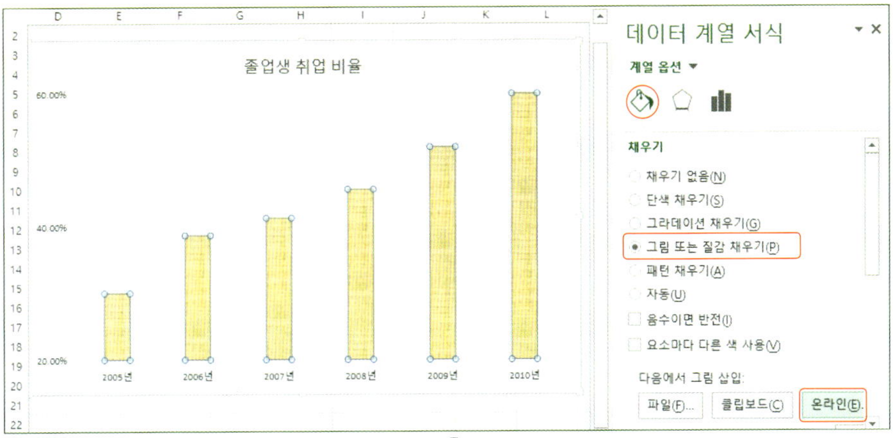

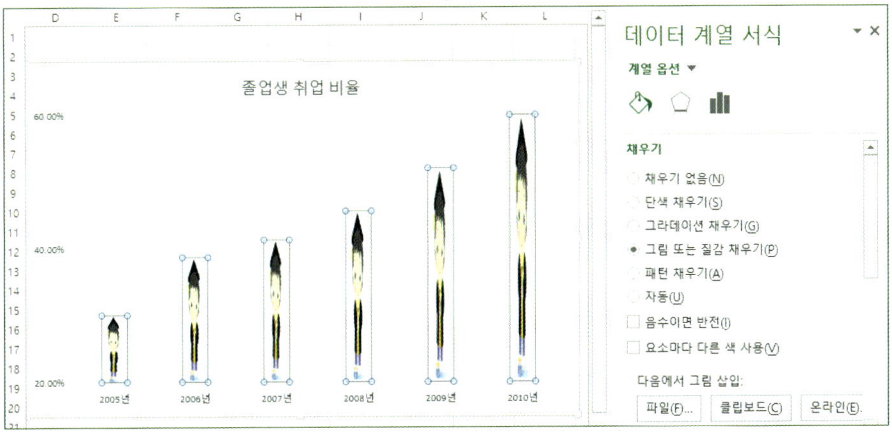

④ 막대 간격 좁히기

'데이터 계열 서식'에서 '계열 옵션'으로 이동한 후, '간격 너비'를 '0'으로 입력한다.

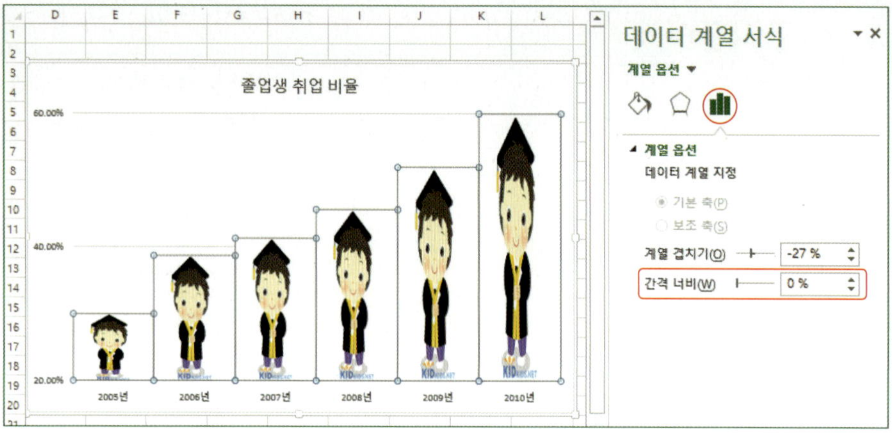

⑤ 데이터 레이블 표시하기

데이터 계열 막대를 클릭하고 마우스 오른쪽 버튼을 누른 후, [데이터 레이블 추가]를 클릭한다.

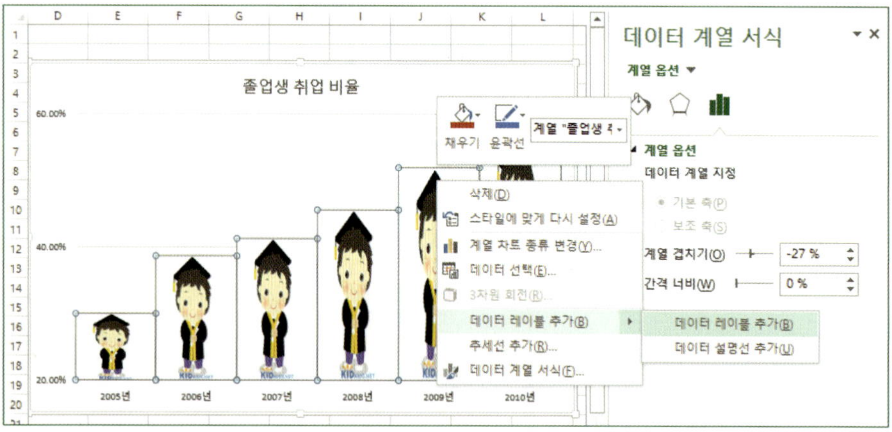

❻ 눈금선 없애기

[차트 요소 추가]에서 '눈금선'–'기본 주 가로'를 클릭한다.

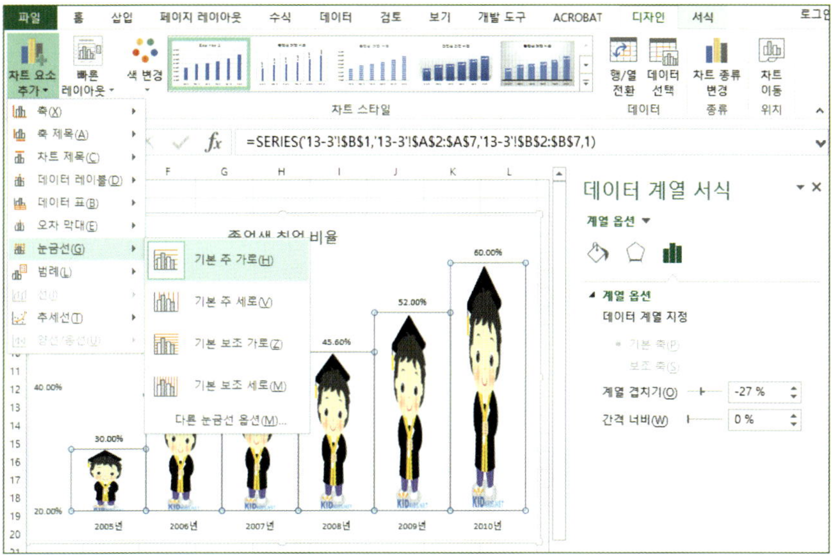

❼ 세로(값) 축 없애기

[차트 요소 추가]에서 '축'-'기본 세로'를 클릭한다.

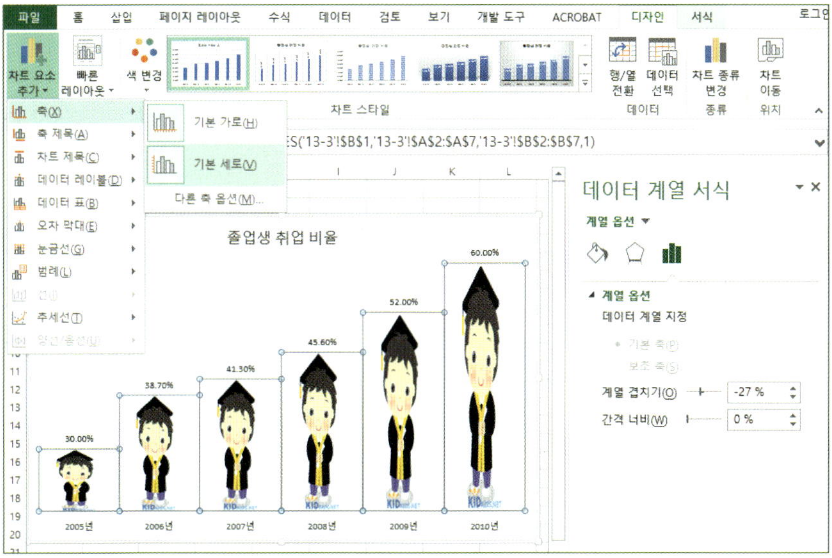

8 차트 글꼴 서식 지정하기

차트 영역을 선택한 후, [홈] 탭의 [글꼴] 그룹에서 '글꼴－HY견고딕, 크기-12, 글꼴 색－빨강'으로 지정한다.

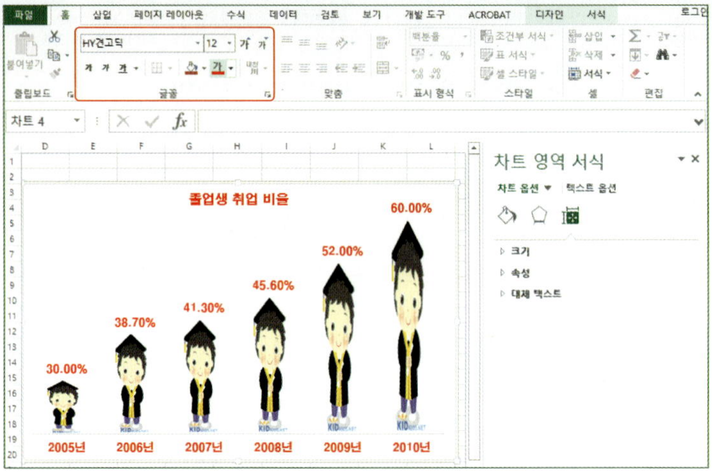

9 도형 삽입하여 제목 작성하기

차트 제목은 선택하여 삭제한 후, [삽입] 그룹에서 '도형'을 클릭하고 '모서리가 둥근 직사각형'을 선택한다.

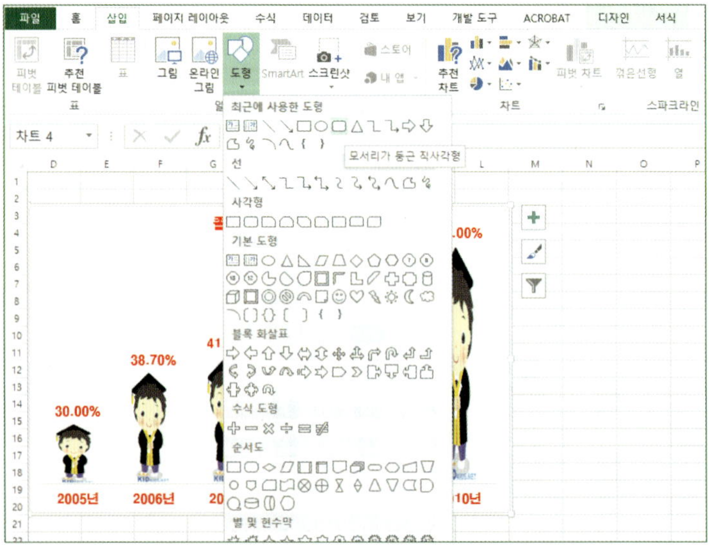

⑩ 제목 서식 지정하기

차트 영역 안에 드래그 하여 도형을 만든 후, 모양 조절 핸들을 오른쪽으로 드래그하여 모서리를 더욱 둥글게 만든다. 도형이 선택되어 있는 상태에서 '졸업생 취업 비율' 이라고 입력하고, 도형 테두리 부분을 선택한 후 [홈] 탭의 [글꼴] 그룹에서 '글꼴－HY견고딕, 크기－20'으로 지정하고, [맞춤] 그룹에서 가로맞춤과 세로맞춤을 모두 가운데로 지정한다.

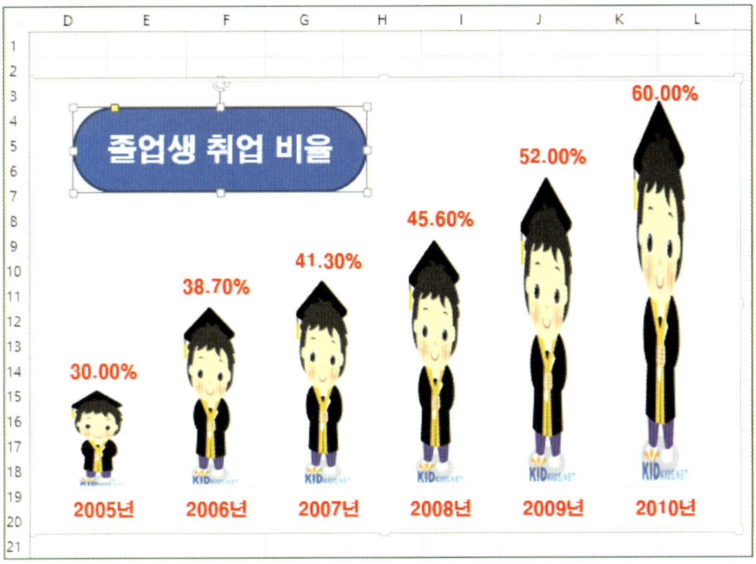

실습 13-4 '1분기 지역별 판매 현황표' 작성하기

아래와 같이 '1분기 지역별 판매 현황표'를 입력한 후, 지시사항에 따라 아래 그림과 스파크라인을 삽입한다.

1분기 지역별 판매 현황표

지역	판매 목표	판매 평균	달성율		판매 집계			판매 추세	수익 집계			수익 비교	수익여부
					1월	2월	3월		1월	2월	3월		
서울	₩6,000	₩6,195	103%		2,712	8,688	7,184		795	6,299	1,987		
부산	₩3,000	₩3,155	105%		1,502	3,252	4,712		296	890	4,078		
인천	₩2,000	₩4,179	209%		5,740	3,763	3,033		2,782	3,496	1,249		
대구	₩5,000	₩7,082	142%		3,791	9,406	8,048		-19	8,081	7,373		
광주	₩3,000	₩5,730	191%		5,091	2,633	9,467		5,034	390	1,420		
대전	₩6,000	₩5,292	88%		4,888	7,343	3,646		633	6,650	203		
울산	₩8,000	₩7,065	88%		6,589	6,668	7,937		3,249	4,310	694		
강원	₩6,000	₩5,479	91%		9,534	1,864	5,039		2,724	1,622	704		
경기	₩3,000	₩4,528	151%		7,813	1,799	3,973		7,049	1,680	1,020		
충북	₩2,000	₩4,875	244%		5,119	7,821	1,684		3,872	7,327	1,296		
충남	₩2,000	₩4,017	201%		2,425	7,383	2,244		919	-454	-270		
경북	₩4,000	₩5,430	136%		7,875	5,153	3,261		548	4,858	2,544		
경남	₩6,000	₩5,789	96%		7,276	8,857	1,233		3,106	951	-581		
전북	₩2,000	₩3,707	185%		1,107	6,108	3,906		191	5,251	2,693		
전남	₩4,000	₩5,908	148%		7,726	5,894	4,105		438	5,780	1,329		
제주	₩2,000	₩3,059	153%		3,174	1,721	4,283		311	1,568	3,936		

↓

1분기 지역별 판매 현황표

지역	판매 목표	판매 평균	달성율		판매 집계			판매 추세	수익 집계			수익 비교	수익여부
					1월	2월	3월		1월	2월	3월		
서울	₩6,000	₩6,195	103%		2,712	8,688	7,184		795	6,299	1,987		
부산	₩3,000	₩3,155	105%		1,502	3,252	4,712		296	890	4,078		
인천	₩2,000	₩4,179	209%		5,740	3,763	3,033		2,782	3,496	1,249		
대구	₩5,000	₩7,082	142%		3,791	9,406	8,048		-19	8,081	7,373		
광주	₩3,000	₩5,730	191%		5,091	2,633	9,467		5,034	390	1,420		
대전	₩6,000	₩5,292	88%		4,888	7,343	3,646		633	6,650	203		
울산	₩8,000	₩7,065	88%		6,589	6,668	7,937		3,249	4,310	694		
강원	₩6,000	₩5,479	91%		9,534	1,864	5,039		2,724	1,622	704		
경기	₩3,000	₩4,528	151%		7,813	1,799	3,973		7,049	1,680	1,020		
충북	₩2,000	₩4,875	244%		5,119	7,821	1,684		3,872	7,327	1,296		
충남	₩2,000	₩4,017	201%		2,425	7,383	2,244		919	-454	-270		
경북	₩4,000	₩5,430	136%		7,875	5,153	3,261		548	4,858	2,544		
경남	₩6,000	₩5,789	96%		7,276	8,857	1,233		3,106	951	-581		
전북	₩2,000	₩3,707	185%		1,107	6,108	3,906		191	5,251	2,693		
전남	₩4,000	₩5,908	148%		7,726	5,894	4,105		438	5,780	1,329		
제주	₩2,000	₩3,059	153%		3,174	1,721	4,283		311	1,568	3,936		

지시사항

- 달성율[E5:E20]에 '열 스파크라인'을 삽입하시오.
- 판매추세[I5:I20]에 '꺾은선형 스파크라인'을 삽입한 후, 높은 점과 낮은 점에 체크하시오.
- 수익비교[M5:M20]에 '열 스파크라인'을 삽입하시오.
- 수익여부[N5:N20]에 '승패 스파크라인'을 삽입하시오.

❶ 달성율[E5:E20]에 '열 스파크라인' 삽입하기

[B5:C20] 범위지정 한 후, [삽입]-[스파크라인]-[열]을 클릭한다. 스파크라인을 배치할 위치 선택에서 [E5:E20]을 드래그한 후 확인한다.

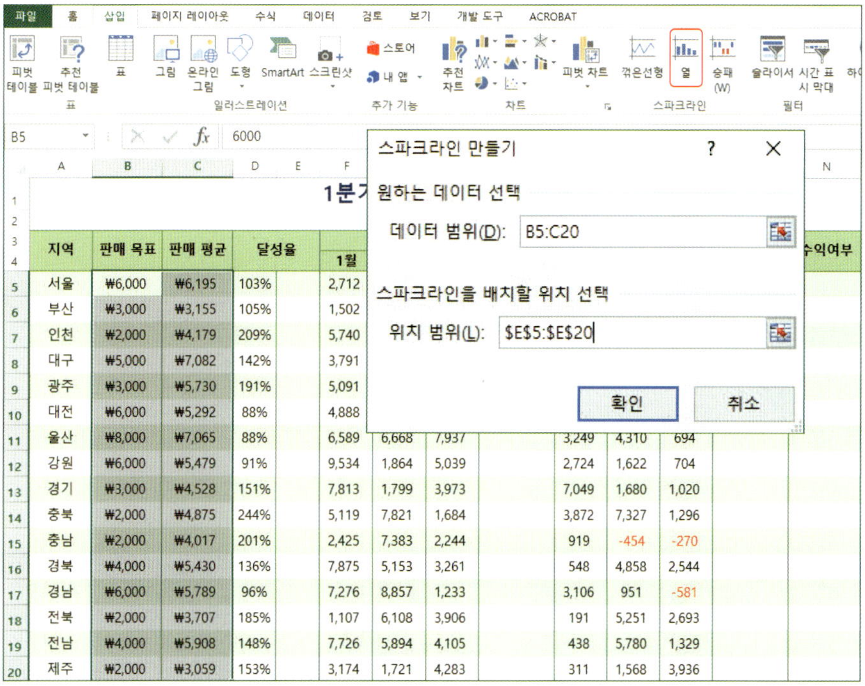

❷ 판매추세[I5:I20]에 '꺾은선형 스파크라인' 삽입하기

[F5:H20] 범위지정 한 후, [삽입]-[스파크라인]-[꺾은선형]을 클릭한다. 스파크라인을 배치할 위치 선택에서 [I5:I20]을 드래그한 후 확인한다.

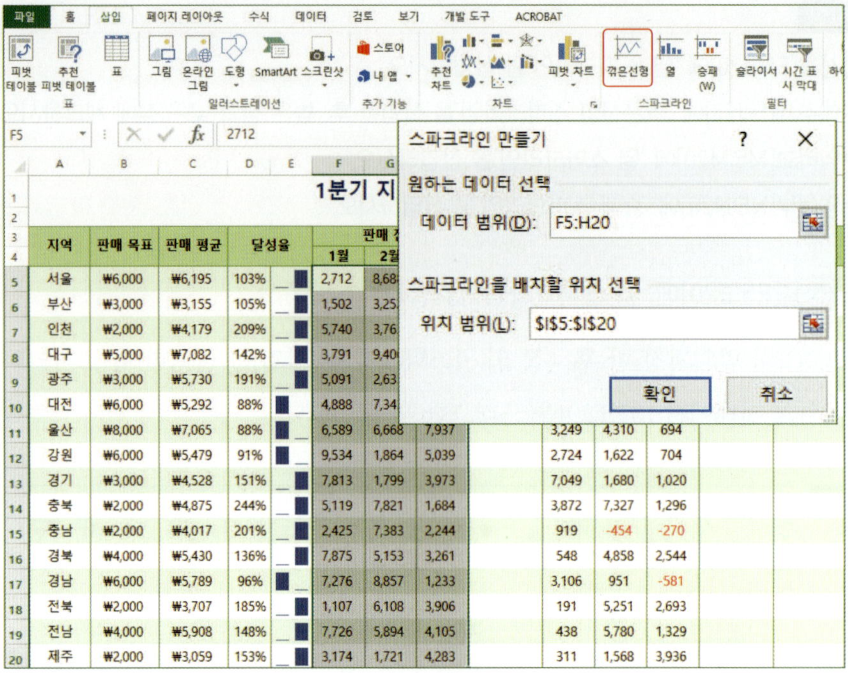

스파크라인 [디자인]–[표시]에서 높은 점과 낮은 점에 체크한다.

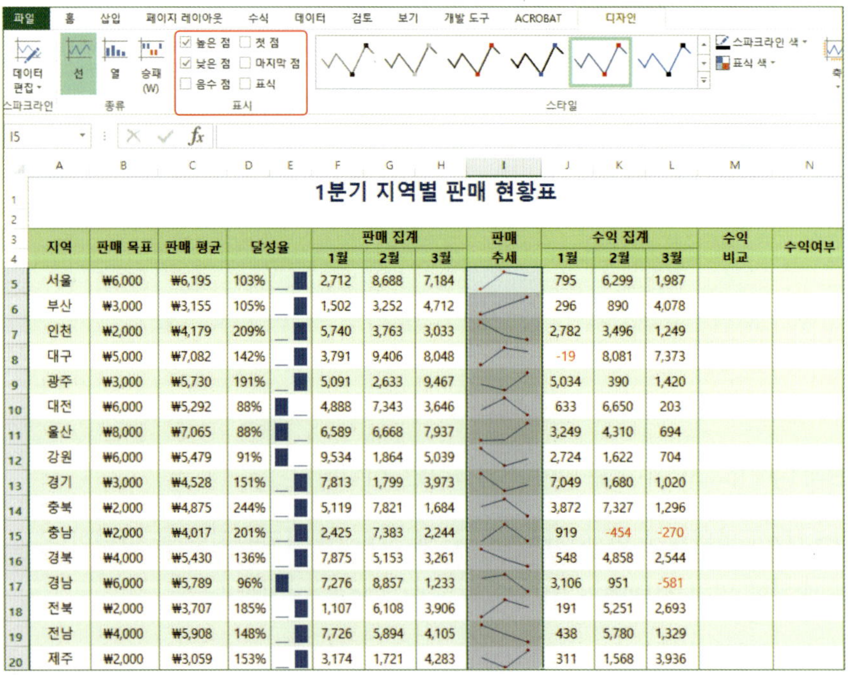

❸ 수익비교[M5:M20]에 '열 스파크라인' 삽입하기

[J5:L20] 범위지정 한 후, [삽입]–[스파크라인]–[열]을 클릭한다. 스파크라인을 배치할 위치 선택에서 [M5:M20]을 드래그한 후 확인한다.

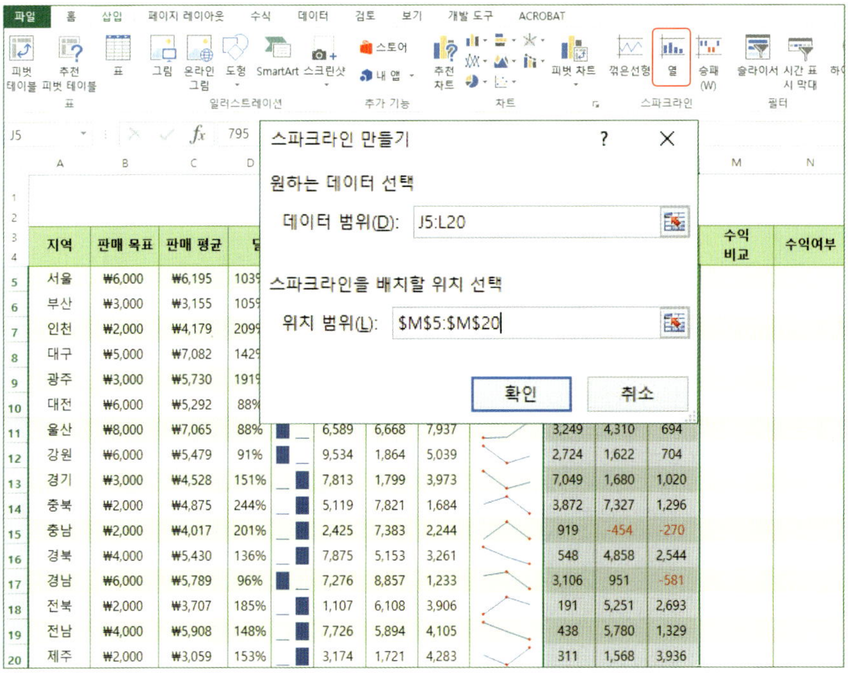

❹ 수익여부[N5:N20]에 '승패 스파크라인' 삽입하기

[J5:L20] 범위지정 한 후, [삽입]-[스파크라인]-[승패]을 클릭한다. 스파크라인을 배치할 위치 선택에서 [N5:N20]을 드래그한 후 확인한다.

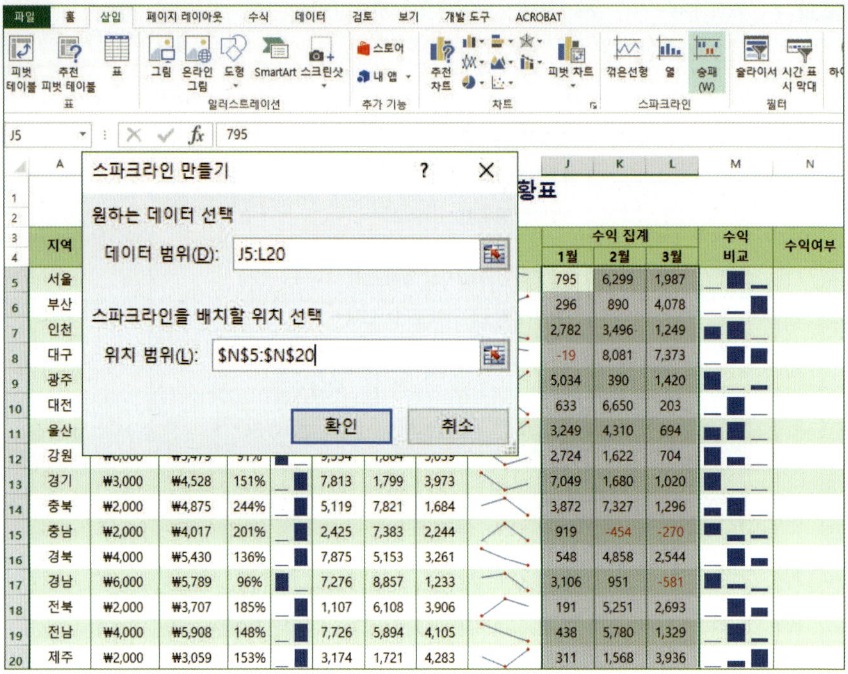

C·h·a·p·t·e·r

14 파워포인트 기초

14.1 프레젠테이션Presentation 개요

최근 들어, 해당 부서 업무 회의에서도 단순한 의견 개진으로 끝나는 것이 아니라 나름의 의견을 정리하고 시각화해서 발표해야 하는 경우가 늘고 있다. 아무리 멋지고 독창적인 아이디어라 할지라도 상대방이 이해할 수 없다면 그것은 몽상에 불과하다. 특히 아이디어는 개념적인 경우가 많아서 개념을 좀 더 구체적으로 표현하여 상대방을 이해시킬 수 있어야 한다. 정리하면, 자신이 가지고 있는 정보를 상대방이 이해하기 쉽게 전달하는 의사소통(Communication) 기술이 바로 프레젠테이션(Presentation) 기술이다.

프레젠테이션(Presentation)의 기본은 내가 아닌 '상대방에게 설명하는 것'이다. 하지만 단순히 말이나 문서만 제시하는 것보다 시각적인 자료를 함께 제시하는 것이 효과적이다. 또한 프레젠테이션 화면만 보여주는 것보다 발표할 유인물을 청중에게 미리 나눠주고 발표자는 발표자용 노트를 따로 마련하는 것이 좋다. 이 프레젠테이션 자료를 문서로 정리하고, 그림이나 그래프를 쉽게 작성할 수 있게 도와주는 프로그램이 바로 파워포인트다.

물론 다른 문서 작성 프로그램이나 그래픽 프로그램을 이용해서 프레젠테이션 자료를 만들 수도 있다. 그러나 파워포인트는 발표에 필요한 시각 자료, 청중에게 나눠줄 유인물 자료, 발표자가 사용할 슬라이드 노트를 하나로 연결해서 파일을 작성할 수 있다. 즉 어떤 응용 프로그램보다 빠르고 쉽게 프레젠테이션 자료를 만들 수 있다.

실제로 각종 세미나, 학술회, 회사 업무 보고, 상품 홍보 등 다양한 분야에서 파워포인트 자료를 사용한다. 종이에 일일이 쓰고 그리면서 준비했던 자료를 파워포인트를 이용하면 빠르고 쉽게 만들 수 있다. 또한 소리, 동영상, 멀티미디어, 애니메이션 등의 특수 효과를 추가할 수 있어 훨씬 전문적인 프레젠테이션이 가능해진다. 특히 파워포인트 웹 기능이 강화되어, 파워포인트에서 만든 프레젠테이션을 웹 형식으로 저장하여, 실시간 웹 프레젠테이션도 할 수 있다.

14.2 파워포인트 화면 구성

파워포인트를 실행하면 기본 보기 형태의 새 프레젠테이션이 나타난다. 파워포인트는 작업 상황에 따라 화면 보기의 형태가 다양하지만, 가장 많이 사용하는 작업 화면은 다음 그림과 같은 '기본 보기'다.

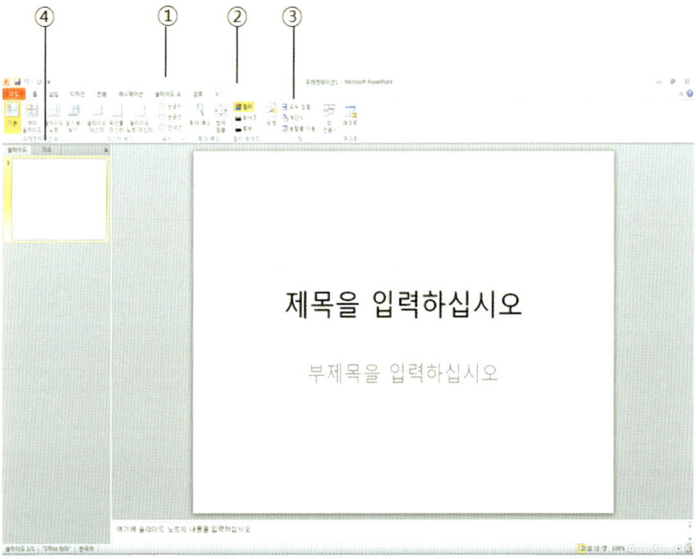

❶ **제목 표시줄:** 현재 작업하고 있는 프레젠테이션 파일명을 표시한다.

❷ **메뉴 표시줄:** 파워포인트 메뉴를 표시한다.

❸ **표준 도구 모음:** 파일, 편집, 삽입, 도구 메뉴 등에서 가장 많이 사용하는 기능을 아이콘으로 표시한다.

❹ **개요, 슬라이드 보기 창:** '개요' 탭을 클릭하면 슬라이드의 텍스트를 표시하며, 주로

텍스트 위주로 작업할 때 적합하다. '슬라이드' 탭으로 전환하면 편집하는 동안 프레젠테이션의 슬라이드를 축소판 그림으로 볼 수 있다. 축소판 그림을 사용하면 프레젠테이션을 쉽게 탐색하고 변경한 디자인의 효과를 볼 수 있으며, 슬라이드를 다시 정렬, 추가, 삭제하기가 간편하다. 분할줄을 끌어 창을 좁게 하면 탭 이름이 아이콘으로 변경된다.

14.3 파워포인트 보기 종류

파워포인트 보기는 기본 보기, 여러 슬라이드 보기, 슬라이드 쇼 보기, 슬라이드 노트 보기가 있다. [보기] 메뉴를 선택하여 각 화면 보기 상태로 전환할 수 있으며, 화면 왼쪽 하단의 화면 전환 단추( )를 눌러서 전환할 수도 있다.

1) 기본 보기

기본 보기는 주요 편집 보기다. 기본 보기에서 프레젠테이션을 작성하고 디자인한다. 기본 보기에는 세 가지의 작업 영역이 있다. 왼쪽에는 슬라이드 텍스트의 개요

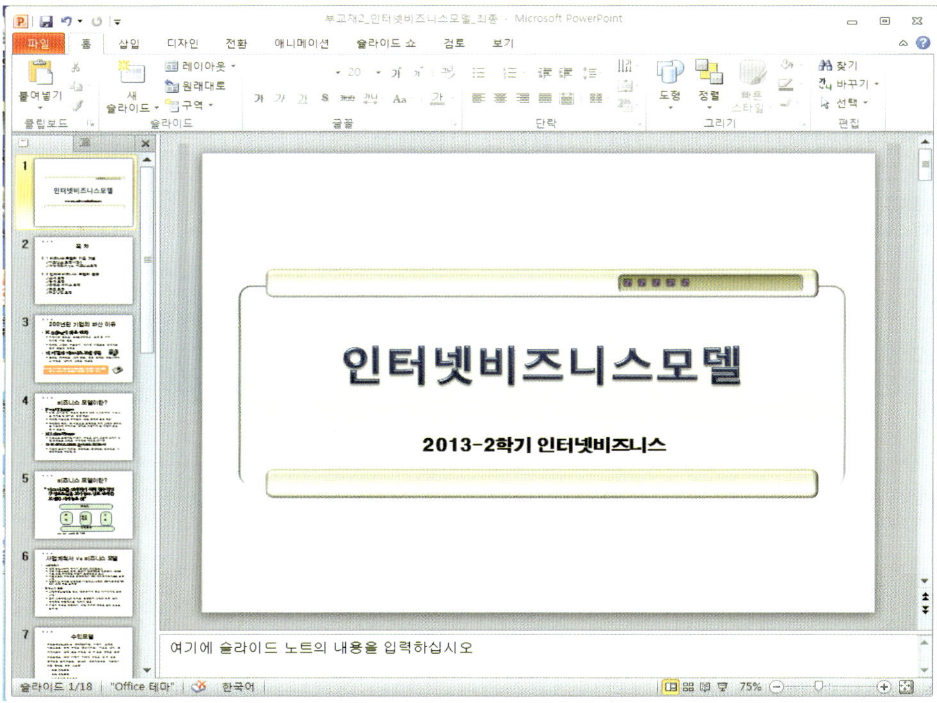

(개요 탭)와 축소판 그림으로 표시되는 슬라이드(슬라이드 탭) 사이를 전환하는 탭이 있고, 오른쪽 슬라이드 창에는 현재 슬라이드가 크게 표시되고, 아래는 슬라이드 노트 창이 있다. 각 창의 테두리 선에 마우스의 포인터를 두고 드래그하면 창 크기를 조절할 수 있다.

2) 여러 슬라이드 보기

여러 슬라이드 보기는 슬라이드를 축소해서 표시하는 기능이다. 여러 슬라이드 보기에서는 프레젠테이션이 전부 그림으로 표시되므로 프레젠테이션 작성과 편집을 마친 후, 슬라이드 순서 지정, 슬라이드 추가와 삭제, 화면 전환과 애니메이션 효과 미리 보기 등을 쉽게 수행할 수 있다. 확대/축소 배율을 조절하면 한 화면에 표시되는 슬라이드 개수가 조정된다.

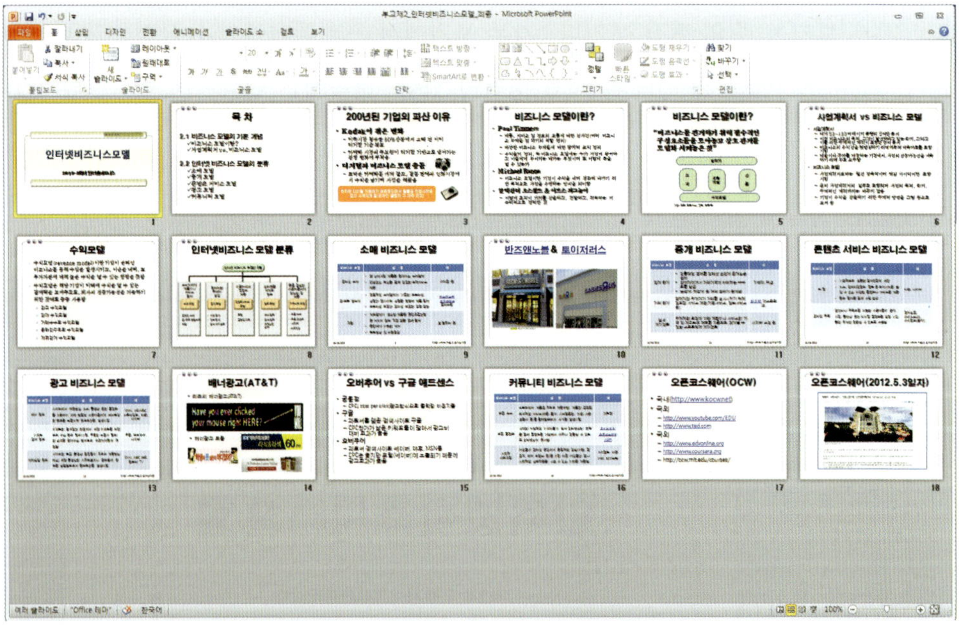

3) 슬라이드 쇼 보기

실제 슬라이드 하나를 전체 화면으로 표시해서 실행하는 화면 보기다. 전체 화면 보기로 표시되기 때문에 청중에게 보여주는 것과 동일한 프레젠테이션을 볼 수 있다. 그래픽, 타이밍, 동영상, 애니메이션 요소, 화면 전환 효과를 낼 수 있다.

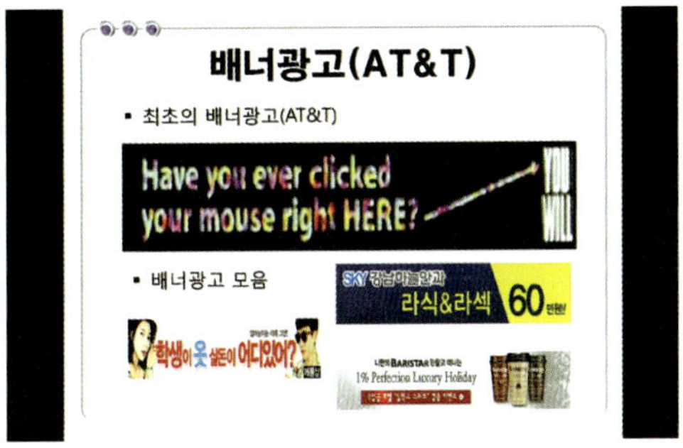

4) 슬라이드 노트 보기

[보기]-[슬라이드 노트] 메뉴를 선택하면 작은 슬라이드와 슬라이드에 대한 내용을 입력할 수 있는 슬라이드 노트가 표시된다. 노트 란에는 청중에게 나눠 줄 내용을 입력하거나 발표자가 개인적으로 참고한 내용을 입력한다. 슬라이드 노트 보기에서는 슬라이드 노트 란에 차트, 그림, 표, 일러스트레이션 등을 사용할 수 있다. 슬라이드 노트를 워드처럼 작업하려면 화면의 확대 배율을 80% 이상 설정하고 사용한다.

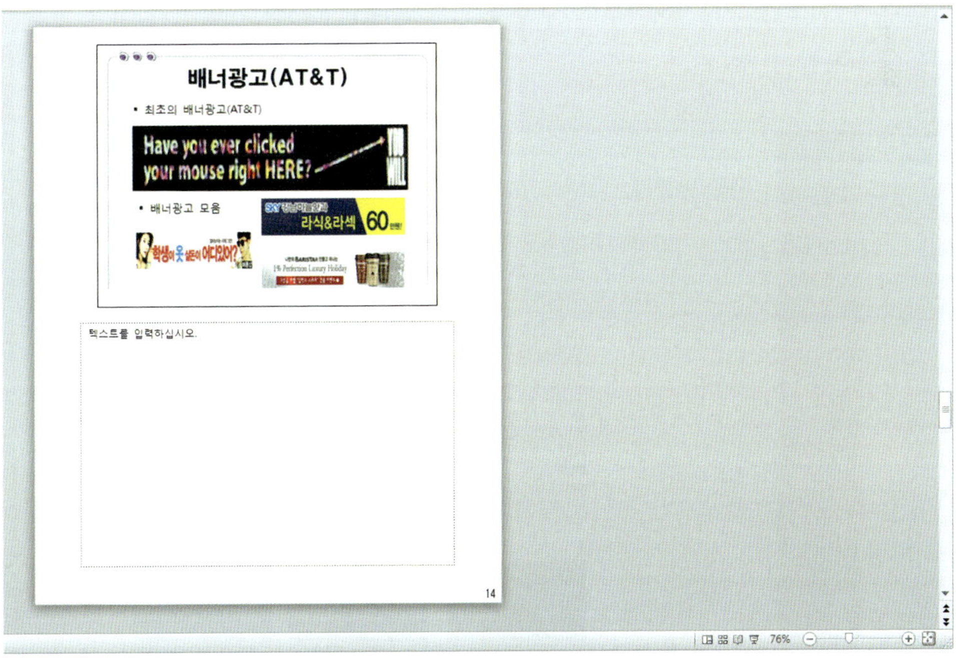

14.4 새 프레젠테이션 만들기

1) 새로 만들기 – 새 프레젠테이션

[파일] – [새로 만들기] 버튼을 누르면 사용 가능한 서식 파일 및 테마와 Office.com 서식 파일이 나타난다. 사용가능한 서식 파일 및 테마에서 새 프레젠테이션을 선택하면, 작업창이 슬라이드 레이아웃 창으로 바뀐다. 별도의 디자인이나 형식을 따로 지정하지 않은 기본 상태에서 프레젠테이션 작업을 시작한다.

2) 새로 만들기 – 디자인 서식 파일

디자인 개념, 글꼴, 색 구성표 등이 있는 서식 파일을 기반으로 프레젠테이션을 만든다. 파워포인트가 기본적으로 제공하는 서식 파일 외에도 사용자가 서식 파일을 만들어 사용할 수 있다.

3) 기존 파일에서 새로 만들기

이미 만들고 디자인한 프레젠테이션을 기반으로 새 프레젠테이션을 시작한다. 이 명령을 사용하면 기존 프레젠테이션 복사본을 만들기 때문에 새 프레젠테이션에 맞게 디자인이나 내용을 원하는 대로 변경할 수 있다.

4) 내 서식 파일에서 새로 만들기

최근에 사용한 서식 파일 이름이 표시된다. 서식 파일 이름을 선택하면 슬라이드에 바로 선택한 디자인이 적용된다.

'일반 서식 파일'을 누르면 서식 파일 대화상자에서 디자인 서식을 지정할 수 있다. '내 웹 사이트의 서식 파일'을 누르면 웹 사이트에 있는 서식 파일을 사용하여 프레젠테이션을 만들 수 있다. 하지만 이 작업을 하려면 사용자 웹 사이트에 서식 파일이 저장되어 있어야 한다. 'Microsoft.com의 서식 파일'을 누르면 마이크로소프트의 웹 사이트로 이동하고, 마이크로소프트 오피스 서식 모음에 있는 디자인 서식 파일을 선택할 수 있다.

14.5 슬라이드 레이아웃

프레젠테이션을 구성하는 개체 가운데 가장 기본이 되는 개체는 텍스트와 도형이다. 텍스트를 통해 발표자가 전하려는 주제를 효과적으로 청중에게 전달할 수 있으며, 같은 내용이라도 도해(圖解)로 표현하면 프레젠테이션 효과를 높일 수 있다.

슬라이드 레이아웃은 슬라이드를 작업할 때 자주 사용하는 레이아웃을 미리 정해 놓은 것이다. 파워포인트가 익숙하지 않은 초보자나 급하게 프레젠테이션을 만들어야 할 때 유용하다.

1) 슬라이드 레이아웃의 장점

슬라이드를 작업할 때 삽입되는 대부분의 개체들이 미리 삽입되어 있어 손쉽게 레이아웃을 잡을 수 있다. 메뉴나 도구모음을 사용하지 않고도 개체들을 바로 삽입할 수 있다.

2) 슬라이드 레이아웃의 단점

미리 정해진 틀에 맞춰 작업할 때는 효과적이지만, 사용자가 의도한 대로 수정하면 해당 레이아웃이 흐트러질 수 있다.

3) 슬라이드 레이아웃 종류

슬라이드 레이아웃은 크게 11개로 나뉘진다.

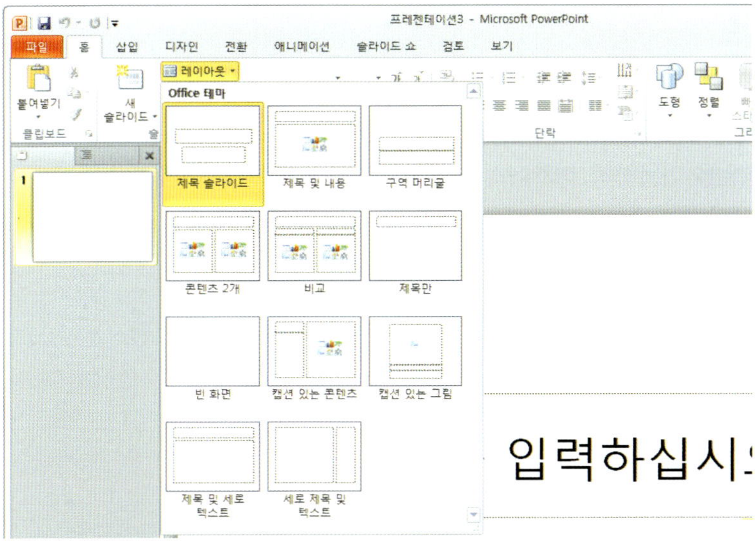

Tip

텍스트 레이아웃

'제목 슬라이드', '제목 및 내용' 등 기본적으로 제공되는 슬라이드 레이아웃은 물론이고, 가로 텍스트와 세로 텍스트 등 텍스트에 관련된 6개의 레이아웃을 포함한다.

4) 슬라이드 레이아웃 작업창

슬라이드 레이아웃은 파워포인트를 처음 시작할 때 '제목 슬라이드' 레이아웃이 기본으로 선택된다. 두 번째 슬라이드부터는 '제목 및 텍스트' 레이아웃이 적용된다.

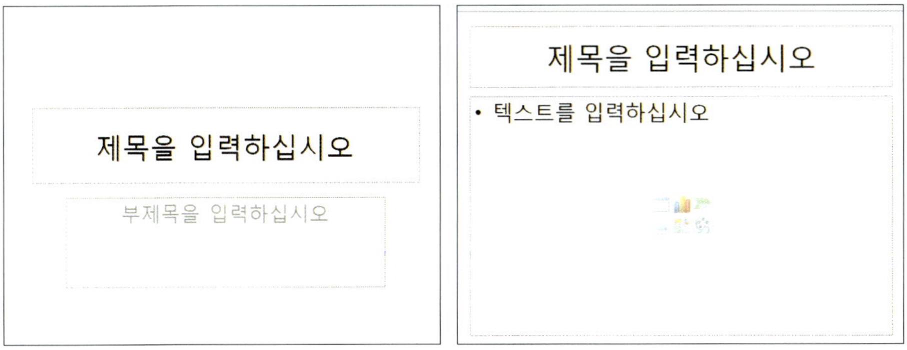

기본으로 적용된 슬라이드 레이아웃은 디자인에서 바꿀 수 있다. [디자인]-[테마] 메뉴 중에서 원하는 디자인을 선택하면 된다.

실습 14-1

'비즈니스 대비 프레젠테이션' 서식

서식 파일을 이용하여 '비즈니스 대비 프레젠테이션'을 만드시오.

① 서식 파일 검색하기

[파일]－[새로만들기]－[추천 검색어 : 비즈니스]를 클릭한다.

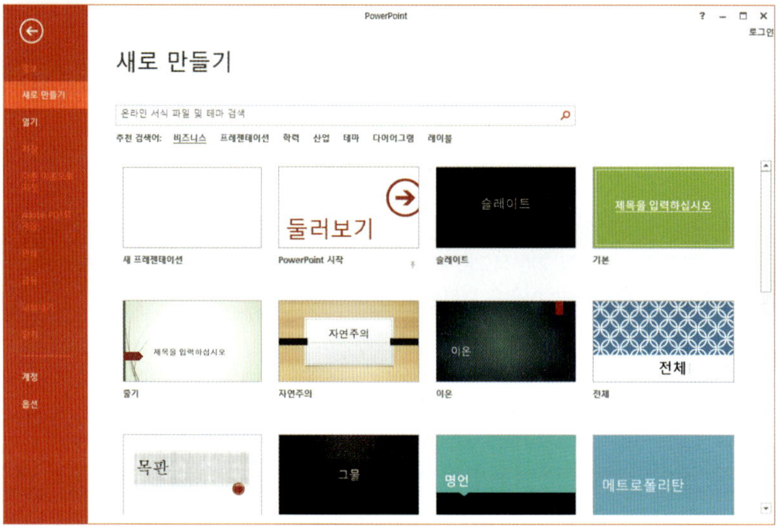

❷ 서식 파일 다운받기

[추천 검색어 : 비즈니스]-[비즈니스 대비 프레젠테이션]을 더블 클릭한다.

❸ 프레젠테이션

다운받은 [비즈니스 대비 프레젠테이션]이 실행된다.

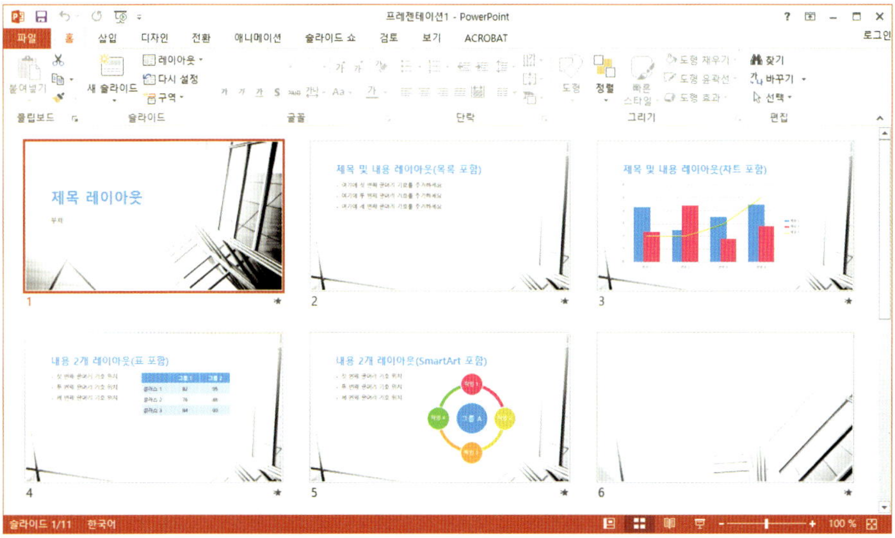

실습 14-2 '제품 소개 프레젠테이션' 서식

서식 파일을 이용하여 '제품 소개 프레젠테이션'을 만드시오.

① 서식 파일 다운받기

[파일]-[새로만들기]-[추천 검색어 : 다이어그램]-[제품 소개 프레젠테이션]을 더블 클릭한다.

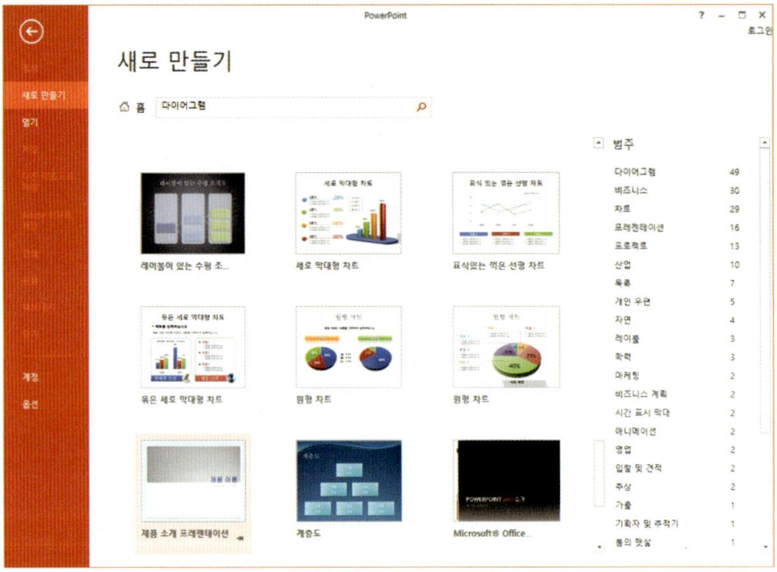

❷ 프레젠테이션

다운받은 [제품 소개 프레젠테이션]이 실행된다.

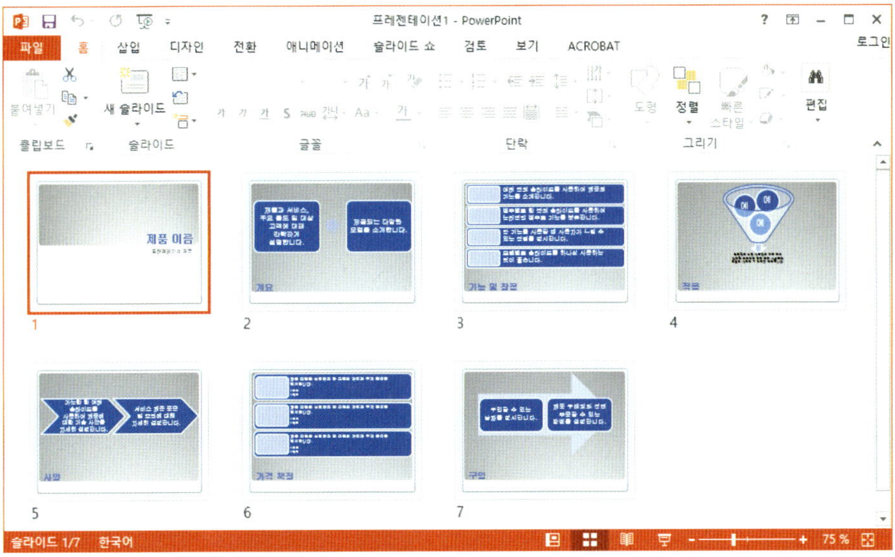

Chapter

15

프레젠테이션 작성

15.1 텍스트 다루기

텍스트 삽입

슬라이드 레이아웃에서 텍스트 상자가 있는 레이아웃을 선택하고, 텍스트 상자 안을 클릭한 후 입력하면 된다. 하지만 빈 화면 슬라이드에 텍스트를 삽입하거나 슬라이드의 특정한 위치에 텍스트를 삽입할 때는 텍스트 상자를 먼저 삽입하고 텍스트를 입력한다.

텍스트는 [삽입]-[텍스트 상자] 메뉴를 통해서 가로와 세로의 텍스트 상자를 선택하여 삽입하거나, 그리기 도구 모음에서 '텍스트 상자'(가)를 사용하여 삽입할 수 있다.

텍스트 편집

텍스트 상자를 클릭하면 텍스트 상자 테두리가 빗금선으로 바뀌고, 상자 안에는 커서가 생긴다. 커서가 생기면 일부 글자를 지우거나 수정할 수 있고, 상자 안의 텍스트 일부를 범위로 잡아 서식을 지정할 수도 있고, 수정과 편집이 가능하다. 텍스트 상자의 빗금선 부분을 클립한 후 글꼴, 글자크기, 글자색 등의 서식을 지정하면 상자 안의 모든 글자에 서식이 적용된다.

텍스트 서식 지정

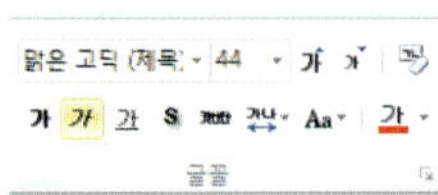

서식 도구 모음을 이용해서 [홈]-[글꼴] 메뉴에서 글꼴, 글자크기, 글자색과 같이 텍스트와 관련한 설정을 할 수 있다.

서식 도구 모음에 없는 글꼴 서식은 [홈]-[글꼴] 메뉴를 밑에 선택한 후 대화상자에서 지정한다.

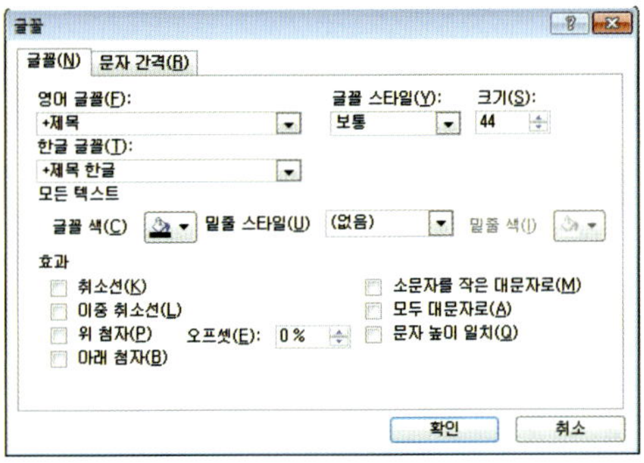

글머리 기호와 번호 매기기

글머리 기호와 번호 매기기는 슬라이드에 삽입된 텍스트를 정돈해준다. 두 문장 이상의 항목으로 된 텍스트가 입력되어 있을 때는 글머리 기호나 번호 매기기를 적용해서 문장을 체계적으로 표시할 수 있다. [홈]-[단락]-[글머리 기호 및 번호 매기기] 메뉴를 선택해서 설정한다.

❶ 글머리 기호

글머리 기호는 순서가 없는 두 개 이상의 항목에 지정한다. 원, 사각형, 체크 표시등 다양한 모양의 도형을 선택할 수 있고, 사용자가 원하는 도형이나 그림을 지정해서 삽입할 수 있다.

❷ 번호 매기기

항목에 순서가 있느냐 없느냐에 번호 매기기를 사용할지 글머리 기호를 사용할지 결정한다. 번호 매기기에는 순서가 매겨지기 때문에 숫자나 알파벳, 한자 등을 사용한다. 번호 매기기는 글머리 기호에 비해 제한이 있기 때문에 사용자가 따로 지정할 수 없다.

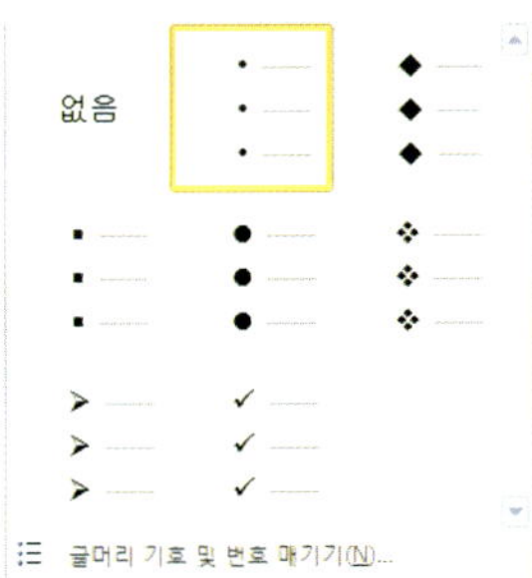

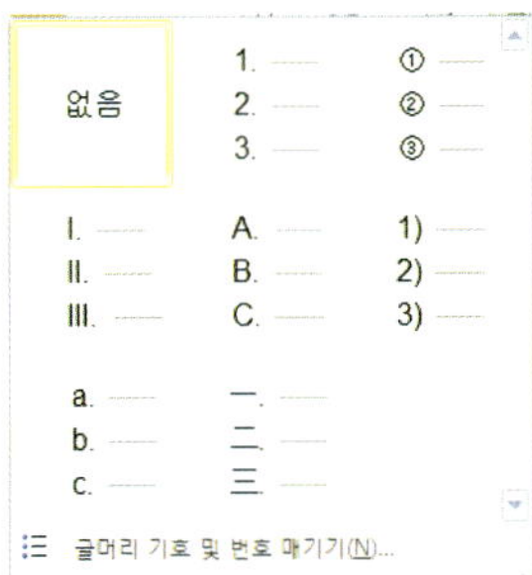

❸ 들여쓰기/내어쓰기

텍스트 안에 커서를 두고, [홈]-[단락] 메뉴에서 들여쓰기 또는 내어쓰기 아이콘( )을 누르면 커서가 위치한 줄이 들여쓰기 또는 내어쓰기가 된다. 글자 크기, 글머리 기호의 모양 등이 변경된다. 다섯 번째 수준까지 들여쓰거나 내어쓸 수 있다.

❹ 줄 간격/줄 바꿈

텍스트가 여러 줄일 때 간격을 조절하려는 줄에 커서를 둔다. 여러 줄을 범위로 지정하고, [홈]-[단락]-[줄 간격( )] 메뉴를 선택해서 텍스트의 단락 간격을 조정할 수 있다.

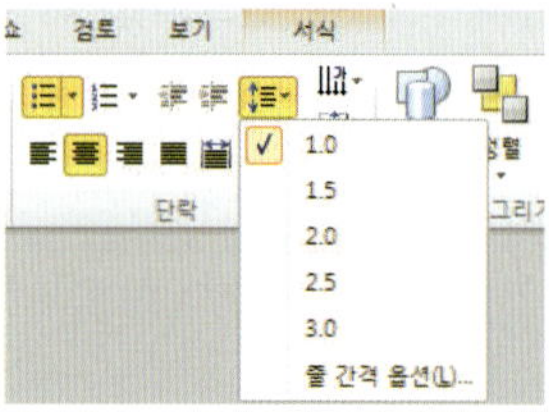

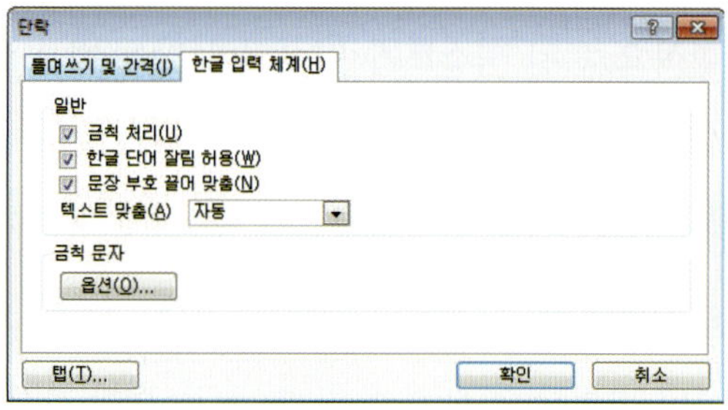

[서식]-[단락]-[줄 간격]-[줄 간격 옵션] 메뉴에서 '한글 입력 체계'는 한글을 입력하는 경우 줄이 바뀔 때 하나의 단어가 두 행에 걸쳐 입력되는 경우에 단어가 잘리지 않게 하는 기능이다. '한글 단어 잘림 허용' 옵션에 체크를 해제하면 글자 단위로는 줄이 바뀌지 않고, 단어 단위로 줄이 바뀐다.

❺ 문단 맞춤

가로 텍스트는 왼쪽을 기준으로 입력이 시작되며, 세로 텍스트는 오른쪽을 중심으로 텍스트가 입력된다. 텍스트 설정은 [홈]-[단락] 메뉴를 통해서 변경하거나 선택할 수 있다.

15.2 도형 다루기

같은 내용이라도 그림이나 도형으로 표현하면 프레젠테이션 효과를 높일 수 있다.

그리기 기능

도형은 종류에 따라 슬라이드에 삽입하는 방식이 조금씩 다르다. 삽입 방법이 크게 다른 도형의 삽입 방법을 알아보자.

❶ 선, 화살표, 직사각형, 타원(＼ ↘ □ ○)

도구 모음의 선, 화살표, 직사각형, 타원 도구를 클릭한 후 슬라이드에 마우스를 드래그하여 도형을 그린다. 도형을 그리고 나면 크기 조절점이 표시되는데, 조절점을 드래그하여 도형의 크기와 방향을 조절할 수 있다. 곧은 선이나 정사각형, 정원을 그리고자 하는 경우에는 Shift 키를 누른 채 드래그하면 된다. 선, 화살표, 직사각형, 타원 도구를 한 번 클릭한 후 도형을 그리면 한 번만 그려지며, 다시 그리려면 도형 도구를 다시 눌러야 한다. 하지만 여러 개를 연속해서 그리고자 한다면 도형 도구를 더블 클릭한 후 그리면 된다. 더 이상 그리고 싶지 않을 때는 Esc키를 누르면 된다.

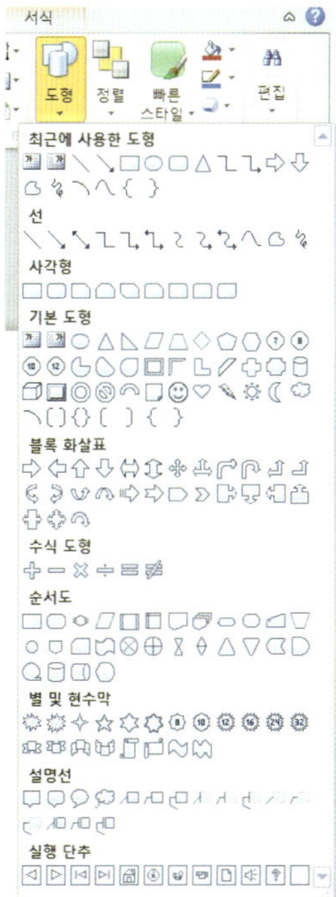

❷ 도　형

그리기 도구 모음의 [도형] 메뉴를 누르고, 도형을 아래의 종류들 중에서 선택한 후 원하는 위치에 마우스를 드래그하여 그릴 수 있다.

선 종류 중 곡선, 자유형, 자유 곡선은 처음엔 드래그하여 선을 그리고, 다른 자리에 마우스를 클릭하면 선이 이어지며 계속 그려지고, 마칠 때는 처음 시작한 점을 맞추어 클릭하거나 중간에 더블 클릭하면 그리기가 완성된다.

도형 선택하기

도형 안이 색이나 무늬 등으로 채워져 있지 않은 도형이라면 선 부분에 마우스 포인터를 두고 클릭한 후 그리기 도구 상자에 도형스타일에서 원하는 색을 선택하면 된다.

여러 도형을 선택하려면 도형을 하나 선택하고, 두 번째 선택부터는 Shift 키를 누른 상태에서 클릭한다. 또는 선택하려는 도형을 모두 포함하려면 마우스로 해당 도형이 있는 영역을 드래그해서 범위를 지정하면 된다.

도형 변경

❶ 크기 조절

도형의 크기 조절은 크기 조절점에 마우스 포인터를 두고, 마우스 포인터 모양이 양방향 화살표 모양(↔)이 된 상태에서 드래그하면 도형 크기를 조절할 수 있다.

❷ 회 전

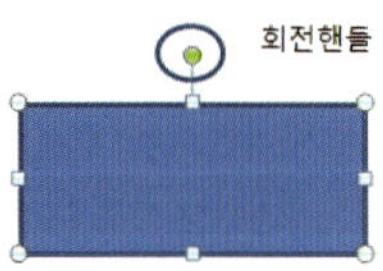

도형을 회전하고자 하는 경우, 회전 핸들을 이용한다. 회전 핸들은 삽입한 도형을 자유롭게 회전시키는 역할을 한다. 도형을 선택했을 때 표시되는 연두색의 점이 회전 핸들이다. 회전 핸들을 클릭한 후 드래그하여 좌우로 움직이면 드래그한 만큼 개체가 회전한다.

❸ 모양 조절

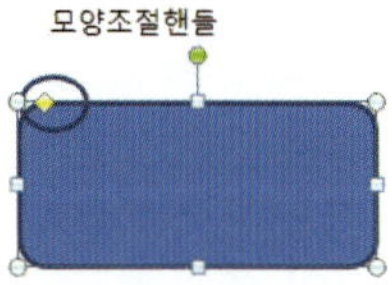

도형의 모양 조절을 조절하고자 하는 경우, 모양 조절 핸들을 이용한다. 모양 조절 핸들은 도형의 종류에 따라서 있는 경우도 있고 없는 경우도 있다. 마름모 모양이 모양 조절 핸들이며 주로 복잡한 도형의 모양을 조절할 때 사용된다. 모양 조정 핸들을 드래그하면 도형의 기본 모양은 바뀌지 않지만 세부적인 간격이나 크기가 조절된다.

❺ 도형 변경

이미 그려 넣은 도형 모양도 다른 모양으로 바꿀 수 있다. 바꾸려는 도형을 선택하고, [도형 편집]–[도형 모양 변경] 메뉴를 선택하고, 바꿀 도형을 선택한다.

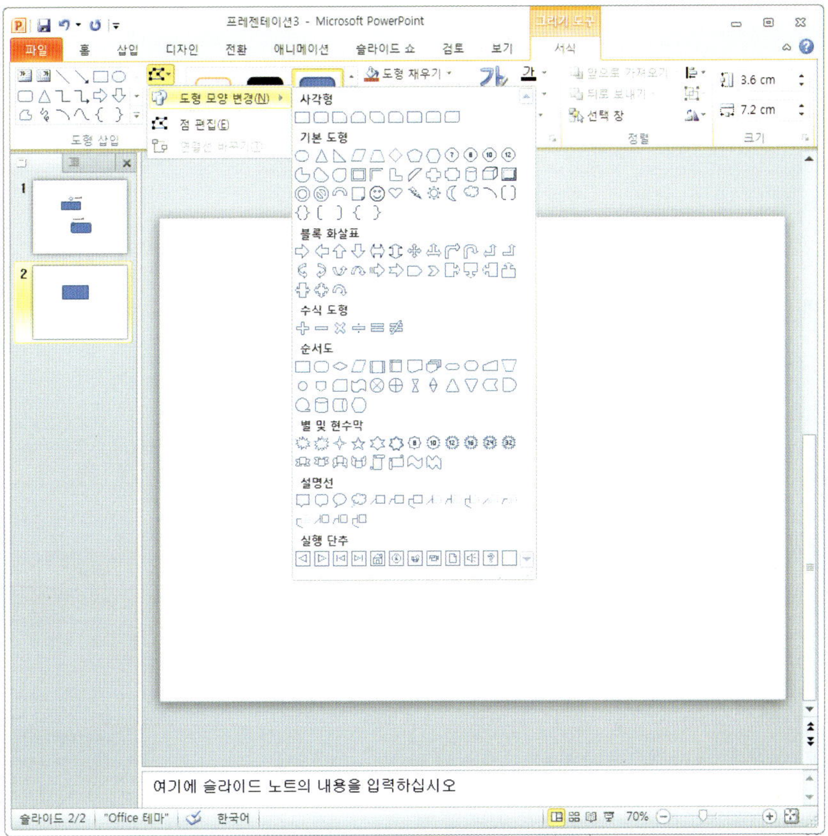

도형 이동/복사/삭제

❶ 이 동

도형을 이동하고자 하는 경우, 선택된 도형을 원하는 위치로 드래그한다. 이동할 때 Alt 키를 누른 상태에서 이동하면 부드럽게 이동할 수 있다.

❷ 복 사

복사를 할 경우, 선택된 도형을 Ctrl 키를 누른 상태에서 드래그한다.

❸ 삭제

도형을 삭제할 경우에는 삭제할 도형을 선택하고, Delete 키를 누른다.

정렬 순서/맞춤/배분/그룹화/연결

❶ 정렬 순서

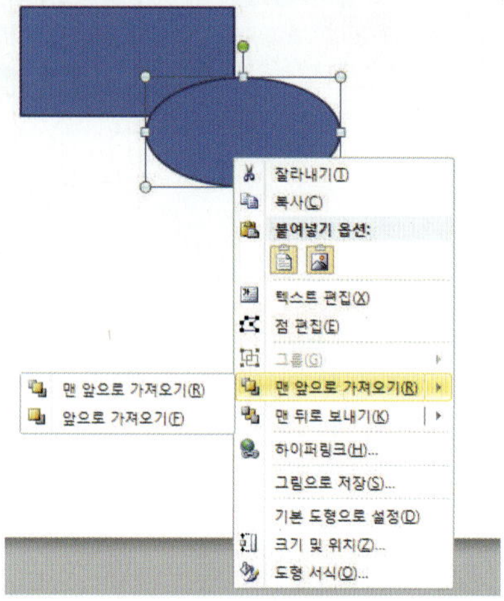

도형 위에 다른 도형을 겹쳐 그리면 나중에 그린 도형이 먼저 그린 도형을 가린다. 이런 경우 도형의 정렬 기능을 이용하면 그려진 도형의 정렬 순서를 바꿀 수 있다. 다른 그림에서 가장 아래 있는 원을 가장 위로 옮기려면 원을 선택하고(클릭하고), 마우스의 오른쪽 버튼을 누른다. 단축 메뉴가 나타나면 [맨 앞으로 가져오기] 메뉴를 선택한다.

❷ 맞춤/배분

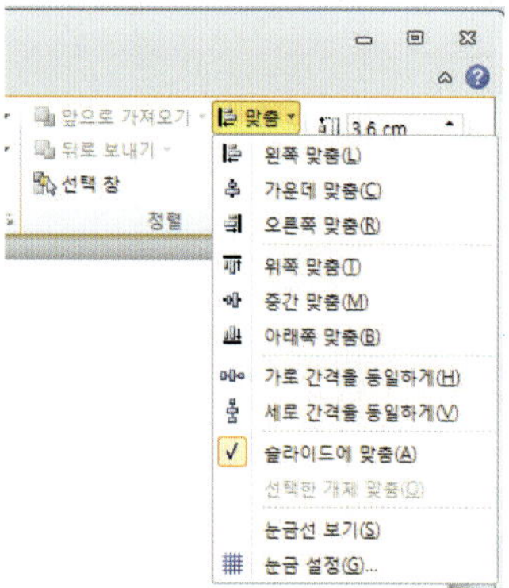

슬라이드 안에서 도형 위치를 조정할 수 있다. 먼저 위치를 조정하려는 도형을 선택하고, 그리기 도구 모음의 [그리기도구]-[서식]-[정렬]-[맞춤]-[슬라이드에 맞춤] 메뉴를 선택한다. 다시 [정렬]-[맞춤] 메뉴를 선택하고, 원하는 위치를 선택한다.

❸ 그룹화

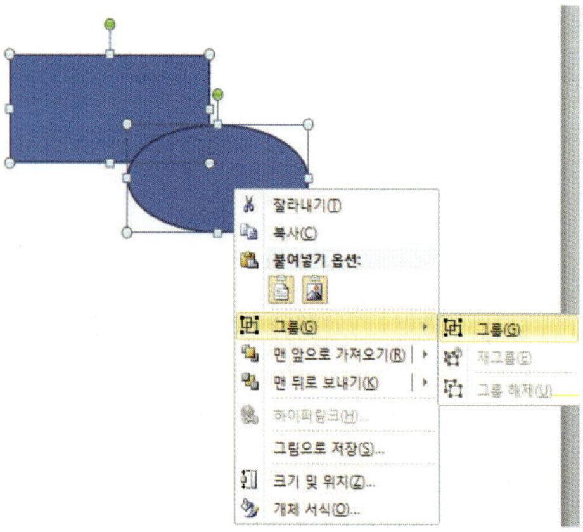

여러 개의 도형을 묶어 하나의 개체로 만들면 이동이나 크기 조절과 같은 작업을 할 때 편리하다. 그룹으로 묶을 도형을 선택하고, 마우스의 오른쪽 버튼을 누른다. 단축 메뉴에서 [그룹]-[그룹] 메뉴를 선택한다. 묶은 그룹을 해제할 때는 [그룹]-[그룹 해제] 메뉴를 선택한다.

❹ 도형 연결하기

도형을 각각 한 개씩 그린 후 연결선을 이용해서 도형 사이를 드래그한다. 연결선이 올바르게 되었을 때 빨간색으로 표시된다. 연결선으로 연결된 도형은 도형을 이동하면 연결선도 함께 움직인다.

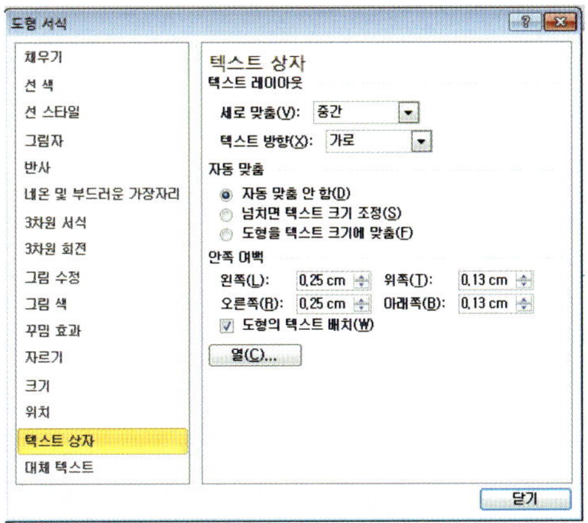

❺ 도형 안에 텍스트 넣기

도형 안에 텍스트를 입력할 때는 도형을 선택한 후 [Enter↵]하고, 텍스트를 입력한다. 커서가 없어도 텍스트가 도형 가운데서부터 입력된다. 도형 안에 입력된 텍스트 서식은 도형 서식 대화상자에서 설정한다.

그림자/3차원 스타일/채우기 효과

❶ 그림자/3차원 스타일

그리기 도구 모음의 [서식]-[도형스타일]-[도형효과] 그림자와 3차원 스타일 아이콘을 이용하여 도형을 좀 더 입체감 있게 바꿀 수 있다.

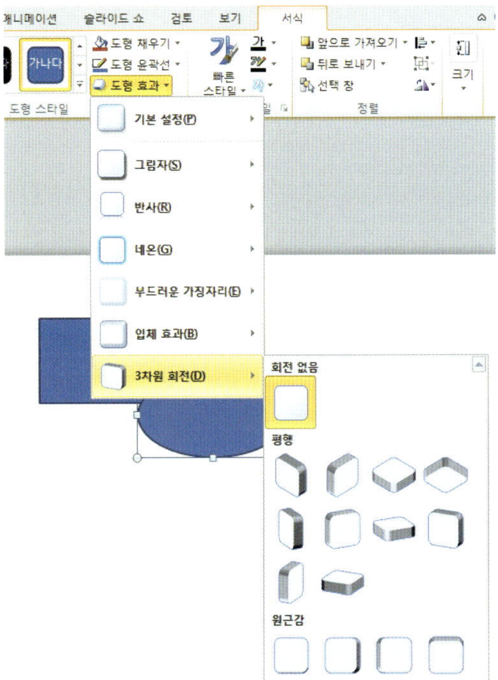

❷ 채우기 효과

면을 꾸미고자 하는 도형을 선택하고, 그리기 도구 모음의 '도형스타일' 아이콘(도형채우기)을 눌러 [그라데이션] 메뉴를 선택한다. [도형채우기] 대화상자에서 그라데이션, 무늬 등 다양한 채우기 효과를 줄 수 있다.

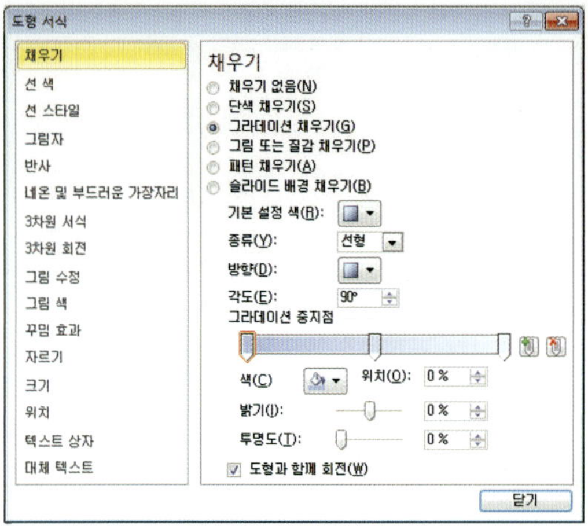

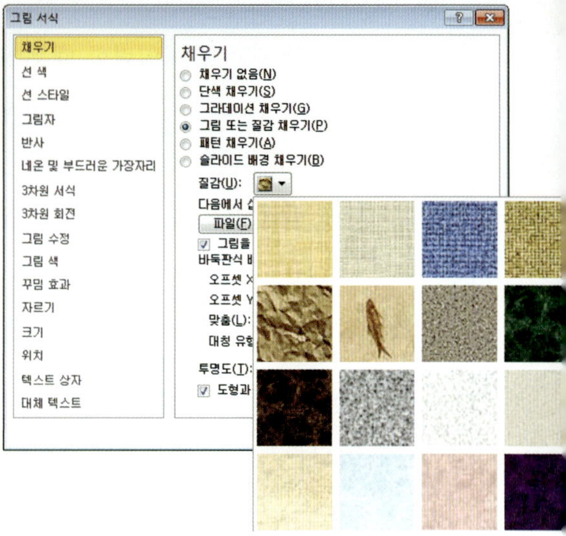

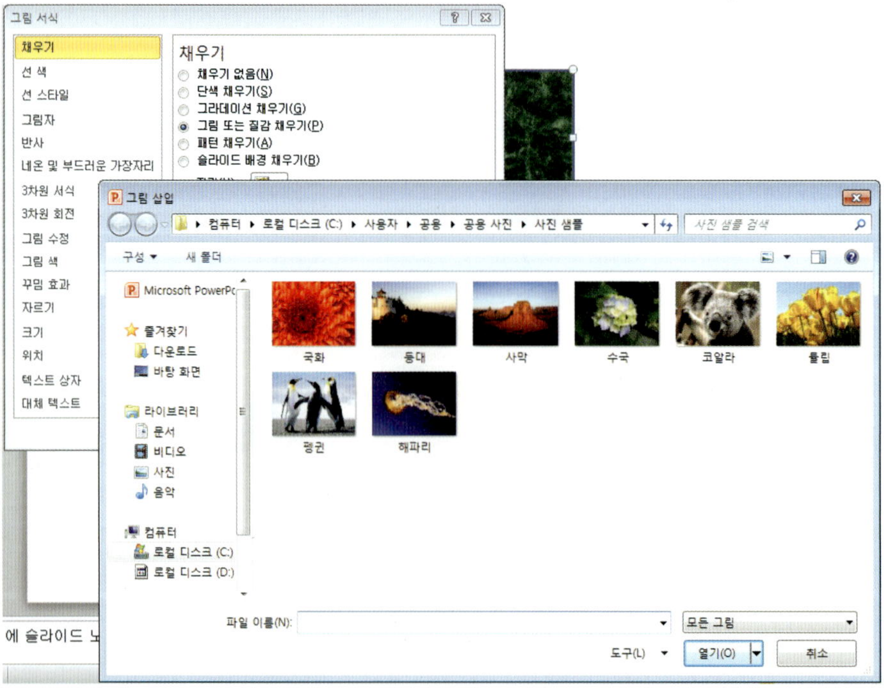

15.3 슬라이드에 그림과 WordArt 삽입

프리젠테이션의 목적은 정보를 효과적으로 전달하는 것이다. 따라서 발표자는 청중의 시선이 분산되지 않고, 집중시킬 묘책을 생각해야 한다. 이 중 가장 효과적이면서 쉬운 방법이 바로 시각적인 효과를 사용하는 것이다.

같은 프리젠테이션이라도 텍스트만으로 이루어진 것과 시각적인 효과가 가미된 것과는 큰 차이가 있다. 청중이 텍스트 슬라이드만 보고도 이해할 수 있을 것이라고 생각하고 프리젠테이션을 준비한다면 그 프리젠테이션은 이미 실패한 것이다. 텍스트로만 나열된 슬라이드를 보는 순간 청중들은 지루해한다. 이미 지루하다고 받아들인 청중이 텍스트 슬라이드를 꼼꼼히 읽어나갈리는 만무하다. 또한 대개 사람들은 텍스트보다 시각화된 정보를 훨씬 빠르게, 오래 기억한다는 사실을 기억해야 한다.

즉, 내용의 이해를 돕는 그림, 표, 조직도와 수치를 한눈에 읽을 수 있도록 돕는 차트를 삽입하거나 발표내용을 함축하는 그림을 삽입하면 매우 효과적인 프리젠테이션 자료를 만들 수 있다. 또한 텍스트를 더욱 돋보이게 작성하려면 WordArt를 사용하면 된다. WordArt는 텍스트를 도형과 같은 개체처럼 작성하여 도형에 지정할 수 있는 서식을 텍스트 자체에 지정할 수 있게 한다.

1 그림 삽입

온라인 그림 삽입

[삽입]-[온라인 그림] 메뉴를 실행하면 이미지 검색창이 나타난다. 검색어를 입력해서 원하는 이미지를 찾으면 클릭한 후 삽입한다. 이미지를 검색한 후 크기, 사진, 일러스트레이션, 라인 드로잉, 색상 등을 선택할 수 있다.

그림 편집

그림을 선택하면 [서식] 탭 메뉴가 나타나며 다양한 그림스타일로 변경할 수 있고 그림테두리와 그림효과를 조절할 수 있다. 또한 [서식] 탭 메뉴에는 선명도 조절, 밝기 및 대비, 색 채도, 색조, 꾸밈효과 등의 기능이 있어서 이미지를 조절할 수 있다.

이미지를 자르고자 하는 경우, [서식] 탭의 크기조절 메뉴에서 '자르기' 아이콘을 누르면 마우스 포인터 모양과 조절점의 모양이 달라진다. 조절점에 마우스 포인터를 두고, 원하는 방향으로 드래그하면 나머지 부분이 잘려서 표시된다.

그림을 다시 칠하기 위해서는 그림을 선택하고 그림 도구 모음의 '그림 및 크기 다시 설정하기' 아이콘( )을 누르면 원래 설정되어 있는 크기로 다시 변경할 수 있다.

그림 편집

삽입된 클립아트를 그리기 개체로 변환할 수 있다. 삽입한 클립아트에서 마우스의 오른쪽 버튼을 누르고, [그림 서식] 메뉴를 클릭한다. [그림 서식] 메뉴를 선택하면 삽입된 클립아트를 채우기, 선색, 선 스타일, 그림자, 3차원 서식 및 회전, 꾸밈효과, 자르기 등을 이용해서 조절할 수 있다.

그림 파일 삽입

사용자가 따로 저장해 놓은 그림 파일을 삽입할 때는 [삽입]–[그림] 메뉴를 선택하거나 그리기 도구 모음의 그림 삽입 아이콘()을 클릭한다. 파워포인트는 사용할 수 있는 그림 포맷으로 bmp, jpg, gif, wmf는 물론 대부분의 파일 형식을 지원한다. wmf 형식의 그림 파일은 주로 클립아트 삽입을 통해 슬라이드에 삽입된다.

2 WordArt 삽입

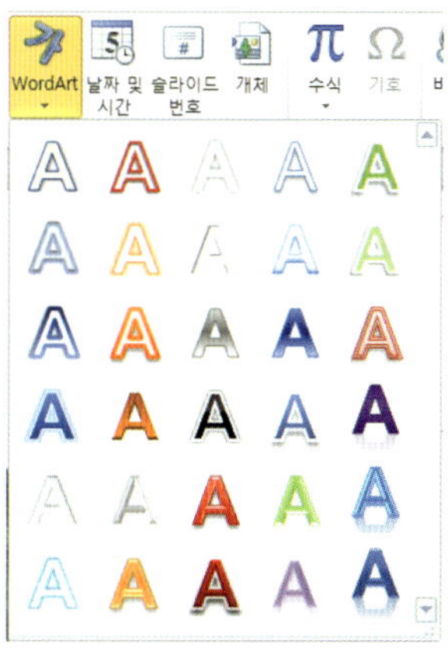

WordArt는 텍스트를 멋지게 꾸며주는 개체로, 편집 방법은 그림과 거의 동일하다. 여기에 스타일과 WordArt 도형 등을 추가로 적용하여 WordArt만의 독특한 효과를 낼 수 있다. 주로 제목이나 타이틀 등 글자 수가 적은 경우에 사용한다.

❶ [삽입]–[텍스트]–[WordArt] 메뉴를 선택하거나 그리기 도구 모음의 WordArt 삽입 아이콘()을 누른다.

❷ WordArt 갤러리에서 원하는 모양을 선택해서 클릭한다. 텍스트 편집 대화상자에서 텍스트를 입력하고 확인 버튼을 누른다.

❸ 입력한 텍스트가 그림으로 개체화되어 슬라이드에 삽입된다. 삽입된 WordArt는 WordArt 도구 상자를 이용해서 편집할 수 있다.

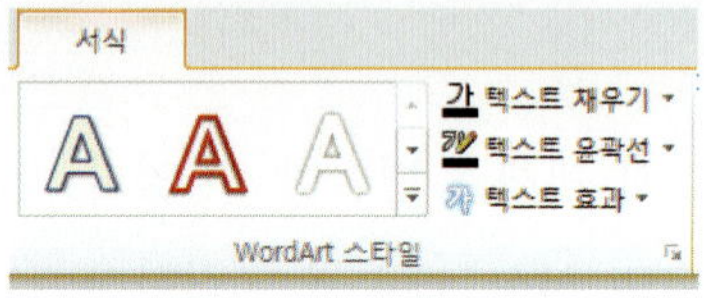

15.4 차트와 표 삽입

표는 전달하려는 내용을 일목요연하게 정리해서 전달할 수 있다. 또한 수치 데이터가 있는 슬라이드라면 차트를 삽입해서 작성하면 훨씬 깔끔한 슬라이드를 만들 수 있다.

1 표 삽입과 편집

표 삽입

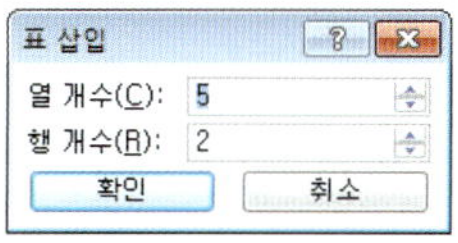

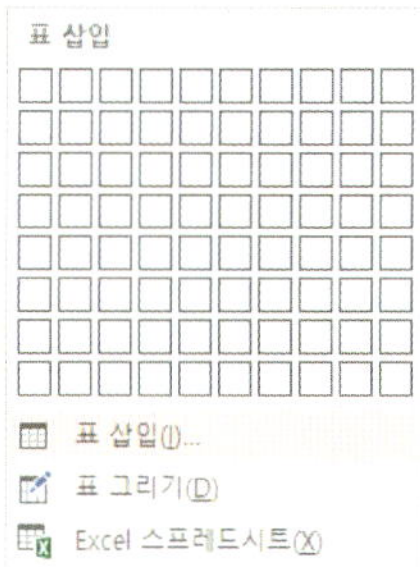

표를 삽입하려면 ① [삽입] 메뉴를 이용하거나 ② 도구 모음을 이용할 수 있다. 첫 번째 [삽입]–[표] 메뉴를 선택하면 '표 삽입' 대화상자가 나타나고, 원하는 열과 행 개수를 입력해서 표를 삽입할 수 있다. 두 번째, 표준 도구 모음의 표 삽입 아이콘(▦)을 클릭해서 원하는 열과 행 개수를 입력한 후, 마우스를 드래그하여 표를 삽입할 수 있다.

표/셀 편집

표가 삽입되면 텍스트 개체와 비슷한 방법으로 편집할 수 있다. 열과 열, 행과 행 사이의 간격을 조절할 때는 마우스를 경계선에 가져간 후 원하는 크기만큼 드래그하면 된다. 또한 두 개 이상의 셀을 합치거나 하나의 셀을 분리하는 등 관련된 작업은 영역을 선택한 후 마우스의 오른쪽 버튼을 이용한 팝업 메뉴를 사용하면 편리하다.

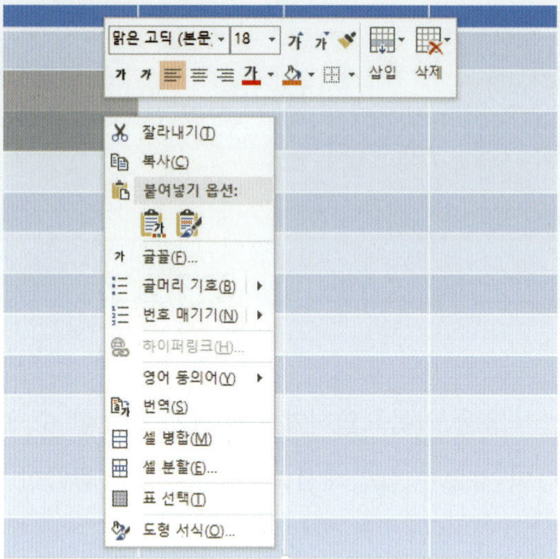

테두리와 채우기

각 셀은 서식을 활용해서 편집할 수 있다. 편집하려는 셀에 마우스 포인터를 두고, 마우스의 오른쪽 버튼을 누르면 팝업 메뉴가 나오고 [테두리와 채우기] 메뉴를 선택하면 다음과 같은 표서식 대화상자가 나타난다.

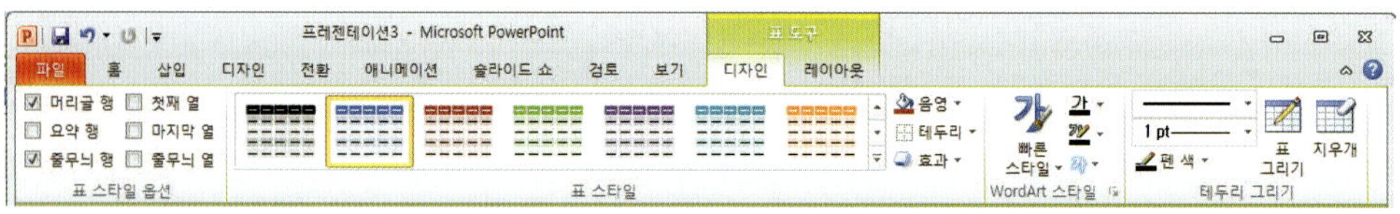

❶ **테두리 그리기:** 테두리 스타일, 색, 너비, 강조할 부분 등을 하나씩 보면서 확인할 수 있고, 미리 보기를 통해 실수 없이 적용할 수 있다.

❷ **표 스타일:** 셀의 채우기 색을 정할 수 있다. 다양한 색상은 물론 그라데이션 등 채우기 효과를 적용할 수도 있다

표 그리기와 지우기

표와 테두리 도구 모음의 표 그리기 아이콘을 눌러 수동으로 삽입하거나 그릴 수 있다. 지우개 아이콘을 사용하면 표 경계선을 지울 수 있다.

그룹 해제

파워포인트의 표는 여러 개의 도형이 모여 하나의 그룹을 형성한 개체로 볼 수도 있어서 그룹 해제를 통한 편집이 가능하다.

2 차트 삽입과 편집

차트는 ① [삽입]−[차트] 메뉴를 선택하거나 ② 표준 도구 모음의 차트 삽입 아이콘(차트)을 눌러 삽입할 수 있다. 차트는 기본적으로 세로 막대형이 삽입되며, 데이터 시트를 통해 관련 자료를 입력하면 바로 차트에 반영된다.

차트 종류

차트에는 수십 가지의 세분화된 차트 종류가 있어서 데이터에 적합하고, 사용자의 취향에 맞는 차트를 삽입할 수 있다.

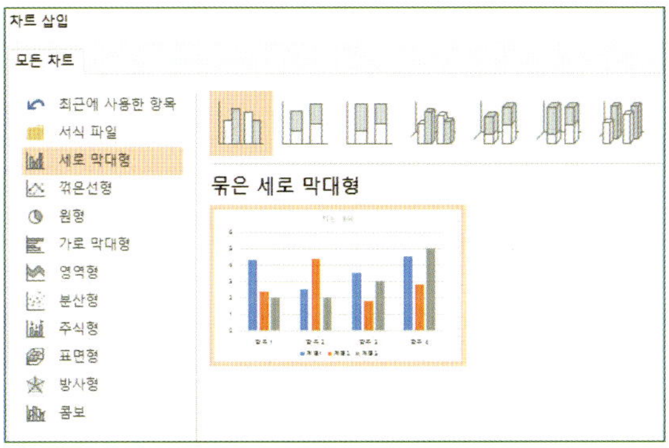

1. **막대형**: 직사각형의 막대 모양으로 차트를 구성하며, 크게 세로 막대형과 가로 막대형으로 나뉜다.
2. **원형**: 전체 자료에서 항목간의 점유율을 표시할 때 주로 사용된다.
3. **꺾은선형**: 주식 시세 변화 등 특정 기간의 데이터 변화를 표시할 때 사용된다.

차트 편집

차트 편집에 있어서 가장 중요한 것은 현재 마우스가 위치한 영역이다. 이 영역에 따라서 편집 내용이 판이하게 달라진다. [차트 도구] 메뉴를 선택하면 차트를 편집할 수 있는 메뉴를 선택할 수 있다.

❶ **차트 디자인:** 차트 요소 추가, 빠른 레이아웃, 차트 스타일, 행/열 전환, 데이터 선택, 데이터 편집, 차트 종류변경 등을 변경할 수 있다.

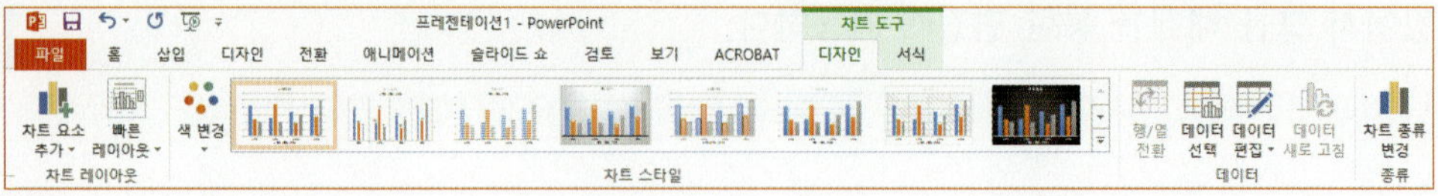

❷ **서식:** 차트를 구성하는 도형스타일, 워드아트 등의 서식을 변경, 수정할 수가 있다.

15.5 조직도와 다이어그램 삽입

수십 줄의 글로 설명하는 것보다 간단한 도식과 몇 개의 화살표만으로 내용을 효과적으로 전달할 수 있는데, 이것이 바로 다이어그램이다. 조직도는 회사 내의 부서 관리자와 직원 사이의 관계처럼 계층적 관계를 나타낼 때 적합하며, 주기형 다이어그램은 연속 주기가 있는 프로세스를 표시하는 데 사용된다. 방사형 다이어그램은 핵심 요소에 대한 요소의 관계를 표시하는 데 사용되며, 피라미드형 다이어그램은 하부 구조에 기초한 관계를 표시하는 데 사용된다. 벤 다이어그램은 요소 사이에 겹치는 영역을 표시하는 데 사용되며, 과녁형 다이어그램은 목표를 향한 단계를 표시하는 데 사용된다.

1 SMART ART

SMART ART 삽입

다이어그램은 복잡한 관계나 수식을 도식으로 표현한 것으로, 전체적인 내용을 한눈에 볼 수 있어 텍스트보다 전달력이 우수하다. 드로잉이나 그래픽 툴을 이용해 다이어그램을 직접 그릴 수도 있지만 파워포인트에서는 다이어그램 갤러리에서 다양한 다이어그램을 제공한다.

❶ 슬라이드 레이아웃을 이용한 다이어그램 삽입

슬라이드 레이아웃 작업창에서 '제목 및 내용' 레이아웃을 선택한 후 개체 안에서 더블클릭하면 [SMART ART 그래픽 삽입] 대화상자가 나타난다. 이 대화상자에서 원하는 다이어그램을 선택한 후 '확인' 단추를 클릭하면 해당 다이어그램이 삽입된다.

❷ 메뉴를 이용한 다이어그램 삽입

[삽입]-[일러스트레이션]-[SMART ART] 메뉴를 선택하면 [SMART ART 그래픽 선택] 대화상자가 나타난다. 이 대화상자에서 원하는 다이어그램을 선택한 후 '확인' 단추를 클릭하면 해당 다이어그램이 삽입된다.

❸ 그리기 도구 모음을 이용한 다이어그램 삽입

그리기 도구 모음-[삽입]-[SMART ART]의 다이어그램 또는 조직도 삽입도구를 클릭하면 대화상자가 나타난다. 이 대화상자에서 원하는 다이어그램을 선택한 후 '확인' 단추를 클릭하면 해당 다이어그램이 삽입된다.

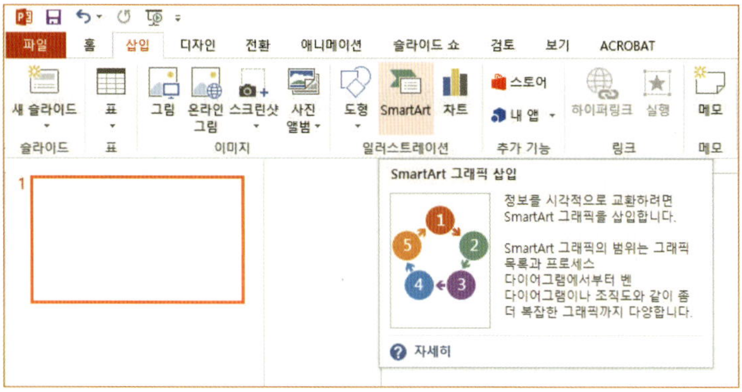

SMART ART 종류

다이어그램 갤러리를 이용해 목록형, 프로세스형, 주기형, 계층 구조형, 관계형, 행렬형, 피라미드형 다이어그램을 만들 수 있는데, 각 다이어그램의 용도를 살펴보면 다음과 같다.

❶ **계층 구조형**: 조직의 상하, 수평 관계를 표현할 때 사용하는 다이어그램으로, 회사 구성원과 이들의 상대적인 직위를 보여줄 때 사용한다.

❷ **주기형 다이어그램**: 다이어그램 내의 요소들이 일정한 주기로 작업이 진행되는 경우에 사용한다.

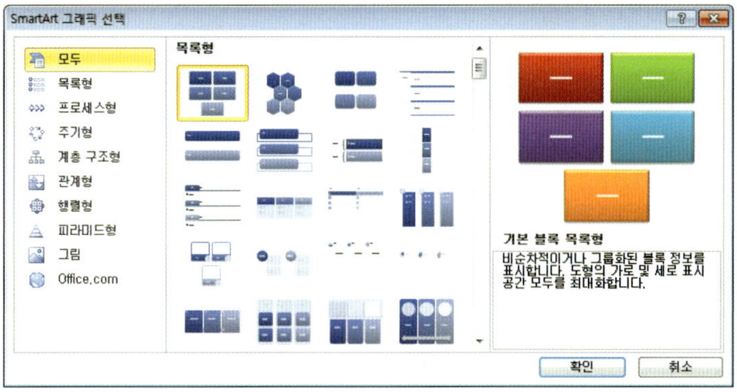

❸ 행렬형 다이어그램: 한 가지 핵심 요소를 중심으로 기타 다른 요소와의 관계를 표시하는 데 사용한다.

❹ 피라미드형 다이어그램: 하부 구조를 기본으로 하는 관계를 표시할 때 사용한다.

2 계층 구조형 그리기

계층 구조형 그리기

❶ 계층 구조형 삽입하기

[삽입]–[SMART ART]을 선택한 후 [SMART ART 갤러리] 대화상자에서 '계층 구조형'을 선택한다.

❷ 계층 구조형 도형 추가/삭제 및 서식 지정

먼저 계층 구조형이 선택된 다음, '도형 추가' 메뉴를 이용해 도형을 삽입하거나, 마우스 오른쪽 버튼을 클릭해 '삭제' 메뉴를 선택하거나 Delete키를 눌러 도형을 삭제한다.

서식을 지정할 도형에서 마우스 오른쪽 버튼을 클릭해 '도형 추가' 메뉴를 선택하거나 해당 도형에서 더블클릭하면 '도형 추가' 대화상자가 나타난다. 여기에서 색을 변형하거나 그림자를 삽입해 조직도를 편집한다.

❸ 계층 구조형 스타일 갤러리

'레이아웃' 대화상자를 이용해 계층 구조형을 직접 다양하게 꾸밀 수도 있지만 파워포인트에는 이미 다양한 스타일이 마련되어 있다. 계층 구조형 도구 모음의 자동 서식 도구를 클릭하면 전체 스타일을 자동으로 변경할 수 있다.

다이어그램 그리기

❶ 다이어그램 삽입하기

[삽입]−[SMART ART] 도구를 클릭해 나타나는 종류를 선택 후 대화상자에서 해당 '다이어그램'을 선택한다.

❷ 다이어그램 도형 추가/삭제 및 서식 지정

'도형 삽입' 메뉴를 이용해 도형을 삽입하거나, 마우스 오른쪽 버튼을 클릭해 '삭제' 메뉴를 선택하거나 Delete키를 눌러 도형을 삭제한다. 다이어그램에서는 자동 레이아웃이 설정되어 있어야 도형을 추가할 수 있고, 삭제할 때도 다이어그램의 기본 틀을 유지한다는 점에 주의해야 한다.

서식을 지정할 도형에서 마우스 오른쪽 버튼을 클릭해 '도형 서식' 메뉴를 선택하거나 해당 도형에서 더블클릭하면 '도형 서식' 대화상자가 나타난다. 여기에서 색을 변형하거나 그림자를 삽입해서 편집한다.

❸ 다이어그램 스타일 갤러리

'레이아웃' 대화상자를 이용해 다이어그램을 직접 다양하게 꾸밀 수도 있지만 파워포인트에는 이미 다양한 스타일이 마련되어 있다. 다이어그램 도구 모음의 자동 서식 도구를 클릭하면 전체 스타일을 자동으로 변경할 수 있다.

15.6 오디오와 비디오 삽입

AVI, QuickTime, MPEG 등의 파일 형식과 avi, mov, qt, mpg, mpeg 등의 확장명을 가진 파일은 동영상 파일이다. 일반적으로 동영상에는 실제로 프레젠테이션에 참가할 수 없는 발표자의 설명을 포함할 수 있다. 또는 교육용으로 동영상을 사용할 수도 있다. 사용자 목소리를 녹음한 후 프레젠테이션에 추가하거나 CD에 있는 음악을 사용하여 추가할 수도 있다. 전시회 같이 여러 사람이 왕래하는 곳에서 자동으로 슬라이드 쇼가 비춰지게 할 때 동영상과 소리를 사용하면 좀 더 주목을 끌 수 있다.

오디오 삽입

❶ [삽입]–[미디어클립]–[오디오] 메뉴를 선택하면 오디오 삽입 대화상자가 나타나며 삽입할 오디오 파일을 선택하고 삽입을 클릭한다.

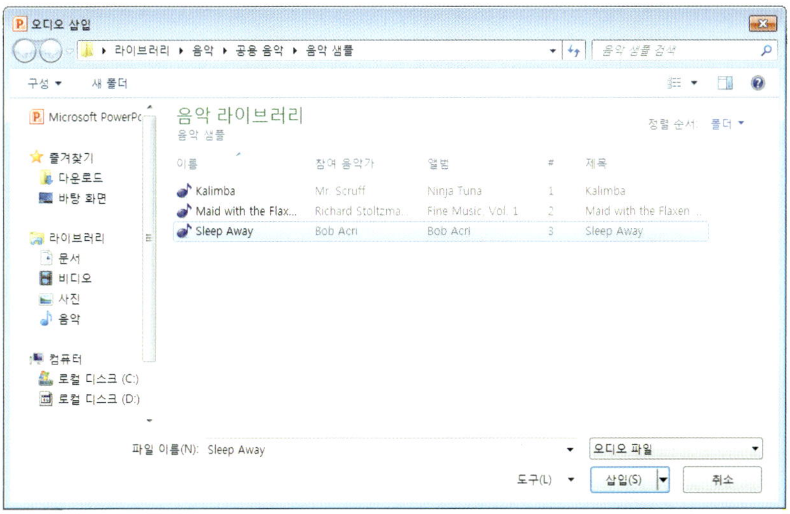

❷ 슬라이드에 오디오가 삽입되면 스피커 모양의 아이콘이 표시된다. 아이콘 바깥부분을 클릭하면 콘트롤 막대가 사라지고 아이콘을 클릭하면 바로 아래에 간단한 콘트롤 막대가 나타난다.

❸ 오디오 아이콘을 선택한 후 [오디오 도구]-[재생] 메뉴를 클릭하면 오디오 도구모음을 통해 오디오를 제어할 수 있다. 오디오 도구 모음에는 슬라이드에 삽입한 오디오 파일을 조절하는 여러 옵션이 포함되어 있다.

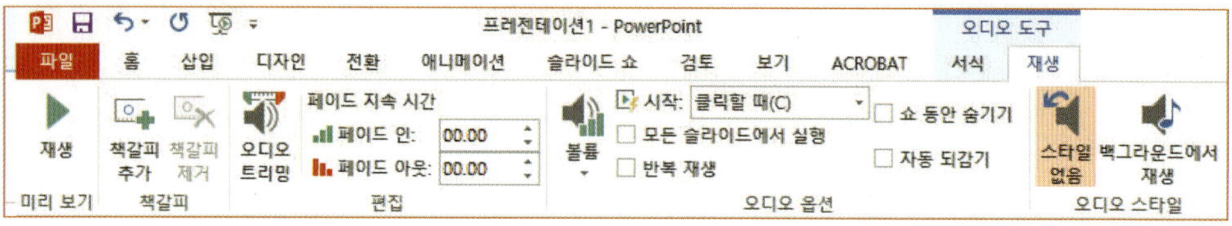

❹ 오디오 트리밍은 슬라이드에 삽입된 오디오 파일 중에 필요한 부분을 남기고 앞부분이나 뒷부분을 잘라내는 기능이다. 오디오 아이콘을 클릭한 후 [오디오 도구]-[오디오 트리밍]을 선택한다. 오디오 맞추기 대화상자에서 재생버튼을 클릭해 음악을 들어보면서 어느 부분까지 잘라야 할지를 검색한다. 트리밍 위치를 찾았으면 정지 버튼을 눌러 그 위치를 표시해 놓고 왼쪽에서 초록색 핸들을 그 위치까지 드래그한다. 이어서 계속 재생을 하다가 끝부분을 잘라냈으면 하는 부분이 되면 정지 버튼을 눌러 그 위치를 표시하고 오른쪽에서 빨간색 핸들을 그 위치까지 드래그한다.

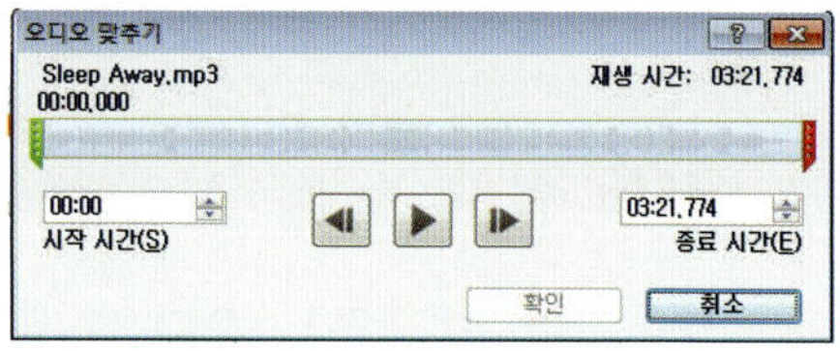

비디오 삽입

[삽입]-[미디어클립]-[비디오] 메뉴를 선택하면 비디오 삽입 대화상자가 나타나며 삽입할 비디오 파일을 선택하고 삽입을 클릭한다.

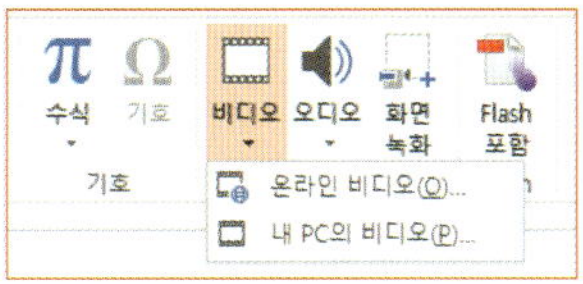
수식
기호
비디오
오디오
화면 녹화
Flash 포함
기호
온라인 비디오(O)...
내 PC의 비디오(P)...

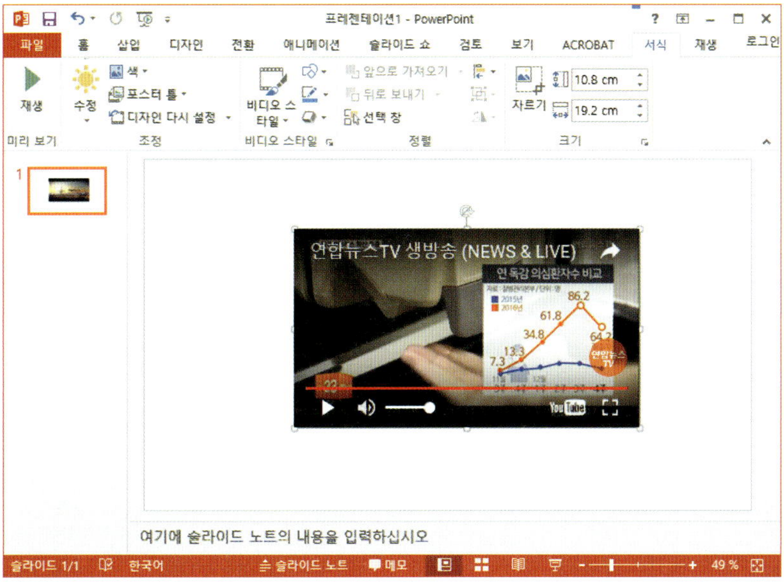
프레젠테이션1 - PowerPoint
파일
홈
삽입
디자인
전환
애니메이션
슬라이드 쇼
검토
보기
ACROBAT
서식
재생
로그인
재생
미리 보기
수정
색
포스터 틀
디자인 다시 설정
조정
비디오 스타일
앞으로 가져오기
뒤로 보내기
선택 창
정렬
자르기
10.8 cm
19.2 cm
크기
연합뉴스TV 생방송 (NEWS & LIVE)
여기에 슬라이드 노트의 내용을 입력하십시오
슬라이드 1/1
한국어
슬라이드 노트
메모
49 %

실습 15-1 텍스트를 이용하여 문서 만들기

아래의 화면은 '슬라이드쇼' 화면상에 보이는 것이다.

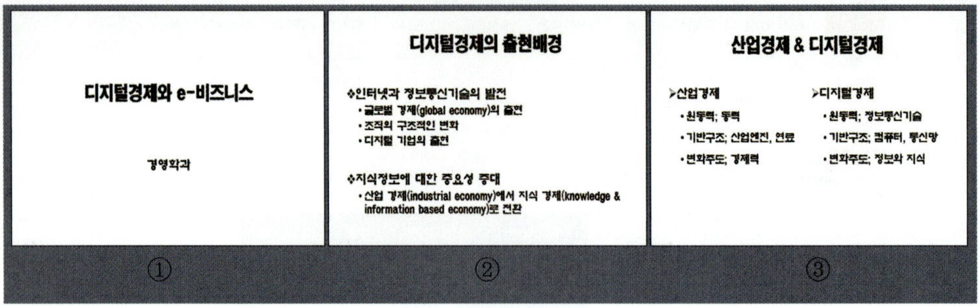

① 번 슬라이드

❶ '제목 슬라이드' 레이아웃 선택 후 텍스트 입력

파워포인트를 실행하면 '제목 슬라이드' 레이아웃이 기본으로 선택된다. '제목을 입력하십시오'라고 쓰여진 부분을 클릭한 후, 텍스트를 입력한다.

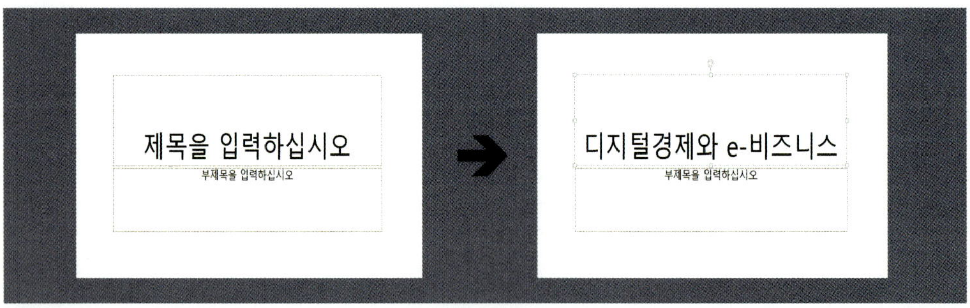

❷ 텍스트 서식 지정

글꼴 서식은 [서식]−[글꼴] 메뉴를 이용하거나, 서식 도구 모음을 이용해서 글꼴과 글자크기를 지정한다. 텍스트 상자를 클릭한 후, 제목 글꼴은 'HY견고딕', 글자크기는 '44', '굵게'로 지정하고, 부제목 글꼴은 '휴먼옛체', 글자크기는 '32'로 설정한다. 텍스트 맞춤은 '중간'으로 한다.

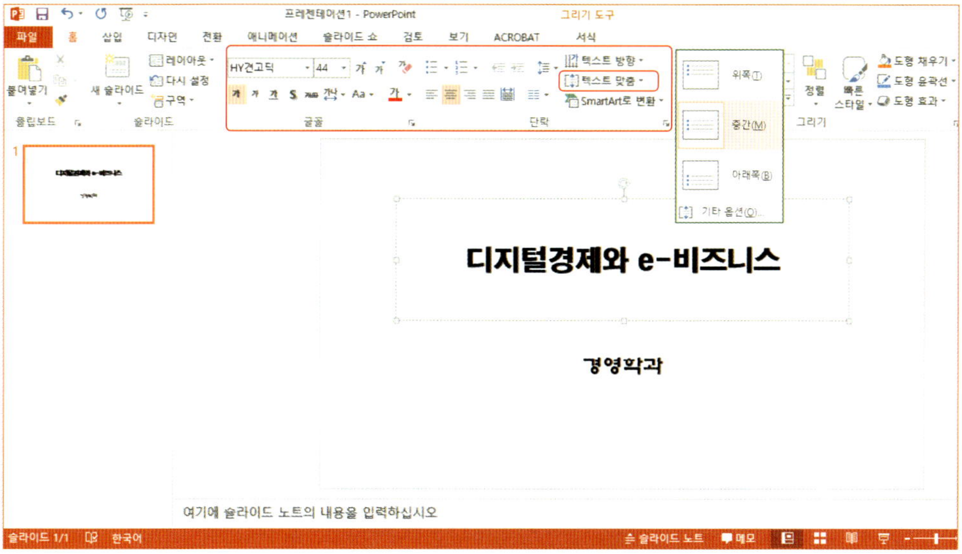

②번 슬라이드

❶ '제목 및 텍스트' 레이아웃 선택 후 텍스트 입력

[홈]－[새 슬라이드] 또는 'Ctrl+M'을 누른 후, 두 번째 슬라이드를 삽입한다. [서식]－[슬라이드 레이아웃] 메뉴를 선택하여 슬라이드의 레이아웃을 변경할 수 있다.

❷ 텍스트 서식 지정

글꼴 서식은 [홈]－[글꼴] 메뉴를 이용하거나, 서식 도구 모음을 이용해서 글꼴과 글자크기를 지정한다. 텍스트 상자를 클릭한 후, 제목 글꼴은 'HY견고딕', 글자크기는 '44', '진하게'로 지정하고, 가운데 정렬한다. 내용 글꼴은 '휴먼옛체', 글자크기는 '32'로 설정한다.

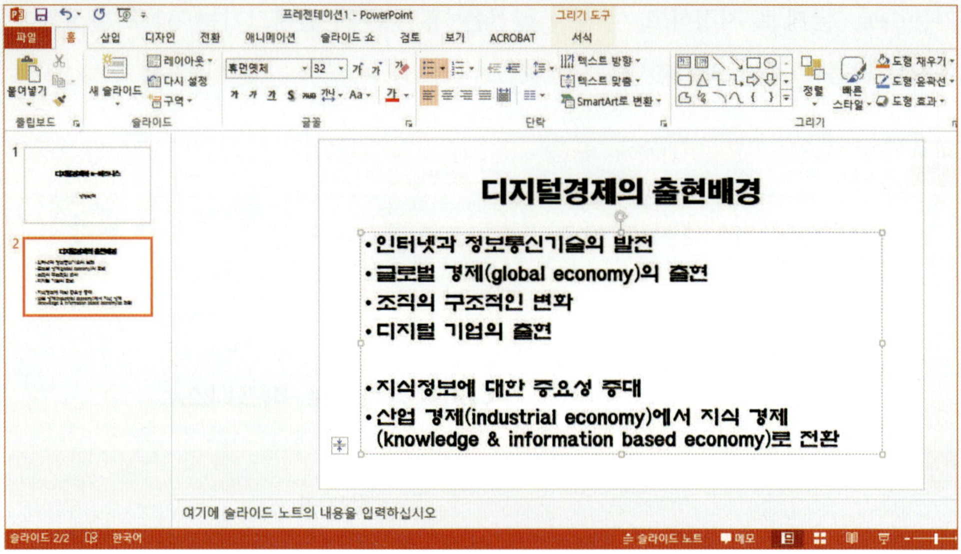

③ 글머리 기호 매기기

글머리 기호를 매기고자 하는 텍스트를 클릭하거나 블록지정한 후, [홈]–[단락]–[글머리 기호 및 번호 매기기] 메뉴를 선택해서 '글머리 기호'를 삽입한다.

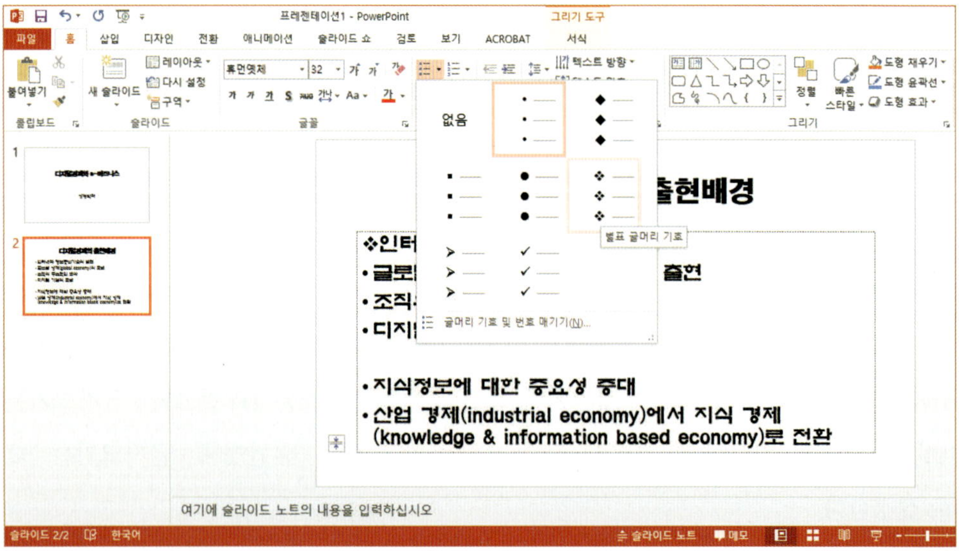

❹ 세부항목 들여쓰기

세부항목을 블록으로 지정한 후, '목록 수준 늘림' 아이콘( )을 누르거나 Tab 키를 누르면 커서가 위치한 줄이 들여쓰기가 되면서, 글자 크기가 '24'로 변경된다. 글자 크기를 '28'로 변경하고, 텍스트 맞춤은 '중간'으로 한다.

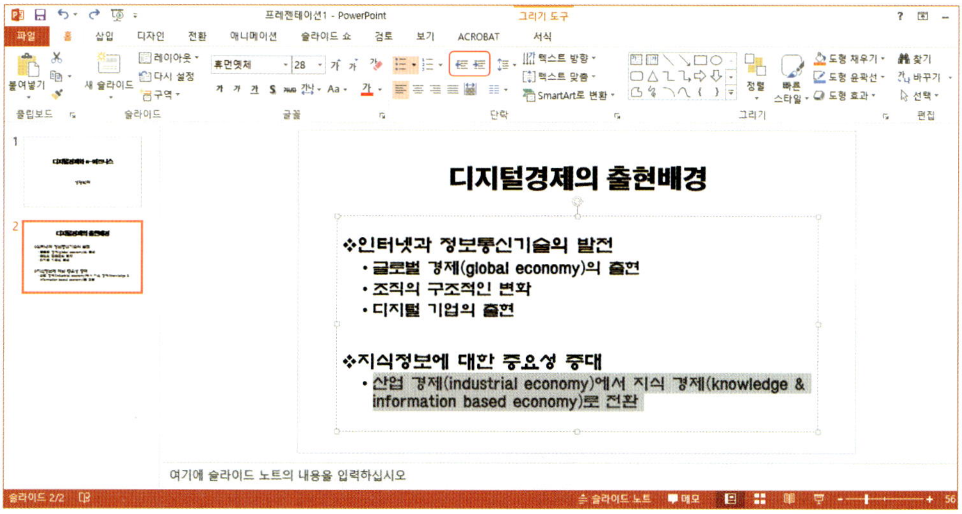

③번 슬라이드

❶ '제목 및 2단 텍스트' 레이아웃 선택 후 텍스트 입력

[삽입]–[새슬라이드] 또는 'Ctrl+M'을 누른 후, 세 번째 슬라이드를 삽입한다. [서식]–[슬라이드 레이아웃] 메뉴에서 '콘텐츠 2개' 레이아웃을 선택한 후 텍스트를 입력한다.

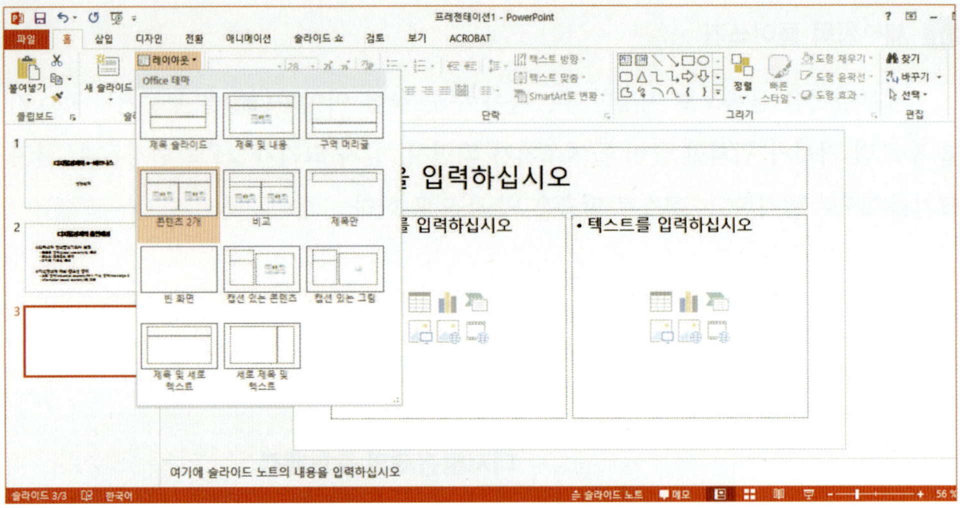

❷ 텍스트 서식 지정

글꼴 서식은 [서식]–[글꼴] 메뉴를 이용하거나, 서식 도구 모음을 이용해서 글꼴과 글자크기를 지정한다. 텍스트 상자를 클릭한 후, 제목 글꼴은 'HY견고딕', 글자크기는 '44', '진하게'로 지정하고, 지정하고, 가운데 정렬한다. 내용 글꼴은 '휴먼옛체', 글자크기는 '32'로 설정한다.

❸ 글머리 기호 매기기

글머리 기호를 매기고자 하는 텍스트를 클릭하거나 블록 지정한 후, [서식]–[글머리 기호 및 번호 매기기] 메뉴를 선택해서 '글머리 기호'를 삽입한다.

❹ 세부항목 들여쓰기

세부항목을 블록으로 지정한 후, '목록 수준 늘림' 아이콘()을 누르거나 Tab 키를 누르면 커서가 위치한 줄이 들여쓰기가 된다. 들여쓰기한 글자 크기는 '28'로 변경한다.

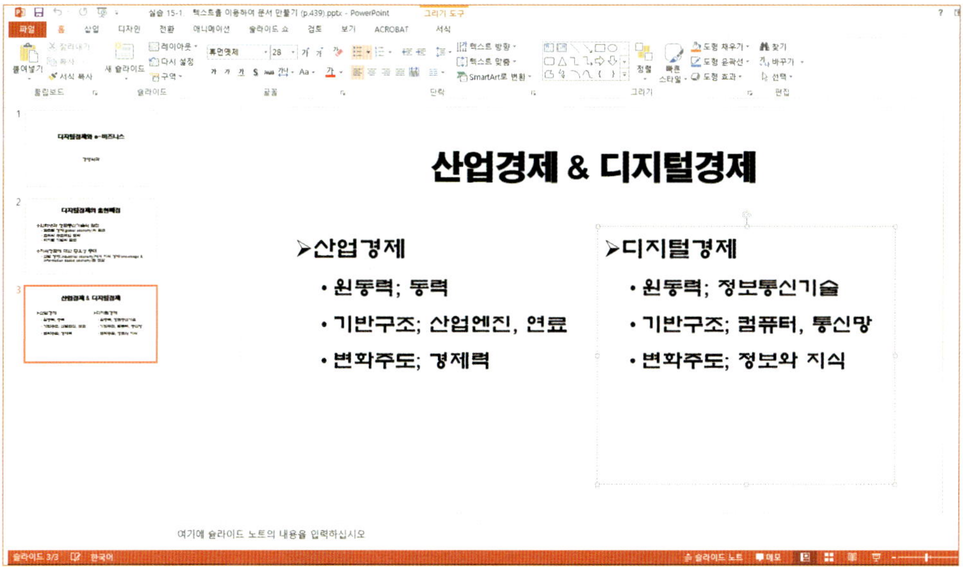
산업경제 & 디지털경제
➢산업경제
• 원동력; 동력
• 기반구조; 산업엔진, 연료
• 변화주도; 경제력
➢디지털경제
• 원동력; 정보통신기술
• 기반구조; 컴퓨터, 통신망
• 변화주도; 정보와 지식
여기에 슬라이드 노트의 내용을 입력하십시오

실습 15-2

도형을 이용하여 문서 만들기

아래의 화면은 '슬라이드쇼' 화면상에 보이는 것이다. 도형의 색깔이나 스타일, 글꼴은 임의로 선택한다.

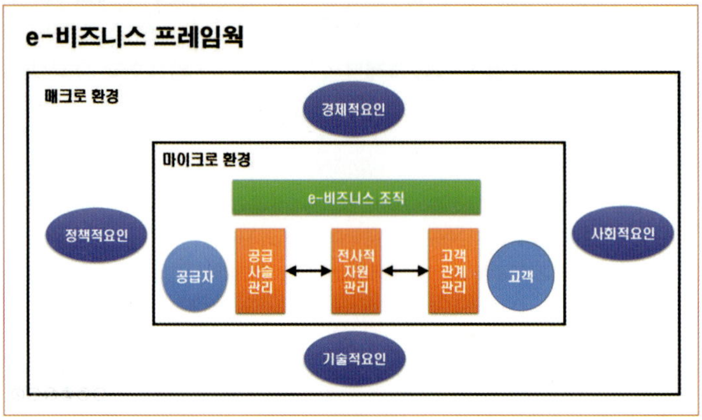

① '제목만 슬라이드' 레이아웃 선택

파워포인트를 실행하면 '제목 슬라이드' 레이아웃이 기본으로 선택된다. [서식]-[슬라이드 레이아웃] 메뉴에서 '제목만' 레이아웃으로 변경한다. '제목을 입력하십시오'라고 쓰여진 부분을 클릭한 후, 'e-비즈니스 프레임웍'을 입력한다. 글꼴은 'HY 견고딕', 글꼴 크기는 '32'로 설정한다. 글꼴을 임의로 선택해도 무방하다.

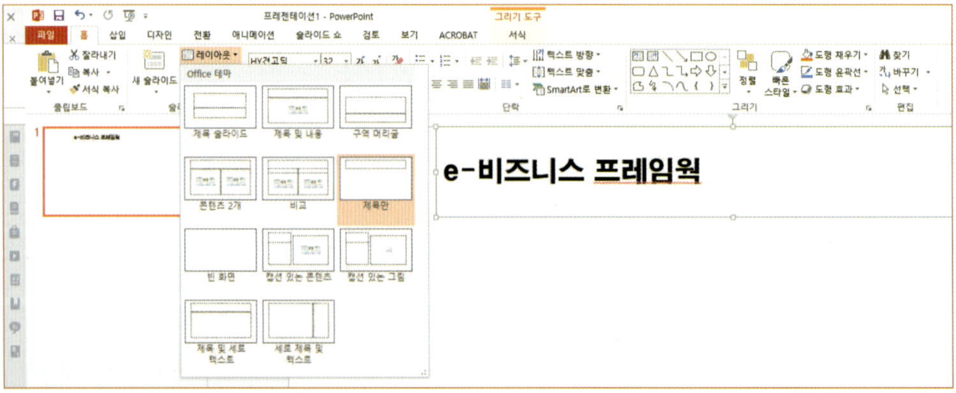

② '도형' 삽입

[삽입]–[도형]에서 '직사각형(□)'을 클릭한 후, 슬라이드에 화살표 방향으로 드래그 한다.

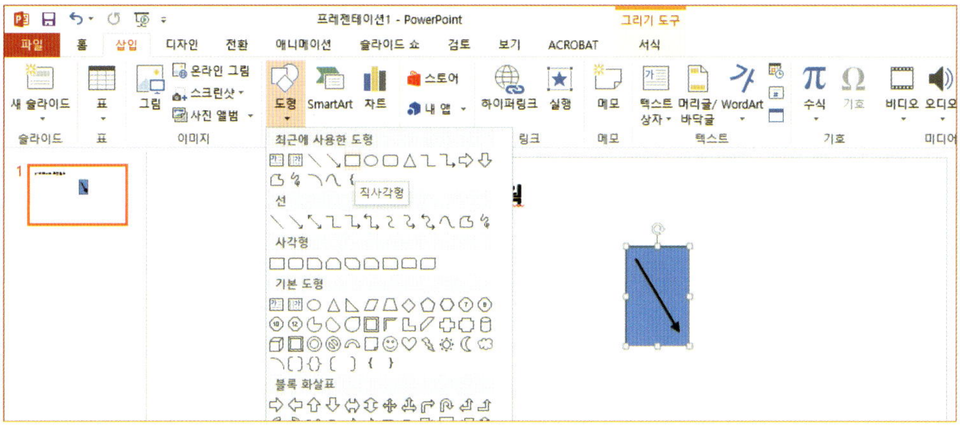

③ 도형 스타일 지정

도형을 선택한 상태에서, 그리기 도구모음의 [서식]–[도형스타일]에서 원하는 스타일을 선택하면 간편하다. 또는 [도형 채우기]에서 색을 선택하거나 [도형 윤곽선]에서 테두리의 굵기, 색깔 등을 선택해도 된다. 그리고 [도형 효과]에서 그림자, 반사, 네온, 입체 효과 등을 선택할 수도 있다.

❹ 도형에 텍스트 입력

도형을 선택한 상태에서, Enter↵ 하거나, 마우스 오른쪽 버튼을 누른 후, '텍스트 편집'을 클릭한다. '공급사슬관리'를 입력한 후, 글꼴은 'HY 헤드라인M', 글꼴 크기는 '18', 글꼴 색은 '흰색'을 선택한다. 글꼴을 임의로 선택해도 무방하다.

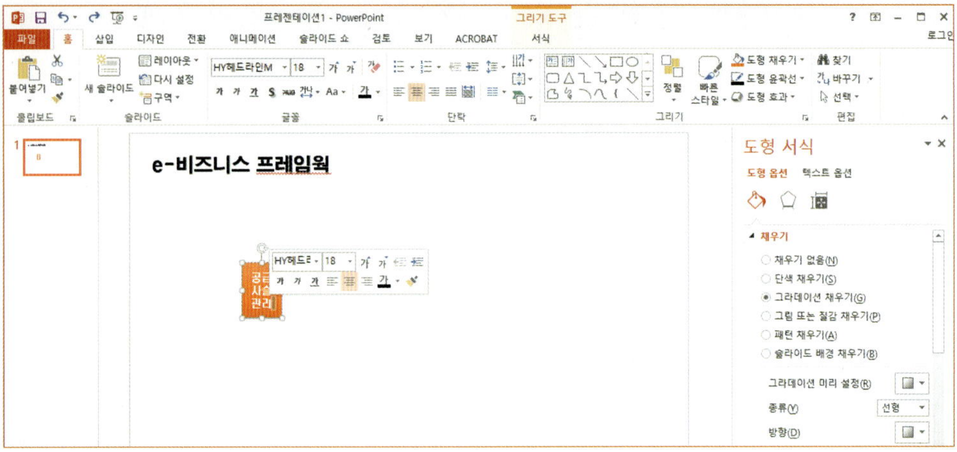

❺ 도형 복사하기

삽입한 도형을 복사하기 위해서 도형을 클릭한 후, Ctrl을 누른 상태에서 도형을 드래그하거나, Ctrl+C(복사하기) → Ctrl+V(붙이기) 한다. 복사한 도형은 텍스트를 수정한다.

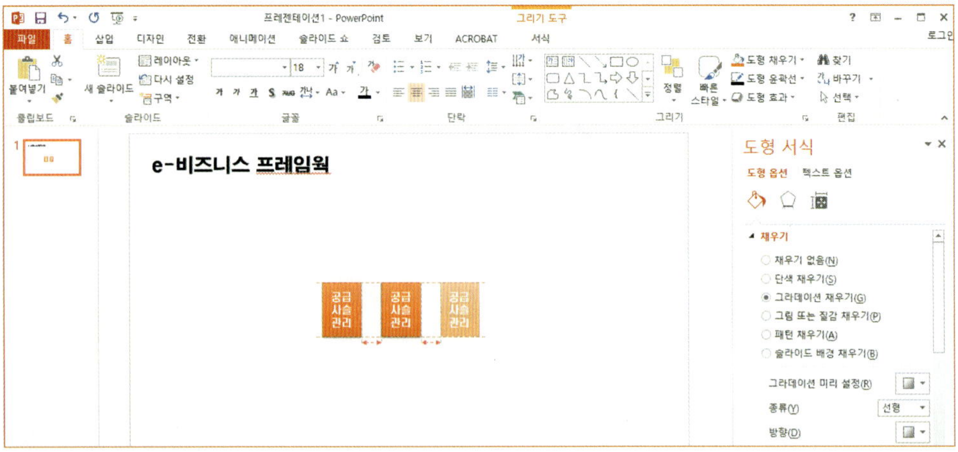

❻ 화살표 그리기

[삽입]–[도형]에서 '양방향 화살표' 아이콘()을 클릭 한 후, 드래그 한다. 그린 화살표를 선택한 후, '도형윤곽선–두께–3pt'를 선택하거나, 우측의 서식 메뉴에서 '두께–3pt'로 수정한다. 그리고 우측의 [도형 서식] 메뉴에서 '화살표 머리 크기와 꼬리 크기'를 수정한다.

❼ 도형 옵션–여백 수정

[삽입]–[도형]에서 '타원()'을 선택한 후, 드래그한 후, 텍스트를 입력하고 글꼴을 수정한다. 이때, 도형에 맞게 텍스트의 크기를 조정하거나, 텍스트에 맞게 도형의 여백을 조정한다.

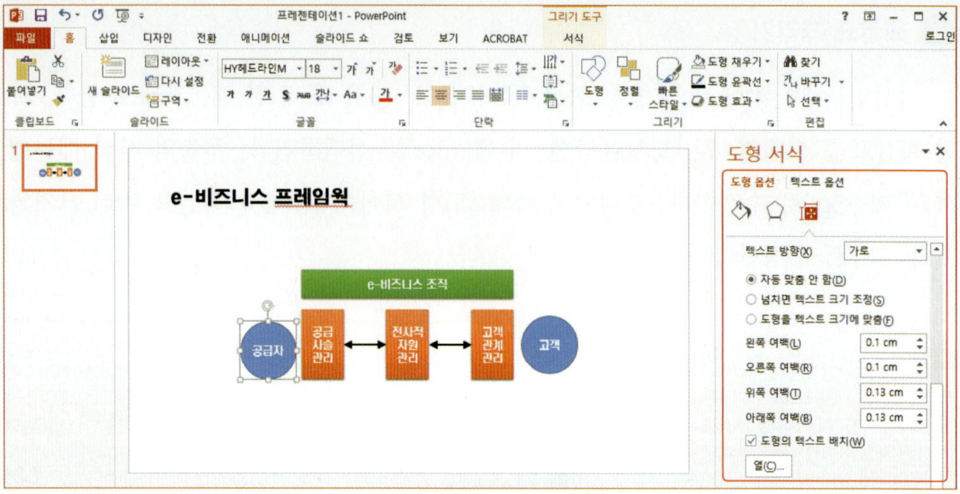

8 도형 삽입

[삽입]–[도형]에서 '직사각형(▭)'을 클릭한 후, 슬라이드에 드래그 한다. [서식]–[도형채우기] 클릭한 후, '채우기 없음'을 클릭하고, [도형윤곽선]에서 '두께–3pt'로 수정한다.

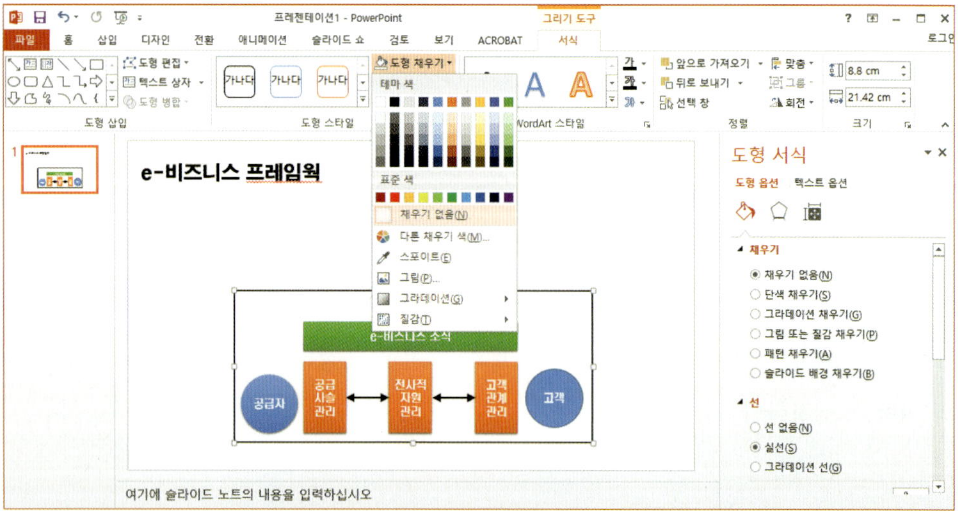

⑨ 텍스트 삽입

메뉴에서 [삽입]-[텍스트]-[텍스트 상자]-[가로 텍스트 상자]를 선택한 후, 드래그한다. 글꼴은 'HY 헤드라인M', 글꼴 크기는 '20'을 선택한다. 나머지 작업은 반복되는 작업이므로, 위의 작업순서를 참고한다.

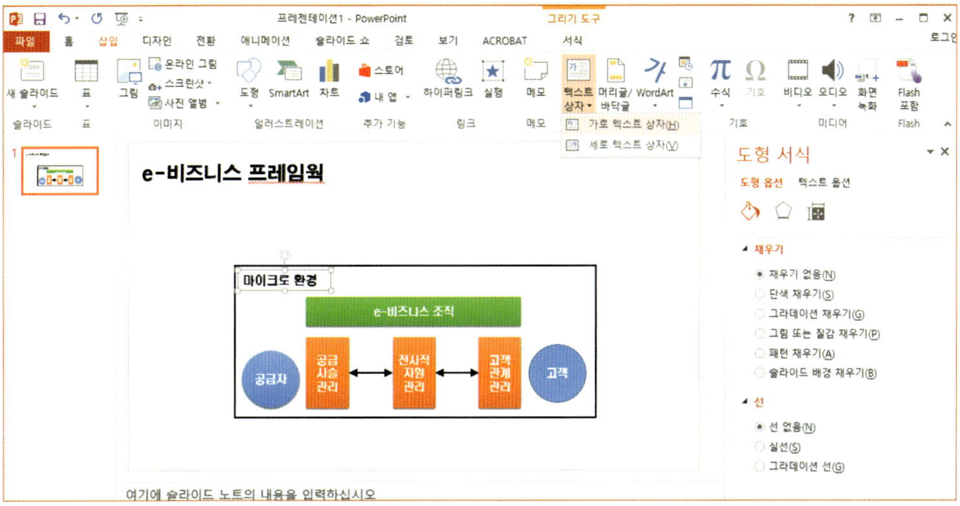

실습 15-3

차트를 이용하여 문서 만들기

'아래의 화면은 '슬라이드쇼' 화면상에 보이는 것이다.

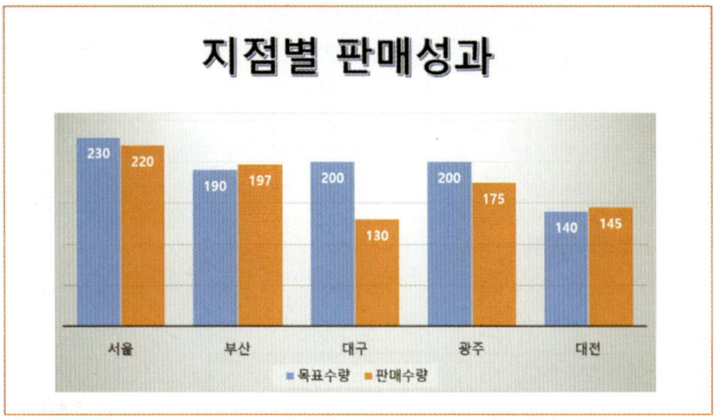

① 워드아트 제목 삽입

레이아웃은 '빈화면'으로 변경한 후, [삽입]–[WordArt] 메뉴에서 워드아트를 삽입하고 제목을 입력한다. [서식]–[텍스트 효과]에서 그림자, 반사, 변환 등 다양한 효과를 적용하고, 워드아트 크기를 드래그하여 조정하거나, [홈]–[글꼴] 탭에서 글자 크기를 '52'로 조정한다.

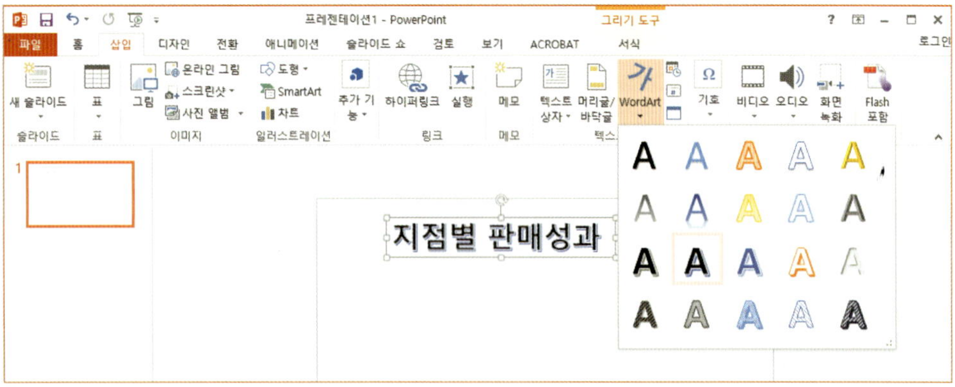

❷ '차트' 삽입

[삽입]–[차트] 메뉴에서 '세로 막대형' 차트를 삽입한다.

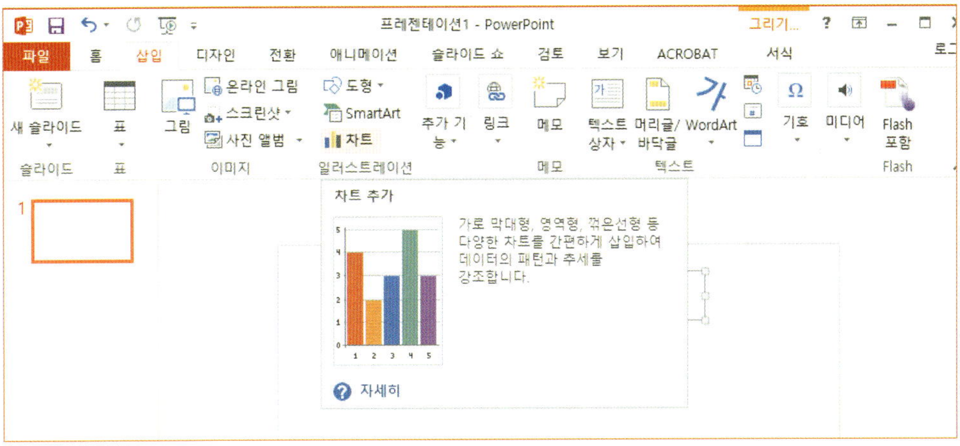

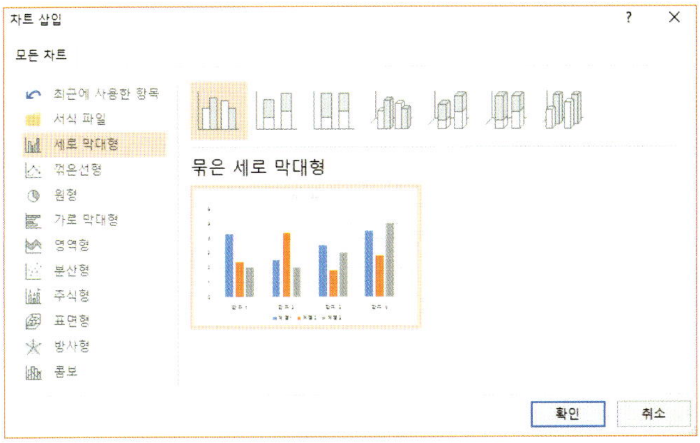

❸ 데이터 입력

차트 작업 화면으로 바뀌면서 엑셀의 데이터 시트가 나타나는데, 여기에 아래의 데이터를 입력한다. 입력한 내용은 바로 그래프에 적용된다. D열은 필요 없는 내용이므로, D열의 머리글을 클릭한 후, 마우스 오른쪽 버튼을 눌러서 '삭제'한다. 데이터 입력이 완료되면, 닫기 단추를 클릭하여 데이터 시트를 닫는다.

지점	목표수량	판매수량
서울	230	220
부산	190	197
대구	200	130
광주	200	175
대전	140	145

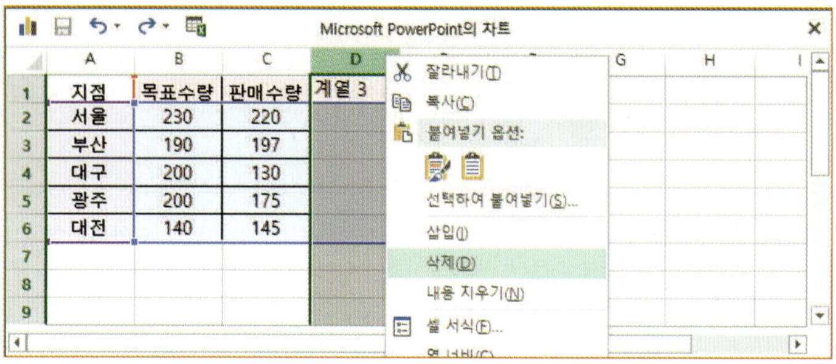

④ 차트 스타일 지정

차트를 선택한 후, [차트 도구]–[디자인] 메뉴에서 '차트 스타일'을 지정하고, [홈]–[글꼴] 탭에서 글자 크기를 '18'로 조정한다.

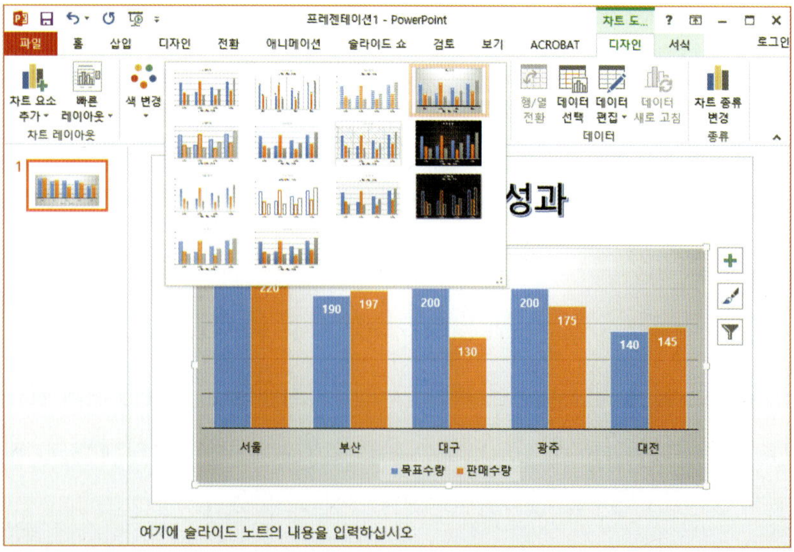

실습 15-4

표를 이용하여 문서 만들기

아래의 화면은 '슬라이드쇼' 화면상에 보이는 것이다.

컴퓨터 활용능력 필기시험 결과

성명	컴퓨터일반	스프레드시트	평가
방민우	78	35	불합격
김진형	90	78	합격
김소연	90	96	합격
유지혜	62	85	합격
최수민	84	90	합격
장우혁	65	50	불합격

컴퓨터 활용능력 필기시험 결과

성명	컴퓨터일반	스프레드시트	평가
방민우	78	35	불합격
김진형	90	78	합격
김소연	90	96	합격
유지혜	62	85	합격
최수민	84	90	합격
장우혁	65	50	불합격

❶ '표' 삽입

'제목 및 내용' 레이아웃으로 변경한 후, '표 삽입'을 클릭한다. 또는 [삽입]−[표]를 선택한다. '표'를 클릭한 후, 열 개수 '4', 행 개수 '7'을 입력한 후 확인한다.

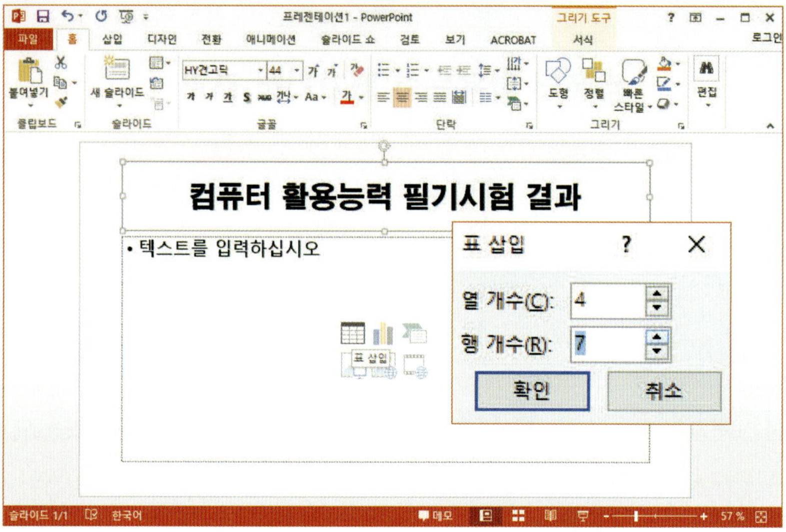

❷ '표' 내용 입력

아래의 데이터 표를 참조하여, 표에 입력한다.

성명	컴퓨터일반	스프레드시트	평가
방민우	78	35	불합격
김진형	90	78	합격
김소연	90	96	합격
유지혜	62	85	합격
최수민	84	90	합격
장우혁	65	50	불합격

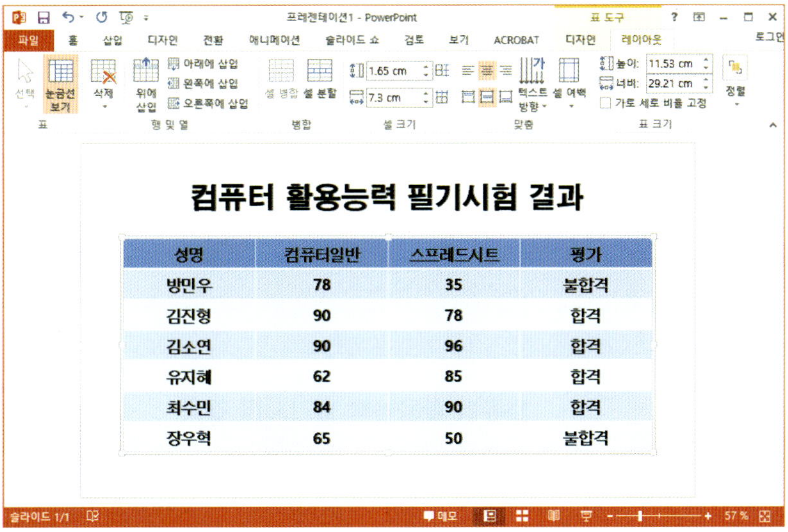

③ 표 스타일 변경

표를 선택한 후 [표 도구]－[디자인]－[표 스타일]에서 '보통 스타일1-강조2'를 선택한다.

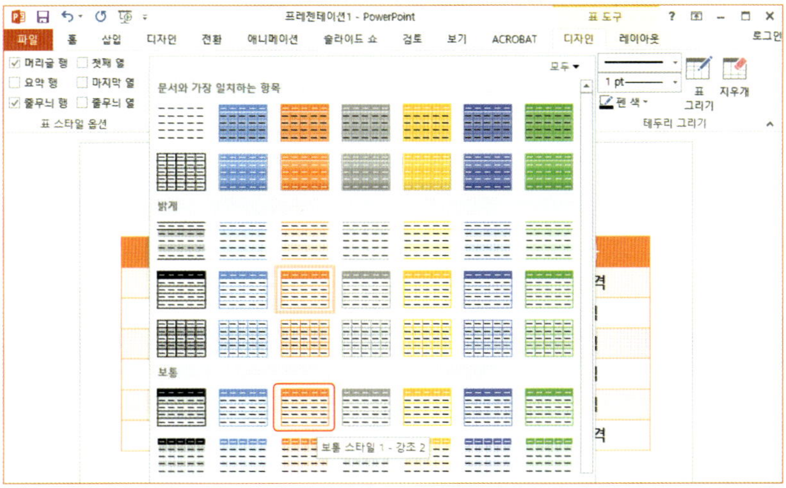

❹ 표 그림으로 저장

표를 선택한 후 마우스 오른쪽 버튼을 누른 후 [그림으로 저장]을 클릭한 후, 저장한다.

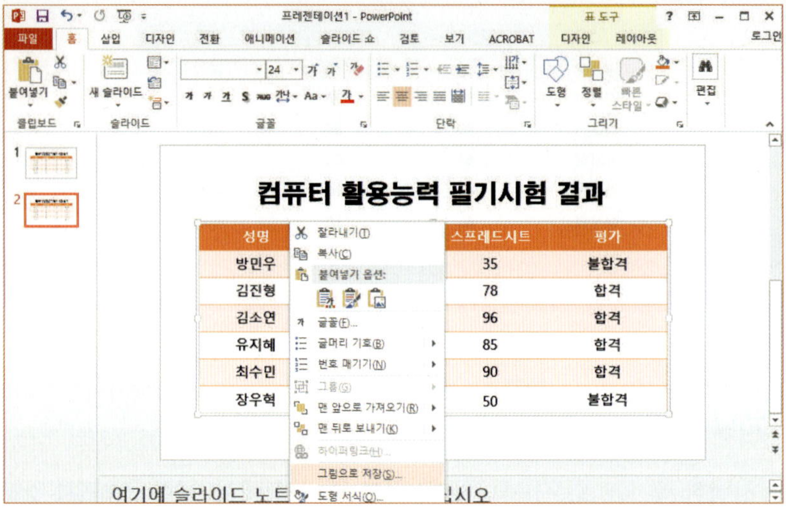

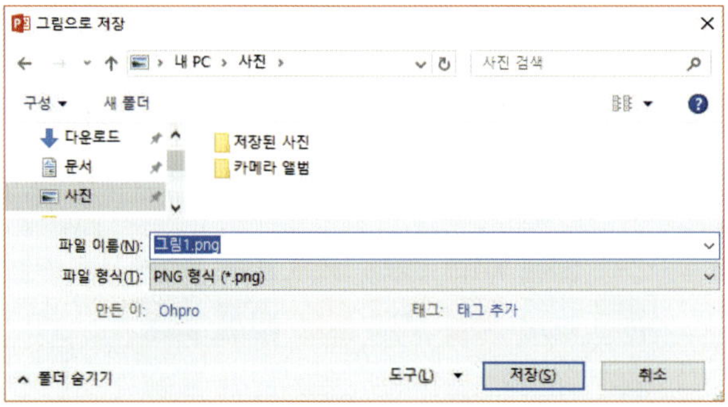

❺ 그림 불러오기

표를 삭제한 후, '그림 삽입'을 클릭하거나 [삽입]-[그림] 메뉴에서 저장한 표그림을 불러온다.

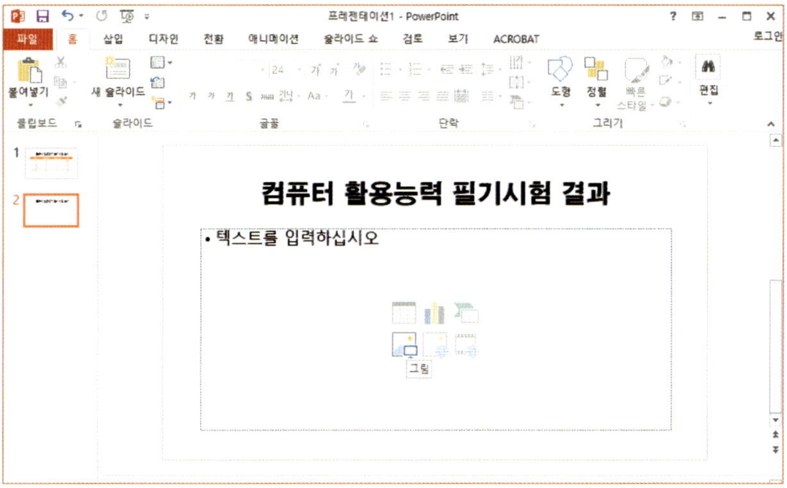

❻ 그림 스타일 변경

그림을 선택한 후 [그림 도구]−[그림 스타일]에서 '둥근 대각선 모서리, 흰색'을 선택한다. 이 외에도 '그림 효과'에서 다양한 효과를 줄 수 있다.

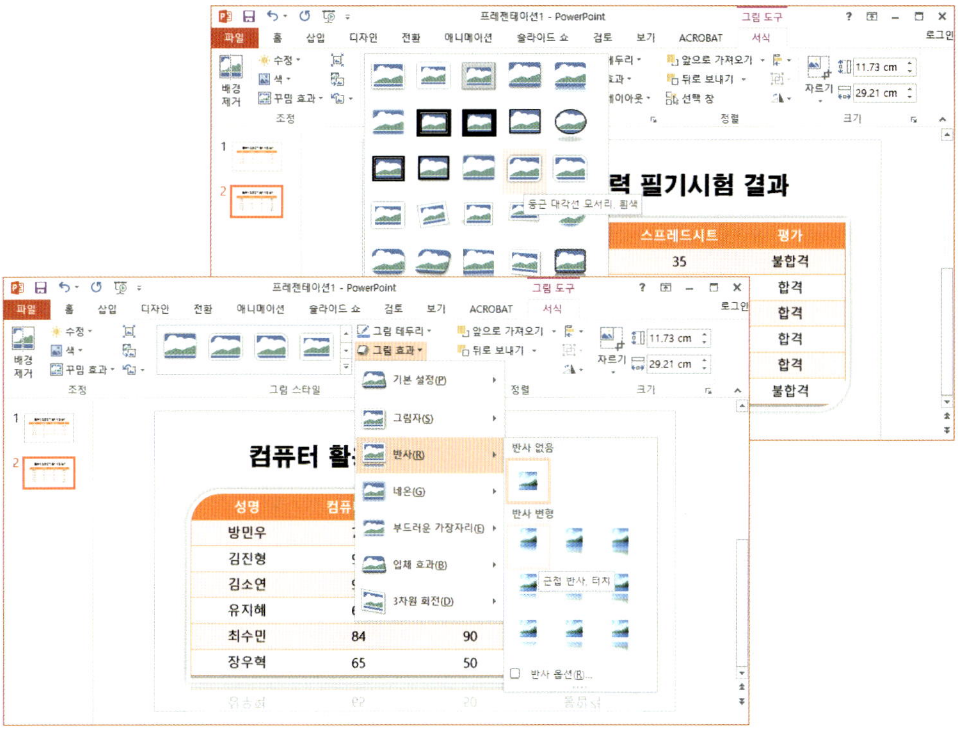

실습 15-5 계층구조형 만들기

아래의 화면은 '슬라이드쇼' 화면상에 보이는 것이다.

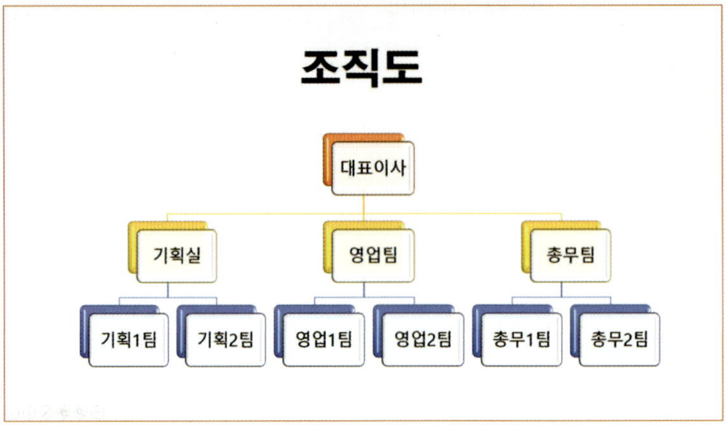

❶ '계층구조형' 삽입하기

'제목만' 레이아웃으로 변경한 후, [삽입]−[스마트아트]를 클릭한다. [계층 구조형] 스마트아트를 선택한 후 확인한다.

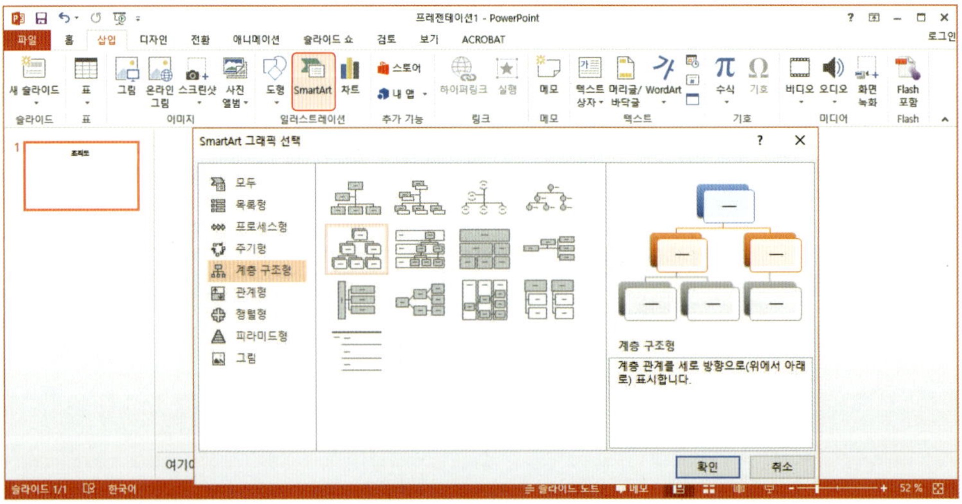

❷ '동일 수준 도형' 추가

텍스트를 클릭하고 대표이사 등을 입력한다. 영업1팀 옆에 영업2팀을 추가해야 하므로, 영업1팀을 클릭하고 마우스 오른쪽 버튼을 누른후, '도형 추가'–'뒤에 도형 추가'를 클릭한다. 마찬가지로 영업팀 옆에 총무팀을 추가해야 하므로, 영업팀을 클릭하고 마우스 오른쪽 버튼을 누른후, '도형 추가'–'뒤에 도형 추가'를 클릭한다.

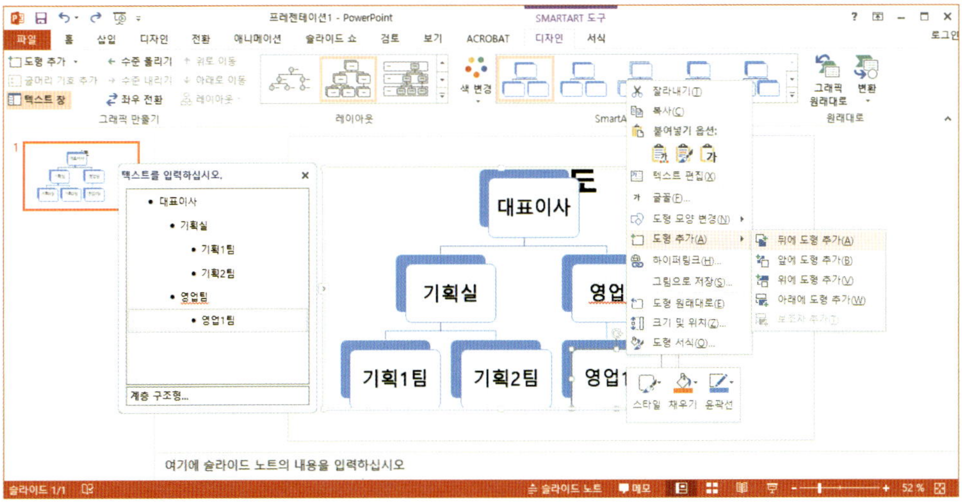

❸ '하위 수준 도형' 추가

총무팀 아래에 총무1팀과 총무2팀을 추가해야 하므로, 총무팀을 클릭하고 마우스 오른쪽 버튼을 누른후, '도형 추가'–'아래에 도형 추가'를 클릭한다. 그리고, 총무1팀 옆에 총무2팀을 추가해야 하므로, 총무1팀을 클릭하고 마우스 오른쪽 버튼을 누른후, '도형 추가'-'뒤에 도형 추가'를 클릭한다.

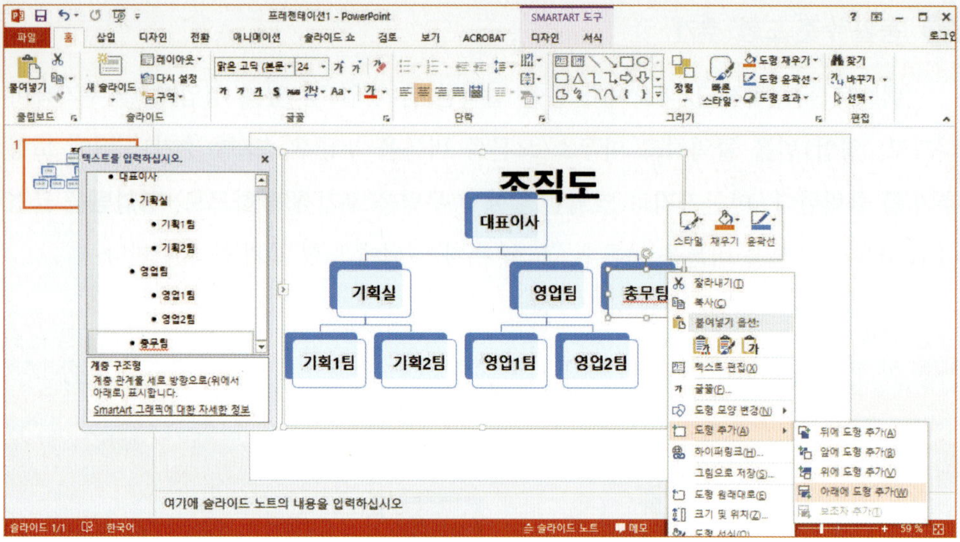

❹ '디자인' 바꾸기

[스마트아트 도구]-[스마트아트 스타일] or [색변경]에서 스마트아트 스타일(3차원 경사)과 색(강조색 3 또는 4)을 변경한다.

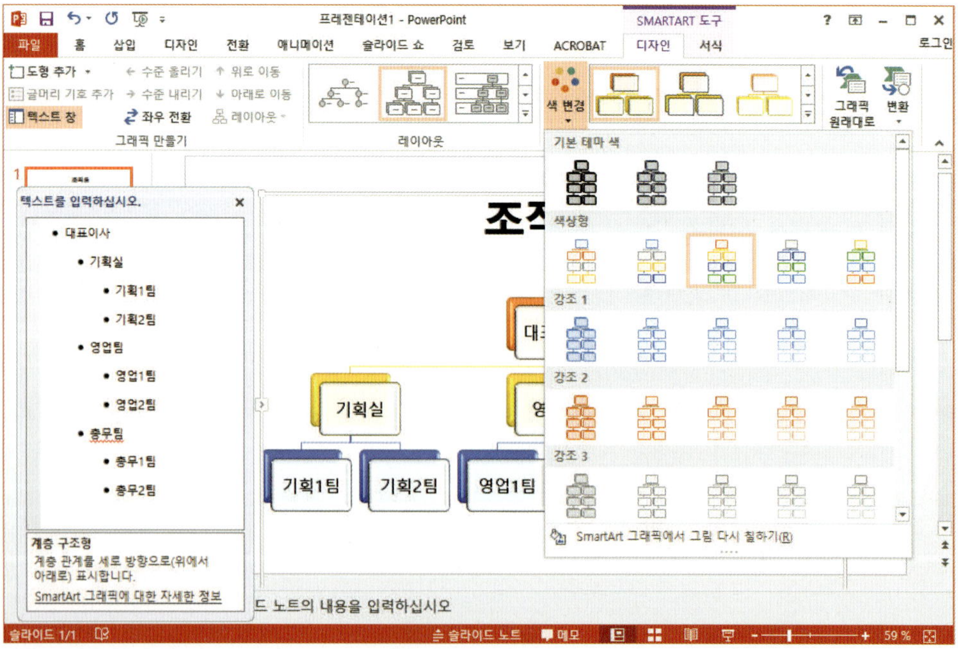

실습 15-6 온라인 그림과 스마트아트

아래의 화면은 '슬라이드쇼' 화면상에 보이는 것이다.

① '온라인 그림' 삽입하기

'제목만' 레이아웃으로 변경한 후, [삽입]-[온라인 그림]를 클릭한다. 검색어에 '환호'를 입력하고 이미지를 클릭한 후, '삽입'한다.

❷ '세로 곡선 목록형' 스마트아트 삽입하기

[삽입]−[스마트아트]를 클릭한 후, '세로 곡선 목록형' 스마트아트를 클릭하고 확인한다.

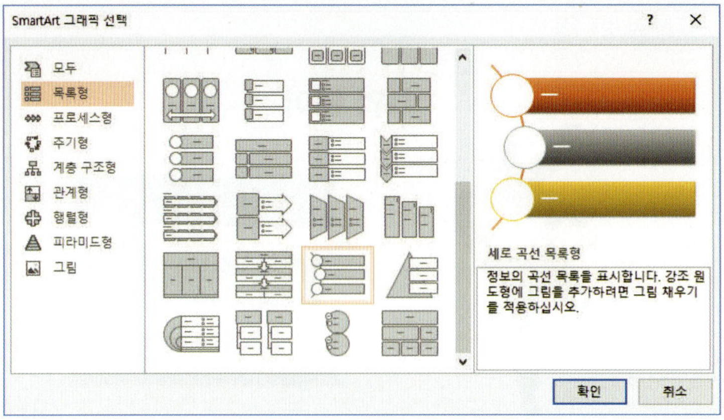

❸ '디자인' 바꾸기

[스마트아트 도구]−[스마트아트 스타일] or [색변경]에서 스마트아트 스타일(광택 처리)과 색(강조색 5 또는 6)을 변경한다.

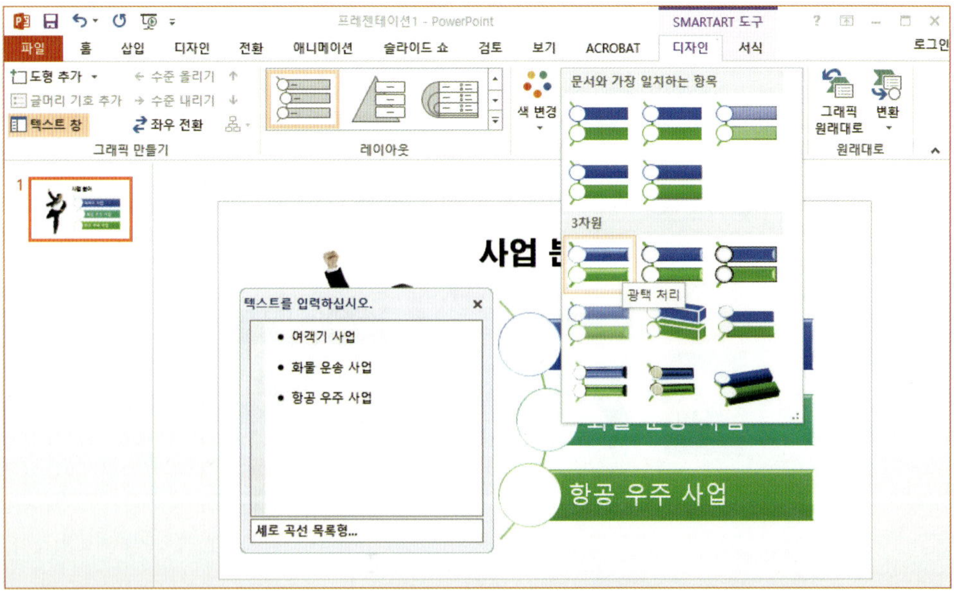

실습 15-7

동영상 삽입하기

아래의 화면은 '슬라이드쇼' 화면상에 보이는 것이다.

① '동영상' 삽입하기

'제목만' 레이아웃으로 변경한 후, [삽입]–[온라인 비디오]를 클릭한다. 검색어에 '재미있는 영상'을 입력하고 동영상을 클릭한 후, '삽입'한다. 유튜브의 모든 동영상이 재생되는 것은 아니므로 동영상을 다운로드 받은 후 삽입한다.

② '동영상' 재생하기

삽입된 동영상을 드래그하여 크기를 조절한 후, 더블클릭 한 후 재생한다.

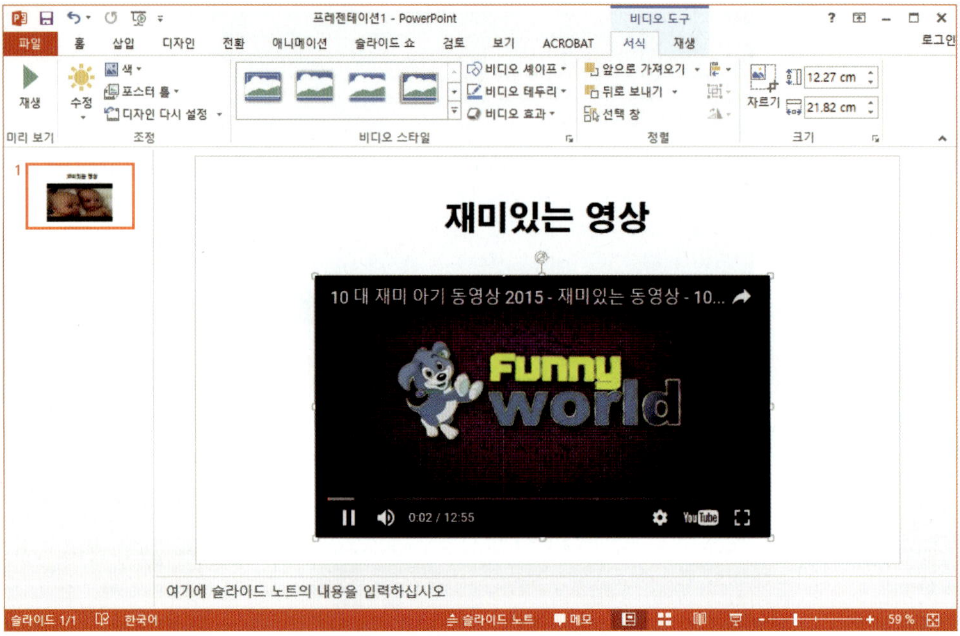

C · h · a · p · t · e · r

16 프레젠테이션 완성

파워포인트를 실행하면 기본 배경색이 흰색으로 설정된다. 물론 유인물을 만들거나 웹 프레젠테이션만 생각하면 배경색을 흰색으로 깔끔하게 정리하는 것도 나쁘지 않다. 하지만 대부분 프레젠테이션은 빔 프로젝터를 이용하기 때문에 주위가 어두운 경우가 많다. 이런 경우 청중이 집중할 수 있도록 배경이나 서식을 조절하는 방법을 찾아야 한다. 물론 슬라이드 배경에 맞춰 슬라이드에 삽입한 개체(텍스트, 도형, 클립아트, 차트 등)의 색상을 조절해야 한다.

프레젠테이션 문서는 슬라이드를 여러 장 모아놓은 것이다. 이런 슬라이드에 디자인을 적용하거나 변경하려면 어떻게 할까? 각 슬라이드에 일일이 디자인을 적용한다고 생각해 보자. 물론 서너 장짜리 슬라이드라면 전혀 문제되지 않는다. 하지만 10장이 넘는 슬라이드라면? 동일한 작업을 10번 반복해야 한다. 게다가 적용된 디자인을 수정하려면? 역시 같은 작업을 10번 반복해야 한다.

이런 비효율적인 작업을 해소하기 위해 파워포인트는 슬라이드 디자인을 한꺼번에 적용하고 변경할 수 있는 디자인 서식 기능과 마스터 기능을 제공한다. 이 기능은 문서 작업의 효율을 높여줄 뿐만 아니라, 일관성 있는 서식 관리를 가능하게 해준다. 디자인 서식 파일을 이용하면 배경뿐만 아니라 글꼴도 한꺼번에 바꿀 수 있다. 또한 각 디자인 서식파일에서 제공하는 색 구성표를 이용해서 사용자가 원하는 색을 한 번에 바꿔줄 수도 있다. 마스터 기능을 이용하면 회사 로고, 슬라이드 번호, 날짜 등을 매 슬라이드마다 삽입할 수 있다.

16.1 디자인 서식 파일

디자인 서식 파일을 적용하면 슬라이드 배경뿐만 아니라 슬라이드에 삽입한 개체와 글머리표 색상 등을 변경할 수 있다. 또한 디자인 서식 파일을 사용하지 않고 슬라이드 배경색만 변경하거나 도형에 그라데이션 효과를 주거나 질감, 무늬, 그림 등으로 채우기 효과를 줄 수도 있다.

1 슬라이드 배경색 꾸미기

슬라이드 배경색 지정

슬라이드 배경색을 지정하려면 먼저 [디자인]−[배경스타일]−[배경서식] 메뉴를 선택한다. 배경서식 대화상자가 나타나면 ① 배경서식 항목 색버튼을 눌러 색상을 선택하거나 ② [색] 메뉴를 누른다. 색 대화상자가 나타나면 원하는 색을 선택할 수 있다.

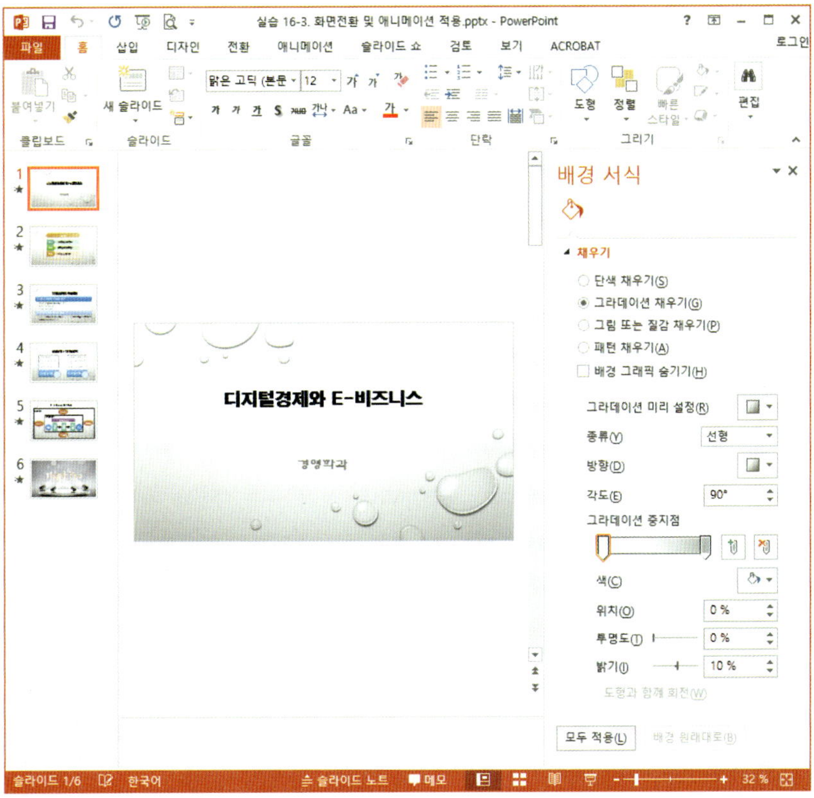

슬라이드 배경에 채우기 효과 지정

[디자인]–[배경스타일]–[배경서식] 메뉴를 선택한 후 대화상자가 나타난다.

❶ **단색으로 채우기:** 슬라이드 배경을 하나의 단색으로만 지정할 수 있다.

❷ **그라데이션으로 채우기:** '단색으로 지정'은 한 가지 색을 선택하고, 어둡거나 밝게 지정하는 것으로, 색상 변화 효과를 준다. '두 가지 색 지정'은 두 색 사이의 색상 변화를 준다. 기본 설정색 지정은 파워포인트에서 이미 지정한 색상 변화 효과를 주는 것이다.

❸ **그림 또는 질감으로 채우기:** 파워포인트에서 제공하는 질감 목록에서 선택하거나 [다른 질감] 버튼을 눌러서 원하는 그림 파일을 불러와서 지정할 수 있다.

❹ **배경 그래픽 숨기기:** 배경 그래픽 숨기기를 선택하게 되면 배경이 되는 이미지를 숨길 수 있다.

2 슬라이드 디자인

디자인 서식 파일을 적용하면 슬라이드 전체의 배경 꾸미기뿐만 아니라, 글꼴, 글자 크기, 개체 서식, 색, 마스터 등도 지정할 수 있다. 따라서 짧은 시간에 완성도 높은 프레젠테이션을 만들 수 있다.

[디자인]-[테마] 메뉴를 선택한다. 작업창에 슬라이드 디자인 서식 파일이 나타난다.

작업창은 크게 ① 사용자 지정, ② 기본제공, ③ Microsoft Office Online의 다른 테마, ④ '찾아보기'를 클릭해서 목록에 없는 서식 파일을 불러와 적용할 수도 있다. 하지만 이 경우는 해당 서식이 전체 슬라이드에 적용된다. 서식 파일의 확장자는 pot 고, 서식 파일 이름은 상태 표시줄에 나타난다.

적용시킬 서식의 드롭다운 단추를 누르고 [모든 슬라이드에 적용] 메뉴를 클릭하면 모든 슬라이드에 디자인이 적용되며, [선택한 슬라이드에 적용] 메뉴를 클릭하면 선택한 슬라이드에만 디자인이 적용된다.

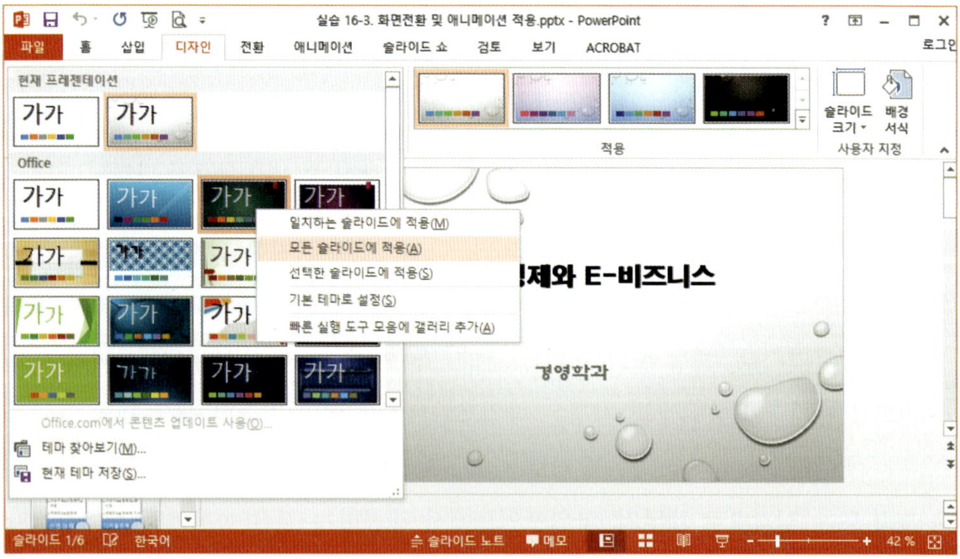

3 슬라이드 색 구성표 지정/편집

슬라이드 색 구성표 지정

[디자인]–[테마] 창에서 '색'을 클릭하면 현재 디자인 서식 파일에 적용할 수 있는 색 구성표 목록이 표시된다. 디자인 서식 파일에 따라 색 구성표 목록은 다르다. 색 구성표 목록에서 적용하려는 색 구성의 드롭다운 버튼을 누른다.

[마스터에 적용] 메뉴를 선택하면 슬라이드 마스터가 하나 더 추가되고, 선택된 슬라이드와 동일한 디자인 서식이 지정된 슬라이드에만 적용된다. 색을 선택한 후 마우스 오른쪽 버튼을 누르면 [모든 슬라이드에 적용] 메뉴를 선택하면 모든 슬라이드에 적용되며, [선택한 슬라이드에 적용] 메뉴를 선택하면 현재 선택한 슬라이드에만 적용된다.

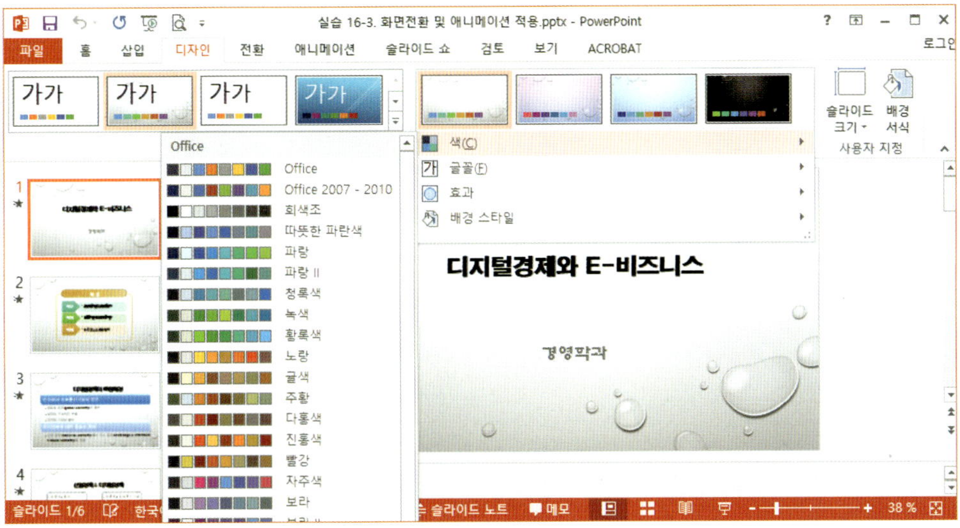

슬라이드 색 구성표 편집

디자인-색-새 테마 색 만들기를 누르면 새 테마 색 만들기 편집 대화상자가 나타난다. 여기서 색 구성표의 색을 임의로 바꿀 수 있다.

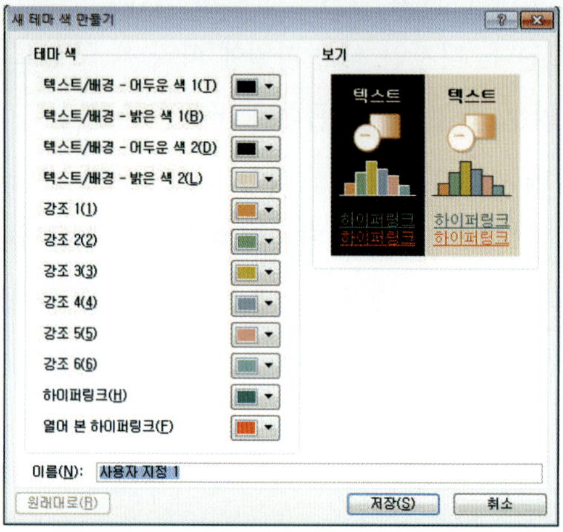

16.2 마스터

마스터 기능은 슬라이드에 일정한 서식을 설정할 때 사용한다. 마스터를 이용하면 회사 로고, 슬라이드 페이지, 날짜 등을 한꺼번에 입력할 수 있다. 슬라이드 마스터에서 슬라이드의 제목과 문자색, 크기, 바탕색 서식 등을 변경하면 이 변경된 사항이 모든 슬라이드에 기본 값으로 적용된다. 마스터 종류는 ① 슬라이드 마스터, ② 제목 마스터, ③ 유인물 마스터, ④ 슬라이드 노트 마스터가 있다.

슬라이드 마스터

슬라이드 마스터는 [보기]−[마스터 보기]−[슬라이드 마스터] 메뉴를 클릭하면 나타난다. 디자인 서식 파일에 적용된 도형이나 그림, 슬라이드 배경 등을 편집할 수 있다.

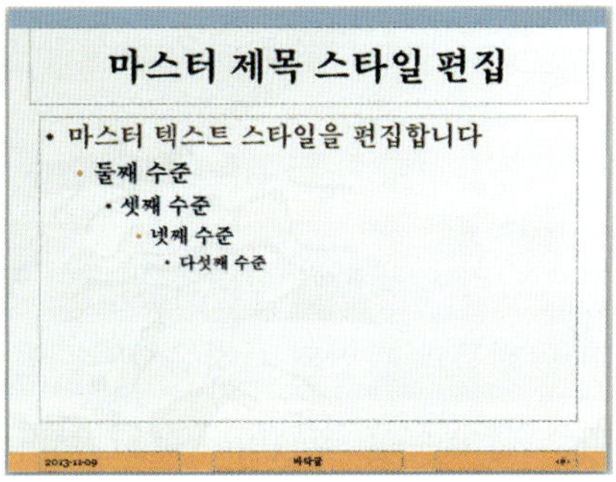

❶ **마스터 제목 스타일 편집 상자:** 동일한 형태의 제목 텍스트를 표시해야 하는 경우, 여기서 제목의 글꼴, 글자 크기, 글꼴색, 채우기 색, 그림자 등을 지정하면 제목 슬라이드를 제외한 모든 슬라이드가 변경된다. 텍스트 상자의 위치도 옮기면 그대로 적용된다.

❷ **마스터 텍스트 스타일 편집 개체 틀:** 5단계 수준마다 글머리 기호를 원하는 것으로 지정하면 슬라이드에 그대로 적용된다.

❸ **날짜 영역, 바닥글 영역, 번호 영역:** 개체 틀을 슬라이드에 표시하고자 하는 위치로 옮길 수 있고, 글꼴의 형태를 변경할 수 있다. 다른 내용을 덧붙여 삽입해도 된다.

제목 마스터

슬라이드 마스터 화면 왼쪽의 슬라이드 개요 창에서 선택할 수 있다. 마찬가지로 디자인 서식 파일에 적용된 도형이나 그림, 슬라이드 배경 등을 편집할 수 있다.

제목 마스터가 없는 경우에는 슬라이드 마스터 보기 도구 모음 중 새 제목 마스터 삽입 버튼을 눌러 삽입할 수 있다. 제목 마스터는 슬라이드 레이아웃의 '제목 슬라이드'로 설정된 슬라이드에만 적용된다.

유인물 마스터

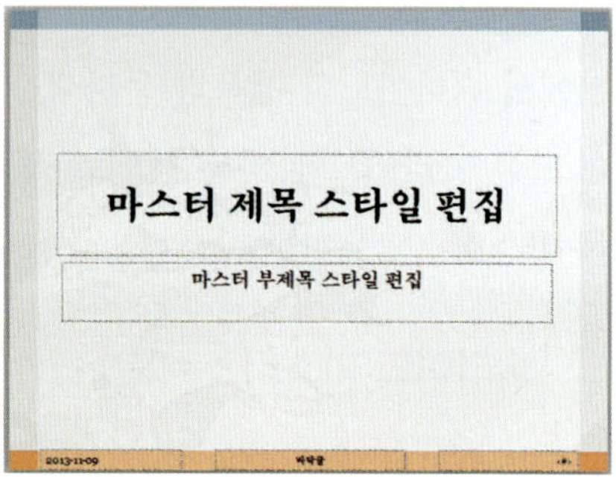

작성한 슬라이드를 청중이 나중에 활용할 수 있도록 유인물로 인쇄할 수도 있다. [보기]-[프레젠테이션 보기]-[슬라이드 마스터] 메뉴를 선택하거나 Shift키를 누른 상태에서 여러 슬라이드 보기 버튼을 누르면 볼 수 있다. 유인물 인쇄 시 표시할 페이지 번호, 날짜/시간, 머리글, 바닥글을 작성할 수 있다.

슬라이드 노트 마스터

슬라이드 관련 설명을 입력한 경우 슬라이드 노트를 인쇄한다. 이때 슬라이드 노트 인쇄물과 관련된 설정을 할 수 있다. [보기]-[프레젠테이션 보기]-[슬라이드 노트 마스터] 메뉴를 선택한다. 마찬가지로 인쇄할 때 표시할 페이지 번호, 날짜/시간, 머리글, 바닥글을 작성할 수 있다.

머리글과 바닥글 설정

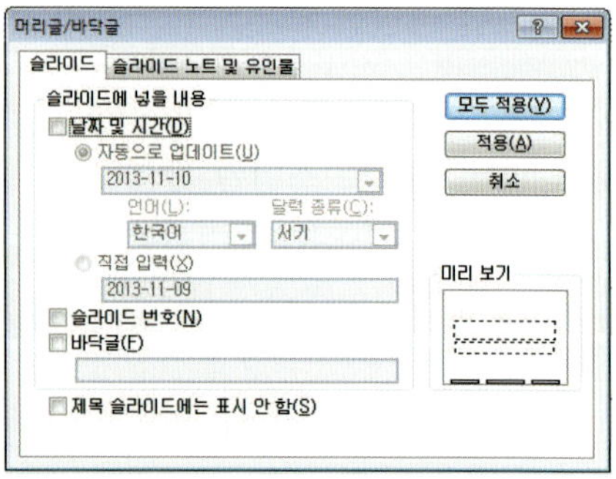

머리글과 바닥글은 슬라이드, 유인물, 개요 또는 슬라이드 노트 페이지에 표시할 텍스트 또는 데이터(슬라이드 번호, 페이지 번호, 날짜 등)를 말한다. 머리글/바닥글 대화상자를 사용하여 한 번 추가하면 모든 슬라이드나

페이지에 적용된다. [삽입]–[텍스트]–[머리글/바닥글] 메뉴를 선택한다.

❶ 날짜 및 시간, 슬라이드 번호 또는 바닥글 옵션을 선택하고, 필요한 경우 텍스트를 직접 입력한다.

❷ 자동으로 업데이트를 선택하면 프레젠테이션을 열거나 인쇄하거나 실행할 때마다 날짜와 시간이 업데이트 된다.

❸ 선택한 각 옵션은 미리 보기 창에서 굵은 테두리 윤곽선으로 나타난다.

❹ 머리글과 바닥글이 제목 슬라이드에 나타나지 않게 하려면 '제목 슬라이드에는 표시 안함' 옵션을 선택한다.

16.3 화면 전환과 애니메이션 효과

프레젠테이션할 때 필요한 인쇄물은 청중이 참고할 수 있도록 슬라이드 내용을 요약해서 만든 유인물과 발표자가 참고할 수 있도록 작성한 슬라이드 노트다. 유인물 인쇄는 한 페이지에 여러 개의 슬라이드를 인쇄할 수 있다. 슬라이드 노트가 각 슬라이드에 대한 설명을 슬라이드 노트 창에 따로 입력해 놓았다면 슬라이드와 설명을 함께 인쇄할 수 있다.

화면 전환은 프레젠테이션 도중에 다음 슬라이드로 화면이 바뀔 때 설정하는 효과다. 또한 다양한 전환 효과를 줄 수 있어 가장 많이 쓰이는 것이 파워포인트 애니메이션 효과다. 슬라이드에 삽입한 개체(텍스트, 도형, 그림, 차트 등)에 애니메이션을 설정해서 중요한 부분을 강조하거나 프레젠테이션 흐름을 조절함으로써 프레젠테이션에 재미를 더할 수 있다.

1 화면 전환 효과

[전환]–[슬라이드 화면 전환] 메뉴를 선택한다.

화면 전환 작업창

화면 전환 작업창의 화면 전환 효과 목록에서 원하는 효과를 클릭하면 선택된 슬라이드에 선택한 효과가 적용된다. 미리보기 옵션이 체크되어 있으면 전환 효과가 반영된 것을 화면에서 바로 볼 수 있다.

❶ **미리보기**: 슬라이드 쇼를 실행하기 전에 선택한 슬라이드 화면 전환을 미리 확인할 수 있다.

❷ **슬라이드 화면 전환**: 화면 전환 시점을 마우스를 클릭할 때로 설정하거나 일정한 시간이 지나면 자동으로 화면이 전환되게 설정할 수 있다. 두 가지를 모두 선택하면 지정한 시간이 되지 않아도 마우스를 클릭하면 화면이 전환된다. 물론 마우스를 클릭하지 않아도 지정한 시간이 지나면 화면이 전환된다.

❸ **타이밍**: 화면 전환 시 사용할 소리나 적용시간, 화면 전환방법 등을 설정할 수 있다. 효과 목록 중 하나를 클릭하면 현재 선택한 슬라이드에만 적용된다. 하지만 모두 적용 버튼을 누르면 모든 슬라이드에 적용된다.

화면 전환 효과

화면 전환은 슬라이드 쇼 보기에서 슬라이드를 이동할 때 표시되는 애니메이션과 같은 효과이다. 전체 슬라이드 또는 각각의 슬라이드에 대해 전환 방법이나 시간, 소리, 속도, 간격 등을 설정할 수 있다. 설정한 화면 효과는 미리 보기를 이용하여 슬라이드 쇼를 진행하지 않아도 편집 화면에서 확인할 수 있다. 슬라이드 화면 전환 효과에는 ① 은은한 효과, ② 화려한 효과, ③ 동적 콘텐츠 등이 있고, 선택한 효과에 따라 다시 옵션을 선택할 수도 있다.

화면 전환을 적용할 때 주의할 사항

디자인 서식 파일이 적용된 상태에서 화면 전환 효과를 사용할 때는 지나치게 요란한 효과가 적용되지 않게 한다. '덮기'나 '밀어내기' 효과는 전체적인 움직임을 주는 효과라 화면이 산만해 보일 수 있고, 슬라이드 쇼를 진행하다가 끊어지는 문제가 생길 수도 있다.

애니메이션 효과와 화면 전환 효과는 적절히 조화를 이루어야 한다. 두 효과를 이용하면 더욱 멋진 슬라이드 쇼를 연출할 수 있지만, 과도한 경우 역효과를 낼 수 있다.

2 애니메이션 효과

애니메이션 효과 작업창

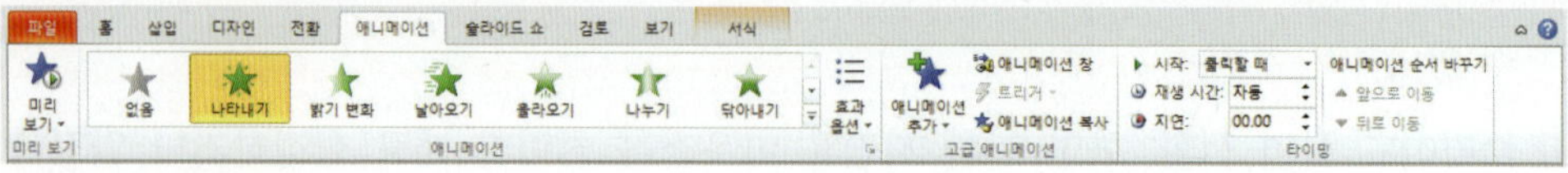

❶ **미리 보기:** 슬라이드 쇼를 실행하기 전에 선택한 애니메이션에 대한 미리 보기를 실행하거나 중지시킬 수 있다.

❷ **애니메이션 및 고급 애니메이션:** 여러 가지 애니메이션 효과와 추가 대화상자를 이용하여 개체에 적용할 애니메이션을 선택하거나 방향이나 모양 등의 옵션을 선택할 수 있다. 고급 애니메이션에서는 다른 애니메이션을 추가하거나 [애니메이션] 창을 이용하여 여러 가지 옵션을 설정할 수 있다.

❸ **타이밍:** 애니메이션의 시작방법과 재생시간, 지연시간 등을 설정하고 애니메이션의 순서를 변경한다.

애니메이션 효과 구성

애니메이션은 슬라이드에 삽입된 개체에 지정되는 애니메이션을 한 번에 설정하는 기능이다. 슬라이드에서 애니메이션을 적용할 대상을 선택하고 [애니메이션]-[애니메이션] 메뉴를 선택하면 ① 나타내기, ② 강조, ③ 끝내기, ④ 이동경로로 4가지 종류로 나누어지고, 여기에서 지정한 애니메이션 효과는 슬라이드 레이아웃을 통해 지정된 개체에만 효과가 적용된다.

① 슬라이드에 적용할 애니메이션 효과를 선택하면 선택과 동시에 애니메이션을 재생해서 보여준다. 선택한 효과를 모든 슬라이드에 적용하려면 ② 모든 슬라이드에 적용 버튼을 누른다.

16.4 슬라이드 쇼 설정과 진행

화면 전환과 애니메이션 작업이 모두 완성되었다면 슬라이드 쇼 기능을 이용해서 청중에게 발표할 수 있다. 슬라이드 쇼는 발표 환경에 따라 [쇼 설정]을 이용하여 알맞게 조정할 수 있다. 또한 예행연습 기능을 사용해서 각 슬라이드에 적절한 진행 시간을 배분할 수도 있다.

쇼 설정

슬라이드 쇼 보기를 하면 바로 슬라이드 쇼가 진행되지만, 쇼 재구성과 예행연습으로 설정한 사항을 슬라이드 쇼에 적용시키려면, 쇼 설정에서 옵션을 지정한 다음 슬라이드 쇼를 시작해야 한다. [슬라이드 쇼]-[쇼 설정] 메뉴를 선택하면 설정할 수 있다.

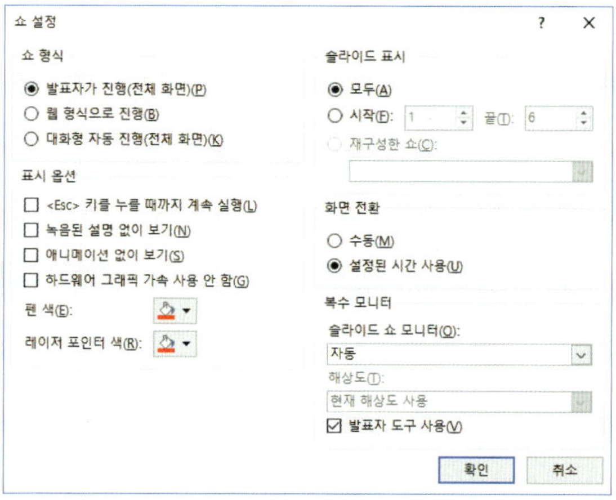

❶ 쇼 형식

- **발표자가 진행(전체 화면):** 이 옵션을 선택하면 가장 보편적으로 전체 화면에서 쇼의 발표자가 프레젠테이션을 진행할 수 있다.
- **웹 형식으로 진행:** 이 옵션을 사용하면 사내 네트워크나 웹을 통해 소형 화면으로 프레젠테이션을 진행할 수 있다. 프레젠테이션은 작은 창에 나타나며, 쇼 간의 이동이나 슬라이드 편집, 복사, 인쇄 명령을 사용할 수 있다. 이 모드에서는 스크

롤 막대나 Page Up 또는 Page Down키를 사용해 슬라이드 사이를 이동하며 한번에 여러 프로그램을 실행할 수도 있다. 웹 도구 모음을 표시해 다른 프레젠테이션이나 Office 문서를 찾아볼 수 있다.

- **대화형 자동 진행(전체 화면)**: 이 옵션을 선택하면 상업 박람회나 전시장 등에서 자동 실행 프레젠테이션을 실행할 수 있다.

❷ 표시 옵션

- **Esc키를 누를 때까지 계속 실행**: Esc키를 누를 때까지 슬라이드 쇼가 계속 반복된다. 전시회나 설명회에서 프레젠테이션을 자동으로 반복해야 할 때 사용한다.
- **녹음된 설명 없이 보기**: 슬라이드에 내용을 녹음해 둔 것이 있을 경우 녹음된 내용의 실행 여부를 선택한다.
- **애니메이션 없이 보기**: 슬라이드 쇼 진행 시 애니메이션 효과를 실행하지 않는다.
- **펜 색**: 슬라이드 쇼 진행 시 사용하는 포인터의 기본색을 지정한다.

❸ 슬라이드 표시

슬라이드 쇼를 실행할 범위를 설정한다. 특히 슬라이드 쇼를 재구성했을 때는 재구성한 쇼를 선택해야 재구성한 슬라이드 쇼가 실행된다. 중간에 일부 슬라이드를 쇼에서 보여주지 않으려 할 때는 여러 슬라이드 보기에서 숨길 슬라이드를 선택하고, 여러 슬라이드 도구 모음의 슬라이드 숨기기 버튼을 누르면 된다.

❹ 화면 전환

화면 전환을 할 때 마우스나 키보드를 사용하여 수동으로 진행할지 각 슬라이드에 설정된 시간을 사용하여 자동으로 진행할지 선택한다.

예행연습

예행연습에서는 슬라이드의 전환 시간 설정뿐만 아니라, 프레젠테이션을 전달할 때 걸리는 시간을 예행연습하면서 설정할 수 있다. 프레젠테이션을 예행연습한 후에는 자동으로 해당 시간이 저장되어 정보로 제공된다. 여러 슬라이드 보기 도구 모음에서 예행연습 아이콘을 누르거나 [슬라이드 쇼]–[예행연습] 메뉴를 선택한다. 슬라이드 쇼로 진행되면서 예행연습 도구 모음이 나타난다.

마지막 슬라이드까지 예행연습이 끝나면 시간을 저장할 것인지 묻는 대화 상자가 나타난다. '예' 버튼을 누르면 여러 슬라이드 보기로 다시 돌아가고, 각 슬라이드 아래에 지정된 시간이 표시된다.

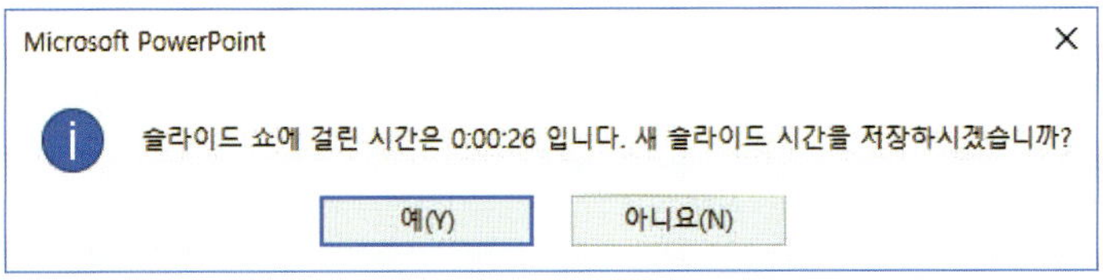

쇼 재구성

슬라이드 쇼 진행 시 표시할 슬라이드의 순서를 완전히 다시 구성할 수 있다. [슬라이드 쇼]–[쇼 재구성] 메뉴를 선택하면 쇼 재구성 대화상자가 나타난다. 새로 만들기 버튼을 누르면 쇼 재구성하기 대화상자가 나타난다.

쇼 재구성하기 대화상자에서 왼쪽의 슬라이드 목록에서 표시할 슬라이드를 선택하고, 오른쪽 목록을 추가하고 확인 버튼을 누른 후, 다시 '쇼 재구성' 대화상자에서 쇼 보기 버튼을 누르면 재구성한 슬라이드만 쇼 진행이 된다.

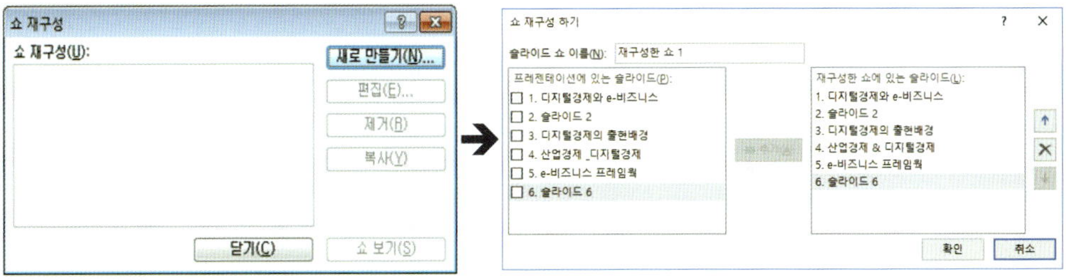

슬라이드 쇼 진행

[보기]–[슬라이드 쇼] 메뉴를 선택하거나 [슬라이드 쇼]–[쇼 보기] 메뉴 또는 화면 보기 버튼 중 슬라이드 쇼 버튼을 누르거나 F5키를 누르면 슬라이드 쇼가 실행된

다. 슬라이드 쇼를 진행하면서 다음 슬라이드로 이동하거나 이전 슬라이드로 이동하는 등의 슬라이드 쇼를 제어하는 방법은 다음과 같다. 슬라이드 쇼를 진행하는 도중에 마우스의 오른쪽 버튼을 눌러 단축 메뉴가 나타나면 해당 명령을 선택한다. 예를 들어, 이전 화면으로 되돌아가려면 '이전'을 선택한다. 하지만 슬라이드 쇼를 진행하는 도중에 단축 메뉴가 나타나면 보기에 좋지 않으므로 슬라이드 쇼를 제어할 때는 단축키를 많이 사용한다. 사용하는 단축키는 다음과 같다.

《슬라이드 쇼 진행 시 사용하는 단축키》

단축키	기 능
N, Enter↵, Page Down, →, Space Bar	다음 슬라이드로 이동
P, Page Up, Back Space, ←	이전 슬라이드로 돌아가기
Esc, −	슬라이드 쇼 마침
S 또는 기호	자동 슬라이드 쇼 중지 또는 다시 시작
〈번호〉 + Enter↵	슬라이드 〈번호〉로 이동
B, 마침표(.)	화면 어둡게 하기
W, 쉼표(,)	화면 밝게 하기
Ctrl + H	포인터 숨기기
Ctrl + A	포인터 다시 표시

16.5 인 쇄

슬라이드를 인쇄하는 방법은 아주 다양하다. 일반적으로 슬라이드를 인쇄할 때는 슬라이드 자체를 인쇄하기보다는 유인물 형태로 인쇄하는 경우가 많다. 유인물 인쇄를 이용하면 발표를 듣는 청중들에게 화면상에 보이는 여러 장의 슬라이드를 축소하여 한 장에 담아 나누어 줄 수 있다. 슬라이드 노트는 슬라이드 쇼 진행 시 참고할 내용을 작성하거나 유인물로 배포할 때 사용하는 기능이다.

인쇄 미리 보기 및 설정

파워포인트에는 인쇄 미리 보기 기능이 있다. 슬라이드뿐만 아니라 슬라이드 노트, 유인물, 개요 보기와 같은 다양한 보기 서식을 지원한다. 또한 모든 슬라이드 인쇄와 현재 슬라이드 인쇄, 범위지정, 인쇄모양 등 다양한 옵션을 선택 적용할 수 있다.

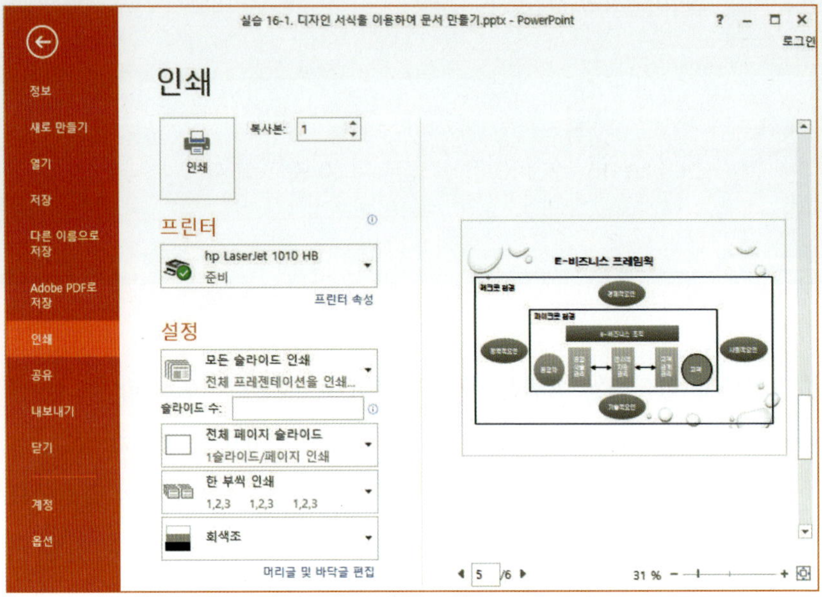
실습 16-1. 디자인 서식을 이용하여 문서 만들기.pptx - PowerPoint
로그인
정보
새로 만들기
열기
저장
다른 이름으로 저장
Adobe PDF로 저장
인쇄
공유
내보내기
닫기
계정
옵션
인쇄
인쇄
복사본: 1
프린터
hp LaserJet 1010 HB
준비
프린터 속성
설정
모든 슬라이드 인쇄
전체 프레젠테이션을 인쇄...
슬라이드 수:
전체 페이지 슬라이드
1슬라이드/페이지 인쇄
한 부씩 인쇄
1,2,3 1,2,3 1,2,3
회색조
머리글 및 바닥글 편집
E-비즈니스 프레임웍
5 /6
31 %

실습 16-1 디자인 서식을 이용하여 문서 만들기

'실습 15-1과 실습 15-2' 파일을 불러온 후, 아래의 디자인 서식을 적용한다. 다음의 화면은 '슬라이드쇼' 화면상에 보이는 것이다.

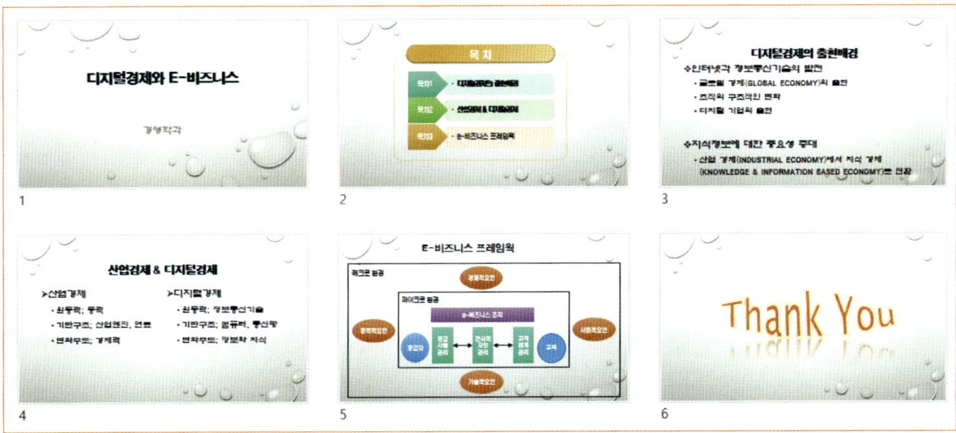

❶ 파일 불러오기

'실습 15-1과 실습 15-2' 파일을 불러온 후, '실습 15-2' 파일의 슬라이드를 '실습 15-1' 마지막 슬라이드에 추가한다. '실습 15-2' 파일의 슬라이드를 선택한 후, 마우스 오른쪽 버튼을 누르고 '복사([Ctrl]+[C])'를 누른다. '실습 15-1' 파일로 이동한 후, 마지막 슬라이드 밑에 커서를 놓고 마우스 오른쪽 버튼을 누르고 '붙여넣기([Ctrl]+[V])'를 누른다.

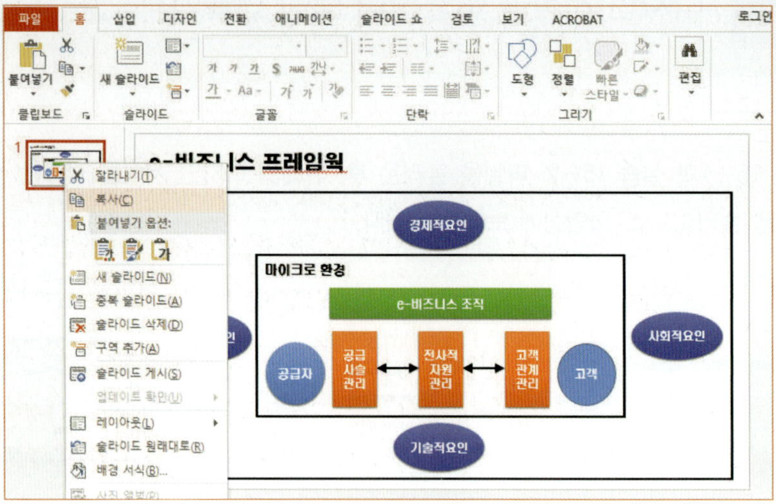

〈실습 15-1〉

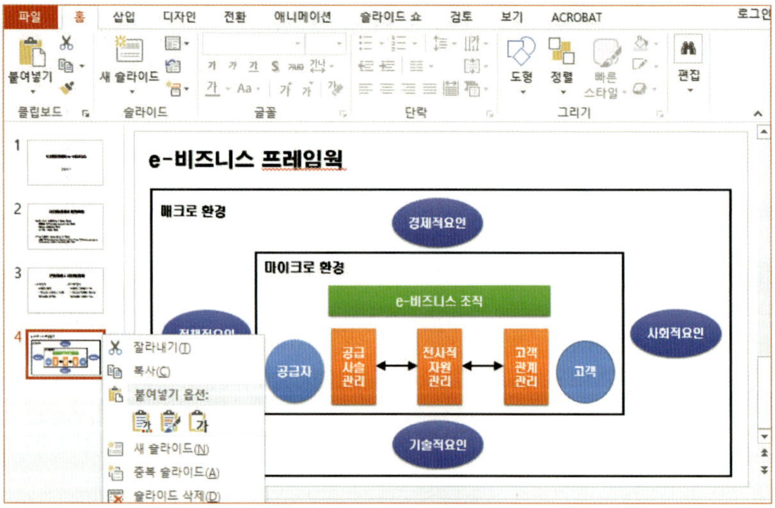

〈실습 15-2〉

❷ '디자인 서식' 적용하기

메뉴에서 [디자인]을 선택한 후, '물방울' 또는 원하는 디자인 서식을 선택하여 적용한다. 디자인 서식을 적용한 후, 일부 텍스트 위치 및 크기를 서식의 틀에 맞게 조정한다.

③ 목차 서식 파일 다운받기

[파일]-[새로만들기]-[추천 검색어 : 다이어그램]-[목차 다이어그램]을 더블클릭하거나, '클릭 - 만들기' 한다.

❹ 목차 슬라이드 붙여넣기

다운받은 목차 파일의 슬라이드를 복사하여 2번째 슬라이드 위치에 커서를 클릭하고 붙여넣기 한다.

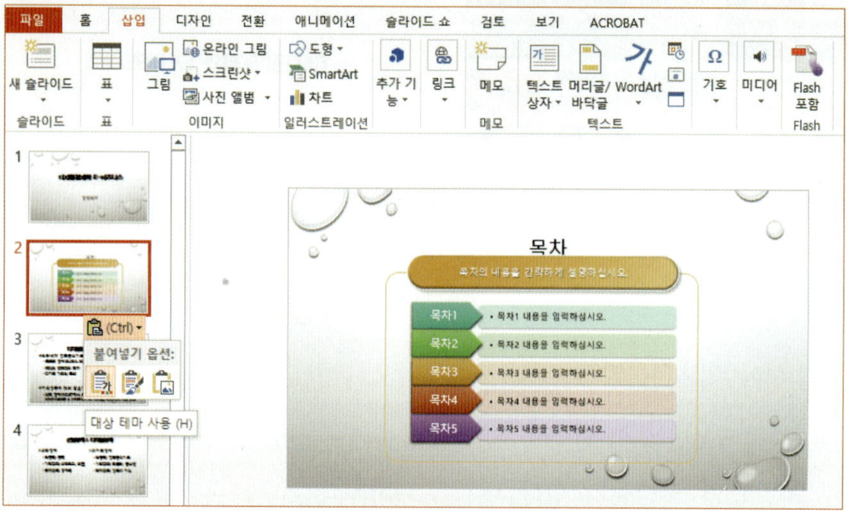

❺ 목차 수정하기

목차의 내용과 글꼴을 수정한다. 남는 도형은 클릭 후 삭제한다.

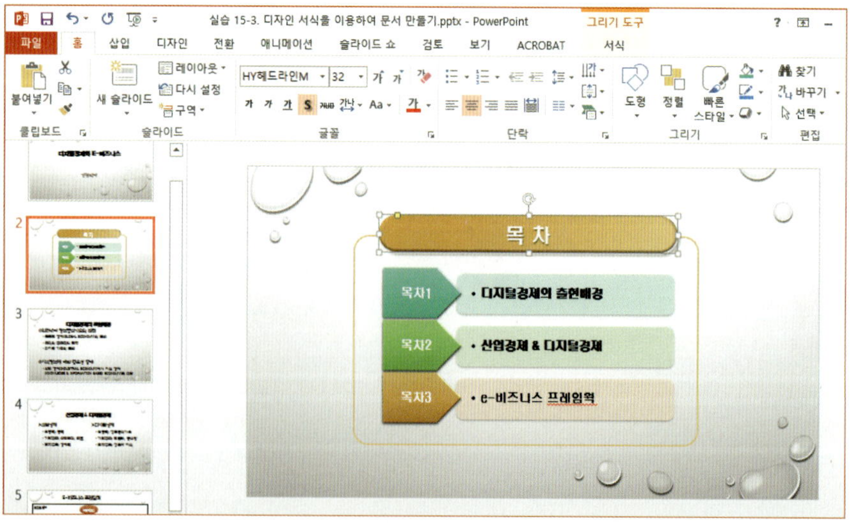

6 워드아트 삽입하기

6번째 슬라이드를 삽입하고 레이아웃은 '빈화면'으로 한다. [삽입]–[WordArt] 메뉴에서 워드아트를 삽입한다.

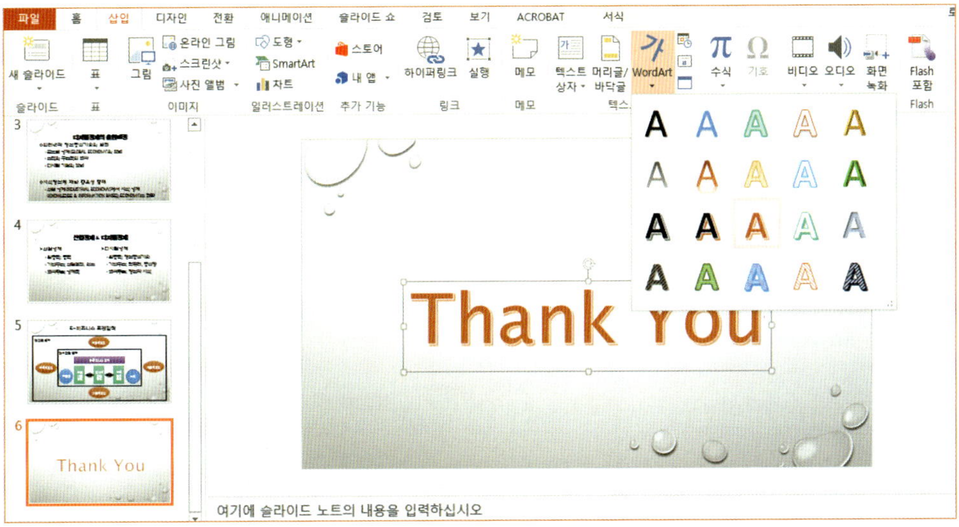

7 워드아트 수정하기

[서식]–[텍스트 효과]에서 그림자, 반사, 변환 등 다양한 효과를 적용하고, 워드아트 크기를 드래그하여 조정한다.

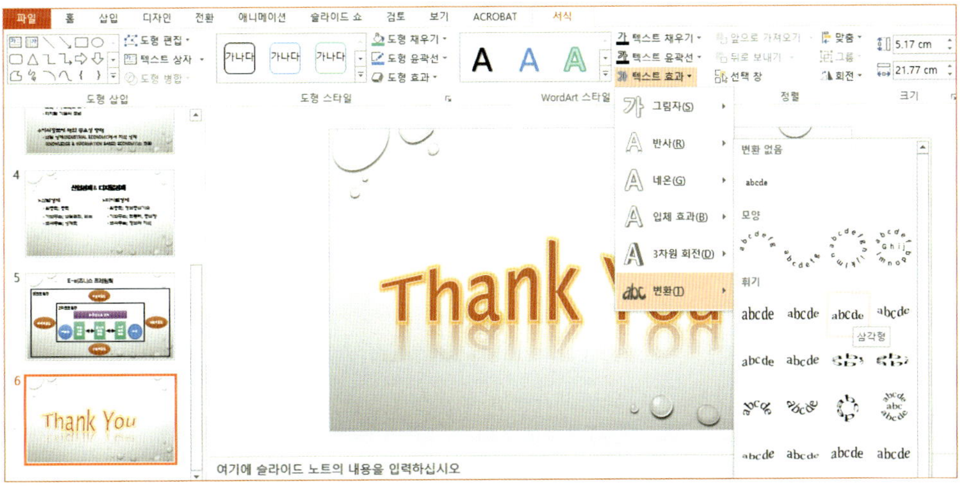

실습 16-2 스마트아트 그래픽으로 문서꾸미기

'실습 16-1 파일을 불러온 후, 스마트아트 그래픽을 적용한다. 다음의 화면은 '슬라이드 쇼' 화면상에 보이는 것이다.

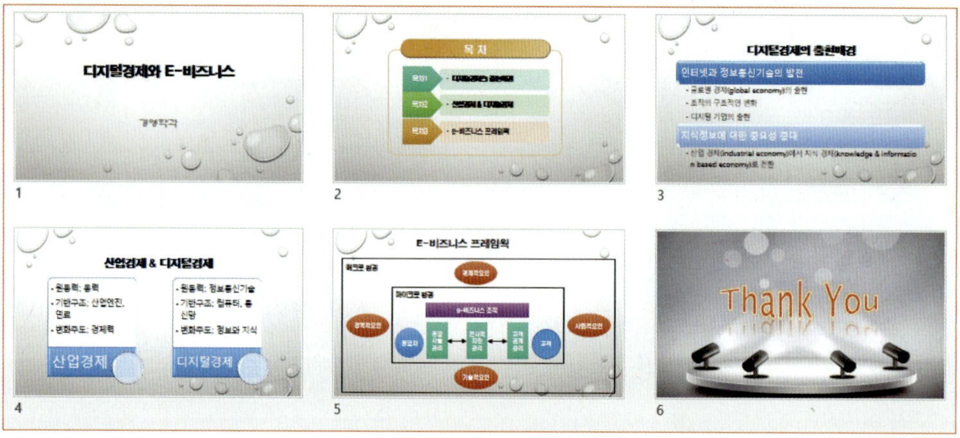

❶ '스마트아트로 변환 1'

'실습 16-1' 파일을 불러온 후, 3번째 슬라이드의 텍스트 상자를 클릭한다. '스마트아트로 변환'을 클릭한 후, '세로 글머리 기호 목록형'을 선택한다.

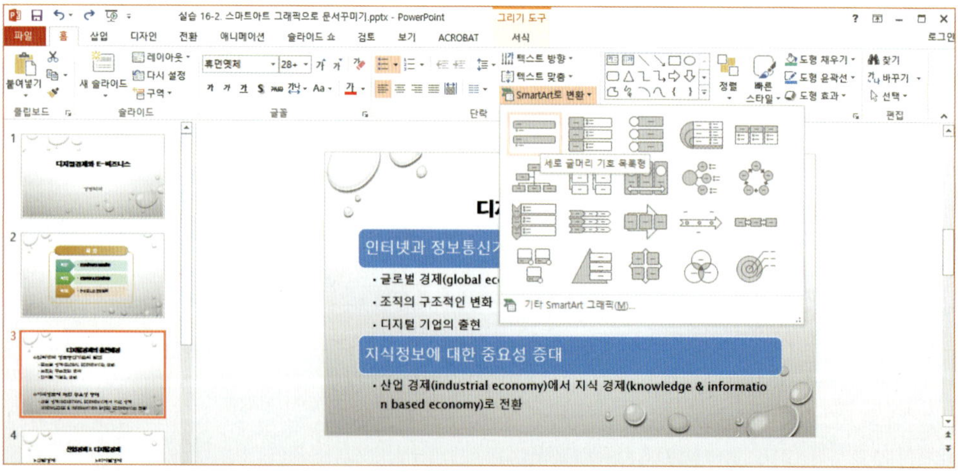

❷ '스마트아트 스타일'

[스마트아트 도구]-[스마트아트 스타일] or [색변경]에서 스마트아트 스타일(광택 처리)과 색(그라데이션 범위 강조1)을 변경한다.

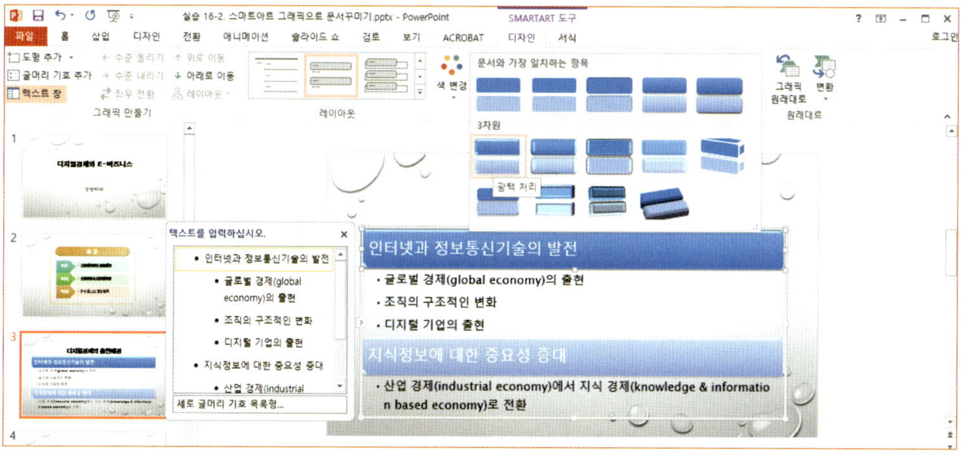

❸ '스마트아트로 변환 2'

4번째 슬라이드의 왼쪽 텍스트 상자를 클릭한다. '스마트아트로 변환'을 클릭한 후, '그림 강조 벤딩 목록형'을 선택한다. 오른쪽 텍스트 상자도 동일하게 변환한 후, '스마트아트 스타일'을 변경한다.

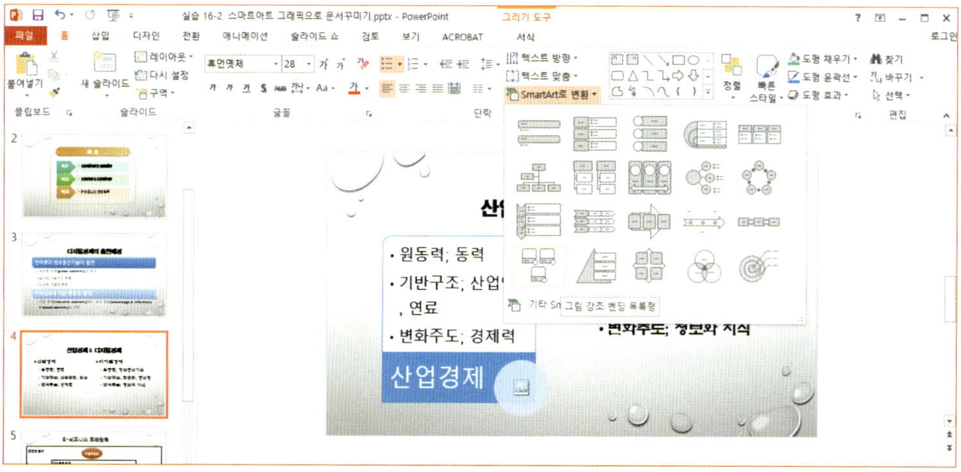

④ 온라인 그림 삽입하기

[삽입]–[온라인 그림]을 클릭한다. 검색어에 '배경'을 입력하고 이미지를 클릭한 후, '삽입'한다. 이미지 사이즈를 슬라이드에 맞게 키우고, '정렬'에서 '맨 뒤로 보내기'를 한다.

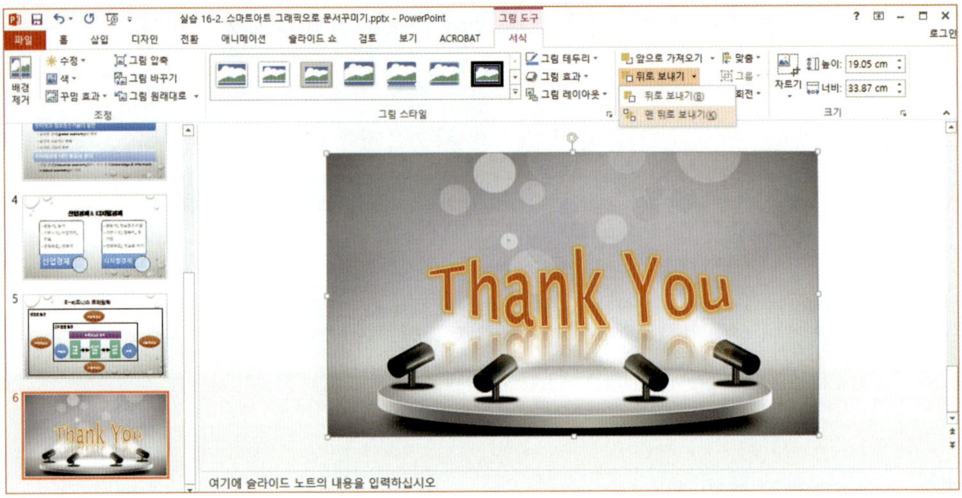

실습 16-3 화면 전환 및 애니메이션 적용

'실습 16-2 파일을 불러온 후, 화면 전환 및 애니메이션을 적용한다.

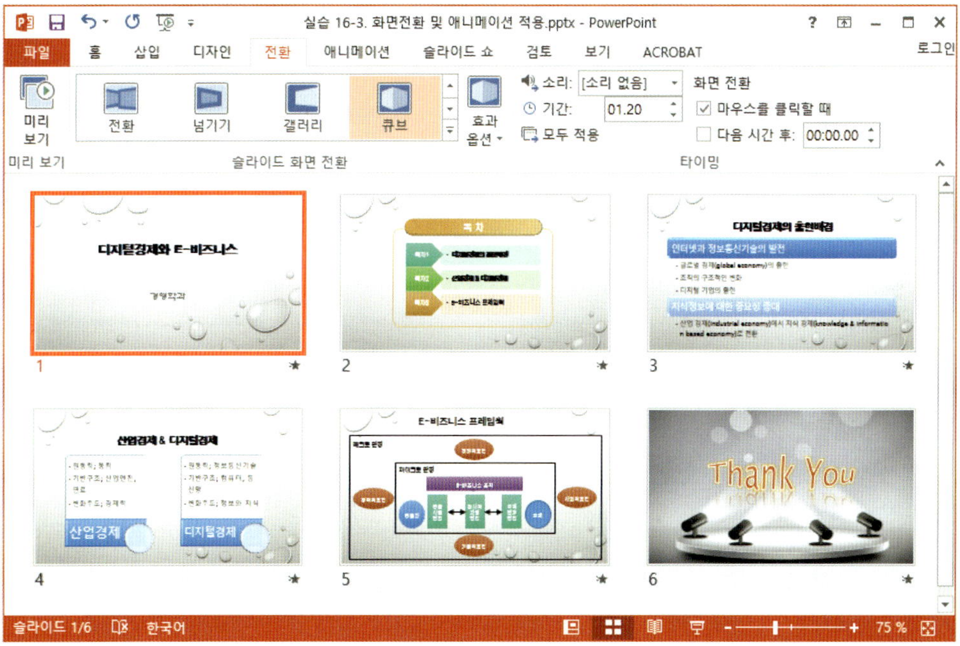

① '화면 전환'

'실습 16-2' 파일을 불러온 후, '여러슬라이드' 보기로 연다. [전환] 탭에서 '큐브'를 선택하고, '모두 적용'을 클릭한다. 각각의 슬라이드를 선택하고 '화면 전환'을 다르게 선택해도 되며, '소리'도 적용할 수 있다.

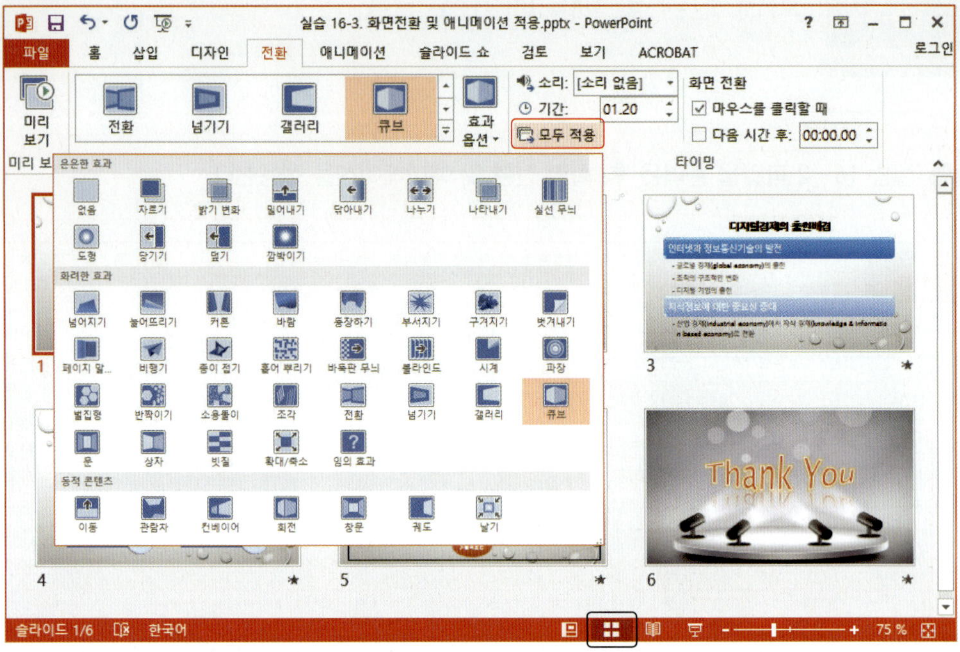

② '애니메이션 적용1'

2번째 슬라이드에서 도형을 클릭하고 [애니메이션]-[애니메이션 추가]-'닦아내기'를 클릭한다.

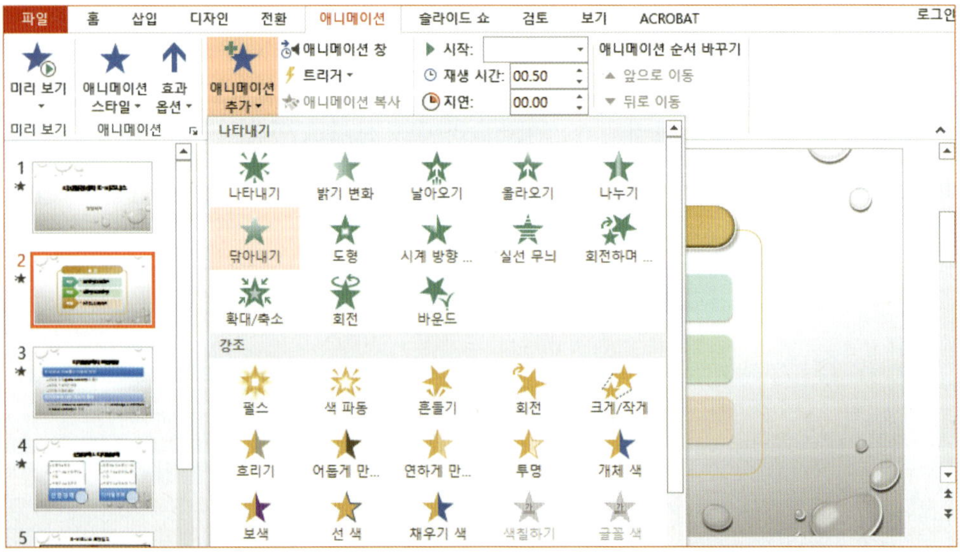

❸ 애니메이션 효과 옵션

애니메이션 '방향'은 '↓'으로 하고, '시작'은 '이전 효과 다음에'를 선택한다.

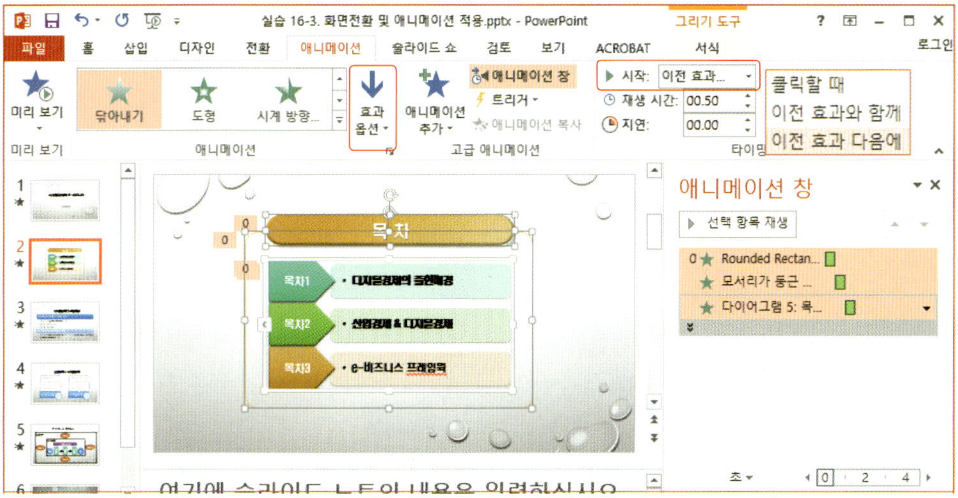

❹ 다이어그램 애니 효과 옵션

[다이어그램]을 선택 한 후, '효과 옵션'에서 '방향'은 '↓, 개별적으로'로 하고, '시작'은 '이전 효과 다음에'를 선택한다.

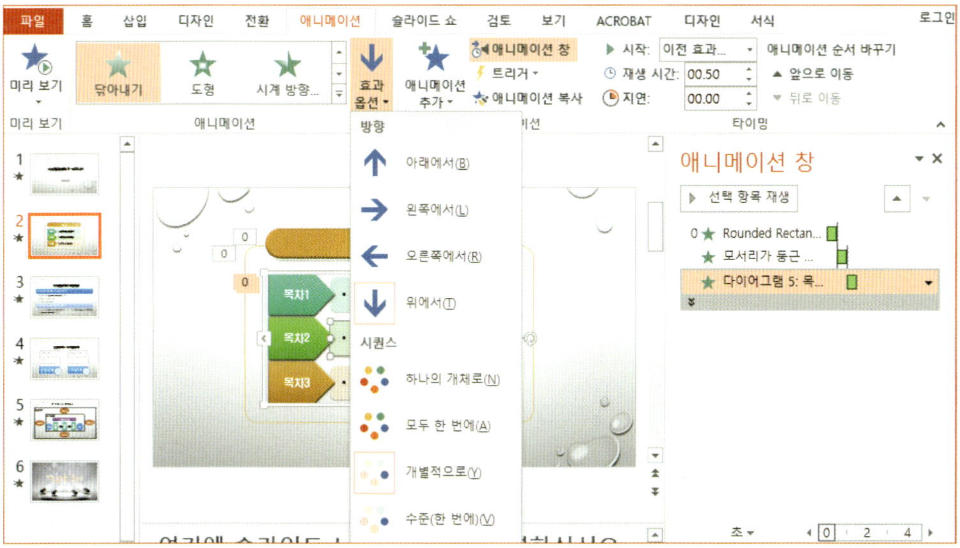

❺ '애니메이션 적용2'

3번째 슬라이드에서 도형을 클릭하고 [애니메이션]–[애니메이션 추가]–'올라오기'를 클릭한다. 애니메이션 '방향'은 '[↑]', '개별적으로'로 하고, '시작'은 '이전 효과 다음에'를 선택한다. 다른 슬라이드에도 이와 같이 애니메이션을 지정한다.

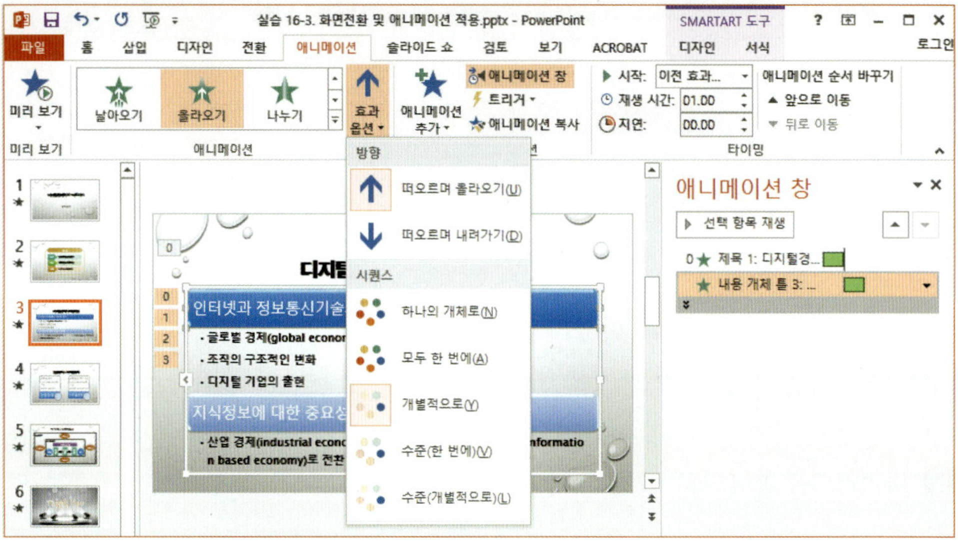

색인

【지은이 약력】

오은해 영남대학교 경영학 박사
현 대구한의대학교 통상경제학부 교수

김우희 부산대학교 경영학과 박사과정 수료
현 경남정보대학교 경영계열 교수

경영과 컴퓨터

초판 인쇄 2017년 2월 5일
초판 발행 2017년 2월 10일

지은이 오은해 · 김우희
펴낸이 김중용

총괄기획 박노일 · 최준규
편 집 심성보

펴낸곳 마인드탭 MIND TAP
경기도 파주시 책향기로 441, 1004동 1004호(동패동, 책향기마을)
등록 제406-2014-000093호
전 화 070)7550-3758 팩 스 02)718-8554
홈페이지 www.mindtap.co.kr 이메일 pnc@pncmedia.co.kr
ISBN 979-11-86672-45-7 93000

※마인드탭은 피앤씨미디어의 자매 브랜드입니다.
※무단복사 및 전재를 금합니다. 파본 및 낙장본은 교환하여 드립니다.

정 가 23,000원